신판 **동학과 갑오농민전쟁 연구**

新版
東學과 甲午農民戰爭研究

愼 鏞 廈

일조각

Donghak (the Eastern Learning)
and the Peasant Revolutionary Movement of
1894 in Korea
(New Edition)

Shin, Yong-ha

ILCHOKAK

신판
머리말

저자가 쓴 학술서적 가운데서 이 책의 구판은 독자가 비교적 많은 책이었다고 생각된다. 그 이유는 책 주제가 한국근대에서 매우 중요한 사상과 운동을 다루었기 때문일 것이다. 간행 후 최근까지 많은 질문과 권고를 직접 독자들로부터 받아왔으므로 이를 짐작하였다.

독자들의 권고 가운데는 구판이 본문과 자료에 한자를 너무 많이 사용하여 읽기에 불편하니 쉽게 읽을 수 있도록 좀 더 친절하게 서술해 달라는 권고가 상당히 많았다. 이번에 이에 응해서 한글전용으로 신판을 내게 되었다.

신판에서 내용이 크게 달라진 것은 없다. 본문은 모두 한글전용으로 하고, 꼭 필요한 경우에만 한자를 병기했으며, 각주에는 필요한 부분에 한해서 한자를 남기었다. 내용은 새 자료가 나왔으므로 강원도 동학농민군의 활동을 약간 보충하였고, 난해한 한자 문구를 약간 쉽게 풀어 서술하였다.

신판을 준비하는 중에 저술의 엄중함을 절감하는 경험을 하였다. 고창동학농민혁명 기념사업회의 초청을 받아 내려갔더니, 이 책의 제4장의 내용을 학습하고 참조하여 향토사가들이 전봉준 총대장이 동학농민군을 훈련하던 훈련장을 찾아내었고, 군민들이 '무장기포茂長起包'를 재현하는 축제를 열고 있었다.

'녹두장군' 전봉준이 무장에서 기포하여 고부군아를 치고 전주에 무혈입성하는 과정을 재현하는 모습을 보고, 서울로 돌아와 이 책 신판 머리말을 쓴다.

난해했던 이 책의 구판을 국문전용의 읽기 쉬운 신판으로 책 전체의 원고를 바꾸어 교정하고 입력해 준 서울대학교 대학원 사회학과 박영대 박사후보에게 깊이 감사드린다.

한국학 연구와 보급에 대한 지원의 뜻으로 이 책의 신판을 내어 주신 일조각 김시연 사장님과 교열·교정에 정성을 기울여 주신 편집부 직원 여러분에게도 깊이 감사드리는 바이다.

동학농민군 무장기포茂長起包 122주년

2016년 4월 25일

저자 씀

6

초판
머리말

 이 책은 저자가 지금까지 동학東學과 갑오농민전쟁甲午農民戰爭에 관하여 쓴 약 20편의 논문 중에서 체계를 고려하여 9편을 뽑아 모은 것이다.

 저자는 사회사학社會史學 분야를 공부하면서, 우리나라 근대사회近代社會의 역사歷史에 대한 사회학적社會學的 연구研究에 종사해 왔다. 이 때문에 이 책에 수록된 논문들은 실증적實證的 연구를 하면서도 모두 사회학적社會學的 관점에서 분석된 것들이다. 사회사社會史 연구에서 가장 중요한 주제의 하나는 전근대사회前近代社會로부터 근대사회近代社會로의 이행과 변혁과 발전의 문제이다. 우리나라 근대사에서는 이 주제가 바로 동학東學과 갑오농민전쟁甲午農民戰爭에 직결되어 있다.

 동학東學은 19세기 중엽 서양세력과 일본세력의 침입으로 말미암아 조성된 민족적民族的 위기危機 속에서 이를 타개하여 보국안민輔國安民하고 광제창생廣濟蒼生하기 위해 한국민족이 창안해 낸 매우 독창적인 종교사상이며 사회사상이었다.

 또한 동학東學과 결합되어 1894년에 일어난 갑오농민전쟁甲午農民戰爭은 누천년 묵어온 우리나라의 중세적中世的 전근대사회前近代社會를 해체시키고 새로운 근대사회로 가는 길을 넓게 열어 주었다. 이 과정에서 동학농민東學農民들은 우리나라에 불법 상륙하여 우리 국토 위에서 청일전쟁淸日戰爭을 도발하고 궁궐을 침범하여 내정간섭을 자행하며 우리나라를 병탄併呑하려고 노리는 일본침략군日本侵略軍을 조국강토祖國疆土에서 몰아내어 보국안민輔國安民하려고 수십만 명이 봉기하여 생명을 바치며 분투하였다. 이 시기에 외국세력의 침략으로부터 나라와 겨레의 자주독립自主獨立을 지키기 위하여 헌신적으로 분투한 동학농민東學農民들의 애국심愛國心은 오늘날 이를 연구하는 학도들에게도 참으로 경탄할 만한 것이었으며 감동적인 것이었다.

한국근대사에서 결정적 중요성을 가진 이러한 갑오농민전쟁甲午農民戰爭(1894년 동학농민혁명운동東學農民革命運動)이 일어난 지 어느덧 100년이 되었다. 이 주제를 연구하는 학도로서 이 애국운동 100주년을 기념하는 뜻에서 이 책을 엮게 된 것이다.

이 책에 수록된 9편의 연구논문들 중에서 7편은 이미 학술지에 발표된 것들이고, 2편은 신고新稿이다. 이 신고新稿들도 게재가 약속되었으나 간행이 늦어져서 이 책이 먼저 나오게 되는 것이다. 그 게재지는 다음과 같다.

① 「東學과 甲午農民戰爭의 結合」, 『韓國學報』 제67집, 1992.
② 「甲午農民戰爭의 主體勢力과 社會身分」, 『韓國史研究』 제50·51집, 1985.
③ 「古阜民亂의 沙鉢通文」, 『韓國近代社會經濟史研究』(正音文化社), 1985.
④ 「甲午農民戰爭의 第1次農民戰爭」, 『韓國學報』 제40집, 1985.
⑤ 「甲午農民戰爭 시기의 農民執綱所의 設置」, 『韓國學報』 제41집, 1985.
⑥ 「甲午農民戰爭 시기의 農民執綱所의 活動」, 『韓國文化』 제6집, 1985.
⑦ 「甲午農民戰爭과 두레와 執綱所의 弊政改革」, 『韓國社會史研究會論文集』 제8집, 『한국사회의 신분계급과 사회변동』(文學과知性社), 1987.
⑧ 「甲午農民戰爭의 第2次農民戰爭」(新稿. 『韓國文化』 제14집 수록 예정).
⑨ 「甲午農民戰爭의 社會的 歷史的 性格」(新稿. 東學革命 100周年記念論文集 수록 예정).

한국학韓國學 연구에 대한 지원의 뜻으로 기업채산이 닿지 않는 이 책의 출판을 맡아주신 일조각一潮閣 한만년韓萬年 사장님과 편집 및 교정에 많은 성의를 기울여 주신 일조각 직원 여러분들께 깊은 감사를 드리는 바이다.

동학·갑오농민전쟁 100주년을 맞으며,

1993년 10월

저자 씀

차례

제3장 고부민란古阜民亂의 사발통문

제6장 갑오농민전쟁 시기의 농민 집강소의 활동

제1장
동학과 갑오농민전쟁의 결합

1. 머리말

한국민족과 조선왕조 사회는 19세기 중엽에 이르러 두 개의 방향으로부터 커다란 도전을 받게 되었다.

그 첫째는 외부로부터 들어온 도전으로서 선진 자본주의 열강의 침입의 시작이 그것이었다. 이 새로운 도전은 서학西學(천주교)의 국내 포교와 민중에의 침투, 이양선異樣船의 연안에의 출몰, 서양상선西洋商船의 통상요구, 서양 자본주의 열강과 일본의 개항요구, 외국상품의 국내 침투, 선진 자본주의 열강에 의한 식민지화의 위협 등으로 나타났다.

이 외부로부터의 선진자본주의 열강의 도전은 한국민족에 대하여 민족사상 가장 위협적이고 응전하기 어려운 매우 심각한 도전이었다. 왜냐하면 이 도전은 조선왕국을 그들의 식민지로 점유해 버리려는 도전이었으며, 서양 이질문명의 도전이었을 뿐만 아니라 산업혁명을 거친 막강한 '근대체제近代體制'의 취약한 '전근대체제前近代體制'에 대한 도전이었기 때문이었다. 열강의 이러한 성격의 도전에 대해서 만일 한국민족이 종전과 동일한 방식의 응전을 한다면 어느 쪽이 승리할 것인가는 쉽게 내다볼 수 있는 것이었다. 이제 한국민족은 열강의 이러한 도전에 적절하게 응전하지 못하면 열강의 식민지로 떨어질 '민족적 위기'에 직면하게 된 것이었다.

둘째의 도전은 조선왕조의 봉건사회·전근대사회 내부에서 농민층을 비롯한 하위신분층의 광범위한 민중들이 양반관료들의 가렴주구 폐지와 양반신분사회의 구체제 폐지를 요구하고 나선 것이었다. 이 요구는 19세기에 들어오면 더욱 격렬하게 되어 크고 작은 '민란들'로 폭발하기에 이르렀다. 예컨대, 1811년 이른바 '홍경래난洪景來亂'을 하나의 전환점으로 하여 그 후 해마다 대·소 규모의 민란들이 끊임없이 일어나서 조선왕조의 북부지방에 대한 통치가 근본적으로 흔들리게 되었다. 또한 1862년에는 이른바 '진주민란晉州民亂'이 일어나서 조선왕조의 남부지방에 대한 통치가 근저에서부터 흔들리게 되었는데, 이 한 해에만도 전국 30여 개 군에서 각각 민란이 일어났다.

또한 주목할 것은 농민층을 선두로 한 광범위한 하위신분층의 체제개혁 요구가 양반신분사회라는 구체제를 근본적으로 폐지하고 새로운 체제를 창출하고자 한 요구였기 때문에 특권적 양반신분층과의 사이에 심각한 갈등과 대립을 수반한 것이었다는 사실이다. 만일 한국민족이 조선왕조 사회 내부로부터 일어난 이러한 양반신분사회 폐지의 요구를 적절하게 흡수하여 실현하지 못할 때에는 선진 열강의 엄중한 도전의 면전에서 민족공동체가 분열하게 될 심각한 위험이 존재하고 있었다. 이것은 한국민족이 19세기 중엽에 맞은 심각한 '봉건적 위기'라고 부를 수 있는 것이었다.

여기에 다시 주목해야 할 것은 19세기 중엽 한국민족은 이러한 '민족적 위기'와 '봉건적 위기'를 '중첩'하여 직면하게 되었다는 사실이다. 이제 한국민족은 그들이 자주독립을 지키면서 세계 독립국가 국민들과 어깨를 나란히 하여 살아가기 위해서는 민족적 위기와 봉건적 위기를 '동시에' '중첩하여' 타개해야 할 과제에 직면하게 된 것이었다.

동학東學사상은 최제우崔濟愚에 의해 1860년 창도되어, 한국민족이 19세기 중엽에 직면했던 민족적 위기와 봉건적 위기를 동시에 타개해서 보국안민輔國安民하고 광제창생廣濟蒼生하려고 포덕된 종교사상이었다. 동학사상은 종전의 종교사상들과는 다른 매우 독특한 사상적 내용과 구조를 갖고 있었다. 한편, 19세기 말인 1894년에 동학 농민교도들을 비롯해서 농민들의 봉기로 이루어진 갑오농민전쟁은 양반신분사회라는 구체제를 근본적으로 폐지해서 농민들도 가렴주구를 당하지 않고 잘 살 수 있는 신체제의 수립을 요구하여 일어난 수많은 '민란들'의 결론과 같은 것이었다. 갑오농민전쟁은 그 이전의 수많은 민란들의 연속선 위에서 일어났으나, 이번에는 동학 교도들이 선두에 서서 거의 전국적 규모로 봉기하여 구체제를 해체하고 신체제 수립의 기반을 닦는 데 결정적으로 중요한 역할을 수행하였다.

그러면 이 '동학'과 '갑오농민전쟁'의 관련은 정밀하게 볼 때 어떠한 관련일까? 종래 동학과 갑오농민전쟁의 관련·관계에 대해서는 ① 동학사상이 혁명사상을 갖고 있어서 이 동학의 혁명사상에 의거하여 농민전쟁이 일어났다고 보고 갑오농민전쟁 자체를 동학혁명이라고 보아야 한다는 '동학혁명설革命說'과, ② 동학은 갑오농민전쟁 봉기의 진정한 힘이 아니었고 오직 농민전쟁의 외피·외의에 붕과했다는 '동학외피설外皮說'과, ③ 동학은 종래의 민란·농민전쟁에 사상과 조직을 주어 양자가 결합함으로써 전국적 규모의 갑오농민전쟁이 일어날 수 있었다는 '동학과 농민전쟁의 결합설結合說'이 제시되어 왔다. 이 중에서 셋째의 '동학과 농민전쟁의 결합설'은 필자의 입론으로서, 필자는 일찍이 다음과 같이 지적한 바 있다.

"동학과 농민전쟁의 관계에 대해서는 종래 ① 동학의 혁명적 사상에 의거해서 농민전쟁이 일어났다고 보는 '동학혁명설東學革命說'과 ② 동학은 농민전쟁의 외피에 불과했다는 '동학외피설東學外皮說'이 제시되어 왔다. 그러나 이 두 개의 학설은 모두 극단적이어서 사실과는 상당한 불일치가 있다고 생각된다. 필자는 최근 수년간 이 문제에 대하여 제3의 견해로서 ③ 東學과 갑오농민전쟁의 '결합설結合說'을 주장하고 있다. ……

(전략) 이러한 농민들이 그들의 정신적 지주를 갈구하고 있던 시기에, 1860년 최제우崔濟愚에 의하여 동학이 창도되어 농민들 사이에 포교되기 시작함으로써 '동학'과 '민란'이 최초로 결합되기 시작하였다. 이것이 1893년의 교조신원운동教祖伸寃運動과 1894년의 갑오농민전쟁에 이르면 동학과 민란은 굳게 '결합'하여 분리하기 어려운 관계를 갖게 된 것이었다.

동학이 민란과 '결합'하면서 민란에 준 것은 ① 조직과 ② 사상(특히 평등사상)이었다. 그 이전까지의 민란들이 소규모의 군·현 단위의 소폭동으로 끝난 근본 원인은 군·현을 뛰어넘은 조직이 없었기 때문이었다. 이러한 상태에서 동학은 포교조직과 신도 관리조직을 통하여 군·현을 뛰어넘은 도道 수준과 전국(일부) 수준의 '조직'을 주었으며, 이와 동시에 양반관료들의 학대와 차별과 탄압을 받고 있던 농민들에게 정신적 지주가 될 수 있는 '사상'(특히 평등사상)을 준 것이었다."[1]

이 논문에서는 '동학과 농민전쟁의 결합설'의 결합의 매개 요소로 작용한 ① 조직과 ② 사상 중에서 주로 동학의 어떠한 사상적 요소가 농민군과 결합한 요소였으며,[2] 동학의 조직은 어떻게 발전하여 농민전쟁과 결합하게 되었는가를

---

1 慎鏞廈, 「東學과 甲午農民戰爭의 民族主義」, 『韓國學報』 제47집, 1987.
2 ① 金容燮, 「全琫準供草의 分析」, 『史學研究』 제2호, 1958.
　② 金龍德, 「東學思想研究」, 『中央大論文集』 제9집, 1964.
　③ 金義煥, 「初期東學思想에 관한 研究」, 『우리나라 近代史論考』, 1964.
　④ 韓沽劤, 「東學思想의 本質」, 『東方學志』 제10집, 1969.

보다 상세히 구명함으로써 '동학과 농민전쟁의 결합설'을 보다 자세하게 설명하려고 한다.

2. 최제우와 동학의 창도

1) 최제우崔濟愚의 출신과 구도를 위한 전국유랑

동학이 19세기 중엽의 민족적 위기를 타개하기 위해 형성된 한국민족의 사상의 하나라 할지라도 이를 창도한 것은 지식인으로서의 최제우의 업적이므로 먼저 최제우의 동학의 창도부터 고찰하여 들어가기로 한다.

최제우는 1824년(순조 24년) 음력 10월 28일(양력 12월 18일) 지금의 경상북도 월성군月城郡 가정리柯亭里에서 출생하였다.[3] 그의 본관은 경주최씨慶州崔氏이고, 본명은 복술福述이었으며, 관명은 제선濟宣이었다. 그 후 그가 전국유랑을 하고 고향에 돌아와 공부와 수도修道에 집중하던 시기인 35세 때에 스스로 이름을

⑤ 崔東熙, 「東學思想의 調査研究」, 『亞細亞研究』 제12권 제3호, 1969.
⑥ 申一澈, 「崔水雲의 歷史意識」, 『韓國思想』 제12집, 1974.
⑦ 金敬宰, 「崔水雲의 神概念」, 『韓國思想』 제12집, 1974.
⑧ 趙鏞一, 「近菴에서 찾아본 水雲의 思想的 系譜」, 『韓國思想』 제18집, 1981.
⑨ 李炫熙, 「東學思想의 背景과 그 意識의 成長」, 『韓國思想』 제18집, 1981.
⑩ 朴容玉, 「東學의 男女平等思想」, 『歷史學報』 제91집, 1981.
⑪ 鄭鑌午, 「東學의 政治思想」, 『濟州大論文集』 제20집, 1985.
⑫ 表映三, 「水雲大禪師의 生涯」, 『韓國思想』 제20집, 1985.
⑬ 慎鏞廈, 「東學의 社會思想」, 『韓國近代社會思想史研究』(一志社), 1987.
⑭ 朴明圭, 「東學思想의 宗敎的 전승과 社會運動」, 韓國社會史研究會論文集 제7집, 『한국의 종교와 사회변동』(文學과知性社), 1987.
⑮ 趙惠仁, 「東學과 朱子學」, 韓國社會史研究會論文集 제17집, 『한국의 사회조직과 종교사상』(文學과知性社), 1990.

3 『崔先生文集道源記書』(이하 『道源記書』로 약칭함), 『東學思想資料集』(亞細亞文化社版), 第1卷, 159쪽 참조.

제우濟愚로 고쳤다. 그의 자字는 성묵性默이며, 호는 수운水雲이었다.[4]

최제우의 동학 창도의 배경을 충분히 이해하기 위해서는 그의 특이한 출생과 출신을 이해할 필요가 있을 것이다. 최제우 가문의 가계를 보면 통일신라시대는 육두품六頭品의 집안이었다가, 신라가 멸망한 후에 이 지방의 향리층鄕吏層으로 되어 조선왕조 전기까지는 신분이 하향이동된 채 고착되어 있었으나, 이 지방에서는 상당한 영향력을 가진 지방향리 가문으로 이어져 왔다. 이 가문을 지방향리 신분으로부터 양반신분으로 상향이동시킨 탁월한 인물은 최제우의 7대조인 최진립崔震立(1568~1636)이었다.

최진립은 매우 애국적인 인물로서, 1592년 임진왜란壬辰倭亂이 일어나자 그의 아우와 함께 의병에 들어가서 일본 침략군에 대항하여 용감히 싸웠다. 최진립은 임진왜란이 소강 상태에 들어간 1594년에 무과武科에 합격했다. 그는 1597년 정유재란丁酉再亂 때에는 장교로서 왜군을 무찌르는 데 큰 공을 세워, 임진왜란 후 조선왕조 정부가 논공행상을 할 때에는 '선무종훈宣武從勳'의 표훈을 받고 관직도 경기수사京畿水使·공조참판工曹參判의 직급을 받았다. 최진립은 1636년에 병자호란丙子胡亂이 일어나고 국왕이 남한산성에 포위되었다는 소식을 듣자 69세의 노인이 된 공주영장公州營將으로서 병을 일으켜 국왕과 조정을 구하려고 군대를 이끌고 북상하다가 경기도 용인龍仁의 험천險川에서 청군과 조우하여 치열한 전투 끝에 전사하였다. 병자호란이 끝난 후 국왕과 조정은 최진립의 충성을 기려서 그에게 병조판서를 추서하고 정무공貞武公이라는 시호를 내리었다. 이것은 당시의 가치관으로서는 이 가문의 최고의 영광이었다. 그의 후손들은 1699년(숙종 25년)에 최진립을 모시기 위한 사당을 월성군의 용산龍山에 세웠는데, 국왕은 여기에 '숭열사崇烈祠'라는 이름을 지어 내려 주었다. 이렇게 하여 최진립의 가문은 탁월한 애국적 업적에 의거해서 '무반武班'으로 입신하여 확고하게 양반신분을 정립한 것이었다.

---

4 李敦化 編述,『天道教創建史』, 1933, 第1編, 1~2쪽 참조.

그러나 당시 조선왕조의 양반사회에서는 문무차별이 극심하여 문반文班과 무반武班 사이에 큰 차이를 두고 문반을 숭상했으므로, 최진립의 후손들은 문과文科에 응시하여 문반의 신분을 확립하고자 하였다. 최진립 후손 중에서 가장 탁월한 문사는 최제우의 아버지 최옥崔鏊(호 近菴, 1762~1840)이었다. 그는 제작백가를 널리 공부하고 국내 선유로서는 이언적李彦迪과 이황李滉(退溪)의 학문을 공부하여 이 지방에서 이름 있는 문사가 되었다. 오늘날 전해지고 있는 최옥의 문집인『근암집近菴集』이 그가 뛰어난 문사였음을 잘 증명해 주고 있다. 그러나 최옥은 과거에 5, 6차례나 응시했지만 번번이 낙방하였다. 지방유생 최옥이 아무리 재능과 실력이 있었다고 할지라도 당시 부패한 과거시험 관리하에서 실력만으로는 합격이 어려웠을 것이다. 양반신분이긴 했지만, 무반신분으로부터 문반신분으로의 이동을 달성하려던 최옥의 희망은 달성되지 못했고 일포의 一布衣의 산림처사로 머물지 않을 수 없게 되었다.

최옥에게 있어서 또 하나 큰 번민은, 당시의 가치관으로서 매우 중요한, 대를 이을 아들을 낳지 못한 것이었다. 최옥은 첫째 아내 정鄭씨에게서 아들을 얻었으나 곧 병으로 아내와 아들을 모두 잃고 말았다. 그는 서徐씨를 아내로 재취했으나 딸만 둘 낳고 아들을 얻지 못하였다. 최옥은 할 수 없이 조카(아우 최규의 아들)를 양자로 들여 자신의 대를 잇도록 하였다. 그러나 최옥의 아들을 얻고자 하는 집념은 강인하여 환갑이 넘은 나이에 이웃 과부 한韓씨를 취해서 63세에 아들을 얻은 것이 바로 최제우였다.[5]

그러나 최제우의 신분이 문제였다. 최제우는 최옥의 세 번째 부인의 아들로서, 첩의 아들이었다. 최옥의 첫째부인 정씨가 별세한 후에 서씨를 재취했으므로 서씨의 소생은 적자嫡子로 간주될 수 있었다. 그러나 최옥의 셋째부인 한씨

---

5 『慶州崔氏大同譜』, 卷1 및 卷4; 『天道教創建史』(李敦化 編述); 『東學史』(吳知泳); 崔東熙, 「水雲의 基本思想과 그 狀況」, 『韓國思想』 제12집, 1973; 慎鏞廈, 「東學의 社會思想」, 『韓國近代社會思想史研究』, 1987 참조.

는 정처인 둘째부인 서씨가 생존해 있음에도 불구하고 득남을 위하여 삼취한 첩이며, 여기서 태어난 최제우는 '서자庶子'임이 분명하였다. 조선왕조사회에서는 서얼庶孼과 삼취녀三娶女의 자손은 과거에의 응시가 금지되어 있었다.

당시 서자들은 아무리 재주가 비범하고 실력이 있을지라도 과거 시험장에 나갈 수조차 없었을 뿐만 아니라, 극심한 서얼차별제도庶孼差別制度의 만연으로 말미암아 심지어는 집안에서도 아버지를 아버지라 부르지 못하는 정도의 차별을 받기도 하였다.[6]

조선왕조사회에서 서자는 신분 분류에 있어서 '중인신분中人身分'의 일부에 넣을 수 있는 것이기는 하였다.[7] 이 분류에 의하면 최제우는 몰락양반의 서자로서 그 자신은 중인신분으로 출생했다고 볼 수 있다. 그러나 이 중인신분으로서의 서자는 최고위 양반관료의 서자의 경우에 주로 해당되는 것이지, 당시 사회관습은 양인신분良人身分보다도 서얼을 천시하는 것이 보통이었다. 즉 조선왕조사회에서 서자는 태어날 때부터 '버림받은 신분'이었으며, 최제우는 조선왕조 말기인 1824년에 바로 이러한 '버림받은 신분'으로 출생한 것이었다.

최제우의 출신은 이러했으나, 그는 천재적 두뇌의 소유자였다. 그는 아버지의 사랑을 독차지하면서 8세 때부터 아버지에게서 한문과 경서經書를 배우기 시작했는데, 하나를 가르치면 열을 깨달아 천재적 재능을 나타내었다. 최제우 자신이 스스로 자기의 재능에 대하여 "8세에 입학해서 허다한 만권시경萬卷詩經 무불통지無不通知 하여내니 생이지지生而知之 방불하다. 10세를 지내나니 총명聰明은 사광師曠이요 지국智局이 비범하고 재기才器 과인過人하니"[8]라고 자기의 천부적 재능을 가사로 지어 노래할 정도였다.

6 ① 李相佰, 「庶孼禁錮始末」, 『東方學志』 제1집, 1954.
　② 李泰鎭, 「庶孼差待考」, 『歷史學報』 제27집, 1965 참조.
7 ① 李成茂, 「李朝初期의 技術官과 그 地位」 제27집, 『柳洪烈博士華甲紀念論叢』, 1971.
　② 韓永愚, 「朝鮮時代 中人의 身分階級的 性格」, 『韓國文化』 제9집, 1986 참조.
8 『龍潭遺詞』, 「夢中老少問答歌」.

최제우는 10여 세가 되자마자 자기가 서자의 버림받은 신분으로 태어났다는 사실과 사회제도의 모순을 알게 되기 시작하였다. 그는 이때부터 자기가 조선 왕조사회에서는 아무리 공부를 해도 도저히 큰 재목으로 쓰이고 대우받을 수 없는 신분임을 알고 남몰래 울분에 떨었다. 최제우 스스로 "효박淸薄한 이 세상에 군불군君不君 신불신臣不臣과 부불부父不父 자부자子不子를 주소간晝宵間 탄식하니 울울한 그 회포는 흉중에 가득하되 아는 사람 전혀 없다"[9]라고 탄식하는 가사를 지었다.

최제우는 아버지의 명에 따라 13세 때에 울산蔚山의 박朴씨와 결혼하였다. 이미 75세가 된 아버지 최옥이 그의 생전에 불쌍한 아들을 결혼이라도 시켜 놓고 눈을 감겠다는 생각으로 서둘러 보낸 결혼이라고 생각된다. 최제우는 일찍이 나이 10세 때에 어머니를 여의었으며, 16세 때에 아버지 최옥도 79세의 나이로 별세하였다.[10] 최제우는 자기를 사랑해 준 유일한 사회적 권위인 아버지의 주검 옆에서 슬피 울었다. 최제우는 이에 대하여 스스로 "물같이 흘러가는 세월을 막기 어려워서 부친은 어느날 조용히 세상을 떠나고 나는 그 옆에서 슬피 울었다. 외로운 나의 한 목숨은 그때 겨우 16세라 무엇을 알았으리오. 어린 아이나 다름이 없었노라"[11]고 기록하였다. 이 위에 다시 불행이 겹치어 그가 3년상을 지내는 동안에 집에 화재가 발생해서 가옥과 부친의 서책들이 모두 소실되었다.[12]

최제우는 20세 때에 부친의 3년상을 마치자마자 부인에게 잠시 처가에 돌아가 있을 것을 이르고, 활로를 열어 보려고 출가하여 전국 유랑의 길에 올랐다. 최제우는 집을 나선 이후 전국 각지를 유랑하면서 온갖 공부와 온갖 일을 다 해 보며 활로를 찾아보았고, 그를 정신적으로 구제해 줄 구도를 추구하였다.

---

9 『龍潭遺詞』, 「夢中老少問答歌」.
10 『天道敎會史草稿』, 『東學思想資料集』(亞細亞文化社版) 第1卷, 391쪽 참조.
11 『東經大全』, 「修德文」.
12 『龍潭遺詞』, 「龍潭歌」 및 「侍天敎歷史」 上卷, 2쪽 참조.

최제우는 처음에 서자에게도 때때로 기회를 개방하는 무과에라도 나가볼까 하고 활쏘기와 말달리기 등 무술을 익혀 보았다.[13] 그에게는 무과응시의 기회가 오기도 어렵다는 것을 알게 되자 시장에 나가 포목상 등 상업에도 종사해 보았다.[14] 한의학을 공부하여 한의가 되어 보려고 의술과 침구鍼灸도 공부해 보았다. 음양역수陰陽易數의 글까지 공부해 보았다.[15]

또한 최제우는 정신적 구제를 위하여 중국의 경전들을 연구해 본 것은 물론이요,[16] 도통道通을 하려고 선교仙敎(道敎)를 공부하기도 하고 전국의 유명한 도사들을 찾아다니기도 하였다.[17] 그는 불교에 오묘한 진리가 있는가 하여 전국의 유명한 사찰과 암자를 돌면서 고승高僧들을 만나 가르침을 받고 불도佛道를 깨쳐 보려고도 하였다.[18] 심지어 서학西學에 오묘한 진리가 있다는 말을 듣고 서학(천주교)도 섭렵해 보았다.[19] 그가 유랑의 시기에 서학에 대해서도 공부한 적이 있었음은 주목해 둘 필요가 있는 점이다.

그러나 최제우는 그 어느 것에도 목적을 달성하지 못했으며 성공하지 못하였다. 특히 기존의 유교·불교·선교·서학(천주교)·음양복술陰陽卜術 등 그 어떤 것도 최제우의 구도求道의 목마름을 채워 주지 못하였다. 그는 11년 동안이나 전국을 유랑하면서 활로를 찾아보았으나 찾지 못하였고, 득도得道를 추구했으나 얻지 못하였다.[20] 그는 고향을 떠난 지 만 11년이 되자 실의에 빠져 1854년 31세 때에 처자를 찾아 집으로 돌아오게 되었다. 그러나 최제우의 11년간의 전국 유랑은 완전히 헛된 것은 아니었다. 그는 비록 득도는 하지 못했다 할지라도 전

---

13 『天道敎創建史』第1篇, 4쪽 참조.
14 吳知泳, 『東學史』, 1940, 1쪽 참조.
15 『天道敎會史草稿』, 前揭資料集 第1卷, 391쪽 참조.
16 『天道敎創建史』第1篇, 3쪽 참조.
17 『東學史』, 2쪽 참조.
18 『天道敎創建史』第1篇, 3쪽 참조.
19 『東學史』, 2쪽 및 『天道敎創建史』第1篇, 3~4쪽 참조.
20 『龍潭遺詞』, 「敎訓歌」.

국 유랑을 통하여 자기 시대의 사회와 국가와 민중의 현실을 스스로의 체험과 관찰을 통하여 정확히 보고 알게 된 것이었다.

> "편답강산遍踏江山 아니하면 인심풍속人心風俗 이런 줄을 아니 보고 어찌 알꼬. 대저 인간 백천만사百千萬事 보고 나니 한恨이 없네."[21]

최제우는 이 세상에 이미 자기가 찾는 활로와 자기가 찾는 도道가 존재하지 않는다는 것을 전국 유랑을 통하여 확인하게 되자, 이제는 전국 유랑에서 관찰하고 경험한 바를 생생한 자료로 하여 백성과 자기자신과 이 나라와 사회를 구제하기 위한 새로운 도의 창도를 자기자신이 담당하기로 결심하였다.

2) 최제우의 동학東學의 창도創道

최제우는 출가구도出家求道를 위한 11년간의 전국 유랑 끝에 1854년(31세) 처자에게로 돌아오자 울산蔚山의 유곡동裕谷洞에 작은 초가집을 마련하고 이 속에서 새로운 도의 창도를 위해 공부를 다시 시작하였다. 그는 1856년(33세)에는 양산군梁山郡 일대의 명산인 천성산千聖山의 내원암內院庵과 적멸굴寂滅屈에 들어가 49일재 등 치성을 드리면서 온 정신력을 집중하

최제우

여 득도를 위한 사색과 명상과 공부에 전념하였다. 그리고 다시 집에 돌아와서도 온 정신력을 모두 집중하여 새로운 도의 창도를 위한 공부에 몰두하였다.[22] 그러나 그는 울산에 머무는 동안 득도에 성공하지 못하였다.

최제우는 새로운 도를 창도하기 위한, 모든 노력이 실패한 후 절망적인 상태

---

21 『龍潭遺詞』, 「勸學歌」.
22 『道源記書』前揭資料集 第1卷, 160~163쪽 참조.

에서 가족들을 이끌고 1859년(36세) 10월에 처가의 고을인 울산으로부터 원래의 고향인 경주로 돌아왔다.[23] 그러나 최제우가 태어난 견곡면見谷面 가정리柯亭里의 집은 이미 팔아 버려 타인의 집이었다. 최제우는 가정리 남쪽의 구미산龜尾山 계곡에 그의 아버지 최옥이 지어 놓고 책을 읽던 정자인 용담정龍潭亭을 찾아가 이를 대충 손질해서 가족의 살림 거처를 정하였다. 부모가 남겨준 유산까지 모두 탕진하고 득도에도 성공하지 못한 채 다시 부친의 정자에 찾아와 바람을 막고 초라하게 몸을 의탁한 불효 막심한 못난 아들을 까막까치들도 조롱하는 듯했다고 그는 다음과 같이 읊었다.

"사십 평생 이뿐인가 무가내라 할 길 없다. 구미용담龜尾龍潭 찾아오니 흐르나니 물소리요 높으나니 산이로세. 좌우산천左右山川 둘러보니 산수는 의구依舊하고 초목은 함정含情하니 불효한 이 내 마음 그 아니 슬플쏘냐. 오작烏鵲은 날아들어 조롱을 하는 듯고 송백松栢은 울울하여 정절情節을 지켜 내니 불효不孝한 이내 마음 비감회심悲感悔心 절로 난다."[24]

최제우는 그의 아버지의 정자인 구미산 용담정에서 세상을 구제할 새로운 도를 창도하지 못하면 다시는 세상에 나아가지 않을 굳은 결심을 하였다. 이에 그는 이름을 '제선濟宣'으로부터 "우매한 백성을 구제한다"는 뜻의 '제우濟愚'로 스스로 고치고, 자를 '성묵性默'이라고 지었다.[25] 그리고 호는 '수운水雲'이라고 지었는데, 이것은 그의 28대조이며 이 경주최씨慶州崔氏 가문의 최대 학자인 통일신라시대의 최치원崔致遠의 호 '고운孤雲'에서 '운雲'자를 취하여 따른 것으로 보인다.[26]

---

23 『東經大全』, 「修德文」 참조.
24 『龍潭遺詞』, 「龍潭歌」.
25 『龍潭遺詞』, 「敎訓歌」 참조.
26 『天道敎創建史』 第1篇, 1쪽 참조. 고운 최치원도 일찍이 통일신라 말기에 세상이 어지러워지

아편전쟁

최제우는 이 구미산 용담정에서 정결한 곳에 제단을 차려 놓고 정성껏 기도를 드렸으며, 매일 밤 잠도 제대로 자지 않고 공부에 열중하면서 정신통일과 명상을 하며 새로운 도의 창도에 전념하였다.

최제우는 득도를 위한 처절한 노력과 공부와 명상으로 몸이 매우 쇠약해진 상태에서 1960년 음력 4월 5일(양력 5월 25일) 마침내 득도에 성공하게 되었다.[27]

최제우의 득도에 결정적 자료들과 사회적 배경이 되어 준 것은 그가 11년간 전국유랑에서 관찰하고 깨닫고 견문한 바의 자기 조국이 놓인 위기상태의 자료들이었다. 최제우가 견문한 바로는 우선 서양세력이 중국에 침입하여 중국을 붕괴시키면서 서학(천주교)을 보급하므로 중국과 조선의 민중들이 서학에서 정신적 구제를 구하는 형편이 되었다. 이것은 중국과는 입술과 이빨의 관계에 있는 조선(동국)에도 동일한 민족적 위기가 바로 눈앞에 박두했음을 의미하는 것

자유·불·선 삼교통합을 위한 연구를 한 일이 있다는 사실이 수운 최제우의 유·불·선 삼교통합과 지양의 이론적 동기 형성에 약간의 영향을 끼쳤을 가능성도 있었을 것이다.

27 『道源記書』前揭資料集 第1卷, 165쪽 참조.

이라고 그는 관찰하였다.

당시 중국은 영국의 중국에 대한 아편 밀수출을 저지하려다가 영국이 도발한 1840～1842년의 아편전쟁阿片戰爭에서 패하여 1842년에 매우 불평등한 남경조약南京條約을 체결해서 홍콩香港을 영국에 할양해 주고 5개 항구를 개항하여 서양과의 자유무역을 허용하였다. 서세西勢가 걷잡을 수 없이 중국 안에 들어오기 시작하자, 1850년에는 광동성廣東省에서 홍수전洪秀全 등이 나라를 구하겠다고 '태평천국太平天國' 혁명운동을 전개하여 1850년부터 중국은 전란에 휩싸이게 되었다. 뒤이어 1856년 10월에는 애로우Arrow호 사건이 일어나, 영국과 프랑스 연합함대가 중국을 공격해서 광동廣東을 점령하고 천진天津을 공격하였다. 중국은 다시 이 서양의 무력에 굴복하여 1858년에 천진조약天津條約을 체결해서 다시 천진을 비롯한 10개 항구를 서양 각국에 개항하고 양자강揚子江을 서양 선박들에 개방하기로 약속하였다.

중국이 이 천진조약의 비준과 실행을 지연시키려고 하자 영국·프랑스 연합함대는 다시 무력공격을 시작하여 1860년 7월에는 천진을 점령하고, 8월에는 중국의 수도 북경北京을 점령하였다. 청국 황제는 열하熱河로 피란가고, 청국은 서양의 무력 앞에 굴복하여 영국·프랑스의 요구대로 1860년 9월에 북경조약北京條約을 체결하였다. 북경조약의 주요 내용은 ① 천진天津의 개항, ② 구룡반도九龍半島의 할양, ③ 배상금 1,600만 달러의 지급, ④ 서양인들의 천주교 포교의 완전한 자유와 교당敎堂 설립의 자유의 허용, ⑤ 서양 신부들의 토지·가옥의 건조 또는 임차의

1860년 북경 점령

자유와 허용, ⑥ 서양인에 의한 중국인 노동자苦力의 모집과 해외이동의 허용 등이었다. 이 중에서 이전의 남경조약南京條約과 특히 다른 북경조약의 특징은 서양 천주교의 포교의 완전한 자유를 허용하고 교회당의 건립을 자유롭게 허용하여 천주교의 포교의 자유가 완전하게 허용된 점이었다.

최제우는 전국을 유랑하던 시기에 우리나라에도 이미 서학(천주교)이 깊이 침투하여, 조선왕조의 학정 밑에서 정신적으로 의지할 곳 없는 민중들이 생명의 위협을 무릅쓰고 서학에 입도하여 정신적 구제를 추구하는 것을 관찰하고 위기의식을 절감한 바 있었다. 최제우 자신이 서학을 연구해 보기까지 하였다. 최제우는 서양세력과 서학이 중국에 이미 침입해서 중국이 붕괴되어 가고 있고, 서학의 포교의 완전 자유의 허용에 의해 중국의 붕괴는 더욱 급속히 진행될 것이며, 서양세력과 서학이 조선에도 침투해 들어오고 있는데 정신적으로 의지할 곳 없는 백성들의 일부가 서학에 경도되기 시작하고, 장차 나라와 백성이 서양의 침략 앞에서 매우 큰 위험에 직면한다고 인식하였다. 최제우는 이 시기에 서학이 백성을 구제하기는커녕 서양세력의 침입을 선두에서 인도하는 힘이라고 서학을 인식하고 있었다고 볼 수 있다.

최제우의 1860년 4월 5일의 새로운 도道의 창도가 서양열강의 동양과 중국 침략으로 말미암은 위기의식과 관련된 것임을 다음의 그의 경전에서도 알 수 있다.

"경신(1860)년에 이르러 전하여 들으니 서양 사람들은 천주의 뜻이라고 하여 부귀를 취하지 않고 천하(中國-인용자)를 공격하여 취해서 (서학의) 교당을 세우고 그 도(서학의 도)를 행한다고 하였다. 그러므로 나는 또한 '그럴 수 있을까, 어찌 그러할까'하는 의문이 있었다.

그러다가 뜻밖에 경신년 4월에 갑자기 가슴이 두근거리고 몸이 떨리기 시작하여, 무슨 병인지 병의 증세를 알 수 없고 말로 형상하기도 어려울 즈음에, 어디선가

갑자기 선어仙語가 들려왔다."²⁸

최제우의 동학의 창도가 서양열강의 무력에 의한 중국 광동·천진·북경 점령과 서학(천주교)의 중국에서의 자유로운 포교 허용에 직결된 것임을 위의 자료에서도 알 수 있다. 최제우는 서양열강의 무력과 서학의 중국 침략이 중국의 멸망뿐만 아니라 자기의 조국인 조선에도 심각한 위기를 가져올 것이라고 예견한 것이었다.

"서양은 전쟁을 하면 승리하고 공격하면 빼앗아 이루지 못하는 일이 없다. 천하가 모두 멸망하면 또한(우리나라도) 입술이 없어지는 탄식이 없지 않을 것이니 보국안민의 계計를 장차 어떻게 낼까."²⁹

"저 경신(1860)년 4월에 이르러 天下가 혼란하고 민심이 효박淸薄하여 어디로 가야 할지 알지 못할 즈음에, 또한 괴이한 말이 세간에 요란하게 퍼져 이르기를 '서양사람들은 도를 이루고 덕을 세워 그 조화造化가 미치는 곳에 이루지 못하는 일이 없고, 무기로 공격하여 전투를 함에 그 앞에 당할 사람이 없다'고 하였다. 중국이 멸망하면 (우리나라도) 어찌 입술이 없어져 이가 시리는 금심이 없겠는가?"³⁰

최제우는 "입술이 없어지면 이가 시리게 된다脣亡齒寒"는 동양식 표현을 빌어, 여기서 중국(천하)을 입술, 조선을 이빨에 비유하면서, 앞으로 중국이 망할

---

28 『東經大全』, 「布德文」, "至於庚申 傳聞西洋之人 以爲天主之意 不取富貴 功取天下 立其堂 行其道 故吾亦有其然 豈其然之疑. 不意四月 心寒身戰 疾不得執症 言不得難狀之際 有何仙語忽入耳中."

29 『東經大全』, 「布德文」, "西洋戰勝功取 無事不成 而天下盡滅 亦不無脣亡之歎 輔國安民計 將安出."

30 『東經大全』, 「布德文」, "夫庚申之年建巳之月 天下紛亂 民心淸薄 莫知所向之地 又有怪違之說 崩騰于世間 西洋之人 道成德立 及其造化 無事不成 功鬪干戈 無人在前 中國燒滅 豈可無脣亡之患耶."

경우 조선이 심각한 위기에 놓임을 절감하고, 이에 대한 '보국안민輔國安民의 계計'로서 새로운 도의 창도를 간절히 추구한 것이었다.

다음으로 최제우의 득도에 결정적 자료들과 사회적 배경이 된 것은 그가 11년간 전국유랑을 하면서 관찰하고 견문한 바, 양반관료들의 학정이 극도에 달하여 백성이 도탄에 빠지고 정신적으로 의지할 곳도 없어 백성들이 어디로 가야 할지 모르고 방황하는 국내의 봉건적 위기의 상황이었다.

19세기 중엽의 조선왕조의 봉건사회는 말기적 현상이 도처에서 걷잡을 수 없이 나타나서, 양반관료들은 그들 자신이 제정한 법률과 제도를 스스로 무시하고 '삼정三政의 문란紊亂'이라고 통칭되는 바와 같이 농민들에 대한 착취와 가렴주구를 기탄없이 자행하여 백성들을 더욱 도탄에 빠뜨렸다. 이에 더는 참을 수 없게 몰린 백성들은 전국 도처에서 '민란'과 '폭동'으로 맞서 19세기는 그 초기부터 가히 '민란의 세기'[31]라고 부를 수 있을 만큼 농민들의 폭력적 저항이 확대되어 가고 있었다.

최제우는 그가 11년간 전국유랑에서 관찰한 바, 조선왕조의 이러한 내부적 위기를 놓고 '조선왕조 사백년'이 이미 시운時運이 다해 이제 막 종언을 고하는 말세의 단계에 이르렀다고 진단하였다.

"삼각산 한양도읍漢陽都邑 사백년 지낸 후에 하원갑下元甲 이 세상에 남녀간 자식 없어 ……"[32]

"우리나라는 악질惡疾이 온 세상에 가득하여 백성들이 사시사철 편안할 때가 없으니, 이 역시 상해傷害의 운수이다."[33]

"일세상一世上 저 인물이 도탄중塗炭中 아닐런가."[34]

---

31 慎鏞廈, 「1894년의 社會身分制의 廢止」, 『奎章閣』 제9집, 1985.
32 『龍潭遺詞』, 「夢中老少問答歌」.
33 『東經大全』, 「布德文」.
34 『龍潭遺詞』, 「勸學歌」.

최제우는 조선왕조의 부패와 타락은 극에 달하여 몹쓸 사람이 부귀하고 어진 사람은 도리어 궁박窮迫하며, 덕을 닦은 사람들은 버리고 지벌地閥(身分)과 가세家勢를 보아 쓰며, 양반들이 말하는 '군자君子'나 '도덕'은 모두 타락한 헛소리가 되었으며, 온 세상 사람들이 각각 딴마음을 가져 어디로 가야 할지 정신적 구원의 방향을 상실한 상태에서, 기존의 종교와 도道인 유도儒道·불도佛道 등은 이미 운이 다하여 아무런 생명력·생활력도 갖지 못하게 되었다고 지적하고, 이 세상은 요순堯舜의 정치과 공자孔子·맹자孟子의 학덕으로도 구제할 수 없는 극단의 타락한 상태에 도달했다고 탄식하였다.

"몹쓸 사람 부귀하고 어진 사람 궁박窮迫타고 하는 말이 이뿐이오 약간 어찌 수신修身하면 지벌地閥 보고 가세家勢 보아……"[35]

"우습다 저 사람은 지벌이 무엇이게 군자를 비유하며 문필文筆이 무엇이게 도덕을 의논하노."[36]

"온 세상 사람들이 각기 딴마음을 품어 천리天理에 순순順順하지 아니하고 천명天命을 돌아보지 아니하니"[37]

"아서라 이 세상은 요순지치堯舜之治라도 부족시不足施요. 공맹지덕孔孟之德이라도 부족언不足言이라."[38]

"유도儒道 불도佛道 누천년累千年에 운運이 역시 다했던가."[39]

최제우는 11년간의 전국유랑을 통하여 백성들이 새로운 사회, 새로운 질서, 새로운 학문, 새로운 사상, 새로운 종교, 새로운 도덕, 새로운 세상을 간절히 요

---

35 『龍潭遺詞』, 「道德歌」.
36 『龍潭遺詞』, 「道德歌」.
37 『東經大全』, 「布德文」.
38 『龍潭遺詞』, 「夢中老少問答歌」.
39 『龍潭遺詞』, 「敎訓歌」.

구하고 있음을 명확하게 관찰하였고, 그 자신이 백성들과 함께 스스로 이를 절감하였다. 그리고 만일 기존의 학문과 사상과 종교와 도덕이 생명력을 잃고 백성들의 이 요구에 응할 수 없다면, 최제우 자신이 백성들의 이 간절한 요구에 응하여 보국안민을 할 수 있는 새로운 도의 창도를 담당하기로 결심한 것이었다.

최제우가 1854년(31세)에 11년간의 전국유랑을 끝내고 귀가하여 1860년(37세)까지 6년간 온 정신력을 집중하여 공부하고 사색하고 명상하고 치성한 것은 이러한 새로운 도의 창도를 위한 것이었다.

최제우가 새로운 도의 창도를 위하여 사용한 종래의 지적 자원은 유학 중에서 공자·맹자의 고전유학과 주자朱子 등의 성리학性理學뿐만 아니라 육상산陸象山·왕양명王陽明 등의 심학心學(陽明學)도 포함되어 있었다.[40] 불교와 선교의 사상이 흡수되었음은 물론이다. 그뿐만 아니라 최제우는 음양오행설陰陽五行說,[41] 역학사상易學思想[42] 등과 당시 농민층 사이에서 널리 신앙되고 있던 풍수지리설風水地理說(地靈說),[43] 단군신앙檀君信仰, 귀신신앙鬼神信仰,[44] 영부신앙靈符信仰,[45] 정감록鄭鑑錄 사상,[46] 샤머니즘 등 여러 가지의 민간신앙들을 그의 사상체계 안에 흡수 용해시켜 넣어 농민들과의 '친화력'을 높이는 데 활용하였다. 심지어 서학(천주교)까지도 연구하여 반면교사적 요소로서 활용하였다.[47] 즉, 최제우는 당시까지의 그가 접할 수 있었던 모든 동양사상들과 서학까지도 그의 새로운 도의 창도의 지적 자원으로 활용한 것이었다.

최제우는 그러나 거의 모든 새 종교의 창시자들이 그러한 것과 같이 그의 득

---

40 『龍潭遺詞』, 「教訓歌」.
41 『東經大全』, 「論學文」.
42 『東經大全』, 「修德文」 및 「論學文」 참조.
43 『龍潭遺詞』, 「龍潭歌」.
44 『龍潭遺詞』, 「道德歌」.
45 『龍潭遺詞』, 「安心歌」.
46 『龍潭遺詞』, 「夢中老少問答歌」.
47 『天道教創建史』 第1卷, 3쪽 및 『東學史』, 2쪽 참조.

도에 대하여 '하느님(한울님)'과의 대화를 통하여 하느님의 계시를 달성한 것이라고 신비주의적으로 설명하였다.

"4월이라 초 5일에 꿈일런가 잠일런가 천지가 아득해서 정신수습 못할러라 공중에서 외는 소리 천지가 진동할 때 ……"[48]

"뜻밖에도 경신(1860)년 4월에 갑자기 가슴이 두근거리고 몸이 떨리기 시작하여 무슨 병인지 병의 증세를 알 수 없고 말로 형용하기도 어려운 즈음에 어디선가 갑자기 신선의 말씀이 들려 왔다.

나는 깜짝 놀라 일어나서 캐물어 보았더니 하느님(上帝, 한울님)이 대답하시기를 '두려워하지 말고 겁내지 말라, 세상사람들이 나를 하느님(上帝)이라 하거늘 너는 하느님(上帝)을 모르느냐' 하였다. '왜 그러십니까' 하고 까닭을 물었더니, 하느님이 대답하시기를 '나 역시 지금까지 공功이 없으므로 너를 세간世間에 태어나게 하고 세상사람들에게 이 법을 가르치게 하노니 의심하지 말고, 의심하지 말라' 하였다. 내가 묻기를 '그러면 서도西道로써 사람을 가르쳐야 합니까' 하니, 하느님이 대답하시기를 '그렇지 않다'고 하셨다."[49]

즉 1860년 음력 4월 5일(양력 5월 25일) 최제우가 목욕재계하고 수덕修德에 들어간 즈음에, 5리쯤 떨어진 곳에 사는 조카가 인마人馬를 보내어 생일잔치에 초대했으므로 여기에 갔다가 몸이 떨리면서 심신에 이상을 느껴, 용담龍潭으로 돌아와서, 심신의 이상을 이겨내려고 마음을 가다듬어 치성을 하고 정신집중을 하는데, 더욱 몸이 떨리고 가슴이 두근거리며 정신이 무아지경無我之境에 든 가운데 공중에서 천지가 진동할 때와 같은 '하느님의 말씀'이 들려왔다는 것이

---

48 『龍潭遺詞』, 「安心歌」.
49 『東經大全』, 「布德文」.

다.[50] 하느님의 말씀의 요지는, "나(하느님) 역시 지금까지 공功을 세운 바가 없어 너(최제우)를 이 세상에 태어나게 해서 세상사람들에게 천도天道(東學)라는 새 도道를 가르치게 하는 것이니, 이 법法을 사람들에게 잘 가르치라"는 하느님의 위탁의 말씀이었다.

최제우에 의하면, 이 하느님의 말씀은 천지를 진동하는 것 같은 큰 소리였는데, 바로 최제우의 옆에 있던 그의 아내와 아들은 이 소리를 전혀 듣지 못하였다.[51]

필자의 생각으로는, 과학적 관점에서 보면, 새로운 도로서의 최제우의 동학의 창도는 간고한 작업을 거친 그 자신의 지적 창조라고 볼 수 있다. 최제우는 도를 구하기 위해 11년간 전국을 유랑하면서 나라와 사회와 백성의 실상을 깊이 관찰하고 경험하면서 온갖 기존의 도와 학문과 종교를 공부하였고, 귀가 후에는 6년간이나 보국안민保(輔)國安民하고 광제창생廣濟蒼生할 수 있는 새로운 도를 창조하려고 밤마다 잠도 제대로 자지 않으면서 열심히 공부를 하고 지극한 정성을 드리며 기도하고 정신통일을 하여 명상과 사색을 해 오다가 문득 영감을 얻어 새로운 도의 원리를 발견한 것이었다고 볼 수 있다. 최제우만 들을 수 있었던 천지를 진동하는 것 같은 큰 소리의 하느님의 말씀은 극도로 몸이 쇠약해진 상태에서 문득 영감이 떠올라 새로운 도의 원리를 깨닫고 기쁨에 넘쳐서 들은 그 자신의 내면의 소리가 아니었을까?

최제우는 도를 구하기 시작한 지 17년 만에 1860년 음력 4월 5일 마침내 역사적인 '동학'이라는 새로운 도를 창도하는 데 성공한 것이었다.

---

50 『道源記書』, 前揭資料集 第1卷, 166~168쪽 참조.
51 『龍潭遺詞』, 「安心歌」 참조.

3. 동학의 명칭과 포덕布德의 시작

최제우는 그가 창도한 새로운 도·사상·종교의 명칭을 '동학東學' '천도天道'라고 이름하고, 그것이 '서학'에 대한 대결의식에서 나온 것임을 강조하였다.[52] 그의 '동학'이라는 이름을 선택한 이유의 설명을 보면 다음과 같다.

> 묻기를, 그렇다면 도道의 이름은 무엇이라고 합니까?
>
> 대답하기를, '천도天道이니라.'
>
> 묻기를, '서양西洋의 도道와 다름이 없습니까?'
>
> 대답하기를, '서양西洋의 학學은 우리 도道와 같은 듯하나 다름이 있고 비는 것 같으면서 실實이 없다. 그러나 운수運數인즉 같고, 도道인즉 다르니라.' (중략)
>
> 묻기를, '도道는 같다고 말씀하셨으니 그 이름은 「서학西學」이라고 합니까?'
>
> 대답하기를, '그렇지 않다. 나는 동東에서 태어나서 동東에서 도道를 받았으니 도道는 비록 '천도天道'이나 학學인즉 '동학東學'이다. 하물며 땅이 동과 서로 나뉘어 있는데 서를 어찌 동이라 하며 동을 어찌 서라 하리오.
>
> 공자는 노魯나라에서 태어나 추鄒나라에서 도를 폈으므로 추노의 풍風이 이 세상에 전하여 남아 있는 것이다. 우리 도道는 여기서 받아 여기서 펴고 있으니 어찌 서학이라 이름하겠는가.'[53]

우리가 여기서 주목할 것은 최제우가 '동학'이라는 명칭을 선정한 '동'의 개념에는 두 가지가 포함되어 있다는 사실이다. 우선 도는 천도天道로서 동일하

---

52 『道源記書』, 前揭資料集 第1卷, 171쪽 참조.
53 『東經大全』, 「論學文」. "曰然則吾道以名之 曰天道也. 曰與洋道無異者乎 曰洋學如斯而有異 如 呪而無實 然而運則一也 道則同也 理則非也. …… 曰同道言之則名其西學也. 曰不然 吾亦生 於東受於東 道雖天道 學則東學 況地分東西 西何謂東 東何謂西. 孔子 生於魯風於鄒 鄒魯之 風 傳遺於斯世. 吾道 受於斯布於斯 豈可謂以西名之者乎."

38

구미용담-동학 깨친 곳

다 할지라도 지구가 동양과 서양으로 나뉘어 있는데, 득도자인 그가 동양에서 태어나서 동양에서 도를 받았으니 그의 학學은 '동학東學'이 되는 것이라는 설명의 부분이다. 이때에는 지구의 동양과 서양의 지역적 구분이 강조되고 있다. 이때의 '동학'은 '동양의 학'의 의미내용을 갖고 있다고 볼 수 있다.

또한 최제우는 마치 공자孔子가 노魯나라에서 태어나서 추鄒나라에서 유학儒學의 도를 폈기 때문에 공자의 유학에 추노鄒魯의 문화가 전하여 내려오는 것과 같이, 최제우 자신은 이곳(동국 = 조선)에서 하느님으로부터 도를 받아서 이곳(동국=조선)에서 도를 펴니 '동학東學'이라고 이름하는 것이다. 이때에는 동국 = 조선의 문화적 특징이 강조되고 '동학'은 '동국의 학'의 의미내용을 갖고 있다고 볼 수 있다.[54]

그러므로 최제우의 '동학'의 '동'의 개념에는 이중의 개념이 통합되어 있는 것이라고 볼 수 있다. 그 하나는 지구를 동·서로 나눌 때와 같이 '동양의 천도학'이라는 뜻이요, 다른 하나는 자기가 도를 받고 포교한 땅의 문화적 특징을 강

---

54 『官沒記錄水雲齋文集』 중의 "壬辰十二月 都所 朝家回通 奧自庚申之歲 慶州崔先生 廳天叛道之學 曰東學 東學者東國之學 而合儒彿仙三道之名" 참조.

조할 때와 같이 '동국(조선)의 천도학'이라는 뜻이다. 동학의 '동'에는 이와 같이 '동양'과 '동국'의 뜻과 내용이 하나로 통합되어 있음을 주목할 필요가 있을 것이다.

최제우의 동학은 기존의 도와 종교인 유교·불교·선(도)교의 원리들을 종합 지양해서 새로운 도와 종교와 사상을 창조한 것이었다. 최제우는 이 점을 제자인 최시형에게 다음과 같이 설명하였다.

"오도吾道는 원래, 유儒도 아니며, 불佛도 아니며, 선仙도 아니니라. 그러나 吾道는 유·불·선儒·佛·仙 합일合一이니라. 즉 천도天道는 儒·佛·仙이 아니로되, 儒·佛·仙은 天道의 한 부분이니라. 儒의 윤리와 佛의 각성과 仙의 양기養氣는 사람성性의 자연自然한 품부品賦이며 天道의 고유한 부분이니, 吾道는 그 무극대원無極大源을 잡은 자이라. 후에 道를 용用하는 자 이를 오해하지 말도록 지도하라."[55]

최제우는 동학을 창도함에 있어서 특히 유교儒教의 윤리＝삼강오륜三綱五倫, 불교佛教의 각성覺性＝수성각심修性覺心, 선교仙教의 양기養氣＝양기양생養氣養生을 동학사상의 체계 안에 포용하여 발전시켰다.

"吾道는 儒·佛·仙 合一이니라. 원래 天道는 儒·佛·仙이 아니로되 儒·佛·仙은 天道의 부분적 진리眞理로, 과거시대의 도덕이 아니라, 儒의 삼강오륜三綱五倫과 佛의 수성각심修性覺心과 仙의 양기양생養氣養生은 吾道의 부분인데, 吾道는 儒·佛·仙의 최원두最源頭에 입립하여 체體는 곧 天道이며, 용用은 곧 儒·佛·仙이니 후세에 차此를 오해치 아니하도록 신신愼하라."[56]

---

55 『天道教創建史』 第1篇, 47쪽.
56 『天道教書』, 『亞細亞研究』 제5권 제1호, 216쪽.

최제우가 여기서 말한 유학 중에는 앞에서 지적한 바와 같이 공자·맹자의 고전유학 및 주자의 성리학뿐만 아니라 '심학心學'이라고 별칭으로 부르던 육상산陸象山·왕양명王陽明 등의 양명학陽明學도 포함되어 있었다.

『동경대전』

"십삼자十三字 지극하면 만권시서萬卷詩書 무엇하며 심학心學이라 하였으니 불망기의不忘其意하였어라. 현인군자賢人君子 될 것이니 도성덕립道成德立 못 미칠까."[57]

최제우 자신이 그의 동학을 심학이라고 말한 바와 같이, 그는 양명학의 '심心'의 영명靈明을 극도로 강조하고 '심즉리心卽理', '치량지致良知' '지행합일知行合一'을 강조하는 사상 요소들을 적극적으로 동학의 사상체계 안에 포용했던 것이다.

최제우는 여기에 그치지 않고 서학의 일부 요소를 그의 사상 안에 포용하였다. 그는 이 점을 스스로 그의 동학이 서학과는 "운수運數인즉 같고 도道인즉 한가지로되 리理인즉 다르다"[58]고 설명하면서 인정하였다. 최제우가 그의 동학을 서학과 같은 운수라고 말한 것은 두 종교사상이 모두 흥성하는 운수임을 말한 것이요, 도인즉 한가지라고 한 것은 동학이나 서학이나 모두 도로서는 '천도天道'인 것이 동일함을 강조한 것이라고 이해되며, 이것은 동학의 창도에 서학이 일부 참조되었음을 스스로 인정한 것이라고 이해된다.

최제우는 서학을 참조하면서 서학을 비판하였다. 특히 최제우는 서학이 자기

57 『龍潭遺詞』, 「敎訓歌」.
58 『東經大全』, 「論學文」 참조.

의 영혼만 있음을 알고 부모의 영혼 있음을 인정하지 않아 부모의 제사조차 지내지 않는다고 이를 날카롭게 비판했으며, 자기의 영혼만 천당에 갈 것을 기원하고 부모형제의 영혼과 함께 갈 것을 생각지 않는 개인주의적 교리이며, 허虛하며 실實이 없는 교리라고 비판하였다.[59] 그러면서도 그는 서학에의 대결의식에 지배되어 서학에서 민중들이 환영을 받는 요소를 동학의 내용과 형식에 포함하려고 노력하였다. 예컨대, 그는 서학에서 애용하는 핵심인 '천주'의 용어를 교묘하게 가져다가 이를 변형시켜 사용하였다. 그는 동학의 "시천주侍天主 조화정造化定 영세불망永世不忘 만사지萬事知"의 주문에서 '천주天主'의 '주主'자를 풀이하여 "主라고 하는 것은 존대하여 칭하는 것으로 부모와 같이 공경하여 섬긴다는 것이다(主者 稱其尊而與父母同事者也)"[60]라고 하여 단순한 존칭이라고 해설해서 '천주'가 '하느님'의 번역일 뿐임을 강조하였다. 그러나 그는 '천주'라는 서학의 핵심용어를 동학의 주문에 가벼이 사용해 버림으로써 서학에 관심을 갖거나 경도된 민중을 동학에 끌어오려고 교묘하게 배려했음을 간취할 수 있다.

최제우는 앞서 지적한 바와 같이, 중국을 멸망시켜 가고 있는 서양의 막강한 힘을 인식하고 이를 두려워하였다. 그는 서양의 힘을 ① 도道(西道)·학學(天主敎)·교敎(聖敎) 등 서학의 힘과 ② 무기·전쟁에서 보인 바와 같은 서양의 무력의 두 개의 차원에서 이를 보고, 이 중에서도 '서학西學의 힘'을 더 근원적이고 본질적인 것으로 보았다. 즉, 최제우는 서학이 서양의 힘의 근원적 원천이며, 서양의 무력도 궁극적으로 이에 기초하여 유도되고 있는 것이라고 본 것이었다.

최제우는 이러한 서학의 힘이 서양의 무력을 매개수단으로 하여 중국을 멸망시킨 다음에 이어서 조선에 침입하여 자기 조국인 조선을 멸망시키지 않을까하고 심각한 위기의식을 절감하면서 '서학의 창도자'보다 자신이 늦게 태어난

---

59 『龍潭遺詞』, 「勸學歌」; 『東經大全』, 「論學文」 참조.
60 『東經大全』, 「論學文」.

것을 한탄하였다.[61] 그는 이러한 서학에 대한
대결의식에 지배되어 고뇌하다가 서학의 문
제점을 비판하고 그 스스로 서학보다 우수한
새로운 도로서의 동학을 창도하는 데 성공하
게 되자 스스로 희열에 넘친 것이었다.

『용담유사』

최제우는 그의 동학에 대하여 "우리 도道
는 지금에도 듣지 못하고 옛날에도 듣지 못
했던 일이고 지금에도 비比할 수 없고 옛날에
도 비比할 곳 없는 법法"[62]으로서 "고불문古
不聞 금불문今不聞 고불비古不比 금불비지법今
不比之法"[63]이라 동서고금의 최고최선最高最善의 새로운 도요, "만고萬古에 없는
무극대도無極大道"[64]라고 자부심에 넘쳐 설명하였다. 최제우에 의하면, 동학은
유교·불교·선교를 합일하여 극복한 새로운 도이며 서학마저도 극복한 새로운
도·사상·종교이니, 최제우가 자기의 동학을 일찍이 동서고금에 없었던 최고최
선의 도라고 자부심을 가질 것은 당연한 일이었다.

최제우는 동학을 창도한 후 약 1년 동안 동학의 이론화의 작업을 추구했으
며, "지기금지至氣今至 원위대강願爲大降"과 "시천주侍天主 조화정造化定 영세불
망永世不忘 만사지萬事知"[65]의 21자 본주문本呪文과 여러 가지 축문祝文·주문呪
文 등을 짓고, 『용담가龍潭歌』·『처사가處士歌』·『교훈가教訓歌』·『안심가安心歌』·

---

61 『東經大全』, 「論學文」 참조.
62 『東經大全』, 「論學文」, "日吾道 今不聞古不聞之事 今不比古不比之法也."
63 『道源記書』, 前揭資料集 第1卷, 187~188쪽.
64 『龍潭遺詞』, 「龍潭歌」.
65 이에 대해서는 여러 가지 번역과 해설이 있으나, "하느님을 (마음속에) 모시고 (무위이화로)
   造化가 정해지도록 하여 평생 잊지 아니하면 모든 일을 알게 된다"는 뜻으로 번역할 수 있
   을 것이다.

『검결劍訣』등을 지었으며,[66] 도를 닦는 순서와 방법을 정하는 등 새로운 도로서의 동학의 이론과 형식을 정립하고 보완하는 데 노력하였다.[67] 그리하여 1861년(辛酉)에 들어서자 '포덕문布德文'을 지은 후 포덕을 시작하였다.[68]

최제우의 동학의 포덕의 시작은 매우 성공적이었다. 각지에서 새로운 도를 배우고자 하는 사람들이 구름같이 모여들어 6개월 동안에 약 3천 명의 인사들이 최제우를 찾아와 '동학'을 배우고 그의 제자가 되었다. 이 성공에 대하여 최제우는 옛날 공자가 제자들을 가르쳤던 일에 자신을 비유하였다.

"나는 포덕布德할 마음을 갖지 않고 오직 지극한 마음으로 치성致誠을 드렸다. 그러나 오래도록 미루어 오다가 다시 신유년辛酉年을 맞이하니 때는 六月이요 절기는 여름이었다. 좋은 벗들이 찾아와 방안에 가득차게 앉았으므로 먼저 道 닦는 法을 정하였고, 어진 선비들이 나에게 가르침을 물었으며, 또 布德을 권하였다. 門을 열고 오는 손님을 맞이하니 그 수효가 그렇게 많았고, 자리를 펴서 道法을 설교하니 그 즐거움이 매우 컸다. 어른들이 들어오고 나가고 하는데 그 행렬은 三千명이나 되는 것 같았고, 童子들이 손을 마주잡고 절하는 것은 증례曾禮와 같은 六·七명의 제자들이 시가詩歌를 읊으며 춤을 추기도 하니, 어찌 공자孔子의 하시던 일이 아니겠는가."[69]

최제우의 '동학'의 포교의 시작의 성공은 그 스스로 동학의 '성운성덕盛運盛德'[70]을 자각케 하였다. 새로운 종교를 갈구하던 전국 각지의 민중들이 '동학'이라는 새로운 도가 포교되기 시작했다는 소식을 듣고 구미산龜尾山 용담龍潭의

---

66 『道源記書』, 前揭資料集 第1卷, 168쪽 참조.
67 『東經大全』, 「論學文」 참조.
68 『道源記書』, 前揭資料集 第1卷, 170쪽 및 『龍潭遺詞』, 「道修詞」 참조.
69 『東經大全』, 「修德文」.
70 『龍潭遺詞』, 「敎訓歌」.

최제우의 처소로 끊임없이 모여들었다.

최제우의 동학 포교가 성공하기 시작하자 그에 대한 비방과 중상도 비례하여 증가하였다. 심지어 최제우의 친척 중에서도 그를 중상하는 사람들이 많이 나와서 그에게 심대한 타격을 주었다.[71] 특히 최제우와 그의 동학에게 심한 타격을 준 것은 최제우가 서학＝천주교의 신봉자이며 동학은 사실은 '서학'이라는 중상이었다. 서학에 대결하기 위해 창도된 동학을 서학이라고 몰아붙이는 것은 터무니없는 중상이었으나, 동학의 의미와 내용을 모르는 비교도들 사이에서 이 헛소문은 급속히 파급되어 최제우에게 큰 타격을 주었다.[72] 최제우가 그의 새로운 도를 '동학'이라고 설명해서 그것을 '서학'이라고 몰아붙이는 세상인심과 관헌의 핍박을 감당하기 어려웠다.

최제우는 고향에서의 주위의 핍박을 감당하기 어려워 1861년 11월에는 할 수 없이 피신의 길에 올랐다. 그는 웅천熊川(경상남도 東萊郡 鐵馬面)→의령宜寧(경상남도)→성주星州(경상북도)→무주茂朱(전라북도)를 거쳐 전라도 남원南原의 은적암隱寂庵에 들어가서 1862년(壬戌) 3월까지 이곳에서 은신하였다. 최제우는 이곳에서 은신중에『도수사道修詞』·『동학론東學論』·『권학가勸學歌』등을 지었다.[73] 최제우가 다시 경주로 돌아오자 경주영慶州營은 사학邪學을 퍼뜨려 혹세무민惑世誣民한다는 이유로 1862년 9월에 최제우를 일시 체포하였다. 그러나 수백명의 동학교도들이 경주영으로 몰려가 동학은 서학이 아니라고 집단항의했으므로 이에 당황한 경주영은 곧 최제우를 석방하였다.[74] 최제우는 이해 (6월)『수덕문修德文』과『몽중노소문답가夢中老少問答歌』를 지었다.[75]

지방에서의 핍박에도 불구하고 최제우의 동학의 포교는 날로 흥성하여 갔

---

71 『龍潭遺詞』,「敎訓歌」참조.
72 『龍潭遺詞』,「安心歌」참조.
73 『道源記書』, 前揭資料集 第1卷, 172쪽 참조.
74 『天道敎創建史草稿』, 前揭資料集 第1卷, 398~399쪽 참조.
75 『道源記書』, 前揭資料集 第1卷, 174쪽 참조.

다. 특히 경주慶州·영덕盈德·영해寧海·대구大邱·청도淸道·청하淸河·연일延日·안동安東·단양丹陽·영양英陽·신영新寧·고성固城·울산蔚山·장기長鬐 등지에서는 동학교도의 수가 상당히 많았으므로 최제우는 1862년 말부터는 이 지방들에 접소接所를 설치하고 접소에 '접주接主'를 두어 '접주제接主制'를 실시하기 시작하였다.[76] 최제우는 1863년에 들어서자 더욱 포덕을 확대하고 각 지방의 교도 집을 순회하면서 7월에 『수덕가修德歌』, 8월에 『흥비가興比歌』, 11월에 『불연기연不然其然』과 『팔절구八節句』를 지었다.[77]

그러나 조선왕조의 중앙조정에서는 경상도 일대에서 동학세력이 급성장하고 있다는 보고를 받고 큰 위협을 느껴 1863년 12월에 선전관宣傳官과 포졸捕卒을 경주에 파견해서 최제우를 체포하여 대구감영에 투옥하였다. 경상관찰사 서헌순徐憲淳의 심문보고를 받은 중앙조정은 1864년 2월 29일 참형을 결정하여 대구감영에서 집행하도록 지시하였다. 이에 대구의 경상감영은 1864년 3월 10일 대구장대大邱將臺에서 최제우에게 참형을 집행하여 최제우는 40세의 나이로 그가 창시한 '동학'에 순도殉道하였다.[78] 최제우는 참형에 임해서 조금도 굽힘이 없이 의연하게 참형을 당하면서, 다음 세대에는 '동학'이 전국에서 반드시 크게 흥성할 것이라고 동학에 대한 그의 굳은 신념을 피력하였다.

"나의 하는 바 도道는 나의 사심私心이 아니요 천명天命이니 순상巡相은 그 뜻을 아소서. 오늘날은 순상이 비록 나를 죽이나 순상의 손자대孫子代에 가서는 반드시 내 도道를 좇고야 말리라."[79]

최제우의 순도殉道 후에 동학은 최시형崔時亨이 제2세 교주가 되어 포교하였

76 『天道敎創建史』第1卷, 42쪽 참조.
77 『道源記書』, 前揭資料集 第1卷, 181~189쪽 참조.
78 『道源記書』, 前揭資料集 第1卷, 194~195쪽 참조.
79 『東學史』, 18쪽.

다. 조선왕조의 중앙조정은 최제우를 참형함으로써 동학을 사학邪學으로 규정하고 완전히 불법화하였다. 지방에서도 지방관의 동학도에 대한 탄압은 극렬하여 재산을 몰수하고 인명까지 살상하였다.

조선왕조 정권의 동학에 대한 탄압이 이와 같이 잔혹하고 극렬함에도 불구하고 농민들 사이에서는 동학이 지하종교로서 날로 퍼져나갔다. 농민들이 목숨을 걸고서라도 의지하고 싶은 사상의 어떠한 요소가 동학에는 정립되어 있어서 농민들의 마음을 사로잡았기 때문이었다. 동학의 어떠한 사상적 구조가 농민들의 목숨을 걸고서라도 입도하고 싶을 만큼 농민들의 마음을 사로잡았을까.

4. 동학의 사회사상적 구조

동학사상의 특징으로서 필자는 현대적 용어를 표현했을 경우에 ① 민족주의적 성격, ② 평등주의를 중심으로 한 농민 민주주의적 성격, ③ 인시천人是天 사상을 중심으로 한 고도의 휴머니즘의 성격을 들고, 당시의 동학 측 용어를 빌려 표현했을 경우에 ① 지기일원至氣一元 사상, ② 천인합일天人合一 사상, ③ 시천주侍天主 사상, ④ 수심정기守心正氣 사상, ⑤ 인시천人是天 사상, ⑥ 평등平等 사상, ⑦ 후천개벽後天開闢 사상, ⑧ 지상천국地上天國 사상 등을 특징으로 들어 거론한 일이 있었다.[80]

여기서는 동학이 최제우의 순도 이후 불법교단으로서 조선왕조 정부의 극심한 탄압을 받았음에도 불구하고 농민들이 목숨을 걸고서라도 입도하고 싶을 만큼 농민들에게 열렬한 환영을 받고 농민들의 마음을 사로잡았던 동학의 사회사상적 요소가 무엇이었는가를 고찰해 보려고 한다.

첫째로 들어야 할 것은, 동학의 민족주의와 반외세·반침략 사상이 농민들의

---

80 愼鏞廈, 「東學의 社會思想」, 『韓國近代社會思想史硏究』(一志社), 1987 참조.

마음을 사로잡았다고 볼 수 있다.

동학은 앞에서 쓴 바와 같이 창도될 때부터 외세의 침략에 대항하는 '보국안민輔(保)國安民의 계計'[81]의 하나로서 창도되어 민족주의적 의식에 충만한 사상이었다. '동학'이라는 명칭의 '동'은 이미 지적한 바와 같이 '동양'의 의미 이외에 '동국(조선)'이라는 의미를 가지고 '서학'에 대결하여 명칭부터 '동국(조선)의 천도학'이라는 민족주의적 명칭을 가진 것이었다.

우선 동학은 서양세력의 침입·침략을 인식하고 서학을 서양세력의 동양과 조선 침략의 첨병으로 인식하여 이를 막고자 하였다. 이 측면은 위정척사 사상과 대동소이하다고 볼 수 있다. 그러나 동학은 서세를 위정척사 사상과 같이 주관주의적으로 무조건 경멸하거나 기기음교奇技淫巧(서양의 과학기술에 대한 위정척사파의 경멸적 용어)에 의존하는 금수와 같은 비윤리적이고 내면적으로 허약한 세력이라고 깔보지 않았다. 동학은 도리어 서세西勢를 서학이라는 그들 자신의 도에 의거하여 도성덕립道成德立해서 무사불성無事不成하고 전쟁과 전투에서도 무인재전無人在前하는 막강하고 두려운 세력으로 보았다.[82] 동학이 서세의 막강한 힘에 대하여 객관적이고 현실주의적으로 관찰하면서 이를 극복하려 한 것은 위정척사 사상의 서세에 대한 주관적이고 비현실적 관찰과는 매우 대조적인 것이었다.

동학은 또한 서학(천주교)에 대해서도 "운運인즉 같고 도道인즉 한가지로되 리理인즉 다르다"[83]고 하여 서학의 융성하는 대세를 잘 인식하였다. 즉, 서학은 동학과 동일하게 그 운(시운·운수·대세)은 융성하는 운이요, 도도 동학과 동일하게 천도天道인데, 그 리(교리·이치)만이 동학과 다르다고 본 것이었다. 서학의 운이 동학과 마찬가지로 상승하는 성운盛運이라고 본 것은 서세의 팽창에 대한

---

81 『東經大全』, 「布德文」.
82 『東經大全』, 「論學文」 참조.
83 『東經大全』, 「論學文」.

두려움 및 경계의 생각과 관련된 것이었다고 볼 수 있다. 또한 도는 동학과 서학이 모두 '천도'로 같다고 본 것은 동학이 가진 보편주의적 '하느님관觀', '천도관天道觀'을 나타낸 것으로서 '하느님'을 자기 종교의 것이라고만 생각하던 당시의 전 세계 모든 종교들보다 훨씬 더 보편주의적이고 객관적인 사상을 정립한 것이었으며, 동양문명과 서양문명을 대등하게 보고 서양문명을 자기의 주관적 관점에서 평가하지 않는 합리적 사상을 정립한 것이었다. 이것은 위정척사 사상이 서양문명을 금수와 같이 사악한 것이라고 폄하하고 부정하는 사상과는 매우 대조적인 것이었다고 볼 수 있다. 동학의 창도자가 이러한 객관적 관점에서 서세와 서학을 두려워하여 '서학이 천시를 알고 천명을 받은 것이 아닌가'[84]라고 의심하고, 서학의 창시자보다 '늦게 태어난 것을 한탄'[85]하면서, 서세와 서학의 막강한 힘을 인식하고서 이를 극복할 수 있는 서학보다 우수한 사상과 종교로서의 동학을 창도하였다고 포덕한 것을 농민들은 열렬히 환영한 것이었다고 볼 수 있다.

또한 동학의 청국(당시 중국)에 대한 인식을 보면, 과거의 청의 '병자호란丙子胡亂' 때의 조선국왕 인조仁祖가 청태종靑太宗에게 항복한 삼전도三田渡에서의 굴욕을 상기하면서 "한이汗夷(만주 오랑캐)의 원수를 갚아 보세"라고 매우 강렬한 반청의식反淸意識을 가사로 노래하였다.

"대보단大報壇에 맹세하고 한이汗夷 원수 갚아 보세. 중수重修한 한이비각汗夷碑閣 헐고 나니 초개 같고 붓고 나니 박산일세."[86]

또한 동학은 현실적으로 중원을 차지한 명·청을 모두 포함한 중국에 대해서

84 『東經大全』, 「論學文」.
85 『東經大全』, 「論學文」.
86 『龍潭遺詞』, 「安心歌」.

는 이를 '입술과 이빨의 관계(脣齒關係)'로 파악하면서 중심인 이빨에 조선을 놓고 주변인 입술에 중국을 놓아 민족주의적으로 파악하였다. 동학의 창도자는, 앞에서도 인용한 바와 같이, 서세와 서학의 침입으로 중국이 멸망해 가는 것을 조선(이빨)은 중국이라는 입술이 없어지는 근심에 직면했다고 설명하였다.[87]

여기서 주목할 것은 '순망치한脣亡齒寒(입술이 없어지면 이빨이 시리다)'이라는 동양적 표현을 통하여 동학은 중국과 조선을 깊은 '연대관계連帶關係'를 가진 것으로 파악하면서도 '조선을 이빨', '중국을 입술'에 비유하여 조선중심적으로 파악하고 있다는 사실이다. 순망치한의 대외관계 인식은 원래 중국인들이 자기들과 주변의 '사이四夷'와의 관계를 비유할 때 만들어 애용하던 용어나 개념이었으므로, 위정척사파들은 적어도 조선을 이빨에 놓고 중국을 입술에 비유하지 못하였다. 이에 비교하면 동학의 대對 중국 의식은 민족주체적이었고 민족주의적이었으며, 동학의 청국에 대한 의식은 매우 적대적이어서 허례적 종주宗主 관계를 철저히 타파하려 했음을 한이비각汗夷碑閣(삼전도비三田渡碑; 소위 '청태종 공덕비淸太宗 功德碑') 철거 주장에서도 알 수 있는 것이다.

동학의 일본에 대한 인식은 더욱 적대적이었으며, 일본의 과거의 침략에 대하여 매우 강렬한 적개심을 나타냈다. 동학의 창도자는 일본의 침략에 대하여 다음과 같이 '개 같은 왜적놈'이라고 매도했으며, 일본이 임진왜란에 성공하지 못했다고 또다시 침략의 기회를 노리고 있는 경계해야 할 원수라고 강조하였다.

"기험崎險하다 기험하다 아국운수我國運數 기험하다. 개 같은 왜적놈아 너희 신명身命 돌아보라. 너희 역시 하륙下陸해서 무슨 은덕 있었던고."[88]

"내나라 무슨 운수 그다지 기험할꼬. 거룩한 내 집 부녀 자세 보고 안심하소. 개 같은 왜적놈이 전세前世 임진壬辰 왔다가서, 술싼 일 못했다고 쇠술로 안 먹는

---

87 『東經大全』, 「論學文」 참조.
88 『龍潭遺詞』, 「安心歌」.

줄, 세상 사람 누가 알꼬 그 역시 원수로다."[89]

특히 주목할 것은 동학의 창도자가 만일 앞으로 일본의 재침략이 있을 경우에는 그가 죽은 후에 영혼(신선)이 되어서라도 박멸하겠다는 굳은 결의를 다짐하여 교도들에게 전달하고 있다는 사실이다.

"내가 또한 신선神仙되어 비상천飛上天한다 해도, 개 같은 왜적놈을 하느님께 조화造化받아, 일야一夜에 멸멸滅滅하고서 전지무궁傳之無窮하여 놓고."[90]

동학이 평야지대에서 본격적으로 포교되기 시작할 시기에는 이미 개항 후 일본의 재침략이 본격적으로 자행되기 시작하고 있던 시기이니, 동학의 이러한 강렬한 민족주의적 반일의식과 반침략 사상이 얼마나 강렬하게 애국적 농민들의 마음을 사로잡고 농민들 사이에서 환영받았을 것인가는 추정되고도 남음이 있다.

동학의 창도자는 하느님이 '동학'을 가르쳐 주어 모든 나라들 중에서 우리나라를 먼저 구하고 융성하도록 했으며, 백성들이 동학에 입도하여 단결하면 우리나라의 독립과 융성의 운수를 보전할 수 있다고 강조하였다.

"십이제국十二諸國 다 버리고 아국운수我國運數 먼저 하네."[91]
"하느님이 내몸 내서 我國運數 보전보전保全하네."[92]

동학의 이상과 같은 자기나라의 자주독립과 융성을 추구하는 강렬한 민족주

89 『龍潭遺詞』, 「安心歌」.
90 『龍潭遺詞』, 「安心歌」.
91 『龍潭遺詞』, 「安心歌」.
92 『龍潭遺詞』, 「安心歌」.

의 사상과 강렬한 반외세(반서세·반청·반일)·반침략 사상은 당시 외세(특히 일본)가 급속히 침략해 들어오는 조건 속에서 애국적 농민들의 마음을 사로잡고 농민들 사이에서 열렬히 환영받은 사회사상적 구조가 된 것이었다고 볼 수 있다.

둘째로, 동학의 독특한 이론구조의 평등사상이 하위 신분층의 농민들의 마음을 강력하게 사로잡았다고 볼 수 있다.

동학의 창도자는 우주와 만물은 모두 '지기至氣'(일종의 에너지)로써 만들어진 것이라는 지기일원至氣一元 사상을 정립하고, '천天'과 '인人'도 만물과 같이 지기至氣로써 만들어졌지만 천과 인만은 '최고最高의 신령神靈한 존재'이므로 다른 사물의 지기至氣와는 달리 서로 감응感應하여 '기화氣化'할 수 있는 신령성神靈性을 가져서 '천天 = 지기至氣 = 인人'이 되어 천인합일天人合一이 된다는 사상을 전개하였다. 동양의 전통적인 천일합일 사상에서는 천에 중심을 두어 인이 천 안에 들어가 천에 매몰되었던 것을, 최제우의 동학의 천인합일 사상에서는 이를 역전시켜 인에 중심을 두어서 천이 인 안에 들어가 '인'이 모두 마음속에 '천'을 모시고 있다는 천인합일 사상이었다. 그리고 동학은 바로 이 천인합일 사상에서 사람은 모두 마음속에 하느님을 모시고 있다는 시천주侍天主 사상을 정립하였다. 그리고 동학은 이 시천주 사상에서 그의 독특한 평등사상을 정립하여 발전시킨 것이었다.

동학에 의하면, 사람은 누구나 마음속에 하느님을 하나씩 모시고 있는데, 이 하느님은 신분·적서嫡庶·노주奴主·남녀·노소·빈부에 전혀 차별 없이 모두 똑같은 지고지귀至高至貴한 하느님인 것이며, 모든 사람들이 각각 바로 동일한 하느님을 차별 없이 똑같이 평등하게 각각 모시고 있기 때문에 사람은 모두 평등하다는 평등사상이 정립된 것이었다.

예컨대 신분평등의 경우를 보면, 양반도 그의 마음 안에 하나의 하느님을 모시고 있고, 상민常民도, 그리고 천민賤民도 그의 마음 안에 각각 똑같은 하나의 하느님을 모시고 있기 때문에 양반과 상민(양인)과 천민은 서로 완전히 평등한 것이라고 이론화하여 설명하는 것이다. 최제우는 이러한 관점에서 지벌地閥(兩班門閥)을 갖고 군자君子에 비유하는 양반 신분들의 주장을 비웃고 조롱하였다.[93] 동학의 창도자는 몰락양반의 서자庶子로서 자기 스스로를 빈천자 집단과 동일시하여 "부귀자富貴者는 공경公卿이요 빈천자貧賤者는 백성이라 우리 또한 빈천자로 초야草野에 자라나서"[94]라고 하여 자기를 빈천자＝백성의 하나로 생각하였다. 또한 동학의 창도자는 후천개벽 후 앞으로 오는 새 시대에는 빈천자＝백성이 부귀자가 될 것이라고 다음과 같이 가사를 지어 불렀다.

"부富하고 귀貴한 사람 이전 시절 빈천貧賤이요, 빈貧하고 천賤한 사람 오는 시절 부귀富貴로세."[95]

동학의 제2세 교주 최시형은 더욱더 평등사상을 강조하고, "우리 도道를 각覺할 자는 호미를 들고 지게를 지고 다니는 사람 속에서 많이 나오리라"[96]고 동학이 농민들의 도임을 강조했으며, 또한 "부富한 사람과 귀貴한 사람과 글 잘하는 사람은 도道를 통通하기 어렵다"[97]고 하여 동학이 양반의 종교가 되기 어려움을 기억하였다.

동학은 조선왕조 시대에 매우 심했던 적서의 차별에 대해서도 신분평등의 경우와 같은 논리로 적서평등嫡庶平等을 강조하여 주장하였다. 동학의 창도자가 서자였을 뿐 아니라, 동학 제3세 교주 손병희孫秉熙가 동학에 입도한 동기도 서자 출신인 그가 동학의 적서차별이 없는 평등사상에 감복했기 때문이었다.

동학은 또한 조선왕조 사회에서 극심했던 남녀차별에 대해서도 이를 반대하

---

93 『龍潭遺詞』, 「道德歌」 참조.
94 『龍潭遺詞』, 「安心歌」.
95 『龍潭遺詞』, 「敎訓歌」.
96 『龍潭遺詞』, 「敎訓歌」.
97 『東學史』, 42쪽.

여 남녀평등을 주장하였다. 동학에 의하면, 여성도 남성과 똑같이 마음에 하느님을 모시고 있는 '하느님'이며 더 나아가서 여성은 '하느님을 낳는 하느님'으로서 존귀하기 이를 데 없는 것이다. 최시형은 '여성도 천주(하느님)'임을 다음과 같이 말하였다.

"내 일찍이 청주 서타순徐咤淳 家를 지나다가 그 자부子婦의 직포織布의 성聲을 듣고 서군徐君에게 물으니, 君의 子婦가 織布하느냐 天主가 織布하느냐 함에 徐君이 불변不卞하였나니, 어찌 徐君뿐이리요."[98]

동학은 여성도 마음속에 하느님을 모신 존귀한 하느님이므로 남녀가 평등한 것임을 강조하고, 지아비들도 아내를 공경하여 부부가 화순和順할 것을 강조하였다.[99]

동학 제2세 교주 최시형은 또한 '어린이도 하느님'임을 강조하고, 어린이를 때리거나 차별하지 말 것을 설교하였다. 그는 『내수도문內修道文』을 지어 동학의 도가道家에서 부인들이 지켜야 할 행동 규범을 제시하면서 "어린 아이도 하느님을 모셨으니 아이 치는 게 곧 하느님을 치는 게오니"[100] 어린이를 때리면서 기르지 말 것을 강조하였다. 그는 동학의 "도가道家에서 유아幼兒를 때림은 곧 천주天主를 때림이라 마땅히 삼갈지며"[101]라고 하여 어린이를 어른과 같이 평등하게 존중할 것을 강조하였다.

동학의 이러한 평등사상은 당시 양반관료들의 극심한 억압과 차별과 학대 밑에서 '평등'을 목타게 구하던 양인신분층과 천인신분층의 농민들에게 열광적인

---

98 『天道敎創建史』第2篇, 36쪽.
99 『天道敎創建史』第2篇, 37쪽 참조.
100 崔時亨, 「內修道文」; 慎鏞廈, 「崔時亨의 '內則' '內修道文' 遺訓」, 『韓國學報』 제12집, 1978, 「새 資料紹介」 참조.
101 『東學史』, 64쪽.

환영을 받아 그들의 마음을 완전히 사로잡았다.

특히 동학의 평등사상이 하위신분층의 농민들에게 그들도 양반귀족과 완전히 동일한 지고지귀한 하느님을 마음 안에 똑같이 모시고 있으므로 상민과 천민과 양반은 완전히 평등하다고 설파한 독특한 이론구조는 서학의 평등사상보다 더욱 강하고 확고부동한 평등의 신념을 농민들에게 공급해 주었다. 당시 조선에 포교된 서학의 평등론은 프랑스 혁명 이후의 포교이므로 하느님 밑에서 인간이 하느님에 의해 평등하게 창조되었으니 인간이 평등한 것임을 설파했는데, 동학은 동일하고 지고지귀한 하느님을 인간이 모두 마음속에 각자 모시고 있으므로 모두가 '하느님으로서' 평등하다는 훨씬 더 강력하고 확고한 평등사상을 정립하여 공급해 준 것이었다.

이러한 독특한 이론구조의 동학의 평등사상은 당시까지 세계 모든 종교들이 창안한 평등사상 중에서도 가장 강력하고 확고한 평등의 신념을 주는 이론적 특징을 가진 것이었다고 볼 수 있다. 사막에서 물을 찾듯이 평등을 목타게 구하고 있던 당시 조선의 양인신분층과 천인신분층의 농민들은 이러한 동학의 평등사상에 접하자 생명의 위협을 무릅쓰고 불법종교인 동학에 입도하게 된 것이다.

셋째로, 동학의 "사람은 곧 하느님이다人是天"고 하여 인간을 하느님과 동격으로 보는 인시천 사상의 독특한 휴머니즘이 농민들의 마음을 강력하게 사로잡았다고 볼 수 있다.

동학의 창도자인 최제우는 그의 시천주侍天主 사상에 의거하여 "사람이 하느님이요, 하느님이 사람이라"[102]고 설파하였다. 동학의 제2세 교주 최시형은 최제우를 계승하여 "사람은 곧 하느님이다人是天. 사람 섬기기를 하느님같이 하라事人如天"고 가르쳤다. 최시형은 다음과 같이 말하였다.

"내 꿈엔들 어찌 先生(최제우-인용자)의 유훈遺訓을 잊으리오. 先生이 일찍 유교遺

102 『東學史』, 5쪽.

敎가 있어 가로되 '사람은 한울이니라. 그러므로 사람 섬기기를 한울같이 하라' 하셨도다."[103]

최시형은 또한 가르치기를 동학의 "도가道家에서는 사람이 오거든 천주天主가 강림한다고 말하라"[104]고 하였다. 오지영吳知泳은 최시형의 가르침에 대하여 "선생이 도道를 선포할 때에는 '사인여천事人如天'이라는 말씀을 유일한 화제로 했었다"[105]고 기록하였다.

동학의 "사람은 곧 하느님이다"고 하여 인간을 지고지귀한 하느님과 동격에 놓아 인간의 존엄성을 극도로 강조한 동학의 인시천 사상은 당시의 서학보다 더욱 농민들에게 호소력이 있었다. 당시 서학을 비롯한 세계의 모든 종교들은 하느님을 인간의 외부에 있는 별개의 절대적 주재자로 설정하고, 인간은 하느님 밑에서 그 지배를 받고 하느님께 봉사하는 하느님의 '종奴僕'이라고 설파하고 있었다. 이에 비하여 동학의 인시천 사상은 "사람이 곧 하느님이다"라고 하여 인간을 지고지귀하신 하느님과 동격에 설정함으로써 그때까지 전 세계 모든 종교들이 창안한 휴머니즘 중에서도 최고의 휴머니즘을 창도한 획기적인 것이었다. 동학이 인간을 하느님의 '종'이 아니라 '하느님 그 자체'라고 하여 하느님과 동격으로 인간을 지고지귀한 존재로 정립해서 하느님같이 섬기게 한 것은 하위 신분층의 농민들로 하여금 동학이 서학보다 더욱 우수한 사상과 종교라는 인식을 갖게 하였다고 보여진다.

인간을 하느님과 동격에 놓아 지고지귀한 존재로 만드는 동학의 최고도의 휴머니즘은 당시 양반관료들로부터 차별받고 학대받으며 사람 대접을 받지 못하고 있던 양인신분층과 천인신분층의 농민들에게 인간이 하느님과 동격으로 지

---

103 『天道敎創建史』第2篇, 37~38쪽.
104 『東學史』, 64쪽.
105 『東學史』, 41쪽.

고지귀함을 가르쳐 주고 그들에게 새로운 희망과 용기를 주어 그들로부터 열광적인 환영을 받고 그들의 마음을 사로잡은 것이었다.

넷째로, 동학의 새로운 시대의 도래를 예고하는 후천개벽後天開闢 사상이 농민들의 마음을 강력하게 사로잡았다고 볼 수 있다.

최제우는 인류 역사를 '선천先天'과 '후천後天'의 2단계로 나누어 설정하면서, 이 두 단계는 모두 '개벽'으로 시작된다고 설명하였다. 여기서 '개벽'이란 우주와 세계가 근본적으로 달라지는 '새로운 시대의 열림의 시초'를 의미한 것이었다. 그에 의하면 '선천개벽'은 인류사회가 최초로 변혁을 의미하는데 그 기간이 약 5만 년이라고 생각하였다. 그리고 그는 이 5만 년의 선천세계를 다시 3시기로 나누었다. 제1시기는 미개시대이고, 제2시기는 공자孔子 등 성인이 나서 천도의 떳떳한 이치를 글로 쓰고 가르쳤던 시기이며, 제3시기는 온 세상사람들이 각기 딴마음을 가져 천리天理에 순順하지 않고 천명天命을 돌아보지 아니하여 쇠망하는 말세의 시기이다.[106]

최제우에 의하면 인류의 선천세계先天世界는 선천개벽先天開闢 이후 제1세기인 원시미개기→제2시기인 융성기→제3시기인 쇠망기를 거쳐 이미 5만 년의 세계를 보냈으며, 최제우 자기의 시대는 선천세계가 막 끝나려 하고 후천세계後天世界가 막 시작되려 하는 시기라고 보았다.

그러면 후천세계의 개벽은 어떻게 시작되는가? 최제우에 의하면, 그것은 천운天運이 돌고 시운時運이 다다랐을 때 천명天命을 받은 사람이 '새로운 도와 학'을 개창하여 포덕함으로써 시작되는 것이다. 선천세계의 5만 년이 끝나고 후천세계로 넘어갈 시운이 도달하게 되자, 그동안 말세의 혼돈과 도탄 속에 빠져 있는 인류를 구하는 데 공이 별로 없던 하느님이 그동안 보국안민保國安民 광제창생廣濟蒼生을 위하여 고민하면서 동국東國 구미산龜尾山 용담龍潭에서 수도하고 있던 최제우崔濟愚를 선택하여 '하느님이 도'를 들려주고 가르쳐 주어 포덕케

---

106 『東經大全』, 「布德文」 참조.

함으로써 후천개벽이 시작된다는 것이다. 즉 최제우가 하느님의 교시로 득도하여 동서고금에 없던 무극대도無極大道인 '동학東學'이 창도되고, 바로 이 '동학'의 창도와 포덕이 '후천개벽'의 시작이며, '동학'은 앞으로 후천세계 5만 년을 지도할 도와 학이 된다는 것이었다.

> "하느님 하신 말씀 개벽開闢 후 오만 년에 네가 또한 첨이로다. 나도 또한 開闢 이후 노이무공勞而無功하다가서 너를 만나 성공하니 나도 성공 너도 득의得意 너의 집안 운수로다. 이 말씀 들은 후에 심독희心獨喜 자부自負로다. 어화 세상 사람들아 무극대운無極大運 닥친 줄을 너희 어찌 알까 보냐. 기장氣壯하다 기장하다 이내 운수 기장하다. 구미산수龜尾山水 좋은 승지勝地 무극대도無極大道 닦아 내니 오만년 지운수五萬年之運數로다."[107]

동학이 최제우에 의해 창도되고 포덕되기 시작하여 후천개벽의 시초가 시작된 것은 우연히 그렇게 된 것이 아니라 선천의 성쇠 후에 후천개벽後天開闢의 윤회輪廻의 '천운天運', '시운時運', '운수運數'가 꼭 그렇게 되도록 도달했기 때문이라고 설명되었다.

> "천운天運이 돌렸으니 근심 말고 돌아가서 윤회시운輪廻時運 구경하소. 십이제국十二諸國 괴질운수怪疾運數 다시 개벽 아닐런가."[108]
> "시운時運이 돌렸던가 만고萬古 없는 무극대도無極大道 이 세상에 창건創建하니 이도 역시 시운이라."[109]

---

107 『龍潭遺詞』, 「龍潭歌」.
108 『龍潭遺詞』, 「夢中老少問答歌」.
109 『龍潭遺詞』, 「勸學歌」.

동학의 창도자가 여기서 말한 '천운', '시운', '운수'는 '요행의 운명을 말하는 운수'가 아니라, 현대 용어로 번역하면, 일종의 '역사적 불가피성', '역사적 필연성' 등의 의미를 가진 용어였다. 동학의 창도자는 이 '역사적 필연성'을 당시의 동양철학으로서 역학적易學的 표현으로 '천운', '시운', '운수'를 말한 것이었다. 동학의 제2세 교주 최시형은 동학의 대운大運은 천하를 휩싸고 5만 년을 지도할 것이라고 설명하였다.

"吾道(오도)의 대운은 천하를 휩싸고 오만년을 표준한 것이니 제군은 이 시대에 났음이 일행一幸이요, 이 운수에 참여하였음이 일행인즉, 이것을 각覺하는 자 이 능히 도를 통할지요."[110]

그러면 동학이 말하는 후천개벽 후의 세계는 어떠한 세계인가? 그것은 선천세계 말기의 모든 혼돈과 괴질과 억압과 위험이 극복되고, 빈천자가 부귀자가 되며,[111] 우선 '국태민안國泰民安'이 이루어지는 '태평성세太平盛世'이다.

"십이제국 괴질운수怪疾運數 다시 개벽 아닐런가. 태평성세太平盛世 다시 정해 국태민안國泰民安 할 것이니 개탄지심 두지 말고 차차차차 지냈어라."[112]

즉 후천개벽은 우선 '보국안민', '광제창생'의 목적을 달성하여 '국태민안', '태평성세'를 가져올 것이다. 그리하여 나라 안의 모든 사람들과 천하의 모든 사람이 동학을 배워서 동귀일체同歸一體하여 동덕同德이 되면 궁극적으로 모두 지상군자地上君子가 되고 지상신선地上神仙이 되어 나라는 모두 군자와 지상신

---

110 『天道敎創建史』 第2篇, 32쪽.
111 『龍潭遺詞』, 「敎訓歌」.
112 『龍潭遺詞』, 「夢中老少問答歌」.

선이 모여 사는 지상천국地上天國으로 마침내 전화될 것이라고 설명하였다.[113]

"입도入道한 세상 사람 그날부터 군자 되어 무위이화無爲而化될 것이니 지상신선
地上神仙 네 아니냐."[114]
"하느님 하신 말씀 너도 역시 사람이라. 무엇을 알았으며 억조창생億兆蒼生 많은
사람 동귀일체同歸一體 하는 줄을 사십평생 알았더냐."[115]
"시운을 의논해도 일성일쇠一盛一衰 아닐런가. 쇠운衰運이 지극하면 성운盛運이
오지만은 현숙한 모든 군자 동귀일체 하였던가."[116]

동학의 후천개벽 사상은 이와 같이 기존의 모든 도와 학과 혼돈을 부정하고
완전히 '새 시대'인 후천세계를 연다는 의미에서 '정신세계의 혁명성'을 가진
것이었다고 볼 수 있다. 최제우의 『검가劍歌』에서도 5만 년 만에 찾아온 정신세
계의 혁명을 "오만년지 시호五萬年之 時乎"라고 노래하였다.[117] 동학의 후천개벽
사상을 바로 '사회혁명사상'이라고 해석하는 견해도 있으나,[118] 필자의 견해로는
범주적으로 '정신세계의 혁명 사상'이라고 해석된다.

조선왕조 말기의 농민들은 조선왕조사회의 말세적 현상 속에서 기존도덕과
종교인 유교·불교·도교 어디에서도 정신적 지주를 튼튼히 구하지 못하고 있다
가 동학이 천명天命에 따라 완전히 '후천개벽後天開闢의 새 시대'를 열어 농민들
을 지상신선과 군자로 만들고 국태민안과 태평성세를 가져올 것이라는 후천개
벽 사상의 부분을 열렬히 환영했던 것이라고 볼 수 있다.

---

113 朴明圭, 「東學思想의 宗敎的 전승과 社會運動」, 韓國社會史硏究會論文集 제7집, 『한국의 종
　　교와 사회변동』(文學과知性社), 1987 참조.
114 『龍潭遺詞』, 「敎訓歌」.
115 『龍潭遺詞』, 「敎訓歌」.
116 『龍潭遺詞』, 「勸學歌」.
117 『龍潭遺詞』, 「劍歌」 참조.
118 金龍德, 「東學思想硏究」, 『中央大論文集』 제9집, 1964 참조.

물론 동학 사상에는 당시의 민족 문제와 사회개혁 문제를 해결하기 위해 절실히 필요했던 사회과학적 사회개혁 사상이나 정치기구개혁 사상과 과학기술에 대한 인식의 결여 등 여러 가지 문제점이 있었다. 그러나 이것은 동학을 사회혁명을 추구한 사상으로 볼 때의 문제점이고, 동학을 도와 학의 종교에서의 정신혁명을 추구한 사상으로 볼 때에는, 위에서 든 네가지 동학의 사회사상적 구조는 당시 하위신분층의 농민들이 사막에서 물을 찾듯이 간절하게 갈구하던 소망을 정신적으로 실현시켜 주어 매우 높은 친화력親和力을 갖고 농민들의 마음을 사로잡았던 것이라고 볼 수 있을 것이다.

5. 동학의 교단教團 조직

동학 교단의 최초의 기본조직은 1862년에 최제우가 만든 '접주제接主制'였다.

최제우가 1860년 득도한 후 1861년辛酉부터 포덕을 시작하여 경주지방에서 대성공을 거두자 지방민들과 경주영으로부터 최제우에 대한 시기와 중상과 핍박도 배가했으므로, 최제우는 1862년 극비리에 전라도 남원읍 서편 20리 밖에 있는 산성 안 보국사輔國寺에 들어간 한칸방을 빌려서 은적암隱寂(跡)菴이라 이름을 붙이고 8개월간 은거하면서 극비리에 그의 동학을 전도하고 돌아왔다.[119] 최제우가 다시 경상도 지방으로 돌아와 포덕을 할 때 각지에서 교도수가 급속히 증가했으므로 1862년 11월 최경상崔慶翔(時亨)이 최제우에게 각지에서 포덕 접주布德接主를 정할 것을 제의하였다.[120] 최제우는 이 제의를 받아들여 교도들을 관리하는 조직으로서 각지에 '접接'(또는 '接所')을 설치하고 접주接主와 접

---

119 『道源記書』, 前揭資料集 제1권, 171~172쪽 참조.
120 『天道教創建史』 第2篇, 4쪽 참조.

사接司를 두게 하였다.[121] 이때의 최초의 접소와 접주는 ① '경주慶州'에 이내겸李乃謙·백사길白士吉·강원보姜元甫, ② '영덕盈德'에 오명철吳明哲, ③ '영해寧海'에 박하선朴夏善, ④ '대구大邱·청도靑道 겸 경기京畿'에 김주서金周瑞, ⑤ '청하淸河'에 이민순李敏淳, ⑥ '연일延日'에 김이서金伊瑞, ⑦ '안동安東'에 이무중李武中, ⑧ '단양丹陽'에 민사엽閔士燁, ⑨ '영양英陽'에 황재민黃在民, ⑩ '신영新寧'에 하치욱河致旭, ⑪ '고성固城'에 성한서成漢瑞, ⑫ '울산蔚山'에 서군효徐君孝, ⑬ '장기長鬐'에 최희중崔義仲 등이었다.[122]

여기서도 알 수 있는 바와 같이, 최초의 '접接'은 교도의 수를 기준으로 하여 경상도 지방부터 군·현 단위로 13개 '접'을 설치하고 그 책임자를 '접주'라고 칭한 것을 알 수 있다.[123] 그러나 교도가 많았던 '경주'에는 접주가 3명이나 있는 것을 보면 '접'은 대체로 군·현 단위로 조직하되 완전히 일치하는 것은 아니고, 교도 숫자가 많을 때에는 하나의 군·현에 몇 개의 '접'을 설치했음을 알 수 있다. 처음부터 '접'이 동학조직의 기본 단위였던 것이다.

최제우 시대의 조직으로서 다음으로 주목할 것은 1863년(癸亥) 7월에 임명된 '북접주인北接主人'의 직책이다.[124] 최제우는 1863년 7월 23일 최경상崔慶翔(時亨)을 '북접주인'으로 임명하고 동학 교단 내의 일체 사무를 관리하도록 하였다.[125] 최제우는 이어서 그 자신이 체포될 것을 예견하고 1863년 8월 14일에는 최경상에게 종통宗統을 인정해 주고 이후부터는 각지 도인들이 먼저 '북접주인'을 본 후에 최제우를 보도록 명하였다.[126] 이 '북접주인'(뒤의 '북접대도주')의 직

---

121 『東學史』, 31쪽 참조.
122 『天道敎創建史』 第 1篇, 42쪽 참조.
123 『道源記書』, 前揭資料集 第1卷, 199쪽에서는 '接主人'이라 칭하고 있다. '接主'는 '接主人'의 약칭이라고 할 수 있다.
124 『道源記書』, 前揭資料集 第1卷, 182쪽 참조. 여기서는 '北接主人' 대신에 '北道中主人'이라는 명칭으로 기록되어 있다.
125 『天道敎會史草稿』, 前揭資料集 第1卷, 402쪽 및 『天道敎創建史』 第1篇, 45 참조.
126 『天道敎創建史』 第2篇, 5쪽 참조.

책은 최경상을 위해 최제우가 만든 직책으로서, 이때에 이에 대응하는 '남접주인南接主人'이 있었던 것은 아니었으며, 본부에 대도주大道主 최제우崔濟愚가 경주를 근거지를 하여 있고 수제자의 하나인 최경상이 주로 그 북쪽(지금의 경상북도) 일대에서 포덕활동을 했고, 특히 영해·영덕·상주·흥해·예천·청도 등지의 포덕은 최경상이 성취한 것이었으므로,[127] 그의 생존시에는 제2인자로서 사무를 총괄케 하고, 불행한 유고의 경우에는 그의 뒤를 계승케 하기 위해 최제우가 특별히 제정한 바의 최경상의 '제2인자' '계승자'의 지위를 위해 만든 직책인 것으로 이해된다.

그러나 1864년 3월 10일 최제우가 대구에서 처형되고, 동학이 조선왕조 정부에 의해 불법 종교로서 엄격히 금지되었기 때문에 이 접주제는 일시 붕괴된 듯하였다.[128] 동학의 교단 조직은 산산조각이 나고, 최경상은 관헌에 쫓기어 태백산太白山의 깊은 산속으로 도피하여 들어가게 되었다. 최경상은 태백산 속을 근거지로 삼아 평해·울진·영덕·예천 등지의 교도 집을 잠행하여 전전하면서 겨우 동학의 명맥을 유지시켜 나가고 있었다.[129]

동학 교도 이필제李弼濟가 1871년 이른바 '이필제난李弼濟亂'을 일으킴으로써 동학의 처지는 더욱 어렵게 되었다.[130] 이필제는 교조 최제우가 동학을 창도했다가 혹세무민의 죄를 입고 처형당한 것을 항상 억울하게 생각해 오다가 1871년 3월 영해寧海에서 교도와 농민 5백 명을 이끌고 봉기하여 문경읍을 습격해서 부사를 처단하고 이어 상주尙州를 습격하려다가 관군에게 패배하였다. 이필제는 이해 8월에 다시 봉기하여 문경읍을 습격했다가 관군에게 체포되어 참살당하였다.[131]

---

127 『天道教創建史』 第2篇, 4쪽 참조.
128 『道源記書』, 前揭資料集 第1卷, 203~204쪽 참조.
129 『道源記書』, 前揭資料集 第1卷, 205~211쪽 참조.
130 『道源記書』, 前揭資料集 第1卷, 214~228쪽 참조.
131 張泳敏, 「1871년 寧海東學亂」, 『韓國學報』 제47집, 1987 참조.

관군의 동학여당東學餘黨에 대한 이번의 추격은 참으로 급박하였다. 동학 제 2세 교주 최경상은 막료인 강수姜洙와 황재민黃在民 2인만을 데리고 황급히 소백산小白山 깊은 산속으로 들어가 굴 속에 은신하였다. 관군이 소백산까지 샅샅이 뒤지는 중에 소백산 굴 속에서 3인이 14일간이나 나뭇잎으로만 연명했다 하니 그 신고辛苦를 추측할 만한 것이었다.[132]

최경상은 관군의 감시가 약간 풀리자 1873년(癸酉) 10월 강수姜洙, 유인상劉寅常·전성문全聖文·김해성金海成 등의 충실한 추종자를 데리고 '태백산' 갈래사葛來寺 적조암寂照菴으로 거점을 옮겼다. 최경상은 이어서 1875년(乙亥) 2월에는 거점을 다시 단양 도솔봉兜率峯 송현동松峴洞이라는 산속으로 옮겼다. 최경상은 이곳에서 동학의 미래가 "시時에 잘 부응하고 시時를 활용하는 여부"에 달렸다고 절감하여 이 '시時'의 간절한 중요성을 몽매간에도 잊지 않아야 할 것을 다짐해서 자신과 추종자의 이름들을 '시時'자를 넣어 개명하였다.[133] 그리하여 도주인道主人 최경상崔慶翔은 "시時를 따라 순응한다는 뜻"[134]으로 최시형崔時亨이라고 고치고, 차주인次主人 강수姜洙는 강시원姜時元으로, 유인상劉寅常은 유시헌劉時憲으로 이름을 고쳤다.[135] 최시형이 '이필제난'의 때이른 조산早産이 준 타격의 교훈을 얼마나 깊이 음미했는가를 여기서도 추정할 수 있다.

최시형은 1878년(戊寅) 7월에 유시헌의 집에 접소를 정하고 교도들에게 개접開接의 글을 발송하였다.[136] 당시 나라는 1876년 2월 조·일수호조규의 체결에 의거해 개항을 시작하여 일본과 서양세력의 침입이 물밀 듯이 시작되고 있었으

---

132 『天道敎會史草稿』, 前揭資料集 第1卷, 416~417쪽 및 『天道敎創建史』 第2篇, 14~15쪽 참조.
133 『道源記書』, 前揭資料集 第1卷, 257쪽 참조.
134 『天道敎創建史』 第2篇, 25쪽 참조.
135 『道源記書』, 前揭資料集 第1卷, 257~260쪽에서 보면, 崔時亨을 '道主人'으로, 姜時元(姜洙)을 '道次主' '道次主人'으로 부르고 있다. 여기서 이 무렵에 姜時元이 崔時亨의 다음 지위의 東學의 제2인자로 되어 있었으며, 그 공식명칭이 '道次主人' '道次主'임을 알 수 있다. 또한 劉時憲은 '道接主'로서 제3인자였던 것으로 보인다.
136 『道源記書』, 前揭資料集 第1卷, 265~266쪽 참조.

며 동학을 둘러싼 상황들도 급변하고 있었다. 여기서 '개접'이라 함은 "일정한 기간을 정하여 각지 도인이 집회하고 그 기간 내에 진리(교리-인용자)를 연구한 뒤에 기간이 종료하면 접接을 파罷하는 것"[137]을 말하는 것이었다. 이것이 동학의 개접제도開接制度의 효시인데, 각지의 교도들을 비밀리에 한곳에 모아 동학의 교리를 강의하기 시작했다는 것은 최시형이 능동적인 포교·포덕을 시작했음을 나타냄과 동시에 상황도 그만큼 변동했음을 나타내주는 것이기도 하였다.

최시형

최시형은 1880년(庚辰) 5월 초 9일에 경전간행소經典刊行所를 강원도 인제군 麟蹄郡 갑순리甲遁里 김현수金顯洙의 집에 설치하고 1개월 만인 6월 14일 『동경대전東經大全』을 간행하였다.[138] 원래 최제우가 대구에서 처형당할 때 『동경대전』, 『용담유사龍潭遺詞』 등 최제우의 저술들이 모두 압수되어 소각되었기 때문에 가고可考할 바가 없었는데, 최시형이 동학경전들을 모두 암송하고 있었으나 본래 문식文識이 없어 글로 기술할 수가 없었으므로 경전을 친히 암송한 것을 대서케 해서 간행한 것이라고 한다.[139] 최시형은 이듬해 1881년(辛巳) 6월에는 다시 개간소開刊所를 충청도 단양군 남면 천동泉洞 여규덕呂圭德의 집에 개설하여 역시 최시형이 암송한 것을 대서케 해서 『용담유사龍潭遺詞』 8편을 순국문으로 간행하였다.[140] 다음해 1882년에 서울에서 임오군란壬午軍亂이 일어나 중앙조정이 불안해지고 뒤이어 친청수구파와 개화파의 갈등이 발생하였으므로 중앙조정의 동학탄압은 약간 완화되는 듯하였다.

최시형은 1883년(癸未) 2월에 다시 경전간행소經典刊行所를 충청도 목천군 내

---

137 『天道教創建史』 第2篇, 26쪽 참조.
138 『道源記書』, 前揭資料集 第1卷, 277~280쪽 참조.
139 『東學史』, 59~60쪽 및 『天道教創建史』 第2篇, 30쪽 참조.
140 『天道教會史草稿』, 前揭資料集 第1卷, 428쪽 및 『天道教創建史』 第2篇, 30쪽 참조.

리內里 김은경金殷卿의 집에 설치하고 『동경대전東經大全』 1천여 부를 간행하여 각지에 반급頒給하였다.[141] 이것은 이 시기에 동학이 충청도와 경기도 일대에도 파급되어 하위신분층 농민들의 열렬한 환영을 받고 날로 교세가 융성해가고 있었음을 나타내는 것이었다. 동학 경전간행소를 충청도 목천에 설치할 수 있었던 것 자체가 동학이 평야지대로 급속히 내려오고 있었음을 나타내 주는 것이었다고 볼 수 있다. 1883년 3월에는 충청도와 경기도의 인물들인 김연국金演局·손병희孫秉熙·손천민孫天民·박인호朴寅浩·황하일黃河一·서인주徐仁周·안교선安敎善·여규덕呂圭德·김은경金殷卿·유경순劉敬順·이성모李聖模·이일원李一元·여규신呂圭信·김영식金榮植·김상호金相浩·안익명安益明·이상오尹相五·옹택규邕宅奎 등이 최시형을 찾아뵈어 그의 지도를 받았다.[142] 최시형은 이들을 만나 그 인물됨이 출중한 것을 보고 충청도·경기도 지방에도 동학이 크게 융성할 것임을 확신하게 되었다. 1884년(甲申) 10월 서울 중앙조정에서는 갑신정변甲申政變이 일어났다가 실패하여 친청수구파들은 개화파의 추적에 정력을 투입하느라고 중앙조정의 동학에 대한 탄압은 더욱 완화되는 경향이 있었다.

최시형은 1884년(甲申) 12월에 그동안 교도들의 수가 급증하게 되자 '육임六任제도'를 새로 설치하였다.[143] 육임제도란 각 '접接'의 접주 밑에 각각 ① 교장敎長, ② 교수敎授, ③ 도집都執, ④ 집강執綱, ⑤ 대정大正, ⑥ 중정中正의 6개 직임을 두어 동학의 일을 부담 수행케 한 것이었다. 그리고 그 임명에 있어서는 ① 교장은 이질실以質實 망후인望厚人으로, ② 교수는 이성심수도以誠心修道 가이전도인可而傳道人으로, ③ 도집은 이유풍력以有風力 명기강明紀綱 지경계인知經界人으로, ④ 집강은 이명시비以明是非 가집기강인可執紀綱人으로, ⑤ 대정은 이지공평以持公平 권후인勸厚人으로, ⑥ 중정은 이능직언以能直言 강직인剛直人으로 임

---

141 『天道教創建史』 第2篇, 31쪽 참조.
142 『天道教會史草稿』, 前揭資料集 第1卷, 429쪽 및 『東學史』, 60쪽 참조.
143 『天道教會史草稿』, 前揭資料集 第1卷, 430쪽 참조.

명하도록 하였다.[144]

최시형은 평야지대에서의 적극적 포덕을 위하여 1885년(乙酉)에 충청도 보은군 장내리帳內里에 기거하였다. 그러나 이해 6월에 충청도 관찰사 심상훈沈相薰과 단양군수 최희진崔喜鎭이 동모同謀하여 최시형을 체포하고자 하므로 최시형은 공주 마곡리麻谷里→영천 화계동花溪洞→상주군 화영면化寧面 전촌前村 등지를 전전하면서 피신하였다. 최시형은 이 시기에 관이 추적하면 항상 피신할 태세로 봇짐을 싸두고 봇짐 위에는 짚신을 한 켤레 매어 두었으며 봇짐 안에는 반드시 점심을 싸 넣어 두어 대비하고 다녔으므로 세상에서는 '최보따리'라는 별명으로 그를 불렀다. 그는 끊임없이 이곳저곳으로 피신하여 돌아다니지 않을 수 없었으나 가는 곳마다 반드시 나무를 심고 겨울이면 스스로 멍석을 짜서 만들었다.[145]

최시형은 1887년(丁亥)에 다시 보은군 장내리로 돌아와 여기에도 동학의 도소都所를 차렸다. 이 시기에는 평야지대에서도 동학이 농민들로부터 열렬한 환영을 받아 교세가 급속히 농촌사회에 팽창했으며, 각 지방으로부터 최시형을 만나서 그의 동학 강의를 들으려고 수많은 교도들이 보은 장내리로 모여들었다. 이에 최시형은 '육임소六任所'를 설치하고 그 책임자로 하여금 매월 1회씩 차례로 청강하게 했으며, '육임'의 상신上申이 아니면 평교도들이 바로 제2세 교주 최시형을 만나지 못하도록 하여 '육임'의 조직내 지위를 크게 격상시켰다.[146] 이때 최시형은 육임을 매월 2회씩 교대하게 하고 북접대도주北接大道主의 조도調度는 도집이 전담하도록 했으며, 육임의 임명은 '북접법헌北接法軒'이라고 쓴 첩지帖紙에 '해월장海月章'을 날인하여 분급하였다.[147]

최시형은 1888년(戊子) 1월부터 전라도 지방에서의 포덕을 강화하고 조직을

---

144 『東學史』, 62쪽 및 『天道敎創建史』 第2篇, 34쪽 참조.
145 『天道敎創建史』 第2篇, 34~35쪽 및 『東學史』, 63쪽 참조.
146 『東學史』, 66쪽 참조.
147 『天道敎會史草稿』, 前揭資料集 第1卷, 432쪽 참조.

체계화하기 위해 전주 지방을 순회하였다. 전라도 지방에서는 일찍이 제1세 교주 최제우에 의해 남원南原 은적암隱寂庵 시대에 이미 포덕이 있었으므로 이것이 씨앗이 되어 이미 동학이 치성熾盛하고 있었다.

동학의 급속한 세력 팽창에 당황한 지방관들은 보은의 도소를 습격하여 최시형을 체포하고자 시도했다. 최시형은 1889년(己丑) 7월에 '육임소'를 임시 해산케 하고 그 자신은 충청도 괴산군 신양동新陽洞에 은거하였다.[148] 충청감영은 보은 도소를 기습했으나 최시형을 놓치고 다른 하급교도들만 체포하여 돌아갔다. 최시형은 인제麟蹄→간성杆城의 충실한 교도 집들을 전전하다가 이해 1889년 11월 경상도 금산군金山郡 복호동伏虎洞 김창준金昌俊의 집에서 『내수도문內修道文』을 지었다.[149] 이미 동학의 교세는 충청도·전라도·경상도의 농촌에 만연하여 부인 교도들도 매우 많았으므로 부인·여자들을 위한 동학의 교육이 절실히 필요했기 때문이다.

최시형은 1890년(庚寅) 3월에 은신처를 다시 손병희의 안내를 받아 충청도 충주군 외서촌外西村 복평洑坪으로 옮겼다. 그는 이해 7월에는 강원도 양구·간성·인제 등지를 순회하였다. 1891년(辛卯) 2월에 최시형은 은신처를 다시 충청도의 수도인 공주군 신평리新坪里로 옮겼다. 비록 동학이 조선왕조 정부에 의해 불법종교로 규정되어 쫓기고 있었다고 할지라도, 최시형이 1890~1891년경 충청도의 당시 최대 도시인 충주와 공주에 은신하여 지방을 순회하면서 활동했다는 것은 이미 충청도 일대의 농촌도 실질적으로 동학세력이 막강하게 팽창했음을 잘 나타내 주는 것이었다고 할 것이다.

최시형이 이해 1891년 공주에 은신하고 있을 때 전라도 지방으로부터 동학 간부들인 김영조金永祚·김낙철金洛喆·김낙풍金洛葑·김낙삼金洛三·남계천南啓天·손화중孫和(化)中·김필남金弼南(일명 덕명德明)·박치경朴致京·김석윤金錫允·옹택규

148 『天道敎創建史』 第2篇, 40쪽 참조.
149 『天道敎會史草稿』, 前揭資料集 第1卷, 434쪽 참조.

邑宅奎·김기범金箕範(일명 개남開南)·조원집趙元集 등이 최시형을 찾아 뵙고 전라도의 동학 포덕의 실태를 보고하였다.[150] 당시 전라도에는 동학도를 둘로 나누어 임시적으로 편의장便義長을 두어서 전라우도 편의장에 윤상오尹相五, 전라좌도 편의장에 남계천南啓天을 임명하여 교도 조직을 관리하고 있었다. 그러나 남계천은 천인신분 출신이고 윤상오는 자칭 향반신분이었기 때문에 신분 격차로 말미암아 이 지역 지도자 간에 갈등이 존재하고 있었다. 최시형은 전라도 지방 순회를 시작하여, 태인의 김낙삼金洛三의 집에서 육임첩을 차출差出하고 다시 부안의 김낙철金洛喆의 집에 이르러 역시 육임첩을 차출하였다. 그리고 신분 차이 때문에 갈등을 겪고 있는 좌우도 편의장의 갈등문제에 대해서는 양반 출신 윤상오를 해임하고 천민 출신 남계천을 '전라좌우도 편의장'에 임명하여 지휘를 통일케 하였다. 김낙삼이 교도 1백여 명을 데리고 천민 출신 남계천에게는 복종할 수 없다고 최시형에게 고하니 최시형은 "들으라, 대신사大神師 가로되 오도吾道는 후천개벽後天開闢이요 경정포태지운更定胞胎之運이라 하였으니 선천先天에 썩어진 문벌門閥의 고하와 귀천貴賤의 등분이 무슨 관계가 있느냐. 그러므로 선사先師가 일찍 두 여비女婢를 해방하여 한 사람으로 양녀養女를 삼고 한 사람으로 자부子婦를 삼았으니 선사의 문벌이 제군과 같지 못하냐. 제군은 먼저 이 마음을 깨치고 자격을 따라 지휘에 좇으라"[151]고 하여 천민 출신 남계천의 지휘에 따르도록 하였다.[152]

---

150 『東學史』, 69쪽 참조.
151 『天道教創建史』第2篇, 44쪽 참조.
152 『天道教會史草稿』, 前揭資料集 第1卷, 434~435쪽 참조.

6. 보은취회報恩聚會와 동학조직의 발전

1892년(壬辰)에 들어서자 정월부터 충청관찰사 조병식趙秉式은 비밀리에 동학의 금령禁令을 발하여 동학 교도들을 색출 단속케 하였다. 이에 충청도의 동학교도들은 관리들의 박해와 수색과 체포로 편안히 생활할 수가 없게 되었다. 최시형은 이해에 충청도 진천군 부창리扶昌里에 은거했다가 경상도 상주군 왕실촌旺實村으로 옮아갔는데, 이해 7월에 서인주徐仁周·서병학徐丙鶴 등이 최시형을 뵈러 와서, 동학 교도들의 생명과 재산을 보호하기 위해서도 교조신원教祖伸寃을 하여 동학의 합법화와 포덕의 자유를 획득하는 일이 긴급한 일임을 강조하고 최시형에게 교조신원운동教祖伸寃運動을 일으킬 것을 요청하였다. 최시형은 시기상조임을 들어 이를 허락하지 아니하였다. 서인주·서병학 등은 각지의 교도들이 관위의 핍박을 견디지 못하여 그들을 지지했으므로 교주 최시형의 허락을 받지 못한 상태에서,[153] 1892년 10월 동학교도들을 공주에 모이게 해서 '공주취회公州聚會'를 열고, 이 자리에서 민소民訴 형식으로 충청관찰사 조병식에게 ① 교조教祖의 신원伸寃과 ② 동학 교도에 대한 폭압의 금지를 요청하는 소장을 제출하였다.[154]

최시형은 교조신원운동이 일어나자 이를 본격적으로 전개하기로 결심하여 전라관찰사 이경직李耕稙에게도 소장을 제출하기 위해 각 지방 접주들에게 통문을 발송해서 1892년 11월 1일을 기하여 삼례역에 집합하도록 하였다. 이에 수천 명의 동학 교도들이 삼례역에 모이자 이른바 '삼례취회參禮聚會'를 개최하고, 교주 최시형의 이름으로 전라관찰사 이경직에게 소장을 제출하였다.[155] 그 요지는 ① 교조 최제우가 사학邪學의 누명을 쓰고 순도한 지 30년에 이르도록

---

153 『天道教會史草稿』, 前揭資料集 第1卷, 439쪽 참조.
154 『東學史』, 70~71쪽 및 『天道教創建史』 第2篇, 45~46쪽 참조.
155 『天道教會史草稿』, 前揭資料集 第1卷, 440~442쪽 참조.

억원抑冤을 신伸치 못하여 대도大道를 창명彰明하지 못하고 있은즉, 정부가 공자학孔子學 이외의 다른 종교에게 자유를 주고 있는 것과 마찬가지로 동학에 대해서도 교조의 억울함을 인정하고 포덕의 자유를 허용할 것과 ② 지방 관리들의 동학 교도들에 대한 수색·체포·구금과 재산 수탈을 엄금해줄 것을 강력하게 요구한 것이었다.[156]

1892년 10월의 공주취회와 11월의 삼례취회는 동학의 운동조직에 있어서 교도들이 군중대회를 개최하여 시위와 소장을 통해서 요구조건을 관철하려 한 새로운 방식을 도입한 것이었다. 이에 대하여 전라관찰사는 몇 차례의 소장과 응답 끝에 ① 동학 교조의 신원과 포덕의 자유문제는 중앙 조정에서만 결정할 수 있는 일이요 지방관이 결정할 수 있는 일이 아니며, ② 지방 관리들의 동학 교주들에 대한 체포와 재산수탈 등은 금지시키겠다고 약속하였다.[157]

이에 동학 간부들은 교조신원과 포교자유의 획득을 위해서는 지방관찰사를 상대로 해서는 목적을 달성할 수 없고 바로 국왕과 중앙조정의 승인을 획득해야 한다고 판단하였다.

이에 최시형과 동학 간부들은 1892년 12월 6일 충청도 보은군 장내리에 '도소都所'를 설치하였다. 그들은 서울에 올라가서 국왕에게 상소할 준비로서, 자원자들 중에서 죽음을 각오한 소두疏頭로 박광호朴光浩를 선임했으며, 글 잘하는 손천민孫天民으로 하여금 상소문을 짓게 하고 글씨 잘 쓰는 남홍원南弘源으로 하여금 이를 필사케 하였다. 그리고 서병학徐丙鶴으로 하여금 먼저 상경하여 '봉소도소奉疏都所'를 서울 남서南署 남소동南小洞 최창한崔昌漢의 집에 차리게 하고, 도인 대표로는 박석규朴錫圭·임규호任奎鎬·박윤서朴允瑞·김영조金永祚·김낙철金洛喆·권병덕權秉悳·박윤칠朴允七·김석도金錫道·이문찬李文璨 등을 선임했

156 『天道敎創建史』第2篇, 46~48쪽 및 『東學史』, 71~73쪽 참조.
157 『東學史』, 74쪽 참조.

으며, 총지휘자를 손병희孫秉熙·김연국金演局·손천민孫天民으로 정하였다.[158]

당시 1893년 봄은 과거 시기이기 때문에 각지의 유생들이 과거를 보러 다수 상경하고 있었으므로, 동학 교도들도 이 기회를 타 유생으로 가장하여 다수가 상경해서 도소에 모여 상의하게 되었다. 이때에 서인주徐仁周는 먼저 상경하여 주선해서, 상소를 올리는 데는 생각이 없고, 동학 교도들로 하여금 병복兵服을 바꾸어 입고 군대들과 협동해서 정변을 일으켜 정부의 간당들을 소탕하고 조정을 크게 개혁하려고 하는 계획을 비밀리에 수립하여 추진하였다. 이 정보를 입수한 관헌이 기찰機察을 동학 교도들의 여인숙에 잠입시켜 감시하고 있었으므로, 최시형은 서인주와 서병학을 불러 그 부당함을 책망하고 동학 교도들에게 광화문 앞에 엎드려 복합상소伏閣上疏만을 올리도록 명령하였다.[159]

동학 교도들은 1893년(癸巳) 2월 11일 상소문을 바치고 광화문 앞에 엎드려 3일간을 밤낮으로 슬피 울면서 교조신원을 호소하였다. 당시 복합상소의 현장에 나간 교도들 이외에도 동학 교도들 다수가 비밀리에 서울에 들어와 있었으므로 동학 교도들의 복합상소는 조정과 서울 시민들에게 큰 충격을 주었다. 마침내 국왕은 "각기 모두 집으로 돌아가서 안심하고 생업에 종사하면 소원대로 시행하겠다"는 비답을 내렸다.[160]

동학 교도들이 복합상소를 올려 교조신원 운동을 벌이던 기간에 '척왜양斥倭洋'의 괘서掛書(벽보)가 서울의 프랑스 공사관을 비롯한 외국공사관들과 교회당에 나붙어 외교계를 긴장케 하였다.[161] 이것은 정변과 정부 개혁을 추구했던 서인주 등 동학 간부들의 일부 세력이 동학운동을 교조신원에 한정시키지 않고 조선에 침투한 '일본과 서양의 세력을 배격'하는 '척왜양'의 정치운동도 동시에 전개하려고 감행했던 것으로 보인다. 그 괘서의 내용은 "급히 너희 땅으

---

158 『天道教會史草稿』, 前揭資料集 第1卷, 448~449쪽 및 『天道教創建史』 第2篇, 50쪽 참조.
159 『天道教創建史』 第2篇, 53쪽 및 『天道教會史草稿』, 前揭資料集 第1卷, 449쪽 참조.
160 『東學史』, 80쪽 및 『天道教創建史』 第2篇, 53쪽 참조.
161 金允植, 『續陰晴史』(國史編纂委員會版) 上卷, 256~257쪽 참조.

로 돌아가지 않으면 우리 당이 이를 초멸剿滅하겠다"는 위협적인 내용의 것이었다.[162] 이 괘서사건에 대하여 각국 공사는 조선 조정에 항의 공문을 보내어 왔다. 특히 일본 영사는 매우 예민한 반응을 보여, 형세가 위급한 경우에는 노약자와 부녀자들을 인천으로 즉각 철수할 수 있도록 준비할 것을 일본인 거류민들에게 지시하기까지 하였다.

동학 교도들이 국왕의 약속을 믿고 상경복합상소단上京伏閤上疏團을 해산하여 지방으로 돌아오자, 국왕과 중앙조정은 약속한 교조신원을 해주기는커녕 동학 교도들의 상경을 미리 막지 못한 전라관찰사 이경직을 파면하고, 한편으로 지방의 동학 교도들이 다시 소요를 일으키지 못하도록 엄중히 단속할 것을 지방관들에게 지시하였다. 이 때문에 지방 관리들의 동학교도들에 대한 감시와 탄압은 도리어 가중되게 되었다.

동학 교도들의 교조신원을 위한 상경복합상소가 국왕과 조정의 배신에 의하여 실패로 돌아가자, 최시형이 1893년 3월 10일 청산군 포전리浦田里 김연국金演局의 집에서 최제우의 제사를 봉행할 때에 참석한 다수의 동학 간부들은 최시형에게 동학의 보전 방책을 다시 지시해 줄 것을 요청하였다. 이에 최시형은 각지의 동학 교도들에게 보은 장내帳內로 모이도록 통문을 발송하라고 지시하였다.[163]

최시형은 1893년 3월 11일 보은 장내로 돌아가 여기에다 동학의 총본부인 '대도소大都所'를 설치하였다. 최시형은 또한 종래의 '접接' 위에다 몇 개의 접들을 지휘하는 '포包'를 두고, 각 포에는 그 책임자로 '대접주大接主'를 두는 제도를 신설하였다.[164] 이때 대접주들이 임명되었는데, ① 충의忠義대접주 손병희孫秉熙, ② 충경忠慶대접주 임규호任奎鎬, ③ 청의淸義대접주 손천민孫天民, ④ 문

---

162 李相寔, 「東學農民革命運動의 民族主義에 관한 考察」, 『李元淳教授華甲紀念史學論叢』, 1986 참조.
163 『天道教會史草稿』, 前揭資料集 第1卷, 453쪽 참조.
164 『天道教創建史』 第2篇, 55쪽 및 『天道教會史草稿』, 前揭資料集 第1卷, 454쪽 참조.

청문淸文대접주 임정준任貞準, ⑤ 옥의沃義대접주 박석규朴錫圭, ⑥ 관동關東대접주 이원팔李元八, ⑦ 전주全州대접주 남계천南啓天, ⑧ 금구金構대접주 김덕명金德明, ⑨ 정읍井邑대접주 손화중孫化中, ⑩ 부안扶安대접주 김낙철金洛喆, ⑪ 태인泰仁대접주 김기범金箕範(開男), ⑫ 시산詩山대접주 김낙삼金洛三, ⑬ 부풍扶風대접주 김석윤金錫允, ⑭ 봉성鳳城대접주 김방서金邦瑞, ⑮ 옥구沃溝대접주 장경화張景化, ⑯ 완산完山대접주 서영도徐永道, ⑰ 상공尙公대접주 이관영李觀永, ⑱ 공주公州대접주 김지택金知擇, ⑲ 고산高山대접주 박치경朴致京 등이었다.[165]

동학의 1893년 3월 보은에서의 '대도소大都所' 설치와 '포제도包制度'의 실시는 교단 조직의 발전에서 획기적인 중요성을 가진 것이었다. 이 '포包'제도의 설치에 의하여 동학 조직의 지휘 체계는 대도소大都所(북접대도주＝최시형) → 포包(대접주) → 접接(접주)으로 되고 '포접包接제도'가 확립된 것이었다.

최시형 등은 동학 교도들이 통문에 응하여 보은 장내에 모여들자 '보은취회報恩聚會'를 개최하였다. 최시형은 보은에 도착하기도 전에 통문에 응하여 모여들기 시작한 동학 교도들이 결국 이 '보은취회'에 2만 7천 명이나 참가하였다. 보은취회는 제2세 교주 최시형이 직접 대회장에 나와 대접주들을 지휘하면서 개최하였기 때문에 매우 질서 정연하였다.

여기서 주목할 것은 보은취회에서 교조신원이 주장되지 않고 뜻밖에 '척왜양창의斥倭洋倡義'가 높이 주장되었다는 사실이다. 그들은 냇가의 평지에 돌담으로 구획을 하여 보은취회장을 만들고 사방에 출입문을 세웠으며, 중앙에는 '척왜양창의'라는 대기大旗를 높이 세웠다. 그 주위에는 각 포를 표시하는 중기中旗와 다섯 방향을 표시하는 오색五色 소기小旗를 세우고 동학가사東學歌辭(『용담유사』 등)를 읊으며 격렬한 시위를 전개하였다.[166] 또한 동학 교도들은, 보은 군수가 대회장에 찾아와 조정의 명령을 들어 해산할 것을 종용했을 때, 취회의

165 『東學史』, 83~84쪽 참조.
166 『聚語』, 『東學亂記錄』(國史編纂委員會版) 上卷, 110쪽 참조.

목적이 오직 '척왜양斥倭洋'에 있을 뿐이므로 절대로 해산할 수 없다고 다음과 같이 응답하였다.

"창의倡義는 단연코 다른 까닭이 아니라 전적으로 '척왜양斥倭洋'의 義를 위한 것이다. 그러므로 비록 관찰사의 훈령이나 군수의 면담 설유에도 불구하고 우리 집회는 중지할 수 없다."[167]

또한 보은취회의 동학 교도들은 '척왜양'하는 그들을 '사류邪類'라고 하여 체포하겠다고 위협하는 충청관찰사를 다음과 같은 방문을 내걸어 붙이고 규탄하였다.

"무릇 왜양倭洋이 견양犬羊과 같음을 우리나라 삼천리에 어린애라도 모르는 사람이 없고 살펴보지 않은 사람이 없다. 어찌하여 그대는 나이들고 식견이 있으면서도 '척왜양斥倭洋'하는 우리를 도리어 사류邪類라고 배척하는가. 그렇다면 그대에게는 견양犬羊이 정류正類인가. 倭洋을 격퇴하는 사람을 죄를 주어 체포한다면, 주화主和하여 매국賣國해서 상을 받으려는 것인가."[168]

보은취회가 교조신원을 주창하지 않고 '척왜양창
의'를 주창한 것은 동학 교도들의 조직적 운동 목표
의 일대 전환을 나타낸 것이었다. 그것은 동학 교도
들이 그들의 조직운동을 종교운동에 한정하지 않고
민족운동·구국운동을 전개할 것임을 공식적으로
나타낸 것이기도 했다고 볼 수 있는 것이었다.

어윤중

---

167 『聚語』, 『東學亂記錄』 上卷, 111쪽.
168 『聚語』, 『東學亂記錄』 上卷, 111쪽.

보은취회報恩聚會는 매우 질서정연했지만 중앙조정의 눈에는 극히 불온한 민중집회로 보였다. 이에 조정은 충청관찰사를 파면하여 교체하였다. 그리고 강경책과 온건책을 모두 채택하여 온건책으로서는 어윤중魚允中을 양호도어사兩湖都御史(후에 兩湖宣撫使)로 임명하여 파견해서 동학 교도들을 어루만져 보은취회를 해산시키도록 하고, 강경책으로는 장위영壯衛營 정령正領 홍계훈洪啓薰을 지휘관으로 하여 경군 6백 명을 파견해서 무력으로 집회를 해산시키도록 하였다.[169]

어윤중이 보은에 도착하자 보은취회의 동학 교도들은 그들의 집회 목적이 '척왜양창의斥倭洋倡義'에 있음을 강조하는 문장文狀을 어윤중에게 제출하였다. 어윤중은 이를 받아들여 동학 교도들의 취회聚會를 '민회民會'라고 하고 동학 교도들을 '민당民黨'이라고 부르면서 그들의 애국충절을 인정했으며, 교조신원敎祖伸寃과 지방관들의 동학 교도 탐학의 금지를 약속했기 때문에 양측의 협상은 급진전되어 홍계훈이 인솔한 경군 6백 명이 보은에 도착하기 전에 보은취회는 해산하기로 합의되었다.

보은취회는 경군의 무력탄압이 있기 전에 해산되었지만, 이것은 1893년 3월 11일부터 20여 일 동안 2만 7천여 명의 동학간부들이 전국에서 모여 진행한 대규모 동학민중취회였고, 교조신원을 위해 소집된 취회가 '척왜양창의'의 민족구국운동 깃발을 높이 올린 집회였다. 이것은 바로 갑오농민전쟁의 전주곡이나 다름없는 농민 봉기의 준비대회와 같은 성격을 나타낸 취회였다고 볼 수 있다.

7. 동학과 농민전쟁의 결합설結合說

그러면 우리가 지금까지 고찰한 동학과 그 후의 갑오농민전쟁은 어떠한 관계를 가진 것인가? 이에 대해서는 앞에서 쓴 바와 같이 종래 ① 동학의 혁명사상

---

169 『續陰晴史』上卷, 262쪽 참조.

에 의거하여 농민전쟁이 일어났다고 보는 '동학혁명설東學革命說'과 ② 동학은 농민전쟁의 외피外皮·외의外衣에 불과하다는 '동학외피설東學外皮說'이 주장되어 왔고, 근래에 필자가 ③ 동학과 농민전쟁의 '결합설結合說'을 주장하고 있다.[170]

필자는 동학이 종래의 '민란'과 '결합'하면서 '민란'에 ① 조직과 ② 사상(특히 평등사상)을 주어 종래의 민란을 농민전쟁으로 규모와 내용에 있어서 한 차원 더 높였으며 갑오농민전쟁을 발발시켰다고 보고 있다.

우선 주목해야 할 것은 갑오농민전쟁은 18세기 후반부터 본격적으로 전개되어 온 무수한 '민란'들의 연속선상에 있다는 사실이다.[171] 이러한 '민란'들의 특징의 하나는 부·군·현을 하나의 단위로 하여 부사府使·군수郡守·현감縣監 등 지방관의 탐학에 저항해서 부·군·현 단위로 폭발했다는 사실이다. 당시 부사·군수·현감 등은 자기가 통치하는 고을에서 삼권을 모두 장악하여 상당히 자의적 통치를 할 여지가 있었기 때문에 탐학의 여지가 많았고, 이 경우에는 부·군·현 단위로 민란이 일어났다. 그러나 이러한 소규모의 민란은 도나 중앙의 군대가 개입하는 경우에는 모두가 패배하고 쉽사리 진압될 수밖에 없었다. 이러한 상태에서 1860년 창도되어 1861년부터 포교되기 시작한 동학의 교단조직이 종래의 부·군·현 단위의 '민란'에 부·군·현을 뛰어넘을 뿐 아니라 도까지도 초월하는 전국 수준의 대규모 조직을 공급해 주어 대규모 농민전쟁을 일으키도록 결합된 것이었다.

동학 교단의 조직은 앞서 고찰한 바와 같이 1862년 최제우에 의하여 접주제도가 채택되어 실시되기 시작한 이래 꾸준히 발전해 오다가, 갑오농민전쟁 1년 전인 1893년까지는 최시형의 주도하에 다음 그림과 같이, ① 대도소大都所(북접대도주)→② 포包(대접주)→③ 접接(접주)의 조직 지휘체계를 정립했었으며, 각

---

170 慎鏞廈, ① 「甲午農民戰爭의 主體勢力과 社會身分」, 『韓國史研究』 제50·51 합집, 1985; ② 「東學과 甲午農民戰爭의 民族主義」, 『韓國學報』 제47집, 1987 및 ③ 「東學의 社會思想」, 『韓國近代社會思想史研究』(一志社), 1987 참조.

171 慎鏞廈, 『韓國近代史와 社會變動』(文學과知性社), 1980, 32쪽 참조.

'접' 안에 기능적으로 분화된 육임六任제도(교장·교수·도집·집강·대정·중정)를 확립하여, 이 육임제도의 기능분화의 원리를 포와 대도소에도 적용할 수 있게 되었다.[172] 그리고 '접주接主' 밑에는 접주의 사무를 보좌하는 '접사接司'를 두었다고 한다.[173]

동학과 '민란'의 결합에 관련하여 가장 주목해야 할 조직 단위는 '포包'이다. '접'은 대체로 군·현 단위 또는 그 이하 단위의 조직으로서 행정단위로서의 군·현의 범위와 일치(또는 그 이내)했던 데 비하여, '포'는 그 산하에 몇 개의 접들을 포괄하는 것이었기 때문에 불가피하게 몇 개의 군·현을 포괄하게 되는 것이었다.

물론 동학의 조직이 '지역' 중심이 아니라 '사람(교도)' 중심이어서 '접'의 책임자인 '접주'는 타군의 인사로서 자기에게 입도한 인사를 자기의 접 안에 넣어 타군에 교도를 갖고 영향력을 행사할 수 있었다. 그러나 당시의 교통-통신의 실제와 지연의 범위의 한정적 특성 때문에, 실제로는 '접'은 대체로 행정구역으로서의 한 군·현과 일치했으며, 특히 교도가 많은 지역에서는 그러하였다. 반면에 '포'의 책임자인 대접주는 어떠한 경우에나 여러 '접들'과 그 책임자들인 여러 '접주들'을 거느렸기 때문에 대체로 행정구역에 비추어볼 때는 여러 군·현들에 걸치게 되는 것이었다. 따라서 포(대접주)의 조직이 민란과 '결합'될 때에는 종래의 대부분의 민란의 범위인 군·현 단위의 민란을 넘어서게 되는 것이었다고 볼 수 있다.

1893년 당시 동학 교단 조직에는 19개의 포와 대접주가 조직되어 있었다.[174] 이들은 각각 아래로는 여러 군현에 걸쳐 자기가 직접 지휘하는 접주들과 교도들을 거느리고 있었으며, 위로는 직접 대도소(보은 장내리에 설치)의 북접대도주

---

172 『天道敎會史草稿』, 前揭資料集 第1卷, 430쪽 및 453~454쪽 참조.
173 『韓國東學黨蜂起一件』(日本外務省外交史料館所藏), 「東學黨事件=付會審ノ顚末具報」에서는 이러한 직임 이외에도 〈봉교〉 〈봉령〉 〈봉도〉 〈봉헌〉 등의 명칭을 가진 직임이 있다고 하였다.
174 『東學史』, 83~84쪽 참조.

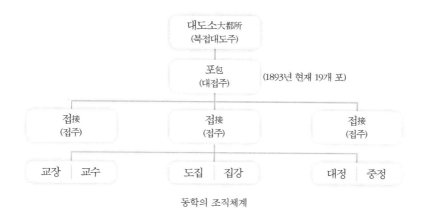

동학의 조직체계

(최시형)에게 닿아 있는 교단 내의 실제의 막강한 비밀 조직 단위였고 실력자였다고 볼 수 있다. 동학의 교도들이 농민전쟁의 봉기를 '기포(지하의 포를 세상에 나와 봉기하게 한다는 뜻)'라고 이름붙인 것은[175] '포'조직의 이러한 특징을 잘 나타낸 용어라고 말할 수 있을 것이다.

동학의 전국 조직의 본부인 대도소가 민란과 결합된다면 전국적 농민전쟁이 일어날 것은 필지의 일이지만, 대도소가 움직이지 않더라도 몇 개의 '포'(대접주)가 연합하여 봉기하면 종래의 군·현 단위의 폭동은 적어도 도 수준의 대규모 농민전쟁으로 봉기할 수 있는 것이었다.

특히 동학이 1892~1893년에 개최했던 '취회聚會'는 동학의 조직이 민란과 결합되는 경우 대규모 농민전쟁이 봉기하게 될 가능성을 검증해 주었다고 볼 수 있다. 충청도 각 접의 접주·교도들이 모임 삼례취회는 각 도의 접주들이 연합할 때 도 수준의 운동이 전개됨을 증명해 주었다. 또한 1893년 1월의 서울 봉소도소奉疏都所 설치와 상경복합상소上京伏閤上疏는 전국 수준의 운동에 대한 하나의 조직적 훈련을 시켜준 셈이 되었다.

---

175 『全琫準供草』, 初招問目, 『東學亂記錄』 下卷, 525쪽 참조.

이 중에서도 결정적 중요성을 갖는 것은 1893년 3월의 보은취회였다고 할 수 있다. 이 보은취회에서는 전국의 포·접의 책임자들인 대접주·접주들이 제2세 교주 최시형의 지휘 아래 일부 교도들과 함께 약 2만 7천여 명이 한자리에 모여 대규모의 대회를 개최했으니, 만일 이 보은취회의 참석자들에게 무기만 주어 일어서게 하면 대규모 농민전쟁이 그날로 봉기하게 되는 것이었다고 볼 수 있다. 따라서 동학과 민란의 결합에 의한 전국적 규모의 농민전쟁 봉기와 관련하여 보은취회의 중요성은 아무리 강조해도 지나친 것이라고 말할 수 없을 만큼 결정적으로 중요한 것이었다. 보은취회는 이듬해 1894년 갑오농민전쟁의 바로 전주곡에 해당하는 것이었다고 볼 수 있는 것이다.

실제로 1893년(癸巳) 11월에는 군현별로 고부·전주·익산의 3군에 민란이 있었다. 해마다 양반관료의 농민에 대한 횡포와 탐학 때문에 일어난 것인데, 고부 사건은 수세 남봉水稅 濫捧(물세의 함부로 과잉 징수)·양여부족 재징量餘不足 再徵(헤아려 본 바 부족분의 재징수)·기간진답 도조 남봉旣墾陳畓 賭租 濫捧(기개간논 소작료 함부로 과잉 징수)·미간진답시초세柴草稅·결복 약농結卜 約弄(토지세 부과의 농간)이 주요 원인이 되고, 전주 사건은 균세남봉均稅濫捧(균세의 함부로 과잉 징수)을, 익산 사건은 이포재징吏逋再徵(아전의 공금비용 재징수)을 주요 원인으로 하여 일어난 것이었다.[176] 만일 이 3개의 민란(혹은 민요)을 동학의 세 곳의 접주가 연합하거나 또는 대접주 2, 3명이 연합하여 기포起包하면 바로 도道 수준의 농민전쟁이 일어나게 되어 있었던 것이다.

갑오농민전쟁은 1894년 1월 11일(양력 2월 17일) '고부민란'이 발생했다가 군수가 교체되고 신임군수 박원명朴源明이 설득하자 봉기농민들이 자진 해산된 후, 무장茂長에 잠행한 전봉준全琫準의 설득으로 정읍대접주 손화중孫化中의 포와 태인대접주 김개남金開男의 포와 금구대접주 김덕명金德明 포의 3개 포가 연합하여 전봉준을 책임자로 한 남접도소南接都所를 설치하고 1894년 3월 20일(양

176 『東學史』, 101~107쪽 참조.

력 4월 25일) 기포함으로써 우선 도 수준의 대규모 농민전쟁이 봉기하게 된 것이었다.[177]

다음으로 외세침략으로부터 자기 조국을 지키려 한 동학의 강렬한 민족주의 사상과, 평등사상을 중심으로 한 확고한 민주주의 사상과, 인시천人是天 사상을 중심으로 한 최고도의 휴머니즘이 농민들의 마음을 사로잡아 농민들에게 열렬한 환영을 받으면서 동학과 하위신분층의 농민이 결합하게 되었다. 당시 외세의 침략하에서 양반관료들로부터 차별받고 학대받으며 천시당해 오던 양인(평민) 신분과 천인 신분의 농민들은 그들이 의지할 수 있는 정신적 지주를 갖고 있지 못하고 있다가 동학이 강렬한 민족주의 사상, 새로운 평등사상, 사람을 하느님같이 대접하는 새로운 휴머니즘, 새로운 세상이 도래한다는 후천개벽後天開闢 사상을 공급하자, 이를 열렬히 환영하여 조선왕조 관헌의 잔혹한 탄압 속에서도 동학에 입도하여 동학과 농민들의 결합이 이루어지게 된 것이었다.

예컨대, 동학의 제3세 교주 손병희孫秉熙가 동학에 입도한 동기는 서자 출신으로서 적서차별嫡庶差別에 분노하여 울분 속에 생활하던 그가 우선 동학의 평등사상에 감복했기 때문이었다.[178] 갑오농민전쟁 때 황해도에서 접주로서 참가한 백범白凡 김구金九도 18세 때(1900년)에 그가 동학에 입도한 동기가 동학의 평등사상과 사람다운 대접에 감복한 때문이었으며, 주로 '상놈들'이 평등주의에 감복하여 동학에 들어갔다고 다음과 같이 기록하였다.

"내가 공손히 절을 한즉 그도 공손히 맞절을 하기로 나는 황공하여 내 성명과 문벌(상놈-인용자)을 말하고 내가 비록 성관成冠을 하였더라도 양반兩班댁 서방님인 주인의 맞절을 받을 수 없거늘, 하물며 편발 아이에게 이런 대우가 과도한 것을 말

---

177 慎鏞廈, 「甲午農民戰爭의 第1次農民戰爭」, 『韓國學報』 제40집, 1985 참조.
178 『天道教創建史』 第3篇, 1~5쪽 및 『나라사랑』 제7집 (義菴 손병희 선생 특집호), 1972 참조.

하였다. 그랬더니 선비는 감동한 빛을 보이면서, 그는 동학도인東學道人이라 선생의 훈계를 지켜 빈부귀천貧富貴賤에 차별이 없고 누구나 평등으로 대접하는 것이니 미안해 할 것 없다고 말하고 내가 찾아온 뜻을 물었다. 나는 이 말을 들으매 별세계에 온 것 같았다. …

하느님을 모시고 하늘도를 행하는 것이 가장 요긴한 일일뿐더러 상常놈된 한이 골수에 사무친 나로서는 동학의 평등주의가 더할 수 없이 고마웠고, … 나는 입도할 마음이 불같이 일어나서 … 이렇게 하여 내가 동학에 입도한 것이었다.

동학에 입도한 나는 열심히 공부를 하는 동시에 포덕에 힘을 썼다. 아버지께서도 입도하셨다. 이때의 형편으로 말하면 양반은 동학에 들어오는 이가 적고 나와 같은 상놈들이 많이 모여들었다. 내가 입도한 지 불과 수개월에 연비(連臂라고 쓰니 포덕하여 얻은 신자라는 뜻)가 수백 명에 달하였다."[179]

즉 동학의 평등사상에 감복하여 동학에 입도한 김구는 불과 수개월에 자기와 같은 신분의 상인常人(良人)층 농민들 수백 명을 입도시킨 것이었다.

또한 동학이 서양세력과 서학의 침입에 대결하는 "보국안민保(輔)國安民의 계책"[180]으로 창도되어 서양의 침입을 배척(척양)하는 사상도 애국적 농민들에게 열렬히 환영받아 그들의 의식으로 삼투하였고, 동학의 일본의 침입을 반대하는 사상(척왜)도 농민들에게 열렬한 환영을 받아 농민들의 의식으로 정립되었다.

예컨대, 동학의 창도자 최제우는 『안심가安心歌』에서 일본의 임진왜란 때의 침략을 통렬히 비판하고, 만일 앞으로 왜倭(일본)의 재침략이 있는 경우에는 그가 죽어 영혼이 된 후에도 반드시 왜를 멸하리라는 의지를 "내가 또한 신선 되어 비상천飛上天한다 해도, 개 같은 왜적倭賊놈을 하느님께 조화받아, 일야一夜

---

179 『白凡逸志』(白凡金九先生記念事業協會版), 27~29쪽.
180 『東經大全』, 「布德文」.

에 멸하고서 전지무궁傳之無窮하여 놓고"[181]라고 노래했는데, 이 『안심가』는 경전의 일종이 되어 모든 동학 교도들이 외우고 집회 때에는 자주 노래했고, 이 '척왜斥倭(滅倭)'의 의식은 보은취회 때와 갑오농민전쟁 시기에 그대로 동학농민군의 사상과 의식으로 작동했음을 알 수 있다. 1893년 보은취회 때 동학의 대도소가 보은 관아에 보낸 통고문을 삼문에 내걸었는데, 그 내용에서는 처음부터 교조신원敎祖伸寃을 내걸지 않고 다음과 같이 '척왜양창의斥倭洋倡義'를 내걸어 양반관료들과 일반인들을 놀라게 하였다.

"(전략) 이제 왜양倭洋의 도적이 나라의 심복心腹까지 들어와 대란大亂이 극에 달하였다. 참으로 오늘의 국도國都를 보건대 곧 이적夷狄의 소굴이다. 임진년壬辰年의 원수와 병인년丙寅年의 수치를 생각할 때 어찌 차마 말하지 않을 수 있으며 차마 잊을 수 있겠는가. … 하물며 저 왜적倭賊은 회한지심悔恨之心을 갖기는커녕 도리어 화태禍胎를 품어 감추어 바야흐로 그 독毒을 펴고 있으니 위험危險이 조석朝夕에 있음이 불을 보는 것과 같아, 평안平安을 말한다면 지금의 형세가 불붙은 나무 위에 있는 것과 무엇이 다른가. … 우리들 수만 명은 죽기를 맹세하고 힘을 합하여 왜양을 소제掃除하여 부시어서 대보大報의 의義를 높이려고 한다."[182]

갑오농민전쟁 중에도 동학농민군이 일본의 침투에 대한 저항 투쟁을 전개했고, 특히 제2차 농민전쟁은 불법 상륙하여 내정간섭을 자행하는 일본군을 한반도에서 몰아내기 위한 민족혁명전쟁이었음은 다 아는 바와 같다. 이와 같이 동학은 농민들의 '민란' 또는 농민전쟁에 '조직'과 '사상'을 공급하여 '결합'했으므로 제1차 농민전쟁 봉기 때부터 일반 농민들로서 봉기하고자 하는 농민이나 봉기한 농민들은 자연히 동학과 결합하여 되어 거대한 규모의 동학농민전쟁

---

181 『龍潭遺詞』, 「安心歌」.
182 『聚語』, 『東學亂記錄』(國史編纂委員會版) 上卷, 108~109쪽.

(동학농민혁명운동)이 일어나게 된 것이었다. 갑오농민전쟁 봉기 후에도 집강소 시기에 집강소 간부들은 농민들에 대한 동학의 포덕활동을 대대적으로 전개했으며, 수많은 농민들이 동학에 입도했으므로, 동학 측에서는 제1차 농민전쟁 봉기 이전에 입도한 교도들을 '구도舊道'라고 부르고 농민전쟁 봉기 후에 입도한 교도들을 '신도新道'라고 부를 정도로 '신도'가 격증하였다.[183]

필자가 '동학'과 '농민전쟁'의 '결합설'을 주장하는 문헌자료상의 근거의 하나로는 전봉준의 재판정에서의 진술에도 이것을 찾아볼 수 있다. 전봉준은 기포했을 때 원민寃民과 동학이 합(결합)했으나 원민이 더 많았다고 다음과 같이 진술하였다.

問(재판관) : 기포했을 때에 동학이 많았느냐, 원민寃民이 많았느냐?
供(전봉준) : 기포했을 때에 원민이며 동학이 합하였으나, 동학은 소少하고 원민은 다多하였다.[184]

또한 당시 갑오농민전쟁을 목도하고 체험한 매천梅泉 황현黃玹은 전봉준 등이 제1차 농민전쟁에 봉기할 때부터 '동학과 난민이 합'하였다고 다음과 같이 기록하였다.

"도리어 모두 창언倡言하기를, 동학이 하늘과 사물의 이치를 대신하여 보국안민하되 살육과 약탈을 하지 않으며 오직 탐관오리만 용서하지 않는다고 하였다. 이에 어리석은 백성들이 호응하여 전라우도 연변 일대의 10여 읍邑이 일시에 봉기해서 열흘 사이에 수만 명에 이르렀다. 동학과 난민亂民이 합한 것은 이때부터이다."[185]

---

183 黃玹, 『梧下記聞』第1筆의 106쪽 참조.
184 『全琫準供草』,, 初招問目, 『東學亂記錄』下卷, 525쪽.
185 『梧下記聞』第1筆의 25쪽. "俱反倡言 東學代天理物 保國安民 不殺掠 惟貪官汚吏不赦. 愚民 響應 右沿一帶十餘邑 一時蜂起 旬日間 至數萬人. 東學之與亂民合自此" 참조.

전봉준과 황현이 여기서 말한 '동학과 원민·난민의 합슴'은 직접적으로는 갑오농민전쟁에 있어서의 '동학 교도와 일반 원민·난민의 결합'을 가리킨 것이었다. 그러나 이것은 좀더 소급하고 추상화하여 '사상·종교·조직으로서의 동학과 농민군의 결합結合'으로 일반화하는 근거가 될 수 있는 것이라고 볼 수 있다. 왜냐하면, 동학이 조직적으로 포덕되기 시작하자 동학과 농민들이 결합되기 시작하여, 다음은 동학과 민란이 결합되고, 마침내는 동학과 농민전쟁이 결합되기까지 발전했기 때문이다. 우리는 여기에서 '동학과 농민전쟁의 관계'에 대하여 동학이 농민들·난민·농민군에게 조직과 사상을 주어 양자가 결합해서 갑오농민전쟁이 일어났다는 '결합설結合說'을 정립할 수 있으며, 이 결합설이 동학과 갑오농민전쟁의 관계에 대한 가장 합리적인 설명이며 사실과 일치하는 설명임을 알 수 있는 것이다.

8. 맺음말

이상의 고찰에서 알 수 있는 바와 같이, 동학과 농민전쟁의 관계는 동학사상이 사회혁명성을 갖고 있어 동학사상 자체가 갑오농민전쟁을 일으킨 것도 아니었고, 또한 동학이 갑오농민전쟁의 외피外皮·외의外衣에 불과했던 것만도 아니었다. 이 점에서 동학과 농민전쟁의 관계에 대한 '동학사상혁명설東學思想革命說'과 '동학외피·외의설東學外皮·外衣說'의 양 극단적 설명은 모두 사실과 잘 일치하지 않는 것이라고 볼 수 있다. 동학은 종래의 민란·농민전쟁에 ① 조직과 ② 사상을 주어 양자가 공고하게 결합해서 대규모의 갑오농민전쟁이 일어날 수 있었다고 볼 수 있다. 이 점에서 동학과 농민전쟁의 관계에 대해서는 '동학과 농민전쟁의 결합설結合說'이 가장 합리적이고 사실과 일치하는 설명이라고 생각된다.

동학이 농민군들에게 공급해 준 사상으로서 우선 눈에 띄는 것은 동학의 강렬한 반외세·반침략의 민족주의 사상이다. 동학의 명칭이 '동양東洋의 천도학天道學'과 '동국東國(朝鮮)의 천도학天道學'이라는 이중 의미를 가진 것에서도 나타나는 바와 같이, 동학은 서양세력·서학의 침투에 대결하여 보국안민保國安民의 계책의 하나로서 창도된 반외세·반침략의 민족주의적 종교사상이었다. 또한 동학은 서세·서학에 대결할 뿐 아니라 청국(중국)의 침략간섭에 대해 매우 비판적이었고 중국에 대한 강렬한 자주독립사상을 갖고 있었다. 특히 동학은 그 창도자부터 일본의 침략에 대해서는 결사 항전의 의지를 갖고 있어서 일본의 임진왜란 때의 침략을 되새기면서 만일 앞으로 일본의 재침략이 있을 경우에는 동학 창도자가 죽은 후에 영혼이 되어서라도 일본 재침략을 박멸하겠다는 굳은 결의를 다짐하고 경전과 다름없는 가사를 통해 전달하였다. 그리고 동학은 항상 동국(조선)의 보전과 독립과 융성을 하느님의 선택한 운수라고 강조하였다. 동학의 이러한 강렬한 반외세·반침략의 민족주의와 자기나라의 보전·독립·융성을 추구하는 강렬한 민족주의가 당시 일본과 서세의 급속한 침입을 걱정하고 있던 애국적 농민들에 열렬한 환영을 받아 이에 결합 요소가 되었던 것이라고 볼 수 있다.

또한 동학이 그의 시천주侍天主사상으로부터 도출한 독특한 구조의 평등사상이 농민들의 마음을 사로잡아 농민들로부터 열렬한 환영을 받고 농민전쟁과의 결합요소가 되었다. 동학은 사람들이 누구나 각각 마음 속에 하느님을 하나씩 모시고 있는데, 이 하느님은 신분身分·적서嫡庶·노주奴主·남녀男女·노소老少·빈부貧富에 전혀 차별 없이 모두 똑같은 지고지귀한 하느님을 각각 모시고 있는 것이기 때문에 이 사람들은 모두 평등한 것이라고 설교하였다. 특히 양인(상민)과 천인의 하위신분층의 농민들에게 그들도 양반관료들과 완전히 동일한 지고지귀한 하느님을 각각 마음 안에 똑같이 모시고 있기 때문에 상민과 천민도 양반과 완전히 평등하다고 설파한 독특한 이론구조의 동학의 평등사상은 당시 서학이 설교하던 평등사상보다 더욱 강력하고 확고부동한 평등의 신념을 농민층에게 공급해 주었다. 왜냐하면, 당시 서학이 설교하던 평등론은 하느님 밑에서의 인간평등이었는데, 동학은 동일하고 지고지귀한 하느님을 사람들이 각각 마음 안에 모시고 있으므로 모두가 '똑같이 하느님으로서' 평등하다는 훨씬 더 강력한 신념구조의 평등사상을 설교했기 때문이다. 이러한 독특한 이론구조의 평등사상은 당시까지 세계의 모든 종교들이 창안한 평등사상 중에서 가장 강력하고 확고한 평등의 신념을 공급해 주는 평등사상이었다. 당시 사막 가운데서 물을 구하듯이 '평등'을 목마르게 구하던 조선의 양인신분층과 천인신분층의 농민들은 동학의 평등사상에 접하자 양반관료의 탄압에 의한 생명의 위협을 무릅쓰고 불법종교인 동학에 입도하게 된 것이었다.

다음으로 동학의 "사람은 곧 하느님이다"라고 하는 인시천人是天사상의 휴머니즘이 농민들로부터 열렬한 환영을 받아 농민군과의 결합 요소가 되었다. 동학의 "사람은 곧 하느님이다. 그러므로 사람을 섬기기를 하느님같이 하라"는 사상은 당시 서학보다 더 농민들에게 호소력이 있었다. 왜냐하면, 서학을 비롯한 당시 세계의 모든 종교들은 인간의 외부에 별개의 절대적 주재자로서의 하느님을 설정하고 인간은 하느님의 '종(奴僕)'이라고 가르친 데 비해서, 동학은 인간을 지고지귀한 하느님과 완전히 동격에 설정했기 때문이었다. 이것은 동학이 당시까지 전 세계 종교들이 창안한 휴머니즘들 중에서 최고의 휴머니즘을 창도한 획기적인 것이었다고 볼 수 있다. 동학이 인간을 하느님과 동격에 놓아 지고지귀한 존재로 만든 최고도의 휴머니즘은 당시 양반관료들로부터 차별받고 학대받으며 사람다운 대접을 받지 못하고 있던 양인신분층과 천인신분층의 농민들에게 그들의 지고지귀함을 가르쳐 주고 그들에게 새로운 희망과 용기를 주어 농민들과 결합하게 된 것이었다.

또한 동학의 후천개벽後天開闢사상이 새 시대의 도래를 기다리는 농민들로부터 환영을 받아 농민군과의 결합 요소가 된 것이었다고 볼 수 있다. 동학은 인류역사를 2단계로 나누어 선천세계先天世界 5만 년이 막 끝나고 동학의 창도와 포덕에 의하여 후천개벽이 막 시작되었으며, 동학은 앞으로 후천세계後天世界 5만 년을 지도할 도와 학이라고 설명하였다. 동학은 후천개벽 후의 세계는 기존의 모든 도와 학과 혼돈이 부정되고 동학에 의한 새 시대가 되며 과거의 빈천자가 부귀자가 되는 세계가 되고, 사람들이 모두 동학에 입도하여 동귀일체同歸一體하면 사람들이 모두 지상군자地上君子 지상신선地上神仙이 되어 국태민안國泰民安이 실현되는 태평성세가 될 것이라고 설교하였다. 이것은 직접 사회혁명 사상을 가리킨 것은 아니지만 정신세계의 혁명은 포함한 사상이었다. 당시 조선왕조사회의 말세적 현상 속에서 기존의 유교·불교·도교 어디에서도 정신적 지주를 튼튼히 갖지 못하고 있던 농민들은 동학의 후천개벽사상이 예고해 주는 새 시대를 환영하여 동학과 결합하게 되었다고 볼 수 있다.

다음에 동학이 농민전쟁에 공급해 준 결합 요소로서 결정적 중요성을 갖는 것이 동학의 '조직'이다. 동학이 조직을 갖고 포덕되기 이전까지는 농민들은 조직을 갖고 있지 못했기 때문에 민란들은 군·현 단위로 자연발생적으로 폭발하였다. 당시 군·현의 고을 수령들은 자기의 행정 구역 안에서 상당한 재량권을 갖고 자의적 통치를 할 여지가 있었기 때문에 조선왕조 정치의 일반적 탐학 이외에도 수령에 따라서는 더욱 탐학한 수령들이 많았으며, 이 경우에는 군·현 단위의 민란이 일어났다. 그러나 이러한 소규모의 민란은 농민조직이 없었기 때문에 도와 중앙의 관군이 개입하는 경우에는 모두가 패배하고 쉽사리 '진압'되었다. 그러나 동학이 농민종교로서 포덕되면서 조직을 농민들에게 공급한 이후에는 양상은 근본적으로 달라지게 되었다.

동학의 교단조직은 1862년 최제우에 의하여 대개 군·현별로 '접주제도接主制度'가 채택되었다. 이 '접接'제도와 '접주接主'제도만으로도 농민들은 군·현별로 농민의 조직을 갖게 되었기 때문에 군·현별 소규모의 민란들에서도 이제는 완강성을 갖게 되었다.

동학의 교단조직에서 획기적 발전을 보게 된 것은 1893년 3월 보은취회의 개최에 임하여 '포'제도를 신설하여 '대접주大接主'제도를 채택하고 '대도소大都所'를 설치한 일이다. '포'는 그 산하에 몇 개의 접들을 포괄하여 포의 책임자는 '대접주'가 접의 책임자인 몇 개의 접주들을 지휘하는 단위였다. 대도소는 북접대도주(동학의 제2세 교주) 최시형의 집무처로서 동학의 전국본부였다. 이에 따라 동학의 교단조직은 1893년 봄까지는 ① 대도소大都所(북접대도소)→② 포包(대접주)→③ 접接(접주)의 종적 지휘체계가 확립되었고, 각 '접' 안에 기능적으로 분화된 육임제도가 확립되어 이 육임제도의 기능분화의 원리를 '포'와 '대도소'에도 적용할 수 있게 되었다.

동학과 농민전쟁의 결합 요소로서의 동학 교단조직 중에서 가장 중요한 핵심적 조직 단위는 '포'였다고 할 수 있다. 왜냐하면, '접'이 대체로 행정단위로서의 군·현과 일치했던 데 비해서, '포'는 몇 개의 접을 포괄했으며 따라서 하나의 접이 민란과 결합될 때에는 대체로 하나의 군·현이 흔들리게 되지만, 하나의 '포'가 민란과 결합될 때에는 종래와는 달리 몇 개의 군·현이 흔들리게 되며, 군·현의 관군만으로는 '진압'할 수 없게 되는 것이었다.

동학 교단조직의 '포'는 1893년 봄 당시 이미 19개의 '포'가 조직되었고 '대접주'가 임명되어 있었다. 이 포의 대접주들은 아래로는 여러 군현들에 걸쳐 자기가 직접 지휘하는 다수의 접주들과 교도들을 거느렸으며, 위로는 대도소의 북접대도주와 직접 닿아 있어서 교단 내의 실제의 막강한 비밀조직 단위였다. 동학의 전국 조직의 본부인 대도소가 민란과 결합된다면 전국적 규모의 농민전쟁이 일어날 것은 당연한 일이지만, 대도소가 움직이지 않더라도 몇 개의 '포(대접주)'가 연합하여 봉기하면 역시 도 규모 또는 전국적 규모의 농민전쟁이 일어날 수 있는 것이었다. 동학교도들이 농민전쟁의 봉기를 '기포起包'라고 호칭한 것은 '포'조직의 이러한 특징을 잘 포착한 표현이었다고 볼 수 있다.

1893년 3월의 보은취회는 19개 포의 대접주들이 모두 참가하고, 그 산하의 다수의 접주들과 교도들이 참가한 전국적 규모의 동학교도대회였다. 이 보은취회에서 '교조신원'이 주창되지 않고 바로 '척왜양창의斥倭洋倡義'가 주창된 것은 갑오농민전쟁의 전주곡을 울린 것이었으며, 여기에 무기만 들면 갑오농민전쟁이 전국 규모로 일어나게 되어 있는 것이었다.

당시의 한국민족의 위기상황 타개의 사상으로서 개화사상, 동학사상, 위정척사사상, 그 밖에 몇 가지 사상들이 병존하고 있었음에도 불구하고 '동학'이 농민들에 의하여 선택되어 농민전쟁과 '결합'하게 된 사회학적 원리는 위와 같은 사상과 조직의 특성으로 인하여 동학이 농민들에게 '선택적 친화력選擇的 親和力, elective affinity'이 가장 높았기 때문이었다고 생각된다.

제2장
갑오농민전쟁의 주체세력과 사회신분

1. 머리말

갑오농민전쟁의 역사적 역할과 성격을 명확히 알기 위해서는 이 농민전쟁의 주체세력을 밝히는 것이 매우 중요하다.

필자는 갑오농민전쟁의 주체세력에 대하여 ① 잔반층설殘班層說과 ② 경영형 부농설經營型富農說이 학계를 지배하고 모든 학도들이 이에 집착하고 있을 때 일찍이 1978~1980년에 이 견해들에 반대하여 ③ 양인良人·노비奴婢(賤民) 출신 의 소작농小作農(貧農)설을 제의하였었다.

"'1894년 농민혁명운동'과 농민군의 주체세력에 대해서는 종래 ① 잔반층설과 ② 경영형부농설이 유력하게 주장되어 왔다. 그러나 이 시대의 자료를 읽으면서 얻 은 귀결은 그것이 신분적으로는 '양인과 노비' 출신의 소작농층이라는 사실이다. 따라서 여기서는 이 운동에 있어서의 농민혁명군의 주체세력은 ③ '양인·노비' 출 신의 '소작농층'이라는 설을 제의해 두는 바이다."[1]

---

1 慎鏞廈, 『韓國近代史와 社會變動』(文學과知性社), 1980, 31쪽.

양반신분제도 풍속도(김득신의 「노상 알현도」)

　당시의 학계의 분위기로서는 잔반층설과 경영형부농설에 누구도 이의를 제기하지 못하였을 뿐 아니라 이를 실증적으로 증명하기에 급급하고 있던 시기여서, 필자의, 이를 반대한 양인·노비 출신의 소작농층설의 제기는 이 시기의 연구자들에게 문제를 재고하게 하고 관점을 바꾸는 데 일정한 자극과 전환점을 제공하였다고 생각한다.

　필자가 갑오농민전쟁의 사회신분상의 주체세력의 하나로서 제시한 양인층良人層은 당시의 조선왕조의 신분구성인 ① 양반兩班, ② 중인中人, ③ 양인良人, ④ 천인賤人의 4신분 구성에서 3번째의 평민층平民層을 가리킨 것이었다. 양인은 당시의 법제적 용어로서 천인에 대한 비교개념으로 널리 사용되었고, 양인을 양반에 대한 비교개념으로 사용할 때에는 '상민常民' '평민平民'의 용어도 널리 사용되었다. 따라서 필자가 갑오농민전쟁의 주체세력으로 제시한 양인층良人層은 상민층常民層·평민층平民層과 다른 것이 아니라 완전히 동일한 것이었다.

　필자가 갑오농민전쟁의 사회신분상의 주체세력의 다른 하나로서 제시한 노비층은 천민층을 가리킨 것이었다. 천민층에는 노비奴婢 이외에도 역정驛丁, 승려僧侶, 백정白丁, 창우倡優, 재인才人, 기녀妓女, 무격巫覡 등 다수의 집단이 있었으나 수와 질에 있어서 절대다수가 노비였기 때문에 우리는 종종 천민층을 노비층으로 불러 왔다. 필자가 갑오농민전쟁의 주체세력의 하나로 제시한 노비층은 더욱 구체적으로 말하면 '노비를 중심으로 한 각종의 천민층'을 가리킨 것이었다.

필자가 갑오농민전쟁의 농촌사회계급상의 주체세력으로 소작농층을 제시한 것은 이 운동의 사회경제적 핵심층을 밝히기 위한 추출이었다. 일반적으로 소작농층은 물론 빈농층이다. 빈농층에는 자작농층의 영세자작농도 포함되지만 그 절대다수는 자소작농自小作農과 순소작농純小作農 등 소작층이었기 때문에, 필자의 이 주장의 내용도 물론 '소작농층을 중심으로 한 각종의 빈농층'을 가리킨 것이었다.

본 논문에서는 필자가 오랫동안 주장해 왔고 강의해 온 위의 설에 대하여 약간의 증명을 붙이려고 한다.

2. 갑오농민전쟁의 주체세력의 사회신분

1) 농민군 지도부와 접주接主의 사회신분

우선 먼저 갑오농민전쟁의 농민군 지도부는 어떠한 사회신분 출신의 인사들로 구성되어 있었는가? 현재 남아 있는 농민군 지도자들의 '판결선고서 원본'들을 통하여 그들의 신분과 직업을 정리해 보면 다음 〈표 2-1〉과 같이 만들 수 있다.

‖표 2-1‖
 농민군 지도부의 출신 사회신분

이름	갑오년 당시의 연령	신분	직업	주소	농민군에서의 지위
전봉준[2]	40	평민	농업	전라도 태인 산외면 동곡	총대장
손화중[3]	34	평민	농업	전라도 정읍	총관령
김개남[4]	40	평민	농업	전라도 태인	총관령
김덕명[5]	50	평민	농업	전라도 금구	총참모
최경선[6]	36	평민	농업	전라도 태인 단산동	영솔장

〈표 2-1〉에서도 알 수 있는 바와 같이, 농민군 지도부의 출신 사회신분은 모두 평민 즉 양인 출신이었다. 당시 양인상층良人上層이나 양인 출신의 농촌지식인들은 향교鄕校에 적을 두고 스스로 유학幼學의 행세를 하는 경우도 있었으나 이것은 다분히 주관적인 것이었고 객관적으로는 그들은 여전히 양인이고 평민이었다. 조선왕조 말기에 향교에는 양반뿐만 아니라 양인 출신 농촌지식인이 가득차 있었다. 이러한 사회적 조건에서 가장 정확한 신분조사는 농민군 지도자들이 체포된 후의 조선왕조의 검찰조사라고 볼 수 있다. 그들의 조사에 의하

---

2 「全琫準判決宣告書原本」, 『韓國學報』 제39집, 1985, 187쪽 참조.

3 「孫化中判決宣告書原本」, 『韓國學報』 제39집, 192쪽 참조.

4 黃玹, 『梧下記聞』 第1筆의 111쪽 및 第2筆의 44~45쪽 기타 참조. 김개남의 본명은 金箕範으로서 전봉준과 동갑으로 갑오년 당시 40세였고, 태인에 世居하면서 실력과 이름 있는 양인상층의 世豪로서 그 지방 사람들이 '道康金氏'라고 부른 집안의 출신이었다. 제1차 농민전쟁에 즈음하여 북접으로부터 분리된 독자적 무장남접도소를 설치할 무렵에 큰 뜻을 품고(꿈에 신인이 써준 바에 따라) 이름을 '開男'이라고 개명했다 한다. 도강김씨는 金基述 형제를 제외하고는 일족이 모두 갑오농민전쟁에 참가하여 24접주를 내었으며, 태인의 김개남의 집은 농민군의 巢穴과 같은 위치에 있었다. 당시의 모든 자료에서 그를 사족 출신으로 보지 않고 있으며, 또한 황현도 양반은 사족, 천인은 천인이라고 표시하면서 평민(양인)에게만 신분구별을 하지 않았는데, 김개남의 가문에 대해서도 사족과 천인의 용어를 쓰지 않고 사족도 천인도 아님을 시사하면서 태인에서 세호했다고 했으므로, 필자가 판단하여 그를 '양인상층'으로 범주화하였다.

5 「金德明判決宣告書原本」 참조.

6 「崔永昌判決宣告書原本」, 『韓國學報』 제39집, 193쪽 참조. 崔永昌은 崔景善의 본명임.

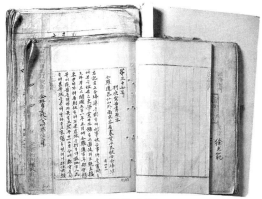

전봉준 판결문

면 전봉준全琫準 등 농민군 지도자들은 모두 명백한 평민이며 양인이었다. 그리고 이것은 사실이었다. 〈표 2-1〉에 나오는 5명의 농민군 최고지도자의 8대조까지에는 뚜렷하게 관료로 진출한 인물을 찾을 수 없다. 그 이유는 이들이 '몰락 양반' '잔반殘班'이 아니라 '양인' '평민'이었으므로 처음부터 그러한 가능성이 전혀 없었던 것이다.

농민군 총대장 전봉준의 출신 사회신분에 대하여 뒤의 1940년의 동학 측의 제2차 사료에는 '양반'이라고 설명한 것도 있다.[7] 그러나 이러한 설명에는 실증적 근거가 없다. 때로는 전봉준의 출신 사회신분을 아전衙前(中人)이라고 기록하고 있는 1933년의 천도교 측의 기록도 있는데,[8] 이것도 사실로 볼 수 없다. 왜냐하면 실증적 근거가 전혀 없기 때문이다. 이러한 기록들은 모두 후일의 제2차 사료에 불과한 것이다. 전봉준의 출신 사회 신분은 양인良人 = 평민平民으로

---

7 吳知泳, 『東學史』, 1940, 161쪽. "全琫準先生은 본래 전라도 高敞縣 德井面 堂村 태생으로 世代 士林家 사람이다" 참조.

8 李敦化, 『天道教創建史』, 1933, 57쪽. "전봉준은 古阜사람이니 世代로 古阜 吏家로 其父가 일즉 民擾將頭로 其郡守에게 잡혀 杖死한 일이 있었다" 참조. 이가가 민요장두가 되었다는 것은 당시의 제도와 실정에 비추어서는 거의 있을 수 없는 일이며, 전봉준의 부친 全彰爀이 吏胥였다는 증거는 전혀 없다.

서, 당시의 양인 중에서 상층이나 또는 두뇌가 영민한 양인 자제들이 대체로 그러한 것과 같이, 서당 등에서 한문과 경사서를 수학하여 농촌지식인으로 생활하면서 유학幼學·사인士人을 자칭하는 양인출신이었다. 전봉준은 농사를 3두락 경작하는 빈농임과 동시에 농촌지식인으로서 때때로 서당을 열어 마을 어린이들에게 『천자문千字文』, 『동몽선습童蒙先習』 정도를 가르치는 서당훈장으로서 생계를 보태였다.[9] 전봉준도 "소업은 어떠한 일인가所業何事"라는 재판관의 심문에 "사士로써 업을 삼는다以士所業"이라고 응답한 적이 있는데,[10] 이것은 직업을 묻는 심문에 동몽을 가르치는 훈장(선비)이 직업이라는 뜻이라고 해석된다. 당시의 제1차 사료인 「전봉준판결선고서원본全琫準判決宣告書原本」에 의거하면 그의 가계는 명백히 양인·평민이라고 필자는 판단하고 있다.

농민군 지도부 인물 중에서 실질적으로 가장 사회신분이 상위이고 경제적으로 비교적 풍족했던 인물은 태인의 김개남金開男이었다. 그는 도강김씨道康金氏라고 불리던 집안의 인물로서 태인에 세거해 온 견실한 농민이었다. 그러나 이 집안에서 가장 출세했다는 인물이 전주의 영장營將 김시풍金始豊으로 뒤에 초토사招討使 홍계훈洪啓薰에 의하여 죽임을 당한 양인 출신 지방군 하급장교인 것을 보면 김개남도 양인 상층의 출신이었다. 김개남의 가문은 신분은 비록 양인이었으나 글 잘하기로 인근에서 이름난 집안이었다. 김개남도 상당한 정도의 지식을 가진 농촌지식인이었다.

손화중孫化中·김덕명金德明·최경선崔景善은 양인 출신의 견실한 농민이었고 모두 약간의 지식을 갖고 있었다.

농민군 최고지도부의 사회신분상의 특징을 보면 '상승하는 양인'인 곳에 그 특징이 있었다. 그들의 경제적 형편은 김개남을 제외하고는 모두 빈농·소농이었던 것으로 추정된다.

---

9 「全琫準供草」, 初招問目, 『東學亂記錄』 下, 524~525쪽 참조.
10 「全琫準供草」, 初招問目, 『東學亂記錄』 下, 521쪽 참조.

전봉준은 농민군의 통솔자가 모두 접주였다는 뜻의 진술을 했으므로,[11] 동학 접주의 출신 사회신분을 알아보는 것이 이 문제의 해결에 참고가 될 것이다. 필자가 천도교 간부들과 토론하여 작성한 보은집회 무렵의 동학 대접주들의 출신 사회신분의 조사표를 간단히 정리하면 〈표 2-2〉와 같다.[12]

‖표2-2‖ 동학 대접주의 출신 사회신분

이름	신분	직업	동학에의 지위
최시형崔時亨[13]	양인	없음	북접北接대도주
손병희孫秉熙[14]	중인(아전)	농민	충의忠義대접주
김연국金演局	양인	농민	대접주
손천민孫天民	중인	농민	청의淸義대접주
임규호任奎鎬	양인	농민	충경忠慶대접주
서장옥徐璋玉(仁周)	양인	농민	대접주
서병학徐丙鶴	양반	농민	대접주
임정준任貞準	양인	농민	문청文淸대접주
박석규朴錫圭	양인	농민	옥의沃義대접주
이원팔李元八	양인	농민	관동關東대접주
남계천南啓天	천민	농민	전주全州대접주

11 「全琫準供草」, 再招問目, 『東學亂記錄』 下, 535쪽 참조.
12 필자는 1984년 2월 23일 오전 10시부터 오후 6시까지 약 8시간 동안(錄音) 천도교본부 회의실에서 崔益煥(崔時亨의 長孫), 朴奇重(淵源會議長), 李鍾海(道正), 金鉉國(道正), 吳益濟(常任宣道師), 表應三(常任宣道師) 등 여러분과 함께 동학의 조직과 역대 접주들의 출신 신분에 관한 장시간의 토론을 하고 이를 정리하였다. 이분들께 깊이 감사드린다. 자료에 해당하는 설명은 이분들이 했으나 신분별 범주화의 최종판단은 필자가 내렸으므로 이 표의 신분범주화의 책임은 필자에게 있다.
13 「崔時亨判決宣告書原本」, 『韓國學報』 제2집, 1976, 257쪽. "江原道原州郡平民被告 崔時亨 年七十二" 참조. 최시형과 함께 체포된 동학의 간부급 인물 黃萬己, 朴允大, 宋一會 등도 모두 평민이다.
14 『天道敎創建史』 第3篇의 1쪽; 『東學思想資料集』(亞細亞文化社版) 第2卷, 179쪽; 『나라사랑』 제7집, 「義菴 孫秉熙선생 특집호」, 1972 참조.

김덕명金德明	양인	농민	금구金溝대접주
손화중孫化中	양인	농민	정읍井邑대접주
김낙철金洛喆	양인	지주	부안扶安대접주
김기범金箕範(開男)	양인	농민	태인泰仁대접주
김낙삼金洛三	양인	농민	시산詩山대접주
김석윤金錫允	양인	농민	부풍扶風대접주
김방서金邦瑞	양인	농민	봉성鳳城대접주
장경화張景化	양인	농민	옥구沃溝대접주
서영도徐永道	양인	농민	완산完山대접주
이관영李觀永	양인	농민	상공尙公대접주
김지택金知擇	양인	농민	공주公州대접주
박치경朴致京	양인	농민	고산高山대접주

위의 대접주 23명 중에서 양인(평민) 출신이 19명(82.6%)이고, 중인(아전) 출신이 2명(8.7%)이며, 양반과 천인이 각각 1명(4.3%)씩이다. 대접주의 절대다수가 양인 출신임을 알 수 있다.

중인(아전) 출신은 손병희와 손천민뿐이다. 손병희는 청주향리(아전) 손의조孫懿祖의 서자庶子인데, 비록 출신은 중인이라고 하지만 서자였기 때문에 중인 서자로서 양인보다도 대우를 받지 못하는 사회신분의 출신이었다.[15] 손천민은 손병희의 손아래 조카로서 같은 집안 출신이었고, 동학접주들 중에서 가장 글을 잘하고 학문이 높았다.

양반출신 서병학徐丙鶴은 그야말로 '몰락양반'·'잔반殘班'으로서 교조신원을 위한 삼례취회 때 크게 활동했으나 그 후 반도反道하여 탈락하고 갑오농민전쟁

---

15 『天道敎創建史』前揭資料集, 180~183쪽 참조. 손천민은 손병희의 長姪이었으며 손병희는 손천민의 庶叔으로서, 손천민이 손병희를 동학에는 귀천과 적서의 차별이 없다고 하여 동학에 입도시켰다고 한다.

때에는 순무선봉장巡撫先鋒將 신정희申正熙의 참모관으로 동학도와 농민군을 토벌하는 데 앞장 서서 향도의 역할을 한 인물이었다.[16]

천민출신 남계천南啓天은 노비출신으로 보이는데 대단한 능력을 가진 인물이었던 것 같다. 그는 대접주의 큰 직임을 맡을 때에 노비출신이라 하여 윤상오·김낙삼 등의 격렬한 반대를 받았으나 최시형이 선천의 부패한 귀천등분貴賤等分에 구애받을 수 없다고 반대를 물리치고 호남좌도편의장湖南左道便義長·전주대접주의 중임에 임명하였다.[17] 천민출신 남계천의 대접주 임명에 다른 접주들의 상당한 불만이 있었던 것을 고려하면, 동학이 비록 평등사상에 의하여 신분차별은 없었다고 할지라도 갑오농민전쟁 이전에는 천민출신의 대접주·접주에로의 진출은 매우 어려웠던 것으로 보인다.

위의 23명의 대접주들의 직업은 도주 최시형만 별도의 직업이 없었고, 그 나머지는 모두 농업에 종사하는 농민이었다. 그 경영규모는 오늘날에는 정확히 아는 것이 불가능하였다. 이들과 대조적으로 양인출신의 지주가 1명 대접주에 진출하고 있는데 그가 부안의 김낙철金洛喆이다. 그는 약 1천 석 정도를 수납하는 지주였고, 농민전쟁 패배 직후에는 1천 냥의 속전贖錢의 제공을 제의하여 구명운동을 할 정도로 부유하였다.[18] 그러나 김낙철의 경우는 동학 대접주·접주 중에서 극히 예외적 경우였다.

지금까지의 고찰에서 농민군 지도부의 절대다수는 양인(평민)이었고, 농민군은 양인에 의하여 지도되었음을 명확히 알 수 있다. 농민군은 양반신분으로부터 몰락하여 불평을 가진 몰락양반·잔반에 의하여 지도된 것이 아니라, 상승

---

16 「巡撫先鋒陣謄錄」,『東學亂記錄』上卷, 684쪽 "隊官金命換 與參謀官徐丙鶴率兵丁一小隊"云云 참조.

17 『天道敎會史』,『東學思想資料集』第1卷, 434~435쪽 및『東學史』, 69쪽에서 보면 남계천은 천민출신이었기 때문에 최시형에 의하여 全羅左右便義長 등에 임명되었을 때에 尹相五·金洛三 등에 의하여 격렬한 반대에 봉착했으나 문벌이 천한 자라도 두령의 자격이 있으면 두령의 임을 차출한다고 최시형이 용단을 내려 대접주가 되었다.

18 『金洛喆歷史』(大接主金洛喆의 自筆回顧錄) 참조.

하는 추세에 있던 양인들이 사회신분제의 장벽에 부딪히자 이를 돌파하고자 한 '상승하는 양인'에 의하여 지도되었음을 특히 유의하지 않으면 안 될 것이다. 이것은 방향이 서로 정반대의 것이기 때문에 매우 중요한 관점의 전환을 요청하는 것이다.

그러나 갑오농민전쟁 중 집강소 시기의 노비해방 후에는 노비를 중심으로 한 천민신분층의 진출이 현저하게 이루어져서, 하급 접주에는 노비출신도 대두하였다.

예컨대 담양에서 접주로 활동한 김석원金錫元은 원래 남원의 관노官奴였으며,[19] 담양 접주 남응삼南應三도 원래 노비출신이었다고 알려져 있다. 또한 만경 읍에서 박봉관朴奉寬과 함께 부근의 노령奴令·상민·천민·농업노동자 등 수백 명을 모아 동사생계同死生稧를 조직하고 접주로 활동한 석구石九와 순익順益은 원래 성도 없던 노奴로서 집강소 시기의 노비해방 후에 하급 접주로까지 진출하였다.[20] 제2차 농민전쟁 실패 후에 관군과 일본군이 이들을 체포하려다가 실패했다는 보고를 받고 순무선봉진巡撫先鋒陣에서는 정법正法을 시행치 못하는 것이 심히 통탄스러우니 이 체포하지 못한 두 사람(노비출신 접주)을 반드시 추적하여 잡아올리라"[21]고 명령하고 있다.

천민출신 접주 중에는 노비출신 접주뿐만 아니라, 한 사람의 재인才人 출신 통령(접주)도 발견되고 있다. 집강소 시기에 손화중이 재인들을 중심으로 한 천민출신 농민군부대를 편성했는데, 그 지휘자에 고창 재인 홍낙관洪洛官을 선임하였다.[22]

이상의 천민출신 접주·통령統領의 명단을 정리하면 〈표 2-3〉과 같다.

---

19 「朴鳳陽經歷書」, 『東學亂記錄』 下卷, 513쪽 참조.
20 「巡撫先鋒陣謄錄」, 『東學亂記錄』 上卷, 665쪽 참조.
21 「巡撫先鋒陣謄錄」, 『東學亂記錄』 上卷, 669쪽 참조.
22 黃玹, 『梧下記聞』 第3筆, 35쪽 참조.

‖표 2-3‖ **천민 출신 접주·농민군통령**

출신 신분	지휘관 이름	지휘한 부대	출신 지역 기타
관노	김석원	천민 출신 농민군	남원
노	남응삼	천민 출신 농민군	담양
노	익천	양인·천민 출신 농민군	만경
노	석구	양인·천민 출신 농민군	만경
재인	홍낙관	천민 출신 농민군	고창, 손화중포

천민출신 접주와 농민군 지휘자는 물론 이 밖에도 더 있었을 것임은 물론이다. 양호순무선봉진兩湖巡撫先鋒陣이 갑오년 10월 14일경 전라도·충청도 일대에 포고한 격문에 보면, "소위 거두의 몇 사람은 모두 너희들이 평일의 천사지배賤使之輩"[23]인데 거두라고 협칭하여 말과 가마를 타면서 농민군 지휘관 행세를 하고 있다고 꾸짖고 있다. 이것은 제2차 농민전쟁 시기에는 천민출신 접주·농민군 통령이 약간 진출했음을 간접적으로 나타내고 있는 것이라고 볼 수 있다.

제2차 농민전쟁 시기에 노비출신을 비롯한 천민접주와 통령이 상당히 진출한 것은 집강소 시기의 노비·천민해방과 천민농민군賤民農民軍의 편성에 직결되어 나타난 현상이었다.

이상의 사실에서 기본적 추세를 보면 갑오농민전쟁의 주체세력 중에서 접주·농민군지도부의 사회신분은 양인층(상민·평민)이 기본이었다. 이를 시기별로 보면 제1차 농민전쟁 시기에는 양인출신이 거의 대부분이었다가, 집강소 시기에 노비·천민해방과 천민농민군 편성에 따라 천민출신 접주·지휘관이 약간 진출하기 시작하고, 제2차 농민전쟁 시기에는 대부분의 농민 접주·통령은 여전히 양인출신이었지만 이 시기에는 노자奴子를 비롯한 천민출신 접주·통령도 상당히 진출한 것을 알 수 있다.

---

23 「先鋒陣呈報牒」, 『東學亂記錄』 下卷, 128쪽.

이러한 농민군 지도부의 구성은 갑오농민전쟁의 목표의 하나에 사회신분제의 폐지를 그 가장 중요한 목표의 하나로 설정하여 실천하도록 하는 데 큰 작용을 했음은 더 설명을 요치 않는 것이다.

또한 농민군 지도부의 이러한 '상승하는 양인' 및 '신분해방을 추구하는 노비·천민' 출신의 사회신분 구성은 갑오농민전쟁의 힘의 방향이 '몰락한 양반층'의 불만에서 나온 것이 아니라 하위신분층의 사회의식의 발전과 대각성에 따르는 밑으로부터의 상향운동이 사회신분제와 봉건제의 장벽을 돌파하려는 것이었음을 뚜렷이 나타내 주는 것이라고 할 것이다.

2) 농민군 병사의 사회신분

갑오농민전쟁의 농민군 병사의 사회신분은 '양인층'을 주로 하고 그다음이 '노奴를 중심으로 한 천민층'이었다.

동학사상은 평등사상을 주창했고 동학조직은 사회신분상으로 "기법무귀천其法無貴賤"[24]하고 "기입법혼귀천其立法混貴賤"[25]했으므로, 일반 국민들 사이에서도 "동학군들은 귀천빈부의 구별이 없다"[26] "적서노주嫡庶奴主의 구별이 없다"[27]는 사실이 잘 알려져 있었다. 따라서 일찍이 어윤중魚允中이 보은취회 때에 "상민과 천민으로서 이러한 신분을 벗어나고자 원하는 자는 (동학에) 들어갔으며",[28] 특히 상민과 천민 중에서도 "재기가 대략 있음에도 불구하고 뜻을 얻

---

24 『梧下記聞』第1筆의 98쪽.
25 『梧下記聞』第1筆의 106쪽.
26 『東學史』, 130쪽.
27 『東學史』, 130쪽.
28 「聚語」중의 「宣撫使再次狀啓(魚允中兼帶)」, 『東學亂記錄』上卷, 122쪽에서, 어윤중은 동학에 입도하는 자들로서 ① 略負才氣 欝欝不得意者 ② 憤貪墨之橫行 欲爲民制其死命者 ③ 痛外夷之奪我利源 妄爲大談者 ④ 爲貪帥墨吏之所侵虐 無所伸訴者 ⑤ 爲京鄕武斷而脅制 無以自全者 ⑥ 京外之負罪逃命者 ⑦ 營邑屬之無頼散處者 ⑧ 農無遺粟商無遺利者 ⑨ 蚩蚩瞢瞢 風聞以入爲樂地者 ⑩ 不耐債貨之侵督者 ⑪ 常賤而願爲拔身者 등 11종의 집단을 들고 있는데, 이 중에서 ⑪의 常賤而願爲拔身者가 ①의 略負才氣 欝欝不得意者이며 신분해방을 목적

102

김홍도의 풍속화, 「벼타작」(일하는 농민과 노는 양반)

지 못해 불평이 있는 자는 (동학에) 들어갔다"[29]고 지적한 것은 날카로운 관찰이라고 볼 수 있다.

농민군이 무장에서 기포하여 무장창의문을 포고하고 제1차 농민전쟁을 일으켜 고부를 점령한 후,[30] 백산에 집합하여 농민군을 개편하면서 3월 27일경에 띄운 격문에는 농민군의 주체세력을 시사하는 내용이 들어 있다.

"우리가 義를 들어 此에 至함은 그 본의가 단단 他에 있지 아니하고 蒼生을 塗炭의 중에서 건지고 國家를 磐石의 위에다 두자 함이라. 안으로는 貪虐한 관리의 머리를 베히고 밖으로는 횡포한 强敵의 무리를 驅逐하자 함이라. 兩班과 富豪 앞에 苦痛을 받는 民衆들과 方伯과 守令의 밑에서 굴욕을 받는 小吏들은 우리와 같이

으로 동학에 들어가서 적극 활동하는 東學敎道型이 이루어진다고 볼 수 있다.
29 위와 같음.
30 慎鏞廈, 「甲午農民戰爭의 第1次 農民戰爭」, 『韓國學報』 제40집, 1985 참조.

원한이 깊은 자라. 조금도 주저치 말고 이 시각으로 일어서라. 만일 기회를 잃으면 후회하여도 미치지 못하리라."[31]

이 격문에서는 농민전쟁의 봉기의 적대관계를 '양반·부호' 대 '민중'으로 설정하면서 소리小吏들의 동참을 요청하고 있다. 이때의 민중은 농·공·상의 민民을 말하는 것이나 실질적으로 농민을 가리킨 것이며, 그 사회신분은 '양인'을 주로 하고 다음에 '노비를 중심으로 한 천민'으로 구성되어 있었다.

농민의 대부분이 양인신분이었기 때문에 제1차 농민전쟁 이후 농민군의 주력은 물론 양인신분의 농민이었다. 황현黃玹은 제1차 농민전쟁 때 "평민이 선두에 섰다平民先負"[32]고 기록하였다. 황현은 농민의 입장이 아니라 위정척사과 유생의 입장에서 농민전쟁 수습책을 논의했다. 이 과정에서 그는 여러 가지 사실들을 알려 주고 있다.[33]

집강소 시기에는 양인(평민)층의 농민군에의 참가는 더욱 증가하였다. 농민군 지도부는 양인농민들의 동학에의 입도와 농민군 참가를 권유했고 양인 농민들도 대대적으로 이를 낙종樂從했다. 황현이 지적한 바와 같이 동학 접주들이 "평민들을 위협하여 억지로 도道에 넣어서 농민군 대오에 충원하여 진陣을 펴게 한驅脅平民勸道 允伍使列陣"[34] 경우도 물론 있었다. 그러나 집강소 시기에는 양인신분의 농민들은 대부분 자발적으로 농민군에 참가한 '낙종자樂從者'들이었다.

제2차 농민전쟁 시기에는 동학 접주들은 양인출신 농민들을 징병하기도 했으나,[35] 전라도·충청도·경상도·경기도·황해도 일대에 걸쳐 양인농민들이 자발적으로 농민군을 편성하고 참가하여 농민전쟁을 전개하였다.

---

31 『東學史』, 112쪽.
32 『梧下記聞』 第1筆의 65쪽.
33 金容燮, 「梅泉 黃玹의 農民戰爭收拾策」, 『高柄翊先生回甲紀念史學論叢』, 1984 참조.
34 『梧下記聞』 第3筆의 31쪽.
35 「東匪討論」, 『韓國學報』 제3집, 1976, 272쪽 참조.

"본읍은 바닷가의 구석에 벽벽僻해 있어서 오히려 화택化澤의 미치지 않는 곳이 있던 중 동학배東學輩의 창궐의 때를 만나 피륵자被勒者는 이를 요행이라 하고 낙종자樂從者 는 이 기회를 이용할 수 있다고 하면서 침침연하게 창양搶攘의 지역에 혼귀渾歸하여 평민平民으로 (동학농민군)에 가담하지 않은 자가 거의 없으니 참으로 통탄할 일입니다."[36]

무안務安현감이 제2차 농민전쟁 시기에 올린 이 보고에서 주목할 것은 평민 중에서 농민군에의 자발적 지원자를 말하는 '낙종자'는 "이 기회를 이용할 수 있다樂從者謂此時可乘"고 하면서 이에 적극 참가하고, 평민 중에서 농민군에 징집당한 자를 말하는 '피륵자被勒者'는 "이것은 요행이다被勒者謂之僥倖"라고 하면서 역시 농민군에 기꺼이 참가하고 있다는 사실이다. '피륵자'까지도 동학·농민군에의 참가를 요행이라고 기쁘게 생각한 곳에서 양인 신분 농민들의 갑오농민전쟁에 대한 지지와 참가의 열도를 볼 수 있다.

양인 신분의 농민들이 갑오농민전쟁의 가장 핵심적이고 기본적인 주체세력이 된 것은 봉건관료의 가렴주구 척결에만 농민전쟁의 목적을 두게 한 것이 아니라 양반사회신분제도의 폐지에도 중요한 목적을 두게 하였다. 이 사실은 당시 조정에서도 알고 있던 일이어서 국왕 고종은 제1차 농민전쟁 시기부터 이미 "소민小民들이 어리석고 완매하여 무리를 이루고 조직을 만들어서 (신분이라는) 명분名分을 부수기에 이를 것이니 또한 마땅히 금지 대책을 취하라"[37]고 명령하였다.

여기서 국왕이 '소민'이라 한 것은 양인농민을 가리킨 것이었다. 당시 최고 통치자들은 천인은 '민'의 범주에 잘 넣어 주지조차 않았으므로 '소민'은 기본적으로 양인농민을 의식하고 말한 것이라고 볼 수 있다.

---

36 「先鋒陣各邑了發關及甘結」, 『東學亂記錄』 下卷, 328쪽.
37 『高宗實錄』 高宗 31年 甲午 4月 27日條, "教曰 惟予宵旰憂動……而其或小民愚頑羣聚作挐 至於隳壞名分" 참조.

물론 해안지방에서는 홍농弘農의 김낙선金洛先과 임치덕林致德의 예와 같이 양인 신분의 어민魚民도 농민군에 참가하였다.[38] 그러나 그 수는 많지 않았음은 물론이다.

양인 신분충에서 관군과 농민군이 모두 자기편에 끌어들이려고 노력한 대상이 산포수(또는 포수)들이다.

전봉준이 지휘하는 농민군은 제1차 농민전쟁을 일으키자마자 태인 등 각 군현에 편지를 보내어 포수와 창수鎗手 각 백 명씩을 거느리고 북·날라리·징을 치며 일제히 제중의소濟衆義所로 와서 대기할 것을 요청하였다.[39] 한편 관군 측도 다른 지방에서 포수·창수의 동원을 명령하였다.[40] 포수들이 어느 편에 더 많이 가담했는지 정확한 자료는 남아 있지 않지만, 농민군 측에 가담한 자료가 더 많이 보인다. 예컨대, 보은의 관포수官砲手 조한석趙汗石은 농민군에 들어가서 싸우다가 갑오년 10월 14일 관군에 생포되어 총살당하였다.[41] 황해도 장연의 산포수들인 백낙희白樂喜·전량근全良根·백낙주白樂主·김재희金在喜 등은 갑오농민전쟁에 농민군으로 참전하여 싸웠으며, 농민전쟁 실패 후인 1895년에도 다시 해주부海州府 산하의 산포대山砲隊에 들어가서 재기포하려다가 체포되었다.[42] 포수들의 농민군에의 이러한 가담은 농민군의 실질적 전투력을 현저히 강화하였다고 볼 수 있다.

양인 신분의 농민·어민·포수들은 갑오농민전쟁의 농민군의 핵심적이고 절대다수를 이루는 주체세력이었음이 명백하며, 이 중에서도 양인농민이 그 기본적 주체세력이었음은 의문의 여지가 없는 사실이라고 볼 수 있다.

갑오농민전쟁의 농민군 병사를 구성한 양인 신분 다음의 주체세력은 천민 신

---

38 「宣諭榜文並東徒上書所志謄書」, 『東學亂記錄』 下卷, 385~386쪽 참조.

39 『梧下記聞』 第1筆의 53쪽.

40 「東匪討論」, 『韓國學報』 제3집, 1976, 278쪽 참조.

41 「兩湖招討謄錄」, 『東學亂記錄』 上卷, 275쪽 참조.

42 「重犯供草」, 『東學亂記錄』 下卷, 563~569쪽 참조.

분층이며 그 절대다수의 기본세력을 이룬 것은 '노奴'들이었다. 황현은 동학에 귀천노소의 차별이 없고 노와 그 주인이 모두 동학에 들어가면 서로 친우처럼 상호간에 접장接長이라고 평등하게 부르며 평등하게 대접하므로 사노私奴·역인驛人·무부巫夫·수척水尺 등 여러 종류의 천인들이 가장 기꺼이 동학과 농민군에 따랐다고 다음과 같이 기록하고 있다.

"(그들의) 법은 귀천이나 노소가 없이 모두 평등한 상대로 절을 하면 예를 하고 읍揖한다. 포군砲軍을 칭하여 포사접장砲士接長이라 하고 동몽童蒙을 칭하여 동몽접장童蒙接長이라 한다. 노奴와 주인主人이 모두 입도入道하면 서로 접장接長이라 부르면서 친구와 같이 교제한다. 그러므로 무릇 사노私奴·역인驛人·무부巫夫·수척水尺 등 여러 종류의 천인賤人들이 가장 즐거이 (동학농민군에) 들어가 따랐다."[43]

황현은 농민군의 여러 가담자 중에서 "천한 자가 들어갔음賤者入之"[44]을 강조했다. 실제로 농민전쟁에 대한 노비를 비롯한 천민층의 지지와 참가는 매우 적극적이었다. 농민군이 고부를 점령할 때에는 노령奴令(官奴와 使令)의 책임자인 관노 이춘경李春京의 밀통과 내응에 큰 도움을 받았으며,[45] 전주를 함락할 때에도 기축(1889)년에 영리營吏들로부터 크게 박해를 당했던 노령들의 내응과 참가에 큰 도움을 받았다.[46] 그 후 농민군이 강진을 점령할 때에도 관노의 내응을 받았다.[47]

무엇보다도 주목할 것은 노비를 비롯한 천민층의 신분해방운동이 매우 격렬

---

43 『梧下記聞』 第1筆의 106쪽. "其法無貴賤老少 皆抗拜揖 稱砲軍曰砲士接長 童蒙曰童蒙接長. 奴主皆入道則 亦互稱接長與朋友 故凡私奴·驛人·巫夫·水尺·諸賤人 最樂附之"참조.
44 『梧下記聞』 第1筆의 107쪽 참조.
45 「兩湖招討謄錄」, 『東學亂記錄』 上卷, 199쪽 참조.
46 『梧下記聞』 第1筆의 73쪽 참조.
47 『梧下記聞』 第2筆의 69쪽 참조.

하게 아래로부터 그들 자신에 의하여 치솟았다는 사실이다. 황현은 다음과 같이 증언하였다.

매천 황현

"적당賊黨(동학농민군-필자)은 모두 천인 노예였으므로 양반兩班·사족士族을 가장 증오하였다. 그래서 정자관(양반 신분표시 말총제 뾰쪽관)을 쓴 자를 만나면 곧바로 꾸짖으며 말하기를 '너도 역시 양반인가' 하고 관을 벗기어 빼앗아 찢어버리거나 또는 그 관을 자기가 쓰고 거리를 돌아다니면서 양반을 욕주었다. 무릇 집안의 노비奴婢로서 도적(농민군)들을 따르는 자는 물론이요, 비록 도적들을 따르지 않는 자라 할지라도 모두 지극히 천한 자가 주인을 위협 강제하여 노비문권奴婢文券을 불사르고 강제로 양인良人이 됨을 승인케 하거나 또는 그 주인을 결박하여 주리를 틀고 곤장과 매를 치기도 하였다. 이에 노비를 가진 자들은 바람에 따라 노비문권을 불사르지 말기를 원하는 경우에도 그러나 기염氣焰이 널리 맹렬하게 타오르고 있어서 주인이 더욱 이를 두려워하였다. 혹은 사족士族으로 노와 주인이 모두 함께 도적을 따르는 경우에는 서로 (평등하게) 접장이라고 칭하면서 그들의 법을 따랐다. 도한屠漢(백정)·재인才人 등속의 무리도 역시 평민·사족과 평등하게 같이 예禮를 했으므로, 사람들이 더욱 치를 떨었다."[48]

이 기록은 갑오농민전쟁 시기에 이에 참가한 노비들의 신분해방운동을 생생하게 묘사하고 있는 귀중한 문헌이다. ① 농민군들은 양반을 만나면 양반을 힐

---

48 『梧下記聞』第2筆의 97쪽. "賊黨皆賤人奴隷 故最惡兩班士族 遇着鬚冠者 輒詬曰 汝亦兩班乎 奪而裂之 或自戴之 橫行市里 以辱之 凡人家奴婢從賊者勿論 雖不從賊 皆句賊劫主 燒口券 勒使從良 或縛其主 而周牢棍笞之. 於是有奴婢者 望風燒券 以紓其禍 其淳謹者 或願勿燒 然氣焰廣張 主益畏之. 或士族而奴主俱從賊者 互稱接長以從其法. 或士族而奴主俱從賊者 互稱接長以從其法. 屠漢·才人之屬 亦與平民·士族抗禮 人尤切齒."

책하고 양반의 표상인 종관을 벗겨 빼앗아 찢어버리거나 자기가 쓰고 돌아다니면서 양반신분제도를 부정하고, ② 농민군에 가담한 노비는 물론이요 가담하지 않은 노비들도 주인을 위협하여 강제로 노비문서를 불사르게 하고 노비해방과 양인됨을 인정케 하며, ③ 주인이 멈칫거릴 때에는 노비가 주인을 결박하여 주리를 틀며 곤장을 치고, ④ 대세에 압도된 노비주인들이 그 화禍를 덜려고 스스로 알아서 노비문서를 불살라 노비해방을 승인하며, ⑤ 때로 노비가 노비문서를 불사르지 말기를 원하는 경우에도 노비해방의 불타오르는 기염에 겁을 먹은 주인들이 더욱 두려워 노비문서를 불사르며 노비해방을 시키고, ⑥ 노비나 주인인 사족이 모두 서로 평등하게 대접하게 되었다는 것은 갑오농민전쟁이 천민신분층의 주체세력으로의 참가와 함께 노비·천민의 신분해방의 혁명적 사업을 실천했음을 웅변으로 증명해 주는 것이라고 할 수 있다.

뿐만 아니라 농민군 중에는 천민층으로 구성한 농민군부대도 창설되었다.

농민군 총관령인 대접주 "손화중孫化中은 전라우도에서 도한屠漢·재인才人·역부驛夫·야장冶匠·승도僧徒 등 평일의 가장 천류賤流로만 한 접接을 별도로 설치했는데 그 사나움과 용맹함이 누구도 대항할 수 없어 사람들이 가장 두려워하였다"[49]고 하였다. 손화중은 이 천민농민군을 전도에서 뽑아 재인才人 중심으로 편성하고 그 통령에 고창의 재인 홍낙관洪洛官을 임명하여 자기 산하에 두었는데, 이 천민농민군은 수천 명으로서 민첩한 정예군이었으므로 손화중의 농민군이 전봉준·김개남의 농민군과 정족지세를 이루었다 할지라도 실제로는 손화중의 농민군이 이 천민군 때문에 가장 수가 많고 가장 막강하였다고 하였다. 황현은 다음과 같이 기록하였다.

"처음에 손화중은 도내의 재인을 뽑아서 1포布(包)를 조직하고 홍낙관洪洛官으로

---

49 『梧下記聞』第2筆의 97쪽. "孫化中在右道 聚屠漢·才人·驛夫·冶匠·僧徒平日最賤之流 別設一接 獷悍無前 人尤畏之."

하여금 이것을 지휘하도록 하였다. 홍낙관은 고창高敞의 재인으로서, 손화중에 속하여 그 부하 수천인이 민첩하고 정예였으므로 손화중이 비록 전봉준·김개남과 정족지세鼎足之勢에 있었다 할지라도 (실제로는 손화중의) 무리가 최강하였다. 전봉준이 북상할 때 손화중에게 연달아 격문을 보내어 연병連兵할 것을 요청했으나 손화중은 불응하였다. 공주에 이르러 삼패三敗하여 사망자가 수만에 이르자 전봉준은 비로소 손화중에게 이서貽書를 보내어, (손화중으로 하여금) 해산해서 뭇목숨을 아끼어 生民을 함부로 죽이지 말도록 하였다. 마침내 손화중은 그의 布(包)를 모두 일으키어 도합 십여 만으로써 나주를 포위하였다."[50]

농민군 총관령인 대접주 김개남金開男도 또한 천민출신 농민군부대를 설치하였다. 김개남은 처음에 도내의 창우倡優와 재인 1천여 명을 뽑아 한 농민군 부대를 편성해서 후하게 대우하여 그들의 사력을 다한 충성을 얻었다. 황현은 다음과 같이 기록하였다.

"처음에 김개남은 도내의 창우倡優·재인才人 천여 명으로 일군을 만들어 그들을 두터이 예우해서 그들의 사력을 얻음을 도모했다."[51]

또 하나의 다른 예를 들면, 만경에서 동학 거두 박봉관朴奉寬은 호남도의장湖南都義將이라고 자칭하면서 만경읍의 노령奴令·상인常人·천인賤人 및 마을의 농

---

50 『梧下記聞』第3筆의 35쪽. "初化中選道內才人 爲一布(包-인용자) 洪絡官將之. 洛官者 高敞才人也 隷化中 而其部下數千人 趨捷精銳 故化中雖與瑳準·開男 有鼎足之勢 而其衆最强. 瑳準之北上也 連檄化中連兵 而化不應 及公州三敗 死者數萬瑳準始懼貽書化中 使散衆亡命 勿徒殺生民. 化中乃盡起其布 合十餘萬 圍羅州."

51 『梧下記聞』第3筆의 23쪽. "初開男 選道內倡優·才人千餘人 爲一軍 厚禮之 冀得死力" 참조. 뒤이어 黃玹은 "至是才人等 見開男逆節已判 一夜盡散"이라고 하여 金開男이 全州에 入城해서 南原府使 李龍憲을 살해하는 것을 보고 이 천민농민군이 金開男의 逆節을 판단하고 하룻밤 사이에 모두 흩어졌다고 기록했는데, 뒤에도 金開男의 賤民軍이 나오므로 해산했다는 부분은 衛正斥邪派 儒生 黃玹이 분개하여 농민군 敗戰 뒤의 일을 앞당기어 쓴 것으로 보인다.

업노동자(무뢰배 포함) 수백 명을 모아 가지고 갑오년 10월에 동사생계同死生稧를 만들어 만일 1 사람이 원한이 있으면 중인衆人이 함께 이를 복수하기로 결의했는데,[52] 이들이 천민을 중심으로 한 농민군부대이었음은 명백한 일이다.

또한 운봉의 부동촌釜洞村 앞에 주둔했던 농민군 중에서 담양접주 남응삼南應三과 남원의 관노 김석원金錫元이 통솔하는 농민군부대는 노령奴令·무부巫夫 등 천민들과 함께 각각 전대와 후대를 만들어 깃발을 나열하고 나팔을 불고 북과 꽹과리·징을 치면서 사기를 돋우고 상산에 올라 운봉을 공격하며 그 세력이 창궐하였다.[53] 이 부대들도 천민이 많이 참가한 농민군부대였음에 틀림없다. 천민출신 농민군의 특징은 용감성에 있었다. 천민농민군이 핵심인 남응삼 농민군부대는 사납고 용맹스럽기로 알려져 있었다.[54]

어떤 기록에는 농민군 속에 '승장僧將'도 한 사람 있었다고 했는데,[55] 이것이 확실하다면 조선왕조 시기에 천민 대우를 받던 승도僧徒들도 이 기회를 활용하기 위하여 농민군에 일부가 참가했는지도 알 수 없다.

갑오농민전쟁의 주체세력으로서의 농민군 병사에는 신분해방을 일차적 목적으로 한 노비奴婢·재인才人·창우倡優·백정白丁·역정驛丁·무부巫夫·승도僧徒 등 천민신분층이 대거 참여하여 농민군의 양인신분 다음의 핵심세력으로 활동한 것이 틀림없다.

3. 갑오농민전쟁의 주체세력의 사회계급

그러면 갑오농민전쟁의 주체세력을 형성한 양인신분과 천인신분의 농민들의

---

52 「巡撫先鋒陣謄錄」,『東學亂記錄』上卷, 665쪽 참조.
53 「朴鳳陽經歷書」,『東學亂記錄』下卷, 513쪽 참조.
54 『梧下記聞』第3筆의 14~15쪽 참조.
55 「先鋒陣呈報牒」,『東學亂記錄』下卷, 189쪽 참조.

사회계급적 성격은 어떠한가? 갑오농민전쟁을 주도한 농민층의 사회경제적 계급의 성격을 직접 밝혀주는 자료는 현재까지 발견되지 않는다. 그러나 갑오농민전쟁이 집중적으로 일어난 지역을 중심으로 간접적인 자료를 통하여 이를 추정해 볼 수 있다.

일찍이 다산 정약용丁若鏞은 19세기 초의 호남지방 농촌사회의 계급구성에 대하여 지주제도와 토지겸병이 만연된 결과로 "호남의 백성을 대략 100호로 잡으면(가정하면) 다른 사람에게 토지를 빌려주어 도조賭租(소작료)를 받는 자는 5호에 불과하고 자기의 토지를 자경自耕하는 자는 25호이고, 다른 사람의 토지를 경작하여 도조를 납부하는 자는 70호이다"[56]라고 하였다. 즉 호남지방의 19세기 초의 농촌사회의 계급 구성은 지주가 5%, 자작농이 25%, 소작농(순소작농 및 자소작농)이 70%라고 정약용은 추산한 것이었다.[57]

갑오농민전쟁이 일어난 1894년의 호남지방의 농촌사회의 계급구성에 대한 직접적 통계는 아직 발견되지 않는다. 그 대신 1906~1909년에 대한제국 농상공부와 일제통감부의 재무감독국이 표본조사를 한 결과를 보면, ① 전라북도 전주지방은 전田에 있어서 자작지가 15.3%, 소작지가 84.7%이고, 답畓에 있어서 자작지가 7.7%, 소작지가 92.3%이며, ② 전라북도 금산지방은 전에 있어서 자작지가 50%, 소작지가 50%, 답에 있어서 자작지가 20%, 소작지가 80%이고, ③ 전라도 광주지방은 전답을 합하여 자작지가 20%, 소작지가 80%이며, ④ 전라남도 영암지방은 전에 있어서 자작지가 60%, 소작지가 40%이고, 답에 있어서 자작지가 30%, 소작지가 70%이다. 한편 ⑤ 충청남도 홍산鴻山지방은 전답을 합하여 자작지가 20%, 소작지가 80%이고, ⑥ 충청남도 천안지방은 전답을

---

56 丁若鏞,『丁茶山全書』(文獻編纂委員會) 上卷, 詩文集,「文」第1集, 卷9,「擬嚴禁湖南諸邑佃夫輸租之俗箚子」, "今計湖南之民 大約百戶 則授人田而收其租者 不過五戶. 其自耕其田者 二十有五. 其耕人田而輸之租者 七十" 참조.

57 丁若鏞은 이 글을 썼을 때 전라도 康津에 유배되어 전라도 농촌사회의 실정을 관찰하고 체험했으므로 그의 추산은 신빙해도 좋을 것이라고 판단된다.

합하여 자작지가 25%, 소작지가 75%이며, ⑦ 충청북도 지방은 전답을 합하여 자작지가 30%이고 소작지가 70%였다.[58] 이것은 경지 면적을 자작지와 소작지로 구분한 조사이고, 일반적으로 농가 호수로 볼 때에는 소작지의 비율보다 소작농호수의 비율이 훨씬 높기 때문에, 위의 지역의 소작농 호수의 비율은 소작지의 비율보다 훨씬 높았다고 볼 수 있다.

구한말에 농가호수를 자작농과 소작농별로 구분하여 조사한 것은 불행하게도 전라도 지방에 대한 것은 발견되지 않고, 충청도의 경우가 남아 있다. 1906~1909년의 충청북도의 농촌사회 계급구성을 보면 자작농이 12.1% 자작 겸 소작농이 26.7%, 순소작농이 61.2%로서, 소작농의 비율은 87.9%에 달하고 있다.[59] 한편 1906년에 조사한 『한국토지농산조사보고韓國土地農産調査報告』의 개괄적 조사보고에 의하여 충청남도의 경우를 보면 〈표 2-4〉와 같다.[60]

‖표 2-4‖ **조선왕조말기 농민층의 계층별 분포**(충청남도)

군명	농민의 종류			비고
	지주	자작	소작	
평택平澤	지주는 내장원內藏院 及 경성인京城人 많음		소작인 많음	
아산牙山	지주는 과반은 경성인임		소작인 많음	

---

58 慎鏞廈, 「朝鮮王朝末期의 地主制度와 小作農民層」, 『曉岡崔文煥博士追念論文集』, 1977, 297쪽 참조. 『小作農民ニ關スル調査』, 2쪽의 53~54에 의하여 다른 지방의 자작지·소작지 비율을 보면 ⑧ 경상북도는 전답을 합하여 자작이 약 30%이고 소작지가 70%이며, ⑨ 경상남도는 전에 있어서 자작지가 약 40%, 소작지가 60%이고, 답에 있어서 자작지가 30%, 소작지가 70%이다. ⑩ 황해도와 평안도는 전답 합하여 자작지가 약 30%이고 소작지가 70%이며, ⑪ 함경도 및 강원도의 동부는 전답 합하여 자작지가 약 65%이고 소작지가 35%의 비율을 보이고 있다.

59 慎鏞廈, 「朝鮮王朝末期의 地主制度와 小作農民層」 및 朝鮮總督府, 『小作農民ニ關スル調査』, 2쪽의 54~55 참조.

60 『韓國土地農産調査報告』 京畿道·忠淸道·江原道篇 및 『小作農民ニ關スル調査』, 2쪽의 47~50 참조.

온양溫陽	지주 경성인 많고 군내郡內 及 군인郡人 있음		同	자작농은 오직 田을 자작할 뿐임
신창新昌	지주 경성인 있음	심히 적음	同	금전을 가진 자가 군민에 적기 때문에 토지를 구입하지 못함
예산禮山	지주 경성인 많음		同	
덕산德山	지주 경성인 많음		同	경성인의 지주 중 최대의 자는 백두락百斗落 정도임
면천沔川	同		同	
당진唐津	지주 모두 경성인		同	
서산瑞山	지주는 경성인이 많음		同	
태안泰安	同		同	
해미海美	지주 경성인 많음		소작인 많음	
결성結成	지주 주로 경성인		同	
홍천洪川	지주는 경성인과 군내인郡內人이 상반相半을 이룸	자작농은 3분의 1	同 3분의 2	지주최대자는 백표락百俵落 정도의 토지를 소유함
대흥大興	지주는 경성인임. 군내인 거의 없음		소작인 많음	
청양靑陽	지주는 경성인과 타 군인他郡人이 많음. 경성인보다 타 군인이 많음. 대신大臣이었던 사람 등이 소유함.	자작농은 소작농에 비하여 10분의 2 정도	소작인은 10분의 8	
보령保寧	지주 경성인 많음		同	
오천鰲川	지주 경성인 많음		同	
비천庇川	군내인은 희소稀少하게 田을 소유할 뿐 경성 및 타 군인임	자작농 없음	모두 소작인	
서천舒川	지주 경성인 많음	자작농은 소작자에 비하여 만분의 1	소작인 많음	
한산韓山	同		同	
임천林川	同		同	
부여扶餘	지주는 경성인 많음 군내인도 있음		대체로 소작인임	

석성石城	지주 경주성인京主城人 많음		소작인 많음	
은진恩津	同		同	
연산連山	지주는 불명不明임. 촌락에 지주 있음. 지주는 읍내에 없음. 경성인 드물게 있음.		同	
노성魯城	지주는 경성인 있으면서도 촌락인村落人도 많음.	자작농은 백분의 1 정도에 불과함	同	
공주公州	지주 경성인 많음		소작인 많음	
연기燕岐	同	소작은 자작과 相等 정도		
전의全義	지주는 군내인 及 경성인임		자작보다도 많음	
직산稷山	지주 경성인 많음		소작인 많음	
문의文義	지주 경성인임. 차지此地에서 큰 것은 삼백표三百俵 소유자도 있음		同	
회덕懷德	차지의 者 많음. 경성인 있음. 지주와 소작인의 比는 2 : 8임.		同	
남포藍浦	지주는 군중인 많음. 경성인도 있음.	자작농은 10분의 1임	同	

위의 조사결과들에서 명확히 알 수 있는 것은, 갑오농민전쟁이 집중적으로 일어난 전라도와 충청도의 농촌사회의 계급구성은 소작농(순소작농 및 자소작농)의 비율이 아무리 적게 잡아도 80%를 초과하며, 자작농의 비율은 20%도 안 된다는 사실이다. 이 비율은 갑오농민전쟁의 주체세력인 양인·천민 출신의 농민들에게도 안전하게 적용할 수 있는 비율이다. 즉 갑오농민전쟁의 주체세력인 이 지역 농민군의 계급 구성은 80% 이상이 소작농이었고 20% 미만이 자작농이었다고 안전하게 말할 수 있다.[61]

---

61 丁若鏞의 추산은 19세기 초의 것이고 農商工部의 조사는 1906~1909년의 것이어서 甲午農民戰爭이 일어난 1894년의 실태를 바로 나타내는 것은 아니지만, 19세기 초 이후에도 농민층의 계급분화는 꾸준히 진전되어 20세기 초까지 일정한 추세가 있었으므로 위·아래의 어

그러면 농민군의 중추세력을 이룬 소작농의 경제적 소득상의 계층은 어떠한 가? 다시 이를 1906~1909년의 농상공부의 표본조사에서 정리해 보면 다음 〈표 2-5〉와 같다.[62]

‖표 2-5‖ **소작농민 1개년의 수지계산**

지명	경작면적	가족	수입(圓)	지출(圓)	차액(圓) △과부족
경기도 수원군 북서면 北西面 동촌東村	畓 6反 田 1反 (7反)	4人	71,900	72,900	△1,000
충청남도 공주군 남부 면南部面 주미리舟尾里	답 4反 전 2反 8畝 (6反 8畝) 自作田 1反 6畝	4人	154,450 (33,000)	172,280	△17,830
전라북도 전주군 동면 東面	답 5反 전 2反 3畝 (7反 3畝) 自作田 1反 6畝	4人	173,312 (60,000)	199,063	△25,751 1개년 20圓의 차금이자지불 借金利子支拂 △1,350
경상남도 진주군 大安 面 三洞	답 4反 전 2反 8畝 (6反 8畝)	4人	106,500 (31,230)	107,850	△1,350
강원도 춘천군 南部內 面 下退溪里	답 - 전 1町 6反 (1町 6反)	4人	22,900 (4,000)	32,690	△9,790
황해도 해주군 月谷面 柔林洞	답 7反 전 1町 1反 (1町 8反) 산림 6反	6人	67,310	84,400	△17,090

[자료]: 愼鏞廈,「朝鮮王朝末期의 地主制度와 小作農民層」.
[비고]: ① 본표 수입의 부部 하방下傍 숫자는 노동임금을 내서內書한 것임.
② 수입의 대부분은 말할 필요도 없이 농작물수입으로서, 그 다음이 노동수입이며, 부업수입 같은 것은 미미함.
③ 지출의 대부분은 생활비의 점占하는 바로서 농업자본은 그 액액이 주로 과소함.
④ 수지부족액收支不足額을 여하히 보전補塡하는가에 대해서는 농상공부農商工部의 조사에 하등의 기재 없음이 유감임.
⑤ 본표에 계상된 지출액은 거의 경상지출에 속하는 것으로서 관혼상제와 같은 임시지출은 계산에 넣지 않았음.

ᄂᆞ 시기로부터 갑오년까지를 추정해 보아도 1894년의 호남지방의 소작농(순소작농 및 자소작농)의 비율은 농민의 80 이상이었다는 결론에 도달하게 된다.

62 愼鏞廈,「朝鮮王朝末期의 地主制度와 小作農民層」, 前揭書, 313쪽 참조.

〈표 2-5〉에서 보면, 갑오농민전쟁이 일어난 전 지역에서 소작농의 1년간의 경제생활은 적자이며, 특히 전라북도 전주지방이 가장 적자 폭이 크고, 충청남도 공주지방이 그다음으로 적자 폭이 크다. 이 사실을 특히 주목할 필요가 있다. 이러한 소작농들은 물론 빈농이었다. 뿐만 아니라 소작농들이 이러한 생활을 몇 년만 계속해도 바로 부채농이 되었다. 갑오농민전쟁의 주체세력인 농민군 구성의 핵심층인 소작농은 소득면에서 적자생활을 하던 비참한 빈농이었을 뿐만 아니라 고리대에 얽매인 비참한 부채농이었음을 명기할 필요가 있다.

농민층의 20% 이하를 구성한 자작농도 경영규모에 따라 부농·중농·빈농의 구분이 가능함은 물론이다. 자료가 없어서 대체적 구성비율도 통계로는 추정할 수 없으나, 부농은 극소수이고 빈농이 절대 다수였다는 대세와 기본구조는 자신있게 말할 수 있다.

갑오농민전쟁의 농민군의 핵심세력이며 절대다수의 세력인 소작농의 계층적 지위가 비참한 영세빈농이며 부채농이었다는 사실은 소작농이 기업적 경영을 하여 '경영형부농'으로 성장하고 있었다는 가정이 허구임을 잘 증명해 주는 것이다. 갑오농민전쟁의 주체세력을 경영형부농으로 설정하려는 온갖 시도는 역사적 사실과 너무 다른 것이기 때문에 도저히 성립할 수 없는 것임을 여기서 거듭 지적해 두는 바이다.

또한 주목할 필요가 있는 것은 동일한 빈농일지라도 봉건적 착취에 대한 자작농과 소작농의 반응의 강도가 매우 다르다는 사실이다. 소작농은 봉건적·반봉적적 지주제도에 의하여 그 자체가 착취당하는 계급이다. 이것만으로도 봉건제도와 그 수탈에 대한 반항의 강도에 있어서 소작농과 자작농은 다 같은 빈농일지라도 판이한 대응양식을 갖게 되는 것이다. 뿐만 아니라 여기에 조세·잡세·수세 등을 가징하는 경우에 그 아픔은 자작농에서보다 소작농의 쪽이 훨씬 큰 것이다. 왜냐하면 동일한 증세의 '실제의 상대적 착취율'이 자작농에 대해서보다 소작농에 대해서 2배나 훨씬 높기 때문이다. 예컨대 군수 조병갑이 고부 농민들에게 1두락당 수세水稅 벼 3두(白米 1.5두)씩을 가징했다고 가정해 보자. 답 5두락을 경작하여 벼100두를 수확하는 빈농의 자작농에 대한 착취율은 수세벼 15두를 부과하여 15%이다. 그러나 소작농은 수확한 벼 100두 중에서 50두를 소작료로 지주에게 납부하고 나머지 50두만을 소유하고 있으므로 수세 벼 15두의 부과는 30%에 달하게 되는 것이다. 일찍이 다산 정약용이 지적한 바와 같이 전라도 지방에서는 모든 종류의 조세는 소작지의 경우에도 소작농이 납부하는 것이 관행이었다.[63] 따라서 봉건제도의 착취에 대한 저항의 강도는 자작농과 소작농 사이에 판이하게 차이가 있었음을 주목하지 않으면 안 될 것이다.[64]

소작농 이외에 농민군의 또 하나의 주체세력을 이룬 것이 농업노동자층이었다. 그 후의 자료로 역산해 보면 이 시기에 전라도 농촌에는 농촌인구의 약 3% 내외의 종종 '무업지민無業之民'이라고 부르던 농업노동자층이 농촌내에 형성되고 소작농층과 연접해 있었는데, 이들이 제1차 농민전쟁부터와 특히 집강소 시기에 농민군에서 큰 활약을 한 것으로 보인다.

갑오농민전쟁의 제2차 농민전쟁 시기에 조선왕조의 관군은 농민군에 가담한 동학교도들의 자산을 몰수하여 한때 군량·군수품으로 사용하였다. 그런데, 뜻밖에 몰수된 동학도의 자산에 관한 기록은 2건의 12명분밖에 나타나지 않고 있다. 이것은 무엇보다도 농민군들이 동학교도이든 아니든 간에 거의 대부분 빈곤한 소작농들이어서 몰수하여 군용에 사용할 자산도 없었음을 의미하는 것이라고 해석된다. 기록에 남아 있는 동학도들의 몰수된 자산은 그나마도 경제상태가 평균보다 조금 나았던 교도들이었다고 추정된다. 이러한 전제하에 관

---

63 『丁茶山全書』 下卷, 法政集, 「牧民心書」 卷5 및 『丁茶山全書』 下卷, 詩文集, 「文」 第1集, 卷9. 「擬嚴禁湖南諸邑佃夫輪租之俗箚子」 참조.
64 갑오농민전쟁의 주체세력의 사회계급구성을 '貧農'이라고만 표현하면 불충분하고 반드시 그것이 '小作農層'이며 '小作農을 중심으로 한 貧農層'이라고 動能的으로 설정해야 정확하게 됨은 바로 이 때문이다.

군에 몰수된 동학도 12명의 자산을 통하여 농민군의 사회계급적 성격을 보면 다음 〈표 2-6〉[65] 및 〈표 2-7〉[66]과 같다.

‖표 2-6‖ **천안의 농민군의 재산소유상태**

이름	토지	동산
박성백 朴成伯	답 8두락	요강 1개. 수저 3개. 벼 5석. 큰 솥 1좌. 작은 솥 1좌. 콩 1석.
김영숙 金永叔	답 1석 2두 (찰벼 1석 2두갈이)	요강 2개. 양푼 1개. 촛대 1쌍. 수저 3개. 대접 1개. 냄비 1좌. 큰 솥 1좌. 중간 솥 1좌. 백미 1석. 보리 1항아리(옹). 콩 3석 5두. 벼 4석. 고추 1석. 목화 3석. 팥 5두.

〈표 2-6〉을 보면 알 수 있는 바와 같이, 천안의 박성백은 답 8두락 경작하는 빈농이고, 김영숙은 답 12두를 경작하는 소농으로서 수확물에서 보면 답보다 전을 많이 경작한 농민이다. 이 표만으로는 그들이 자작농인지 소작농인지 판별을 할 수 없으나, 그들의 동산에서 보면, 김영숙은 박성백보다는 좀 나은 편이지만 여전히 빈농의 범위를 벗어나지 못하고 있음을 알 수 있다.

‖표 2-7‖ **공주·온양의 농민군의 재산소유상태**

주소·지위	이름	부동산	동산
공주 산막山幕	이용석李龍石	없음	벼 8석 11두. 총 14병. 창 49병. 화약 8갑, 철환 1두, 말 1마리.
공주	최판석崔判石	없음	백미 3석 11두. 벼 11석. 콩 1석. 솥 2좌. 누룩 1통. 電線 1짐.
공주 정안면 正安面	김평로金平老	家舍 7간	벼 8석. 콩 1석. 담배 131把. 큰 솥 2좌.

---

65 「先鋒陣各邑了發關及甘結」, 『東學亂記錄』 下卷, 359쪽에서 작성함.
66 「先鋒陣各邑了發關及甘結」, 『東學亂記錄』 下卷, 351~353쪽에서 작성함.

도통·都統	이맹李孟	없음	벼 6석. 백미 1석. 콩 2석. 큰 솥 3좌. 작은 솥 1좌. 담배 50把.
	맹주일孟周一	없음	누룩 1통. 철화로 1좌. 주발 4개.
남곡접사 南谷接司	홍치서洪致西	없음	벼 12석. 백미 2석. 콩 1석. 팥 5두. 큰 솥 3좌. 가마솥 1좌. 板材 2立. 函 1개.
북촌北村	임언서林彦西	家舍 4간 田 15두락 畓 6두락	벼 13석. 밀 8두. 솥 2좌. 담배 78把. 양푼 1개. 송아지 1마리.
대정大正	김영수金永壽	家舍 3간	벼 1석. 콩 3두. 솥 1좌.
정안면연동 正安面連洞	이치경李致敬家 유치 (柳軍官 執留條)	家舍 7간	벼 15석. 쌀 10두. 큰 솥 1좌. 작은 솥 1좌. 소 1마리.
온양 산막동 山幕洞 구산리九山里	방도찬方道贊家 家庄任置	없음	벼 합계 74석 11두(이 중에서 3석 11두는 除給 所捉民). 正租 56석. 백미 4석 15두. 콩 2석. 큰 솥 5좌.
온양 남하역촌	최정운崔正云家 家庄	없음	벼 15두. 백미 4석. 콩 1석. 큰 솥 1좌. 작은 솥 1좌. 유기대접 3개. 식기 3개. 양푼 1개. 鉦(징) 1개. 板材 6部.

〈표 2-7〉에서 보이는 공주·온양의 경우를 보면, 11명의 농민군 중에서 임언서만이 자작농으로 보이고 나머지 10명은 모두 소작농으로 판단된다(이치경의 동산은 그의 소유가 아니라 관군 장교 柳가 여러 농민군들의 자산을 몰수하여 이치경 집에 유치시킨 것이다). 이용석·최판석·김평로·이맹·맹주일·홍치서·김영수·이치경·방도찬·최정운 등 10명의 소작농은 그들의 동산에서 볼 수 있는 바와 같이 빈농이며, 이 중에서 김평로·김영수·이치경의 3명만이 자기 가옥을 소유하고 있고, 나머지 7명은 자기 소유의 집도 없어서 타인의 가옥을(추측컨대 지주의 집을) 임대하여 생활하였다.

이상의 고찰에서 갑오농민전쟁의 주체세력인 농민군의 사회계급적 성격은 '소작농을 주축으로 한 빈농'임을 명확히 알 수 있다.

4. 갑오농민전쟁 중의 양반·이고吏校·부민·상민商民·노동자 등

1) 양반층

갑오농민전쟁 중에 양반신분층은 어떠한 사회적 위치에 있었으며, 어떠한 역할을 했는가? '몰락양반층' '잔반층殘班層'은 갑오농민전쟁의 주체세력의 역할을 실제로 수행했는가?

자료가 보여 주는 바에 의하면 양반신분층은 그것이 아직도 지방에서 세력을 갖고 있던 '향반층'이든지 '몰락양반' '잔반층'이든지 간에 신분층으로서는 갑오농민전쟁에 가담하지 않았을 뿐 아니라 도리어 적대적이었다. 황현은 농민군 총관령 손화중의 말을 인용하여 양반사족들이 동학농민군에 참가하지 않았음을 다음과 같이 기록하였다.

> "손화중은 이어 가로되, 우리가 봉기한 지 반년이 되도록 비록 일도一道(전라도-필자)가 모두 호응했다 할지라도 사족으로서 이름 있는 자는 따르지 않았으며, 자산資産 있는 자는 따르지 않았으며, 글을 잘하는 사士는 따르지 않았다고 말하였다."[67]

양반신분층은 갑오농민전쟁에 가담하지 않았을 뿐 아니라, 오지영의 표현을 빌리면, 도리어 이를 적대시하여, "동학군은 국가의 역적이요, 유도儒道에의 난적亂賊이요, 부자의 강적이요, 양반의 구적仇敵이오"[68]라는 견해와 입장을 갖고 있었다. 또한 농민군들도 이미 제1차 농민전쟁 시기부터 충청도에서까지 양반을 공격하였으므로 김윤식金允植은 "호서湖西의 동학도들은 오로지 사대부를 능욕하고 (양반의) 가사家舍를 부수고 있다"[69]고 기록하였다.

---

67 『梧下記聞』第2筆의 93~94쪽. "孫化中繼至日 吾等起事半載 日一道響應 而士族有聲者不從 擁貨者不從 能文之士不從 所與呼接長者 則愚殘樂禍喜剽竊之徒耳" 참조.

68 『東學史』, 130쪽.

69 金允植, 『續陰晴史』上卷, 307쪽. "湖西東徒則 專以凌辱士夫 打破家舍 或給賠償而得免" 云

집강소 시기에는 농민군의 양반에 대한 공격은 사회신분제도 폐지를 위한 신분투쟁을 전개함에 따라 더욱 격렬히 전개되었다. 농민군들이 길 가다가 우연히 양반을 만나면 "너 역시 양반인가"라고 힐책하고 관을 빼앗아 찢으며 모욕을 주고, 노비들이 노비문서를 불사르며 주인을 결박하여 주리를 트는 등의 일이 일어난 것도 주로 집강소 시기의 일이었다.[70]

집강소 시기에는 농민군들의 힘과 사기가 충천했기 때문에 양반층은 감히 이에 대항하지 못했을 뿐 아니라, 상당한 수의 양반들이 농민군에 굴복하여 투항하였다. 집강소의 행정개혁 12개조의 하나에 "불량한 유림과 양반배는 징습할 것"[71]을 설정한 것은 이 시기에 농민들이 그동안 악질적 행패를 해오던 양반들은 공공연히 징계했음을 잘 나타내 주고 있다. 김윤식이 "전날에 호서에서 가장 고통스러운 것은 양반의 폐해였는데 천도天道가 순환하여 오늘 가장 불쌍한 것은 양반가와 같은 것이 없다"[72]고 한 것은 제2차 농민전쟁 시기뿐만 아니라 집강소 시기의 호남에 더 적절히 적용되는 말이었다.

황현은 동학·농민군에 우자愚者·천자賤者·패자悖者가 들어가고 부자까지도 약탈당함을 두려워하여 이를 면해 보려고 들어갔으나 "오직 사족은 차마 죽음을 무릅쓰고 들어가지 않아 도망하고 숨어 흩어졌으며, 평민 중에 착실한 사람역시 사족을 본받았으므로, 적당(동학농민군—필자)이 더욱 사인을 증오하여 반드시 곤욕을 주고 모두 쓰러뜨렸으며 그 형은 목 베어 죽이거나 목매어 죽이거나 곤장 치고 매 때리는 것들은 없었고 오직 주리 트는 것을 사용하였다"[73]고 기록하였다. 이로 보아 양반·사족들은 농민군의 박해와 형벌을 받으면서도 처

云 참조.

70 『梧下記聞』第2筆의 97쪽 참조. 주 48과 같음.

71 『東學史』, 126쪽.

72 金允植, 「錦營來札(雲養)」, 『東學亂記錄』上卷, 96쪽. "前日湖西最苦者兩弊 天道循環 今日之最可矜者 莫如班家" 云云 참조.

73 『梧下記聞』第1筆의 107쪽. "惟士族 忍死不入 逃遁四散 而平民愿謹者 亦效士族 故賊尤憎士人 必困辱蕩覆之 其刑無斬絞棍笞之等 但用周牢" 참조.

음에는 동학·농민군에 굴복하여 가담하지 않으려고 꽤 노력한 것으로 보인다.

집강소 시기의 농민군과 양반의 관계가 이와 같았기 때문에 일부의 양반들은 동학에 탁명托名하는 자들도 있었다. 황현은 "5월 이후에는 수령과 사족이 많이 도적들을 따랐다"[74]고 했으며, 오지영도 "부자나 양반이나 그 죄과를 징습하는 일방 도에 탁명하는 자도 많았었다"[75]고 기록하였다. 관직이 없는 양반뿐만 아니라 양반관료까지도 동학에 입도하여 농민군의 공격을 피하려는 자들도 있었다. 예컨대, 황현에 의하면, 익산군수 정원성鄭源成, 구례현감 조규하趙圭夏, 오수찰방 양주혁梁柱爀, 화순 진사 조병선曹秉善, 임실 진사 한흥교韓興敎, 흥양 진사 신서구申瑞求, 순천 진사 유재술劉在述, 구례전현감 남궁표南宮杓, 고부 전군의 옹택규邕宅奎 등이 동학에 입도하였고,[76] 또한 여산부사 유제관柳濟寬, 보성군수 유달규柳達奎, 함평군수 모, 장성현감 조명호趙命鎬 등이 농민군에 굴복하여 집강소에 상당히 협조하였다.[77] 또한 다른 기록에 의하면 유구維鳩의 양반 오정선吳鼎善(전 금산 현령)은 동학의 도집都執의 임명을 받았으며 양반 최석주崔石柱도 농민군에 가담하였고,[78] 온양의 박봉업朴鳳業도 농민군에 가담하였다.[79] 그러나 양반들의 농민군에의 가담이나 집강소에의 협조는 참으로 본의에서 우러나온 것이 아니라 동학도와 농민군의 기세가 무서운 힘으로 불타올랐기 때문에 부득이하여 농민군에 굴복한 것이 대부분이었다.

농민군이 9월에 제2차 농민전쟁을 일으키자 농민군과 양반층의 적대관계는 더욱 첨예화되었다. 농민군들은 군용전軍用錢을 조달하기 위하여 도처에서 양반들로부터 군수전軍需錢을 강제 징수했으며,[80] 면천沔川의 김윤식金允植 본가까

---

74 『梧下記聞』第2筆의 98쪽. "五月以後 守令及士族 多從賊" 참조.
75 『東學史』, 152쪽.
76 『梧下記聞』第2筆의 94~95쪽 참조.
77 『梧下記聞』第3筆의 79쪽 참조.
78 「兩湖招討謄錄」, 『東學亂記錄』上卷, 312~313쪽 및 317쪽 참조.
79 「巡撫先鋒陣謄錄」, 『東學亂記錄』上卷, 423쪽 참조.
80 『梧下記聞』第2筆의 71쪽 참조.

지도 군수전을 바쳐야 했다.[81] 저항하는 양반들은 결박되어 구타당하거나 일가가 학살당하는 일이 비일비재하였다.[82] 동학을 이해해 보려던 황해도 관찰사 정현석鄭顯奭까지도 결박되어 구타당하는 형편이었다.[83]

양반들도 제2차 농민전쟁 시기에는 잔반들과 동족들을 끌어 모아서 민보군民堡軍, 민포군民砲軍, 유회군儒會軍, 향회군鄕會軍, 의병義兵 등 여러 이름으로 반혁명군反革命軍을 조직하여 농민군에 대항하기 시작하였다.[84] 이에 따라 집강소 시기에 농민군에 굴복하고 투항하여 협조했던 양반·관료들도 하나씩 둘씩 농민군을 배신하여 다시 원래의 위치로 돌아가서 농민군에 대한 적대행위를 시작하였다.[85]

전봉준이 인솔하는 농민군이 공주에서 일본군에 패배한 이후에는 양반·잔반·이서들이 도처에서 벌떼처럼 일어나서 반혁명군을 조직하여 농민군을 공격하고 학살하기 시작하였다. 농민군에 참가했다고 오지영이 기록한 유도장儒道將 이유상李裕尙과 김원(윤)식金元(允)植은 극히 예외적인 것에 불과했고, 이례적인 것이었기 때문에 오지영도 이를 특히 기록한 것이라고 이해된다.[86] 거의 모든 양반들은, 잔반까지를 포함해서, 이른바 여러 가지 이름의 '의병'을 조직하여 일본군에게 쫓기는 농민군을 협공하고 학살하였다. 농민군을 가장 적극적으로 공격하고 학살한 양반들의 명단은 『동학당정토인록東學黨征討人錄』, 『갑오군공록甲午軍功錄』 등에 군사 이외의 '전모관前某官' '의병장義兵將'이라는 이름으로 기록되어 있다.[87]

갑오농민전쟁에서 양반층은 농민군에 적대적이었으며, 몰락한 양반인 잔반

81 『續陰晴史』上卷, 334쪽 참조.
82 「東匪討論」, 『韓國學報』 제3집, 271쪽 참조.
83 『續陰晴史』上卷, 345쪽 참조.
84 「東匪討論」, 『韓國學報』 제3집, 266~283쪽 참조.
85 「巡撫先鋒陣膽錄」, 『東學亂記錄』上卷, 423쪽 참조.
86 『東學史』, 141~144쪽 참조.
87 「甲午軍功錄」, 『東學亂記錄』下卷, 713~728쪽 참조.

들도 갑오농민전쟁의 주체세력이나 지원세력이 되기는커녕 그들의 최후의 보루인 양반신분을 부인하는 농민군과 갑오농민전쟁에 대하여 적극적이든 소극적이든 적대적이었다는 것이 필자의 자료검토에서 얻은 결론이다.

2) 이서층吏胥層

갑오농민전쟁 중에 지방관아의 아전衙前·군교軍校들은 양반층보다 약간 복잡하고 다양한 반응을 나타내었다. 농민군은 이미 제1차 농민전쟁의 봉기 때에 격문과 통문을 띄워 방백·수령의 밑에서 학대받는 지방관아의 이서吏胥들에게 농민군에 가담할 것을 촉구하였다.[88] 그러나 이서층의 호응은 별로 없었고 이서의 밑에 있는 노령奴令들의 내통과 내응이 있었을 뿐이었다.

양반관료의 농민에 대한 봉건적 수취의 제일선 현장 집행자가 이서들이었고, 이서들의 횡포와 농간도 자심했기 때문에,[89] 농민군은 이서에 대한 원한이 있어 봉기 이후 때때로 이서들에 대한 공격과 보복을 감행하였으며, 제1차 농민전쟁 때에도 고부에서 약간의 이교吏校들이 피살되었고,[90] 무장에서도 10여 명의 이교들이 농민군에게 처형되었으며,[91] 농민군의 전주 입성 직후에는 전라감영의 다수의 이서들이 농민군과 노령들에게 참혹하게 피살되었다.[92] 그러나 다른 지역에서는 농민군에 압도된 이교들이 비교적 순순히 투항하여 심한 충돌은 없었다. 따라서 전라·충청지방에서는 지방관인 부사·수령들은 이속吏屬들이 과연 자기 편인지 동학도 편인지를 판별할 수 없게 되었다고 하였다.[93]

집강소 시기에는 농민군이 전라도지방의 행정 통치권을 장악하게 되자 이서

---

88 『東學史』, 112쪽 참조.
89 金弼東, ①「朝鮮後期 地方吏胥集團의 組織構造」(上·下), 『韓國學報』 第28~29輯, 1982 및 ②「朝鮮後期 地方統治構造에 대한 社會史的 一考察」, 『韓國社會學研究』 제6집, 1982 참조.
90 『東學史』, 111쪽 참조.
91 『梧下記聞』 第1筆의 63쪽 참조.
92 「東匪討錄」, 『韓國學報』 제3집, 251쪽 참조.
93 儒林通史編, 『朝鮮變亂記錄』 上卷, 205쪽 참조.

들은 농민군에 완전히 투항하여, 상당한 정도로 아부하였다.[94] 실제로 "이서들은 모두 동학당에 입적하여 성명을 보전"[95]한 것이었다. 농민군은 과거에 양반관료들이 부리던 이서들을 이제는 자기들의 이서처럼 부렸으며, 상당수의 이서들이 자진하여 동학에 입도하고 농민군의 개혁정치에 적극 협조하였다.[96] 때로는 농민군들이 전라도지방뿐 아니라 충청도지방에서까지 필요에 의하여 각 관아의 이서들을, 예컨대 온양의 호장戶長 정석호鄭錫好·이방吏房 방구현方九鉉·수형리首刑吏 정제권鄭濟權의 경우처럼, 일괄적으로 동학에 늑입勒入시키기도 하였다.[97] 집강소 시기에는 농민군과 이서층의 대립은 거의 없었다고 말할 수 있다.

그러나 제2차 농민전쟁 시기에는 이서층의 태도가 달라지기 시작하였다. 극소수의 이서들은 여전히 농민군에 가담하였다. 예컨대 정산定山의 하리下吏 이장헌李章憲처럼 동학의 도집이 되어 농민군에 가담해서 관군과 싸우다 생포되어 죽거나,[98] 청주의 하리 박치홍朴致弘과 같이 집강소 시기에 동학에 입도하여 접주에까지 진출해서 농민군에 가담한 것이 그 좋은 예이다.[99] 그러나 대다수의 이서들은 농민군을 배신하여 다시 양반관료의 편에 붙기 시작하였다. 예컨대, 직산군의 이교들은 농민군이 우세할 때에는 집단적으로 농민군에 가담했다가 관군이 우세하게 되자 농민군을 배신하여 집단적으로 관군에 가담하였다.[100] 함평의 서리 이상삼李象三은 처음에 농민군이 우세했을 때에는 농민군과 내통했으나, 농민군이 쫓기게 되자 양반들의 민보병에 가담하여 자칭 수성장守城將이 되어서 반혁명군 활동을 하다가 농민군에 가담한 사실이 발각되어 죽었

---

94 「兩湖招討謄錄」,『東學亂記錄』上卷, 205쪽 참조.
95 「甲午略歷」,『東學亂記錄』上卷, 65쪽. "吏胥輩盡爲入籍于東黨 以保姓名"참조.
96 『日晴戰爭實記』(いろは書房), 1894(明治 27), 24쪽 참조.
97 「先鋒陣呈報牒」,『東學亂記錄』下卷, 161~163쪽 참조.
98 「兩湖招討謄錄」,『東學亂記錄』上卷, 315~316쪽 참조.
99 「巡撫先鋒陣謄錄」,『東學亂記錄』上卷, 479~480쪽 참조.
100 「巡撫先鋒陣謄錄」,『東學亂記錄』上卷, 462쪽 참조.

다.[101] 이서중에서 운봉의 향리縣吏 박봉양朴鳳陽은 스스로 양호참모관兩湖參謀官이라 칭하고 순창 현리 박두학朴斗鶴을 호남소막관湖南召幕官으로 하여 반혁명군인 민보군民堡軍을 조직해서 농민군과 끝까지 싸운 향리도 있었다.[102] 제2차 농민전쟁 시기에 다시 농민군과 이서층의 적대관계가 대두되자 농민군들도 이서들을 구타하고 투옥하기도 했으며,[103] 장흥에서와 같이 수성守城한 이서들을 집단적으로 살해하기도 하였다.[104] 오지영의 다음의 증언은 주목해야 할 기록이라 할 것이다.

"관리나 양반이나 소리小吏나 사졸배使卒輩로서 동학당에 참여했던 자들은 일조一朝에 표변하여 도로 동학당에 원수가 되었었다. 제 두목이나 제 장수將帥나 제 친구나를 잡아주고 벼슬깨나 얻어 한 놈은 모두 다 탁명동학당托名東學黨놈들이다."[105]

갑오농민전쟁에 있어서의 이서층의 동향을 한마디로 말한다면 매우 기회주의적이어서 농민군이 우세할 때에는 농민군에 가탁하여 가담하고 관군이 우세할 때에는 관군에 가담한 특징을 갖고 있었다고 말할 수 있다.

3) 부민층

갑오농민전쟁 전 기간에 걸쳐 농민군은 부민층에게 적대적이었다. 사료에 '부민富民'·'요호饒戶'·'요부민饒富民'·'부호富豪' 등의 이름으로 나오는 부민층은 농민들에게 대하여 소작료수취와 고리대수취를 자행했기 때문에 제1차 농

---

101 『梧下記聞』第1筆의 112쪽 참조.
102 『梧下記聞』第3筆의 47쪽 참조.
103 「東匪討論」, 『韓國學報』제3집, 265쪽 참조.
104 「巡撫先鋒陣謄錄」, 『東學亂記錄』上卷, 582쪽 참조.
105 『東學史』, 154쪽.

민전쟁의 봉기 때부터 농민군은 이를 적대세력으로 간주하였다. 그러나 농민전쟁에는 군량과 군수전이 필요했기 때문에 부민층은 군량의 공급원으로 간주되어 저항하지 않는 한 양반층처럼 심한 박해를 받지는 않았던 것으로 보인다. 농민군은 무장기포茂長起包로 제1차 농민전쟁을 시작할 때 "양식은 그 지방 부민富民에게 징봉徵捧"[106]했으며, 이러한 군량 조달방식은 농민전쟁이 끝날 때까지 지속되었다.

부민층을 식량의 공급원으로 간주한 것은 관군도 마찬가지였다.[107] 양호초토사는 제1차 농민전쟁 폭발 직후부터 부민들에게 농민전쟁으로 식량이 제대로 공급되지 않는 '서울의 식량'과 관군의 군량을 위하여 양식을 판매하도록 포고하였다.[108] 양반유생군은 '요호전饒戶錢'이라 하여 부민으로부터 군량을 강제징수했다.[109]

집강소 시기에 농민군은 폐정개혁 12개 조항의 하나로 "횡포한 부호배는 엄징할 것"[110]을 설정하고 실제로 빈농에 대한 수취가 심했던 부민들을 징계하였다.[111] 또한 농민군은 집강소호위군의 명목으로 농민군과 그 무장을 강화하고 있었으므로 이에 필요한 군량과 군수전을 역시 부민으로부터 징수하였다. 부민들은 이 사태를 모면해 보려고 동학에 입도하고 농민군에 가담하는 자도 있었다. 황현에 의하면, 천민뿐 아니라 "부자도 때로는(동학·농민군에) 들어가는 자가 있었는데 약탈당하는 것을 두려워해서였으나 입도하고도 마침내는 (약탈당함을) 면하지 못하였다"[112]고 하였다. 농민군은 군포세와 환곡 등 삼정三政의 부

---

106 「全琫準判決宣告書原本」, 『韓國學報』 제39집, 1985, 188쪽.
107 「東匪討論」, 『韓國學報』 제3집, 267쪽의 各面에의 傳令, 條約 중의 "一. 各饒戶 市上賣米 必以入鼎米 出賣事" 참조.
108 「兩湖招討謄錄」, 『東學亂記錄』 上卷, 214~215쪽 참조.
109 『臨瀛討匪小錄』, 12~13쪽 참조.
110 『東學史』, 126쪽.
111 『東學史』, 152쪽. "또는 富者나 양반이나 그 罪過를 懲懲하는 一方, 道에 托名하는 자도 많았었다" 참조.
112 『梧下記聞』 第1筆의 107쪽. "富者或入 恐見掠也 而入竟不免" 참조.

담을 임의로 삭감하여 농민의 부담을 줄이는 한편 부민들에게는 도리어 군수전재軍需錢財를 강제 징수하고, 전답문서를 빼앗으려고 하였다.[113] 이 시기에는 농민군이 호남 일대를 지배했으므로 부민들은 군량과 군수전의 강제 징수에 순종하지 않을 수 없었다.

제2차 농민전쟁의 봉기와 전개과정 중에서도 농민군은 점령하는 모든 지역에서 부민으로부터 군량과 군수전을 강제 징수하였다. 이에 대하여 오지영은 "동학군이 전란을 일으켜 부군府郡을 함락하고 관장官長을 살해하고 군기·군량과 왕세군목王稅軍木을 거두고 부자의 전곡을 빼앗고 양반의 소굴을 짓밟는 등, 말·나귀와 총·식칼까지라도 모두 거두어들인 것은 속이지 못할 사실이라 하겠다"[114]고 기록하였다. 이 때문에 갑오농민전쟁 기간 중에 부민들은 거의 모두 재산을 탕진饒戶盖莊已蕩하고 파산하였다.[115]

갑오농민전쟁에 있어서 부농층은 농민군의 주체세력이기는커녕 도리어 농민군은 '부자의 강적强賊'[116]이었다. 물론 동학교도 중에는 강원도 평창의 오덕보吳德甫와 같이 답 20여 두락을 소유한 부농도 있었으나 이것은 극히 예외적인 것이었다.[117]

필자의 견해로는 일반적으로 이 시기에 사회정치운동의 추진력이 될 만한 '경영형부농'이란 것은 실제로 존재하지조차 않았으며, 오직 지주·고리대·자작대농의 여러 가지 복합형태로 부농·요호饒戶만이 존재했는데, 이러한 부농·요호조차 갑오농민전쟁의 주체세력이 되기는커녕 도리어 농민군의 적대세력이 되었고, 적대세력으로서 농민군에게 군량과 군수전을 강제징수당하고 가산을 탕진 파산한 계층에 불과하였다. 오지영이 농민군 측과 관군 측을 양분하면서 부

---

113 「東匪討論」, 『韓國學報』 제3집, 265쪽 참조.
114 『東學史』, 153~154쪽.
115 「東匪討錄」, 『韓國學報』 제3집, 262~263쪽 참조.
116 『東學史』, 130쪽.
117 「東匪討論」, 『韓國學報』 제3집, 289~290쪽 및 295쪽 참조.

자를 관군 측에 포함한 사실은 깊이 음미되어야 할 것이다.[118]

4) 상민층商民層

지방의 상민층은 편의상 크게 ① 보부상褓負商 ② 객주客主·여각旅閣 등 연로상민沿路商民으로 나누어 볼 수 있는데, 기본적으로 보부상은 관군에 가담하여 농민군에 적대적이었고, 연로상민은 다른 지방으로 피난하여 농민전쟁에는 가담도 하지 않았고 대항도 하지 않았다.

무장기포에 의하여 제1차 농민전쟁이 일어났을 때 전주감영은 감영병과 함께 보부상대褓負商隊(商丁)들을 관군에 편입하여 농민군을 토벌하게 하였다.[119] 이 영병·보부상대(상정)는 황토현전투에서 농민군에게 대패하였다. 그 후 보부상들은 감영병과 함께 관군에 가담했으며,[120] 농민군도 각 군을 점령하면 보부상의 접주집을 부숴버리는 등 보부상을 적대세력으로 응징하였다.[121]

집강소 시기에는 각 지방에서 농민군도 보부상을 자기편에 끌어넣으려고 시도했으며,[122] 진위군에서와 같이 보부상들이 농민군에 가담하기도 하였다.[123] 그러나 제2차 농민전쟁이 일어나고 농민군이 공주에서 대패하자 농민군에 가담했던 진위의 보부상들도 모두 전향하여 관군에 가담했으며,[124] 금산의 보부상대를 비롯해서,[125] 모든 지방에서 보부상들은 관군과 양반 민보군의 무력으로 활동하였다.[126] 갑오농민전쟁이 농민의 패배로 종언될 무렵에는 관군에 가담한 보부상들의 농민군 패잔병들에 대한 살육 등 행패와 일반 농민에 대한 작폐가

---

118 『東學史』, 154쪽 참조.
119 『兩湖電記』 開國503年 4月11日條 및 『梧下記聞』 第1筆의 57쪽 참조.
120 「東匪討錄」, 『韓國學報』 제3집, 243쪽 참조.
121 「東匪討錄」, 『韓國學報』 제3집, 237쪽 참조.
122 『續陰晴史』 上卷, 309쪽 참조.
123 「巡撫先鋒陣膽錄」, 『東學亂記錄』 上卷, 513쪽 참조.
124 「巡撫先鋒陣膽錄」, 『東學亂記錄』 上卷, 463쪽 참조.
125 「各陣將卒成册」, 『東學亂記錄』 下卷, 702~703쪽 참조.
126 「東匪討論」, 『韓國學報』 제3집, 275쪽 참조.

조선후기 장시

극심하여 정부와 관군이 이를 금지조치해야 할 형편이었다.[127]

한편 지방의 역驛·참站·진津의 연로상민들은 갑오농민전쟁이 일어나자 거의
모두 흩어져 피난했다가 농민군이 패배하고 관군이 다시 진주한 다음에 다시
제자리에 모이기 시작하였다.[128] 연로상민들은 농민전쟁에는 깊이 개입하지 않
았던 것으로 보인다. 상인들은 동학농민군들과 현금으로 거래하여 약간의 이익
을 얻을 수 있었으나 위해를 두려워하여 피신했다고 한다.[129]

---

127 「東匪討論」, 『韓國學報』 제3집, 299쪽 참조.
128 「巡撫使呈報牒」, 甲午 11月初 6日條, 『東學亂記錄』 下卷, 24쪽. "近來商民渙散 可謂統率無人
  是乎所. 本陣出駐以來 沿路商民 稍稍來聚者 今幾成樣 而各站排立之際 用費無路 每有呼訴
  是如乎" 참조.
129 『朝鮮變亂實記』, 27쪽 참조.

5) 노동자층

갑오농민전쟁에 농업노동자는 적극 참가했다. 그러나 공업노동자의 동향에 대해서는 자료가 거의 없어서 밝히기가 어렵다. 집강소 시기의 농민군 총관령 손화중이 편성한 천민농민군의 구성에 도한屠漢(백정)·재인才人·역부驛夫 등과 함께 '야장冶匠(대장장이)'이 포함되어 있다.[130] 이 자료에 의거하면 공업노동자로서의 '야장'은 농민군에 적극 참가했다고 볼 수 있다. 황해도에서는 농민군(僞東學黨)의 태반이 사금砂金채집광부였다고 했는데[131] 이것은 광업 노동자의 농민전쟁에의 적극 참가를 나타내는 것이라고 할 수 있다.

6) 무뢰배無賴輩

갑오농민전쟁 도중에 농민군 중에는 부랑배·무뢰배·강량배强梁輩 들도 들어왔다. 이 사실에 대하여 오지영은 다음과 같이 설명하였다.

"또는 탁명자托名者 중에는 부랑浮浪·강량배强梁輩까지 모두 다 허락되어 휩쓸어 들어왔었다. 포교자布教者에 있어서는 앞에 사람이 많아야 지위가 높아지고 군열軍列에 있어서도 또한 고등장령高等將領이 되는 까닭으로 그리하는 것이었다. 사실 도道를 가르치고 덕德을 편다는 것보다는 인권문제人權問題에 대한 마음이 많아서 그리 한 것이다."[132]

즉 종교로서의 동학의 도道보다는 하위신분층의 인권문제로 그들의 신분 해방과 관련하여 부랑배들이 농민군에 들어왔다는 것이다. 관군 측도 "무뢰배들이 전일에 동도東徒인 것처럼 분작하여 민간에 횡행하면서 자의로 침탈했다는

---

130 『梧下記聞』第2筆의 97쪽 참조. 주49)와 같음.
131 『東學黨征討略記』, 26쪽 참조.
132 『東學史』, 152~153쪽.

것을 들었다"[133]고 기록하였다. 오지영은 좀도둑들도 농민군에 들어와서 행패를 부렸으나 그것이 농민군 주류의 행동이 아님을 밝혔다.

"그러나 그 밖에도 사소한 무엇을 빼앗겼다고 동학군에 대하여 강도니 절도니 모두 쓸어넣고 말하는 것쯤은 불량不諒이 심한 것이다. 그 세상의 좀도적놈들이 동학군의 탈을 쓰고 그런 행위를 한 것임을 알아야 한다."[134]

오지영은 갑오농민전쟁에 있어서의 관군 측에 가담한 계층으로서 ① 관리, ② 양반, ③ 부자, ④ 유림, ⑤ 소리小吏, ⑥ 이졸吏卒, ⑦ 서학군西學軍 등을 들고 그 밖의 일반 백성은 농민군을 지지했다고 다음과 같이 증언하였다.

"이때에 있어서 조선사람의 사상은 또다시 두 쪽으로 갈려 있게 되어 있음을 보게 되었었다. 한편으로 관리官吏, 양반兩班, 유림儒林, 소리小吏, 사졸使卒과 서학군西學軍은 모두 정당政黨이 되어 관병官兵과 일병日兵에게 한데 섞이어 혹은 수성군守城軍 혹은 민포군民砲軍 같은 것을 조직하여 동학군잡이에 날뛰었고, 다른 백성들은 동학군 편으로 동정하였다."[135]

이상의 고찰에서 명백하게 되는 바와 같이, 갑오농민전쟁에서 잔반층을 포함한 양반층과 경영형 부농을 포함한 부농층은 갑오농민전쟁에서 주체세력이 되기는커녕 도리어 관군에 가담한 농민군의 적대세력이었음을 알 수 있다. 외국의 일부학자들이 이서를 포함한 중인층·중간층 또는 부농층에서 농민전쟁의 주체세력을 찾아보려고 시도하는 것도 당시의 역사적 사회적 사실과는 전혀

133 『兩湖招討謄錄』,『東學亂記錄』上卷, 213쪽.
134 『東學史』, 154쪽.
135 『東學史』, 154쪽.

일치하지 않는 것이라고 볼 수 있다.

지금까지의 고찰에서 갑오농민전쟁의 주체세력이 사회신분으로는 양인 출신과 노비를 중심으로 한 천민출신의, 사회계급으로는 소작농을 중심으로 한 빈농이라는, 필자의 오래된 주장인 '양인, 노비(천민) 출신의 소작농·빈농층설'이 어느 정도 실증적으로 증명되었다고 보므로, 다음에 갑오농민전쟁의 각 단계에서의 이들의 동태를 극히 간단히 고찰하기로 한다.

5. '고부민란'의 주체세력의 구성

무엇보다도 먼저 주의해야 할 것은 '고부민란'은 그 이후의 농민전쟁과 직접 연결은 되지만 차원이 다른 것이고 그 주체세력의 구성도 다르다는 사실이다.[136]

고부민란의 주체세력은 ① 소작농을 중심으로 한 빈농·소농이었고, 이 위에 ② 부농도 참가했으며, ③ 이임里任·이집강里執綱들도 참가하였다. 고부민란은 이들을 주체세력으로 해서 봉건관료의 가렴주구를 반대하는 반봉건 경제투쟁으로 시작되었다.

고부민란의 주체세력으로 소작농이 왜 이렇게 부각되는가 하는 것은 고부민란의 가장 가까운 직접적 원인을 이룬 전운사轉運使 조필영趙弼永과 고부군수 조병갑趙秉甲의 가렴주구의 내용을 보면 이해될 수 있을 것이다.[137] 전봉준은 군수 조병갑의 가렴주구의 방법으로서 ① 수세水稅 강제징수, ② 진황지 개간 후의 과세, ③ 부민에 대한 2만여 냥의 수취, ④ 자기 아버지 비각碑閣 건립비용 1

---

136 鄭昌烈,「古阜民亂의 研究」(上),『韓國史研究』제48집, 1985 참조. 이 논문의 金溝聚黨을 다룬 上篇은 많은 참고가 되었으며, 古阜民亂을 다룬 下篇은 아직 나오지 않아서 참고를 하지 못하였다.

137 韓㳓劤,『東學과 農民蜂起』(一潮閣), 1983, 95~100쪽 참조.

만석보 유지

천여 냥의 강제징수, ⑤ 대동미大同米의 부정 착복, 기타 낱낱이 들기 어려운 조항들이 있다고 지적했으며,[138] 조필영의 가렴주구는 각종 세미稅米에 대한 부당한 가징加徵이었다.[139] 조병갑은 수세로서 답 1두락당 평균 조租 3두(백미 1.5두)를 가징했는데,[140] 당시 고부의 1두락당 평균총생산물을 20두라고 가정하면 이 가외의 수취는 자작농에 대해서는 총소유생산물의 15%의 착취이지만 이미 소작료를 지주에게 납부한 소작농에 대해서는 총소유생산물의 30%의 착취가 되는 것이었다.[141] 조필영의 전운세미轉運稅米에 대한 불법의 가징도 같은 원리로 자작농에 비하여 소작농은 2배의 부담으로 압박을 가한 것이었다. 뿐만 아니라 일정기간 무세無稅라고 약속을 받고 진황지를 개간한 사람들도 토지는 없고

---

138 「全琫準供草」, 初招問目, 『東學亂記錄』 下卷, 522쪽 참조.

139 『東學史』, 102~103쪽 참조.

140 「全琫準供草」, 初招問目, 『東學亂記錄』 下卷, 522쪽에서, 全琫準은 군수 趙秉甲이 新洑의 수세로서 上畓은 1두락에 2두, 下畓은 1두락에 1두를 징수했다고 했는데, 그 평균은 1.5두로 잡을 수 있다. 오지영은 『동학사』, 10쪽에서, 그 보의 수세는 답 1두락에 租 3두(백미 1.5두)라 하였다. 양자의 기록이 완전히 일치한다.

141 고부지방의 소작관행은 소작농이 총생산물의 50%를 지주에게 납부하고 지세 등 각종 세도 소작농이 부담하였다. 따라서 봉건지배층이 동일한 수세를 가정하는 경우에도 소작농은 소작료를 납부하고 남은 총소유생산물에서 이를 납부해야 하므로 소작료 부담이 없는 자작농에 비하여 2배의 상대적 수취율의 부담을 지게 되었다고 볼 수 있다.

노동력은 있는 소작농無土之民이었음은 자명한 일이다.[142] 여기서 고부민란의 선두에 서서 활동한 주체노력이 소작농이 될 것은 너무도 당연한 일이었다고 볼 수 있다.

전봉준이 지적한 대로 군수 조병갑은 "밥술이나 먹는 백성들을 잡아다가"[143] 부민들로부터 2만여 냥을 수취했으므로 당연히 부농들이 이에 합세하여 참가했을 것임은 물론이다.

고부민란 직전의 등장等狀을 위한 사발통문을 보면 이것을 이집강里執綱에 보내고 있는데,[144] 이것은 고부민란에 이임, 이집강들이 참가하고 있음을 알려 주는 것이다.[145] 고부민란은 계사년의 등장의 폭발이므로 이임·이집강들이 고부민란에도 참여했을 것이다. 일제 측의 한 자료는 전봉준과 2인의 이집강들이 대등하게 봉기를 지휘했음을 전하고 있다.[146]

고부민란에 ① 소작농·빈농, ② 부민(농), ③ 이집강이 모두 참가했다면 지도부에 해당하는 의사결정 집단은 수모자 전봉준과 이집강들이 될 것은 당시의 농촌사회 조직을 이해하면 용이하게 추정할 수 있는 것이다. 또한 부민들의 발언권도 매우 컸을 것임은 당연한 것이다.

고부민란에서는 '소작농·빈농'이 실질적 주체세력이었음에도 불구하고 민란의 지도부는 전봉준과 함께 이집강·부민들이 장악하고 있었으며, 이집강들도 그 사회경제적 계층은 중농·부농들이었음은 구태여 증명할 필요도 없는 것이다.

전봉준은 이미 이전부터 농민혁명의 뜻이 있었음에도 불구하고, 고부민란 봉기후 탐관오리 조병갑이 파면되고 신임군수 박원명이 착임하여 전군수의 탐학

---

142 「全琫準供草」, 初招問目, 『東學亂記錄』 下卷, 522쪽 참조.
143 『東學史』, 106쪽. 이것은 李容泰, 趙秉甲뿐만 아니라 거의 모든 貪官들이 자행하던 수법이었다.
144 『나라사랑』 제15집(녹두장군 全琫準 특집호), 1974, 〈沙鉢通文〉 사진 참조.
145 執綱에는 당시 里執綱과 面執綱이 있었는데, 주의해야 할 것은 고부민란에 참가한 것은 執綱 일반이 아니라 里執綱이며 面執綱은 이에 참가하지 않았다는 사실이다.
146 「全羅道古阜民擾日記」, 『秘書類纂朝鮮交涉資料』(伊藤博文編) 中卷, 348쪽 참조.

을 인정하면서 농민부담의 합법적 원상복구를 약속하자, '난민'이 전봉준의 뜻
과는 달리 며칠 후에 해산해 버린 것은 이러한 주체세력의 지도부의 구성 때문
이었다고 필자는 보고 있다. 부민과 이집강은 군수의 탐학에 대하여 등장이나
그 발전형태인 소규모 민요에는 가담할지라도, 그것이 타 지방이나 전국의 문제
에 관련된 대규모 농민전쟁에 의욕이 없었을 것은 충분히 추정할 수 있는 일이
다.[147]

고부민란과 동학과의 관계도 아직 완전히 결합된 것이 아니었다. 민란을 일으
킨 사람들은 소작농을 선두로 한 농민이었다. 물론 고부에는 동학이 상당히 보
급되어 있었으므로 민란을 일으킨 농민 중에 동학도가 있었을 것임은 의문의
여지가 없다. 그러나 군 인구구성에서 동학도의 비중은 그다지 큰 것이 아니었
다. 또한 전봉준은 비록 동학의 고부접주였다 할지라도 그가 등장等狀과 민란
의 수모자首謀者로 추대된 것은, 그 자신이 잘 밝히고 있는 바와 같이, 이 지방
의 서당 훈장을 하는 정의감 있는 농촌지식인으로서 농민들에 의하여 추대된
것이었지 동학접주였기 때문에 추대된 것이 아니었다.[148] 전봉준이 스스로 밝히
고 있는 바와 같이 고부민란에 있어서는 "동학東學은 소소少하고 원민冤民은 다多"
하였다.[149] 고부민란에서는 동학과 민란의 결합은 미약했으며, 동학조직세력은
고부민란의 주도세력이 아니었다. 고부민란은 동학도를 일부 포함한 소작농·빈
농을 선두로 하고 부농·이집강들이 지도부를 구성하여 일으킨 '민요'였다.

또한 고부민란에서는 봉건적 가렴주구를 반대하는 반봉건 경제투쟁은 있었
다.[150] 그러나 반봉건 신분투쟁과 봉건적 중앙권력을 부정하는 반봉건 정치투
쟁은 아직 본격적으로 대두하지 아니하였다.

---

147 慎鏞廈, 「古阜民亂의 沙鉢通文」, 『劉元東敎授華甲記念論文集』 참조.
148 『梧下記聞』 第1筆의 49쪽. "琫準 … 及古阜民亂 衆推爲狀頭" 및 「全琫準供草」, 初招問目,
　　『東學亂記錄』 下卷, 525쪽 참조.
149 「全琫準供草」(奎章閣本), 初招, 『東學思想資料集』(亞細亞文化社版) 第1卷, 312쪽.
150 韓㳓劤, 『東學亂起因에 관한 硏究』(서울대 韓國文化硏究所), 1971, 82~121쪽 참조.

6. 제1차 농민전쟁의 주체세력의 구성

갑오농민전쟁의 제1차 농민전쟁은 물론 고부민란에 직접 연결은 되어 있으나 차원이 완전히 다른 것이었다. 이것은 그 주체세력의 구성과 운동의 목표를 보면 명확히 알 수 있다.

먼저 지적해야 할 것은 제1차 농민전쟁의 주체세력의 지도부가 완전히 동학의 남접 접주들의 조직세력으로만 구성되었다는 사실이다. 이것은 전봉준이 고부민란 실패 후 무장에 잠행해 들어가서 보은報恩의 북접대도소北接大都所에서 분리된 독자적 무장茂長 남접도소南接都所를 설치하였기 때문에 가능하게 된 것이었다.[151]

조선왕조 민비수구파정부가 고부안핵사 이용태를 파견하여 관군(역졸) 800명으로, 신임군수 박원명의 노력에 의하여 고부민란이 이미 해산되었음에도 불구하고 고부군수와 난민 사이의 해산의 약속조건도 완전히 부정한 채, 민란의 주모자들과 동학도들을 체포하여 온갖 폭압을 자행하자, 전봉준은 1894년 2월 하순에 쫓기는 몸이 되어 비밀리에 손화중이 접주로 있는 무장으로 잠행하였다. 전봉준은 무장에서 전년의 보은취회 때 금구취당金溝聚黨[152]을 했던 동학세력과 그 밖의 동학세력을 비밀리에 규합하여 북접대도소의 직접 지배를 받지 않는 독자적 남접도소를 무장에 설치하였다. 전봉준은 무장도소에서 자기자신의 접과 함께 대접주 손화중포孫化中包, 김개남포金開男包, 김덕명포金德明包를 핵심세력으로 해서 무장, 태인, 고창, 고부, 홍덕, 정읍, 금구, 김제, 옥구, 만경 등의 동학간부들을 조직화하여 지휘체계를 확립하고, 1894년 음력 3월 20일(양력 4월 25일) 약 4천여 명의 농민군을 편성해서 무장에서 기포하여 갑오농민전쟁의

---

151 慎鏞廈, 「甲午農民戰爭의 第1次農民戰爭」, 『韓國學報』 제40집, 1985 참조.
152 ① 趙景達, 「東學農民運動と甲午農民戰爭の歷史的性格」, 『朝鮮史研究會論文集』 第19輯, 1982 및 ② 鄭昌烈, 「古阜民亂의 研究」(上), 『韓國史研究』 제48집, 1985 참조.

제1차 농민전쟁을 일으켜서, 우선 이용태 안핵사군의 지배하에 있는 고부농민을 구출하려고 먼저 고부를 점령하였다. 그는 고부점령 후에 사전 연락을 받고 뒤이어 모인 농민들과 함께 백산에서 농민군을 확대개편하였다. 이때의 농민군지도부는 전봉준이 스스로 지적한 바와 같이 모두 동학의 남접 접주들이었다.[153] 농민군 지도부의 이러한 구성은 일반 부농과 이집강이 중심이 되었던 고부민란 때와는 전혀 달리 전봉준과 동지적으로 결합되고 잘 조직된 동학 간부세력으로만 구성된 것이었다. 농민군 지도부의 이러한 변화된 특성 때문에 민란이 아니라 농민전쟁이 가능하게 되었다. 이 접주들이 신분적으로 양인농민 출신이었음은 이미 앞에서 밝힌 바와 같다.[154]

또한 농민군의 구성에 있어서도 부농들은 완전히 탈락하였을 뿐 아니라 오히려 적대관계에 서게 되고 농민군은 기본적으로 소작농·빈농·농업노동자로 구성되었다. 소작농의 신분은 양인출신을 주로 하고 약간의 외거노비의 지위에 있는 천민으로 구성되어 있었던 것으로 추정된다. 이러한 농민군 주체 세력의 변화는 소규모 〈민란〉이 아니라 대규모 〈농민전쟁〉을 지도부와 함께 가능케 한 요인이 된 것으로 보인다. 부농은 이제는 농민군에게 군량을 징발당하는 대상으로 되었다.[155]

이 단계에서 동학과 농민군은 완전히 '결합'되었다. 농민군 지도부의 구성은 동학접주로만 조직되었을 뿐 아니라, 무장 남접도소에서 최초의 농민군을 편성할 때 동학조직을 통하여 농민군을 모집했으므로 자연히 '동학교도'인 농민이 다수 참가했기 때문에 농민군 내에서의 동학도의 수도 현저히 증가했던 것으로 보인다.

제1차 농민전쟁의 주체세력의 구성은 ① 동학교도 농민의 주도, ② 사회신분

---

153 「全琫準供草」初招問目, 『東學亂記錄』下卷, 535쪽 참조.
154 〈표 1〉(63쪽) 참조
155 「全琫準判決宣告書原本」, 『韓國學報』제39집, 188쪽. "糧食은 其地方富民에게 徵捧하여" 云云 참조.

적으로 양인농민의 주도, ③ 사회계급에 있어서 소작농민의 주도가 3대 특징이었다고 볼 수 있다.

제1차 농민전쟁의 목표를 보면 여기에는 고부민란과는 차원이 다른 목적이 설정되어 있는 것을 볼 수 있는 바, 이를 간단히 분류하여 제시하면 다음과 같다.

① 봉건적 중앙정치권력(민비수구파정권)과 그 지배하의 지방봉건정치권력의 타도[156](가렴주구의 철폐는 물론 이 안에 포함됨)

② 국내에 침투한 일본과 기타 외국세력의 추방과 소멸[157]

③ 신분투쟁의 실행[158]

④ 대對부민투쟁의 실행[159]

⑤ 이서들의 농민군에의 협력 요청[160]

제1차 농민전쟁의 이러한 목표선언은 한마디로 말하면 민비정권을 그 마지막 권력체로 하는 우리나라 봉건 '구체제ancient régime'의 타도를 선언한 것이라고 말할 수 있다.

농민군은 제1차 농민전쟁에서 서울을 최종목표로 하여 우선 전라도 수도인 전주를 향하여 진군하는 도중에 위의 목표에 따라 지방정치권력의 근거지인 각 군현의 동헌을 점령하고,[161] 무기고를 열어 농민군 무장을 강화했으

---

156 「茂長倡義文」「東匪討錄」,『韓國學報』제3집, 1976. 6, 235쪽; 「四大名義」중의 "驅兵入京 盡滅權貴"『大韓季年史』上卷, 74쪽 및 「檄文」,『東學史』, 112쪽. "안으로는 貪虐한 관리의 머리를 버히고" 운운 참조.
157 「檄文」,『東學史』, 112쪽. "밖으로는 橫暴한 强敵의 무리를 驅逐하자 함이다" 및 「四大名義」중의 「逐滅倭夷 澄淸聖道」,『大韓季年史』上卷, 74쪽 참조.
158 「檄文」,『東學史』, 112쪽. "兩班과 富豪 앞에 고통을 받는 민중들" 云云 참조.
159 「檄文」,『東學史』, 112쪽. 前揭句節 참조.
160 「檄文」,『東學史』, 112쪽. "方伯과 守令의 밑에 屈辱을 받는 小吏들" 云云 및 吏胥에게 보내는 「通文」 참조.
161 『梧下記聞』第1筆의 55쪽 참조.

며,[162] 협조를 요청했음에도 저항한 이서를 처벌하고 그 가옥을 부수거나,[163] 관군에 가담한 보부상 접주들의 집을 부수고,[164] 저항하거나 횡포한 양반들을 징계하며,[165] 군량을 바치지 않는 부호들을 처벌하고,[166] 옥에 갇혀 있던 동학도와 농민들을 석방하면서,[167] 전주를 향하여 전진하였다.

이 단계에서 농민군은 위에서 든 목표를 부분적으로 모두 실행하면서 전진했으나, 그 핵심은 봉건적 중앙정치권력과 그 일환은 지방정치권력의 타도와 접수에 있었다.

7. 집강소 시기 농민군의 주체세력의 구성

당시 청군과 일본군이 갑오농민전쟁에 개입하여 국내에 군대를 투입한 조건에서 음력 5월 7일의 「전주화약」에 의거하여 농민군이 '집강소'를 전라도 53군현에 설치하여 농민통치를 단행하게 된 것은 주어진 조건하에서 농민군이 지방정치권력을 실질적으로 장악했음을 의미하는 것이었다. 집강소 설치지역에서 농민군은 집강으로서 "접주 한 사람을 임명하여 태수의 일을 행하게 했으며(差一人接主 行太守事)"[168], "그 친당을 집강으로 하여 수령의 일을 행하였다(其親黨爲執綱 行太守之事)."[169] 이 때문에 "소위 읍재는 오직 이름만 있었고 행정을 할 수 없었으며 심한 경우에는 읍재를 추방하기도 하였다(所謂邑宰只有名位 不得行政 甚

---

162 「東匪討錄」, 『韓國學報』 제3집, 235~236쪽 참조.
163 『梧下記聞』 第1筆의 57쪽 참조.
164 「東匪討錄」, 『韓國學報』 제3집, 237쪽 참조.
165 「東匪討論」, 『韓國學報』 제3집, 271쪽 및 『梧下記聞』 第3筆의 23~24쪽 참조.
166 「兩湖招討謄錄」, 『東學亂記錄』 上卷, 166~168쪽 참조.
167 『梧下記聞』 第1筆의 61쪽 참조.
168 『梧下記聞』 第1筆의 105쪽 참조.
169 『梧下記聞』 第2筆의 62쪽.

者逐途邑宰),"[170] 따라서 집강소 통치지역에서는 "금일 어떠한 읍의 읍사를 물론하고 (동학)도인이 이를 주재하고 (정부가 임명한) 관장(의 결정)을 기다리지 아니하였다(今日 母論某邑邑事 道人主之 無預官長)"[171]는 상태가 지배하였다. 집강소가 설치된 곳의 정치와 행정은 농민군이 실질적으로 모든 것을 장악했던 것이다.

농민군의 집강소 통치에서 가장 전면에 부각된 것은 '신분투쟁'이었고 이를 통하여 농민군은 원래 목표의 하나인 신분해방을 스스로의 힘으로 달성하기 시작하였다.[172] 이 점을 명확히 하기 위해 좀 번거롭지만 반드시 필요하니 집강소의 12개조 폐정개혁 요강을 다시 음미해 보기로 한다.

① 도인과 정부와의 사이에는 숙혐宿嫌을 탕척蕩滌하고 서정庶政을 협력할 사.

② 탐관오리는 그 죄목을 사득査得하여 일일이 엄징할 사.

③ 횡포한 부호배富豪輩는 엄징할 사.

④ 불량한 유림과 양반배는 징습懲習할 사.

⑤ 노비 문서를 소거燒祛할 사.

⑥ 칠반천인七班賤人의 대우는 개선하고 백정두상白丁頭上에 평양립은 탈거할 사.

⑦ 청춘과부青春寡婦의 개가를 허할 사.

⑧ 무명잡세無名雜稅는 일병一幷 물시勿施할 사.

⑨ 관리 채용은 지벌地閥을 타파하고 인재를 등용할 사.

⑩ 왜倭와 간통奸通하는 자는 엄징할 사.

⑪ 공사채公私債를 물론하고 이왕의 것은 일병一幷 물시勿施할 사.

⑫ 토지는 평균으로 분작케 할 사.[173]

---

170 「甲午略歷」, 『東學亂記錄』上卷, 5쪽.
171 『梧下記聞』第3筆의 15쪽.
172 慎鏞廈, 「1894년의 社會身分制의 廢止」, 『奎章閣』제9집, 1985 참조.
173 『東學史』, 126~127쪽.

집강소의 위의 12개조 폐정개혁 요강 중에서 ④⑤⑥⑦⑨의 5개 조항이 신분투쟁에 의한 사회신분제 폐지를 요구하고 실행한 것이었다. 이에 비하여 탐관오리와 무명잡세의 혁파 등 지방정치의 부정부패 척결이 ②⑧의 2개 조항이고, 대對부민투쟁이 ③⑪⑫의 3개 조항이며, 일본 측과 간통한 자 처벌의 반침략 조항이 ⑩의 1개 조항이었다. 여기서 집강소의 농민정치가 신분투쟁에 의한 사회신분제의 폐지를 얼마나 중요시하고 우선했는가를 명확히 알 수 있다.

앞에서 인용한 자료인 황현의 기록에서, 동학도·농민군이 양반·사족을 가장 증오하여 양반의 상징인 뾰족관을 쓴 자를 만나면 곧바로 꾸짖으며 "너도 양반인가"고 말하고 관을 빼앗아 찢어 버리거나 또는 그 관을 자기가 쓰고 거리를 돌아다니면서 양반을 욕 준 것은 모두 집강소 시기의 일이었다.[174]

또한 농민군이 양반·사족을 가장 증오하여 양반을 욕 주고 잡아다가 형벌을 가한 것도 집강소 시기의 일이었다. 농민군은 양반을 엄징함에 있어 참형이나 교형 또는 곤장을 치거나 매를 때리는 등의 형벌을 하지 않고 오직 주리를 트는 형벌을 가하였다. 황현에 의하면 농민군은 비록 대죄를 졌다고 보는 양반도 죽이지는 않고 오직 양반을 주리를 틀면서 스스로 말하기를 동학 도인은 사람을 죽이지 않으며 뜻이 엄형에 있는 것이라고 했다고 하였다.[175] 김윤식이 기록한 바, "동학도들은 사대부를 능욕하고 그 가사家舍를 부수었다"고 한 것은 이 시기에 전라도지방에 더 해당된 말이었다.[176]

또한 농민군의 노비해방도 스스로의 힘으로 격렬하게 진행되었다. 황현은 집강소 시기의 현상을 증언한바, 무릇 노비로서 동학에 들어간 자는 물론이요 동학에 들어가지 않은 자까지도 자기 주인을 위협하고 강제하여 노비문서를 소각하고 강제로 종량從良을 승인케 하거나 또는 노비가 그 주인을 결박하여 주

---

174 『梧下記聞』第2筆의 97쪽. 주 49)와 동일함.
175 『梧下記聞』第1筆의 107쪽. "故賊尤憎士人 必困辱蕩覆之 其刑無斬絞棍笞之等 但用周牢 雖稱大罪 不殺死 惟周牢夾之 自言道人不殺人 而意在嚴刑掠財" 참조.
176 『續陰晴史』上卷, 307쪽 참조.

리를 틀고 곤장과 매를 쳐서 노비문서를 소각하고 종량의 목적을 이루었다고 하였다. 그에 의하면 이러한 대세에 따라 노비를 가진 노비 주인들은 스스로 알아서 먼저 노비문서를 불살라 버림으로써 그 화를 덜었다는 것이다. 또한 노비 중에서 어떤 자가 해방을 원치 않고 주인과 함께 있기를 원하는 경우에도 농민군의 신분투쟁의 기염이 맹렬하게 불타오르고 있는 대세 때문에 노비 주인은 더욱 이를 두려워하여 노비문서를 불태우고 노비를 해방시켰다. 양반으로 노비와 그의 주인이 모두 함께 동학·농민군을 따르는 경우에는 서로 평등하게 접장이라고 호칭하면서 그들의 귀천이 없는 법을 따랐다. 이와 더불어 도한屠漢(白丁)·재인才人 등속의 천민들도 신분해방을 수행하여 양인 및 양반들과 평등하게 같은 예를 하고 행동하였다고 하였다.[177]

이것은 집강소 시기에 농민군이 매우 격렬하게 신분투쟁을 하여 신분해방을 쟁취했음을 나타내 주고 있다. 관군 측이 동학의 10대 죄목의 하나로 "평등을 가칭하여 명분을 무너뜨린 것"[178]을 들고 나온 것이나, 위정척사파 선비 황현이 "이때에 우민愚民과 패자悖子가 날로 일어나 적당(동학농민군-인용자)을 추종해서 이교吏校로서 그 관졸官倅을 주리 튼 자가 있고 노예로서 그 주인을 주리 튼 자가 있다"[179]고 개탄한 것도 모두 이 시기의 신분투쟁의 격렬함을 나타내 주는 것이다.

오지영은 집강소 시기의 농민군의 신분투쟁에 대하여 관변 측의 심문의 항목으로 "양반과 부자를 모조리 짓밟았으며 종문서를 불질러 강상綱常을 무너뜨렸으며"[180]라는 힐책에 대하여, 전봉준이 "탐학하는 관리를 없애고 그릇된 정치를 바로잡는 것이 무엇이 잘못이며, 조상의 뼈다구를 우려 행악을 하여 백성

---

177 『梧下記聞』第2筆의 97쪽 참조. 주 48과 동일함.
178 「兩湖右先鋒日記」, 『東學亂記錄』上卷, 272쪽. "假稱平等 而毁壞名分六也"참조.
179 『梧下記聞』第2筆의 67쪽. "時愚民悖子日起從賊 吏校而周牢其倅者有之 奴隷而周牢其主者有之"운운 참조.
180 『東學史』, 157쪽.

의 고혈을 빨아먹는 자를 없애는 것이 무엇이 잘못이며, 사람으로서 사람을 매매하는 것과 국토를 농롱弄하여 사복을 채우는 자를 치는 것이 무엇이 잘못이냐"[181]고 응수했음을 기록하고 있는데, 모두 신분투쟁과 사회신분제 폐지가 농민군의 활동목표로서 격렬하게 추진되었음을 증명하는 것이라고 할 수 있다.

집강소 설치지역에서의 농민군의 신분투쟁과 사회신분제 폐지운동이 이와 같이 거세게 불타오르자, 이에 전후하여,[182] 이를 흡수해서 사회신분제 폐지를 주장해 오던 갑오경장 개화파정부(음력 6월 23일 수립)는 수립되자마자 6월 25일 (양력 7월 27일) 군국기무처軍國機務處를 설치하고 3일 후인 6월 28일 다음과 같은 법령을 의결하여 사회신분제도를 폐지하였다.

① 문벌·반상班常의 등급을 벽파劈破하고 귀천에 구애받지 않고 인재를 선용選用할 사.

② 문무존비文武尊卑의 차별을 폐지하고 단지 품계에 따라 상견의相見儀만 있게 할 사.

③ 죄인 자기 이외의 연좌율緣坐律을 일체 시행치 않을 사.

④ 적처嫡妻와 첩妾에 모두 자식이 없는 연후에야 비로소 양자養子의 입술入率을 허용할 사.

⑤ 남녀의 조혼早婚을 즉시 엄금하되 남자는 20세, 여자는 16세 이후에 가취嫁娶를 허할 사.

⑥ 과녀寡女의 재가再嫁는 귀천을 물론하고 그 자유에 맡길 사.

---

181 『東學史』, 157쪽.
182 집강소가 「전주화약」 직후에 설치되었는지, 그다음 달에 설치되었는지 현재의 자료로서는 명확하지 않다. 집강소가 「전주화약」 직후에 설치되었다면 1894년의 사회신분제의 폐지는 전적으로 동학·농민군이 주도했으며, 만일 군국기무처 설치 후에 집강소가 설치되었다면 개화파의 사회신분제 폐지의 법령의 주도성이 부각된다. 그러나 사회사에서 애용하는 장기사적 관점에서는 양인신분층과 노비신분층의 하층농민들의 밑으로부터의 사회신분제 폐지운동이 꾸준히 수세기에 걸쳐 각종 민란의 형태로 지속되어 오다가 갑오농민전쟁으로 폭발되어 제1차 농민전쟁 때부터 선명하게 신분투쟁과 신분해방운동을 격렬하게 전개하고 있으므로, 어떠한 경우이든지 대세에는 변함이 없다고 본다.

⑦ 공사노비의 제도를 일체 혁파하며, 인구의 판매를 금할 사.

⑧ 비록 평민일지라도 참으로 이국利國·편민便民할 기견起見을 가진 자는 군국기무처에 상서하여 회의에 부치게 할 사.

⑨ 각 아서衙署의 조예皁隷를 작량가감酌量加減하여 설치할 사.[183]

또한 군국기무처는 7월 2일(양력 8월 2일) 다음과 같은 법령을 제정하여 사회신분제도의 폐지를 보완하였다.

① 역인驛人·창우倡優·피공皮工의 면천免賤을 모두 허가할 사.

② 무릇 관인이 비록 고등관을 지낸 자라도 휴관休官한 후에 편의에 따라 상업을 영위할 수 있게 할 사.[184]

군국기무처의 1894년 6월 28일(양력 7월 30일)과 7월 2일(양력 8월 2일)의 이러한 법제적 조치에 따라 누천년 묵어온 우리나라의 사회신분제도는 제도상 최종적으로 폐지되게 되었다. 즉 이 법령들은 ① 반상班常신분 폐지, ② 문벌 폐지, ③ 귀천에 구애받지 않는 인재 선용, ④ 문무차별 폐지, ⑤ 서얼庶孼 차별 폐지, ⑥ 공사노비제도 폐지, ⑦ 조혼제도 폐지, ⑧ 과부재가금지제도 폐지, ⑨ 연좌제도 폐지, ⑩ 시민의 정치적 의견 제출 승인, ⑪ 신량역천身良役賤·천민제도 폐지, ⑫ 구관인·양반의 상업경영의 자유화(직업의 신분적 차별 폐지) 등을 법령으로서 공포하여 수천년 묵어온 사회신분제도를 법제적으로 폐지한 획기적인 것이었다. 이것은 집강소 농민군의 신분투쟁과 신분해방운동이 개화파 정부의 정

---

183 『更張議定存案』第1册, 開國 503년 6월 28일條 『高宗實錄』, 高宗 31년 甲午 6월 28일條 참조.

184 『更張議定存案』第1册, 開國 503년 7월 2일條 및 『高宗實錄』 高宗 31년 甲午 7월初 2일條 참조.

책에 흡수되어 달성된 농민군의 정치적 대승리를 의미하는 것이었다.[185]

갑오경장 개화파 정부의 이러한 사회신분제도 폐지의 법령은 집강소 설치 지역의 양인·천민들은 물론이요 전국의 양인·천인들의 환호를 받았다. 그러나 전국의 양반들과 노비주들은 격렬하게 반발했으며, 특히 세력 있는 양반관료들의 저항은 매우 큰 것이었다.

개화파 정권은 세력있는 양반관료들의 저항을 무마하기 위하여 1894년 7월 8일(양력 8월 8일) 의정부에 소속한 기관으로 '산반원散班院'을 설치하였다. 그 내용은 ① 문관 통정通政 이상의 무실직인無實職人, ② 무관 곤수梱帥(兵使와 水使)·은대銀臺(承政院) 이상의 사람, ③ 음관蔭官 은대銀臺·좌이佐貳(6曹의 參判·參議) 이상의 사람, ④ 음무관蔭武官 현직인 등은 갑오경장에 의하여 산질散秩로 돌아갔으므로 '산반원'에 소속시켜 약간의 급봉給俸을 하고 후일의 취용을 기다리게 하며, ⑤ 잡직(기술관직)·이서·조예皂隸의 작산자作散者도 재경인원에 한해서 이 예에 의하여 후일의 우선 취용을 기다리게 해서 개화파 정부가 그들에게 유념하고 있음을 보인다는 것이었다.[186]

그러나 세력 있는 양반관료들은 개화파 정부의 이 정도의 막연한 대책에는 반발이 다 누그러지지 않았으므로, 개화파 정부는 7월 17일(양력 8월 17일) '중추원中樞院'에다 '산반원'에 속한 고위양반들을 소속시켜 장차 일정의 급봉을 하도록 예정하는 법령을 공포하여 반발을 무마하였다.[187]

---

185 慎鏞廈,「朝鮮王朝末期 社會身分制의 모형과 身分制의 廢止」, 韓國社會史研究會 第2回 月例研究發表會(1985년 3월 30일) 發表 및 發表要旨 참조.

186 『日省錄』, 高宗 31년 7월初 8일條 및 『更張議定存案』第1册, 開國 5053 7월初 8일條 참조.

187 『官報』, 開國 503년 7월 17일條 및 『更張議定存案』第1册, 開國 503년 7월 17일條 참조. 이 법령의 요점은 다음과 같은 것이었다. ① 文·蔭·武官으로 本月(음력 7월) 初 8일의 議案에 의하여 마땅히 散班에 속하는 자는 의정부의 중추원에 부속시켜 관봉을 酌豫하되 원장으로 하여금 관리케 하고 新額에 들어가지 못한 雜織·吏·隸들은 各該移屬衙門에 예속시켜 舊에 비추어 給料한다. ② 무릇 醫譯雜織 및 賞加人으로 各府衙門의 奏任官·判任官이 된 자는 모두 新授階級에 따라 시행하되 原資에 구애받지 아니한다.

특히 주목할 것은 노비를 비롯한 해방된 천민들의 농민군에의 대대적 진출이었다. 그들은 농민전쟁에 의하여 동학농민군의 덕택으로 신분의 자유와 해방을 쟁취했으므로 동학과 농민군을 적극 지지하고 이에 가입하였다.

이에 해방된 천민들로만 구성된 농민군부대들이 출현하게 되었다. 손화중孫化中은 고창의 재인 홍낙관洪洛官 지휘관으로 임명하여 전라우도에서 도한屠漢·재인才人·역부驛夫·야장冶匠·승도僧徒 등 수천 명의 이전의 천민으로만 구성된 천민농민군부대를 창설했는데, 이는 매우 민첩하고 용맹한 정예군이었으므로 아무도 그에 맞설 수 없는 막강한 부대였다.[188] 이 천민농민군부대는 통칭 '남사당패'를 그 핵심으로 했던 것으로 보인다.[189]

또한 김개남金開男은 전라좌도에서 역시 1천여 명의 창우와 재인을 중심으로 한 천민농민군부대를 창설하였다.[190] 이 부대도 막강한 정예군이었음은 논란할 여지도 없으며, 이 부대 역시 '남사당패'가 중심이 되었음은 물론이다.

이 밖에도 접주 박봉관朴奉寬 부대,[191] 남응삼南應三 부대,[192] 김석원金錫元 부대[193]는 해방된 천민들이 주축이 된 부대였다.

특히 주목할 것은 노비출신들이 '접주'·'장두'의 지위에까지 진출했다는 사실이다. 앞서의 농민군 지휘관 김석원, 남응삼, 순익順益, 석구石九 등은 노비 출신이었으며, 홍낙관은 재인 출신이었다.[194]

이러한 노비를 비롯한 천민들의 농민군에의 대대적 진출은 집강소 시기 농민군의 주체세력의 구성에 상당히 큰 변동을 가져온 것을 의미하는 것이었다. 이

---

188 『梧下記聞』 第3筆의 35쪽 및 第2筆의 97쪽 참조. 주 49 및 50과 동일함.
189 호남 일대에는 이 시기에 '남사당패'가 매우 성행했는데 이들이 농민군에 의하여 천민농민군 편성의 핵심체로 흡수된 것이라고 추정된다.
190 『梧下記聞』 第3筆의 23쪽 참조.
191 「巡撫先鋒陣謄錄」, 『東學亂記錄』 上卷, 665쪽 참조.
192 『梧下記聞』 第3筆의 14~15쪽 및 「朴鳳陽經歷書」, 『東學亂記錄』 下卷, 513쪽 참조.
193 「朴鳳陽經歷書」, 『東學亂記錄』 下卷, 513쪽 참조.
194 〈표 3〉(68쪽) 참조.

러한 해방된 천민군이 가장 용감하고 막강하게 집강소 호위군으로 활동하고 신분투쟁을 실천했으므로 집강소 통치지역에서의 양반들의 고통과 반발이 어떠했을까는 추측되고도 남음이 있다.[195] "7, 8월에 이르러 더욱 무법하게 되어 부호는 거의 모두 이산하고 천민은 모두 도양跳梁하여 비단 토재討財만 할 뿐 아니라 오래된 원한을 갚으려고 하여 호남 일대가 혼돈의 세계가 되었다."[196]고 한 양반유생이 기록한 것은 이러한 형편을 쓴 것이었다고 이해된다. 또한 집강소 통치지역뿐만 아니라 여기에 힘입은 전국의 해방된 노비들이 양반들에게 신분투쟁을 과감하게 전개하여 양반들의 처지는 말이 아니었으며, 해방된 노비와 불만에 찬 양반 사이의 투쟁은 매우 격화된 상태에 있었던 것으로 보인다.

이에 당황한 개화파정부는 1894년 8월 10일(양력 9월 9일) 해방된 노비와 양반 사이의 신분투쟁의 첨예화를 완화하기 위해 다음과 같은 관문關文을 동학도가 성한 경기도·삼남·강원도·황해도와 5도都에 내려 보냈다.

"상고相考할 것. (군국기무처) 의안 중 '과녀재가寡女再嫁는 귀천을 물론하고 그 자유에 맡길 것'의 1조는 조정이 화기和氣를 도영導迎하기 위한 뜻이다. 무릇 (남편을) 일찍 여읜 과녀寡女가 종신 수절하고자 하면 누가 능히 그를 시집보낼 수 있겠는가. 또 참으로 마땅히 시집가고자 하는데 시집가지 못하면 도리어 화기和氣를 상케 하는 것인즉 그 부모가 하필 왜 시집가지 못하도록 강제할 것인가. 시집가고 시집가지 않는 것은 다른 사람이 강제할 바가 아닌고로 자유의 2자字가 있는 것이다.

'문벌과 반상과 등급을 벽파하며, 귀천에 구애받지 않고 인재를 선용할 것'의 1조는 즉 인재를 널리 뽑는 방법이며 전적으로 반벌班閥만을 쓰지 않고 비록 상천常賤일지라도 진실로 그 재주가 있으면 첨용添用하여 그게 구애받지 않는다는 뜻이다.

---

195 집강소 시기는 농번기였으므로 대부분의 양인출신 소작농·빈농들이 일시적으로 농사에 복귀했기 때문에 해방된 천민농민군이 집강소호위군의 주력을 이룬 시기가 있어서 양반들과의 신분투쟁이 격화되었기 때문에 양반들의 고통은 한때 더 컸던 것으로 추정된다.

196 鄭碩謨, 「甲午略歷」, 『東學亂記錄』上卷, 65쪽.

'공사노비公私奴婢의 법은 일체 혁파하여, 인구의 판매를 금할 것'의 1조는 즉 체휼體恤의 뜻으로서 그 압량위천壓良爲賤하여 대대로 역역을 지우는 것을 금한 것이지 그 일찍이 (노비로) 판매된 자를 논한 것이 아니다.

근일에 향곡鄕谷에서 무뢰배들이 본의를 알지 못하고 의안에 적탁하여 폐단을 낳고 있는 바, 양반과 상인常人이 서로 싸워서 사류士類가 능히 그 체모를 지킬 수 없으며 서민庶民이 감히 혹은 그 상분常分을 범하여 과녀寡女를 겁욕하고 노비가 주인을 능욕하는 일이 있기에 이르는 등 허다한 패거悖擧가 있다는 보고가 들어오니 극히 통탄할 일이다. 장차 이 관문을 밝히어서 열읍列邑에 조치하여 한문과 언문으로 번역하고 등사해서 방방곡곡에 붙이고, 조치 이후에도 혹시 다시 전습前習을 밟는 경우에는 영읍營邑에서 적발하여 엄징하는 것이 마땅하다.”[197]

이 관문은 반상제도 폐지는 상천常賤 중에서도 인재를 뽑아 쓰기 위한 것이며, 노비제도 폐지는 자비의 구휼을 베푼 것으로서 압량위천壓良爲賤하여 노비를 만드는 것을 금한 것이지 이미 노비로 판매된 자를 해방한 것이 아니라고 군국기무처의 법령을 왜곡 해석하면서 신분투쟁을 완화하고자 시도하고 있다. 그러나 이것이 '법령'이 아니라 '법령'에 대한 해석의 '지시'에 불과한 '관문'이었을 뿐 아니라, 법령은 사회신분제도와 노비제도를 엄연히 폐지했는데 사태의 필요에 따라 그 해석은 후퇴하여 왜곡한다고 해서 신분투쟁이 완화될 리가 없는 것이었다. 이 관문은 아무 실효가 없었고 집강소 통치지역에서는 물론이요 전국에서 신분투쟁과 신분해방의 실천은 격렬히 전개되었다.

한편 군국기무처는 8월 28일(양력 9월 27일) 지방의 세력 있는 양반·토호들의 반발과 평민 침학에 대해서도 이를 강경하게 엄금하는 '법령'을 의안으로 채택하여 공포하였다.

---

197 『關草存案』, 甲午 8월初 10일條.

"각도 호우豪右로 향곡鄕曲에서 무단武斷하거나 평민을 침학侵虐하는 자는 각해
도신各該道臣에게 관칙關飭하여 낱낱이 엄중 조사케 하되 해영該營에서 자단自斷하
기 어려운 자는 정부에 보고하여 법에 의해 다스려서 왕장王章(國法)의 엄함을 떨치
게 하고 민심을 기쁘게 하여 위로할 것."[198]

집강소 농민군의 밑으로부터의 격렬한 신분투쟁과 사회신분제도 폐지운동
의 흐름은 위로부터의 개화파의 사회신분제도 폐지운동의 흐름과 1894년의 시
점에서 합류하여 마침내 역사적인 사회신분제도 폐지의 대업을 달성하는 데 성
공하였다.[199]

집강소 시기의 농민군의 주체세력에 약간의 변동을 가져온 것은 이서들의 참
가였다. 이 시기에 모든 이서들이 집강소 농민군에 들어왔는데,[200] 이것은 농민

---

198 『更張議定存案』第1冊, 開國 503년 8월 28일條 및 『高宗實錄』, 高宗31년 甲午 8월 28일條
　　참조.
199 慎鏞廈, 「韓國社會史의 對象과 '理論'의 問題」, 『韓國學報』 제25집, 1982; 『社會史와 社會
　　學』(創作과批評史), 1981, 572~573쪽. "구체적 사례로 신분제도의 폐지의 경우를 들어보
　　기로 한다. 우선 1세기 이상의 '長期'에 걸친 전체사회의 '構造變動'을 보면, 우리는 신분제
　　도를 폐지하려는 적어도 두 개의 뚜렷한 흐름이 1894년을 전후하여 合流하고 있음을 용이
　　하게 발견하게 된다. 그 첫째는 조선왕조 후기부터 활발하게 전개되어 온 奴婢身分層과 良
　　人身分層의 신분제도 폐지운동의 흐름이다. 그 둘째는 조선후기 實學派로부터 초기개화파
　　에 이르는 선각적 개혁론자들의 신분제도 폐지운동의 흐름이다. 1894년에 이르러, 먼저 첫
　　째 흐름의 '奴婢身分層과 良人身分層'의 농민이 '東學亂'의 형태로 이 운동을 폭발시켜 밑
　　으로부터 양반신분제도를 거의 파괴하게 되고, 다음에 이를 받아서 둘째의 흐름의 개화파
　　정부가 법령으로써 신분제도 폐지의 대개혁을 단행했음을 볼 수 있다. 즉 甲午更張에 있어
　　서의 신분제도 폐지는 장기에 걸쳐 발전하던 밑으로부터의 농민의 운동이 이를 부숴 나가
　　자 뒤이어 위로부터 개화파가 이에 응하여 신분제도 폐지의 法制的 조치를 단행함으로써,
　　장기에 걸친 밑으로부터의 흐름과 위로부터의 흐름이 1894년의 시점에서 합류하여 이루
　　어진 것이었다. 長期의 구조변동과 관련이 없는 일본군의 간섭은 이러한 두 개의 큰 흐름
　　의 '構造變動'의 운동의 대세에 '東學亂' 직후에 침략 목적으로 일시 편승한 데 지나지 않
　　은 하나의 작은 '事件'에 불과한 것이었다. 만일 일본군이 개입하여 간섭하지 않았더라면
　　첫째의 농민의 흐름에 의하여 신분제도를 비롯한 舊體制는 더욱 철저하게 붕괴되었을 것
　　임을 용이하게 알 수 있는 것이다" 참조.
200 「甲午略歷」, 『東學亂記錄』 上卷, 65쪽. "吏胥輩盡爲入籍于東黨 以保姓名" 운운 참조.

군의 집강소 통치에 일정한 도움을 주었다. 그러나 이때 들어온 이서들은 그 후 제2차 농민전쟁에서 극소수만이 끝까지 농민군에 남았고 농민군이 수세에 섰을 때 대부분 농민군을 배신하여 다시 관군의 지배하로 돌아갔다.[201]

일부의 부민과 양반이 피해를 덜어보려고 동학에 탁명托名한 것은 앞에서 본 바와 같다.

집강소 시기에 전국 농민군의 규모는 약 30~40만 명으로 증가하였다.[202] 이들은 농민군에 가담했을 뿐만 아니라 동학에도 입도했으므로 형식상 동학과 농민군의 결합은 공고한 것처럼 보이지만, 집강소 시기에 입도한 농민·천민들은 진정으로 동학이라는 종교를 신봉해서라기보다는 먼저 신분해방과 인권문제로[203] 이 기회를 활용하려고 입도한 것이었으므로,[204] 실제로는 양인·천민과 소작농·빈농이 대부분이었지 진정한 동학도는 상대적으로 소수가 되었으며, 그 결합은 질적으로는 느슨하게 되었다고 볼 수 있다. 황현에 의하면 당시에 본래의 동학도를 '구도舊道', 집강소 시기에 새로 들어온 동학도를 '신도新道'라고 불렀는데,[205] '가칭동학假稱東學'·'탁명동학托名東學'이 양민 중에 2~3할이었다고 한다.[206]

집강소 시기 농민군의 대부민 투쟁도 활발히 전개되었다.[207] 그 기본내용은 ① 부민으로부터의 군량·군수전·군수품 징수, ② 고리대의 무효화, ③ 토지의 평균분작 등이었다.

---

201 「巡撫先鋒陣謄錄」, 『東學亂記錄』 上卷, 462쪽 참조.
202 『東學史』, 154쪽 참조. 吳知泳은 여기서 東學被殺者를 30~40만으로 보았는데, 이것은 農民軍 수로 해석하는 것이 합리적일 것이다.
203 『東學史』, 153쪽 참조.
204 「先鋒陣各邑了發關及甘結」, 『東學亂記錄』 下卷, 328쪽 참조.
205 『梧下記聞』 第1筆의 106쪽 참조.
206 『梧下記聞』 第1筆의 83쪽 참조.
207 趙景達, 前揭論文에서는 特長이 對富民鬪爭을 집중적으로 밝힌 것이고, 문제점은 농민전쟁의 중요한 목표인 신분투쟁과 봉건정치권력의 苛斂誅求의 완전철폐를 看過했으며, 농민군 지도부를 '沒落兩班'이라고 본 점이라고 생각된다.

집강소 시기에 농민군은 군용물자와 군비를 반드시 '군수미'·'군수전' 등으로 불렀는데,[208] 이것은 집강소의 행정조직을 통하여 각 부·군·현에서 조직적으로 징수되었으며,[209] 그 대상은 부민·양반은 예외가 없어서 재상 송병선宋秉璿의 아우 송병순宋秉珣의 집도 군수전 1천 냥을 납부하지 않으면 안 되었다.[210] 특히 전라도 일대에서는 토지 2경 이상을 소유한 부민은 그 자산을 모두 내놓다시피 한 형편이 되었다.[211] 농민군은 이렇게 징수한 군수미·군수전·군수용품을, 예컨대 남원은 화엄사華嚴寺에 비축하는 것과 같이, 특정지역에 비축하여 농민전쟁에 대비하였다.[212] 농민군은 군수미·군수전을 징수함과 동시에 포砲, 총·말·화약 등 무기를 색출하고[213] 징발했음은 물론이다.[214]

고리대금의 무효화는 집강소 설치 전 지역에서 철저하게 시행되었을 뿐 아니라,[215] 농민군은 부민의 고리대금을 군수전으로 징발해서 사용하였다.[216]

토지의 '평균 분작'은 두 가지로 해석될 수 있다. 그 하나는 이를 문자대로 '균작'으로 해석해서 소작지·경작지의 균등한 소작·경작으로 해석하는 것이다. 집강소 12개조 폐정개혁 요강을 문자 그대로 해석하면 이 해석이 나오는 것이다. 다른 하나는 이를 '평균분전平均分田' 즉 '균전均田'으로 해석해서 토지소유권을 균등하게 '소유'하는 것으로 보는 것이다. 강원도의 농민군들 중에는 요호饒戶에 대하여 전재를 토색할 뿐 아니라 "전답문서를 빼앗고자 했다欲奪田畓文書"[217]는 기록이 보인다. 동학농민군들은 다산의 『경세유표經世遺表』의 정전제

208 『梧下記聞』 第2筆의 99쪽 참조.
209 『梧下記聞』 第3筆의 12~13쪽 참조.
210 『梧下記聞』 第2筆의 71쪽 참조.
211 『梧下記聞』 第1筆의 107쪽 참조.
212 『梧下記聞』 第3筆의 25쪽 참조.
213 『梧下記聞』 第2筆의 77쪽 참조.
214 『梧下記聞』 第3筆의 14쪽 참조.
215 『梧下記聞』 第2筆의 71쪽 참조.
216 『梧下記聞』 第2筆의 66~67쪽 참조.
217 「東匪討論」, 『韓國學報』 제3집, 265쪽.

토지개혁안을 실행하려 했던 것으로 추정된다. 주목할 것은 어떠한 해석에 의거하든 간에 집강소 폐정개혁의 이 요강은 농민군의 주체세력이 토지를 소유하지 못하고 충분히 소작하지도 못한 소작농이었다는 사실을 보강하여 증명해 주는 것이라는 사실이다.

집강소의 농민군은 이 밖에 지방행정으로서 ① 탐관오리는 철저히 색출하여 징계했으며, ② 농민에 대한 삼정(전정·군정·환정)의 부담을 경감하였다.[218] 강원도에서도 농민군은 자의로 삼정의 부담을 경감하였다고 한다.[219] 농민군은 집강소 통치기간에 봉건적 가렴주구를 철폐하고 농민을 위한 농민의 통치를 스스로 실시한 것이었다. 이 때문에 집강소 통치 기간에 농민들의 부담은 현저히 감소된 것이 사실이다. 이 감소된 부분을 부민들이 부담했으므로, 집강소 통치의 결과 농민들은 부담이 경감되고 부민은 부담이 증가하게 되었다.

특히 주목할 것은 집강소 시기에 집강소 통치지역 내에서는 살생이 거의 없었다는 사실이다. 농민군은 아무리 중죄를 지은 양반일지라도 최고형으로 주리를 틀었을 뿐이지 살생은 물론이요 곤장과 매질도 엄금하였다.[220] 유림들의 과장된 기록과는 달리 실제로는 집강소의 통치는 상당히 질서가 수립되어 있었다고 볼 수 있다.

8. 제2차 농민전쟁의 주체세력의 구성

제2차 농민전쟁은 추수 직후인 음력 9월에 기포하여 일본군을 국토에서 몰아내기 위한 반침략을 첫째의 목표로 내세워 봉기한 것이었다. 그 주체세력은

---

218 『續陰晴史』上卷, 322~325쪽 참조.
219 『臨瀛討匪小錄』, 7쪽. "矯革三政之弊瘼 輔國安民云"및「東匪討論」,『韓國學報』제3집, 265쪽. "東徒數千人 虩瞰遞之時 齊到邑底 冒定三政 資言濟民"참조.
220 『梧下記聞』第1筆의 107쪽 참조.

집강소 시기의 농민군의 주체세력이 그대로 군사행동으로 들어간 것이었다고 볼 수 있다.

그러나 농민군의 군사행동이 점령하는 지역에서마다 신분투쟁과 대對부민 투쟁을 수반하였을 뿐 아니라, 각지에서 양반들이 남하하고 있는 관군·일본군에 호응하여 민포군民砲軍을 편성해서 농민군에 대항하였고 농민군을 학살했으며,[221] 농민군에 탁명托名한 양반들과 이서吏胥들도 농민군을 배신하여 속속 다시 관군에 영합했으므로,[222] 농민군은 반침략 전쟁을 하면서도 모든 지역에서 안으로는 오히려 집강소 시기보다 더욱 격렬한 반봉건·반양반투쟁을 전개하지 않으면 안 될 형편에 처하게 되었다.[223]

제2차 농민전쟁에서는 양반들이 단결하여 농민군에 대항하고,[224] 부민들도 양반에 가담했으며, 이서들로서 농민군에 들어왔던 자들도 거의 모두 다시 이탈하여 관군에 내응했으므로, 제2차 농민전쟁의 농민군의 주체세력은 다시 '양인·천민출신의 소작농·빈농'으로 집약되게 되었다. 단지 제1차 농민전쟁 때와 다른 점은 해방된 노비·천민의 비중이 현저히 높게 되었다는 사실이다.[225] 예컨대 춘천의 해방된 노비 황강이黃江伊는 농민군의 중군中軍이 되어 수령을 체포하고 농민군을 모집하는 데 눈부신 활약을 했다.[226] 그러나 농민군의 절대적 비중을 차지한 것은 여전히 소작농들이었다. 집강소 시기는 농번기였으므로 일시 농경에 돌아갔던 소작농들이 추수를 끝내자 재기포의 소집에 응하여 다시 참전했기 때문이었다. 제2차 농민전쟁에 참전한 농민군 수는 전국적으로

---

221 『梧下記聞』第3筆의 79~80쪽 참조. 이 기록에 의하면 양반민포군이 학살한 동학농민군의 접주·접사·교장·통령 등속이 수천 명에 달했다고 한다.
222 「巡撫先鋒陣謄錄」, 『東學亂記錄』上卷 및 『東學史』, 154쪽 참조.
223 『梧下記聞』第3筆의 23~24쪽 등. 이 자료에 의하면 특히 김개남부대는 남원을 출발하여 북상하면서 도처에서 양반과 관료를 처단하는 격렬한 반봉건·반양반투쟁을 전개했다고 한다.
224 『臨瀛討匪小錄』, 18~24쪽 참조.
225 「先鋒陣呈報牒」, 『東學亂記錄』下卷, 128쪽 참조.
226 『司法稟報』(甲) 第29冊, 光武 2년 1월 5일條 참조.

약 30~40만으로 추정되는데 이것은 제2차 농민전쟁 때의 농민군 7천여 명에 비하여 40~50배나 격증한 것이며, 그 주체세력은 '양인과 노비·천민출신의 소작농·빈농'이었다. 제2차 농민전쟁은 다시 신분해방을 쟁취한 양인·노비·천민 출신의 소작농·빈농들이 자기 조국에 들어와 무법적 행동을 자행하는 일본 침략군을 자기들의 힘으로 몰아내려고 목숨을 바쳐 싸운 전쟁이었다고 볼 수 있다. 이 글의 전반부를 제2차 농민전쟁의 자료를 중심으로 하여 썼으며, 또한 더 이상의 설명은 독립된 글을 요하는 것이므로 생략한다.

9. 맺음말

지금까지의 고찰에서 본 바와 같이, 갑오농민전쟁의 주체세력은 사회신분에 있어서는 '양인층'과 '노비를 중심으로 한 천민층'이었고, 사회계급에 있어서는 '소작농을 중심으로 한 빈농층'이었다. 필자가 오래전부터 제기해 온 이 주장은 본문에서 어느 정도 증명되었다고 생각한다.

갑오농민전쟁의 주체세력을 몰락양반·잔반층이라고 보거나, 또는 농민군이 몰락양반·잔반층의 지도를 받았다는 일부 학자들의 주장은 사실이 아니었다. 농민군 지도부는 기본적으로 양인층으로 구성되어 있었고, 집강소 시기부터 제2차 농민전쟁 기간에는 노비를 비롯한 천민층이 상당히 진출하기 시작하였다. 몰락양반·잔반층은 갑오농민전쟁의 주체세력이나 지도부가 되기는커녕 도리어 농민군의 적대세력이 되었으며, 제2차 농민전쟁 기간에는 몰락양반·잔반층을 포함해서 양반층은 민포군, 민보군, 유회군, 향회군, 의병 등의 여러 가지 이름으로 반혁명군을 조직하여 관군·일본군과 함께 농민군을 공격하고 농민군을 학살하였다.

또한 갑오농민전쟁의 주체세력을 '경영형부농' 또는 '부농'이라고 보는 일부

학자들의 견해도 역사적 사실이 아니었다. 역사적으로 거론할 만한 의미있는 '경영형부농'은 실재하지조차 않았다. 부농은 요호饒戶·요부호饒富戶·요민饒民· 부민 등의 이름으로 전국에 걸쳐 실재했으나 이들은 이윤을 추구하여 기업적 경영을 하는 존재가 아니라 필자의 오래된 지적과 같이 '지주+고리대+자작농 업'의 응집된 형태로 존재하여 소작농과 빈농·소농·농업노동자를 수취함으로 써 부를 축적하는 존재였다. 이 때문에 '경영형부농'과 부농은 갑오농민전쟁의 주체세력이 되기는커녕 도리어 적대세력이 되어 농민군으로부터 공격의 대상이 되었고, 군수미와 군수전 징발의 대상이 되었다.

갑오농민전쟁은 봉건양반 지배층의 가렴주구에 대한 반대운동으로 촉발되기 시작했으나 그 가렴주구가 사회신분제도에 기초를 둔 봉건권력에서 나온 것이 었으므로 갑오농민전쟁의 핵심은 자연히 봉건정치권력의 타도와 그 사회적 기 반인 사회신분제도의 폐지를 목표로 격렬하게 전개되었다. '양인과 노비·천민 출신의 소작농·빈농층'으로 구성된 농민군은 제1차 농민전쟁 이후 격렬한 신분 투쟁을 전개하여 집강소 시기에는 농민군의 힘으로 집강소 설치지역에서 밑으 로부터 사실상 사회신분제도를 거의 다 붕괴시켰다. 이를 받아서 오랫동안 사 회신분제도의 문제점과 폐지를 주장해오던 개화파는 갑오경장 내각을 수립하 게 되자 군국기무처에서 사회신분제도 폐지의 법제적 조치를 단행함으로써 우 리나라의 수천년 묵어온 사회신분제도가 제도적으로 폐지되었다. 즉 우리나라 에 있어서 사회신분제의 폐지라는 역사적 대업은 먼저 장기에 걸친 양인신분층 과 천민신분층의 신분제도 폐지운동이 1894년에 이르러 갑오농민전쟁의 형태 로 이 운동을 폭발시켜 밑으로부터 양반신분제도를 사실상 거의 모두 파괴하 게 되고, 다음에 이를 받아서 개화파 정부가 이에 응하여 사회신분제도 폐지의 법제적 조치를 단행함으로써, 장기에 걸친 밑으로부터의 농민운동의 흐름과 위 로부터의 개화운동의 흐름의 두 흐름이 1894년의 시점에서 합류하여 이루어진 것이며, 그 원천적인 힘은 양인신분층과 천민신분층의 소작농을 주체세력으로 한 갑오농민전쟁에서 나왔다고 볼 수 있다. 갑오농민전쟁이 비록 실패했다 할지라도 신분투쟁을 통하여 우리나라 역사에서 수천년 묵어온 사회신분제 폐지의 역사적 대업을 달성하는 데 성공한 측면은 결코 간과되어서는 안 될 것이다.

필자가 강력하게 주장해 온 갑오농민전쟁의 '양인신분층과 노비·천민신분층의 소작농·빈농층' 주체세력설은 한국근대사와 한국근대사회사에서 갑오농민전쟁의 역사적 성격을 이해하는 방향의 전환을 요청하는 것이다. 갑오농민전쟁은 위로부터 몰락하여 불평과 불만을 가진 몰락양반·잔반층의 구체제에 대한 반작용이 아니었다. 또한 존재하지도 않았던 '경영형부농'이 기업적 발전을 확대하기 위하여 수행한 것도 아니었다. 부농들이 소상품생산의 자유를 획득하기 위하여 추진한 운동도 아니었다.

갑오농민전쟁은 우리나라 중세시기를 통하여 역사적으로 장기에 걸쳐 성장해 오던 양인신분층과 천민신분층의 하층농민들이 사회적 조건과 사회의식에 있어서 줄기차게 성장하면서 '민란'의 형태로 상승운동을 전개해 오다가 1860년부터 동학과 결합되기 시작하여 평등사상과 전국 수준의 조직을 공급받고 상승하다가 사회신분제도와 가렴주구를 비롯한 봉건제도의 마지막 장벽에 부딪치자 이를 초지방적 전국적 규모로 '돌파'하여 붕괴시킴으로써 우리나라의 앙시앙 레짐(구체제)을 밑으로부터 붕괴시켜 버린 농민혁명운동이었다. 농민들의 역사적 혁명운동에 일본군을 비롯하여 외세가 개입하자 양인신분층과 천민신분층의 하층농민들은 일본침략군과 외세를 자기 땅 위에서 몰아내어 자기조국의 독립을 확고하게 지키려는 반침략 민족혁명운동으로까지 자기들의 운동을 발전시켰다. 우리나라의 철벽같은 봉건 구체제를 붕괴시킬 능력이 없던 개화파들은 양인신분층과 천민신분층의 하층농민들이 봉건 구체제를 붕괴시켜 주자 그 토대 위에서 세계사에 보조를 같이 하는 시민적 개혁을 단행한 것이었다고 이해된다. 이러한 면에서 갑오농민전쟁의 주체세력들은 막대한 희생을 치르고 우리나라의 역사를 크게 전진시킨 위대한 역할을 수행했다고 보아야 할 것이다.

제3장
고부민란古阜民亂의 사발통문

1. 머리말

갑오농민전쟁 연구와 관련하여 고부민란古阜民亂 직전의 1893년 계사년癸巳年 '사발통문沙鉢通文'이 발견되어 이 부분 연구에 도움을 주었다.

그러나 뜻밖에 이 '사발통문'의 내용이 대부분 잘못 이해되어 '고부민란'의 성격을 지나치게 과대해석하는 증거로 사용되어 오고 있다. 그 단적인 예는 이 문헌에서 결의사항으로 제시된 4개항, 즉 "① 고부성古阜城을 격파하고 군수 조병갑을 효수할 사, ② 군기창軍器廠과 화약고를 점령할 사, ③ 군수에게 아유阿諛하여 인민을 침어侵漁한 탐리貪吏를 격징擊懲할 사, ④ 전주영全州營을 함락하고 경사京師로 직향할 사" 등을 20명의 사발통문 서명자들이 계사년부터 결의하여 '사발통문'으로 띄운 것이라고 해석하는 것과 같은 것이다.

심지어는 이 '사발통문'을 '사발통문 원본原本'이라고 주장하기까지도 한다.

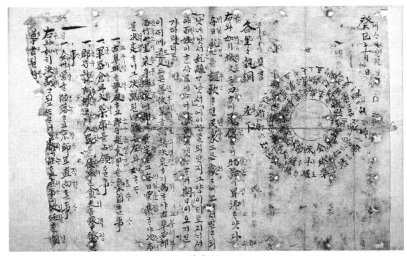
사발통문

　이러한 사료해석에 의거하여 거의 대부분의 연구자들이 전주를 점령하고 서울까지 직항하려고 한 농민전쟁은 이미 '고부민란' 준비과정에서부터 결의된 것이라고 해석하고 있다.

　이러한 해석은 정밀한 사료비판 없이 '사발통문'을 이해하여 사실을 잘못 보고 있는 것이라고 판단된다. 또한 현재 발견되어 있는 '사발통문'은 '사발통문 원본'도 아니다. 이 문헌에는 사발통문의 본내용도 없다. 필자의 견해로는 이 문헌은 당시의 기록도 아니며 어떤 분의 고부민란에 관한 훨씬 뒤의 회고록의 극히 일부를 필사한 것이라고 본다.

　이 작은 논문에서는 문제의 '사발통문'에 대한 약간의 사료비판을 가하려고 한다.

2. 사발통문의 내용과 발견 경위

'사발통문'을 검토하기 위하여 먼저 그 내용을 원문 그대로 보면 다음과 같다.[1]

沙鉢通文(1893년 음 11월 원문 수록)

㉠ 게스십일월일
　 癸巳十一月日

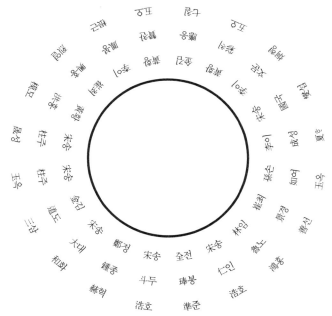

㉠ ㄱ이이집ㄹ 좌ㅎ
　 各里里執綱 座下

㉡ 우　여　격문　ᄉ방　비젼　　물논　성비　　미일ᄂ뭉
　 右와 如히 檄文를 四方에 飛傳ᄒ니 物論이 昇沸ᄒ얏다. 每日亂亡을

---

1 『나라사랑』(외솔회) 제15집, 「녹두장군 全琫準특집호」, 1974, 134~135쪽.

謳歌ᄒᆞ던 民衆드른 處處에 모여서 말ᄒᆞ되「낫네 낫서 亂離ᄀᆞ낫서」

「에이 참 줄 되얏지 그양 이ᄃᆡ로 지니서야 百姓이 흔사름이 ᄂᆞ머 잇겟ᄂᆞ」

ᄒᆞ며 期日이 오기믄 기다리더ᄅᆞ

ⓒ 이쩌에 道人드른 先後策을 討議決定ᄒᆞ기 爲ᄒᆞ야 古阜 西部面 竹山里

宋斗浩家에 都所를 定ᄒᆞ고 每日 雲集ᄒᆞ야 次序를 決定ᄒᆞ니 그 決議된

內容은 左와 如ᄒᆞᄃᆞ

一. 古阜城을 擊破ᄒᆞ고 郡守 趙秉甲을 梟首ᄒᆞᆯ 事.

一. 軍器倉과 火藥庫를 占領ᄒᆞᆯ 事.

一. 郡守의게 阿諛ᄒᆞ야 人民을 侵魚흔 貪吏를 擊懲ᄒᆞᆯ 事.

一. 全州營을 陷落ᄒᆞ고 京師로 直向ᄒᆞᆯ 事.

ⓐ 右와 如히 決議ᄀᆞ 되고 ᄯᆞ르서 軍略에 能ᄒᆞ고 庶事에 敏活흔 領導者

될 將……(이하 판독 불능) (ⓒⓒⓒⓐ의 번호는 필자가 첨부)

이 '사발통문'은 1968년 12월 4일에 전라북도 정읍군 고부古阜면 신중리新中
里에 거주하는 송기태宋基泰 씨가 신문에 발표함으로써 세상에 알려지게 되었
다.[2]

2 『나라사랑』 제15집, 47쪽 및 金義煥, 『全琫準傳記』(정음사), 1974, 53쪽 참조.

외솔회에서 『나라사랑』의 「녹두장군 全琫準 특집호」를 편집하기에 임하여, 그 편집진의 한 분인 김의환金義煥 교수가 1972년 8월 23일 '사발통문'을 조사하기 위해서 고부면 신중리 대메竹山(오늘의 丹山부락)를 찾아가 '사발통문'을 보관해 온 송후섭宋後燮(당시 63세, 사발통문 서명자 20명 중의 한 분인 故 송대화宋大和의 아들) 옹을 면담하였다. 이때 송후섭 옹은 '사발통문'의 내용을 다음과 같이 설명하였다.

"내가 9세 때 아버지(宋大和)가 세상을 떠났는데 그때 아버지로부터 물려받은 서류 궤짝이 있었다. 그 궤짝을 그냥 보관해 오다가 그로부터 17년 후 내가 26세 때 그 궤짝을 정리하다가 보니 도장이 찍혀 있는 봉투 2개(하나는 宋大和에 대한 大接主任命狀)가 나왔다. 중요한 문서라고 생각되어서 그것을 내가 보관해 오던 『여산송씨가보礪山宋氏家譜』(1935년 8월 15일 편집 겸 발행 송주문宋柱文) 뒤표지 속에 넣어서 간직해 왔다. 그것을 1968년 12월 4일 송기태宋基泰(송후섭의 일족)가 가보家譜를 보다가 끄집어내서 보고 세상에 발표한 것이다. 나는 국한문을 전혀 모르기 때문에 그것을 알지 못하였다. ……"[3]

한편 '사발통문'을 세상에 발표한 송기태의 아들 송종수宋鍾修(현재 '사발통문'의 보관자)는 『여산송씨가보礪山宋氏家譜』가 송후섭의 집 마루밑 땅속에서 나와 그 가운데 '사발통문'이 들어 있었다고 설명하였다.[4]

김의환 교수는 '사발통문'을 보관했다가 아들에게 물려준 송대화宋大和의 인적사항을 알기 위하여 대메竹山 마을에서 태어나 그때까지 살아왔으며 송대화의 과거를 가장 잘 안다고 하는 당시 80세의 임기연林基寅 옹을 면담하여 다음과 같은 설명을 들었다.

---

3 金義煥, 『全琫準傳記』, 53~54쪽.
4 金義煥, 전게서, 54쪽 참조.

"송대화는 계사년癸巳年 동학의 두목으로 이 마음에서 크게 활약하였다. 갑오
동학란 후 관군에 의해 집과 가구 일체를 소각당하고 피신하였다가 잡혀 일족의
구명운동으로 풀려나와 도피해 버렸다. 당시 소유토지는 2천여 평으로 자작농이
었는데, 그 후 관군에 의해 몰수당했다. 도피 후 임피臨陂로 가서 성을 바꾸어 장성
팔張姓八(성을 팔아 張으로 한다는 것)이라 하여 고용살이를 하다가 부인을 얻어 송후
섭을 낳았다. 그 후 다시 강원도로 가 훈장 노릇을 하다가 갑진년甲辰年(1904)에 고
향으로 돌아와 정미년丁未年(1907)까지 흥덕일진회興德 一進會 회장을 역임하였는데,
천도교가 생긴 후 그만두었다. ……"[5]

홍이섭洪以燮, 김의환 교수를 비롯한 『나라사랑』 전봉준 특집호의 편집진들
은 이 '사발통문'을 사진으로 게재하고, 또 위의 내용과 같이 활자로 조판하여
수록해서 1974년 『나라사랑』 「녹두장군 全琫準 특집호」를 발행함으로써 학계
에서도 이를 사료로 사용할 수 있게 된 것이었다.

3. 사발통문에 대한 일부 학계의 해석

문제는 이 '사발통문'이 공표된 후 동학과 갑오농민전쟁을 연구하는 일부 학
계의 이 문헌에 대한 해석이 이 문헌의 내용과 크게 다르다는 점에 있다고 본다.
우선 『나라사랑』의 편집과 집필에 참가한 김용덕金龍德 교수는 '사발통문'의
'원본'을 보고 이 문헌에 실려 있는 4개항의 결의가 '사발통문'의 본내용인 것
으로 다음과 같이 해석하였다.

"통문은 고부 부근의 동학 간부들 20명이 고부 서부면西部面 죽산리竹山里 송두

---

5 金義煥, 전게서, 54~55쪽.

호가宋斗浩家에 모여 고부성을 격파하여 군수 조병갑을 죽이고, 그에게 아부하던 악리惡吏를 징벌하여 '전주 영營을 함락하고 경사京師로 직향直向할 사' 등을 결의하여 놓은 것이다. 결의와 더불어 통문을 각리各里 집강執綱에게 돌리고 있는데 그것은 계사년(1893년) 11월의 일이었다."[6]

김용덕 교수는 이 '사발통문'을 위와 같이 해석한 다음, "이 통문이 진본이라면 동학운동이 처음부터 민란과는 차원을 달리하는 혁명운동이었으며 계획적인 운동이었다고 규정하는 데 있어서 가장 결정적인 증거라 할 수 있을 것이다."[7]라고 설명하면서 이것이 진본인지에 대하여 의문을 표시하였다.

김용덕 교수가 '사발통문'의 진본 여부에 대하여 부정적 의문을 표시한 것은 이 문헌 자체에 대한 사료비판이 아니라 그 후 실제로는 고부민란 때 '경사京師로 직향直向'할 움직임이 전혀 없었는데 '사발통문'에는 '京師로 直向'할 것이 결의되어 있으니 그 진본 여부에 대하여 의문을 갖게 된다는 요지였다.[8]

한편 김광래 교수는 이 문헌을 고부민란 당시의 '사발통문 원본'으로 보고 그 내용을 1893년 11월에 결의된 4개항의 결의라고 해석하면서 고부민란 전에 '京師로 直向'할 것을 결의했으니 고부봉기를 일반 '민란民亂'으로 보고 3월 기포起包 이후를 본격적인 동학농민전쟁으로 보는 견해는 수정되어야 한다고 다음과 같이 주장하였다.

"근래 발견된 사발통문 원본을 보면 1893년(계사년) 11월(음력)에 이미 이곳 고부 지방의 동학교도들은 비밀 모임을 갖고, ① 고부성을 격파하고 군수 조병갑을 효수할 것, ② 군기창과 화약고를 점령할 것, ③ 군수에게 아유阿諛하여 인민을 침어한

---

6 金龍德, 「檄文을 통해 본 全琫準의 革命思想」, 『나라사랑』 제15집, 47쪽.
7 同上.
8 金龍德, 同上, 『나라사랑』 제15집, 48~49쪽 참조.

탐리貪吏를 격징할 것, ④ 전주영을 함락하고 경사京師로 직향直向할 것 등을 결의
하여 보다 넓은 범위로 동지들을 규합하여 1894년 1월 10일(음력) 전봉준의 지도
아래 고부에서 봉기한 것을 보면 고부 봉기는 일반 민란으로 보고 3월 기포起包 이
후를 본격적인 동학농민전쟁으로 보아 온 견해는 수정되어야 하겠다."[9]

김의환 교수도 이 '사발통문'을 당시의 진본이라고 판단하였다.

  "필자가 조사한 바로는 '사발통문' 원본은 진짜의 것이 틀림없었다. 더욱이 갑오
9월 최시형으로부터 받은 임명장과 같이 보관되어 온 것은 더욱 이를 증명하는 것
이다.
  한편 '사발통문'의 감정을 담당한 이홍직李弘稙 교수도 '동학혁명에 관한 주요한
자료'라고 전제하고 서명한 필적이 동일인에 의하여 되어 있는 점이 약간 의심스럽
지만 시골농민 사이에는 본인이 서명할 수 없는 경우가 많을 것이며 대필도 있을
것이므로 지방문화재로 잘 보존할 가치가 있다고 결론지었다."[10]

김의환 교수는 김광래 교수와 마찬가지로 '사발통문'의 발견에 의하여 갑오
년 3월 기포 이후를 동학혁명으로 보고 그 이전을 일반 '민란民亂'으로 보는 종
래의 설은 수정되어야 할 것이라고 주장하였다.

  "이와 같이 갑오농민전쟁으로의 선도적 역할을 담당하고, 고조되어가는 고부군
의 혁명의 기운을 알려 주는 증거물이 근래 발견된 '사발통문'이다. 이 '사발통문'
의 발견은 갑오년 3월 기포 이후를 동학혁명으로 보고 그 이전을 일반민란으로 보
는 종전의 설을 수정해야 하는 증거물이 되기도 한다. 즉, 동학농민전쟁은 삼례집

---

 9 김광래,「全琫準의 古阜 白山 起兵」,『나라사랑』제15집, 83~84쪽.
10 金義煥, 전게서, 55쪽.

166

회·서울 복합상소·보은집회 등을 통하여 호남접의 동학 농민교도들이 중심이 되어 갑오농민전쟁으로의 주체성이 일관되어 성숙되어 갔던 것이다."[11]

이러한 '사발통문'의 해석들은 모두 이 문헌을 오독하고 있는 것으로 보인다.

4. 사발통문의 재검토

필자는 이 '사발통문'이 당시의 원본도 아니고 고부민란에 대한 회고록의 일부 필사부분일 뿐이라고 보고 있다. 우선 이를 재검토하기 위하여 이 '사발통문'을 다음과 같이 몇 개의 부분으로 나누어 읽어 보기로 한다.

첫째는 필자가 원문에 붙인 ㉠ 부분으로서 '계사십일월 일癸巳十一月 日'의 행부터 '각리리집강 좌하各里里執綱 座下'의 행까지이다.

필자는 이 부분만이 '사발통문'이라고 본다. 바로 그다음 행의 시작을 "우와 여如히 격문을 사방에 비전飛傳ㅎ니"라고 하여 격문(사발통문)이 여기서 끝났음을 명백히 밝히고 있으므로 이것은 논란의 여지가 없는 것이다.

이 부분이 담고 있는 내용은 무엇인가? ① 사발통문의 일자(癸巳十一月 日)와 ② 사발통문의 20명의 서명자와 ③ 이 통문을 보내는 대상인 '各里里執綱 座下'뿐이다. 그러면 사발통문의 '내용'은 어디로 갔는가? 당연히 그것은 '癸巳十一月 日'의 바로 앞에 있었을 터인데 이 부분이 잘려져 나가고 없다. 그리고는 통문의 내용 다음에 쓰는 일자부터 이 문헌은 시작되고 있는 것이다. 따라서 이 문헌에는 사발통문의 내용은 수록되어 있지 않은 것이 명백한 것이다.

둘째는 필자가 원문에 붙인 ㉡ 부분으로서 "우와 여如히 격문을 사방에 비전飛傳ㅎ니"의 행부터 "오기믄 기다리더르"의 행까지이다.

11 金義煥, 전게서, 53쪽.

이 부분이 담고 있는 내용은 사발통문이 띄워진 후 군민들 사이에 여론이 비등하게 되었다는 것과, 민중들이 곳곳에 모이면 이대로는 못살겠는데 난리가 날 것 같으니 잘 되었다고 난망亂亡을 구가하여 기일期日이 오기만을 기다렸다는 내용이다.

여기서 기일은 ① 계사년의 등장等狀, ② 이듬해 갑오년 1·2월의 고부민란, ③ 3월의 제1차 농민전쟁의 어떠한 약속한 날을 기다렸다는 의미도 있고, 또한 막연히 난리가 일어날 기일이 오기만을 기다렸다는 의미로 해석될 수도 있다.

어쨌든 명백한 것은 이 짧은 한 절이 '사발통문'이 발송되고부터 난리가 날 때까지의 상당한 '시간(기간)'을 포함하고 있다는 사실이다. 따라서 이 절의 이후의 부분(ⓒ 부분)이 이 점의 이전의 부분(㉠ 부분)으로 들어갈 여지는 전혀 존재하지 않으며, 도리어 그 사이에는 상당한 '시간(기간)'이 개재하고 있음을 명백히 알 수 있게 된다.

셋째는 필자가 원문에 붙인 ⓒ 부분으로서, "이쎄에 道人드른 先後策을 討議決定ᄒ기 爲ᄒ야"의 행부터 "全州營을 陷落ᄒ고 京師로 直向ᄒᆯ 事"의 행까지이다. 이 부분이 담고 있는 내용은 이때에 동학교도들이 선후책을 토의 결정하기 위하여 고부군 서부西部면 죽산리竹山里 송두호宋斗浩의 집에 도소都所를 정하고 매일 운집하여 4개항의 행동지침을 결의했다는 것이다.

넷째는 필자가 원문에 붙인 ㉣ 부분으로서, 끝행인 "右와 如히 決議ᄀ 되고 ᄯᆞᆯ서 군략軍略에 能ᄒ고 서사庶事에 敏活ᄒ 領導者될 將……"의 행이다.

이 부분이 담고 있는 내용은 군략에 능하며 모든 일에 민활한 영도자가 될 장將을 선출했다는 것이다.

이 부분의 내용은 갑오년 1·2월의 '고부민란'뿐만 아니라 3월의 제1차 농민전쟁의 일까지를 모두 합쳐서 담고 있는 데 문제점이 있다. 비단 이 문서의 필자뿐만 아니라, 당시의 사료를 제외하고는, 대부분의 회고록들이 고부민란과 제1차 농민전쟁을 통합해서 하나로 설명하고 있다. 그 전형적인 것이 오지영吳知

泳의 경우이다.[12] 이 문서의 경우에도 4개 결의사항 중에서 ① 고부성을 격파하고 군수 조병갑趙秉甲을 효수할 사, ③ 군수에게 아유하여 인민을 침어한 탐리貪吏를 격징할 사만이 고부민란 때의 것이다. 고부민란 때 민란들은 고부 군아郡衙를 점령하여 약 10일 가까이 고부군을 지배했음에도 불구하고 군아 내에 군기창과 화약고를 점령하지도 않았으며, 전주영全州營을 함락하고 경사京師(서울)로 향할 움직임도 전혀 보이지 않았다.

이 부분에 포함된 ② 군기창과 화약고를 점령할 사, ④ 전주영을 함락하고 경사로 직향할 사의 결의항은 고부민란이 일단 끝나고 안핵사按覈使 이용태李容泰가 800명의 역졸驛卒로 구성된 관군官軍을 끌고 와서 고부민란의 수모자와 동학도를 색출하여 체포하려고 농민들에게 극악한 횡포와 탄압을 가하자 전봉준全琫準 등이 무장茂長으로 잠행하여 손화중孫化中, 김개남金開男 등 대접주들과 함께 북접에서 분리 독립된 무장남접도소茂長南接都所를 차린 이후의 일이다.[13]

전봉준 등은 무장에서 독자적인 남접도소를 차리고 갑오년 음력 3월 20일 무장에서 기포하여 제1차 농민전쟁을 일으키면서 제1차 공격목표로 우선 고부를 점령하였다.[14] 농민군은 3월 21일 새벽에 고부읍 군아를 재점령하고 이번에는 군기창과 화약고를 점령하여 열어서 농민군을 무장시켰으며, 탐관오리들을 여러 명 목을 베고, 계속하여 전주영을 함락하고 서울로 직향하기 위하여 백산白山에서 농민군을 확대 개편하면서 사대명의四大名義를 발표하였다.[15]

여기서 논의하는 이 문서는 이 고부민란과 제1차 농민전쟁 봉기의 두 개의

---

12 吳知泳, 『東學史』, 1940, 110~111쪽 참조. 吳知泳은 여기서 역사적 사실과 시기가 전혀 다른 고부민란과 한 달 후의 제1차 농민전쟁의 고부점령을 완전히 하나로 통합하여 설명하고 있다.

13 慎鏞廈, 「甲午農民戰爭의 第1次農民戰爭」, 『韓國學報』 제40집, 1985 참조.

14 「全琫準判決宣告書原本」, 『韓國學報』 제39집, 1985, 188쪽. "其徒四千餘名을 어더가지고 各其所有한 兜器를 가지고 糧食은 其地方富民에게 徵捧하여 四月上旬分에 被告가 親히 其徒를 領率ᄒ여 全羅道 茂長의서 나러나 古阜·泰仁·院坪·金溝 等處를 갈싀……" 운운 참조.

15 「東徒問辨」, 『東學亂記錄』(國史編纂委員會版) 상권, 157~159쪽 및 『大韓季年史』(國史編纂委員會版) 상권, 74쪽 참조.

과정을 하나로 통합하여 기술한 것으로 추정된다.

즉 이 '사발통문'에는 계사년(1893) 음력 11월부터 갑오년 음력 3월 중순까지의 약 4~5개월의 일이 한 장의 종이 위에 수록되어 있다. 이 문서의 처음에는 "계사년 십일월 일"의 일자가 명확히 기재되어 있고, 이 문서의 끝에는 군략에 능한 영도자로서의 '장將'을 논의하고 있으니(이것은 제1차 농민전쟁 직전의 일로서 3월 중순의 일이다), 이 4~5개월의 '시간'이 이 한 장의 종이 위에 기록되어 있는 것은 명백한 것이다. 이 사실은 이 문서가 당시의 '사발통문'의 원본이 아니며, 어떤 분의 고부민란 및 갑오농민전쟁에 대한 회고록의 일부임을 증명해 주는 것이다.

이 문서가 사발통문의 원본이 아니라는 사실을 보완하여 증명해 주는 것은 특히 다음과 같은 점이다.

첫째, 이 문서의 내용은 사발통문의 일자와 서명자부터 시작되고 통문의 본내용은 없으며, 통문 발송 후의 일이 뒤이어 계속되고 있다.

둘째, 사발통문의 수신자가 각리의 이집강里執綱이어서 문자(한문을 포함)를 아는 인사에게 보내는 것이었는데도 불구하고 서명자의 한자이름 옆에 낱낱이 한글 토가 붙어 있다. 통문의 서명에는 이러한 일은 없고 특히 학식이 있다고 전제되는 이집강里執綱들에게 보내는 통문에는 그러한 격식이 있을 수 없다.

셋째, 사발통문의 서명자가 한 사람의 필체로 되어 있다. 이것은 서명한 농민들이 글을 잘하지 못하여 한 사람이 대신 서명한 것이 아니라 (이 문서의 뒷부분도 같은 사람의 필체임을 보면), 한 사람이 그때의 일을 회상하여 쓴 회고록이기 때문에 이렇게 된 것이라고 추정된다.

넷째, 이 문서에서는 사발통문의 원문 내용이 없이 서명자의 서명 '시기'인 '계사년 십일월 일'로부터 그 이후의 갑오년 음력 3월 중순 제1차 농민전쟁 봉기 직전시기까지의 4~5개월의 긴 '시간'이 한 장의 종이 위에 수록되어 있다. 이것도 이 문서가 계사년 11월 당시의 사발통문의 원본이 아님을 잘 증명하여 준다고 할 것이다.

　이 문서의 내용을 위와 같이 검토하여 보면, 이 문서는 당시의 '사발통문의 원본'이 아니라 어떤 분의 갑오농민전쟁에 관한 간단한 회고록이라는 사실은 현재 남아 있는 위의 문서에 수록된 짧은 기사의 내용이 4~5개월에 걸친 기간의 것이라는 사실에서 추정하여 곧 알 수 있다.

　이 문서의 앞 부분에 있어야 할 사발통문의 원 내용이 잘려져 나가서 계사년 등장等狀 때의 이 귀중한 사발통문의 내용을 알 수 없는 것은 참으로 유감스러운 일이라고 하지 않을 수 없다.

5. 사발통문의 필사자

　그러면 '사발통문'이라는 이름으로 알려진 이 문서의 저자와 필사자는 누구일까?

　이 문서의 저자는 사발통문의 20명의 서명자 중 한 분이라고 추정되지만 정확하게 누구인지는 도저히 알 길이 없다. 혹시 이 문서를 자손에게 남긴 송대화宋大和가 아닐까고 추정할 수도 있지만 이를 뒷받침할 만한 근거가 전혀 없다. 만일 송대화가 이 문서(회고록)의 저자라면 앞뒤를 잘라낸 이 부분만을 후손에게 남길 이유가 없기 때문이다. 그러나 이 시기의 민란준비의 내용과 사발통문 서명자의 이름을 다수 알고 있다는 사실에서 사발통문의 20명의 서명자 중의 한 분이 이 회고록을 썼으리라는 추정은 가능하다고 본다.

　그러면 이 문서의 필사자는 누구일까? 그 필사자는 바로 송대화라고 필자는 판단하고 있다. 송대화는 그의 후손에게 자기가 '계사년 십일월'의 사발통문의 20명 서명자의 한 사람이며 그가 고부민란과 갑오농민전쟁에서 일정한 중요 역할을 했다는 사실을 자기의 아들 송후섭宋後燮을 비롯한 후손에게 알려 전하기 위해서 자기의 서명이 들어 있던 사발통문의 서명자 부분부터 이 회고록을 필사하여 그의 대접주 임명장과 함께 『여산송씨가보礪山宋氏家譜』를 그의 아들에게 남겨 놓은 것이라고 본다. 송대화의 아들 송후섭은 문자를 몰랐다고 했는데,[16] 이것이 송대화가 모든 한자마다 한글 토를 붙인 이유인 것으로 추정된다. 그리고 이 문서가 갑오농민전쟁의 내용을 세상에 증언하려는 목적에서가 아니라 송대화 자신이 한 일을 자기 후손에게 전하려는 목적에서 필사되었기 때문에 이 문서의 귀중한 앞뒤 부분이 잘려진 것이라고 해석된다.

그러면 이 문헌은 언제 작성되었을까? 정확한 연기는 물론 알 수 없으나, 이것이 갑오농민전쟁 훨씬 후에 써지고 필사된 것만은 명확하다. 필자의 추정으로는 송대화가 쫓기면서 임피臨陂에서 머슴살이를 하며 숨어 지내다가 갑오년의 동학의 합법화 이후 고향에 돌아온 이후에 써지고 필사된 것이 아닌가 한다. 그렇다면 이 문서는 1905년~일제강점기의 어느 시기에 써지고 필사된 것이라고 추정해 볼 수 있을 것이다.

6. 맺음말

지금까지의 간단한 고찰에서 알 수 있는 바와 같이, 종래 '사발통문'의 원본으로 알려진 위의 문헌은 '사발통문 원본'이 아니라 사발통문에 참가한 어떤 동학교도의 후일의 간단한 회고록의 극히 일부를 필사한 것이었다.

물론 필자는 이 문서가 후대에 만들어진 '가짜' '위문서僞文書'라고는 보지 않는다. 그것은 어떤 동학도가 자기도 참가한 계사년 등장等狀과 갑오년 고부민란古阜民亂 및 농민전쟁農民戰爭을 회고하여 기록한 '진짜' 회고록을 일부 필사한 것이다. 이 범위 안에서 이 문헌은 그에 합당하는 사료가치를 갖고 있다.

---

16 주 3)의 "나는 국한문을 전혀 모르기 때문에……" 운운 참조.

그러나 이 문서는 절대로 계사년 당시의 사발통문의 원본이 아니다. 또한 이 문서에 수록된 송두호 집에서의 4개항의 결의사항은 절대로 사발통문의 내용이 아님은 명백한 것이다.

종래 고부민란에 대한 연구들이 이 문헌에 수록된 송두호 집에서의 4개항의 결의를 사발통문의 내용으로 간주하고 고부민란을 해석해 온 것은 사료를 잘 못 사용한 것이며, 이 점은 사료에 일치하도록 수정되어야 할 것이라는 것이 필자의 견해이다.

제4장
갑오농민전쟁의 제1차 농민전쟁

1. 머리말

　1894년 갑오 '동학란'은 형태적 방법으로 볼 때에는 농민전쟁의 특징을 갖고 있고, 역사적 성격으로 볼 때에는 농민혁명운동의 특징을 갖고 있다고 할 수 있다.

　넓은 의미의 갑오농민전쟁은 그 진전과정을 4단계로 나누어 보는 것이 종래 널리 받아들여져 온 단계 구분이었다.

　제1단계는 '고부민란'의 단계로서, 전라도 고부에서 봉건적 군수의 가렴주구에 견디지 못한 농민 1천 명이 전봉준全琫準을 대표로 추대하고 고부군아를 습격하여 점거해서 향리와 군교軍校들을 징계하고 군수 조병갑 등이 수탈한 수세 등의 양곡을 원주인에게 돌려주었다가 군수가 교체되고 신임군수 박원명이 설득하자 해산한 '민요民擾'의 단계이다. 이것은 아직 농민전쟁이라고 볼 수 없고 그 전주곡에 해당하는 소민란 또는 소폭동의 성격을 가진 것이었다. 1894년 음력 1월

174

11일(양력 2월 16일) 경부터 3월 3일(양력 4월 8일)까지가 이 시기에 해당한다.

제2단계는 '갑오농민전쟁의 제1차 농민전쟁'의 단계로서, 전라도 일대와 충청도 일부의 농민들이 무장하고 농민군을 편성해서 봉기하여 고부를 비롯한 여러 고을의 관아를 점령하고 관군을 격파한 다음, 마침내 전라도 수도인 전주에 입성한 단계이다. 이 단계로부터 본격적 농민혁명운동이 시작되었다. 1894년 음력 3월 20일(양력 4월 25일)부터 동년 5월 7일(양력 6월 10일)까지가 이 시기에 해당한다.

제3단계는 '갑오농민전쟁의 농민 집강소 시기'로서, 청군과 일본군이 개입하여 조선에 상륙하자 두 나라 군대를 철수시키기 위하여 농민군과 관군 사이에 '전주화약全州和約'이 체결되고, 그 결과 농민군이 일시 해산하여 전라도 53개 군현에 농민 집강소를 설치해서 일반행정을 지휘 감독하던 시기이다. 1894년 음력 5월 8일(양력 6월 11일)부터 동년 9월 12일(양력 10월 10일)까지가 이 시기에 해당한다.

제4단계는 '갑오농민전쟁의 제2차 농민전쟁'의 단계로서, 일본군이 철수하지 않고 도리어 조선에서 청일전쟁을 일으켜 범궐犯闕을 자행하여 마음대로 정권을 농단하자 농민군이 일본군을 몰아내기 위해서 재봉기하여 혈전을 전개한 단계이다. 1849년 음력 9월 13일(양력 10월 11일)부터 동년 연말까지가 이 시기에 해당한다.

이 글에서 다루려고 하는 것은 제2단계에 해당하는 '갑오농민전쟁의 제1차 농민전쟁'의 시작에 관한 부분이다. 종래의 모든 연구는 갑오농민전쟁의 제1차 농민전쟁도 고부민란과 마찬가지로 '고부'에서 일어났다고 설명해 왔다. 그러나 이것은 역사적 사실과는 다른 것이다. 당시의 자료를 주의깊게 읽어보면 갑오농민전쟁의 제1차 농민전쟁은 '무장茂長'에서 일어나서 고부를 쳤음을 알 수 있다. 또한 종래의 모든 연구는 '무장도소茂長都所'를 간과했기 때문에 고부민란이 일단 해산되었다가 차원이 다른 삼남 일대의 대규모 농민전쟁으로 비약하여 폭발한 구체적 전후 인과 연관을 구체적으로 밝히지 못해 왔다.

갑오농민전쟁의 제1차 농민전쟁의 역사적 성격에 관한 논의는 다른 기회에 미루고, 여기서는 '무장도소茂長都所'와 '무장기포茂長起包'를 중심으로 하여 갑오농민전쟁의 제1차 농민전쟁이 폭발하는 과정의 역사적 사실을 새로운 각도에서 밝히려고 한다.

2. 무장에서의 제1차 농민전쟁의 봉기

종래의 연구들은 한결같이 갑오농민전쟁의 제1차 농민전쟁이 '고부'에서 봉기한 것이라고 설명해 왔다.[1] 이것은 전봉준이 역시 대표였던 앞서의 '고부민란'이 고부에서 발생했으므로 으레 제1차 농민전쟁도 고부에서 발생했으리라는 선입관에 지배되어 사료를 정밀하게 검토하지 않았기 때문에 나온 것으로 보

---

[1] 예컨대, ① 金義煥, 『全琫準傳記』, 1974, 77~78쪽에서는 제1차 농민전쟁이 고부의 백산에서 기포한 것이라고 다음과 같이 기술하였다. "(전략) 수천 명의 군세로써 고부 백산으로 집결해 왔다. 전봉준은 3월 21일(음력)을 기하여 '동도대장'이라고 대서특필한 기치를 세우고 그 기폭에 보국안민의 네 글자를 특서하였다. 이리하여 기포의 성세를 올리고 27일에는 다시 다음과 같은 항쟁의 목적을 밝히는 격문을 초하여 천하에 발표하였다." ② 韓沽劤, 『東學과 農民蜂起』(全訂版), 1983, 102쪽에서는, "1894년 4월 17일에는 동학교도와 농민 수천 명이 전봉준 영도하에 머리에 흰 수건을 두르고 小杖을 들고 고부 郡底에 집결하여 먼저 吏胥들의 집을 불태우는 데서부터 그들의 봉기가 시작되었다. 고부에 뒤이어 홍덕·고창·부안·금구·태인 등 각처에서 동학농민군이 들고 일어났다. 전봉준은 동지 김개남과 모의하여 4월말(음력 3월 하순)에 부근 일대의 동학교도와 농민들을 고부 白山에 집결시켰다"고 기술하였다. ③ 姜在彦, 『韓國近代史研究』, 1982, 166~167쪽, "본격적인 농민전쟁의 전개는 5월 4일 고부와 태인에서의 무장봉기로 시작되었다. 고부에서 봉기농민은 안핵사 이용태를 쫓아내고, 태인에서는 현강 李冕周를 포박하고 무기를 탈취, 각각 고부군의 白山에 집결하기에 이르렀다"고 기술하고 있다. ④ 趙景達, 「東學農民運動과 甲午農民戰爭의 歷史的 性格」, 『朝鮮史研究會論文集』第19輯, 1982에서는, "때가 무르익기를 기다리고 있던 전봉준은 이용태의 학민행위를 절호의 기회로 삼아 각지의 농민지도자와 제휴하면서, 4월 26일 古阜에서 또다시 봉기를 꾀하였는데, 여기부터 소위 南接派主體에 의한 3月起包 = 제1차 전반적 農民蜂起가 개시되었다"고 제1차 농민전쟁의 봉기 지점을 고부로 기술하고 있다.

인다.

그러나 역사적 사실은 갑오 제1차 농민전쟁은 '고부'에서가 아니라, 이번에는 '무장'에서 일어났다. 당시 조선의 관변 측이 '동학란'과 전봉준을 조사한 다음에 작성한 「전봉준판결선고서 원본」은 갑오 제1차 농민전쟁이 '무장'에서 봉기한 다음 고부를 공격했음을 다음과 같이 기록하고 있다.

"(전략) 이에 피고被告가 다시 기도其徒를 규합糾合ᄒ여 모병募兵ᄒ되 만일 불응자不應者는 불충불의不忠不義된 사람이니 반드시 벌을 쥬리라 ᄒ고 다른 사람을 협박ᄒ여 ① 기도其徒 사천여명을 어더가지고 각기소유ᄒ 흉기를 가지고 양식을 기지방민其地方民에게 징봉徵捧ᄒ여 시년是年 사월상승분四月上旬分에 피고가 친히 기도其徒를 영솔領率ᄒ여 전라도 무장茂長에서 일어나 ② 고부古阜 태인泰仁 원평院平 금구金溝 등처等處를 갈식 ③ 전라감영포군全羅監營砲軍 일만여명一萬餘名이 동도東徒를 치러 온단 말을 듣고 ④ 한번 고부古阜로 물러갔다가 ᄒ로밤낮을 접전接戰 후 영문포군營門砲軍을 파파破ᄒ고 ⑤ 전진하여 정읍井邑 홍덕興德 고창高敞 무장茂長 영광靈光 함평咸平을 지나 ⑥ 장성長城에 이르러 경군京軍 칠백여명을 만나 또 격파擊破하고 ⑦ 주야겸행晝夜兼行으로 행진ᄒ여 사월이십육, 칠일에 경군보담 몬져 전주성에 들어가니 ⑧ 기시其時 전라감사는 임의 도망ᄒ여 간 곳을 모르거날 기익일其翌日에 다다러 초토사招討使 홍재의洪在義가 군사軍士를 다리고 성하城下에 박도迫到하여 피고가 기도其徒로부터 웅전應戰하여 ᄌ못 관군을 괴롭게 ᄒ니라."[2](번호는 인용자의 첨부)

이 자료가 명백하게 알려 주는 것을 이해에 도움이 되도록 다시 한 번 분절하여 정리하면 다음과 같다.

첫째, ①에서 볼 수 있는 바와 같이 전봉준은 농민군 4천여 명을 모집해 무

2 「全琫準 判決宣告書 原本」, 『韓國學報』 第39輯. 1985, 여름호, 187~188쪽.

기[3]와 식량을 준비한 다음, 제1차 농민전쟁을 1894년 음력 3월 20일(일설 3월 21일) 전라도 무장茂長(지금의 高敞郡에 포함)에서 일으켰다. 이것은 종래 학계에서 간과했던 부분이었다.[4]

둘째, ②에서 볼 수 있는 바와 같이 무장에서 봉기한 농민군은 부안을 통과하여 먼저 고부를 친 다음, 계속해서 태인泰仁→원평阮平→금구金溝로 진출하였다. 이것도 종래 학계에서 간과했던 부분이다.

셋째, ②③④에서 볼 수 있는 바와 같이, 농민군이 금구에 진출했을 때에 전라감영군全羅監營軍 1만여 명이 농민군을 치러 온다는 정보를 듣고 일단 고부로 물러갔다. 이것도 종래 학계에서 간과했던 부분이었다.

넷째, 농민군은 금구에서(일단 부안을 거쳐) 고부로 후퇴하다가 관군을 만나 하루 밤 하루 낮을 격전을 한 후 전라감영군을 패배시키고 승리했다. 농민군이 고부의 황토현전투黃土峴戰鬪에서 관군에 승리한 것은 알려져 있으나, 이것이 고부로부터 전주를 향하여 진출하다가 조우한 전투가 아니라 농민군이 전주로 가다가 길을 바꾸어 후퇴해서(부안을 돌아) 고부로 돌아갔다가 조우한 전투인 것을 알지 못했던 부분이다.

다섯째, ⑤⑥⑦⑧에서 볼 수 있는 바와 같이, 농민군은 황토현 전투에서 승리한 후에는 정읍→흥덕→고창→무장→영광→함평의 경로로 진출하여, 장성長城에서 경군 7백여 명을 격파하고 주양 강행군을 하여 4월 26, 7일에 관군보다 앞서 드디어 전주에 무혈입성하였다. 이것은 종래 학계에 잘 알려져 있던 부분이다.

즉 종래 전혀 모르거나 잘못 알고 있던 것은 첫째부터 셋째까지의 사실이므로 이 부분을 밝힐 필요가 있다. 이 중에도 문제의 핵심이 되는 것은 갑오 제1

---

3 여기서 軍器 또는 兵器라 하지 않고 '凶器'라고 한 것은 이때 농민군의 武器가 소수의 軍器 이외에 다수의 竹槍·도끼 등이었음을 시사하고 있다고 할 것이다.

4 慎鏞廈,「東學農民軍指揮者 全琫準·孫化中·崔永昌 (卿宣) 判決宣告書原本 解題」,『韓國學報』 第39輯, 1985, 여름호, 184쪽 참조.

차 농민전쟁의 봉기지역이 '무장'이라는 새로운 사실이다.

그러면 전봉준 자신은 이 사실을 어떻게 설명하고 있는가? 그는 공초供草에서 이 사실을 다음과 같이 설명하였다.

(문) 작년昨年 삼월에 고부에서 기포하여 전주로 향하는 간間에 기읍幾邑을 경經하였으며 기차幾次 접전接戰하였느냐?

(공) 소경읍所經邑은 ① 무장茂長서 ② 고부로 유由하여 ③ 태인泰仁 금구金溝를 경經하여 ④ 전주에 달達하려다가 영병營兵 만여명萬餘名이 하래下來한다는 말을 듣고 부안扶安에 가서 ⑤ 고부의 환지영군還至營軍과 접전接戰하였다.

(문) 기후其後에는 하처何處로 향향向하였느냐?

(공) 정읍에서 고창 무장 함평을 경經하여 장성에 저저抵하여 경군京軍과 접전接戰하였다.

(문) 전주에 입성함은 하시何時이며 해산解散은 하시何時인가?

(공) 작년 사월 26, 7일 간에 전주에 입入하고 오월 초5, 6일 간에 해산하였다.[5](번호는 필자의 첨부, 맞춤법은 현대어로 바꿈)

여기서 주목할 것은, 재판관이 제1차 농민전쟁을 고부에서 일으킨 것이라고 미리 생각하여 "고부에서 기포하여 전주로 향하는 사이에 어떠한 읍을 경유했으며 몇 차례 접전했는가"라고 질문하자 전봉준은 "무장서 고부로 由하여 태인·금구를 거쳐서" 전주에 도달하려 했다고 대답하고 있는 사실이다. 즉 전봉준은 재판관에게 고부에서 기포한 것이 아니라 무장에서 기포하여 고부로 진격했다가(고부군아를 점령하고 안핵사 이용태의 군을 섬멸한 다음에) 태인·금구를 거쳐서 전주로 향하려고 하는데 전라감영군 1만여 명이 농민군을 진압하러 내려온다는 정보를 듣고 부안을 경유하여 고부로 갔을 때 돌아서 다다른 감영군을

---

5 『全琫準供草』(奎章閣所藏), 『東學思想資料集』第1卷, 322~323쪽.

만나 접전했다고 응답하고 있는 것이다.

조선정부의 조사와 전봉준의 설명이 완전히 일치하므로 갑오 제1차 농민전쟁은 무장에서 기포한 것이 틀림없는 사실인 것이다.

오직 관변 측과 전봉준의 설명의 차이점은, 전봉준은 무장에서 봉기한 다음 고부→원평→금구까지 갔다가 전라감영군이 온다는 정보를 받고 '부안扶安'으로 가서 다시 고부로 향한 것으로 설명했는 데 비하여, 관변 측은 '부안'을 빠뜨리고 있는 점이다.

이 점은 전봉준의 설명을 주목할 필요가 있다.『동비토록東匪討錄』에 보면, 무장포고문茂長布告文을 수록한 다음에 바로 부안 교임校任의 보고로서 음력 4월 초4일 오시午時에 동도東徒 1천여 명이 원평으로부터 부안에 내도하여 부안의 동학농민들을 모집해서 합세하여 총을 쏘며 동헌에 돌입해서 관리들을 포박하고 군기를 탈취했음을 보고하고 있다.[6] 전봉준은 금구·원평에서 농민군을 두 부대로 나누어 한 부대는 바로 고부로 가고, 전봉준 자신이 인솔한 부대는 부안으로 돌아갔다. 전봉준 부대가 먼저 부안으로 간 것은 부안이 동학도의 세력이 막강한 곳이므로 여기서 농민군의 병력을 보충하고 부안군아의 무기고를 점령하여 무장을 강화하기 위한 것이었다고 볼 수 있다. 전봉준이 지휘하는 농민군은 부안에서 병력과 무기를 보충하고, 다시 고부로 들어갔다가 부안과 고부의 접경지대의 고부 쪽에 있는 성황산城隍山에 진을 치고 황토현黃土峴 전투를 준비하게 되었다.[7]

일제 경찰의 답사보고도 고부민란 후에 "무장茂長에서 동도東徒의 일규一揆가 일어나서 동학당이라고 칭하며 각지를 횡행하였다."[8]고 기록하였다. 또한 서

---

6 『東匪討錄』,『韓國學報』第3輯, 1976, 여름호, 235쪽. "政府 今見扶安校任稟裏日昨日午時量 東徒千餘名 自院坪來到 與本邑聚黨合勢 釰戟森嚴 放砲僻躍 突入東軒 四圍本官 奪取軍器 事勢蒼黃 本倅不得牒報云 方嚴飭營軍 期於趉逐剿討之意 團束. (初五日) 午時 完營電報 참조.

7 『東匪討錄』,『韓國學報』第3輯, 236쪽 참조.

8 『韓國東學黨蜂起一件』(日本外務省外交史料館所藏),「民亂地方視察復命書」1894년(明治 27) 7

울주재 일본영사의 보고에서도 "전봉준은 그 도徒 4천여 명을 얻었으며, 이들 도당은 각기 소유한 흉기를 휴대하고 양식은 지방의 부유자로부터 징발하여, 동년 4월 상순 봉준 스스로 그 도徒를 인솔하고 전라도 무장茂長에서 봉기하여 고부·태인·원평·금구 등으로 갈 때"[9]라고 기록해서 이른바 제1차 농민전쟁이 무장茂長에서 봉기했음을 보고하였다.

명백한 것은 갑오 제1차 농민전쟁은 '무장茂長'에서 기포했다는 사실이다.

3. 무장 창의문茂長 倡義文의 위치

종래 학계에서는 다음의 무장 창의문茂長 倡義文이 농민군의 고부에서의 제1차 농민전쟁 기포 후에 전주를 향하여 덕홍→고창→무장→영광→함평→장성→전주로 가는 도중에 '무장'에 이르렀을 때 포고한 창의문으로 해석하고, 여기에 위치를 설정해 왔다. 따라서 그 후 고부의 백산에서 포고한 '격문' 등의 문건들보다 무장포고문(창의문)을 '뒤에' 포고한 것으로 판단했었다.[10]

무장 창의문茂長 倡義文

세상에서 사람을 가장 귀貴하다 하는 것은 인륜人倫이 있기 때문이다. 군신부자君臣父子는 인륜 중에서 가장 큰 것이다. 임금이 어질고 신하가 곧으며 아버지가 자식을 사랑하고 아들이 효도한 이후에야 곧 집과 국가가 무강無疆의 복을 미치어 누릴 수 있는 것이다.

지금 우리 임금은 인효자애人孝慈愛하고 신명성예神明聖叡한지라, 현량방정賢

월 9일자 참조.

9 『韓國東學黨蜂起一件』, 「東學事件ニ付 會審ノ顚末具報」(1895년, 明治 28) 9월 2일자 참조.

10 『나라사랑』 제15집, 「녹두장군 全琫準 특집호」, 1974가 그 예이다.

良方正의 신하가 있어서 그 총명을 도울지면 요순堯舜의 덕화德化와 문경文景의 선치善治를 가히 써 바랄 수 있을지라.

그러나 오늘날의 신하된 자는 보국報國은 생각지 아니하고 한갓 녹록과 위위位만 도둑질하여 총명을 가리고 아부와 아첨만을 일삼아 충간忠諫하는 선비를 요언妖言이라 하고 정직한 사람을 비도匪徒라 하여 안으로는 보국輔國의 인재가 없고 밖으로는 학민虐民의 관리만 많도다.

인민의 마음은 날로 흐트러져 들어서는 즐거운 삶의 생업이 없고 나가서는 몸을 보존할 대책이 없도다.

학정虐政은 날로 더해가고 원성은 그치지 아니하니 군신의 의義와 부자의 윤倫과 상하의 분分이 드디어 다 무너지고 말았다. 관자管子가 가로되 사유四維가 베풀어지지 않으면 국가는 멸망한다 하였으니 오늘의 형세는 옛날의 그것보다 더 심하도다. 공경公卿부터 방백수령方伯守令까지 모두 국가의 위태로움은 생각지 아니하고 한갓 자신의 살찜과 가문의 윤택의 계책만을 도둑질하며, 전선銓選(과거)의 문을 돈벌이의 길이라 생각하고 응시應試의 장소는 매매하는 저자로 변하고 말았도다.

허다한 돈과 뇌물은 국고로 들어가지 않고 도리어 사복私腹을 채우고 있도다. 국가에는 누적된 빚이 있으나 갚을 생각은 하지 아니하고 교만과 사치와 음란과 더러운 일만을 거리낌 없이 일삼으니, 팔로八路는 어육魚肉이 되고 만민萬民은 도탄에 빠졌도다.

수재守宰의 탐학貪虐에 백성이 어찌 곤궁치 아니하랴. 백성은 나라의 근본이니, 근본이 쇠잔하면 나라는 반드시 없어지는 것이다. 보국안민輔國安民의 방책은 생각지 아니하고 밖으로 향제鄉第를 설치하여 오직 제몸 독전獨全의 방책만을 꾀하고 오직 녹록과 위위만을 도둑질하는 것이 어찌 옳은 일이라 하겠는가!

우리는 비록 초야草野의 유민遺民일지라도 군토君土를 먹고 군의君衣를 입고 사는 자이라, 어찌 국가의 위망危亡을 앉아서 보기만 하겠는가!

팔로八路가 마음을 합하고 수많은 백성이 뜻을 모아 이제 의로운 깃발을 들어 보국안민으로써 사생死生의 맹세를 하노니, 금일의 광경은 비록 놀랄 만한 일이기는 하나 경동驚動하지 말고 각자 그 업業을 편안히 하여 승평일월昇平日月을 함께 빌고 임금의 덕화를 함께 입게 되기를 바라노라.

갑오甲午 월月 일日

호남창의소湖南倡義所

전봉준全琫準

손화중孫化中

김개남金開男[11]

위의 창의문은 농민군이 무장에서 제1차 농민전쟁을 일으킬 때 공포한 창의문이라고 필자는 판단하고 있다. 원래 이 창의문에는 일자가 있었을 터인데, 이를 수록한 문헌자료들이 창의문 본문만을 수록했기 때문에 혼란이 발생한 것으로 보인다.[12] 그 후에 연구자들은 이 창의문에 각자 자기의 견해와 판단에 따라 고부에서 발표된 격문·통문 등의 문건 다음에 위치하도록 일자를 붙여 배열하였다.[13]

그러나 당시의 자료를 검토해 보면 비록 일자가 없어졌어도 이 '무장창의문'이 제1차 농민전쟁의 최초의 봉기 때에 공포된 최초의 창의문임을 알 수 있다. 그 증거로, 『동비토록東匪討錄』을 보면 지방관이 중앙정부에 보낸 전보 보고문을 발신·수신 순서로 배열하여 수록하면서 이 창의문에 '동학군본읍포고문무

---

11 『聚語』, 『東學亂記錄』(國史編纂委員會版) 上卷, 142~143쪽 및 『東匪討錄』, 『韓國學報』 第3輯, 235쪽에 原文이 수록되어 있다.
12 『聚語』나 『東匪討錄』에 수록된 이 '茂長布告文'의 原文에 모두 日字가 기록되어 있지 않다.
13 吳知泳, 『東學史』는 여기에 '甲午正月 日'이라는 日字를 붙였고, 『나라사랑』 제7집은 여기에 '甲午四月 日'이라는 日字를 붙였다. 특히 『나라사랑』 제7집은 이 창의문을 그 후의 격문 다음에다 배열하였다.

무장 창의문

장東學軍本邑布告文茂長'이라는 표제를 붙이고 이 책의 맨 머리에 수록했으며, 이 창의문의 전보의 발신·수신 일자를 '초오일 무각 전보初五日 戌刻 電報'라고 기록하고 있다.[14]

한편 농민군이 무장에서 기포하여 고부를 공격해서 점령한 다음 다시 나와 전주를 향해서 흥덕→고창→무장→영광→함평→장성→전주로 진군할 때의 경유 지역으로의 무장에 대해서는 『동비토록東匪討錄』은 농민군이 4월 초9일에 무장의 군아(東軒)에 돌입했다고 4월 12일자 전문으로 보고하고 있다.[15]

따라서 명백한 것은 위의 무장 창의문은 음력 4월 9일 무장에서 포고된 문건이 아니라, 중앙정부에 이미 4월 5일에 접수된 그 이전의 무장 창의문이며, 제1차 농민전쟁의 무장기포 때의 첫 창의문인 것이다.

황현黃玹은 『오하기문梧下記聞』에서 "처음에 봉준琫準 등이 무장현茂長縣에서 대회하여 민간에게 포고했는데 그 문文에 가로되"[16]라고 하여 무장 창의문을 기록함으로써 제1차 농민전쟁이 무장에서 일어난 것임을 시사하고 그 창의문

---

14 『兩湖電記』開國 503년 4월 12일條 및 『東匪討錄』, 『韓國學報』第3輯, 235쪽 참조.

15 『東匪討錄』, 『韓國學報』第3輯, 239쪽 참조.

16 黃玹, 『梧下記聞』第1筆의 49쪽. "呂琫準等 大會茂長縣 布告民間 其文曰 人之於世最遺者 以其有人倫……" 참조.

이 무장포고문임을 정확하게 기록하였다.

오지영吳知泳은 갑오농민전쟁에 참가했기 때문에, 그 후 일제강점 말기인 1940년에 『동학사東學史』를 쓰면서, 일자는 정확하게 기억하지 못했지만 어떤 문건이 최초의 창의문인가는 알고 있었던 것으로 보인다. 그는 『동학사』에서 갑오농민전쟁의 문건 중에서 무장 창의문이 봉기의 최초의 창의문이라고 설명하면서 맨처음에 배열하였다.[17]

그러나 오지영은 무장 창의문의 일자를 적어 넣으면서 '갑오정월 일甲午正月日'이라 쓰고, 이 창의문이 '갑오정월 초삼일甲午正月 初三日'에 포고된 것이라고 설명하였다.[18] 이것은 오지영이 착각을 했거나 고부민란과 제1차 농민전쟁을 구분하여 설명하지 못하고, 그것을 통합해서 설명하면서 그 달을 고부민란에 맞추어 '정월'로 적어 넣은 것으로 추정된다.[19]

필자는 위의 무장 창의문은 1894년 음력 3월 20일(일설 3월 21일) 무장에서 제1차 농민전쟁의 봉기 때 포고된 것이라고 판단하고 있다. 『고종실록高宗實錄』을 보면 갑오 3월 23일조에 금산군錦山郡에서 이 창의문과 통문을 동학도들이 받고 있음을 알리는 금산군수의 보고가 실려 있다.[20] 따라서 이 창의문은 3월 23일 이전에 공포된 것이고, 이 일자 이전의 것으로서 명확하게 일자를 명시한 문헌으로는 황현의 『오하기문』이 고부가 점령당한 것을 음력 3월 20일 이후라고 하여 무장 창의문의 포고일자를 3월 20일로 시사하고 있으며,[21] 최영년崔永年의 『동도문변東徒問辨』이 음력 3월 21일을 시사하고 있다.[22]

---

17 『東學史』 108~109쪽 참조.
18 『東學史』 107쪽 참조.
19 『東學史』, 112쪽에서 볼 수 있는 바와 같이 오지영은 白山에서의 농민군의 격문도 모두 '甲午正月 日'이라고 적어 넣었다.
20 『高宗實錄』, 高宗 31年 甲午 3月 23日條 '義政府啓' 참조.
21 『梧下記聞』 第1筆의 51쪽. "三月二十日以後 自古阜始連犯 泰仁·興德·高敞·金溝·扶安·金提·茂長諸邑" 참조.
22 『東徒問辨』, 『東學亂記錄』上, 157쪽 참조.

그러므로 위의 창의문은 무장에서 제1차 농민전쟁의 봉기 때인 1894년 음력 3월 20일(양력 4월 25일, 일설 음력 3월 21일) 봉기의 선언문으로서 공포된 것이며, 일자를 적어 넣으려면 '갑오삼월 일甲午三月 日'이라고 기록해야 할 것이다.

4. 무장도소와 무장기포

1) 무장도소茂長都所의 설치

그러면 왜 제1차 농민전쟁이 으레 '고부古阜'에서 일어나지 않고 '무장茂長'에서 일어나게 되었는가?

결론부터 먼저 말하면, 그 이유는 전봉준이 '무장'에 동학 남접南接의 '도소都所'를 설치했기 때문이었다. 종래 이것을 밝히지 못했기 때문에 고부민란 이후 그것이 제1차 농민전쟁으로 차원이 다른 비약적 발전을 이룬 원인과 배경을 밝히지 못하였다. 『고종실록』은 전봉준의 무장 '도소'에 대하여 다음과 같은 기록을 수록하고 있다.

"의정부議政府가 아뢰기를 전라감사 김문현金文鉉의 장계를 본즉 금산군수錦山郡守 민영숙閔泳肅의 첩정牒呈을 (다음과 같이) 매거하고 있습니다. 즉 동학도소東學都所의 통문通文 발송에 의한 것이라 칭하면서 취회聚會한 자가 근 천 명에 이르렀으며, 이미 저들의 소원이 있어서, 해당 읍에서 고치도록 할 터이므로 즉각 물러가라는 뜻의 소상한 설유를 했습니다. 별도의 훈령을 내리어 십조十條를 성책成册해서 일일이 읍보邑報에 의거하여 정리해서 의정부에 올려 보내라고 했다 합니다. 무릇 백성들이 폐弊를 고칠 것이 있다고 말하면서 곧바로 취당聚黨하여 작료作鬧하는 것은 이미 극히 해괴하며 거리낌이 없는 방자한 작태입니다. 소위 동학의 도소都所가 우두머리頭를 만들고 통문을 발송하여 인심을 선동하는 것이 바로 그 패휴悖譎

의 증거이며, 단지 폐폐弊를 고치려는 데서 연유한 것만이 아님을 나타냅니다. 신으로 하여금 사관查官을 별도로 정해서 즉시 해당 읍邑으로 보내어, 무릇 민폐民弊에 관계된 것은 모두 이정釐整하고 중민衆民은 효유하여 각자 안업安業에 돌아가게 하며, 동도東徒의 통문通文을 발송한 저들의 악한 우두머리(거수渠首)는 기한을 정하여 체포해서 효수梟首하여 다수의 사람들에게 경종을 주고, 민인民人이 그의 꾀임과 속임수를 듣고 미연히 그를 협종脅從하는 것은 역시 매우 가통可痛한 일이나 그중에는 또한 반드시 먼저 화응和應하여 용감하게 나아가서 조직을 만든 자(용전작나지한 勇前作拏之漢)가 있을 것이니 일일이 사핵查覈하여 경중을 나누어서 징치懲治함이 어떠하겠습니까?(국왕이 允하다)"23

『일성록日省錄』에서도 대체로 동일한 보고가 수록되어 있고,24 『숭정원일기承政院日記』에도 동일한 보고가 수록되어 있다.25

이 자료는 갑오년 음력 3월 23일에 의정부議政府가 국왕에게 품계한 것인데, 금산 군수가 전라도 관찰사에게 보고를 올리고 다시 전라도 관찰사가 이를 의정부에 보고하기까지 며칠이 걸렸을 것이므로, 이 자료는 전라도의 동학의 도소가 적어도 3월 20일경에는 전라도 일대의 동학접주와 농민들에게 봉기를 요구하는 창의문·통문을 돌려 농민들이 봉기하기 시작했음을 잘 알려 주고 있다.

조선조정과 전라도 관찰사는 비밀조직인 동학의 도소가 전라도의 어디에 설

---

23 『高宗實錄』, 高宗 31年 3月 23日條, "議政府啓 卽見全羅監司金文鉉狀啓 則枚擧錦山郡守閔泳肅牒呈 稱以東都所發通 聚會者 至近千名 而旣有渠等訴願 自該邑矯捄 故以昭詳曉諭 另飭題送 十條成冊 一依邑報 修正上送于議政府'爲辭矣. 凡民之謂有矯弊 而輒聚黨作闇已極可駭 其無憚之習 而所謂東都所之作頭發通 煽惑人心者 此其悖謠之跡 不專由於矯弊而然也. 其令道臣 另定査官 使之卽日馳往該邑 凡係民弊者 一切釐整 曉諭衆民 各歸安業 東徒之發通渠首 刻期詗捉 梟首警衆 民人之聽其嗾騙 靡然脅從者 亦甚可痛 而就其中 亦必有當先和應 勇前作拏之漢矣. 一一査覈 分輕重懲治……何如 允之."

24 『日省錄』 高宗 31年 甲午 3月 23日條, (서울大 古典刊行會 影印本) 高宗篇 第31冊, 90～91쪽 참조.

25 『承政院日記』 高宗 31年 3月 23日條, (國史編纂委員會影印本) 高宗篇 第12冊, 912쪽 참조.

치되어 있는지, 그들이 효수하겠다고 벼르는 도소의 우두머리가 누구인지 아직 정확히 알고 있는 것 같지는 않지만, 그 후의 자료를 보면 도소는 무장에 설치되어 있었으며, 그 우두머리는 전봉준이었고, 용전작나지한勇前作拿之漢은 각지의 동학 접주接主·접사接司·두령頭領들과 농민들 중의 충의지사忠義之士들이었다.

전봉준이 언제 무장에 동학의 도소를 설치했는지 그 정확한 시기는 자료에 나타나지 않으나, 늦게 잡아도 고부민란이 신임 군수 박원명朴源明의 설득으로 일단 가라앉고 안핵사 이용태李容泰가 도착하여 민란 주동자들을 수색 체포하기 시작한 2월 29일~3월 3일경에 아닌가 한다.

전봉준은 왜 도소를 자기의 교구인 고부에 설치하지 않고 '무장'에 설치했을까? 당시의 자료를 보면 이것이 불가능했다. 조선조정과 전라감영의 고부민란 수습책을 보면, 신임 고부 군수 박원명朴源明과 고부군 안핵사 이용태李容泰를 2월 15일에 임명하였다.[26] 조선조정(및 전라관찰사)은 성품이 부드러운 박원명은 온건 무마책을 쓰도록 하여 당일 현지에 취임케 하고[27] 민란 주동자를 색출 처형하는 임무를 맡은 광포한 이용태는 며칠의 간격을 두고 민란이 수습된 후에 안핵按覈을 위하여 현지에 취임케 하였다.[28] 신임 군수 박원명이 민란을 일으킨

---

26 『高宗實錄』, 高宗 31年 2月 15日條 참조.

27 『高宗實錄』, 高宗 31年 2月 15日條, "議政府又啓……全羅監司金文鉉 姑先施以越俸三等之典 古阜郡守趙秉甲 致曜犯贓之罪 旣有道啓之臚列 令王府拿問定罪. 古阜郡守之代 令該曹勿拘常 格 各別擇差 (吏曹以朴源明 差下) 辭朝給馬 當日下送"참조. 여기서도 알 수 있는 바와 같이 조선조정은 고부민란의 책임을 물어 전라관찰사 김문현은 減俸三等하고 고부군수 조병갑은 구속하여 정죄하도록 조처한 다음 신임 고부군수는 常格에 구애받지 말고 각별히 골라서 임명하도록 하여, 吏曹에서 가장 원만히 사태를 수습할 수 있는 인물로 그의 출신지가 광주 라는 점까지 고려하여 박원명을 특별히 擇差해서 그날로 내려보낸 것을 알 수 있다. 이것은 조선조정이 고부민란의 수습을 위하여 유화선무의 측면을 지시한 것이었다.

28 『高宗實錄』, 高宗 31年 2月 15日條. "今聞民鬧再起 傳說狼藉 所謂亂民 豈可盡失其恒性而然 哉. 直不過怯於威脅 乘時逞臆耳. 此不可不到底査覈 以法從事. 長興府使李容泰 古阜郡按覈 使差下 使之罔夜馳往 嚴查分等 區別登聞. 云云"참조. 이것은 앞서의 林源明 當日下送에 바로 이어지는 것인데, 조선조정은 여기서 장흥부사 李容泰를 고부군안핵사로 군수 박원명과 동시에 임명하여 亂民에 대한 철저하고 엄중한 査覈을 하도록 함으로써 강경한 탄압책을 동시에 사용한 것을 알 수 있다. 박원명이 온건유화책으로서 사태를 수습하여 고부민란

고부 농민들에게 전임 군수 조병갑趙秉甲의 가렴주구의 잘못을 인정하고 민란에 대한 책임과 처벌이 없을 것임을 약속하자 전봉준 등과는 달리 전국의 사회정치개력에 목적의식을 두지 않는 일반농민이 해산될 것은 당연한 일이었다.[29]

　사회정치개혁의 큰 뜻을 품은 전봉준과 그의 지휘하에 있는 일부농민들은 '난민亂民'집단을 해산하지 않고 2월 말까지 말목거리(馬項(首))와 백산白山을 옮겨다니면서 박원명의 설득을 거부하려고 시도한 흔적이 보인다.[30] 그러나 부농과 각 동리의 집강까지도[31] 다수 가담하여 중요한 역할을 한 고부민란에서는 농민들은 전임 군수가 수탈한 양곡도 민란 때에 되돌려받고, 군수도 원만한 인물로 교체되었으며, 민란에 대한 책임도 묻지 않겠다고 했으니 해산 쪽으로 기울어지지 않을 수 없었다. 고부민란 농민 1천 명이 일단 해산하여 각자 집으로 돌아가자 농민의 응집된 힘은 해체되었다. 이를 기다리던 안핵사 이용태는 8백 명의 관군(주로 역졸로 편성)으로 전군을 장악하고 민란 주동자와 가담자를 혈안이 되어 색출·체포하기 시작한 것이다. 일단 해산해 버린 농민 1천 명이 관군 8백 명을 대항하는 것은 이미 불가능하게 되어 버렸다. 정세는 역전되어 민란 주동자와 동학교도는 쫓기는 처지가 되었으며, 안핵사 이용태는 민란 주동자와 동학교도의 가옥을 불태우고 그 가족을 확대하며 재물을 약탈하고,[32] 특히 동

을 해산시키도록 하고 뒤이어 이용태가 강경탄압책으로서 난민을 체포하고 虐待彈壓한 것은 단순히 두 관리의 성격차뿐만 아니라 조선조정 자체가 이러한 穩·强의 先後策으로서 고부민란의 수습을 시도했기 때문임을 또한 주목할 필요가 있을 것이다.

29 『梧下記聞』第1筆의 48쪽. "三月初三日 古阜郡守朴源明大設犒饋 招亂民 諭以朝廷赦罪 許其歸農安業之意 亂民皆散 全琫準等三人 不知去處" 참조.

30 巴溪生, 「全羅道古阜民擾日記」, 『秘書類纂朝鮮交涉資料』 中卷, 350~352쪽 및 『東徒問辨』, 『東學亂記錄』上, 157쪽. "二月十九日 邑民再擧爲擾 無賴潑皮 四處嘯集 自監營且派官軍 曉諭歸化 反覆丁寧 擾民退散 各集農器" 참조.

31 『나라사랑』 제7집에 수록된 〈沙鉢通文〉의 부분은 '各里里執綱'에게 발송되고 있는데, 이것은 고부민란에서 里執綱의 참가를 시사해 준다.

32 『東徒問辨』, 『東學亂記錄』上, 157쪽. "如是未滿十日 按撫使李容兌率驛卒八百餘名 攔入古阜 威喝新倅朴源明 使之大索擾民狀首 驛卒電散一邑 橫行閭里 强淫婦女掠奪財産 鞭朴男丁 捕縛如魚貫 一郡居民 痛入骨髓" 참조.

학교도에 대해서는 가혹한 처사를 자행하였다.[33] 해산한 민란 농민들은 물론 해산을 후회하고 분노와 원한이 골수에 맺혔으나 고부에서의 사태는 완전히 늦어버린 것이며, 고부군은 전체가 이용태 안핵사군의 장악하에 들어가 버린 것이었다. 전봉준도 그의 큰 뜻을 펴지 못하고 농민들이 갑자기 해산해 버렸으므로 창졸간에 쫓기는 신세가 되어 다른 군郡으로 피신하지 않을 수 없었다.[34] 유의해 둘 것은 이용태는 전라도 안핵사가 아니라 '고부군' 안핵사였다는 사실이다.[35] 그의 권한은 고부군 이외에는 미미하게 미칠 수밖에 없었다. 전봉준은 이러한 조건 위에서 고부를 떠나 비밀리에 무장으로 피신하여 큰 뜻을 품고 무장에 동학의 도소를 설치한 것이다.

전봉준이 고부군 안핵사 이용태의 추격을 피하여 전라도의 여러 군읍 중에서 하필 무장에 가서 도소를 설치한 것은 다음의 몇 가지 이유 때문이었던 것으로 보인다.

첫째, 무장의 대접주는 손화중이었는데, 손화중포孫化中包가 전라도 일대에서 가장 규모가 크고 영향력이 큰 包이었다.[36] 또한 손화중은 1년 전의 보은집회 때 독자적으로 호남의 동학도를 모았던 '금구취당'의 두목이었다.[37] 따라서 무장에 도소를 설치하면 단기간에 효율적으로 대규모의 동학조직 세력을 도소의 지휘하에 둘 수 있었다.

둘째, 고부 접주 전봉준과 무장 대접주 손화중과의 절친한 친분과 동지적 결합관계 때문이었다. 전봉준과 손화중은 단순한 동료 접주가 아니라 서장옥徐璋

---

33 『東學史』, 106~107쪽 참조.

34 『梧下記聞』第1筆의 49쪽. "琫準 (중략) 未及逞其姦謨 而衆遽散 故琫準亦倉卒逃 已而." 참조.

35 『高宗實錄』, 高宗 31年 甲午 2月 15日條, "長興府使李容泰 古阜郡按覈使差下" 참조.

36 『東學史』, 111쪽의 각 포의 농민군 수와 지역범위에서도 손화중포가 가장 규모가 큰 포였음을 확인할 수 있다.

37 金允植, 「沔陽行遣日記」, 『續陰晴史』(國史編纂委員會版) 上卷, 264쪽. "全羅道則都會于金溝院 平 魁首則報恩居黃河一. 茂長接主孫海(化-인용자) 中 二十一日來到之意私通云" 참조.

玉(徐仁周) 계열의 혈맹의 동지였다. 전봉준은 동학에의 입도 연륜이 낮아 대접주가 아니었고 손화중은 동학 내의 서열이 전봉준보다 위인 대접주였으나 손화중은 자기보다 연령이 6세나 위이며 학식과 지략에서 탁월한 전봉준을 기꺼이 대접주인 자기의 위에 받아들일 수 있는 전봉준이 가장 신임하는 동지였다.[38]

셋째, 무장이 지리적으로 고부에 비교적 가까운 동학조직의 거점이었기 때문이었다.

전봉준은 이러한 이유로 무장에 잠행해서 남접의 가장 규모가 큰 대표적 포인 손화중포의 고참 대접주 손화중의 동의를 얻어 무장에 도소를 설치하고 손화중에 의하여 기꺼이 남접도소의 지휘자로 받들여짐으로써 남접권 내에서 조직상 확고한 자기의 지휘체계를 세울 수 있었던 것이다. 갑오농민전쟁 이전 동학도의 계보에는 최시형파崔時亨派와 서장옥파徐璋玉派의 두 흐름이 있었다고 하는데, 전봉준은 서장옥파의 계보에 속했던 것으로 보인다.[39]

2) 남접도소南接都所 설치의 중요성과 전봉준의 활동

전봉준이 무장茂長에 비밀리에 들어와서 동학의 도소를 설치한 것은 갑오농민전쟁 전부에 걸쳐서 매우 중요한 의미를 갖는 것이었다.

동학은, 이미 충청도 보은에 대도소를 설치하고 있었다. 이것은 북접대도주인 최시형崔時亨과 그의 고위막료들인 김연국金演局, 손병희孫秉熙, 손천민孫天民,

---

38 동학 측의 일설에 의하면 1893년까지는 전봉준은 고부접주로서 대접주인 손화중포에 속해 있었다고 한다. 최시형의 長孫 崔益煥 씨(천도교 간부)와 천도교 상임선도사 表應三 씨는 필자에게 당시의 동학교단의 조직을 자세히 설명해 주었는데(1984년 2월 23일, 녹음) 갑오농민전쟁 발발 이전의 종교로서 동학조직 내에서는 고부접과 그 접주 전봉준은 무장의 대접주인 손화중포에 속해 있었다고 증언하였다.

39 『通商彙纂』 第22號, 「朝鮮國全羅道巡廻復命書」(1895年, 明治 28年 5月 28日付 在釜山 日本領事館報告書), 32쪽 참조. 이 자료는 "全羅監司 李道宰의 說에, 東徒에 二派가 있는데 一은 최시형이 이를 거느리고, 一은 충청도의 徐璋玉이란 자가 이를 통솔했다. 徐는 작년의 民亂을 陰으로 指嗾했고 그 후 行處를 알지 못한다고 한다. 그러나 眞僞는 상세하지 않다"고 기록하였다.

황하일黃河一 등이 직접 장악하고 있는 동학의 본부였다. 동학의 조직체계로서는 각지의 포·접은 직접 이 대도소의 지휘를 받는 것이었지 따로 도소를 둘 수 없었다. 따라서 전봉준이 무장에 '도소都所'를 설치한 것은 남접南接의 도소를 말하는 것이다. 또한 이것은 호남 일대의 동학의 포·접들은 동학의 본부에 속하기는 하되 따로 '도소'를 두어 조직의 독자성을 갖겠다는 것을 의미한 것이기도 하였다. 필자는 전봉준을 따르는 호남의 동학을 공공연히 '남접'이라고 부르게 된 것은 이 '무장도소茂長都所' 설치에서 확립된 것이라고 본다. 전봉준이 무장에 설치한 도소를 '대도소'라고 하지 않고 '도소'라고만 한 것은, 남접은 독자적 조직을 갖고 독자노선을 택하면서 간접적으로만 본부大都所의 지도를 받겠다는 것을 행동으로 나타낸 것이었다고 볼 수 있다.

전봉준이 독자적인 남접도소를 차린 것은 동학 내부의 헤게모니 문제 때문이 아니라, 동학의 조직과 활동을 종교의 범주에 한정시키고 싶어 하는 북접의 제약과 간섭에서 벗어나서 동학의 조직과 활동을 종교의 범주를 벗어난 전체 국가와 사회의 개혁운동에 적극 활용하고자 한 목적 때문이었다고 이해된다.

전봉준은 고부민란의 실패에서 많은 것을 배우고 성찰했음이 틀림없다. 한 군郡의 민란으로는 그 군의 문제도 해결하지 못하며, 한 군의 문제는 한 도道의 문제가 해결될 때 동시에 해결되는 것이고, 궁극적으로 전국의 문제가 해결될 때 해결되는 것임을 알게된 것으로 보인다. 그는 여러 군을 묶은 조직세력이 없이 농민들의 단순한 집합만으로는 교활한 양반봉건정부가 기만책을 쓰는 경우에는 쉽게 해체되어 목적을 달성하기는커녕 역으로 쫓기는 처지가 된다는 것을 '고부민란'의 경험을 통하여 잘 알게 되었을 것이다. 또한 이용태와 같은 류의 민비정권의 양반관료와 통치자들에게는 힘에 의한 응징만이 폐정을 교정하는 방법이 됨도 절감하게 되었을 것은 추정하기 어려운 일이 아니다.

여러 군을 묶어서 조직을 하고 여러 군의 조직으로 봉기하여 힘으로써 통치자를 응징하는 방법밖에 없다는 것은 바로 혁명운동의 방법밖에 없다는 것을

192

의미하는 것이었다. 여기에 전봉준의 남접도소 설치의 중요한 의미가 있다고 볼 수 있다.

전봉준이 무장에 남접도소를 설치한 것은 바로 여러 군을 묶은 농민전쟁의 필수의 준비였다. 그리고 전봉준이 남접도소를 설치했기 때문에 '고부민란'이 일단 실패로 돌아갔다가 다시 역전이 되어 이것이 전화위복의 계기가 되어서 차원이 다른 농민전쟁으로 비약적으로 발전할 수 있게 된 것이다.[40] 즉 전봉준이 무장남접도소茂長南接都所를 차렸기 때문에 고부민란의 실패로 일단 꺼졌던 불이 차원이 다른 대규모 농민전쟁으로 새로이 비약적으로 발전하여 봉기할 수 있었던 것이다.

전봉준이 무장에 남접도소를 설치한 뒤, 약 20일 동안에 완전히 조직화한 군은 그 후의 자료에서 찾아보면, 무장, 고창, 고부, 태인, 정읍, 부안, 홍덕, 금구, 김제 등 약 10여 개 군 정도였던 것으로 추정된다.[41] 동학은 완전히 군별로만 조직된 것이 아니라 접주별로 조직되어 한 군의 접주가 다른 군의 자기가 입도시킨 교도를 관장할 수 있었으므로 물론 이러한 지역별 분포는 완전한 설명은 아니다. 이것을 접주의 포包별로 보면 전봉준은 대접주들인 손화중포孫化中包, 김개남포金開男包, 김덕명포金德明包와 자기의 접接을 완전히 사전에 조직화한 것으로 보인다. 한 개의 포는 몇 개 군에 걸친 대접주의 큰 조직이기 때문에 이것은 상당히 큰 규모였다. 이것은 20일 간의 짧은 기간을 고려하면, 전봉준이 무장에 비밀리에 남접도소를 설치한 후 잠행하면서 상당히 정력적 조직활동을 한 사실을 나타내 준다고 할 것이다. 전봉준이 이때 무장봉기의 준비로서 조직한 농민군은 약 4천 명이었다.[42]

전봉준이 단기간에 이러한 성과를 낸 것은 보은집회 시기의 남접의 금구취

---

40 『梧下記聞』第1筆의 49쪽. "琫準懼無以免 乃興其黨 金箕範・孫化中・崔敬喪等誘民 轉禍爲福 之計挾之"참조.

41 『東學史』, 111쪽 참조.

42 『全琫準判決宣告書 原本』, 『韓國學報』第39輯, 188쪽 참조.

당金溝聚黨의 세력을 활용하였기 때문인 것으로 보인다. 최근에 1893년 3월의 보은집회 때에 남접이 별도로 금구에서 취당하여 집단적으로 보은집회에 참가함으로써 교조신원을 위한 보은집회를 정치개혁운동을 위한 집회로 전환하려 시도했다는 새로운 연구가 나오고 있는데,[43] 이 금구취당[44]의 세력을 전봉준은 그의 남접도소 설치의 세력기반의 하나로 삼은 것이라고 추정된다.[45]

물론 전봉준이 3월 20일까지 무장의 남접도소에 사전 조직화한 동학세력은 전라도 일대를 모두 망라한 것은 아니었다. 그러나 당시 사회적 조건은 조선조정도 염려하고 있는 바와 같이 전라도는 물론이요 충청도와 경상도까지 농민들이 크게 동요하고 있었으므로,[46] 이 정도의 조직세력이 선두에서 봉기하면 광범위한 호응을 기대할 수 있는 것이었다.

3) 무장기포茂長起包

무장에 설치된 남접의 도소는 마침내 갑오년 음력 3월 20일(일설 3월 21일) 농민전쟁의 봉기를 알리는 창의문을 전국에 선포하고 통문을 전국에 발송하여 농민혁명운동의 횃불을 올리었다(이것이 앞의 장에 수록한 창의문이다).[47] 이 창의

---

43 ① 趙景達,「東學農民運動과 甲午農民戰爭의 歷史的 性格」,『朝鮮史研究會論文集』第19輯, 1982. 이 논문은 처음으로 '金溝聚黨'을 발견해 내었다.
　② 鄭昌烈,「古阜民亂의 研究(上)」,『韓國史研究』第48輯, 1985. 이 논문은 아직 (下)편이 나오지 않았으나, '金溝聚黨'의 실증과 해설을 더욱 확대하였다.
44『日省錄』, 高宗 30年 癸巳 3月 21日條 및 4月 5日條 (서울大古典刊行會影印本), 82쪽 및 99쪽 참조.
45 무장남접도소의 세력 기반의 하나를 금구취당과 연결하는 것은 그 사이 11개월의 기간에 개재하여 약간의 비약이 없는 것은 아니나, 위의 연구들에서 증명된 바와 같이 이때 전봉준은 金鳳集이라는 가명으로 손화중·김개남 등 다수의 남접의 접주들과 깊은 동지적 유대를 결합한 것이 아닌가 추정된다.
46『高宗實錄』, 高宗 31년 甲午 3月 25日條, "議政府啓 近聞湖西湖南嶺南等地 比比有挾雜之類 成群聚黨 肆行悖習 無難作梗云 寧有如許化外之徒 此不可尋常處之. 令三道道臣 使之嚴飭禁斷 如有不悛 復有如前之弊 則捉其渠首 先爲梟警後啓聞事 三懸鈴行會于 三道道帥臣 何知. 尤之"참조.
47「茂長倡義文」은 甲午農民戰爭의 최초의 창의문이었기 때문에 아직 농민군 편성에의 호응도

194

고창 무장 동학농민혁명 기포지

문과 통문에 따라 사전에 조직한 농민들이 타읍으로부터도 무장도소에 모여들어 군사대오를 편성해서 봉기하였다. 이것이 '무장기포'이다. 무장남접도소의 무장기포는 북접대도소와 사전협의 없이 독자적으로 봉기한 것이었다.

오지영은 무장기포를 알리는 창의문에 대한 일반국민들의 지지 반응에 대하여 다음과 같이 기록하였다.

창의문이 한번 세상에 떨어지자 백성들의 서성거리는 소리는 참 굉장하였다. 옳다, 인제는 잘 되었다. 천리天理가 어찌 무심하랴. 이놈의 세상은 얼른 망해야 한다. 망할 것은 망해 버리고 새 세상이 나와야 한다. 민정民情은 극도로 공황恐惶한 중 촌촌村村마다 집집마다 모여 앉으면 이 말이다. (중략)

장래의 세상은 동학군의 세상이 된다는 둥, 일반의 인심은 모두 동학에 대하여 호의好意를 가지고 있는 모양이었다.[48]

___

가 불확실한 조건에서 일반국민의 지지를 널리 구하기 위하여 그들이 국왕에 반역하는 것이 아니라 충성하는 것임을 누누이 강조하는 어조로 유교의 용어와 사상으로 분식되어 써져 있다. 또한 농민전쟁의 봉기에 일반국민이 驚動하지 않을까를 깊이 배려한 흔적이 보인다. 이 창의문은 무장기포 때의 상황적 조건과 관련하여 읽을 필요가 있다.
48 『東學史』, 109~110쪽.

동학농민군이나 동학교도가 아닌 일반국민들도 전봉준의 무장기포에 대해서 지지와 성원을 보냈음을 알 수 있다.[49]

무장기포와 동시에 지하의 비밀조직이었던 무장남접도소는, 창의문·격문·통문들에서 볼 수 있는 바와 같이 '호남창의소湖南倡義所' '호남창의대장소湖南倡義大將所' '제중의소濟衆義所' '제중생등의소濟衆生等義所' 등의 이름으로 공개적으로 표면에 떠올랐다.[50]

무장기포에서의 동학농민군의 지도부는 창의문에서 볼 수 있는 바와 같이, 서열을 정하여 ① 전봉준, ② 손화중, ③ 김개남의 순으로 하고, 전봉준이 '대장'이 되어 전체 농민군을 지휘하도록 하였다. 군기軍旗는 하얀 천 위에 '동도대장東徒大將'이라는 네 글자를 크게 쓴 깃발을 만들었다.[51]

이때 무장에서 편성된 동학농민군의 숫자는 약 4천 명이었다.[52] 이외에 동학의 비밀조직을 통하여 태인 접주 최경선崔景善이 3백 명의 농민군을 조직해서 대기하도록 준비되었고, 고부군 북면北面 말목馬項장터에도 고부민란 때처럼 다수의 농민들이 농민군에 가담하기 위하여 대기하도록 조직되었다.[53] 다른 자료에는 이때의 농민군이 즉각 1만여 명이 되었다는 기록도 있으나[54] 과장된 것이다.

무장기포 때의 동학농민군의 무기는 그동안 민란 때 관아의 군기고에서 빼앗

---

49 『承政院日記』, 高宗 31年 3月 23日條(高宗篇, 第12册, 911쪽)에 의하면, 반면에 조선조정은 농민들의 무장기포에 대한 문책으로 茂長縣監을 副護軍 金五鉉으로 교체하였다.

50 무장남접도소는 비밀조직이었을 뿐 아니라 동학의 조직으로서 제1차 농민전쟁 봉기의 사전 준비 조직이었으므로 봉기와 더불어 공개될 때에는 봉기가 의로운 것임을 강조하기 위한 명칭으로 〈倡義所〉 등의 명칭이 필요하였고, 또한 동학도 이외의 일반 농민의 참가와 그 대변의 뜻을 강조하기 위하여 〈衆義所〉 등의 명칭이 필요하여 사용된 것으로 이해된다. 따라서 '都所'→'倡義所'→'倡義大將所'→'衆義所' 등은 동일한 조직계열의 발전양식이라고 볼 수 있다.

51 『東徒問辨』, 『東學亂記錄』 上卷, 157쪽 참조.

52 『全琫準判決宣告書 原本』, 『韓國學報』 第39輯, 188쪽. "其徒 四千餘名을 어더가지고……被告가 親히 全羅道 茂長의서 니러나……" 참조.

53 『東學史』, 110쪽 참조.

54 『東徒問辨』, 『東學亂記錄』 上, 157쪽. "一嘯屯集 頃刻爲萬餘人" 참조.

은 무기와 민간의 무기로서 소총·화승총·쟁錚·칼·활·도끼·철퇴·죽창 등이었으나 잘 무장되어 있었던 것 같지는 않다.[55] 이 밖에 말목장터에 집합하기로 약속된 농민을 무장시키기 위해서 말목장터의 전후좌우에 있는 민간에 통창 수백 개를 은닉해 놓았다.[56] 일본 측 자료는 동학당이 계획적으로 봉기를 위한 무기의 준비를 하여 이미 2천여 정의 총을 준비했고, 그 후 각지에서 약탈한 것들을 합하면 약 4~5천 정을 넘었다고 기록하였다.[57]

무장기포 때의 군량은 이 지방 부민富民에게서 징수하고 봉납케 하여 충당하였다.[58] 군량뿐만 아니라 짚신과 군용전軍用錢도 징발했던 것으로 보인다.[59]

1894년 음력 3월 20일,[60] 무장의 작은 고을에 농민혁명의 창의를 선포하고 하루아침에 4천 명의 농민군이 편성되었으니, 이것은 당시로서는 매우 큰 규모였으며, 농민군의 사기는 충천하였다.[61] 뿐만 아니라 태인에는 태인접주 최경선

55 『東匪討錄』, 『韓國學報』 第3輯, 238쪽. "(전략) 連接隊官手本 自沃川 行到懷德 彼徒屯聚故 放砲突入 彼類前奪軍器 抛棄逃走之際 促得二漢 姑囚陣中 還推銃四十四鎗四十一 刀六十 丸 數斗 弓三 矢三百 斧數 鐵椎五 竝任置該縣 軍器準推與否 姑未詳知 數漢捉得 亦爲幸 十一 日 錦伯"참조. 이 전보보고는 무장의 보고가 아니라 4월 11일경 충청감사가 懷德에서 동학군을 패배시키고 그들이 이전에 다른 곳의 무기고에서 탈취해 간 무기를 다시 노획한 것을 보고한 전문이지만, 여기서 농민들의 무장의 양식과 무기의 종류를 알 수 있다.

56 『東學史』, 110쪽 참조.

57 函南逸人編, 『甲午朝鮮內亂始末』, 1894, 17쪽 참조.

58 「全琫準判決宣告書 原本」, 『韓國學報』 第39輯, 188쪽. "糧食은 其地方 富民에게 徵捧ᄒᆞ여 ……被告가 親히 其徒를 領率ᄒᆞ여 全羅道 茂長의서 니러나……"참조.

59 『東匪討錄』, 『韓國學報』 第3輯, 235쪽에 보면, 농민군이 高山을 통과하면서 매호에 草鞋 1부, 錢 1兩씩을 징수하고 있는데, 이것은 무장기포 때에도 적용한 보급양식이었을 것으로 추정된다.

60 『東徒問辨』, 『東學亂記錄』 上卷, 157쪽에서는 전봉준·김개남 등의 기포일자를 3월 21일이라고 기록하고 있고, 『梧下記聞』 第1筆의 51쪽에서는 기포일자를 3월 20일이라고 했으며, 『東學史』, 110쪽에서는 "창의문을 세상이 傳布하고 全琫準, 孫化中, 金開男 등은 그날로 일어났다"고 하였다. 이것은 전봉준 등이 3월 20일 창의문을 공포함과 동시에 무장기포를 단행하여 진군해서 그날 밤 고부읍을 공격했음을 나타내는 것이다.

61 金㷜植, 「汋陽行遺日記」, 高宗 31년 甲午 4月 初4日條, 『續陰晴史』(國史編纂委員會版) 上卷, 306쪽에서 "聞湖南茂長·高敞等地 東學數千名 建旗鳴砲 打破人家 皆渠輩之平日有嫌處也. 兩湖東氛日熾 可憂也"라고 기록하고 있다. 이때 무장 등지에서 동학 수천 명이 깃발을 들고

이 거느린 300명의 농민군이 대기하고 있었고, 전봉준의 지구인 고부에도 고부민란 때의 농민들을 말목장터에 모이도록 지시해 놓았기 때문에 농민군의 동원병력은 실제로는 5천여 명에 달하고 있었다.[62]

무장에서 기포한 동학농민군은 '동도대장東徒大將' 전봉준의 지휘와 손화중[63]·김개남의 인솔 아래[64] 농민군의 제1차 공격목표로 미리 결정된 고부읍을 향하여 3월 20일 오후 사기충천하여 진군을 시작하였다.

5. 농민군의 고부 점령

무장에서 봉기한 동학농민군이 바로 전주를 향하여 진군하지 아니하고 맨처음의 공격목표를 고부로 택한 것은 이용태 안핵사군에게 짓밟히고 있는 고부농민의 참상과 일부 체포된 고부민란 주동자들의 목숨의 위태로움이 급박했기 때문이었다. 관변 측 기록은 농민군의 고부 공격에 대하여 다음과 같이 기록하였다.

이때에 전주인 전봉준全琫準·고부인 김개남金開男 등은 한번 불러 둔집屯集한 자

총을 쏘며 그들이 증오하던 인가를 타파했다고 하는 것은 그 후의 4월 初9일의 무장 점령 때의 일이 아니라 처음의 무장기포 때의 소문을 기록한 것이라고 볼 수 있다.

62 『東學史』, 110쪽에 의하면, 이때 泰仁 접주 崔景善의 집에 300명의 동학교도 장정이 대기하고 있었고, 또한 古阜郡 北面 馬項 장터에는 수천 명 농민이 대기하여 있었다고 한다. 泰仁의 것은 숫자가 있어 명확하나, 馬項의 것은 숫자는 모호한 과장이고 실제로는 古阜民亂 때의 숫자인 1천 명 이하였을 것이다. 이들까지 포함하면 農民軍은 5천여 명이 된다.

63 「孫化中判決宣告書 原本」, 『韓國學報』 第39輯, 192쪽. "被告는 東學黨이라 稱ᄒ는 匪徒의 巨魁로 開國五百三年 三月以後 該黨을 모아 全羅道 古阜郡衙로 드러와 作梗을 ᄒ여 軍器를 掠奪ᄒ고, ……"라고 하여 孫化中의 茂長起包와 古阜占領에 지휘관으로 참가했음을 밝히고 있다.

64 『梧下記聞』 第2筆의 44~45쪽 및 『全琫準供草』, 四招問目, 『東學亂記錄』 下卷, 558쪽 참조.

가 경각에 만여 명이 되었다. 3월 21일 그들은 한 폭의 백기白旗에 〈동도대장東徒大將〉의 4자를 크게 쓰고 군읍郡邑의 병기兵器를 빼앗아 드디어 도적의 군대를 이루었다. 이른바 안핵사 이용태는 전주의 한벽당에 후퇴하였다. (하략)[65]

동학농민군의 고부 점령을 좀더 자세히 설명하면, 전봉준이 대장이 되어 전봉준·손화중·김개남 등이 인솔하는 농민군 4천 명은 3월 20일(일설 3월 21일) 무장의 굴치屈峙를 넘어 흥덕을 거쳐서,[66] 고부로 전진하는 중에 태인 접주 최경선이 인솔하는 농민군 3백 명의 합류를 받고,[67] 그날 밤 고부군 북면 말목장터에 도착하여 미리 연락을 받고 대기하고 있던 고부 농민 다수(약 1천 명으로 추정)와 합류했다. 전봉준은 여기서 말목장터 부근 마을의 민가에 준비해 감추어 두었던 총창 수백 개를 거둬들여 비무장의 농민들을 무장시켜서 농민군에 편입한 다음, 계속 진군하여 그날 밤 고부읍의 북성 안으로 들어서서 총을 쏘고 고함을 지르며 고부군아를 향하여 야습을 감행하였다.

이때 고부군 안핵사 이용태와 고부 관졸들은 처음에는 대항해 보려고 했으나 5천여 명의 사기충천한 농민군에 압도되어 이용태와 역졸들은 전주를 향하여 도망치고 좌수座首와 이속吏屬들만 남아서 대세가 이미 틀렸으므로 모두 나와서 농민군에 항복하였다.[68] 농민군은 고부읍을 점령한 것이다.

---

65 『東徒問辨』, 『東學亂記錄』 上, 157~158쪽. "時全州人全瑃準·古阜人金開男等 一嘯屯集 頃刻爲萬餘人. 三月二十一日 堅一面白旗 大書東徒大將四字 攘奪郡邑兵器 遂成賊壘 所謂按撫使李容兌 退至全州寒碧堂(하략) 참조.

66 「全羅道古阜民擾日記」, 『秘書類纂朝鮮交涉資料』 中卷, 353쪽 참조.

67 「崔永昌判決宣告書 原本」, 『韓國學報』 第39輯, 193쪽 및 『東學史』, 110쪽 참조.

68 『東學史』, 110~111쪽 참조. 오지영은 여기서 고부민란과 무장기포 후의 고부점령(함락)을 통합하여 설명하려 하여 군수를 조병갑이라 하는 등 착오를 내고 있으나, 고부민란에 대한 설명은 그 앞과 『東學史』, 106~107쪽의 按覈使 李容泰의 行悖에 대한 설명에 해당하는 것이고, 이 부분은 무장기포 후의 고부점령에 대한 것임을 곧 알 수 있다. 따라서 오지영의 이 부분은 고부민란 때의 군수의 이름 등을 앞으로 돌리고 신임 군수 朴源明과 안핵사 李容泰 등을 넣어서 그가 고부민란이 아니라 실제로는 무장기포 후의 고부점령을 설명하고 있는 것으로 해석되어야 할 것이다.

동학농민군이 고부 점령 직후에 한 일을 들면 다음과 같다.

① 관속 중에서 안핵사 및 군수에 부화뇌동하고 탐학한 자 수명을 색출해 내어 처형.
② 군기고軍器庫를 열어 총창과 탄약을 수습해서 농민군의 무기를 보충.
③ 읍내에 있는 청죽靑竹을 베어 죽창을 만들어 총 없는 농민을 무장시킴.
④ 옥문을 열어 고부민란으로 투옥된 주동자들과 억울하게 투옥되어 있는 농민들을 석방.
⑤ 식량창고를 열어 빈민을 구휼.
⑥ 고부읍의 폐정을 대략 정리.

동학농민군이 고부읍을 점령하여 만 3일간 농민통치를 하는 사이에 무장도소 때에 미리 조직화하여 무장기포 때에 미리 창의를 통지해 둔 각지의 동학 두령들이 농민군을 이끌고 고부읍에 도착하였다. 3월 20~24일까지 고부읍에 모인 농민군을 표로 만들어 보면 〈표 4-1〉과 같다.[69]

‖표 4-1‖ **농민군의 고부점령 직후 고부에 모인 농민군**

包別	지역별 두령	농민군 수
孫化中 包	高敞 두령 吳河泳·吳時泳·林亨老·林天瑞 등	1,500
	茂長 두령 宋敬贊·姜敬重 등	1,300
	興德 두령 高永叔 등	700
	井邑 두령 孫如玉·車致九 등	1,200
金開男 包	泰仁 두령 金洛三·金文行 등	1,300
金德明 包	泰仁 두령 崔景善 金堤 두령 金奉年 金溝 두령 金士曄·金鳳得·劉漢弼 등	2,000
합계		8,000

---

69 『東學史』, 111쪽 참조.

〈표 4-1〉을 보면, 무장 손화중 포에서 봉기해 온 4천여 명에 합세하여, 그 후 고부에 도착한 농민군은 약 6,700명 정도였다. 여기에 고부에서 무장한 고부농민 1천 명을 합하면 농민군 총수는 9천 명까지 추산해 볼 수 있다.[70] 이때 모인 농민군의 총수를 5, 6만으로 기록한 자료도 있으나 과장된 것이다.[71] 갑오농민전쟁의 주체세력인 이 농민군은 기본적으로 '양인(평민)·노비(천민) 신분출신의 소작농(빈농)'으로 구성되어 있었다.[72]

전봉준 등 동학농민군 지도부는 고부를 점령하여 고부읍의 일을 대략 정리했으므로 전주를 거쳐 서울로 향하기 위해서 거의 2배 가까이 증가된 동학농민군의 확대개편 단행과 대오 강화를 위하여 고부읍에 진을 친 지 4일 만인 3월 25일경 고부군의 태인 접경 가까이 있는 백산白山으로 이동해서 진을 쳤다.[73]

6. 백산에서의 농민군의 확대 개편과 농민군의 대진군

동학농민군은 백산白山에 이동하여 3월 25일경에 다음과 같이 농민군 간부를 확대 개편하였다.[74]

大將　　전봉준全琫準

총관령 손화중孫化中 · 김개남金開男

---

70 吳知泳의 농민군 수의 계산은 다른 자료보다는 정확하지만, 여전히 약간의 과장이 있는 것으로 추정된다. 이때의 농민군은 최대로 추산해도 9천 명 이하인 것으로 추정된다.

71 鄭喬, 『大韓季年史』(國史編纂委員會版) 上卷, 74쪽 참조.

72 慎鏞廈, ①『韓國近代史와 社會變動』, 1980, 31쪽 및 ②「甲午農民戰爭의 主體勢力과 社會身分」, 『韓國近代史』 第50輯, 1985 참조.

73 고부점령 직후의 농민군 수가 무장기포 때의 농민군 수의 거의 2배가 되었으며 동학간부들의 참여도 증가했으므로 이 단계에서의 농민군의 개편은 필수적인 것이었다고 볼 수 있다.

74 『東學史』, 111~112쪽.

백산기포 기록화

총참모　김덕명金德明·오시영吳時泳

영솔장　최경선崔景善

비서　　송희옥宋憙玉·정백등鄭伯等

　위의 백산에서 확대 개편된 농민군 지도부의 구성은 무장에서 봉기할 때의
지도부인 전봉준·손화중·김개남의 지도부 서열과 최고 지휘권에는 전혀 변동
이 없고, 고부 점령 후에 도착한 접주급 지도자들을 지도부에 흡수하여 총참
모, 영솔장, 비서 등의 조직을 확대하고 직위를 배분하여, 농민군 지도부를 확
대 강화한 것이었다.

　동학농민군 지도부는 7천~9천여 명의 농민군을 새 체제에 맞추어 대오를 개
편한 후에 다음과 같은 '농민군의 4대 명의名義'를 발표하였다.[75]

　① 사람을 죽이지 않고 물건을 파괴하지 않는다. 不殺人 不殺物

---

75 『大韓季年史』(國史編纂委員會版) 上卷, 74쪽 참조.

② 충과 효를 모두 온전히 하며 세상을 구하고 백성을 편안케 한다. 忠孝雙全 濟世安民

③ 일본오랑캐를 몰아내어 없애고 왕의 정치를 깨끗이 한다. 逐滅倭夷 澄淸聖道

④ 군대를 몰고 서울로 들어가 권세가와 귀족을 모두 없앤다. 驅兵入京 盡滅權貴

동학농민군이 발표한 4대 명의는 일종의 농민군의 강령으로서, 여기서 전봉준과 농민들이 오랫동안 소망해 오던 사회신분제 폐지와 민비수구파 정부의 타도와 일본세력의 추방과 새로운 정치의 실현의 목표가 공개리에 선포되었다.

전봉준

동학농민군 지도부는 또한 농민군이 지켜야 할 기율紀律로서 다음과 같은 〈농민군 12개조 기율〉을 제정하여 공포하였다.[76]

① 항복하는 자는 사랑으로 대한다. 降者愛待

② 곤궁한 자는 구제한다. 困者救濟

③ 탐학한 자는 추방한다. 貪者逐之

④ 순종하는 자는 경복한다. 順者敬服

⑤ 도주하는 자는 쫓지 않는다. 走者勿追

⑥ 굶주린 자는 먹인다. 飢者饋之

⑦ 간사하고 교활한 자는 없앤다. 奸猾息之

⑧ 빈한한 자는 진휼한다. 貧者賑恤

⑨ 불충한 자는 제거한다. 不忠除之

⑩ 거역하는 자는 효유한다. 逆者曉諭

---

76 『駐韓日本公使館記錄』, 「全羅民擾報告一」, "東學黨ニ關スル續報, 十二條軍號; 函南逸人編, 『甲午朝鮮內亂始末』, 1894, 16쪽 및 岡田庄兵衛, 『內亂實記朝鮮事件』, 1894, 23쪽 참조.

⑪ 병든 자는 진찰하여 약을 준다. 病者診藥

⑫ 불효한 자는 형벌을 준다. 不孝刑之

이러한 〈농민군 12개조 기율〉은 동학농민군이 민병이었음에도 불구하고 엄정한 규율과 기강을 갖고 행동하는 군대로 편성되었음을 말해 주는 것이라고 볼 수 있다.[77]

손화중

동학농민군 지도부는 이번에는 대장기에는 무장기포 때의 '동도대장東徒大將' 외에 '보국안민輔國安民'의 4자를 큰 글자로 특서하고,[78] 부대별로 황기黃旗 등 각종 색깔의 깃발을 만들었으며, 농민군의 머리에는 흰 수건을 동여매게 하였다.[79]

동학농민군 지도부는 농민군의 확대 개편이 이루어지자 3월 27일경 다음과 같은 격문을 만들어 전라도 일대와 전국에 발송하여 백성들의 호응과 궐기를 촉구하였다.[80]

檄文

우리가 의義를 들어 차此에 지至함은 그 본의가 단단斷斷 타他에 있지 아니하고 창생蒼生을 도탄塗炭의 중에서 건지고 국가를 반석의 위에다 두자 함이라. 안으로는 탐학한 관리의 머리를 버히고 밖으로는 횡포한 강적强敵의 무리를 구축驅逐하자 함이다. 양반과 부호

김개남

---

77 韓㳓劤, 『東學과 農民蜂起』, 1983, 95~107쪽 참조.

78 『東學史』, 112쪽 참조.

79 『大韓季年史』 上卷, 74쪽 참조.

80 『東學史』, 112쪽.

의 앞에 고통을 받는 민중들과 방백方伯과 수령의 밑에 굴욕을 받는 소리小吏들은 우리와 같이 원한冤恨이 깊은 자라. 조금도 주저치 말고 이 시각으로 일어서라. 만일 기회를 잃으면 후회하여도 미치지 못하리라.

甲午 月 日

호남창의대장소湖南倡義大將所 재백산在白山[81]

이 격문은 뒤의 집강소의 행정개혁 12개조와 함께 농민군의 사상이 가장 잘 드러나고 있는 격문이다. 무장기포의 창의문에서는 봉기가 국왕에 대한 반역이 아님을 국민들에게 널리 알리기에 급급하여 봉기의 본뜻을 충분히 솔직하게 표현하지 못하고 유교의 용어로 분식한 경향이 강하였다. 그러나 고부 점령에 성공하고 백산에서 약 9천 명의 농민군을 편성하는 데 성공한 동학농민군 지도부는 거리낄 것 없

최경선

는 자유로운 조건 위에서 대담하고 솔직하게 봉기의 목표를 밝히고 있다. 백산의 격문은 농민혁명 선언의 격문 성격을 갖추고 있는 것이라고 말할 수 있다.

이 격문은 봉기의 적대관계를 ① 양반·부호 대 민중(주로 농민)과 ② 방백·수령 대 소리로 이원화하면서,[82] 농민전쟁의 주체세력을 민중(주로 농민)임을 명백히 하고, 농민전쟁의 여러 가지 목표의 하나에 '양반과 부호의 앞에 고통받는

---

81 백산격문에서 특히 "湖南倡義大將所 在白山"이라 한 것은 종래의 창의문과 통문 등을 모두 무장에서 전국에 발송해 왔기 때문에 이 격문이 무장이 아니라 고부 백산에서 발송된 것임을 명백히 밝히고, 창의대장소가 대장의 진군에 따라 백산에 있음을 알린 것이라고 볼 수 있다.

82 농민군이 여기서 동시에 '方伯·守令 대 小吏'를 대치시키면서 '小吏(吏胥들)'를 거론한 것은 소리를 농민전쟁의 주체세력의 하나로 간주한 것이 아니라, 그 동조자로 끌어들여 농민군이 各 郡衙를 점령해 나갈 때 吏胥들의 저항을 없애어 그 점령을 용이하게 하기 위한 것이었다고 이해된다. 이 격문 직후에 발송된 이서를 대상으로 한 통문도 동일한 목적을 가진 것이라고 볼 수 있다.

민중들'의 사회신분제도와 가렴주구의 폐지가 골간으로 포함되어 있음을 나타내고 있다.[83]

이 백산의 격문 발송을 전후하여 여기에 모여들어서 농민군의 간부로 활동한 장령급 인사들의 명단을 들면 〈표 4-2〉와 같다.[84]

∥표 4-2∥ **백산에서의 동학농민군 간부**

대장大將	전봉준全琫準
대장소大將所 장령급將領級	손화중孫化中, 김개남金開男, 김덕명金德明, 최경선崔景善, 오하영吳河泳, 오시영吳時泳, 임천서林天瑞, 강경중姜敬重, 송경찬宋敬贊, 고영숙高永叔, 김봉년金奉年, 김사엽金士燁, 김봉득金鳳得, 유한필劉漢弼, 손여옥孫如玉, 차치구車致九

출신지방별 군장급軍將級

고창高敞	홍낙관洪樂觀, 홍계관洪桂觀, 손여옥孫如玉
무장茂長	송문수宋文洙, 송진호宋鎭浩, 장두일張斗一, 곽창욱郭昌旭
영광靈光	최시철崔時澈, 오정운吳正運
고부古阜	정일서鄭一瑞, 김도삼金道三, 홍경삼洪景三, 정종혁鄭宗赫, 송대화宋大和, 송계옥宋桂玉, 정덕원鄭德源, 정윤집鄭允集, 전동팔田東八, 홍광표洪光杓, 주관일朱寬一, 주문상朱文相, 윤상홍尹尙弘
정읍井邑	임정학林正學
태인泰仁	김영하金永夏, 김한술金漢述, 김연구金煉九, 김지풍金智豐, 최영찬崔永燦
금구金溝	송태섭宋泰燮, 조원집趙元集, 이동근李東根, 유공만劉公萬, 유한술劉漢述, 최광찬崔光燦, 김응화金應化, 김윤옥金允玉, 김인배金仁培, 김가경金可敬
김제金堤	조익재趙益在, 황경삼黃敬三, 하영운河永雲, 한경선韓景善, 이치권李致權, 임예욱林禮郁, 한진설韓鎭說, 허성의許成義
옥구沃溝	허진許鎭
만경萬頃	진우범陳禹範

---

83 慎鏞廈 ① 「朝鮮王朝末期 社會身分制의 모형과 身分制의 廢止」, 韓國社會史研究會 第2回月例 研究發表會(1985년 3월 30일) 발표와 발표요지 및 ② 「1894年의 社會身分制의 廢止」, 『奎章閣』 第9輯, 1985 참조.

84 『東學史』, 113~114쪽 참조.

무안務安	배규인裵圭仁, 배규찬裵圭贊, 송관호宋寬浩, 박기운朴琪雲, 정경택鄭敬澤, 박연교朴淵敎, 노영학魯永學, 노윤하魯允夏, 박인화朴仁和, 송두옥宋斗玉, 김행노金行魯, 이민홍李敏弘, 임춘경林春京, 이동근李東根, 김응문金應文
임실任實	최승우崔承雨, 최유하崔由河, 임덕필林德弼, 최우필崔祐弼, 조석휴趙錫烋, 이만화李萬化, 김병옥金秉玉, 문길현文吉鉉, 한영태韓榮泰, 이용학李龍學, 이병용李炳用, 곽사회郭士會, 허선許善, 박경무朴敬武, 한군정韓君正
남원南原	김홍기金洪基, 이기동李基東, 최진학崔鎭學, 김태옥金泰玉, 김종학金鍾學, 이기면李起冕, 박창수朴昌守, 김우칙金禹則, 김연호金淵鎬, 김시찬金時贊, 박선주朴善周, 정동훈鄭東薰, 이교춘李敎春
순창淳昌	이용술李容述, 양회일梁會日, 오동호吳東昊, 김치성金致性, 방진교房鎭敎, 최기환崔琦煥, 지동섭池東燮, 오두선吳斗善
진안鎭安	이사명李士明, 전화삼全化三, 김택선金澤善
장수長水	김숙여金淑如, 김홍두金洪斗, 황학주黃學周
무주茂朱	이응백李應白, 윤매尹玫, 갈성순葛成淳
부안扶安	신명언申明彦, 백역구白易九
장흥長興	이방언李邦彦, 이인환李仁煥, 강봉수姜琫秀
담양潭陽	남주송南周松, 김중화金重華, 이경섭李景燮, 황정욱黃正郁, 윤용수尹龍洙, 김의안金義安
창평昌平	백학白鶴, 유향노柳享魯
장성長城	김주환金株煥, 기수선奇守善, 기동도奇東濤, 강계중姜戒中, 강서중姜瑞中
능주綾州	문장열文章烈, 조종순趙鍾純
광주光州	강대열姜大悅, 박성동朴成東, 김우현金佑鉉
나주羅州	오중문吳中文, 김유金有
보성寶城	문장형文章衡, 이치의李致義
영암靈巖	신성申聖, 신난申欄, 최영기崔永基
강진康津	김병태金炳泰, 남도균南道均, 윤시환尹時煥, 장의운張儀運, 안병수安炳洙, 윤세현尹世顯
흥양興陽	유희도柳希道, 구기서具起瑞, 송연호宋年浩
해남海南	김도일金道一, 김춘두金春斗
곡성谷城	조석하趙錫夏, 조재영趙在英, 강일수姜日洙, 김현기金玄基
구례求禮	임춘봉林春奉
순천順天	박낙양朴洛陽
전주全州	최대봉崔大鳳, 강대숙姜大叔, 강수한姜守漢, 송창열宋昌烈, 박기준朴基準, 오두병吳斗柄

동학농민군은 대오의 개편이 완전히 이루어지자 3월 말경에 서울을 최종목표로 농민혁명의 기치인 '보국안민'의 깃발을 높이 들고 전라도 수도인 전주를 점령하기 위하여 태인·원평·금구 쪽으로 대진군을 시작하였다. 무장에서의 남접 동학농민군의 제1차 농민전쟁 봉기에 호응하여 충청도 회덕懷德에서도 4월 7일 밤 동학농민 1천여 명이 군아에 돌입해서 무기를 열고 무장하여 봉기해서 진잠鎭岑 방면으로 진군하기 시작하였다.

7. 맺음말

이상에서 고찰한 바와 같이 갑오농민전쟁의 제1차 농민전쟁은 '고부古阜'에서 기포한 것이 아니라 '무장茂長'에서 기포하였다.

전봉준은, 1894년 1·2월의 고부민란이 실패로 끝나고, 고부군안핵사 이용태가 역졸을 주력으로 한 8백 명의 관군을 이끌고 들어와서 고부군을 완전히 장악하고 고부민란의 주동자와 가담자를 색출하여 체포하면서 온갖 탄압과 만행을 자행하여 정세가 역전되자, 비밀리에 손화중이 대접주로 있는 무장에 잠행하여 무장 남접도소南接都所를 설치하는 데 성공하였다. 이때부터 전봉준 지휘하의 호남의 동학을 공공연히 '남접'으로 부르기 시작하였다.

충청도에 동학교도를 총지휘하는 '북접'의 대도소가 있었으며, 다른 곳의 도소의 설치는 동학 교문내에서도 불법적인 것이었음에도 불구하고, 전봉준이 무장에 남접도소를 설치한 것은 동학교도들의 활동을 종교의 범위 내에 한정시키고 싶어 하는 북접의 지휘를 받지 않고 남접이 독자적 지휘체계를 수립하여 민비봉건수구파정권을 타도하고 일본세력을 몰아내기 위한 사회 정치개혁운동을 전개하기 위한 것이었다.

전봉준이 다른 지역이 아닌 바로 '무장'에 남접도소를 설치한 것은 ① 무장의 접주인 손화중포孫化中包가 전라도 일대의 동학조직 중에서 가장 규모가 큰 포였고, ② 전봉준과 손화중은 혈맹의 동지였으며, ③ 무장이 고부에 지리적으로 비교적 인접한 지역이었기 때문이었다. 전봉준은 무장 대접주 손화중과 태인 대접주 김개남의 지지를 획득하여 무장도소의 지휘자가 됨으로써 조그마한 고부접의 접주로부터 남접의 총지휘자가 되었다. 전봉준이 무장에 남접도소를 차리는 데는 1년 전 보은취회 때 금구취당의 세력이 그 세력 기반의 하나로 흡수되어 연결된 것으로 보인다.

전봉준·손화중·김개남 등은 손화중포, 김개남포, 김덕명포를 중심으로 하여 무장·고창·고부·태인·정읍·부안·홍덕·금구·김제 등의 동학교도 농민들을 비밀리에 조직하여 농민군을 모집하고, 무기와 군량을 준비한 다음, 북접대도소와 협의함이 없이 무장의 남접도소 독자적으로 1894년 음력 3월 20일(일설 3월 21일) 무장에서 창의문을 포고함과 동시에 기포하였다. 따라서 무장창의문을, 고부에서 기포한 다음 전주로 진군하던 도중에 4월달에 들어서서 무장에서 포고한 것이라고 위치지어 온 것은 잘못된 것이다. 무장창의문은 갑오농민전쟁의 제1차 농민전쟁의 최초의 봉기 선언문인 것이다.

무장도소에서 사전 조직한 약 4천여 명의 농민군이 즉각 무장에 모이자, 전봉준이 대장이 되고 손화중·김개남이 차석과 3석의 지휘관이 되어 군사대오를 편성한 다음, 아직 도착하지 않은 사전 연락된 동학농민군들은 고부로 직행하도록 전령을 보내고, 농민군은 그날로 군사행동을 시작하여 그날 밤부터 이튿날 새벽에 고부읍을 야습해서 점령하였다. 안핵사 이용태와 그의 관군은 전주로 도주하였다. 전봉준의 농민군이 바로 전주로 진군하지 않고 먼저 고부를 점령한 것은 이용태 안핵사군의 탄압에 신음하는 고부 농민의 참상이 위급했기 때문이었다.

농민군은 4일간 고부읍을 점령하여 그간의 도행정의 폐단을 교정하고 무기고에서 무기를 꺼내어 무장을 강화한 다음, 그 사이에 고부에 모인 농민군의 총수가 약 7천여 명이 되었으므로 고부의 태인 쪽 접경에 가까운 백산으로 이동하였다. 동학농민군은 백산에서 조직을 확대 개편하고, 농민혁명을 선언하는 4대 명의와 격문을 포고하여 동학농민군의 기강을 정립하는 12개조 기율을 제정 포고한 다음, 서울을 최종 목표로 하여 전주를 향해서 대진군을 시작하였다.

　종래 갑오농민전쟁의 제1차 농민전쟁을 고부의 백산에서 기포한 것으로 알고 여기서부터 설명하기 시작한 것은 사실과 다른 잘못된 것이며, 그에 앞서 무장도소와 무장기포에서부터 시작하여 백산에 도착한 때까지의 과정을 먼저 설명에 넣어서 제1차 농민전쟁 봉기과정을 사실과 일치하도록 대폭 수정해야 할 것이라고 본다.

제5장

갑오농민전쟁 시기의 농민 집강소의 설치

1. 머리말

1894년의 갑오농민전쟁은 한국근대사에서 가장 큰 사회적·정치적 변혁을 가져온 혁명적 사변이었다. 갑오농민전쟁 중에 전라도 일대에 설치되었던 농민 집강소執綱所는 그중에서도 매우 이색적인 농민통치를 실행한 것이어서 매우 중요한 것일 뿐 아니라 매우 흥미로운 연구 주제가 된다.

넓은 의미의 갑오농민전쟁은 그 진전과정을 4단계로 나누어 보는 것이 널리 받아들여져 온 단계 구분이었다.

제1단계는 '고부민란'의 단계이다. 이것은 전라도 고부에서 봉건적 탐관오리의 가렴주구에 견디지 못한 약 1천 명이 전봉준을 추대하고 고부군아를 습격하여 탐관오리들을 징계하고 군수 조병갑이 수탈해간 수세 등의 양곡을 원주인에게 돌려주었다가 군수가 교체되고 신임군수 박원명이 설득하자 해산한 '민

전주입성비

요민擾'의 단계이다. 이것은 아직 농민전쟁이라 할 수 없고 그 전주곡에 해당하는 소민란 또는 소폭동의 성격을 가진 것이었다. 1894년 음력 1월 11일(양력 2월 17일)경부터 3월 3일(양력 4월 8일)까지가 이 시기에 해당된다.

제2단계는 갑오농민전쟁의 '제1차 농민전쟁'의 단계이다. 이것은 전라도 일대의 농민들이 전봉준·손화중·김개남 등의 지도하에 무장茂長에 남접도소를 설치하고 봉기 준비를 하여 약 4천여 명의 농민군을 편성해서 무장에서 기포하여 먼저 고부를 비롯한 여러 고을의 관아를 점령하고 격파한 다음 전라도 수도인 전주에 입성한 단계이다. 이 단계로부터 본격적 농민혁명운동이 시작되었다. 1894년 음력 3월 20일(양력 4월 25일)부터 동년 5월 7일(양력 6월 10일)까지가 이 시기에 해당된다.

제3단계는 갑오농민전쟁의 '농민 집강소 시기'이다. 이것은 청군과 일본군이 갑오농민전쟁에 개입하여 조선에 침입하자 두 나라 군대를 철수시키기 위하여 농민군과 관군 사이에 '전주화약'이 체결되고, 그 결과 농민군이 형식상 자진 해산하여 외국군 철수의 조건을 만들면서 전라도 53개 군현에 농민 집강소를 설치해서 농민통치를 실시하던 시기이다. 1894년 음력 5월 8일(양력 6월 11일)부터 동년 9월 12일(양력 10월 10일)까지가 이 시기에 해당된다.

이 글에서 다루려고 하는 것은 제3단계의 '집강소 시기'와 집강소가 여전히 존속했던 '제2차 농민전쟁'시기의 농민 집강소에 대한 것이다.

동학농민군에 의한 집강소의 설치와 집강소의 농민통치는 비록 전라도 53개 군현의 일부 지방에서의 일이지만 한국 역사상 처음으로 농민이 권력을 장악하고 농민을 위한, 농민에 의한, 농민의 정치를 실행했다는 면에서 한국근대사에서 매우 특이하고 획기적인 사실이라고 하지 않을 수 없다. 또한 집강소의 농민통치의 내용과 성격 여하에 따라 갑오농민전쟁의 역사적 성격이 좌우되는 측면이 매우 크기 때문에 동학농민군의 '집강소'는 반드시 심층에서 밝히지 않으면안 될 한국근대사의 매우 중요한 연구과제라고 말할 수 있다.

집강소의 존재가 널리 알려져 주목을 받게 된 것은 갑오농민전쟁에 참전했던 동학교도 오지영이『동학사』라는 경험에 기초한 책을 냈을 때부터이다.[1] 이에 대한 학문적 연구는 수년 전에 일본에서「갑오약력甲午略歷」을 기본자료로 하여 1편의 연구논문이 나왔고,[2] 국내에서는 아직도 본격적 연구논문이 나오지 못했다. 한국근대사에서 '집강소'의 중요성이 매우 큼에도 불구하고 집강소에 대한 연구가 이와 같이 부진한 것은 무엇보다도 자료부족이 주원인이 된 것으로 보인다.

이 글에서는『갑오약력甲午略歷』이외에『오하기문梧下記聞』과『겸산유고謙山遺稿』등 새로운 자료와 기타 관계자료에 의거하면서, 먼저 집강소의 설치 과정과 조직관계를 밝히고, 다음에 별도의 독립논문으로 집강소의 농민통치와 그 역사적 성격을 밝히려고 한다.[3]

---

1 吳知泳,『東學史』, 永昌書館, 1940, 126~130쪽 참조.
2 瀨古邦子,「甲午農民戰爭期における執綱所について」,『朝鮮史研究會論文集』第16集, 1979 참조.
3 慎鏞廈,「甲午農民戰爭시기 農民執綱所의 活動」,『韓國文化』(서울大學校 韓國文化研究所) 第6

2. 전주화약과 집강소

갑오농민전쟁 시기에 농민 집강소가 설치된 것은 제1차 농민전쟁에 봉기한 농민군이 서울에 진공하여 수도 서울에 수립하려고 한 그들이 원하는 정권을, 일본군과 청군의 개입으로 서울진공이 좌절되자, 관군과 '전주화약'을 성립시켜 전라도 일대에 수립한 것으로서, 그것은 직접적으로 전주화약의 산물이라고 할 수 있다.

동학농민군은 1849년 음력 3월 20일 무장에서 기포하여 고부 황토현黃土峴 전투에서 영병을 쳐부수고 다시 4월 22일 장성 황룡촌黃龍村 전투에서 경군을 격파한 다음,[4] 4월 27일 전라도 수도인 전주를 점령하였다.[5] 농민군의 뒤를 쫓던 양호초토사兩湖招討使 홍계훈洪啓薰이 인솔하는 경군京軍은 4월 28일 전주성의 외곽에 도착하여 황학산黃鶴山과 완산完山에 진을 치고 전주성을 내려다보며 대치하게 되었다.[6] 농민군과 경군은 소전투들을 교환하면서 전황은 교착상태에 들어가게 되었다.

중앙의 민비봉건수구파정권은 동학농민군이 제1차 농민전쟁에 봉기하자 홍계훈을 양호초토사로 임명하여 장위영군壯衛營軍 800명과 강화영군江華營軍 500명을 인솔하고 남하하여 농민군을 '토벌'하게 하였다.[7] 홍계훈은 호남에 내려와서 농민군 치성熾盛의 실상을 보고는 '초토'에 자신을 상실하여 청군의 차병借兵에 의한 '진압'을 건의하였다. 서울에서는 홍의

민영준

輯, 1985 참조.

4 『蘭坡遺稿』중의「甲午討平記」참조.

5 「全琫準供草」, 初招問目, 『東學亂記錄』(國史編纂委員會版) 下卷, 530쪽 참조.

6 『兩湖電記』開國 503년 4월 29일條 및 鄭碩謨, 「甲午略歷」, 『東學亂記錄』上卷, 64쪽 참조.

7 『高宗實錄』, 高宗 31년 甲午 4월 初 1일條 참조.

건의를 받고 민비정권의 유지에 위기감을 느끼기 시작한 민영준閔泳駿 등의 주 조선청군총리駐朝鮮靑軍總理로서 서울에 주재한 원세개遠世凱와 의논해 가면서 청군의 차병借兵을 준비하였다. 그러나 처음에는 김병시金炳始 등 중신들의 반대 에 부딪쳐 청군을 불러들이는 일을 하지 못하였다. 동학농민군이 4월 27일 전 주를 점령했다는 보고가 서울에 도착되자 당황망조한 민비정권은 이원회李元會 를 양호순변사兩湖巡邊使로 임명하여 장위영壯衛營·통위영統衛營·평양영平壤營 의 병력 1,400명을 인솔하고 농민군의 '진압'을 돕도록 하는 한편,[8] 자기들의 권 력을 유지하기 위하여 민영준이 앞장서서 원세개와 야합하여 어리석게도 4월 29일(양력 6월 2일) 청군의 파견을 요청하는 조회문 을 청국에 보냈다. 원세개의 사전 보고로 사태를 주 시하고 있던 청국의 북양대신北洋大臣 이홍장李鴻章 은 5월 2일(양력 6월 5일) 즉시 910명의 병력을 출발시 키고, 뒤이어 1,500명의 병력을 출발시켰으며, 일본에 게는 '천진조약天津條約'에 따라 5월 4일 '출병'의 사 실을 통보하였다. 이에 5월 5~7일에 걸쳐 2,500명의 청군이 충청도 아산만牙山灣에 상륙하였다.[9]

원세개

한편 일본 측은 농민군이 전주를 점령하기 이전인 음력 4월 18일 주조선 일 본대리공사 삼촌준杉村濬의 조선조정이 청군 차병을 모색한다는 보고를 받고 는 일본군 참모본부에서 극비리에 정보장교들을 파견하여 정보수집에 진력하 다가 4월 30일 조선조정이 청국에 청군의 차병을 요청하는 공문을 보냈다는 보고를 받자 즉시 수상 이등박문伊藤博文의 주재하에 참모총장과 차장을 참석 시킨 내각회의를 열어 조선정부의 요청이 없었음에도 불구하고 조선에 '출병'

---

8 『高宗實錄』, 高宗 31년 甲午 4월 27일條 참조.
9 『牙山縣 淸國軍兵駐紮時錢用下成冊』,『牙山縣 淸國軍兵駐紮時馬太用下成冊』,『牙山縣大陣駐 紮時各邑移來稅太成冊』 및 『牙山縣大同米中留待船格米等粮米上下成冊』 참조.

할 것을 결정하였다. 이에 일본은 5월 6일(양력 6월 9일)부터 약 6,000명의 혼 성여단을 인천, 부평지구에 상륙시키고, 주조선 일본공사 대조규개大鳥圭介는 420명의 육전대陸戰隊와 20명의 순사巡査에 대포 4문을 이끌고 농민전쟁의 '진 압'을 위해서 경군이 모두 남하하여 무방비 상태에 있는 서울에 불법으로 입성 하였다.

이제 사태는 급변하여 조선조정과 농민군에게는 일본군과 청국군을 말썽없 이 철수시키는 것이 심각한 초미의 공동의 과제가 되었다. 권력유지에만 눈이 멀은 민비정권의 어리석은 외세의존정책으로 2,500명의 청국군과 6,000명의 일본군이 침입해 들어왔을 뿐 아니라, 특히 일본군은 무방비 상태에 있는 서울 에 침입하고 지척에 6천 명의 대군을 배치했으니 일본군의 작전 여하에 따라 나라의 운명이 위태한 상태에 놓이게 되었다.

일본군과 청국군 침입의 정보가 들어오자 그 이전 까지 결사적으로 관군에게 공격적이었던 농민군 총 대장 전봉준은 나라의 앞일을 염려하여 관군과의 화 약을 모색하게 되었다. 관변 측은 양호순변사 이원회 李元會, 양호초토사 홍계훈洪啓薰, 전라관찰사 김학진 金鶴鎭 등의 세 집단이 있었는데, 이 중에서 전라관 찰사 김학진이 농민군과의 '화약'에 가장 적극적이었 다. 김학진은 4월 18일 전라관찰사에 임명되어[10] 4월

이홍장

24일 고종을 알현한 4월 24일 고종을 알현한 자리에서 폐정의 일부 개혁을 주 장하고 '무수撫綏'와 '초제勦除'를 병용할 수 있는 허락을 받았었다. 국왕 고종 과 김학진의 문답을 옮겨 보면 다음과 같다.

고종 :   근일 백성들이 난亂을 일으킨 것은 참으로 경해驚駭할 일이다. (중략) 경은

10 『高宗實錄』, 高宗 31년 甲午 4월 18일條 참조.

취임 후 한편으로는 무수撫綏하고 한편으로
는 초제剿除하는 것이 可하다.

김학진 : 백성의 질고疾苦가 오늘과 같은 때가 없었습
　　　　니다. 실로 자목字牧(지방관)들의 대양지책對揚
　　　　之策을 다하지 못한 것이 오늘의 민요民擾를
　　　　기른 것입니다. 그러나 향일向日의 은교恩敎는
　　　　측항惻怛 간도懇到하여 비록 목석木石과 돈어

이등박문

豚魚일지라도 스스로 마땅히 감화感化하지 않을 수 없을 것입니다. 또한
성교聖敎가 이와 같이 순순諄諄하시니 신臣이 취임한 후에는 삼가 성의聖
意를 받들어 힘써 효유曉諭 해서 철저히 귀화歸化를 기할 것입니다.

고종 : 　백성이 스스로 서동胥動하고 농사도 시기를 잃은 것이 불쌍하다. 만약 경
　　　　화지류梗化之類는 말할 것이 없지만 혹시 위협에 눌리어 억지로 난에 들
　　　　어갔다가 회오悔悟하고 귀화歸化하는 자는 (난을 일으킨 것이) 처음의 본심
　　　　本心이 아님을 잘 알아서 반드시 고휼顧恤해서 안업安業케 하라. 소위 무
　　　　명잡세無名雜稅를 적탁하여 책징責徵하는 일이 근래에 많이 있다고 한다.
　　　　오직 국법으로 정해진 것도 내기에 바쁠 터인데 하물며 과외科外의 염렴
　　　　斂이 있으면 백성이 어떻게 요생聊生할 수 있겠는가. 일일이 조사하여 통
　　　　혁痛革하는 것이 가하다.

김학진 : 무명잡세無名雜稅의 백성에게 큰 해害가 되는 것은, 큰 것은 장계狀啓를 올
　　　　려 허가를 얻고 작은 것은 신의 영營에서 스스로 요량하여 마땅히 혁폐革
　　　　弊하겠습니다.

고종 : 　혹시 열읍列邑이 소와騷訛했기 때문에 공납公納을 낼 수 없어서 계체稽滯
　　　　된 것은 나누어 내어도 되지 않겠는가. 저저這這히 엄격하게 조사해서 보
　　　　고함이 가하다.

김학진 : 민요民擾를 거친 읍邑은 비록 비책備責할 수 없었으나 민요民擾가 없는 읍

은 어찌 이에 적탁하여 공납公納을 계체稽滯할 수 있겠습니까. 이것은 명령을 내리어 기한 내에 준납準納하도록 기해야 할 것입니다.

고종 : 이때에 이 임무를 맡긴 뜻이 도연徒然하지 않다. 경은 나의 백성을 위한 고심苦心을 잘 체득해서 대양對揚을 상려餉勵하라.

김학진 : 삼가 마땅히 심신을 남김없이 다해서 임무를 맡기신 뜻의 만분의 일이라도 보답하겠습니다.[11]

이 기록을 보면 제1차 농민전쟁 봉기 직후의 고종의 '민란'에 대한 억압적 태도는 경군의 황룡촌전투 패전의 보고와 함께 사라지고 농민군을 '회유'하려는 태도의 변화가 분명하게 나타나며, 전라관찰사 김학진에게 '화해'의 임무를 주고 있음을 읽을 수 있다.

고종과 김학진의 위의 문답을 보면 신임 전라관찰사 김학진은 폐정개혁과 농민군이 선무宣撫에 대하여 상당한 재량권을 국왕으로부터 위임받고 출발한 것을 알 수 있다. 김학진이 호남의 지경에 이르렀을 때는 이미 동학농민군이 전주를 점령한 후여서 김학진은 전주에 들어가지 못하고 삼례에 체류하게 되었다. 외국군이 침입하여 나라의 형편이 매우 위태하게 되자 김학진은 전주의 성안에 있는 농민군과 성 밖에 있는 관군에 사람을 보내어 폐정개혁을 단행하라는 국왕의 명을 전하고 '화약'을 추진하였다. 정석모鄭碩謨의 『갑오약력』은 다음과 같이 기록하였다.

"마침내 극복할 계책이 없자, 정부는 이를 심히 우려하여 김학진金鶴鎭을 전라관찰사로 삼아서 화해和解하도록 하였다. 관찰사는 삼례역參禮驛에 와서 머무르고 전주성全州城에 들어갈 수 없었다. 드디어 (관찰사는) 사절使節을 관군官軍과 동학처東學處에 파견하여 조정의 명命으로써 그들을 화해和解시키었다. 이에 동도東徒들은

11 『高宗實錄』, 高宗 31年 甲午 4월 24일條 참조.

북문北門을 열고 나가고 관찰사 및 관군이 비로소 입성入城하니 5월 8일의 일이었다."[12]

전라관찰사 김학진은 이때 동학농민군에게 그들이 원하는 폐정개혁을 단행할 것을 확약하고, 농민군이 원하는 폐정개혁 요구사항을 제출하면 이를 실행할 것이며, 그 실행 여부를 지켜보기 위하여 다음에 보는 바와 같이 '면·리집강面里執綱'에 동학농민들이 임명되어도 좋다는 약속을 한 것으로 보인다.[13] 이에 따라 농민군은 장성에서 작성한 다음과 같은 13개조의 폐정개혁 요구사항을 전라관찰사 김학진에게 제출하여 그의 동의를 받았다.

① 전운사轉運司를 혁파하고, 이전과 같이 읍邑으로부터 상납케 할 것.

② 균전어사均田御史를 혁파할 것.

③ 탐관오리를 징습懲習하고 축출할 것.

④ 각 읍의 포리逋吏로 천금千金 이상의 포흠자逋欠者는 사형에 처하고 일족에게 물리지 말 것.

⑤ 봄·가을 두 번의 호역전戶役錢은 이전의 예에 따라 호戶마다 2냥씩으로 내려서 배정할 것.

⑥ 각항 결전結錢·수렴전收斂錢은 평균하게 분배하고 남징하지 말 것.

⑦ 각 포구浦口의 사무미私貿米는 엄금할 것.

⑧ 각 읍 수령이 그 지방에서 산山(묘)을 쓰고 전장田庄을 사들이는 것을 엄금할 것.

⑨ 각국인 상고商賈는 각 항구에서 매매하되 도성都城에 들어와 저자市를 설치하지 못하게 하고 각처로 나와 임의로 행상行商하지 못하게 할 것.

⑩ 행보상行褓商은 폐단이 많으니 혁파할 것.

---

12 「甲午略歷」,『東學亂記錄』上卷, 64쪽.
13 黃玹,『梧下記聞』第2筆의 41~42쪽 참조.

⑪ 각 읍리邑吏를 분방分房할 때에 청전請錢을 받지 말고 쓸 만한 사람을 택하여 임방任房할 것.

⑫ 간신奸臣이 권력을 농간하여 국사國事가 날로 잘못되어 가니 그 매관賣官하는 것을 징치懲治할 것.

⑬ 국태공國太公(대원군)이 국정國政에 간여한즉 민심은 얼마간 바라는 바가 있을 것이다.[14]

또한 동학농민은 양호순변사 이원회에게도 다음과 같이 14개조의 폐정개혁 요구사항을 제출하고, 뒤이어 24개조의 추가분(原情列錄追到者)을 제출하였다.

① 군정軍政·환정還政·전세田稅의 三政은 통편通編의 예에 의하여 준행할 것.

② 진고고賑庫는 일도一道 내의 인민의 진고盡膏니 즉각 혁파할 것.

③ 전보電報는 민간에 폐가 많으니 철파할 것.

④ 연륙沿陸의 각 항구의 신설한 세전稅錢은 모두 혁파할 것.

⑤ 환미還米 중에서 전관찰사가 징수한 것은 다시 재징하지 말 것.

⑥ 각 읍의 탐관오리는 모두 파출罷黜할 것.

⑦ 각 읍의 관황원수官況元需 외에 가마련加磨鍊은 모두 혁파할 것.

⑧ 각 읍의 각고各庫의 물종物種은 시가에 따라 취용取用할 것.

⑨ 각 읍의 아전임채衙典(前)任債는 일체 시행치 말 것.

⑩ 각 포구의 무미상貿米商은 모두 금단할 것.

⑪ 윤선輪船에 의한 상납上納 이후에 가마련미加磨鍊米가 3, 4두斗에 이르니 즉각 혁파할 것.

⑫ 각 읍의 진부결陳浮結은 영구히 이하頉下할(징세대장에서 빼어 버릴) 것.

⑬ 각처의 임방각색任房各色은 모두 혁파할 것.

---

14 鄭喬, 『大韓季年史』(國史編纂委員會版) 上卷, 86쪽 참조.

⑭ 각 궁방宮房의 윤회결輪回結은 모두 혁파할 것.

폐정개혁 요구사항 추가분 24개조(原情列錄追到者)

① 전운영轉運營의 조보漕報는 해당 읍으로부터 상납하던 예에 따라 이전대로 할 것.

② 균전관均田官의 환롱幻弄한 진결陳結은 백성을 해치는 것이 심히 크니 혁파할 것.

③ 결미結米는 이전의 대동법大同法의 예에 따라 이전대로 할 것.

④ 군전軍錢은 봄·가을에 매호 1냥씩으로 할 것.

⑤ 환곡還穀은 전관찰사가 발본수전拔本收錢한 것은 다시 환징還徵하지 말 것.

⑥ 어느 곳을 막론하고 보洑를 쌓고 수세收稅하는 것은 혁파할 것.

⑦ 해당 읍의 지방관地方官이 본읍本邑에서 토지를 구입하고 산(묘)을 쓰는 것을 법
률에 의하여 처벌할 것.

⑧ 각 읍 시정市井의 각 물건에 대해서 분전수세分錢收稅하는 것과 도매각색都賣各
色은 혁파할 것.

⑨ 공전公錢의 범포犯逋가 천금千金이면 사형으로 속죄케 하고 족척族戚에게 배정
하지 말 것.

⑩ 사채私債가 오래된 것을 관장官長을 끼고 강제로 받아내는 것을 일체 금단할 것.

⑪ 열읍列邑의 이속吏屬들에게 임채任債를 징수하여 출차出差하지 말고 엄금할 것.

⑫ 세력을 가지고 선롱先壟(남이 먼저 쓴 묘자리)을 빼앗은 자는 사형에 처하여 이를
징려懲勵할 것.

⑬ 각 포항浦港의 잠상무미潛商貿米는 일체 금단할 것.

⑭ 각 浦의 어염세전魚鹽稅錢은 시행하지 말 것.

⑮ 각 읍의 관아官衙에서 들여놓는 물종物種은 시가時賈에 따라 사들여 쓰도록 하
고 상정가常定價의 예는 혁파할 것.

⑯ 잔민殘民을 침학한 탐관오리를 일일이 파출罷黜할 것.

⑰ 동학인으로서 무고하게 살육되거나 구속된 자는 일일이 신원伸寃할 것.

⑱ 전보국電報局은 민간의 폐가 가장 크므로 혁파할 것.

⑲ 보부상과 잡상이 작당하여 행패하는 것을 영구히 혁파할 것.

⑳ 흉년의 백지징세白紙徵稅를 시행하지 말 것.

㉑ 연호세烟戶稅(役)를 따로 분정分定하여 가렴加斂하는 것은 일체 혁파할 것.

㉒ 결상두전結常頭錢과 고전考錢 명색이 해마다 증가하는데 일체 시행하지 말 것.

㉓ 경京·영營·병저리兵邸吏의 요미料米는 이전의 예대로 감삭減削할 것.

㉔ 진고賑庫를 혁파할 것.[15]

또한 동학농민군은 양호초토사 홍계훈에게도 유사한 폐정개혁 요구사항을 제출하여 그의 동의를 얻었다.[16] 동학농민군은 초토사에게도 휴전을 제의하였다.[17]

위의 동학농민군의 폐정개혁 요구사항은 주로 탐관오리 숙청과 경제적 가렴주구의 완화에 집중되어 있다.[18] 또한 이를 통해서 봉건적 양반관료들의 농민에 대한 수취가 얼마나 가열했었는가를 잘 알 수 있다.[19]

여기서 주목해야 할 것은 동학농민군이 제1차 농민전쟁에 봉기할 때 〈사대명의〉[20]와 〈격문〉[21]에서 내세운 민비정권의 타도나 사회신분제의 폐지 등 구체제를 붕괴시키는 근본적 요구를 하지 않고, 김학진이 볼 때에도 너무 당연한 봉건적 가렴주구의 폐정의 개혁만을 요구하고 있다는 사실이다. 이것은 동학농민군이 봉기 때의 본래의 목표를 포기한 것이라기 보다는 급변한 상황 속에서 동학농민군도 관군과 마찬가지로 '화약'을 절실히 추구하여 관군 측이 당연히 받아들일 수 있는 폐정개혁 사항만을 요구한 것이라고 이해된다.

---

15 金允植,『續陰晴史』,「國史編纂委員會版」上卷, 322~325쪽 참조.
16 「全琫準供草」, 再招問目,『東學亂記錄』上卷, 533~534쪽 참조.
17 『日淸戰爭實記』(いろは書房), 1894년(明治 27), 17~18쪽 참조.
18 韓㳓劤,「東學軍의 弊政改革案檢討」,『歷史學報』第23輯, 1964 참조.
19 韓㳓劤,『東學亂起因에 관한 硏究』, 서울大 韓國文化硏究所, 1971 참조.
20 『大韓季年史』上卷, 74쪽 참조.
21 『東學史』, 112쪽 참조.

관변 측에서는 전라관찰사 김학진이 주도하고 농민군 측에서는 전봉준이 주도하여 농민군 측의 폐정개혁 요구가 관변 측에 의하여 받아들여지고 협상이 타결되자 5월 7일(양력 6월 10일) '전주화약'이 비공식적으로 성립되었다. 이에 동학농민군은 5월 8일 전주성을 관군에게 비워 주고 '귀화歸化'라는 형식적 이름하에 형식상 자진해산하였다.[22] 동학농민군은 이어서 일본군과 청국군의 철수를 위한 외교 교섭의 조건을 만들어 주면서 전라도 일대에서의 '집강소' 설치의 사업에 들어간 것이었다.

3. 농민 집강소의 기원

그러면 갑오농민전쟁 시기에 동학농민군이 호남 일대에 설치한 농민 집강소는 어디서부터 나왔을까?

당시의 자료에 의거하여 결론부터 말하면, 집강소는 ① 무장에서 3월 20일 기포한 직후 '제1차 농민전쟁' 시기에 농민군이 점령지역에서 긴급하게 읍폐민막의 교정의 백성을 위한 정치개혁을 담당하는 '집강執綱'을 임명한 곳에서 나오고 있다. 이것은 동학조직의 육임六任제도 중의 '집강'과도 깊이 관련되어 있는 것으로 보인다.[23] 이것이 농민 집강소 설치의 주된 기원이라고 볼 수 있다.

다음에는 ② 종래의 공식적 행정조직이 존재했던 '면·리집강'의 제도가 한 단계 더 격상하여 '군·현'의 수준으로 올라가서 성격이 변화한 요소가 작용하였다. 이것은 집강소 설치의 보조적 기원이라고 볼 수 있다.

원래 '집강'은 동학조직에만 존재했던 직책이 아니라 조선왕조 시대에는 모

---

22 『國民新聞』 1894년(明治 27) 7월 5일字, 「東徒禮を厚ふいて散じ來る」 참조.
23 『東學史』, 62쪽에 의하면 동학조직의 '육임'은 ① 敎長, ② 敎授, ③ 都執, ④ 執綱, ⑤ 大正, ⑥ 中正으로서, 이 중에서 '집강'에 관련된 ③ 都執은 「以有風力明紀綱 知經界人」으로, ④ 執綱은 '以明是非 可執紀綱人'으로 임명되었다고 하였다.

든 공식·비공식 조직에 '기율'을 담당하는 직책으로 존재하였다. 예컨대 '집강'
은 계契와 향약鄕約 같은 자발적 결사체에서도 '기율' 담당의 직임으로 존재했
으며, 행정조직에도 리里와 면面에는 존재했고, 종교단체들에서도 이름은 조
금씩 변형되지만 '집강'은 기율을 담당하는 책임자로 존재하였다. 동학의 6임제
도 중의 '집강'도 이러한 일반적 제도를 좀더 정교하게 발전시킨 것이었다고 볼
수 있다.

전봉준·손화중·김개남 등을 지도자로 한 동학농민들은 1894년 3월 20일
무장에서 약 4천여 명의 농민군을 편성하여 기포해서 제1차 농민전쟁에 봉기
한 다음 그날 밤부터 이튿날 새벽에 걸쳐 먼저 고부군아를 점령하고, 3월 23일
경 백산에서 농민군을 확대 개편한 다음 27일경부터 서울을 최종목표로, 우
선 전라도 수도인 전주를 향하여 대진군을 시작하였다.[24] 농민군은 전투로서는
고부 황토현전투와 장성 황룡촌전투에서 승리하고, 고을로서는 태인, 부안, 정
읍, 흥덕, 무장, 고창, 금구, 원평, 영광, 함평, 무안, 장흥, 장성 등 20여 개 군현을
점령하여 거치면서 4월 27일 전라도 수도인 전주에 입성할 때까지 약 40일 가
까운 기간을 전라도 일대에서 진군하고 다녔다. 동학농민군은 약 40일간 20여
개 군현을 점령하여 전진하면서 점령된 군아에서 무엇을 했으면, 누가 책임자가
되어 그것을 담당했을까?

동학농민군은 제1차 농민전쟁 기간에도 점령한 군현의 군아에서 단기간일지
라도 점령 즉시 농민들이 원하는 읍폐민막邑弊民瘼을 교정하는 사업을 했으며,
이 사업의 책임자로 농민군 지도부에 의하여 임명된 것이 '집강'이었다. 이를 방
증하는 자료로서『오하기문梧下記聞』은 다음과 같이 기록하고 있다.

　"그 접주接主 이외에 또한 도접都接 접사接師 강사講師 강장講長 교장敎長 교사敎
　師 교수敎授 등의 목目이 있는데 모두 포덕布德할 때 이를 사용한다. 또한 성찰省察

24 慎鏞廈,「甲午農民戰爭의 第1次農民戰爭」,『韓國學報』第40輯, 1985 참조.

검찰檢察 규찰糾察 주찰周察 통찰統察 통령統領 공사장公事長 기포장騎砲將 등의 目이 있는데 모두 起布(包-필자)할 때에 이를 사용한다. 봉준琫準 등이 이미 치성熾盛하자 군현郡縣이 모두 도적(동학농민군-필자)에게 속박을 받았는데, 도적들은 또한 매읍每邑에 취치설접就治設接하여 이를 대도소大都所라고 부르고, 한 사람의 접주接主를 차출하여 태수太守의 일을 행하도록 하고 이를 집강執綱이라고도 칭하고, 그 도로道路에 있는 것은 행군의소行軍義所라고도 칭하였다. 그 전하는 문자文字는 영지令紙라고 칭하였다."[25]

이 기록은 『오하기문』의 제1차 농민전쟁을 기록한 부분인데, 여기서 주목할 것은 동학농민군이 점령하는 매읍에 통치를 담당하기 위한 접을 설치하고 한 사람의 접주를 뽑아 '태수太守'의 일을 보게 하면서 이를 '집강'이라고 불렀다는 사실이다. 동학농민군의 '집강'의 임명은 그 고을의 수재守宰가 도망하고 없거나 또는 남아 있거나를 불문하고 그에 관계없이 농민군이 점령지에 일방적으로 임명하여 읍폐민막을 고치고 통치를 하도록 한 것이었다. 제1차 농민전쟁 시기에는 '집강'은 임명되었으나 그의 농민통치를 담당하는 기구로서 '집강소執綱所'라는 통일된 이름은 아직 없었으며,[26] 총대장 전봉준이 있는 곳에 '집강'이 있으면 대도소大都所라고 부르기도 하고, 별도로 있는 경우에는 도소都所·대의소大義所라고 부르며, 도로에 있는 경우에는 행군의소行軍義所라고도 불리었던 것으로 보인다. 이들이 어떠한 이름으로 불리었든 간에 이들은 모두 '전주화약' 후의 '집강소'와 같이 읍폐민막을 교정하는 곳이었으며 그 책임자는 모두 '집강'으로 불렸음을 알 수 있는 것이다.

여기서 우리가 명백히 알 수 있는 것은 읍폐민막을 교정하는 '집강'은 제1차

---

25 「梧下記聞」第1筆의 105~106쪽.
26 농민군은 제1차 농민전쟁 기간에 한 고을에 며칠 머무르지 못하고 계속 행군중이었으므로 '집강'은 임명할 수 있었으나 고정된 政務處로서의 '집강소'의 장기 설치는 불가능한 것이었다고 볼 수 있다.

농민전쟁 기간에 성립한 것이며, 그 집무처인 '집강소'
는 아직 '집강소'라는 통일된 이름을 갖고 있지 않았
지만 대도소, 도소, 대의소, 행군의소 등 여러 가지 이
름으로 불리면서 사실상 '집강소'와 같은 기능을 시
작했다는 사실이다. 동학농민군이 전주에 입성하기
이전에 농민군은 40일 동안에 20여 개 군현을 점령
했으며, 모든 군현에서 읍폐민막이 극심하여 농민들

동학농민군 도장

이 신음하고 있었으므로 농민군이 전주 입성 이전에도 모든 점령지역에서 긴급
하게 '집강'을 임명하여 폐정개혁을 단행한 것은 당연한 일이었다고 볼 수 있다.

　제1차 농민전쟁 시기에 농민군의 점령지역에서 읍폐민막의 폐정개혁을 담당
한 '집강'에는 반드시 동학의 육임六任제도의 집강이 임명된 것 같지는 않다. 황
현黃玹은 오히려 '접주' 중에서 '집강'을 임명했다고 하였다.[27] 이 자료에 의거하
면 제1차 농민전쟁 기간에 동학의 육임제도 내에서 접주의 밑에 있던 집강(도
집 및 도강)이 자동적으로 점령지 폐정개혁 담당의 '집강'이 된 것이 아니라, 여
기서 한 단계 격상되어 동학의 '접주'들 중에서 적임자가 차출된 것으로 된다.
당시 제1차 농민전쟁 중에 총대장 전봉준의 산하에는 '다수의' 동학 접주들이
장령將領으로 참가했고, 점령지는 일시에 모두 점령된 것이 아니라 한 군으로부
터 다른 군으로 차례로 점령되었으며, 읍폐민막의 폐정개혁은 중요한 사업이었
기 때문에 동학농민군 지도부가 육임제도의 집강으로부터 한 지위를 격상시켜
서 주로 '접주들' 중에서 '집강'을 임명했던 것이 아닌가 추정된다.[28]

　제1차 농민전쟁 시기의 점령지에서의 '집강'의 읍폐민막에 대한 폐정개혁의
내용은 자료가 없어서 그 상세한 내용은 알 수 없다. 그러나 3월 21일부터 4일

---

27 『梧下記聞』第1筆의 105쪽 참조.
28 물론 동학조직의 접주 중에서뿐만 아니라 '도집·집강' 중에서도 점령지의 읍폐민막의 교혁
　을 위한 '집강'으로 임명된 경우도 있었을 것이다.

간 농민군이 고부를 점령하여 단행한 다음과 같은 폐정개혁 활동에서 그 하나의 사례를 볼 수 있다.[29]

① 탐관오리貪官汚吏의 처벌, 관속 중에서 안핵사按覈使 및 군수郡守에서 부화뇌동하고 탐학한 자 수명을 색출하여 처벌.
② 군기고軍器庫를 열어 총창銃槍과 탄약彈藥을 수습해서 농민군의 무기武器를 보충 강화.
③ 농민군農民軍 지원자의 모집과 농민군 병력兵力의 강화強化.
④ 읍내에 있는 청죽靑竹을 베어 죽창竹槍을 만들어서 총銃 없는 농민을 무장시킴.
⑤ 옥문獄門을 열어 고부민란으로 투옥된 농민들과 기타 억울하게 투옥되어 있는 농민들을 석방.
⑥ 식량창고食糧倉庫를 열어 빈민을 구휼.
⑦ 고부읍古阜邑의 폐정弊政의 대략의 교정.

물론 제1차 농민전쟁 시기에 점령지마다 각 군의 특수성에 따라 읍폐민막의 내용이 조금씩은 달랐을 것이므로 폐정개혁의 내용도 점령된 각 군에 따라 조금씩은 달랐을 것이다. 그러나 호남 일대의 폐정의 기본구조는 같았기 때문에 점령지 각 군에서의 '집강'의 폐정개혁의 내용도 고부의 경우와 대동소이했을 것임은 추정할 수 있는 일이다.

한편 농민 집강소의 설치를 승인했던 전라관찰사 김학진 등 관변 측은 농민군의 '집강소'를 종래의 '면·리집강'의 군·현으로서의 격상으로 이해하였다. 김학진이 농민군의 집강소의 설치를 허가한 것도 부득이한 조건에서 이 '면·리집강'을 모형으로 한 것이었다. '전주화약' 후인 6월 초 3일에 전라관찰사 김학진이 농민군의 '발호'에 대하여 보낸 효유문의 일부에는 "너희들이 거주하는 면

---

29 『東學史』, 111쪽 참조.

리에 각각 집강을 설치했고 너희들의 억울함의 말할 만한 것이 있으면 해당 집강을 경유하여 영영(監營)에 소소訴해서 공결公決을 기다릴 것"[30]이라는 구절이 이를 방증해 준다.

당시 전라도는포함한 남부조선에서는 면에는 면집강面執綱과,[31] 리에는 리집강里執綱이 존재했으며,[32] 이것은 향임鄕任의 일종으로서 양인상층의 지식있는 부농으로 임명되고 있었다.[33] 이 면리집강은 정통의 행정기관으로는 볼 수 없고 일종의 방계 행정조직으로서 그 지방의 실정을 잘 아는 양인상층의 지식있고 명망있는 부농을 임명하여 면임面任 등의 행정에 자문을 함과 동시에 주민의 풍교風敎의 기강을 세우는 데 협조하도록 한 직임이었다. 주의해야 할 것은 이러한 성격의 '집강'은 당시 면과 리에는 존재했으나, 군郡·현縣에는 존재하지 않았다는 사실이다. 따라서 '전주화약' 후에 "관찰사가 각 군에 집강의 설치를 허가했다觀察使許置執綱 於各郡"[34]라고 한 것은, 전라관찰사 김학진이 종래의 면·리집강의 제도를 부득이하여 군에도 두도록 인정한 것이며, 그 내용은 군수 등 수령의 행정에 자문을 하고 동학농민군의 기율을 세워 행패가 없도록 할 것을 의식한 것이라고 해석하는 것이 보다 합리적일 것이다.

그러나 '전주화약' 후에 농민군이 전라도 53개 군현에 설치한 '집강'은 군수 등 관장官長의 행정에 자문을 하고 농민군의 기율 수립을 담당하는 역할을 한

---

30 『梧下記聞』 第2筆의 42쪽. "爾等所居面里 各置執綱 如有爾等寃鬱之可言者 該執綱具由訴營 以待公決事" 참조.

31 「東匪討論」,『韓國學報』 第3輯, 1976, 273~275쪽 참조.

32 「沙鉢通文」,『나라사랑』 제15집, 「녹두장군 全琫準 특집호」, 1974 所收에서는 通文을 '各里 里執綱'에게 보내었다.

33 『高宗實錄』, 高宗 31년 乙未 3월 10일條 및『官報』, 開國 504년 3월 10일條에 의하면, 內務衙門 訓示 88개條 중에서 第2條에 "儒任과 鄕任을 차별이 없게 할 사"라고 하여 면·리집강 등 향임은 유임과 달리 양인신분에서 임명되므로 양반신분에서 임명되는 유임과 차별이 없도록 하라고 훈시하고 있다.

34 「甲午略歷」,『東學亂記錄』上卷, 65쪽.

것이 아니라, '협제관장脅制官長'[35]하여, 군수 등 관장을 이름만 남기고 심하면 쫓아버리기까지 하면서,[36] 실질적으로 '태수太守(郡守 등 官長)의 일'[37] '수령守令의 일'[38]을 한 것이기 때문에, 이 '집강'과 그의 정무처로서의 '집강소'는 제1차 농민전쟁 때에 농민군의 '집강'과 그 정부처로서의 '도소' '대의소' '행정의소'를 직접 계승하는 것이고, 전라관찰사 김학진이 생각한 종래의 면·리집강의 군 수준으로서의 격상은 부차적으로만 합류한 것이라고 보지 않을 수 없게 되는 것이다.

요컨대, 갑오농민전쟁 시기의 전라도 53개 군현에 설치되어 7개월간 농민통치를 실시한 농민 집강소의 기원은 제1차 농민전쟁 때의 농민군의 점령지에서 읍폐민막의 긴급한 폐정개혁을 담당할 책임자로서 농민군이 임명한 동학조직의 '집강'과 그 정무처로서의 '도소' '대의소' '행정의소' 등을 제1차적(주된) 기원으로 하고, 여기에 다시 종래의 '면·리집강'을 군 수준으로 한 단계 더 격상시킨 것을 제2차적(보조적) 기원으로 하여 양자가 합류해서 성립된 것이라고 볼 수 있는 것이다.

그러나 이 경우에 주의할 것은 농민 집강소의 주된 기원은 제1차 농민전쟁 대 동학조직이 농민군의 점령지역에서 읍폐민막의 폐정개혁 사업의 책임자로 임명한 '집강'에서 나왔다는 사실이다.

4. 집강소의 설치

그러면 갑오농민전쟁 시기 전라도 53개 군현에 집강소는 어떠한 경로로 언제

---

35 「先鋒陣呈報牒」, 『東學亂記錄』 上卷, 266쪽.
36 「甲午略歷」, 『東學亂記錄』 上卷, 65쪽 참조.
37 『梧下記聞』 第1筆의 105쪽 참조.
38 『梧下記聞』 第2筆의 62쪽 참조.

설치되었는가? 이에 관련된 자료들은 모두 정확한 일자를 제시하지 못하고 있다.

오지영의 『동학사』는 집강소의 설치 시기를 월별로 제시하지 않고 집강소의 내용을 설명하고 있으며,[39] 정석모의 『갑오약력』은 6월에 전라관찰사 김학진이 전봉준을 감영에 불러 관민상지지책官民相知之策을 상의하고 각 군에 '집강'의 설치를 허가했다고 기록하고 있다.[40] 황현의 『오하기문』은 농민군이 각 군에 '집 강'을 둔 사실을 4월분, 5월분에서 모두 기록하여 설명하고, 6월분에서는 '도소 都所'라는 이름으로 '집강소執綱所'를 두었음을 기록했으며,[41] 또한 다른 부분에 서는 집강소가 7월에 설치된 것 같은 해석을 낳을 수 있도록 기록하였다.[42]

이러한 자료들이 나타내주고 있는 것은 집강소가 특정한 일자를 지적하기가 어려울 정도로 일정한 기간에 걸쳐 단계적으로 확립되었음을 말해 주는 것이 라고 해석된다. 특히 주목해야 할 것은 가장 명료하게 집강소 설치의 시기를 6 월이라고 제시한 『갑오약력』은 농민군이 집강소를 설치한 시기를 기록한 것이 아니라 관변 측의 입장에서 전라관찰사 김학진이 '공식적'으로 각 군에 '집강' 의 설치를 허가한 시기를 '6월'로 기록하고 있다는 사실이다.

필자의 견해로는, 동학농민군 측에서의 집강소의 설치는 5월 7일 '전주화약' 이 성립되고 5월 8일 농민군이 자진해산함과 동시에 전주에서 철수한 동학농 민군이 각각 자기의 포·접의 원지역(군현)에 돌아가자마자 해당 각군의 동학접 주(농민군 통령)들에 의하여 설치되기 시작해서 농민군의 세력이 막강한 군에서 는 다수가 5월 말 이전에 집강소를 설치했다고 본다.

전라관찰사 김학진, 양호순변사 이원회, 양호초토사 홍계훈 등 관변 측과 동 학농민군 총대장 전봉준 등 농민군 사이에 '전주화약'이 성립될 때 관변 측은

---

39 『東學史』, 126쪽 참조.
40 「甲午略歷」, 『東學亂記錄』上卷, 65쪽 참조.
41 『梧下記聞』第2筆의 43쪽 참조.
42 『梧下記聞』第2筆의 62쪽 참조. 여기서는 『甲午略歷』에 6월에 있던 일이라고 기록된 것을 7 월分에 포함하여 기록하고 있다.

농민군 측이 제출한 여러 가지 폐정개혁요구(원청서)를 수리하고 그 개혁 실시를 약속하였다. 그러나 종래 관변 측은 '민란'이나 농민전쟁에서의 농민들의 폐정개혁 요구에 대하여 기만적으로 그 실시를 약속해 놓고 이를 이행하지 않는 것이 관례였으며, 일단 농민들이 해산하면 도리어 폐정개혁을 요구한 농민들을 체포하여 투옥하고 박해하는 것이 일쑤였다. 먼 예를 들 것도 없이 바로 이 해 1, 2월의 고부민란의 관변 측 수습책이 그러하였다. 고부민란에서 관변 측에 기만당한 쓰라린 경험을 가진 전봉준 지휘하의 동학농민군이 전주를 점령한 유리한 상태에서 농민군의 자진해산을 하는 '전주화약'의 성립에서 농민군이 제출하고 관군 측이 수리한 폐정개혁 요구의 실시에 대하여 농민 측의 보장 요구가 없을 수 없는 것이었다. 필자는 여기서 '집강'의 문제가 대두되었다고 본다.

농민군 측은 당연히 제1차 농민전쟁 때 점령한 군에서 실시했던 '집강'을 임명하여 관변 측의 폐정개혁 실시 여부를 지켜보게 할 것을 관변 측에 요구했을 것은 충분히 추정될 수 있는 일이다. 이에 대하여 전라관찰사 김학진은 종래의 제도인 '면·리집강'을 농민군 측에서 임명하여 관변 측이 수리한 농민군 측의 폐정개혁 요구사항의 실시여부를 지켜보게 한 것으로 보인다. 그 방증자료가 6월 초3일의 김학진의 동학농민군에게 보낸 효유문에 나오는 "너희들이 거주하는 면·리에 집강을 각각 설치했고 너희들의 억울함의 말할 만한 것이 있으면 해당 '집강'을 경유하여 영에 소해서 공결을 기다릴 것"[43]의 호소이다.

전라관찰사가 6월 3일에 "너희들이 거주하는 면·리에 각각 집강을 설치했고"라고 한 것은 종래 부농들의 면리집강을 말하는 것이 아니라[44] 5월달(양력 6월 3일 이전)에 농민군 측에게 면리집강을 농민군 측에서 임명하도록 농민군과 타협하여 허가하고 "만일 농민군 너희들이 거주하는 면·리에 집강을 각각 설

---

43 『梧下記聞』 第2筆의 42쪽 참조. 주 30과 동일함.
44 「東匪討論」, 『韓國學報』 第3輯, 275~280쪽에서 볼 수 있는 바와 같이 종래의 '면·리집강'은 부농 중에서 선임되었을 뿐만 아니라 동학도에 대하여 매우 적대적이었다.

치하는 일을 했으며" 농민군이 난폭하게 행패를 부리며 '억울한 일'을 풀려고 하지 말고 '면·리집강'을 경유해서 감영에 보고하여 공결公決을 기다리라고 호소하고 있는 것이다. 이것은 '전주화약' 성립 때 전라관찰사 김학진이 농민군에게 군집강의 설치는 허가하지 않았으며, '면·리집강'의 설치를 허가한 것을 강력하게 방증하는 것이다. 전라관찰사로서는 '면·리집강'은 종래에 존재해 온 제도이니 그 직임에 동학도가 임명된다는 것이 불법의 일이 아닌 것으로 보였을 것이며, 더구나 동학농민군의 자진해산의 조건이니 이 정도의 양보는 성공적 협상이라고 간주했을 것임이 틀림없다.

그러나 그 후 일어난 '사실'을 보면 '전주화약' 체결 후 동학농민군이 각 군현으로 귀환하여 바로 설치한 것은 '면·리집강'이 아니라 주로 '군집강'이었다. 즉 농민군은 제1차 농민전쟁 때의 점령지에서의 '집강' 임명의 전통과 방식을 계승해서 지속한 것이었다. 당시 지방행정의 핵심 단위는 '군'이었으므로, 농민군으로서는 '군집강'을 임명해야 '전주화약' 때 관변 측이 약속한 폐정개혁의 실시 여부를 감시할 수 있고 하위의 '면·리집강'의 임명으로써는 이 약속된 감시의 목적도 이룰 수 없었을 것이므로 이것은 당연한 일이었다고 볼 수 있다.

양호초토사 홍계훈이 전주에는 강화영병江華營兵 200명만 남겨 놓고 5월 16일 경군을 이끌고 서울로 돌아간[45] 직후의 상황에 대하여 황현의 『오하기문』은 동학농민군이 해산하기는커녕 도리어 동학농민군의 세력을 대폭 강화하면서 부민富民을 겁략하고 사족士族을 욕주고 관장官長을 매도하고 이교吏校를 체포하는 등 무소불위의 형편에 놓이게 되었다고 기록하였다.[46] 또한 『겸산유고』도 홍계훈의 경군이 돌아간 직후인 5월의 형편을 다음과 같이 기록하였다.

"동도東徒들은 초토사의 군대가 (서울로) 회군回軍하고 오히려 (그들을) 징집懲戢하

---

45 「兩湖招討謄錄」, 『東學亂記錄』 上卷, 217쪽 참조.
46 『梧下記聞』 第1筆의 106~107쪽 참조.

지 않을 것을 보자 오히려 더욱 세력이 확장되어 곳곳에 의둔蟻屯해서 날마다 봉기蜂起하고 열읍列邑에 편행遍行하면서 군기고軍器庫를 부숴 병기兵器를 모조리 탈취하고 촌려村閭를 공격해서 가산家産을 탕잔蕩殘했으므로 백성들이 요생聊生을 할 수 없게 되고 전라도 50州가 사비邪匪의 소굴이 되었다."[47]

이 자료는 동학농민군이 '전주화약' 직후인 5월 중에 무장을 강화하면서 전라도내 각 군에서 집강소 설립 사업을 전개한 사실을 위정척사파 양반관료 유생의 입장에서 기록하고 있는 것이라고 할 수 있다.

또한 김윤식金允植은 6월 9일의 일기에서 서울로부터 온 전라도 농민군의 소식으로 동학농민군이 곳곳에 둔취屯聚하여 지나는 곳에 추호도 백성을 침범하지 않을 뿐 아니라 백성이 원소冤訴하는 것이 있으면 즉각 판결을 내리어 오히려 민심을 얻고 있다고 다음과 같이 기록하였다.

"호남湖南의 비도匪徒들은 아직도 곳곳에 둔취屯聚하여 지나는 곳에 추호도 (백성을) 침범하는 일이 없으며 백성들이 원소冤訴하는 것이 있으면 그 자리에서 판결判決해서 도리어 민심民心을 얻고 있다고 한다."[48]

김윤식의 이 기록은 충청도 면양沔陽에서 6월 9일에 서울로부터 소식을 받고 쓴 것인데, 호남의 일이 서울에 보고된 후 유배당해 있는 김윤식에게까지 전달되려면 상당한 시일이 소요되었을 것이므로 이 '사실' 자체는 5월 말의 사정을 나타내는 것이라고 볼 수 있다. 전주화약의 약 20일 후 전라도 지방을 답사한 일제관리는 동학도가 각지에 둔집해 있다고 보고하였다.[49] 『동학사』에서 집

---

47 『謙山遺稿』 중의 「錦城正義錄甲編」.
48 『續陰晴史』 上卷, 318쪽.
49 『韓國東學黨蜂起一件』 중의 「民亂地方視察復命書」 참조.

강소의 농민 통치의 항목의 하나에 "일변으로는 인민의 소장訴狀을 처리하며"[50] 라는 것이 있는데 5월 말에 호남의 동학농민군이 곳곳에 둔취하여 백성의 원소寃訴를 즉각 판결해서 민심을 얻고 있다는 것은 5월 말에 전라도 곳곳에서 집강소가 설치되어 농민 통치의 활동을 전개하고 있었음을 강력히 시사하는 것이라고 할 수 있다.

전봉준은 '전주화약' 직후 5월에 김개남과 분담하여 전라도 열읍을 순시했으며,[51] 전봉준이 순시한 고을은 금구, 김제, 태인, 장성, 담양, 순창, 옥과, 남원, 평창, 순천, 운봉 등 10여 군현이었는데,[52] 전봉준 등은 이때 실제로는 군의 '집강소' 설치 상황을 순시한 것으로 보인다.

동학농민군이 각 군에서 '군집강'을 임명하고 폐정개혁의 실시를 감독 감시해 나가자 농민군과 관속 사이에 처음에는 상당한 충돌이 있었던 것으로 보인다. 그러나 관아는 이 시기에는 거의 세력이 없었으므로 몇 개 군을 제외하고는 농민군은 실력으로 관속을 눌러가면서 '군집강'과 그 정무처인 '집강소'를 설치하고, 때로는 농민들의 '억울한 일'을 실력으로 해결하면서 관속들에 대한 공격도 자주 행한 것으로 보인다. 6월 초3일에 동학농민군에 호소한 전라관찰사 김학진의 효유문의 다음의 사항은 이를 간접적으로 잘 방증하여 준다.

"비록 어제 경화梗化했을지라도 만일 오늘 귀화歸化하면 이는 곧 적자赤子이다. 너희들의 전주全州에서 산거散去한 뜻은 말하자면 병兵을 해산하고 귀농歸農하여 각각 구업舊業에 복귀하는 것이다. 이제 들으니 몇 곳에서 여당餘黨이 병기兵器를 풀지 않고 둔결屯結하고 있다니 이 무엇 때문인가. (중략)

몇 개 조항을 후록後錄하여 너희들과 약속을 하는 바니 어찌 너희들을 꾀이려

---

50 『東學史』, 130쪽.
51 『梧下記聞』第2筆의 40쪽 참조.
52 「全琫準供草」, 四招問目, 『東學亂記錄』 下卷, 551쪽 참조.

고 하는 것이겠는가. 만일 너희들을 꾀인다면 비단 적자赤子를 사지死地에 빠뜨리는 것일 뿐 아니라 우리 임금이 맡긴 중임을 저버리는 것이 될 것이다. 너희들은 일일이 지실知悉하고 혹시라도 의심치 말라.

一. 폐정弊政의 백성에게 해害되는 것은 이미 (국왕을) 대면하여 성교聖教를 받은 것을 일체 교혁矯革할 것이니 너희들의 말을 기다릴 것도 없다. 작은 것은 영營에서 혁파革罷하고 큰 것은 바야흐로 혁파를 청하는 계啓올린 것을 허가를 얻어 처리할 것이다.

一. 조정이 이미 너희들의 귀화歸化를 허가하고 영문營門 역시 그러한즉 너희들의 환귀還歸의 날이 곧 평민平民일 뿐이다. 인리隣里가 구건舊愆으로서 지목指目하는 관리官吏가 거상去喪으로서 침색侵索하면 비단 너희들의 종적踪跡이 위태로울 뿐 아니라 어찌 조정이 너희들을 허가한 본의本意가 있겠는가. 영문營門은 마땅히 영칙另飭하여 너희들이 안도할 수 있도록 통금痛禁할 것이다. 너희들의 거주하는 면리面里에 각각 집강執綱을 설치하였고 너희들의 원울寃欝함의 말할 만한 것이 있으면 해집강該執綱을 모두 경유하여 영營에 소소訴해서 공결公決을 기다릴 것.

一. 병기兵器의 환납還納 이외에 무릇 재곡財穀에 관련된 건은 그것을 추推하고자 하는 민소民訴가 있을지라도 금일 이전의 것은 모두 사赦에 부치어 영구히 논하지 않을 뜻을 영문營門으로부터 관문關文을 각읍各邑에 보낼 것.

一. 너희들은 이미 실농失農했고 또 탕산蕩產했으므로 이제 비록 귀가歸家해도 (살아 갈) 자활資活이 없으므로 금년今年의 호역戶役과 각항 공납公納은 일일이 견제蠲除할 것.

一. 너희들의 귀가지일歸家之日에 안업낙생安業樂生케 하는 책임은 관찰사에게 있으므로 제반급무諸般急務는 차례로 시석施惜할 것이며, 이제 일일이 매거枚擧할 수 없음.[53]

---

53 『梧下記聞』第2筆의 40~42쪽.

전라관찰사 김학진이 동학농민군에게 보낸 위의 효유문을 검토해 보면 그의 문장의 조선왕조 관료 특유의 허장성세에도 불구하고 우리는 적어도 다음의 사실을 알 수 있다.

① 김학진은 전주화약 때 동학농민군이 '귀화'해서 해산하여 농업에 돌아갈 것을 약속받고 동학농민으로 하여금 각각 자신의 면리에서 '집강'을 둘 것을 허가한 바 있었다.

② 그런데 동학농민군이 전주를 떠나서도 여러 곳에서 병기를 풀지 않고 무장한 채 둔결하고 있다.

③ 전라관찰사는 농민군들의 억울한 일은 동학농민이 설치한 '면리집강'을 통하여 감영에 보고하면 선처할 것을 약속하고 있다.

④ 전라관찰사는 동학농민군이 병기만 환납하면 재자財資와 곡물을 징발하여 사용한 것은 죄를 묻지 않겠다고 약속하고 있다.

⑤ 전라관찰사는 동학농민군이 해산하여 귀가하면 금년도의 호역戶役과 공납을 면제해 줄 것을 약속하고 있다.

⑥ 전라관찰사는 전주화약 때 농민군이 요구하여 수리한 폐정개혁건은 관찰사의 책임하에 차례로 시행할 것을 약속하고 있다.

김학진의 위의 효유문은 6월 3일 발송한 것이므로, 동학농민군이 각지에 병기를 풀지 않고 여전히 농민군을 이루어 둔결한 것은 5월 중의 일이며, '집강'을 임명하고 '집강소'를 설치한 것도 5월 중의 일임이 명백하다. 오직 차이가 나는 것은 전라관찰사 김학진은 농민군이 해산하여 돌아가서 '면·리집강'을 설치한 것을 허가한 데 비해서, 동학농민군은 해산하여 돌아가서 병기와 농민군대를 풀어 해산하지 않고 '군집강'을 임명하고 '군집강소'를 설치한 것이었다.

황현은 김학진의 위의 효유문에 대하여 동학농민군의 반응으로 "도적들(동학농민군-인용자)이 이를 모두 코웃음쳤으며, 그것(효유문)은 6월 초3일에 내린 것이다"[54]라고 기록하였다.

동학농민군이 김학진의 효유문을 모두 코웃음쳤다는 것은 김학진의 허장성세에 넘친 간곡한 효유문에도 불구하고 동학농민군은 여전히 농민군을 무장해제시키지 않고 군집강소 설치사업을 계속했음을 시사하는 것이다.

뿐만 아니라 황현의 기록에 의하면, 전봉준은 6월 5일부터(이후에) 전라도의 열읍을 순시하면서 동학농민군이 양반과 부호를 잡아다 주리를 틀고 토재討財하는 일 등을 절제節制케 하려고 했으나 각자가 '접'(집강소를 의미)을 만들어 강성자가 서로 자기를 내세웠으므로 영이 제대로 행해질 수 없었다고 하였다.[55]

특히 주목할 것은 동학농민군이 개최한 '남원대회南原大會'이다. 『오하기문』에 의하면 전라도 열읍을 순시 중에 있던 전봉준은 6월 15일경에 김개남과 함께 남원에서 대회를 열었는데 수만 명이 모였다고 하였다. 이 대회에서 전봉준은 각 읍의 동학포에 영을 전하여 각 읍에 도소(집강소)를 설치해서 그 친당을 세워 '집강'으로 임명해서 수령의 일을 행하도록 명령했다고 하였다. 이에 도내의 군마와 전곡이 모두 동학농민군의 소유가 되었고 사람들이 비로소 그들이 단순한 '난민'이 아니라 '역모'가 이미 성립되어 있음을 알게 되었다는 것이다. 이것은 6월 15일부터 비로소 '집강소'의 설치를 시작하도록 명령한 것이 아니라 전라도 열읍을 순시하고 난 다음 어떤 읍은 군집강소가 설치되고 어떤 읍은 아직도 '면·리집강'만 임명한 것을 전라도 53군현이 모두 군집강소를 확립하도록 최종적으로 단합대회를 개최한 것으로 해석된다.[56]

---

54 『梧下記聞』第2筆의 40쪽. "賊皆嗤笑之 其在六月初三日下者"참조.

55 『梧下記聞』第1筆의 107쪽, "五日以後 琫準徇列邑 欲節制之 而令反不行 各自爲接 惟强盛者
　　相雄長焉"참조.

56 『梧下記聞』第2筆의 7月조의 62쪽에, "是月望間 琫準·開男等 大會于南原 衆數萬人 琫準傳
　　令 各邑布中 邑設都所 樹其親黨爲執綱 行守令之事"라고 하여 동학농민들의 남우너대회 일
　　자가 '是月望間'으로 기록되어 있는데, 이 기록은 7月條에 포함되어 있으므로, 이것을 '7월
　　15일경'으로 해석할 수도 있다. 그런데 『오하기문』은 황현이 소식을 듣고 자료를 얻은 일자

특히 주목할 것은 이 남원대회가 있은 직후에 서울에서 6월 21일(양력 7월 23일) 일본군이 왕궁을 침범해서 수비병을 살해하고 국왕과 왕비를 감금하고 위협하여 정권을 교체하며 청일전쟁을 도발하는 변란이 있자, 전라관찰사 김학진이 남원에 있는 전봉준에게 군관軍官을 시켜 편지를 보내어 국난國難을 함께 극복하고 전주를 공수共守하자고 전봉준을 전주로 초청하였고, 전주에 온 전봉준과 관민상화지책官民相和之策을 논의한 끝에 각 군에 집강소의 설치를 허가했다는 사실이다. 『오하기문』은 다음과 같이 기록하였다.

"이달 보름간에 봉준琫準과 개남開男 등은 남원南原에서 대회를 열었는데 모인 사람이 수만인數萬人이었다. 봉준琫準은 각 읍 포布(包) 中에 영令을 내려 읍邑에 도소都所를 설치하고 그 친당親黨을 세워 집강執綱으로 삼아서 수령守令의 일을 행하게 하였다. 이에 도내의 군마軍馬와 전곡錢穀이 모두 도적들(동학농민군-필자)의 소유가 되었으며, 사람들이 비로소 그 역모逆謀가 이미 이루어졌고 난민亂民에 그치지

가 기준이 되는 경우가 많았기 때문에 '월·일'이 틀린 경우가 있다. 예컨대, "議政府及 各衙門通行規則'이 제정된 것은 6월 28일로서 6월條에 넣어야 할 터인데 7월條에 넣어 '同日議案' 운운하였다.

그러나 '是月望間'이 『오하기문』의 7월條에 기록되어 있으므로 기계적으로 보면, 동학농민들의 남원대회는 음력 7월 15일경에 개최되었다고 해석할 수도 있는 것이다. 이 경우에는 전라관찰사 김학진이 서울의 6월 21일의 일본군 궁궐침입·정권교체·청일전쟁 도발의 대변란의 기별을 받고 국난을 함께 극복하기 위하여 전봉준을 전주 감영으로 초청하여 官民相和之策을 협의하고 동학농민의 군집강소 설치를 허가하자, 전봉준이 이를 받아서 남원으로 가 남원대회를 열고 각군에 집강소를 설치한 것으로 해석된다.

그런데 이 경우에는 「갑오약력」과 『오하기문』의 다른 기록과 모순된다. 「갑오약력」에 의하면 전라관찰사 김학진이 전봉준을 전주 감영에 초청하여 관민상화지책을 상의하고 군집강소 설치를 허가한 것은 '6월'이라고 분명하게 기록하였다. 한편 『오하기문』에서는 전라관찰사 김학진은 서울에서 일본군의 궁궐침입의 변란이 났다는 전갈을 받고 군관 宋司馬를 '남원'에 있는 전봉준에게 보내어 국난을 함께 극복하자고 전봉준을 초청한 것으로 기록되어 있다. 즉 전봉준은 남원에 있던 것은 '6월중'이었다. 그러므로 남원대회가 6월 15일경에 개최되었고, 그 얼마 후에 6월 하순경에 전봉준은 전라관찰사 김학진의 관민상화지책을 협의하자는 제안과 초청을 받고 전주 감영으로 갔다고 보는 것이 다른 자료들과 종합해 볼 때 보다 합리적 해석이라고 생각된다.

않음을 알게 되었다. 그러나 김학진金鶴鎭은 그 선무宣撫하러 온 것을 지키어 도리어 그들에 의지依持했으며 서울에 난亂이 있음을 듣고 학진鶴鎭은 군관 송사마宋司馬로 하여금 편지를 가지고 남원南原에 들어가서 봉준琫準 등에게 말하여 국난國難에 동부同赴하기로 약속하고 (전봉준으로 하여금) 동학도인을 인솔하여 (전주에 와서) 전주를 공수共守하도록 하였다. 대개 봉준琫準이 밖으로 외국의 침략의 화禍를 걱정함을 나타내고 귀화歸化를 소리내어 말한고로 학진鶴鎭이 그를 불러 그 거취를 보려 한 것이다."[57]

이러한 상태에서 5월 중에 이미 동학농민군에 의하여 '면·리집강'이 아니라 다수의 군현에서 군집강소가 설치되고, 6월 15일에는 남원에서 대회까지 열어 전라도 53개 군현 모두에 집강소 설치와 농민통치의 실시가 전봉준의 명령으로 전달되어 농민통치가 시작됨과 동시에 동학농민군과 기존의 양반관료세력과의 갈등이 격화되고 농민들의 신분투쟁身分鬪爭과 토재투쟁討財鬪爭이 격화되자, 6월 15일 이후에 전라관찰사 김학진은 전라도 집강소의 설치실황과 실태를 시찰 중인 농민군 총대장 전봉준을 감영에 초청하여 관민상화지책을 상의하고 '군집강소'의 설치를 승인한 것으로 보인다. 「갑오약력」은 다음과 같이 기록하고 있다.

"6월에 관찰사는 전봉준全琫準 등을 감영監營에 청요請邀하였다. 이때에 수성군

---

57 『梧下記聞』 第2筆의 62쪽, "是月望間 琫準·開男等 大會于南原 衆數萬人 琫準傳令 各邑布中邑設都所 樹其親黨爲執綱 行守令之事. 於是 道內軍馬錢穀 皆爲賊有人始知其逆謀已成 不止爲亂民也. 然金鶴鎭 持其就撫 猶依違持之 及聞京師亂 鶴鎭使軍官宋司馬 持書入南原 喩琫準等 約以同赴國難 使牽道人 共守全州. 蓋琫準外示悔禍 聲言歸化 故鶴鎭召之 觀其去就" 참조.
　　이 기록만으로는 앞의 각주와 같이 그것이 어느 달 보름경인가를 판별하기 어렵고, 황현이 이를 7월分에 포함한 것으로 볼 수도 있으나, 이 기록 뒤에 초6일과 6월 12일의 기록이 나오므로 이를 6월 望間으로 볼 수도 있고, 또한 鄭碩謨의 「갑오약력」에서 전라관찰사 김학진이 전봉준을 6월에 감영에 초청했다고 했으니 이와 종합시켜 보면, 이 기록은 '6월 보름경'을 가리키는 것임을 알 수 있다.

졸수성군졸卒守城軍卒들은 각각 총창銃鎗을 들고 좌우에 정렬하였다. 전봉준은 아관峨冠을 쓰고 마의麻衣를 입고 앙연히 들어왔는데, 조금도 기탄이 없었다. 관찰사는 관민상화지책官民相和之策을 상의하고 각군各郡에 집강執綱을 설치하는 것을 허가하였다.[58]

여기서 주의할 것은 ① 6월에 전라관찰사 김학진이 동학농민의 '군집강'의 설치를 승인한 것은 5월에 동학농민군이 전라도내 다수의 지역에서 이미 '군집강소'를 설치한 것을 사후 추인하여 합법화한 성격이 강한 것이며, ② 관찰사로서는 동학농민 측과 양반관료·부호 사이의 갈등의 격화를 완화하고 농민군의 지휘질서를 체계화해서 관민상화官民相和를 도모하기 위한 것이었고, ③ 관찰사가 전봉준을 초청하여 관민상화지책을 서로 의논한 결과 다분히 전봉준의 제의를 받고 수동적으로 '군집강'의 설치를 허가했다는 사실이다.

이상에서의 고찰을 요약하면, ① 집강소 설치와 관련하여 5월 7일 '전주화약'에서 전라관찰사와 농민군이 합의한 것은 동학농민군이 전주를 관군에 내주고 자진 해산하여 각각 자기의 출신지역에 돌아가는 대신 동학농민군은 '면리집강'을 임명하여 관변 측이 폐정개혁을 단행하는 것을 지켜보기로(감시하기로) 한 것인데, ② 5월 8일부터 동학농민군은 귀향하자 무기를 풀고 농민군을 해산한 것이 아니라 무장한 채 농민군을 그대로 유지하면서 제1차 농민전쟁 때의 농민군의 '군' 수준의 '집강' 임명의 예에 따라 전라도의 다수의 지역에 '군집강소'를 설치했으며, ③ 농민군 측과 양반관료 사이의 대립과 투쟁이 격화되고 첨예화되자 6월에 전라관찰사 김학진은 농민군 총대장 전봉준 등을 전라감영에 초청하여 관민상화지책을 서로 의논한 결과 전봉준 측의 제의에 따라 이미 다수 설치된 '군집강소'를 사후적으로 추인하여 합법화해 주고 도내 행정의 질서를

---

58 「甲午略歷」, 『東學亂記錄』 上卷, 65쪽, "六月 觀察使請邀全琫準等于監營 是時 守成軍卒各持銃鎗 整列左右 全琫準以峩冠麻衣 昂然而入 少無忌憚. 觀察使相議官民相化之策 許置執綱于各郡." 참조.

수립하는 데 동학농민군의 협력을 얻으려고 했다는 사실이다.

황현이 7월에 '집강소'가 설치된 것 같은 해석을 낳을 수 있는 기록을 쓴 것은, 다음의 집강소의 발전단계에서 고찰하는 바와 같이, 제2차 농민전쟁의 준비와 관련된 집강소 체계의 강화와 관련된 것이었다고 볼 수 있다.

집강소는 동학농민군에 의하여 5월에 다수 설치되고 6월에 전라관찰사로부터도 설치허가의 공인을 받아 미설치 지역에서 추가로 설치되고 면·리집강만 설치한 곳도 군집강소가 설치된 것이었다.

5. 집강소 설치를 위한 농민군의 투쟁

농민군의 5월 8일부터의 '집강소' 설치는 값싸게 얻어진 것이 아니라 농민군의 간고한 투쟁에 의하여 쟁취된 것이었다. 농민군은 각 군현에 귀환하자마자 각 고을의 관리들의 방해를 실력으로 물리치고 상당한 정도의 충돌과 투쟁을 통해서 5월 말까지는 다수의 군현에서 집강소를 설치하는 데 성공하였다.

그러나 남원·운봉·나주와[59] 순창의 관리들은 농민군의 '집강소' 설치를 완강히 거부하고 농민군의 입성조차 저지하였다.[60] 특히 나주는 그 고을 삼가리三加里 출신 접주 오권선吳權善이 수천 명의 동학농민군을 이끌고 집강소를 설치하려 시도했으나 목사 민종렬閔種烈이 지휘하는 관군들에 패하여 목적을 달성하지 못하였다.[61]

이에 농민군지도부는 남원에 김개남金開男, 운봉에 김봉득金鳳得, 나주에 최경선崔景善으로 하여금 농민군을 이끌고 가서 무력으로 이를 점령하여 집강소를

---

59 『東學史』, 127쪽 참조.
60 『梧下記聞』 第2筆의 43쪽 참조.
61 『謙山遺稿』 중의 「錦城正義錄甲編」 참조.

설치하도록 하였다.[62]

김개남은 남주송南周松을 선봉으로 삼고 김중화金重華를 중군으로 삼아 3천 명의 농민군을 이끌고 남원에 도착하였다. 남원부사南原府使 이용헌李龍憲은[63] 관졸들을 이끌고 방어하며 저항하였다. 김개남의 농민군은 이를 공격하여 남원을 무력으로 함락하고 관아를 점령하였다.[64] 김개남은 남원부사 이용헌을 체포하여 죄를 물었으나 이용헌이 굴복하지 아니하므로 그의 목을 베어 관문에 달고 방문榜文을 지어 시가에 붙였다.[65] 김개남은 남원에 집강소를 설치하여 자기의 근거지를 만들고 전라좌도에 대한 농민통치를 시작하는 대도소를 삼았다.[66] 1894년 6월의 일이었다. 이 이후 김개남은 제2차 농민전쟁에 재봉기할 때까지 남원에 주둔하면서 전라좌도를 사실상 통치하였다.[67]

김봉득도 역시 3천 명의 농민군을 인솔하고 운봉에 도착하였다. 김봉득은 나이 17세밖에 안 된 청년 장군이었으나 지모가 탁월하고 검술劍術이 뛰어나며 기마에 비상하여 마상에서의 전투를 평지와 같이 하는 걸출한 인물이어서 농민군의 경탄을 받는 장군이었다. 운봉은 준령峻嶺으로 에워싸인 천애의 요새였으나 김봉득의 농민군이 기마로서 천애의 험로를 뚫고 맹렬한 공격을 하여 관아를 습격하자 처음에는 저항을 하던 대소관리들도 결국은 모두 항복하였다. 이에 김봉득의 농민군은 무기 등을 모두 거두고 옥문을 열어 죄수를 모두 석방하며 창고를 열어 백성들을 구휼한 후에 집강소를 설치하여 서정庶政의 개혁을 단행하기 시작하였다.[68]

---

62 『東學史』, 127쪽 참조.
63 『東學史』에서는 남원부사를 金龍憲으로 적고 있으나, 이것은 李龍憲의 誤植이다.
64 『東學史』, 129쪽 참조.
65 『梧下記聞』 第3筆의 23쪽에서는 김개남이 남원부사 이용헌을 살해한 것은 이때가 아니고 그 후 제2차 농민전쟁 때 전주에 입성하여 한 일이라고 하였다.
66 『梧下記聞』 第2筆의 40쪽 참조.
67 黃玹, 『梅泉野錄』(國史編纂委員會版), 158쪽 참조.
68 『東學史』, 129쪽 참조.

순창은 군수 이성열李聖烈이 동학농민군의 집강소 설치를 거절하여 대항했으나, 경군은 이미 서울로 귀환하여 관군의 후원이 끊어진 상태에서 농민군이 맹렬한 공격을 가하고 전라감영으로부터 김학진의 집강소 설치를 허가한다는 관문이 도착하여 군수가 마침내 농민군의 요구에 굴복함으로써 큰 유혈 없이 집강소가 설치되었다.[69]

이와 같이 하여 6월 말까지는 남원·운봉·순창에도 집강소가 설치되고 나주만 남게 되었다. 농민군의 집강소 설치에 끝까지 가장 완강하게 저항한 것은 나주였다.

나주에서는 나주 대접주 오권선이 수천의 동학농민군을 이끌고 나주성을 포위하고 공격하였다.[70] 그러나 나주목사 민종렬과 영장營將 이원우李源佑는 이를 맞아 농민군을 대패시켰다. 또한 이원우는 불안해 하는 이민吏民들을 달래가며 부근의 농민군을 기습하여 생포하고 사살한 농민군 수가 수백 명에 달하였다.[71]

7월 초에 최경선이 수천 명의 농민군을 인솔하고 나주의 성 밖에 도착하여 오권선의 나주 동학농민군과 합세해서 7월 5일 서성문西城門에 총공격을 개시하였다.[72] 그러나 영장 이원우는 사람을 시켜 거짓 항복하는 체하고 농민군을 기습하여 또다시 농민군을 대패시켰다. 황현은 다음과 같이 기록하였다.

"최경선崔敬(景)善은 분연히 만여 인을 거느리고 성 밖 10리 안에 이르러 10여 일을 상지相持하였다. 이원우李源佑는 사람을 시켜 거짓 항복하여 이르기를 나주 백성들이 성을 지키기에 피곤하여 도인道人의 오기를 날로 바랐으니 오늘 밤에 동문을 열 터인즉 실패가 있지 않도록 하라고 하였다. 최경선崔敬善이 크게 기뻐하여 이를 따라서 삼경에 동문에 들어가는데 수십 보 앞선 자가 큰 비명을 지르며 갱갱坑에

---

69 『梧下記聞』 第2筆의 43쪽 참조.
70 『謙山遺稿』 중의 「錦城正義錄甲編」 참조.
71 『梧下記聞』 第2筆의 38쪽 참조.
72 『謙山遺稿』 중의 「錦城正義錄甲編」 및 『蘭坡遺稿』 중의 「甲午討平日記」 참조.

빠졌다. 도적들(동학농민군-인용자)은 계책에 빠진 것을 알고 성 밖으로 갑자기 퇴각했으나 양쪽의 복병이 모두 일어나 대환포大丸砲 10좌가 일시에 모두 불을 뿜으니 최경선崔敬善이 대패하여 달아났으며, 죽은 자가 천千여 인이 되었다. 이에 군성軍聲이 크게 떨치었다. 최경선崔敬善이 장성長城에 이르러 전봉준全琫準에게 편지를 보내어 구제救濟를 빌었다. 전봉준은 이를 각하하고 가로되 '저들이 각각 그 직職을 다하는 것뿐이다. 왜 먼저 범犯했는가. 접장接長(최경선)이 내 말을 듣지 않아 패敗한 것이니 나의 구원救援을 바라지 말라'고 하였다."[73]

나주는 서북으로 엄준한 태령이 둘러 있고 동남으로는 대강大江이 성첩城堞을 안고 돌아가므로 그 성중에 상당한 방비가 있으면 함락하기 어려운 요새지였다. 그러나 나주는 관리 작폐作弊와 민막民瘼이 심하고 동학도가 다른 곳보다 더 심하게 탄압을 받은 곳이며 옥에 갇혀 있는 동학농민도 수백 명이 넘었으므로 동학농민군으로서는 방기할 수 없는 중요한 고을이었다. 최경선이 3천 명의 농민군을 이끌고 가서 공격을 가한 것도 이 때문이었다.[74]

전봉준은 최경선이 나주를 공격했다가 패배한 약 1개월 후인 8월 13일에 수행자 십수 명을 거느리고 나주목사와 담판을 하러 나주에 찾아갔다.[75] 전봉준은 나라가 위태로울 때 백성과 관리가 합심하여 나라를 지켜야 한다고 설득하여 나주목사의 묵인하에 마침내 나주에도 더 이상 유혈 없이 집강소를 설치하는 데 성공하였다고, 오지영은 다음과 같이 기록하였다.

"전全 대장大將이 스스로 종자從者 수인을 데리고 나주읍에 이르니 서문西門에 수성守成이 오히려 해태懈怠치 않는지라. 이와 같이 위험지임에도 불구하고 全 대장

73 『梧下記聞』 第2筆의 38~39쪽 참조.
74 『東學史』, 127~128쪽 참조.
75 『謙山遺稿』 중의 「錦城正義錄甲編」 참조.

은 바로 동문東門으로 달려들어가 관사官舍에 들어섰다. 당장 광경이 매우 당황하였다. 이때 목사牧使는 어느 영문인지 몰라 황망히 일어나며 물어 왈曰 '손님은 누구십니까' 말하였었다. 答曰 '나는 동학대장군東學軍大將 전봉준全琫準이로다'. 목사 그 말을 듣고 어안이 벙벙하여 어찌할 줄을 모르는데 全 대장 曰 '주관主官은 물괴勿怪하오, 군君도 조선朝鮮사람이요 나도 조선사람이라, 조선사람으로서 조선사람 대對하기를 어찌 이와 같아서 어이 하나뇨, 방금 우리나라는 외구外寇가 독독한 손을 내밀어 침략을 꾀하고 국정國政은 나날이 비非하여 가서 나라 존망存亡이 목전目前에 있나니 君은 아느냐 모르느냐, 어서 바삐 꿈을 깨우라' 하니 목사가 全 대장의 기풍氣風을 보고 언사言事를 들음에 간담이 서늘하고 어문語門이 막혀 감히 일사一辭도 항변할 수 없는지라. 오직 머리를 숙이며 전후 사유를 듣기를 청할 뿐이라. 全 대장이 다시 천하대세며 홍계훈洪啓薰과 강화講和하던 말이며 각군各郡에 집강소執綱所를 설설設設하고 서로 국사國事를 의론하는 등 전후 수말首末을 낱낱이 말하니 사리事理 그럴듯하고 위풍威風이 늠름하여 목사는 다만 일언一言으로써 유유唯唯할 따름으로 이날로부터 집강소執綱所를 설립하여 정사政事를 보게 하니라."[76]

한편 나주목사 측의 자료인 『겸산유고』는 전봉준이 8월 13일 무장하지 않은 수십 인의 부하를 거느리고 나주에 들어와서 목사 민종렬의 투항을 권고했으나, 나주목사 민은 전봉준을 책망하여 돌려보내고 나주를 굳게 수성守成한 것으로 기록하였다.[77] 뿐만 아니라 제2차 농민전쟁 때에는 나주의 관군은 성을 나와 농민군을 적극적으로 공격했다고 하였다.[78]

농민군은 8월 중순에 관군이 사수한 나주를 제외한 전라도의 모든 고을에 마침내 '집강소'를 설치함으로써 여러 가지 방법의 간고한 투쟁 끝에 마침내 전

---

76 『東學史』, 128~129쪽 참조.
77 『謙山遺稿』 중의 「錦城正義錄甲編」 참조.
78 『蘭坡遺稿』 중의 「甲午討平日記」 및 『謙山遺稿』 중의 「錦城正義錄甲編」 참조.

라도 53개 군현의 거의 모두 집강소를 설치하는 데 성공하였다.

6. 집강소의 발전단계

이상과 같은 과정으로 전라도 53개 군현에 설치된 농민 집강소는 그 전과정을 볼 때 다음과 같이 5단계를 거쳐 발전했다고 볼 수 있다.

제1기는 갑오농민전쟁의 제1차 농민전쟁 시기에 농민군이 점령지에서 읍폐민막을 긴급히 교정하기 위하여 '집강'을 임명한 단계이다. 농민군이 1894년 3월 20일 무장에서 제1차 농민전쟁에 봉기하여 고부를 점령한 때부터 5월 7일 농민군과 관군 사이에 '전주화약'이 체결된 때까지가 이 시기에 해당된다. 이 제1차 농민전쟁 중의 농민군 점령지에서의 농민군이 임명한 '집강'이 그 후의 집강과 집강소의 기원 또는 원형이 되므로, 이 단계는 농민 집강소의 '준비기'에 해당되는 것이라고 볼 수 있다.

제2기는 신임 전라관찰사 김학진과 농민군 총대장 전봉준 사이에 '전주화약'이 성립된 결과 농민군이 전주성을 관군에게 내주고 자진해산하는 형식을 취하여 자기의 출신 군에 돌아가서 '집강소'를 설치한 단계이다. 1894년 5월 8일부터 6월 초순까지가 이 시기에 해당된다. 농민군은 이 시기에 실질적으로 농민군을 해산하지 않고 각 군에서 완강한 투쟁을 통하여 남원·운봉·순창·나주를 제외하고는 다수의 군현에서 '집강소'를 설치하는 데 성공하고, 농민 스스로 폐정개혁을 시작하였다. 이 단계는 집강소의 '설치기'라고 볼 수 있다. 전주화약 때 전라관찰사로부터 농민군이 허가를 받아낸 것은 '면·리집강'이었는데, 농민군이 실제로 설치한 것은 '군집강'과 '군집강소'였으므로 농민군이 설치한 다수의 '집강소'는 아직 관의 공인을 받은 것은 아니었다.

제3기는 농민군과 군읍에서의 '집강' 설치에 대하여 전라관찰사 김학진이 "6

월에 관찰사가 전봉준 등을 감영에 청요請邀하여 …… 관민상화지책官民相和之策을 상의하고 각 군에 집강을 설치하는 것을 허가한六月 觀察使請邀全琫準等于監營 …… 觀察使相議官民相和之策 許置執綱于各郡"[79] 단계이다. 1894년 음력 6월 중순부터 6월 말까지가 이 시기에 해당한다. 농민군은 이 시기에 실력으로 양반 관료의 저항을 받던 남원·순창에도 '집강소'를 설치했으며, 나주를 제외하고는 전라도 53개 군현의 모두에서 집강소의 공인을 받고 폐정개혁을 위한 농민통치를 과감하게 전개하였다. 이 단계는 집강소의 일종의 '확립기'와 '공인기'라고 볼 수 있다.[80]

제4기는 집강소가 전라도 53개 군현(나주 제외)의 통치권력을 완전히 장악하고 대대적 폐정개혁을 위한 농민통치를 과감하게 실시하던 단계이다. 1849년 7월부터 제2차 농민전쟁에 다시 봉기한 9월 12일까지가 이 시기에 해당한다. 이 단계는 집강소의 일종의 '전성기'라고 볼 수 있다.

집강소는 이 시기에 집강소의 농민통치에 더욱더 박차를 가하여, ① 탐관오리의 징계, ② 신분해방운동과 사회신분제의 폐지, ③ 횡포한 부호의 응징과 토재討財, ④ 전정田政·군정軍政의 개혁과 환곡의 무효화 및 환상제도還上制度의 영구한 폐지, ⑤ 농민의 고리채무의 무효화, ⑥ 미곡의 일본에의 유출 방지, ⑦ 지주제도의 개혁·폐지 시도, ⑧ 인민소장訴狀의 처리와 억원抑怨의 해결, ⑨ 관리의 문적文簿의 검열 등의 폐정개혁을 단행하였다. 또한 집강소는 일본군의 내정간섭과 청일전쟁이 진전 상황에 따라 일본군과의 일전이 불가피함을 감지하고 이에 대한 대비로서, ⑩ 농민군을 증모하여 제1차 농민전쟁 때의 7천여 명으로부터 11만여 명으로 17배나 농민군 병력을 강화했으며, ⑪ '수포색마收砲索馬'의 사업을 하여 관아의 무기고를 열고 농민군 무장을 강화했고 민간에 흩어져

---

79 「甲午略歷」, 『東學亂記錄』 上卷, 65쪽.
80 『梧下記聞』 第2筆의 65쪽에서는 金鶴鎭은 그의 초6일~12일의 도내에 보내는 甘結에서 "亦即通及於執綱所"라고 하여 '집강소'를 공공연히 인정하고 그 이름을 부르고 있다.

있는 무기와 마필도 모두 거두어들여 농민군의 무장강화에 징발했으며, ⑫ 군수전軍需錢·군수미軍需米를 비롯한 군수물자를 조달하여 비축하는 사업을 대대적으로 단행하였다.[81] 이 사업을 함에 있어서 대폭 증강된 농민군에는 극히 소수이지만 불량배도 끼어들어와서 약간의 행패도 있었던 것으로 보인다.[82]

전라관찰사 김학진은 집강소의 농민통치가 양반과 부호들에 대한 '수포색마'와 '토재'를 가열시켜 가자 이를 완화하기 위해서 〈전봉준의 통문〉을 빌어 7월 상순에 도내 각읍에 감결甘結을 보내었던 바 그 전문의 주요부분은 다음과 같다.

"근래 무뢰잡류無賴雜類의 금집禁戢할 일에 대해서는 전봉준 등의 품사稟辭에 인하여 이미 감칙甘飭한 바가 있으니 되풀이할 것도 없거니와 몇 읍의 보고한 바를 연이어 보니 이 무리의 전곡錢穀을 토색討索하고 겁략劫掠을 자행함이 열읍列邑에 편만하여 폐弊가 더욱 심한데 각읍各邑은 어찌해서인지 영칙營飭을 변모弁髦하여 처음부터 이를 금갈禁渴하지도 않고 포성砲聲 한번 내지 않으며 관리는 분주奔走하여 극히 태평한 모양으로 저들이 도량함을 방치하여 심지어 살인殺人과 굴총掘塚에 이르더라도 관官이 간여하지 않는다고 한다. 드디어 진동학인眞東學人이 그 누累를 입게 하여 집강執綱을 정하고 그 금단지거禁斷之擧를 설설設設하였는데 수토자守土者가 되어 도리어 수수袖手하여 말이 일기를 열기까지 이르니 어찌 한심하지 아니한가.

이번 초6일에 전봉준全琫準 등과 그 학도學徒가 영문營門에 와서 실심實心으로 모두 개진한 후에 또한 열읍列邑의 집강執綱과 약속한 바를 통문으로 만들었다고 해서 이를 받아 통문을 본즉 말이 실심實心에서 나왔고 일이 모두 정당停當 간절하고 두루 자세해서 쓰지 않을 것이 하나도 없는 고로 다음에 이를 개록槪錄하여 이에 다시 감결甘結을 발송하니 도착하는 즉시 방곡坊曲에 게시하여 붙여서 대소大小

---

81 愼鏞廈, 「甲午農民戰爭 시기 農民執綱所의 活動」, 『韓國文化』 第6輯, 1985 참조.
82 『東學史』, 130쪽 참조.

민심民人으로 하여금 이에 따라 경계하여 거행하게 하고, 만일 혹시 이 무리들이 이전과 같이 행패를 하면 비록 진동학眞東學일지라도 발견되는 데 다라서 관칙關飭을 기다리지 말고 그 동중洞中이 힘을 합하여 잡아서 관에 바치고 조금이라도 소홀히 하면 용서없이 법률에 의거하여 처벌할 것이다. 또한 집강소執綱所에도 통지하여 마음을 한가지로 해서 금구禁究하되 어떠한 읍임을 물론하고 일향一向인 것과 같이 하라. 만일 고식姑息을 되풀이하면 관졸官倅이 패류悖類를 따라 민해民害를 생각지 않는 자로 간주할 것이다.

저 전봉준 등이 실심實心으로 변사辨事함을 보면 어찌 괴괴愧함이 있지 아니한가. 일을 함에 있어서 묵히거나 평소의 안이한 생각을 가져서는 안 된다. 감결甘結이 도착하면 사정을 먼저 즉각 보고하라."[83]

전라관찰사 김학진이 위의 자기의 감결에 후록後錄한 바, 7월 초6일 전봉준으로부터 받은 각 읍의 집강소에 보내는 〈전봉준의 통문〉의 내용은 다음과 같다.

이제 우리의 이 거사擧事는 전적으로 위민제해爲民除害하는 것이다. 그런데 저 교사巧詐한 부랑배浮浪輩가 도량하여 평민平民을 침학하고 여리閭里를 잔상殘傷하고 작은 잘못을 징혐懲嫌하며 동첩動輒 필보必報하는 이는 반덕해선反德害善의 무리이다. 각읍 집강執綱은 밝게 살펴서 다음을 금단禁斷하라.

一. 이미 거두어들인 포砲·창鎗·인釼·마馬는 공납公納에 속함을 이미 통문通文으로 돌렸다. 각 접주接主는 포·창·인·마의 수효와 소지자 성명, 거주居住(주소)를 소상히 적어서 양건兩件을 성책成册하여 순영巡營에 보내고, 성첩成貼 후 1건은 영문營門에 두며, 1건은 각 집강소執綱所에 환치還置하고, 다음의 명령을 기다릴 것.

一. 역마驛馬와 상고마商賈馬는 각각 본주本主에게 돌려줄 것.

83 『梧下記聞』 第2筆의 65~66쪽.

一. 이제 이후부터는 수포색마收砲索馬는 일체 금단禁斷하며, 전곡錢穀을 토색하는
　　자는 이름을 적어 영營에 보고하여 군율軍律에 의하여 처벌할 것.

一. 굴인총掘人塚과 봉사채捧私債는 시비를 물론하고 일체 시행치 말며, 이 항목을
　　어기는 자는 마땅히 영營에 보고하고 처벌할 것.[84]

여기서도 명백히 알 수 있는 바와 같이, 전라도 53개 군현의 실질적 통치는 전
봉준과 집강소에서 이루어졌으며, 전라관찰사 김학진은 전봉준의 통문을 빌어
서 겨우 자기의 감결을 보내는 형편이었다. 위정척사파 양반유생 정석모鄭碩謨
는 집강소의 전성기인 7, 8월의 호남의 사정에 대하여 다음과 같이 기록하였다.

　　"이와 같이 하여 7, 8월에 이르러서 더욱 무법無法하게 되어 부호富戶는 모두 이
　산離散하게 되었고 천민賤民은 함께 모두 도량跳梁하였으며, 비단 토재討財만 할 뿐
　아니라 숙원宿怨을 갚으려고 해서 호남湖南 일대가 혼돈의 세계가 되었다."[85]

집강소의 전성기인 제4기에는 농민들이 권력을 완전히 장악하여 철저한 농
민통치를 단행했으며, 그 결과 양반과 부호들은 상당히 고통을 받았던 것을 알
수 있다. 이 시기에 광양의 동학농민군은 경상도의 하동에 진출하여 여기에도
집강소를 설치하려고 시도할 정도로[86] 농민 집강소는 막강했으며, 매우 활발하
게 폐정개혁의 농민통치를 단행하였다.

제5기는 농민군이 일본침략군을 군토에서 몰아내기 위하여 제2차 농민전
쟁에 봉기해서 일본군·관군·양반유생군과 혈전을 벌이던 단계의 집강소이다.
1894년 음력 9월 13일부터 12월 말까지가 이 시기에 해당된다. 전봉준 부대와

---

84 『梧下記聞』第2筆의 66쪽.
85 「甲午略歷」, 『東學亂記錄』上卷, 65쪽.
86 『梧下記聞』第2筆의 68쪽 참조.

뒤이어 김개남 부대가 서울을 향하여 차례로 북상한 후에는 광주에 근거지를 설치한 손화중 부대에 의하여 집강소의 농민통치가 무력적으로 호위되었다.[87] 이 시기에 집강소는 농민전쟁을 수행하기 위하여 농민군의 모집, 무기의 공급, 군수전·군수미 등 군수물자의 조달 등에 맹렬한 활동을 하였다. 제2차 농민전쟁의 초기에는 농민군은 그들이 진출한 충청도의 영동永同·옥천沃川 지방[88] 및 공주 등 일부 지방과[89] 경상도의 하동에도 집강소를 설치하여,[90] '집강소'의 설치지역은 오히려 더욱 확대되어 농민군의 대진군에 따라 '전국화'하려는 추세도 보였다. 그러나 농민군이 공주의 우금치牛金峙 전투에서 패전한 후에는 호남의 집강소도 반혁명적인 양반민보군兩班民堡軍의 저항을 받기 시작했으며, 관군과 일본군이 전라도 내에까지 진군하여 차례차례 각 군현을 수복해 나가자 집강소도 차례로 붕괴되었다. 이 시기에 집강소는 농민전쟁에 있어서의 농민군의 승패에 따라 그 성쇠가 좌우되었으며, 결국 농민군의 패배에 따라 '집강소도 붕괴되기에 이르렀다. 이 단계는 '농민전쟁 수행기'와 '해체기'라고 볼 수 있다.

집강소는 이상과 같은 5단계를 거쳐 설치되고 발전되면서 한국 역사상 처음으로 농민에 의한, 농민을 위한, 농민의 '통치기관'이 되어 '농민통치'를 단행하는 특이한 역할을 수행한 것이었다.

---

87 「全琫準供草」, 初招問目, 『東學亂記錄』 下卷, 529쪽 참조.
88 「巡撫先鋒陣謄錄」, 『東學亂記錄』 上卷, 684쪽 및 「先鋒陣呈報牒」, 『東學亂記錄』 下卷, 202쪽에 의하면, 제2차 농민전쟁 때 충청도 永同에 출동한 관군이 농민군 10여 명을 생포했는데, 그중에는 永同 西齋의 省察 金太平, 永同 三室村 省察 朴秋浩, 沃川 利原驛의 省察 李大哲 등이 포함되어 있었다. '省察'은 執綱所의 직책이므로 이 지방에서도 집강소가 설치되었음을 미루어 알 수 있다.
89 「宣諭榜文业東徒上書所志謄書」, 『東學亂記錄』 下卷, 386쪽 참조. 여기에서는 "公州 正安面 達院의 省察 池三石의 供招가 수록되어 있다.
90 『梧下記聞』 第2筆의 102~103쪽 참조. 동학농민군은 하동을 점령하여 府中에 執綱所를 설치한 다음, 계속 진주를 향하여 진군하였다.

7. 집강소의 조직

갑오농민전쟁 시기의 농민 집강소는 다음과 같이 4개 기관으로 조직되어 있었다.[91]

집강소
- ① 집행기관執行機關
- ② 의사기관議事機關
- ③ 집강소 호위군執綱所 護衛軍
- ④ 방조기관幇助機關

집강소의 집행기관은 『갑오약력』에 의하면, ① 집강執綱, ② 서기書記, ③ 성찰省察, ④ 집사執事, ⑤ 동몽童蒙으로 구성되어 있었다. 『갑오약력』은 다음과 같이 기록하였다.

> "이에 동도東徒들은 각 읍에 할거하여 공해公廨에 집상소執綱所를 설치하고 서기書記·성찰省察·집사執事·동몽童蒙의 명색들을 두었으며 완연히 하나의 관청官廳을 이루었다."[92]

이 중에서 '집강'은 집강소의 총책임자이면서 동시에 집행기관의 책임자였다. 집강은 주로 동학의 접주 중에서 임명되었다.[93] 그러나 한 군에는 크고 작은 여러 개의 '접'이 있는 경우도 있었고, 그에 따라 접주에도 대접주·수접주首接主·접주 등의 위계와 접주가 여러 명 있는 경우가 있었다. 『오하기문』은 이에 대하여 다음과 같이 기록하였다.

---

91 『東學史』, 『梧下記聞』, 「甲午略歷」 등을 종합하여 필자가 정리한 것이다.
92 「甲午略歷」, 『東學亂記錄』上卷, 65쪽.
93 『梧下記聞』第1筆의 105쪽 참조.

"그 소취所聚를 가로되 접接이라 하고, 그 우두머리를 가로되 대접주大接主라 하고, 그다음을 가로되 수접주首接主라 하고, 또 그다음을 가로되 접주接主라 하였다. 그 서로 높이어 칭함을 가로되 접장接長이라 했으며, 그 상대에 대하여 자기를 칭할 때에는 가로되 하접下接이라 하였다. 혹 만인萬人이 1接이 되기도 하고, 혹 천인千人이 1接이 되기도 하고, 혹 백인百人 또는 수십 인 역시 스스로 1接이 되기도 하였다. 대읍大邑에는 수십접數十接이 있기도 했고 소읍小邑에도 3, 4接이 있었다."[94]

또한 『겸산유교』에서는 이에 대하여 다음과 같이 기록하였다.

"접接의 우두머리를 가로되 접주接主라고 했는데, 역시 대접大接과 私(首)接의 이름이 있었으며, 큰 것은 거의 모두 수천 인을 넘었고, 작은 것도 5, 6백 인을 내려가지 않았다. 또한 접사接司 성찰省察 포사砲士 동몽童蒙의 이름이 있었고, 각각 준표準標를 첩첩貼하여 서로 식별하였다."[95]

이상과 같이 한 군에 여러 명의 접주가 있을 때에는 가장 지위가 높은 대접주·수접주부터 차례로 그 지위에 따라 상위의 접주를 '집강'으로 임명한 것으로 보인다.[96]

'집강'의 하는 일에 대하여, 황현의 『오하기문』은 집강으로서 "접주 한 사람을 임명하여 태수의 일을 행하게 했으며"[97] 집강소를 설치하여 "그 친당親黨을 집강으로 만들어 수령의 일을 행하였다"[98]고 기록하였다. 또한 황현은 집강소

---

94 『梧下記聞』第1筆의 104쪽.
95 『謙山遺稿』중의「錦城正義錄甲編」.
96 물론 예외가 있어서, 유능한 인재는 하위의 접주일지라도 '집강'에 임명되었을 것임은 더 말할 필요도 없다.
97 『梧下記聞』第1筆의 105쪽. "差一人接主 行太守事" 참조.
98 『梧下記聞』第2筆의 62쪽. "其親黨爲執綱 行守令之使" 참조.

의 통치에 대해서도, "오늘날 어떠한 읍의 읍사邑事를 물론하고 (동학)도인이 이를 주재하고 (정부가 임명한) 관장官長의 결정을 기다리지 아니했다"[99]고 기록하였다. 한편 정석모도 『갑오약력』에서 집강소가 설치된 곳에서는 "소위 읍재邑宰는 오직 이름만 있고 행정을 할 수 없었으며 심하면 읍재를 추방하기도 했다"[100]고 기록하였다.

위의 기록들에 사회학에서의 '역할'의 개념을 도입하여 이를 명료하게 해 보면, 집강소의 '집강'의 역할은 '태수의 역할' '수령의 역할'을 하도록 동학농민군은 '집강'에게 역할을 배분한 것이었다. 즉 바꾸어 말하면 집강소의 '집강'은 '농민이 임명한 태수=수령=군수=읍재'인 것이었다. 그러므로 조선왕조 정부가 임명한 읍재는 이름만 있었고 행정을 할 수 없었으며, 만일 그가 행정을 하여 참으로 읍재의 역할을 하려고 하면 '농민이 임명한 읍재'인 '집강'의 역할과 충돌하여 조선왕조 정부가 임명한 읍재는 농민군에 의하여 추방당하게 된 것이었다.

'서기'는 집강소의 농민통치의 문부文簿를 작성하고 정리하며, 또한 관리의 문부를 검열하고, 집강의 비서와 같은 역할을 수행하는 직책이었던 것으로 보인다. 대접주 전봉준의 서기는 송희옥宋憙玉과 정백현鄭伯賢이었다.[101]

'성찰'은 집강소의 농민통치에 있어서 치안과 경비를 담당하고 순찰과 감찰을 담당하는 직책이었다. 집강소의 농민통치의 기율과 기강을 바로잡는 일도 성찰의 역할이었으며, 탐관오리·불량한 양반·횡포한 부호·훼도毁道분자를 조사하고 압송하는 것도 성찰의 역할이었다.[102] 성찰의 이러한 역할 때문에 성찰은 집강소 보위군과도 직접 연계되어 있었던 것으로 보인다.[103] 알기 쉽게 비유해서

---

99 『梧下記聞』第3筆의 15쪽. "今日毋論毋邑邑事 道人主之 無預官長" 참조.
100 「甲午略歷」, 『東學亂記錄』上卷, 65쪽. "所謂邑宰只有名位 不得行政 甚者逐逐邑宰" 참조.
101 『東學史』, 112쪽 참조.
102 「甲午略歷」, 『東學亂記錄』上卷, 67~68쪽 참조.
103 『梧下記聞』第1筆의 105쪽 참조.

말하면 성찰은 집강소의 '농민경찰'인 셈이었다. 이 때문에 집강소에서의 실권은 집강 다음으로 성찰이 갖고 있었으며, 양반관료들은 집강 다음으로 성찰을 집강소의 핵심분자로 간주하여 증오하였다.[104] 성찰은 한 집강소에 '다수' 두었으며,[105] 성찰의 책임자를 '도성찰都省察' 또는 '도찰都察'이라고 불렀다.[106]

'집사'는 집강소의 행정과 공사를 관리하는 행정요원이었던 것으로 추정된다. 집강소의 농민통치의 개혁행정 실시, 인민소장의 처리 등 직접적인 개혁 사업에 대한 선전과 계몽 등도 모두 집사의 일이었던 것으로 보인다. 동학의 전도, 농민군의 폐정개혁 사업에 대한 선전과 계몽 등도 모두 집사의 직무였던 것으로 추정된다. 따라서 한 집강소에는 '다수'의 집사가 있었다.[107] 『오하기문』에는 기포 후에 나온 직책으로 '공사장公事長'이란 직책이 나오고,[108] 『갑오약력』에도 집강소의 '공사장'이 나오는데[109] 이것이 바로 '집사'의 책임자를 가리킨 칭호로 추정된다.

'동몽'은 주로 청소년으로 구성되어 집강소와 다른 집강소, 또는 각 기관 사이의 전령傳令과 연락을 담당하고, 집강소 간부의 호위를 담당하며, 때로는 성찰의 보조적 역할도 수행한 직책이었던 것으로 추정된다. 물론 동몽도 한 집강소에 '다수' 존재하였다.[110]

집강소의 의사기관은 오지영의 『동학사』에서 "의사원 약간인을 두었으며" "십수인의 의원이 있어 협의체로 조직이 되었었고"[111]라고 한 곳에서 그 존재를 알 수 있다. 집강소의 농민통치를 집강이 단독으로 정책결정과 의사결정을 하

---

104 「宣諭榜文並東徒上書所志謄書」, 『東學亂記錄』 下卷, 386쪽 참조.
105 「甲午略歷」, 『東學亂記錄』 上卷, 67쪽. "多送省察" "省察輩" 참조.
106 「甲午略歷」, 『東學亂記錄』 上卷, 70쪽 참조.
107 「甲午略歷」, 『東學亂記錄』 上卷, 67쪽. "多送執事" 참조.
108 『梧下記聞』 第1筆의 105쪽 참조.
109 「甲午略歷」, 『東學亂記錄』 上卷, 73쪽. "盖公事長者 接主之亞位 總管公事者也" 참조.
110 「甲午略歷」, 『東學亂記錄』 上卷, 67쪽 참조.
111 『東學史』, 126쪽 및 『草稿本 東學史』 第3책, 42~43쪽.

면 독재로 말미암은 착오가 발생할 수 있고 농민의 의사가 충분히 반영되지 않을 위험이 있으므로 이를 방지하기 위하여 의결기관으로서 십여 명의 '의사원' '의원'을 두어 충분한 토론과 검토를 거친 후에 정책과 의사를 결정토록 해서 이를 집행한 것으로 보인다.

조선왕조의 후기-말기에는 '두레'의 조직에서도 볼 수 있는 바와 같이 농민 조직이나 농민단체에는 민주적 의결과정이 상당히 발전해 있었는데,[112] 집강소도 이러한 농민 민주주의적 전통을 계승하여 그 지방의 실정에 밝은 농민 약간 명을 '의사원'으로 선임해서 폐정개혁을 위한 정책결정과 의사결정을 많이 맡긴 것으로 보인다.

일찍이 보은취회 때 선무사宣撫使로 내려간 어윤중魚允中은 취회 중의 동학농민들이 탐관오리의 축출을 요구하자 이에 응답하여, "그대들의 이 회會가 무기를 전혀 들지 않았으니 곧 민회라고 할 수 있다. 각국 역시 민회民會가 있어서 조정의 정령政令이 백성과 나라에 불편한 것이 있으면 회의하여 강정講定한다고 일찍이 들었다. 이로써 일을 보면 어찌 그대들을 비류匪類로 조치하겠는가"[113]라고 말하였다. 또 전봉준은 그 후 체포되어 일제 경찰의 취조를 받을 때 서울에 입성하여 일본군을 몰아내고 간악한 관리들을 쫓아낸 다음에는 "국사國事를 들어 한 사람의 세력가에게 맡기는 것은 크게 폐해가 있는 것을 알기 때문에 협합해서 합의법合議法에 의해 정치를 담당하게 할 생각이었다"[114]고 응답하였다. 전봉준과 동학농민군의 이러한 합의정치合議政治의 구상이 집강소에서는 의사기관議事機關을 두고 약간의 의사원議事員을 선임해서 집강소 농민통치의 합의정치를 추구하는 기구를 둔 것으로 해석될 수도 있다.

집강소 호위군은 각 군의 집강소의 농민군 무력이었다. 오지영의 『동학사』에

---

112 慎鏞廈, 「두레共同體와 農樂의 社會史」, 『한국사회연구』(한길사) 제2집, 1984 참조.
113 『聚語』 「宣撫使再次狀啓 魚允中兼帶」, 『東學亂記錄』 上卷, 123쪽 참조.
114 『東京朝日新聞』, 1895년(明治 28) 3월 6일자, 「東學黨首領と合議政治」.

"관민간에 남은 군기軍器와 마필을 거두어 집강소의 호위군을 세우고 만일을 경계하였다"[115]고 한 곳에서 그 존재를 확인할 수 있다. 농민군은 '전주화약' 후에 각각 자기의 출신 군에 귀환하자 무장을 풀지 않고 그대로 농민군체제를 지속하면서 집강소를 설치한 다음 그 집강소의 무력으로 활동하였다.[116] 뿐만 아니라 집강소 설치 후에는 농민군을 증모하고 각군의 무기고를 열어 농민군의 무장을 대폭 강화하였다.[117] 특히 7월 이후에 일본 침략군과의 일전이 불가피함을 감지하고 제2차 농민전쟁을 준비하기 시작한 이후에는 집강소 호위군으로서의 농민군의 병력은 급속히 증가하여 전도에 걸쳐 11만 4천 5백 명 이상으로 되었다.[118] 집강소 시기의 기록들에 나오는 '기포장騎砲將',[119] '포사砲士'[120] 등은 모두 집강소 호위군에 관련된 직명으로 보인다.

집강소 호위군과 관련하여 특히 주목할 것은, 천민신분 출신의 농민군 특수부대를 창설하여 집강소 호위와 농민통치의 무력으로 사용했다는 사실이다. 『오하기문』에 의하면 대접주 "손화중은 전라우도에서 도한屠漢·재인才人·역부驛夫·야장冶匠·승도僧徒 등 평일의 가장 천류賤流로서만 한 접을 별도로 설치했는데 그 사납과 용맹스러움이 누구도 대항할 수 없어 사람들이 가장 두려워했다.[121]고 하였다. 손화중은 이 수천 명의 천민농민군을 재인才人 중심으로 편성하고 그 통령에 고창의 재인 홍낙관洪洛官[122]을 임명하여 자기 산하에 두었는데, 이 천민농민군의 정예무력 때문에 손화중의 농민군이 실제로는 전봉준과 김개남의 농민군부대보다도 막강했다고 하였다. 또한 손화중의 이 천민농민군은 제

---

115 『東學史』, 130쪽.
116 『梧下記聞』第2筆의 40쪽. "今聞幾處餘黨 猶復不釋兵器 所在屯結"참조.
117 『梧下記聞』第3筆의 11~14쪽 참조.
118 『東學史』, 134~135쪽에서 계산한 것임.
119 『梧下記聞』第1筆의 105쪽 참조.
120 『謙山遺稿』중의 「錦城正義錄甲編」참조.
121 『梧下記聞』第2筆의 97쪽.
122 「李圭泰往復書並墓誌銘」,『東學亂記錄』下卷, 467쪽에, 고창에서 東學臣魁 '洪洛寬'을 捉得했다는 보고가 나오는데, 이는 '洪洛官'과 동일인물로 추정한다.

2차 농민전쟁 시기에도 북상하지 않고 호남에 그대로 주둔하여 제2차 농민전쟁 시기(제5기)의 집강소의 농민통치의 결정적 무력이 되어 주었다.

　　"처음에 손화중은 도내의 재인을 뽑아 1布(包-필자)를 조직하고 홍낙관洪洛官으로 하여금 이를 지휘하도록 하였다. 홍낙관은 고창의 재인으로서 손화중에 속하여 그 부하 수천 인이 민첩하고 정예였으므로 손화중이 비록 전봉준·김개남과 정족지세에 있었다 할지라도 (실제로는 손화중의 무리가) 최강하였다. 전봉준이 북상할 때에 손화중에게 연달아 격문을 보내어 연병連兵할 것을 요청했으나 손화중은 불응하였다. 공주에 이르러 3패하여 사망자가 수만에 이르자 전봉준은 비로소 손화중에게 이서貽書를 보내어서 뭇 목숨들을 아끼어 해산하도록 하고 생민生民을 함부로 죽이지 말도록 하였다. 마침내 손화중은 그의 布(包)를 모두 일으키어 도합 10여 만으로 나주羅州를 포위하였다."[123]

남원에 집강소를 설치하여 전라좌도를 통치했던 대접주 김개남도 천민신분 출신의 농민군부대를 편성하였다. 김개남은 처음에 도내의 창우와 재인 1천여 명을 뽑아 한 개의 농민군부대를 편성해서 그들의 사력을 다한 충성을 얻었다. 『오하기문』에는 다음과 같이 기록되어 있다.

　　"처음에 김개남은 도내의 창우·재인 천여 명으로 일군一軍을 만들어 그들을 두터이 예우해서 그들의 사력死力을 얻음을 도모했다."[124]

집강소의 농민통치에 의하여 신분해방을 달성한 천민들이 집강소 호위군으로 편성되었으니 그들이 얼마나 용감하고 헌신적으로 집강소의 농민통치를 뒷

123 『梧下記聞』第3筆의 35쪽.
124 『梧下記聞』第3筆의 23쪽.

반침했을지는 추정되고도 남음이 있다. 전라우도와 전라좌도가 모두 각각 천민신분 출신의 집강소 호위군을 특수부대로 편성하여 집강소 농민통치의 가장 강력한 무력을 편성한 것을 여기에서 잘 알 수 있다.

집강소의 방조기관은 집강소에 종속된 종래의 관아의 대소관리들의 행정조직을 말하는 것이다. 오지영의 『동학사』에서 "대소관리大小官吏들은 그를 방조幇助하여 폐정개혁弊政改革에 착수케 되었으며"[125]라고 한 곳에서 집강소가 폐정개혁을 주도하여 담당하고 종래의 군아의 관리들은 이에 대한 방조기관으로 전화되어 집강소의 활동에 보조적 기능을 수행한 것을 알 수 있다. 집강소 시기에 이서吏胥들은 농민군에게 완전히 투항하여 상당한 정도로 아부하였다.[126] 집강소는 이에 종래의 이서들을 동학에 입도시켜 그들의 심부름꾼으로 부리었다.[127] 그 결과 "이서들은 모두 동학당東學黨에 입적하여 생명을 보전"[128]한 것이었다. 물론 그들이 진심으로 동학을 신봉한 것이라기보다는 대세에 따라 보신책으로서도 그렇게 한 것이었다. 이에 따라 종래의 관아는 실질적으로 집강소에 예속된 방조기관으로서 기능하게 된 것이라고 볼 수 있다.

각 군의 집강소는 대개 공해公廨 즉 관청 내에 설치했던 것으로 보인다.[129] 즉 집강소가 이전의 관아 내에 설치되어 집강소의 조직체계와 함께 그 자체가 하나의 관청처럼 된 것이었다.

군의 집강소들을 총괄하는 대도소大都所(즉 都執綱所)는 두 곳에 설치되어 있었다. 그 하나는 전봉준이 전주에 '대도소'를 설치하여 전라우도와 전라도 전체를 지휘하고, 김개남이 남원에 '대도소'를 설치하여 전라좌도를 지휘하였다.

---

125 『東學史』, 126쪽.
126 「兩湖招討謄錄」, 『東學亂記錄』 上卷, 205쪽 참조.
127 『東學史』, 126쪽 참조.
128 「甲午略歷」, 『東學亂記錄』 上卷, 65쪽. "吏胥輩盡爲人籍于東黨 以保姓名"참조.
129 「甲午略歷」, 『東學亂記錄』 上卷, 65쪽. "設執綱所于公廨 置書記·省察·執事·童蒙之各色 宛成一官廳"참조.

황현은 『매천야록』에서 다음과 같이 기록하였다.

　　"호남의 도적 김기범金箕範(開男-인용자)은 남원에 들어가 근거지를 잡았다. 기범
과 전봉준은 나뉘어 이고二股를 이루었다. 봉준은 전주에 있으면서 김학진을 위협
하여 인질로 잡고 일도一道를 호령했으며, 대세를 보아 가면서 진퇴지계進退之計를
세웠다. 기범은 난亂의 처음에 남원에 한 번 들어가자 물력物力이 풍부하고 튼튼한
것을 보고 마음에 탐을 내서 부사府使 윤병관尹秉觀이 도주했다는 것을 듣자 우도
右道로부터 여러 布(包) 도합 5만여 명을 모아 행군해서 격문檄文을 띄우며 들어왔
는데 이민吏民에 감히 막는 자가 없었다. 도적은 이에 참칭僭稱하고 남원에 60일을
유진留陣하면서 드디어 소혈지계巢穴之計를 삼았다."[130]

　　한편 정석모의 『갑오약력』에서는 "전봉준이 수천의 중衆을 옹하고 금구·완
편에 거據하여 우도에서 호령을 행하고, 김개남은 수만의 중을 옹하여 남원성
에 거하면서 좌도를 통할하였다. 그 나머지 김덕명·손화중·최경선의 도배들도
각각 일방에 거하였다"[131]고 하여 전봉준이 '금구·완평'에 대도소를 설치한 것
으로 기록하였다. 그러나 이것은 집강소를 전라관찰사로부터 '공인'받기 이전
의 일로 보이며, 전라관찰사 김학진이 각 군에 집강소 설치를 허가하여 '공인'
한 이후에는 전봉준은 '전주'에 대도소를 설치하여 전주에 머물면서 전도全道
의 통치를 통할하였다. 동학농민들의 집강소가 호남지방을 사실상 통치하게 된
결과 중앙정부의 직접적 통치하에 있던 호서 지방과는 양호兩湖 간에 도로가
막히다시피 되었다.[132]
　　전봉준이 '전주'에 대도소를 설치하여 전라관찰사 김학진까지도 그의 지휘

---

130 『梅泉野錄』, 158쪽.
131 「甲午略歷」, 『東學亂記錄』上卷, 65쪽.
132 『關草存案』甲午 7월 29일條. "濟州 1號" 참조.

를 받게 된 형편에 대해서는 당시 전라관찰사의 군사마로서 현장을 경험하고 관찰한 최영년崔永年의 『동도문변東徒問辨』의 기록이 이를 잘 증언하고 있다. 최영년은 김학진이 전라관찰사로 취임 후에 관찰사가 정무를 보는 장소인 선화당宣化堂을 전봉준에게 내주고 자기는 스스로 징청각澄淸閣에 거처하며 매사를 전봉준을 경유했다고 다음과 같이 기록하였다.

"마침내 김학진을 감사監司로 한다는 특명이 있었는데, 김학진은 가로되 내가 당당히 청려각건靑驢角巾으로 도적에게 가서 종용하고 이해利害를 논진論陳해서 도적으로 하여금 스스로 굴복케 하리라고 하였다. 그러나 그 도임到任한 후에 선화당을 도적에게 양보하고 징청각澄淸閣에 스스로 거처하면서 매사每事를 도적을 유由하여 하였다."[133]

황현은 『오하기문』에서 전봉준이 '전주'에서 전도의 통치를 '전제'하고 관찰사 김학진은 전봉준의 '괴뢰'와 같이 되어 있던 형편을 다음과 같이 기록하였다.

"전봉준은 …… 이에 김학진을 (위협 제압해서) 끼고 이를 기화로 하여 일도一道를 전제專制하였다. 김학진의 좌우는 모두 그의 (전봉준의) 당여黨與이었다. 비밀리에 도적들(동학농민군-인용자)을 부른 것이 표면상의 명목은 수성守成이었지만 사실은 위성圍城이었다. 김학진은 괴뢰傀儡와 같이 되어 사람을 부림과 기거起居와 일거수 일투족을 자기 마음대로 하지 못하고 오직 문서를 봉행奉行할 뿐이었다. 사람들이 그를 도인감사道人監司라고 불렀다."[134]

---

133 崔永年, 「東徒問辨」, 『東學亂記錄』 上卷, 160쪽.

134 『梧下記聞』 第2筆의 63쪽. "琫準……於是挾鶴鎭 作奇貨 專制一道. 鶴鎭左右 皆其黨與 密召諸賊 登陴名曰守城 而實則圍城也. 鶴鎭如傀儡須人 起居唾嚏不得自恣 但奉行文書而已. 民謂之道人監司." 참조.

황현은 전라관찰사 김학진이 도내에 감결을 보낼 때 집강소에 보내는 〈전봉준의 통문〉을 빌어 그에 기댄 것을 들면서 관찰사 김학진이 손을 모아 전봉준의 명을 받는 형편에 있었다고 다음과 같이 개탄하였다.

"김학진이 미치고 넋을 잃지 않았으면 어찌 이런 것이 입에서 나올 수 있겠는가. 도신道臣의 직책이 얼마나 막중한 것인데 앉아서 전성全省을 옹擁하고서도 공수拱手하여 (전봉준의) 명을 받으며 (중략) 도적들(동학농민군-인용자)을 향하여 동정을 애걸해서 (전봉준의) 호령에 빙자하여 관문關文을 봉행함과 같이 하니 부끄러움을 완전히 잃은 것이다."[135]

집강소의 조직체계에서 군집강소 밑에는 각 '면·리집강'이 설치되어 면과 리에서의 농민행정을 담당한 것으로 추정되는데, 아직 확실한 자료를 찾지 못하였다.

이상 본 바와 같이 '집강소'는 전도와 군에서 그 자체 조직과 체계를 갖고 하나의 농민정무처를 이루어 완전히 호남 일대의 통치권을 장악하고 그들이 원하는 강력한 폐정개혁의 농민통치를 단행한 것이었다.

8. 집강소의 주체세력

집강소의 주체세력은 사회신분상으로는 '양인신분층'과 '천민(노비)신분층'이었고, 사회계급으로는 '소작농을 중심으로 한 빈농층'이었으며, 종교별로는 간부들은 동학의 '구도舊道'들이 많았고 병사들은 '신도新道'들이 많았다.[136]

---

135 『梧下記聞』第2筆의 67쪽.
136 慎鏞廈,「甲午農民戰爭의 主體勢力과 社會身分」,『韓國史研究』第50輯, 1985 참조.

이를 지도부와 병사로 나누어 보면, 전주에 대도소를 차려 전라우도와 전라도 전도의 집강소를 지휘한 전봉준은 '평민(양인)'신분 출신이었고,[137] 토지 3두락을 경작하는 '빈농'이었으며,[138] 서당 훈장訓長을 했을 만큼의 농촌지식인이었고,[139] 동학의 고부접주古阜接主였다.[140] 김개남도 역시 '양인(평민)'신분 출신이었고, 손화중도 역시 '양인(평민)'신분 출신이었다.[141] 그 밖에 김덕명과[142] 최경선도 역시 '양인(평민)'신분 출신이었다.[143] 그 밖에 대접주급과 접주급의 지도부는 대부분이 '상승하는 양인(평민)'신분의 출신이었다.[144]

그러나 집강소가 격렬한 신분해방운동을 전개하여 스스로 노비·천민의 해방을 단행한 후에는 천민신분 출신의 접주接主와 통령統領들이 집강소의 주체세력으로 진출하기 시작하였다. 예컨대, 담양에서 접주로 활동한 김석원金錫元은 원래 남원의 관노였다.[145] 담양 접주 남응삼南應三도 원래 노비출신이었다고 전해지고 있다. 또한 만경에서 접주·통령으로 활동한 석구石九와 순익順益도 원래 성姓조차 없는 노비출신이었고,[146] 손화중의 산하에서 천민출신 농민군부대를 지휘한 고창의 홍낙관洪洛官도 천민의 하나인 재인才人 출신이었다.[147] 강진에서 연안 방수防守를 담당했던 수명壽命도 원래 사노비私奴婢 출신이었다.[148] 천민신분 출신의 이러한 접주·통령으로의 진출은 집강소의 주체세력 구성의 변화

---

137 「全琫準判決宣告書原本」, 『韓國學報』 第39輯, 1985, 187쪽 참조.
138 「全琫準供草」, 初招問目, 『東學亂記錄』 下卷, 524~525쪽 참조.
139 「全琫準供草」, 初招問目, 『東學亂記錄』 下卷, 521쪽 참조.
140 「全琫準供草」, 初招問目, 『東學亂記錄』 下卷, 534~535쪽 참조.
141 「孫化中判決宣告書原本」, 『韓國學報』 第39輯, 1985, 192쪽 참조.
142 「金德明判決宣告書原本」 참조.
143 「崔永昌判決宣告書原本」, 『韓國學報』 第39輯, 1985, 193쪽 참조. 崔永昌은 崔景善의 本名임.
144 愼鏞廈, 「1894년의 社會身分制의 廢止」, 『奎章閣』 第9輯, 1985 참조.
145 「朴鳳陽經歷書」, 『東學亂記錄』 下卷, 513쪽 참조.
146 「巡撫先鋒陣謄錄」, 『東學亂記錄』 上卷, 665~666쪽 참조.
147 「梧下記聞」 第3筆의 35쪽 참조.
148 「先鋒陣各邑了發關及甘結」, 『東學亂記錄』 下卷, 350쪽 참조.

해 가는 한 특징이었다고 할 수 있다.

집강소의 주체세력 중에서 병사들의 사회신분을 보면, 이들 역시 다수가 '양인신분' 출신의 소작농·빈농들이 대부분이었다. 황현은 제1차 농민전쟁 때부터 "평민이 선두에 섰다"[149]고 기록하였다. 제2차 농민전쟁 시기에 무안현감은 집강소 시기까지 포함한 보고에서 '평민'들이 대부분 동학·농민군에 가담했음을 다음과 같이 보고하였다.

"본읍은 바닷가의 구석에 후미져 있어서 오히려 화택化澤의 미치지 않는 곳이 있던 중 동학배東學輩의 창궐의 때를 만난 피륵자被勒者(징집된 자-필자)는 이를 요행이라 하고 낙종자樂從者(자원입대자-필자)는 이 기회를 이용할 수 있다고 하면서 침침연하게 매우 어수선한 지역에 혼귀渾歸하여 (동학농민군에) 가담하지 않는 자가 거의 없으니 참으로 통탄할 일입니다."[150]

여기서 주목해야 할 것은 '평민' 중에서 동학농민군에의 자원가입자를 가리키는 '낙종자樂從者'는 "이 기회를 이용할 수 있다樂從者謂此時可乘"고 하면서 이에 적극 참가하고, 동학농민군에의 징집된 자를 가리키는 '피륵자被勒者'는 "이것은 요행이다被勒者謂之僥幸"라고 하면서 역시 동학농민군에 기꺼이 참가하고 있다는 사실이다. 황현이 지적한 바 동학도들이 "평민을 위협하여 도道에 넣어서 농민군 대오에 충원하여 진陣을 편성케 했다驅脅平民勒道 充伍使列陣[151]고 한 경우도 위의 '피륵자'의 경우와 동일한 것이라고 볼 수 있다. 이것은 집강소 시기에 동학농민군에 참가한 양인농민들이 종교로서의 동학에 감복하여 입도한 것이 아니라 그들이 간절히 추구하는 폐정개혁과 신분해방 등을 목적으로 대

---

149 『梧下記聞』 第1筆의 65쪽. "平民先負" 참조.
150 「先鋒陣各邑了發關及甘結」, 『東學亂記錄』 下卷, 328쪽 참조.
151 『梧下記聞』 第3筆의 31쪽.

대적으로 동학농민군에 들어가서 집강소의 주체세력이 되었음을 강력히 시사하는 것이라고 볼 수 있다.

집강소 시기에 집강소 주체세력으로서의 동학농민군 병사의 신분구성에 큰 변화를 보인 것은 '노비층'을 비롯한 천민신분층의 대대적인 참가였다. 황현은 집강소 시기의 동학농민군의 주요 참가자에 대하여 "천한 자가 들어갔음賤者入之"[152]을 강조했으며, 동학에는 귀천노소의 차별이 없어서 노비와 그 주인이 함께 동학에 들어가면 서로 친구처럼 상호간에 평등하게 '접장接長'이라고 존경하여 부르며 평등하게 대접하므로 사노私奴·역인驛人·무부巫夫·수척水尺 등 여러 종류의 천민들이 천민들이 가장 기꺼이 동학농민군에 들어가 따랐다고 다음과 같이 기록하였다.

"(그들의) 법은 귀천貴賤이나 노소老少가 없이 모두 평등한 상대로 절을 하여 예禮를 하고 읍揖한다. 포군砲軍을 칭하여 포사접장砲士接長이라 하고 동몽童蒙을 칭하여 동몽접장童蒙接長이라 한다. 노奴와 주인主人이 모두 입도入道하면 역시 서로 접장接長이라 부르면서 서로 친구처럼 교제한다. 그러므로 무릇 사노私奴 역인驛人 무부巫夫 수척水尺 등 여러 종류의 천인賤人들이 가장 즐거이 (동학농민군에) 들어가 따랐다."[153]

집강소의 동학농민군 병사를 구성한 '양인신분층'과 '천민신분층'의 농민의 사회계급은 주로 ① 대부분이 소작농을 중심으로 한 소농·빈농층이었으며, ② 소수의 농업노동자층이었다. 물론 집강소의 동학농민군에는 농민 이외에도 해안지방에서는 어민도 참가했으며,[154] 산간지방에서는 산포수山砲手들도 참가했

---

152 『梧下記聞』 第1筆의 107쪽.
153 『梧下記聞』 第1筆의 106쪽.
154 「宣諭榜文並東徒上書所謄書」, 『東學亂記錄』 下卷, 385~386쪽 참조.

다.[155] 그러나 이들은 극소수이었고, 집강소 호위군을 이룬 농민군 병사들의 대부분은 '양인신분층'과 '천민신분층' 출신의 '소작농' '빈농' '소농' '농업노동자' 들이었다.

집강소의 주체세력이 이상과 같이 '상승하는 양인신분층' 및 '신분해방을 절실히 추구하는 노비·천민신분층'의 '소농' '빈농' '농업노동자' 층으로 구성되었다는 사실은 그들이 사회적 지위와 사회의식의 성장에 따라 그들의 밑으로부터 상승하는 사회세력의 힘이 사회신분제와 봉건제의 구체제의 장벽에 부딪치자 농민혁명운동에 봉기하여 이를 부수면서 집강소를 설치하고 그들이 원하는 집강소의 농민통치를 단행한 것이었다고 볼 수 있다.[156]

9. 맺음말

이상에서 우리는 한국근대사에서 매우 중요한 1894년의 갑오농민전쟁 시기의 '농민 집강소'의 설치 과정과 그 조직체계를 알아보았다.

집강소의 제도적 기원은 1894년 3월 20일 무장기포에서부터 시작된 제1차 농민전쟁 중에 동학농민군이 진군해 나감에 따라 점령한 군현에서 적체된 읍폐민막을 긴급히 교혁矯革하기 위하여 농민군이 '집강'을 임명해서 이를 담당케 한 곳에서부터 출현하기 시작하였다.

동학농민군이 관군을 연이어 패배시키고 4월 27일 전주를 점령하자, 이에 놀란 민비수구파정권이 그들의 권력유지에 눈이 멀어 어리석게도 외세의존정책을 써서 청국에게 농민전쟁 '진압'을 위한 청국군의 파견을 요청함으로써 농민전

---

155 「兩湖招討謄錄」, 『東學亂記錄』 上卷, 275쪽 참조.
156 집강소의 설치 이후의 집강소의 농민통치에 대해서는 愼鏞廈, 「甲午農民戰爭시기의 農民執綱所의 活動」, 『韓國文化』 第6輯, 1985 참조.

쟁의 상황은 급변하게 되었다. 청국군 2,500명이 충청도 아산만에 상륙했을 뿐 아니라, 일본은 조선침략의 야욕을 실현하기 위하여 조선정부의 요청이 없었음에도 불구하고 천진조약을 구실로 내세우면서 6,000명의 대군을 인천·부평에 침입상륙시키고 경군이 남하하여 무방비상태에 있는 서울에 육전대 1개 대대를 투입하여 서울을 장악하였다. 이제 '농민전쟁'이 문제가 아니라 일본군의 작전 여하에 따라서는 나라가 결딴날 위험에 처하게 되었다. 이에 일본군과 청국군을 조선에서 철수시키는 것이 동학농민군과 관군의 긴급한 공동의 과제가 되었다.

이에 관군 측에서는 국왕 고종의 위임을 받은 신임 전라관찰사 김학진이 중심이 되고 동학농민군 측에서는 전봉준이 중심이 되어 '강화' '화약'을 모색하게 되었다. 동학농민군이 전주를 관군에게 넘겨 주고 해산한다면, 김학진 측이 농민들이 원하는 개혁을 받아들일 용의를 보이므로, 동학농민군들은 민비정권 타도와 사회신분제 폐지 등 봉건적 구체제를 근본적으로 붕괴시킬 요구조항은 뒤로 미루고, 김학진 측이 받아들일 수 있는 탐관오리 처벌·축출과 농민에 대한 가렴주구苛斂誅求 폐지를 중심으로 한 수십 개의 폐정개혁 요구조항을 제출하여 관변 측에게 접수시키고, 그 실행을 지켜보기 위한 동학군의 '면·리집강'의 임명을 승인받아 5월 7일(양력 6월 10일) 이른바 '전주화약'이 성립되었다. 동학농민군은 5월 8일 전주성을 관군에게 비워주고 형식상 '귀화'해서 '자진해산'한 것으로 하여 출신지로 철수하기 시작하였다.

동학농민군은 5월 8일부터 각 군·현으로 돌아갔으나 실제로는 무장을 풀어 동학농민군을 해산시키지 않고 곳곳에 둔취屯聚하여 농민군 무력을 강화하면서 '집강소' 설치를 시작하였다. 동학농민군은 전라관찰사가 기대한 바와 같이 '면·리집강'을 임명한 것이 아니라, 제1차 농민전쟁 때 점령지에서의 읍폐민막의 교혁을 위한 '집강'의 임명의 연속선상에서 '군·읍의 집강'을 임명하고 군·현 수준의 '집강소'를 설치하였다. 폐정개혁은 적어도 군·읍 수준에서야 실행될 수 있는 것이며 '면·리집강'으로서는 실행될 수 없는 것이었으므로, 폐정개혁을 실행하려고 하는 한 동학농민군으로서는 군·현 수준의 '집강'의 임명과 군·현의 '집강소' 설치가 당연한 것이었다. 이 과정에서 농민군과 양반·관리들 사이의 갈등이 격화되었으나, 농민군은 압도적인 실력으로 저항세력을 물리치고 농민들의 절대적 지지 위에서 전라도내 다수의 군·읍에 '집강소'를 설치하였다.

뿐만 아니라 전봉준·김개남 등을 지도자로 하여 수만의 동학농민군들은 6월 15일경에 남원에서 대회를 개최하여 전라도 53개 군현에 빠짐없이 '집강소'를 설립하고 동학농민군이 선임한 '집강'이 완전히 통치권력을 장악하여 '수령'의 일을 하면서 동학농민군의 힘으로 폐정개혁을 단행할 것을 결의하였다.

전라관찰사 김학진은 동학농민군의 도움 없이는 행정과 치안이 전혀 불가능하게 되어 있음을 알고 일제가 조선궁궐을 침입하고 정권을 교체하며 청일전쟁을 도발한 직후에, 전봉준 등을 전주의 감영에 초청하여 관민상화지책을 상의한 후에 전봉준의 요구에 따라 6월 하순에 각 군에서의 '집강소'의 설치를 공식적으로 승인하였다. 이것은 동학농민군이 쟁취한 큰 승리였다. 동학농민군은 집강소 설치에 관리들이 저항하는 몇 개 고을에는 동학농민군을 파견하여 점령하거나 설득함으로써 나주를 제외한 전라도 53개 군·현 모두에 '농민 집강소'를 설치하는 데 성공하였다.

집강소의 조직은, ① 집행기관, ② 의사기관, ③ 집강소 호위군, ④ 방조기관으로 구성되어 있었다. 이 중에서 집행기관은 다시 ① 집강, ② 서기, ③ 성찰, ④ 집사, ⑤ 동몽의 직책을 두었다. 의사기관은 약간의 의사원을 두어 집강소의 정책과 통치를 토론하고 의결하는 일종의 의결기관이었다. 집강소 호위군은 각 집강소가 설치한 농민군으로서 집강소의 농민통치의 막강한 무력이 되었으며, 후에 제2차 농민전쟁에 봉기한 농민군의 병력이 되었다. 방조기관은 종래의 이서들을 입도시켜 심부름을 시킨 것이었다.

집강소의 책임자인 '집강'은 해당 군에 있어서의 최고의 통치권력을 장악하여 '태수＝수령＝읍재'의 일을 하였다. 조선왕조정부가 임명한 관장(군수)은 존재하는 경우에도 오직 이름뿐이었고, 만일 실권을 행사하려 하는 경우에는 '집강'과 농민군이 쫓아보내 버렸다. '집강'은 일종의 농민이 임명한 '수령'인 셈이었다.

집강소는 대체로 공해公廨 내에 설치되었다. 기존의 관청 내에 큰 규모의 조직을 갖추고 통치권력을 완전히 장악하여 문서를 처리하면서 농민통치를 단행했으므로, 집강소는 기존의 틀 내에서의 농민의 행정기관이나 감독기관이 아니라, 농민들이 원하는 새로운 정치와 정책을 실행할 수 있는 한국 역사상 최초의 농민을 위한, 농민에 의한, 농민의 권력기관이었고 통치기관이었다.

이러한 군·읍의 집강소 위에는 전봉준이 '전주'에 대도소를 설치하여 전라우도의 집강소를 직접 지휘하고 김개남을 경유하여 전라좌도를 간접적으로 지휘하였다. 김개남은 '남원'에 대도소를 설치하고 전라좌도의 집강소를 직접 지휘하였다. 집강소 체제가 확립된 6월 이후에는 전라관찰사 김학진은 관찰사의 정부처인 선화당에서도 밀려나서 실질적으로 전봉준의 명령을 받는 처지에 놓이게 되었다.

집강소는 이와 같이 통치권력을 완전히 장악하자 1894년 5월부터 11월말까지 약 7개월간 전라도 일대에서 탐관오리 처벌 및 가렴주구 폐지뿐만 아니라 사회신분제 폐지와 신분해방 및 토지제도 개혁 등 봉건적 구체제를 근본적으로 붕괴시키고 농민들이 원하는 농민적 민족주의와 농민적 민주주의의 신체제를 수립하려는 농민통치를 과감히 단행한 것이었다.

제6장

갑오농민전쟁 시기의 농민 집강소의 활동

I. 머리말

1894년 갑오농민전쟁의 제1차 농민전쟁이 일어난 후 동학농민군이 관군을 깨뜨리고 음력 4월 27일 전주에 입성하자, 민비수구파정부는 어리석게도 청국에 차병借兵을 요청하여 청군이 충청도 아산만에 상륙하였고, 일본은 천진조약天津條約을 구실로 내세워 조선정부의 요청이 없었음에도 불구하고 침입을 결정하여 일본군을 인천에 상륙시켰다. 이에 조선의 관군과 동학농민군은 외국군대들에 의하여 나라가 결딴나는 것을 막고 일본군과 청군의 철수의 조건을 마련하기 위하여 5월 7일 '전주화약全州和約'을 성립시켜서 5월 8일 동학농민군은 자진 해산하는 대신 전라도 일대에 집강소執綱所를 설치하게 되었다.

동학농민군에 의한 집강소의 설치와 집강소의 농민통치는 비록 일부 지방에서의 일이지만 한국 역사상 처음으로 농민이 권력을 장악하고 정치의 주체가 되어 그들 자신의 정치를 시행했다는 면에서도 한국근대사에서 매우 특이하고 획기적인 사실이라고 할 수 있다. 또한 집강소의 농민통치의 내용과 성격 여하에 따라 갑오농민전쟁의 역사적 성격이 좌우되는 면이 크기 때문에, 동학농민군의 '집강소'는 반드시 깊이 밝혀야 할 한국근대사의 중요한 연구과제라고 할 수 있다.

필자는 집강소의 기원, 설치, 발전단계, 조직, 그 주체세력에 대해서는 이미 연구논문을 썼으므로,[1] 여기서는 주로 집강소의 농민통치의 활동과 집강소의 역사적 성격을 중심으로 '집강소'를 밝혀 보려고 한다.

집강소의 존재가 널리 알려져 주목을 받게 된 것은 갑오농민전쟁에 참전했던 동학교도 오지영이 『동학사』라는 경험에 기초한 책을 냈을 때부터이다.[2] 이에 대한 학문적 연구는 수년 전에 일본에서 1편의 연구논문이 나와 있고,[3] 국내에서는 필자의 논문들이 처음의 것이다.

한국근대사에서의 집강소의 중요성에 비하여 집강소에 대한 연구가 이와 같이 부진한 것은 무엇보다도 자료부족의 원인이 된 것으로 보인다. 이 글에도 자료부족 때문에 밝히지 못한 부분이 많지만, 집강소 연구에 종래 사용되지 않았던 황현黃玹의 『오하기문梧下記聞』에 다행히 집강소 시기의 동학농민군의 활동이 비교적 상세히 기록되어 있으므로 이러한 자료들과 기존의 자료들을 활용하면서 집강소의 활동 내용과 그 역사적 성격을 밝히려고 한다.

---

1 慎鏞廈, 「甲午農民戰爭 시기의 農民執綱의 設置」, 『韓國學報』 제41집, 1985 참조. 이 논문은 위의 논문의 속편에 해당하는 것이다.
2 吳知泳, 『東學史』, 1940, 126~130쪽 참조.
3 瀨古邦子, 「甲午農民戰爭期 における執綱所について」, 『朝鮮史研究會論文集』 第16集, 1979 참조.

2. 집강소의 통치권 장악

집강소가 전라도 53개 군현의 거의 모두에 설치된 후 통치권을 장악한 사실에 대하여 당시 양반유생들은 이를 상징적으로 증언하는 약간의 기록들을 남겨 놓았다.

황현은 『오하기문』에서 동학농민군이 군읍을 점령하면 처음부터(집강으로서) "접주接主 한 사람을 임명하여 태수太守의 일을 행하게 했으며差一人接主行太守事",[4] 집강소를 설치하여 "그 親黨을 집강執綱으로 만들어 수령守令의 일을 행하였다其親黨爲執綱 行守令之事"[5]고 기록하였다. 또한 그는 집강소의 통치에 대해서도 "오늘날 어떠한 읍의 읍사邑事를 물론하고 (동학)도인이 이를 주재하고 (정부가 임명한) 관장官長의 결정을 기다리지 아니했다今日毋論毋邑邑事 道人主之 無預官長"[6]고 기록하였다. 집강소 시기에 현장을 경험하고 관찰했던 정석모鄭碩謨는 「갑오약력甲午略歷」에서 동학농민군의 집강소가 설치된 호남 일대에서 "소위 읍재邑宰는 오직 이름만 있고 행정을 할 수 없었으며 심한 경우에는 읍재를 추방하기도 하였다所謂邑宰只有各位 不得行政 甚者逢送邑宰"[7]고 증언의 기록을 남겼다.

위의 기록들에 사회학에서의 '역할'의 개념을 도입하여 이를 명료하게 해보면, ① 동학농민군은 집강소를 설치하고 '집강'을 임명할 때 처음부터 '태수의 역할' '수령의 역할'을 하도록 역할을 배분한 것이며, ② 이 때문에 태수·수령의 역할을 '집강'에게 빼앗긴 읍재(태수·수령)는 본래의 자기의 역할을 잃자 이름만 남게 되고 '행정'[8]은 '집강'이 하므로 읍재는 물론 행정도 할 수 없게 되었

---

4 黃玹, 『梧下記聞』 第1筆의 105쪽.
5 『梧下記聞』 第2筆의 62쪽.
6 『梧下記聞』 第3筆의 15쪽.
7 鄭碩謨, 「甲午略歷」, 『東學亂記錄』(國史編纂委員會版) 上卷, 65쪽.
8 鄭碩謨가 「甲午略歷」에서 말한 '行政'은 오늘날 우리가 사용하는 개념의 행정administration 이 아니라 '정rule, governing'을 행한다는 의미로서 사용된 것이라고 볼 수 있다. 이것은 농민군 측에서 적극적으로 보면 '통치'를 의미하는 것으로 해석할 수 있을 것이다.

집강소 기록화

으며, ③ 조선왕조 정부가 임명한 읍재가 본래의 자기의 역할인 '행정'을 하려고 시도하는 경우에는 집강소의 동학농민군과 집강이 실력으로 관이 임명한 읍재를 추방해 버렸음을 증언하고 있는 것이라고 해석할 수 있다.

이것은 농민 집강소의 집강이 이름은 행정의 기강을 바로잡는다는 뜻의 '집강'이지만 실제의 그의 역할은 '태수＝수령＝읍재'의 역할이었음을 나타내는 것이며, 집강이 (관이 임명한) 읍재의 감독권을 행사한 것이 아니라 통치권을 장악하여 행사했음을 나타내는 것이다. 읍재가 '행정'을 하지 못하고 실제로 집강이 행정을 했다고 한 바의 '행정'은 오늘날 말하는 "행정을 하다"는 뜻이 아니라 당시의 한문용어로는 "정政, rule을 행行하다"는 뜻으로서, '통치'의 행사를 의미한 것이라고 해석하는 것이 더 정확한 것이라고 볼 수 있다. 이것은 또한 전라도 53개 군현의 집강소가 종래의 군읍의 행정에 대한 농민의 감독기관이 아니라 농민의 통치기관임을 나타내는 것이며, 집강소의 정치는 바로 전라도 일대에 대한 '농민통치'의 실시임을 나타내는 것이라고 볼 수 있다. 관군(양호선봉진兩湖先鋒陣)이 공포한 동학 10죄 중의 9번째 죄목으로 "취당聚黨하여 할거割據해서 위복威福을 스스로 전제專制했다聚黨割據威福自專九也"[9]라고 든 것은 바로 집강

---

9 「兩湖右先鋒日記」,『東學亂記錄』上卷, 272쪽.

소의 농민통치(관장의 지휘를 받지 않는 농민의 스스로의 전제)를 지적한 것이었다고 해석된다.

그러면 집강소의 총본부인 전봉준이 지휘하는 전주 대도소全州 大都所의 사정은 어떠했는가. 황현은 이에 대하여 당시에 다음과 같이 기록하였다.

"전봉준은 …… 이에 김학진을 (옆구리에) 끼고 이를 기화로 하여 일도一道를 전제 專制하였다. 김학진의 좌우는 모두 (전봉준의) 당여黨與이었다. 비밀리에 도적들(동학 농민군-인용자)을 부른 것이 표면상의 명목은 수성守城이지만 사실은 위성圍城이었 다. 김학진은 괴뢰傀儡와 같이 되어 사람을 부림과 기거起居와 일거수 일투족을 자 기 마음대로 하지 못하고 오직 문서를 봉행奉行할 뿐이었다. 사람들이 그를 도인감 사道人監司라고 불렀다."[10]

즉 동학농민군 총대장 전봉준全琫準이 실권을 장악하여 전라도 일도의 통치를 전제하고 조선조정이 임명한 전라관찰사 김학진金鶴鎭은 전봉준의 '괴뢰'의 상태가 되어 행동을 자기 마음대로 하지 못하고 오직 문서에 형식상 서명하는 정도의 일을 하고 있었음을 증언하고 있는 것이다. 전라관찰사 김학진이 농민군 총대장 전봉준의 지배하에 있었다는 사실은, 동학농민군이 나주에 집강소를 설치하려고 입성을 시도할 대 나주목사 민종렬閔種烈과 영장營將 이원우李源佑가 이에 저항하여 전투를 벌이고 동학농민군을 다수 살해한 일이 있었다고 해서,[11] 전봉준의 압력을 받아 김학진이 중앙정부에 민종렬과 이원우의 파면을 요청한 것에서도 알 수 있다.

"전라관찰사 김학진이 나주목사 민종렬閔種烈과 영장營將 이원우李源佑 모두의

10 『梧下記聞』 第2筆의 63쪽.
11 『梧下記聞』 第2筆의 38~39쪽.

파직罷職을 계청啓請하였다. 전봉준이 (민종렬·이원우 등이) 나주에서 도인道人을 많이 죽인 것으로써 학진을 위협하여 두 사람의 파면을 논해서 도인의 마음을 위로하려 하므로 학진이 도적에 미미媚하고자(잘 보이고자) 하여 이에 곡종曲從한 것이다."[12]

전라관찰사의 군사마軍司馬로서 현장을 경험하고 관찰한 최영년崔永年은『동도문변東徒問辨』에서 전라관찰사 김학진이 취임 후 관찰사가 정무를 보는 장소인 선화당宣化堂을 전봉준에게 사양하여 내주고 자기는 스스로 징청각澄淸閣에 거처하며 매사를 전봉준을 경유하였다고 당시에 다음과 같이 기록하였다.

"마침내 김학진을 감사監司로 한다는 특명이 있었는데, 김학진은 가로되 내가 당당히 청려각건靑驢角巾으로 도적에게 가서 종용하고 이해利害를 논진論陳해서 도적으로 하여금 스스로 굴복케 하리라고 하였다. 그러나 그 도임到任한 후에 선화당宣化堂을 도적에게 양보하고 징청각澄淸閣에 스스로 거처하면서 매사每事를 도적을 유由하여 하였다."[13]

황현은 전라관찰사 김학진이 이와 같이 농민군 총대장 전봉준의 지휘를 받고 7월 상순에는 전봉준의 각 집강소에 보내는 통문에 기대어 자기의 감결甘結을 보낸 사실을 놓고 김학진이 손을 모아 전봉준의 명을 받으며 농민군에게 애걸하는 형편에 있었다고 김학진을 다음과 같이 비판하였다.

"김학진이 미치고 넋을 잃지 않으면 어찌 이런 것이 입에서 나올 수 있었겠는가. 도신道臣의 직책이 얼마나 막중한 것인데 앉아서 전성全省을 옹擁하고도 공수拱

---

12 『梧下記聞』第2筆의 78쪽.
13 崔永年,「東徒問辨」,『東學亂記錄』上卷, 160쪽.

手하여 (전봉준의) 명을 받으며 (중략) 도적들(동학농민군-인용자)을 향하여 동정을 애걸해서 (전봉준의) 호령에 빙자하여 관문關文을 봉행奉行함과 같이 하니 부끄러움을 완전히 잃은 것이다. 운운."[14]

이상의 기록들에서도 볼 수 있는 바와 같이 전라도 수도인 전주에서도 농민군 총대장 전봉준은 전라관찰사의 정무소인 선화당에다 대도소를 차리고 전라관찰사 김학진을 실질적으로 지휘하면서 전라도 전도에 대한 실질적인 농민통치를 실시한 것을 알 수 있다.

집강소가 전라도 53개 군현에서 통치권을 장악한 정도에 따라 집강소를 다음의 3개의 유형으로 나누어 볼 수 있다.

첫째는 갑오농민전쟁과 집강소의 농민통치에 쫓기어 군·현의 수령들이 도망하고 임지任地에는 중앙정부가 임명한 관장이 없어서 수령공관守令空官 중의 군·현에 농민 집강소가 설치된 경우이다. 이러한 고을에서는 집강소는 명실공히 모든 통치를 담당하였다. 예컨대 남원 등과 같은 고을이 그 전형적인 경우이다.

둘째는 각 군·현의 관장은 임지에 남아 있으나 이것은 단지 이름 뿐이고 실질적으로 집강소가 '협제관장脅制官長'[15]하여 통치권을 장악해서 행사하는 경우이다. 이러한 군·현에서는 종래의 관청과 이서吏胥들은 집강소에 종속되어 방조기관으로 전화하고 집강의 지휘를 받으면서 집강소의 농민통치에 보조적 기능을 하였다. 예컨대 전주 등과 같은 고을이 그 전형적인 경우이다.

셋째는 군현의 관장이 지방의 행정을 하고 농민 집강소는 그에 대한 지휘·감독·감시만 하는 경우이다. 이러한 고을에서는 지방통치권은 관아(수령)와 집강소(집강)에 이원화되어 나누어져서 관과 농민 사이에 상화相和와 협력의 체제가 이루어진 경우이다. 예컨대 순창 등과 같은 고을이 그 전형적인 경우이다.

---

14 『梧下記聞』第2筆의 67쪽.
15 「先鋒陣呈報牒」, 『東學亂記錄』 下卷, 266쪽.

위의 3개의 유형 중에서 가장 지배적인 유형은 둘째의 "관장官長은 이름만 있고 실질적으로 집강執綱이 수령守令의 일을 하는" 유형이다.

집강소 설치시기에 전라도 일대의 통치권은 전주에서 도 전체의 통치권이나 각 군현의 통치권이나 명목은 어쨌든 간에 실질적으로는 동학농민군의 대도소와 '집강소'가 완전히 이를 장악하여 집강소의 농민통치를 실시한 것을 알 수 있다.

3. 집강소의 폐정개혁 요강

동학농민군이 전라도 53개 군현에 집강소를 설치하고 폐정개혁弊政改革의 농민통치를 단행함에 있어서 일정한 요강이 필요할 것은 당연한 일이었다. 이것이 오지영의 『동학사』에 수록된 유명한 집강소의 폐정개혁 요강 12개조이다. 좀 번거롭지만 반드시 필요하므로 다시 이를 들어 보면 다음과 같다.

① 도인道人과 정부 사이에는 숙험宿嫌을 탕척蕩滌하고 서정庶政을 협력할 사
② 탐관오리는 그 죄목을 사득査得하여 일일이 엄징嚴懲할 사.
③ 횡포한 부호배富豪輩는 엄징할 사.
④ 불량한 유림儒林과 양반배兩班輩는 징습懲習할 사.
⑤ 노비문서를 소거燒祛할 사.
⑥ 칠반천인七班賤人의 대우는 개선하고 백정 두상에 평양립은 탈거할 사.
⑦ 청춘과부는 개가改嫁를 허할 사.
⑧ 무명잡세無名雜稅는 일병一幷 물시勿施할 사.
⑨ 관리 채용은 지벌地閥을 타파하고 인재를 등용할 사.
⑩ 왜倭와 간통奸通하는 자는 엄징할 사.

⑪ 공사채公私債를 물론하고 이왕의 것은 일병一幷 물시勿施할 사.

⑫ 토지는 평균平均으로 분작分作케 할 사.[16]

위의 폐정개혁 요강을 보면, 집강소 시기에 동학도인과 정부가 상호 협력한다는 원칙적 조항 이외에, 신분해방에 관한 것이 ④⑤⑥⑦⑨의 5개 조항이고[17] 그 밖에 탐관오리의 처벌, 대부민對富民 투쟁, 무명잡세 혁파, 친일분자의 처벌, 고리대의 무효화, 토지제도의 개혁 등이 각각 1개 조항씩으로 되어 있다.

여기서 주목할 것은 동학농민군의 집강소가 제시한 폐정이 사회신분제도를 비롯해서 봉건적封建的 구체제舊體制의 전반을 가리키고 있다는 사실이다. 이 중에서도 가장 비중을 많이 두고 있는 것이 사회신분제의 폐지에 의한 신분해방이다.[18] 그 밖에는 봉건체제의 각 부분의 폐정에 대한 조항이 골고루 하나씩 제기되고 있고, 일제침략을 조선농민 쪽에서 처벌하려는 반침략 조항이 하나 제기되어 있다.

이러한 집강소의 12개조 폐정개혁 요강은, 단순화해서 말하면, 집강소의 농민통치를 통하여 봉건적 구체제 전부를 모든 부문에서 근대의 방향으로 변혁시키려고 하는 동학농민군의 강력한 의지와 목표를 나타내고 있는 것이라고 말할 수 있다.

일본의 일부 연구자들 중에는 집강소와 집강소의 12개조 폐정개혁 요강이 실재했던 사실을 부정하는 견해도 있는 모양이다.[19] 이러한 견해는 오지영의

---

16 『東學史』, 126~127쪽.

17 집강소의 폐정개혁 요강의 신분해방 조항을 약간 번역하면 그 내용은 ① 양반제도 폐지, ② 노비제도 폐지, ③ 천민제도(신양역천·칠반천인) 폐지, ④ 과부개가 금지제도 폐지, ⑤ 관리 채용의 지역·신분을 타파한 인재의 등용 등이라고 볼 수 있다.

18 愼鏞廈, 「1894년의 社會身分制의 廢止」, 『奎章閣』 第9輯, 1985 참조.

19 瀨古邦子, 전게논문에 의하면 일본에서는 山邊健太郞 등이 집강소의 실재를 부정하고 있다고 한다. 山邊은 갑신정변의 혁신정강 14개조의 실재로 부정하는 논문을 읽은 일이 있는데, 자료를 찾아 검토해 보지 않고 『동학사』나 『갑신일록』만을 읽은 자기 느낌으로 한국역사의 진보적 긍정적 측면은 먼저 부정부터 해놓고 보는 연구태도는 참으로 타기할 만한 비학문

『동학사』만을 자료로 읽고, 동학가담자가 1940년대에 회고록으로 쓴 것을 갖고 집강소와 그 폐정개혁 요강의 존재를 인정할 수 없는 것이라고 보는 견해라고 한다. 이것은 갑오농민전쟁 직후에 쓴 양반유생 정석모의 『갑오약력』으로도 반박이 되지만, 무엇보다도 양반유생 황현이 갑오농민전쟁 직후에(거의 당시에) 쓴 『오하기문』에 의하여 철저히 반박되고 집강소와 그 폐정개혁 요강의 실재가 잘 증명될 수 있다. 『오하기문』에는 「갑오약력」에 비하여 집강소의 기사가 상세히 수록되어 있는데, 집강소의 활동이 오지영이 기록한 12개조 폐정개혁 요강과 잘 일치하고 있으며, 농민군 총대장 전봉준이 전라도내 53개 군·현의 집강소에 보낸 '통문'까지 수록되어 있어 집강소와 그 폐정개혁 요강의 실재를 잘 증명해 주고 있다.[20] 자료를 충분히 찾아 읽지 않고 한국역사에서 보이는 진보적 사실은 먼저 부정해 놓고 본다는 학문적 태도는 참으로 타기할 만한 비학문적 태도라고 말하지 않을 수 없을 것이다.

4. 집강소의 농민통치 (1)

1) 탐관오리의 징계

동학농민군은 '전주화약' 후에 전라도 각 읍에 집강소를 설치하여 농민통치를 시작하자마자 우선 탐관오리들을 색출하여 징계하였다.[21] 농민군이 고을 수령들을 힐책한 이른바 '조매관장嘲罵官長'[22]이나 부정한 이서배들에 대한 징계는 일일이 다 들 수 없을 만큼 집강소 설치지역에서 전반적으로 진행되었다.[23]

적 연구태도라고 할 것이다.
20 『梧下記聞』 第2筆의 66쪽의 「全琫準通文」 참조.
21 『東學史』, 157쪽.
22 『梧下記聞』 第1筆의 106쪽.
23 「甲午略歷」, 『東學亂記錄』 上卷, 65쪽에서 "吏胥들은 모두 東學黨에 입적하여 성명을 보전하

주목할 것은 종래 농민들의 힘이 미치지 못했던 수령급 탐관들에 대한 징계를 집강소의 농민통치가 감행했다는 사실이다. 예컨대 '고부민란'의 요인과 공격목표의 하나가 되었던 전전운사前轉運使 조필영趙弼永은 제1차 농민전쟁이 일어나자 정부에 의하여 함열咸悅에 유배되었다가 집강소의 농민군에 생포되었다. 집강소 농민군은 조필영을 발가벗기어 묶어서 온몸에 꿀을 발라 낮에는 뜨거운 햇볕에 두고 밤에는 돼지우리에 두었다. 파리와 모기가 밤낮으로 모여 조필영을 물어뜯었으므로 조필영은 구르면서 농민들에게 목숨을 빌었다. 또한 농민들은 조필영이 토색한 수천금을 꺼내 놓고 그를 나무에 거꾸로 매달아 놓은 채 이를 지키게 하였다. 농민군의 감시가 해이해진 틈을 타서 조필영의 첩이 그의 결박을 풀어 주자, 조필영은 도망하여 옥구현감으로 있는 아들 조병징趙秉澄을 찾아가서 아들의 도움으로 집강소 설치지역을 탈출하였다.[24] 분개한 농민들은 그 아비의 선정비善政碑를 세운 적이 있는 옥구현감 조병징을 잡아다가 주리를 틀고 내보냈으므로 조병징도 관아를 버리고 도주하였다.[25]

약간 뒤의 일이지만, 김개남의 농민군은 순천 부사府使 이수홍李秀弘과 신임 고부군수 양성환梁性煥에게 곤장을 쳐서 징계했으며, 순천부사는 3천 냥의 속전贖錢을 내어 훈계방면되고 신임 고부군수는 옥에서 죽었다.[26] 전라좌수사 김철규金澈圭도 부임도중에 농민군에게 체포되었다가 전봉준의 배려로 석방되었다.[27] 장흥부사도 농민군에게 난타당했으며,[28] 여산부사 김원식金元植은 전봉준의 농민군에게 피살되었다.[29] 농민군에게 피살된 수령이 전후 모두 3명이나 되

<hr />

였다(吏胥輩盡爲入籍于東黨 以保姓名"고 한 바와 같이 집강소 시기에 이서들이 재빨리 동학에 입도하고 집강소의 심부름꾼으로 변신했기 때문에 '汚吏'에 대한 징계는 제한된 면도 있었다.

24 『梧下記聞』第2筆의 48쪽 참조.
25 『梧下記聞』第2筆의 49쪽 참조.
26 『梧下記聞』第3筆의 23쪽 참조.
27 『梧下記聞』第2筆의 67~68쪽 참조.
28 「先鋒陣呈報牒」, 『東學亂記錄』下卷, 214쪽.
29 『梧下記聞』第3筆의 25쪽 참조.

었다.[30]

집강소의 농민통치 기간에는 탐관오리가 징계되었기 때문에 농민들의 누적된 원한의 대상이던 탐관오리의 작폐는 철저히 소멸되었다.

2) 신분해방운동과 사회신분제의 폐지

집강소의 농민통치는 집강소가 설치되자마자 양인신분층과 천민신분층의 신분해방을 위한 신분투쟁을 감행하였다.

집강소 시기의 농민들은 불량한 양반들을 잡아다가 징계하였다. 위정척사파 유생 황현은 집강소 설치 후에 천자賤者뿐만 아니라 부자까지도 약탈당함을 면해 보려고 동학에 들어갔으나 처음에 "오직 사족士族은 차마 죽음을 무릅쓰고 (동학에) 들어가지 않아 도망하고 숨어 흩어졌으며, 평민 중에 착실한 사람 역시 사족을 본받았으므로, 도적당(동학농민군-인용자)들이 더욱 사인士人을 증오하며 반드시 곤욕을 주고 모두 쓰러뜨렸으며, 그 형은 목매어 죽이거나 목베어 죽이거나 곤창치고 매때리는 것은 없었고 오직 주리트는 것을 사용하였다"[31]고 기록하였다. 특히 무엇보다도 주목할 것은 집강소의 농민통치에 의하여 '노비'를 비롯한 천민층의 신분해방운동이 아래로부터 격렬하게 전개되었다는 사실이다. 황현은 당시에 다음과 같이 기록하였다.

"적당賊黨(동학농민군-인용자)은 모두 천인노예賤人奴隷이므로 양반兩班·사족士族을 가장 증오하였다. 그래서 양반을 나타내는 뾰쪽관을 쓴 자를 만나면 곧바로 꾸짖으며 말하기를 '너도 역시 양반인가' 하고 관冠을 벗기어 빼앗아 버리거나 또는 그 관을 자기가 쓰고 거리를 돌아다니면서 양반을 욕주었다.

---

30 「巡撫使呈報牒」, 『東學亂記錄』 下卷, 60쪽 참조.
31 『梧下記聞』 第1筆의 107쪽. "惟士族 忍死不入 逃遁四散 而平民愿謹者 亦效士族 故賊尤憎士人 必困辱蕩覆之 其刑無斬絞棍笞之等 但用周牢" 참조.

무릇 집안의 노비로서 도적들(동학농민군)을 따르는 자는 물론이요, 비록 도적들을 따르지 않는 자라 할지라도 모두 지극히 천賤한 자가 주인을 위협 강제하여 노비문권奴婢文券을 불사르고 양인良人이 됨을 강제로 승인케 하거나 또는 그 주인을 결박하여 주리를 틀고 곤장과 매를 치기도 하였다. 이에 노비를 가진 자들은 바람에 따라 노비문권을 불살라서 그 화禍를 덜었다. (노비로서) 삼가는 자가 혹시 (노비문권을) 불사르지 말기를 원하는 경우에도 그러나 기염氣焰이 널리 맹렬하게 타오르고 있어서 주인이 더욱 이를 두려워하였다.

혹은 노奴와 사족士族의 주인이 모두 함께 도적을 따르는 경우에는 서로 (평등하게) 접장接長이라 칭하면서 그들의 법을 따랐다. 도한屠漢(백정)·재인才人 등속의 무리도 역시 평민平民·사족士族과 평등하게 같이 예禮를 했으므로, 사람들이 더욱 치를 떨었다."[32]

이 기록은 집강소의 농민통치에 참가한 노비들의 신분해방운동을 생생하게 증언하고 있다. 즉 '양인신분층'과 '천민신분층'으로 구성된 동학농민군들은 ① '양반'을 만나면 "너 역시 양반인가"라고 양반을 힐책하고 조롱하며 양반의 표상인 관을 빼앗아 찢어버리거나 자기가 빼앗아 쓰고 거리를 돌아다니면서 양반신분제도를 거부하고 양반을 욕주었다. 이것은 집강소의 농민군들이 양반신분제도를 비판하고 부정한 것을 상징적으로 나타내고 있는 것이다.

또한 ② 동학농민군에 가담한 노비는 물론이요 가담하지 않은 노비들도 주인을 위협하여 강제로 노비문서를 불사르게 하고 종량從良(良人됨)을 승인케 하여 노비해방을 쟁취하며, ③ 노비의 주인이 멈칫거릴 때에는 그 노비가 주인을

---

32 『梧下記聞』第2筆의 97쪽. "賊薰皆賤人奴隷 故最惡兩班士族 遇着髮冠者 輒詰曰汝亦兩班乎 奪而裂之 或自戴之 橫行市里 以辱之. 凡人家奴婢從賊者 勿論 雖不從賊皆句賊劫主 燒口券 勒使從良 或縛其主 而周牢棍笞之. 於是有奴婢者 望風燒券 以紓其禍. 其淳謹者 或願勿燒 然氣焰廣張 主益畏之. 或士族而奴主俱從賊者 互稱接長以從其法. 屠漢·才人之屬 亦與平民·士族抗禮 人尤切齒"참조.

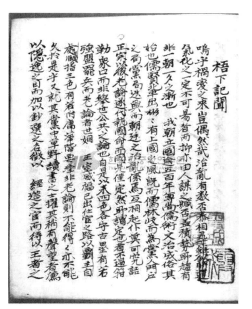

『오하기문』

결박하여 주리를 틀며 곤장을 치고, ④ 신분해방운동에 압도당한 노비 주인이 그 화를 덜려고 스스로 알아서 노비문서를 불살라 노비해방을 승인하며, ⑤ 때때로 어떤 노비가 노비문서를 불사르지 말기를 원하는 경우에도 거세게 불타오르는 노비해방운동의 기염에 겁을 먹은 노비 주인들이 더욱 두려워하여 노비해방을 시켰으며, ⑥ 노비와 그 양반신분의 주인이 모두 함께 동학농민군을 따르는 경우에는 모두 서로 평등하게 '접장'이라 칭하면서 평등하게 상대하였다. 이것은 노비신분층이 집강소의 농민통치에 맞추어서 격렬한 신분투쟁을 통하여 노비해방을 쟁취했음을 잘 나타내는 것이라고 할 수 있다.

또한 ⑦ 노비뿐만 아니라 백정白丁(屠漢)·재인才人(倡優) 등 칠반천인七班賤人들도 양인(평민)·양반(사족)들과 서로 평등하게 예를 했다는 사실은 집강소 시기 동학농민군이 칠반천인의 신분해방도 실행했음을 나타내는 것이라고 볼 수 있다.

위정척사파 유생 황현이 "이때에 우민愚民과 패자悖子가 날로 일어나 적당賊

黨(동학농민군-인용자)을 추종해서 그 관졸官倅(守令)을 주리튼 자가 있고 노예로서 그 주인을 주리튼 자가 있다"[33]고 통분해 한 것은 바로 이 집강소의 신분해방운동의 격렬함을 비판한 것이었다.

이상에서 볼 수 있는 바와 같이, 집강소의 농민통치는 ① 불량한 양반들에 대한 응징과 양반신분제도의 부인, ② 노비문서의 소각과 노비해방, ③ 칠반천인의 해방, ④ 청춘과부의 개가의 허용[34] 등 신분해방과 사회신분제의 폐지를 단행하였다.

한편 집강소의 농민군은 중앙정부의 권력을 장악하지 못했기 때문에 지벌을 타파하고 인재를 관리로 채용하는 일을 대대적으로 실행하지는 못했지만, '집강'의 임명과 집강소의 역원들의 임명에 있어서 철저하게 신분身分·지벌地閥을 타파하고 인재를 발탁하여 임명한 것 자체가 동학농민군들에게 있어서는 지벌을 타파한 인재의 등용이었다.[35]

집강소의 농민통치는 폐강개혁 요강에서 설정한 신분해방과 사회신분제도 폐지의 개혁을 대체로 철저하게 집행했다고 볼 수 있다. 집강소의 이러한 신분해방운동의 성공에는 집강소가 새로이 창설한 천민신분 출신의 농민군부대가 큰 무력이 되어 주었다. 집강소가 설치되자 대접주 손화중孫化中은 전라우도에서 백정屠漢·재인才人·야장冶匠·승도僧徒 등 평일의 천민들로 수천 명의 농민군부대를 편성해서 천민신분의 하나인 재인출신 홍낙관洪洛官으로 하여금 지휘케 했는데,[36] 이 부대는 사납과 용맹하기 짝이 없어 사람들이 가장 두려워하였다.[37] 또한 대접주 김개남金開男도 전라좌도에서 창우倡優·재인才人 등 '남사당패'를

---

33 『梧下記聞』第2筆의 67쪽. "時愚民悖者 日起從賊 吏校而주牟其倅者有之 奴隷而周悖其主者有之. 云云" 참조.

34 『梧下記聞』第2筆의 96쪽 참조.

35 愼鏞廈, 「1894년의 社會身分制의 廢止」, 『奎章閣』第9輯, 1985, 농민군지도부와 병사의 사회신분 참조.

36 『梧下記聞』第3筆의 35쪽 참조.

37 『梧下記聞』第2筆의 97쪽 참조.

중심으로한 1천여 명의 천민신분으로 1개 농민군 부대를 편성하였다.[38] 이러한 천민농민군 부대들이 집강소의 과감한 신분해방운동과 사회신분제 폐지를 위한 막강한 무력으로 활동했음은 두말할 필요도 없는 것이다.

관군이 동학의 10죄 중의 여섯 번째 죄목에 "평등을 가칭하여 명분名分(신분을 의미)을 부수었다假稱平等 而毀壞名分 六也"[39]라고 한 것은 바로 집강소 시기 동학농민군이 신분해방운동에 의하여 사회신분제도를 폐지한 죄목을 든 것이었다. 또한 오지영은 『동학사』에서 집강소의 신분해방운동에 대한 양반관료 측과 전봉준의 심리문답의 내용을 적고 있는데, 동학농민군이 "양반과 부자를 모조리 짓밟았으며 종문서를 불질러 강상綱常을 무너뜨렸으며"[40]라는 양반관료 측의 힐문에 대하여 전봉준의 답변으로 "탐학하는 관리를 없애고 그릇된 정치를 바로잡는 것이 무엇이 잘못이며, 조상의 뼈다구를 울여 행악行惡을 하여 백성의 고혈을 빨아먹는 자를 없애는 것이 무엇이 잘못이며, 사람을 매매하는 것과 국토를 농하여 사복을 채우는 자를 치는 것이 무엇이 잘못이냐"[41]고 응수했음을 기록하고 있다. 이것은 전봉준을 총대장으로 한 농민전쟁과 집강소가 확고한 신념과 의식을 갖고 신분해방과 사회신분제 폐지를 단행했었음을 간접적으로 나타내 주는 기록이라고 할 수 있다.

신분해방과 사회신분제의 폐지는 집강소의 농민통치의 핵심을 이루는 중요한 정책이었다고 말할 수 있다.

3) 횡포한 부호의 응징과 토재討財

집강소의 농민통치는 그동안 농민들을 수취해 오던 횡포한 부호를 응징하고 '토재討財'(재산을 압수함)를 부분적으로 실시하여 농민군의 비용으로 사용하였다.

---

38 『梧下記聞』第3筆의 23쪽 참조.
39 「兩湖右先鋒日記」, 『東學亂記錄』 상권, 272쪽 참조.
40 『東學史』, 157쪽.
41 『東學史』, 157쪽.

조선왕조 말기의 사료에 부민富民·요호饒戶·요민饒民·요부민饒富民·부호富豪 등 여러 가지 이름으로 나오는 부호 또는 부민층은 기업적으로 농경을 경영하여 부를 축적한 '경영형 부농'의 형태로 존재해 온 것이 아니라 필자가 오래전부터 지적해 온 바와 같이 '지주地主＋고리대高利貸＋자작부농自作富農'의 응결형태로 존재해 왔다. 이 때문에 부호들의 영세소농민에 대한 착취가 자행되어 부호와 영세 소농민 간의 대립이 농촌사회 내에 격화되어 있었다. 이 때문에 농민전쟁이 시작되자마자 부호들은 동학농민군의 공격과 '토재' 대상이 되었다. 전라관찰사 김학진은 「전주화약」 직후 중앙정부에 올린 보고에서 전주 일대를 돌아보고 "요호饒戶들은 거의 모두 가산이 이미 탕진되었다"[42]고 보고하였다.

농민 집강소가 설치된 후에는, 황현이 '겁부민劫富民'[43]이라고 표현한 부호들에 대한 '토재'는 집강소의 의사회의議事會義를 거쳐 조직적으로 전개되었다. 집강소는 횡포한 부호를 응징했음은 물론이요,[44] "모든 부호에 대하여 (재화의 일부의 헌납을) 보편적으로 부과(遍括富至)[45]했다. 또한 집강소의 동학농민들은 부자를 위협하여 금곡金穀을 빼앗다가 빈민에게 나누어 주기도 하고, 부자로부터 식량을 저렴하게 매입해다가 매입가격으로 빈민들에게 판매해 주기도 하였다.[46]

부호들은 이 사태를 모면해 보려고 동학에 입도하고 농민군에 가담하는 자도 있었다. 황현에 의하면, 천민뿐 아니라 "부자도 때로는 (동학농민군에) 들어가는 자가 있었는데 약탈당하는 것을 두려워해서였으나 입도하고도 마침내 (약탈당함을) 면치 못하였다"[47]고 하였다. 오지영이 지적한 바와 같이 집강소는 '부자

---

42 「東匪討錄」, 『韓國學報』 第3輯, 1976, 262~263쪽. "饒戶盖莊已蕩 云云" 참조.
43 『梧下記聞』 第1筆의 106쪽.
44 『東學史』, 153~154쪽 참조.
45 『梧下記聞』 第2筆의 40쪽 참조.
46 『東京日日新聞』, 1894년(明治 27) 8월 5일字, 「釜山特報」「富者を苦む」 참조.
47 『梧下記聞』 第1筆의 107쪽. "富者或入 恐見掠也 而入竟不免" 참조.

의 강적强賊'[48]으로 인식될 수밖에 없었다.

황현에 의하면, 집강소의 동학농민군은 일반의 부호를 '토재'했을 뿐 아니라 동학당 내의 부호들에 대해서도 토재했으므로 전라도 전도에서 2경頃 이상의 자산을 가진 부호는 모두 토재당했다고 다음과 같이 기록하였다.

"그 당黨이 법法을 범하면 역시 죽이지 않고 회초리를 조금 때리어 약식으로 시 행하면서 도인道人은 당黨을 사랑한다고 하였다. 그러나 당黨 안에 부호富戶가 있으 면 역시 그를 주리틀었다. 그러므로 순월旬月 사이에 (전라도) 50주州의 백성으로서 곽외郭外에 2경頃의 자산을 가진 자로 주리를 틀리지 않은 자가 없었다."[49]

실제로 동학당 내의 부민이 가산을 모두 탕진하게 되었음을 알려 주는 기록 은 상당히 많이 남아 있다.[50]

위정척사파 양반유생 정석모는 집강소의 동학농민군이 7, 8월에 들어서는 부 호에 대하여 '토재'만 한 것이 아니라 오래된 원한을 갚으려고 했으므로 부호 가 모두 이산離散하게 되었다고 다음과 같이 기록하였다.

"이와 같이 하여 7, 8월에 이르러서 더욱 무법無法하게 되어 부호富戶는 모두 이 산離散하게 되었고 천민賤民은 함께 모두 도양跳梁하였으며, 비단 토재討財만 할 뿐 아니라 숙원宿怨을 갚으려고 해서 호남 일대가 혼돈의 세계가 되었다."[51]

집강소의 농민통치가 부호에 대한 '토재'를 비교적 철저히 한 것은 후에 별도 로 기술하는 바와 같이 농민군의 강화에 따른 군수전軍需錢·군수미軍需米 확보

---

48 『東學史』, 130쪽.
49 『梧下記聞』第1筆의 107쪽.
50 「宣諭榜文並東徒上書所志謄書」, 『東學亂記錄』下卷, 385~386쪽 참조.
51 「甲午略歷」, 『東學亂記錄』上卷, 65쪽.

의 현실적 필요와 깊이 관련된 것이었다고 볼 수 있다.

4) 삼정의 개혁

집강소의 농민통치는 농민들의 오래된 숙원이었던 삼정三政(田政·軍(布)政·還政)의 개혁을 단행하였다.

집강소는 농민통치를 시작하자마자 먼저 농민의 관아에 대한 부채로 되어 있는 '환곡還穀'을 무효화하고 환상제도還上制度를 폐지하였다. 이것은 집강소의 폐정개혁 12개조의 제11조에 "공사채公私債를 물론하고 이와의 것은 일병一幷 물시勿施할 사"에서 '공채'가 바로 '환곡'임을 인식하면 바로 알 수 있는 것이다. 즉 집강소의 농민통치는 농민들의 오래된 요구에 따라 환상제도를 폐지하고 이왕의 '환곡'이라는 공채를 모두 무효화했던 것이라고 볼 수 있다.

또한 집강소의 농민통치는 종래 관아가 징수한 전세田稅와 군포세軍布稅 등 국공과國公課를 삭감하여 징수했으며, 이미 부당하게 과도히 징수되어 있는 부분은 억류하여 농민군의 비용에 사용하였다. 장성도호부사겸소모사長城都護府使兼召募使가 장성의 동학농민군의 죄목으로 든 것 중에 "공납公納을 저갈沮渴하였다沮渴公納"[52]고 한 것이 있는데, 이것은 전세·군포세 등 공과를 정부의 부과액대로 납부하지 말도록 저갈한 것으로 해석된다. 전라도의 자료가 아니라 강원도의 자료이지만 동학농민군은 강릉을 점령하자마자 9월 5일 동문에 "삼정三政의 폐막을 교혁矯革하고 보국안민한다矯革三政之弊瘼 輔國安民"[53]는 방문을 붙였다고 한다. 또한 『동비토론東匪討論』에서도 수천 명의 동학농민군이 음력 9월 초4일 영월·평창·정선의 3읍을 점령하자 "삼정을 마음대로 정했다冒定三政"[54]고 했으며, 강릉의 "부중府中에 4~5일 유주留住하는 동안에도 군포세軍布稅와

---

52 「先鋒陣呈報牒」, 『東學亂記錄』 下卷, 245쪽.
53 『臨瀛討匪小錄』, 7쪽. "初五日 揭榜于邑東門 矯革三政之弊瘼 輔國安民 云云" 참조.
54 「東匪討論」, 『韓國學報』 第3輯, 265쪽.

적조세糴糶稅(환곡)를 바로잡아서 삼정을 임의로 삭감했다"[55]고 기록하였다. 강원도의 동학농민군의 활동은 호남의 집강소의 통치를 본받은 것이므로, 이 기록들은 호남의 동학농민군이 "공납을 저갈하였다"는 것이 그 내용은 삼정의 전세·군포세·환곡 등의 공납을 삭감하거나 내지 말도록 할 것임을 나타내는 것이라고 해석할 수 있게 시사해 주는 자료라고 볼 수 있다.

또한 집강소의 농민군은 조세징수권도 행사하여 그들의 삭감된 세율에 따라 전세·군포세도 일부 징수했던 것으로 보인다. 관군이 제2차 농민전쟁의 패배 후 농민군 총령관 김덕명金德明을 체포하여 그의 이전의 죄상을 보고한 곳에 "이 자는 원평점에 도소都所를 크게 설치하고 공곡公穀과 공전公錢을 사사로이(농민군이) 징수했다"[56]는 기록이 있다. 이것은 집강소의 동학농민군이 전세와 군포세를 그들이 정한 삭감된 세율에 따라 징수해서 동학농민군의 목적에 사용했음을 나타내는 기록이라고 볼 수 있다. 동학농민군의 문서 속에 관아의 문부 중에서 삼정과 관련된 『요역절목傜役節目』 『전세도록田稅都錄』이 포함되어 있었던 것도 시사하는 바가 크다.[57]

관군이 그 후 동학의 10죄를 논하는 방문에 그 셋째의 죄로 "국과國課를 미완未完한 것因之而國課未完 三也"[58]을 든 것은 위와 같이 집강소나 환곡을 징수하지 않고 무효화하며, 전세·군포세를 삭감하여 징수했거나, 그 이전에 징수된 것을 상납하지 않고 처분했음을 시사하는 것이라고 볼 수 있다.

집강소의 통치가 농민의 오래된 숙원이던 삼정의 폐막弊瘼을 교정한 것은 동학농민군이 농민의 요구를 그대로 반영하여 통치했음을 나타내는 것이라고 볼

55 「東匪討論」, 『韓國學報』第3輯, 265쪽. "留住府中 至於四五日 維正軍糶稅 三政任意減削" 운운 참조.
56 「巡撫先鋒陣謄錄」, 『東學亂記錄』上卷, 669쪽. "金溝縣龍溪洞金德明捉待 而此漢大設都所於院坪店 私捧公穀公錢" 운운 참조.
57 「先鋒陣各邑己發關及甘結」, 『東學亂記錄』下卷, 349쪽 참조.
58 「兩湖右先鋒日記」, 『東學亂記錄』上卷, 272쪽.

수 있다.

5) 고리채의 무효화

집강소의 농민통치는 당시까지 농민들이 짊어지고 있던 모든 고리채를 무효화했으며, 이를 조금이라도 채근하는 경우에는 채주債主를 엄중하게 처벌하였다.

집강소의 폐정개혁 요강의 제11조인 "공사채公私債를 물론하고 이왕의 것은 일병一并 물시勿施할 사"에서 '사채私債'는 바로 농민의 고리채를 의미하는 것이라고 해석할 수 있다. 또한 7월 초에 전봉준이 도내의 각 읍 집강소에 보낸 '통문'에서 "사채는 시비를 물론하고 절대로 시행치 못하게 하며 이 지시를 어기는 자는 마땅히 영營에 보고하고 처벌하라"[59]고 엄명한 곳에서 이 고리채의 무효화와 고리대부 및 사채 징봉徵捧의 엄금을 강력히 실행한 것을 알 수 있다.

6) 미곡의 일본유출 방지

집강소의 농민통치는 해안지방에서 무역을 통한 것이든지 아니든지 간에 미곡을 유출하는 선박을 검사하고 일본으로 실어 가는 미곡을 압류했으며 일본으로의 미곡유출을 엄격히 금지하였다. 이 해에 전라도 일대에서는 맥작이 풍작이었다. 동학농민군은 군량을 무상 징발하거나 추호라도 민업民業을 방해하지 않았다. 각 읍촌에서 농민군이 구입하는 물자에는 충분한 전문錢文을 지불했기 때문에 상거래도 약간 활발해진 감이 있었다. 보리베기와 모내기도 잘 끝나고 기후도 순조로워 농민들은 모두 고복鼓腹을 두드리는 상태에 있었다고 한

---

59 『梧下記聞』 第2筆의 66쪽. "一. 掘人塚捧私債 勿論是非 切勿施行 而若犯此科者 當報營勘律" 참조. 집강소에 보낸 이 전봉준의 통문은 주체가 고리채주이든 동학농민군이든 간에 모든 사채의 徵捧을 철저히 금지하고 있다. 당시 고리채주들도 기회를 보아 사채의 징봉을 시도했으며, 동학농민군에 들어온 일부 부랑배도 간혹 사채를 징봉하는 폐단이 있었다. 전봉준은 기존의 고리사채를 모두 무효화했을 뿐 아니라 새로운 (고리)사채의 발생도 철저히 봉쇄한 것으로 보이며, 동학농민군의 사채징봉도 철저히 금지했던 것으로 보인다.

다.[60]

집강소의 이러한 활동은 미곡이 각종의 통로로 일본으로 유출되어 국내의 미가米價를 앙등시킴으로써 빈민들의 민생이 어려워짐을 경험하고 이것을 일본의 일종의 경제침략으로 간주하여 이를 방어하고자 한 것이었다고 해석된다.

몇 가지 예를 들면, 군산의 동학농민군들은 '방수防守'라고 칭하면서 군산진의 군기를 모두 빼앗아 동학에 입도한 이민吏民들에게 모두 나누어 주어 공사선公私船을 막론하고 왕래하는 선박은 모두 총을 쏘아 나포해서 곡물을 모두 압류하여 군산진의 창고에 적치積置하였다.[61] 또한 영광과 무안의 해안에서도 배접주裵接主 등이 완고선完固船 4척을 내어 서남해안을 돌아다니면서 미곡을 실어내 가는 모든 선박들을 검사하여 무기를 빼앗고 곡물을 압류하였다.[62] 홍덕의 한접주韓接主와 홍농의 동학농민군에 들어간 어민 임치덕林致德은 배를 내어 연안의 여러 섬들을 순찰하면서 미곡유출을 방수하였다.[63] 강진에서 후에 관군에게 체포되어 수적水賊과 같은 비괴匪魁의 죄를 졌다고 처벌받은 수명壽命이라는 이름의 노비출신 농민군도 일단을 이끌고 이 미곡유출에 대한 방수에 종사했던 것으로 보인다.[64] 줄포茁浦에서는 일본상인이 구적仇敵으로 간주하는 동학농민군에게 잡혀 단두장斷頭場에 끌려갔다가 죽음 직전에 살아 나오기도 하였다.[65]

여기서 집강소의 동학농민군이 '방수防守'라고 한 것은 단순히 군사목적상의 해안경비가 아니라 미곡의 일본에의 유출을 방지하는 '방곡防穀'의 의미를 포함한 '방수'임을 알 수 있다. 집강소의 이러한 활동은 일본의 경제침략에 대

---

60 『日淸戰爭實記』第2篇, 1894년(明治 27) 9월 10일, 98쪽 참조.
61 「巡撫先鋒陣謄錄」, 『東學亂記錄』上卷, 625쪽 참조.
62 「宣諭榜文幷東徒上書所志謄書」, 『東學亂記錄』下卷, 384~385쪽 참조.
63 「宣諭榜文幷東徒上書所志謄書」, 『東學亂記錄』下卷, 386쪽 참조. 이 과정에서 압류한 재화 때문에 말썽이 일기도 하였다.
64 「先鋒陣各邑了發關及甘結」, 『東學亂記錄』下卷, 350쪽.
65 『東京日日新聞』, 1894년(明治 27) 8월 5일字, 「釜山特報」「斷頭場に臨す」 참조.

한 집강소 농민들의 방어활동의 하나였다고 볼 수 있다.

7) 토지제도의 개혁 시도

집강소의 농민통치는 지주제도의 개혁 또는 폐지의 문제를 제기하였다. 이에 관련된 집강소의 폐정개혁 요강 제12조 "토지는 평균平均으로 분작分作케 할 사"는 두 가지로 해석될 수 있다.

첫째는 이를 문자 그대로 '균작均作'으로 해석해서 소작지·차경지의 균등한 소작·차경으로 해석하는 것이다. 폐정개혁 요강의 '평균으로 분작'을 문자 그대로 해석하면 이러한 해석이 나오는 것이다. 이 경우에는 집강소는 지주제도 그 자체를 폐지하려 했던 것은 아니고 소작지·차경지를 평균으로 분작케 하고 소작료를 절하시키는 방향의 개혁을 추진한 것으로 해석하게 된다.

둘째는 '평균으로 분작'을 '평균분전平均分田'으로 해석해서 토지소유권을 균등하게 소유하는 것으로 해석하는 것이다. 이때에는 '분작分作'을 '분전分田'으로 해석할 근거가 있는가의 문제가 나온다. 이 경우에는 집강소는 지주제도 그 자체를 완전히 폐지하고 농민적 토지소유를 정립하려 했던 것이라고 해석하게 된다.

어떠한 해석이 사실과 부합하는가는 실증적 자료(사실)에 의해서만이 판단될 수 있을 것이다. 현재 발견되는 자료는 주로 도조賭租(소작료)를 농민군이 압수하는 기록들이다. 예컨대, 공주의 소작주로 보이는 남선달南先達은 갑오농민전쟁으로 도조를 빼앗겨 그 세가 낭패한 처지에 놓이게 되었다.[66] 한편 장성의 동학농민군 두령들인 공기노孔基魯·김종익金宗益·이기주李基周·공치환孔致煥·남라구南羅九·이궁궁李弓弓·한덕일韓德一·김사문金士文 등의 죄상의 하나에는 "다른 사람의 賭租를 늑탈한 것勒奪他人賭租"[67]이 중요한 죄목으로 지적되어 뒤

---

66 「雜記(報抄)」, 『東學亂記錄』下卷, 297쪽 참조.
67 「巡撫先鋒陣謄錄」, 『東學亂記錄』上卷, 650쪽 및 「先鋒陣呈報牒」, 『東學亂記錄』下卷, 245쪽

에 관군에게 처벌되었다. 고부에서도 동학농민군 두령 이화진李化辰이 농민군을 이끌고 부민 황경여黃京汝의 도조를 수색하여 가져오려고 해제면海際面에 출동했다가 그 면의 동학접주의 저지로 성공치 못하였다.[68] 동학농민군들이 도조 70석을 명례궁明禮宮의 사음가舍音家에 저치儲致해 두었다는 기록도 있다.[69]

이 밖에 제2차 농민전쟁 때의 강원도의 강릉에서의 일이지만, 동학농민군들이 요호饒戶에 대하여 전재錢財를 토색할 뿐 아니라 "전답문서田畓文書를 빼앗고자 했다欲奪田畓文書"[70]는 기록도 보인다.

이러한 기록들은 모두 동학농민군들이 지주제도에 대하여 적대활동을 했으며, 지주제도를 개혁하거나 폐지하려고 한 의지를 나타낸 것이라고 볼 수 있다.[71] 동학농민들은 다산 정약용의 『경세유표』에서 제시된 정전제井田制 토지개혁안을 자기 시대에 맞게 수정하여 발전시켜서 새로운 정전제 토지개혁을 실시하여 8구區의 사전은 농민에게 균작케 해서 지주제도를 폐지하고 자작농체제를 만들며, 1구의 공전은 '두레'를 장려해서 공동경작하여 그 소출로 '공세公稅'를 납부하도록 하는 토지개혁을 추구했던 것으로 이해된다.

전봉준은 그 후 체포되어 심문을 받을 때에 봉기 목적의 심문에 대해 "오직 나의 종국의 목적은 첫째로 민족閔族을 타도하고 일당의 간신을 없애며 또한 전운사轉運使를 폐하고 전제田制·산림제山林制를 개정改正하며 소리小吏의 사리私利를 짓는 자를 엄하게 처벌함을 원했을 뿐이다"[72]고 대답하였다. 여기서 전봉준이 말한 "전제·산림제의 개정"을 번역하면 곧 '토지개혁'을 가리킨 것이었다.

참조.

68 「巡撫先鋒陣謄錄」, 『東學亂記錄』 上卷, 628쪽 참조.

69 「先鋒陣各邑了發關及甘結」, 『東學亂記錄』 下卷, 364쪽 및 「宣諭榜文並東徒上書所志謄書」, 『東學亂記錄』 下卷, 412쪽 참조.

70 「東匪討論」, 『韓國學報』 第3輯, 265쪽 참조.

71 동학농민군들의 지주제도에 대한 이러한 적대활동은 농민군의 주체세력이 '소작농층'을 골간으로 구성되어 있음을 간접적으로 나타내는 것이라고 볼 수 있다. 慎鏞廈, 「甲午農民戰爭의 主體勢力과 社會身分」, 『韓國史研究』 第50輯, 1985 참조.

72 『東京朝日新聞』, 1895년(明治 28) 3월 5일字 〈東學黨大巨魁と其口供〉

전봉준과 집강소가 토지개혁을 추구했었음은 명백한 것이다.

8) 인민소장의 처리

집강소의 농민통치는 백성들이 제출한 '소장訴狀'을 백성들의 의사가 충분히 반영되도록 정당하게 처리하여 그동안 농민들이 관과 양반과 부호들에게 억울하게 당했던 억원抑怨의 일들을 모두 집강소의 농민권력에 의하여 해결해 주었다. 이것은 오지영의 『동학사』에서 집강소의 활동을 기술하는 중에 "일변으로 인민의 소장을 처리하며"[73]라고 기록한 곳에서 이를 알 수 있다.

당시 수백년의 양반관료통치의 적폐 속에서 농민이 억울하게 수탈당하고 학대받은 사항은 낱낱이 들 수 없도록 사회생활의 전 분야에 걸친 것이었다. 집강소의 농민통치는 집강소를 설치하자마자 농민들에게 '소장'을 제출케 하여 '억울한 일'을 제기하라고 해서 집강소의 농민권력으로 이를 낱낱이 풀어 나가기 시작했다. 위정척사파 양반유생 정석모가 "천민이 함께 모두 도양跳梁하여 비단 토재만 할 뿐 아니라 '숙원宿怨'을 갚으려 기도해서 호남 일대가 혼돈의 세계가 되었다"[74]고 기록한 것은 집강소가 농민들의 소장을 정당하게 처리하여 농민들의 '숙원'을 풀어 주는 활동을 전개했음을 간접적으로 시사해 주는 것이라고 할 수 있다.

집강소의 농민통치가 인민의 소장을 처리하여 농민의 '숙원'을 풀어 준 활동을 한 것은 집강소의 농민통치가 농민을 위한, 농민에 의한, 농민의 권력의 통치였음을 나타내는 하나의 징표라고 말할 수 있을 것이다.

9) 관리의 문부의 검열

집강소의 농민통치는 관리들이 과거에 작성한 문부文簿와 집강소의 설치 후

---

73 『東學史』, 130쪽.
74 「甲午略歷」, 『東學亂記錄』 上卷, 65쪽, 주 51과 같음.

집강소 통치에 방조기관으로 일하는 관리들이 작성한 문부를 낱낱이 '검열'하여 그 잘못을 바르게 하고 농민통치를 엄정하게 하였다. 이것은 『동학사』에서 "일변으로 관리의 문부를 검열하며"[75]라고 기록한 곳에서 이를 알 수 있다. 또한 집강소의 농민통치는 그들이 직접 시행한 행정에 대해서도 낱낱이 문부를 작성하며 실시하였다.

집강소의 농민통치가 관리의 문부를 검열했음을 방증하는 사례를 들면, 뒤에 관군이 태인에서 압수한 동학농민군의 문적文蹟 중에는 과거의 태인현의 『요역절목傜役節目』1책과 『전세도록田稅都錄』1책이 포함되어 있었다.[76] 또한 해남에서 후에 관군에 의하여 압수된 동학농민군의 문적 중에는 과거의 해남현의 『보초책報草册』7권, 『등보책謄報册』5권이 포함되어 있었다.[77]

또한 집강소의 농민통치가 스스로 '문부'를 작성하며 시행되었음을 방증하는 사례를 들면, 김개남은 남원의 집강소에서 전라좌도에 농민군의 오영五營을 설치하면서 '절목節目'을 만들게 하였다.[78] 또한 관군이 후에 군산진에서 압수한 동학농민군의 문적 중에는 농민군들이 스스로 작성한 『미곡상하책米穀上下册』1책, 『전재출납책錢財出納册』1책, 『군물파급책軍物派給册』1책, 『진공형고음鎭公兄考音』2책 등이 포함되어 있었다. 관군 측도 동학농민군이 관부官府와 같은 문부文簿를 만들면서 행정을 했음을 다음과 같이 인정하였다.

"유진留陣하여 흔적을 탐색한 즉 일진一鎭의 이민吏民이 거의 모두 사邪(동학-인용자)에 물들어 비류匪類의 우두머리에 부동符同하고 방수防守라고 칭하면서 해진該鎭의 군기軍器를 탈거해 이민吏民에게 나누어 주었으며 공사선公私船을 물론하고 내왕來往할 때에 총을 쏘아 선박을 잡고 곡물穀物을 모두 탈취해서 해진該鎭의 창고倉

---

75 『東學史』, 130쪽.
76 「先鋒陣各邑了發關及甘結」, 『東學亂記錄』下卷, 349쪽 참조.
77 「先鋒陣各邑了發關及甘結」, 『東學亂記錄』下卷, 350쪽 참조.
78 「甲午略歷」, 『東學亂記錄』上卷, 72쪽 참조.

庫에 적치積置해서 쓰임에 따라 출납出納에 답인성책踏印成册한 것의 자세함이 관부

官府의 문부文簿와 같았습니다. ……(東)匪들의 미곡상하책米穀上下册 1건, 전재출납

책전財出納册 1건, 군물파급책軍物派給册 1건 및 진공형고음音進貢衡考音公兄考音 2건을 모두 실

어 올려 보냅니다. 운운."[79]

집강소의 농민통치가 관부에서 작성한 문부와 자세함이 전혀 다름이 없도록

정밀하게 '문구'를 작성하면서 실시되었다는 사실은 집강소 농민통치의 관리능

력의 수준을 나타내 주는 중요한 측면이라고 볼 수 있을 것이다.

5. 집강소의 농민통치 (2)

1) 동학의 전도와 농민군의 강화

집강소의 농민통치는 동학을 농민들 사이에 적극적으로 전도傳道하고 농민군

을 모집하여 집강소의 호위군이라는 이름으로 농민군을 대폭 강화하였다. 오

지영이 『동학사』에서 "일변으로 관민간에 남은 군기와 마필을 거두어 집강소

의 호위군을 세우고 만일을 경계하였다. 이때에 전라도에는 청년소아까지라도

거의 다 도에 들어 접을 조직하게 되었다"[80]고 한 것은 이를 가리킨 것이었다고

할 수 있다.

집강소 시기에 동학의 간부들은 양인신분 출신과 천민신분 출신의 백성들(주

로 농민)에게 적극적으로 동학을 전도하여 동학에 입도시켰는바, 집강소 설치 이

전의 원래의 동학도인을 '구도舊道'라고 하고, 집강소 설치 후 새로이 동학에 입

도한 도인을 '신도新道'라고 불렀으며, 속인俗人으로서 동학을 비방하는 사람이

---

79 「巡撫先鋒陣謄錄」, 『東學亂記錄』 上卷, 625쪽.
80 『東學史』, 130쪽.

있을 때에는 이를 위압하여 동학에 입도시켜서 비방치 못하게 하고 이를 '늑도勒道'라고 불렀다.[81]

집강소 시기에는 전도에 걸쳐서 '신도'가 압도적으로 많았다. 황현의 기록에 의하면, 전라도에서 "양민 중의 2~3할"이 '가도학假道學'이라고 칭할 수 있는 새로이 동학농민군에 편승하려는 사람들이었다고 하였다.[82] 홍계훈이 '전주화약' 10일 후인 5월 17일의 보고에서 이제 동학도들을 일일이 추포追捕하고자 해도 도내의 동학에 물든 자가 3분의 1을 넘었기 때문에 어떻게 할 수 없다고 보고하였다.[83] 이것은 집강소가 설치되기 시작할 무렵의 보고이므로, 집강소가 본격적으로 활동한 시기에는 동학에의 입도자는 더욱 격증했을 것임은 두말할 필요가 없다. 제2차 농민전쟁 시기에 무안현감은 그 이전 집강소 시기(동학당 창궐의 시기)에 평민들의 동학·농민군에의 가입실태에 대하여 다음과 같이 보고하였다.

"본읍은 바닷가의 구석에 후미져 있어서 오히려 화택化澤의 미치지 않는 곳이 있던 중 동학배東學輩의 창궐의 때를 만나 피륵자被勒者는 이를 요행이라고 하고 낙종자樂從者는 이 기회를 이용할 수 있다고 하면서 침침연하게 매우 어수선한 지역에 혼귀渾歸하여 평민平民으로(동학·농민군에) 가담하지 않는 자가 거의 없으니 참으로 통탄할 일입니다."[84]

무안현감의 보고와 같이, 집강소의 전성기에는 압도적 다수의 평민들이 낙종자樂從者이든 피륵자被勒者이든 간에 기꺼이 동학에 입도하여 '신도'가 되었음을 알 수 있다.

---

81 『梧下記聞』第1筆의 106쪽 참조.
82 『梧下記聞』第1筆의 84쪽 참조.
83 『兩湖招討謄錄』, 『東學亂記錄』下卷, 328쪽.
84 「先鋒陣各邑了發關及甘結」, 『東學亂記錄』下卷, 328쪽.

집강소 시기에 동학에 입도한 '구도'와 '신도'들은 농민군을 편성했는데 이를 호위군으로 부르기도 했지만 통상적으로는 '접接'이라고 널리 불리었다.[85] 황현에 의하면, 그 접은 크기가 일정치 않아서 1만 명이 1접이 될 수도 있고, 혹은 1천 인이 1접, 1백 인이 1접이 되기도 했으며, 수십 명도 역시 스스로 1접을 칭하기도 하였다. 따라서 대읍에는 수십 개의 접이 있었고 소읍에도 3~4개의 접이 있었다고 한다. 이에 따라 각 접의 두령의 서열에도 최상위에 대접주大接主가 있고, 그다음이 수접주首接主, 그리고 그다음이 접주接主의 순위였다.[86]

집강소 시기에 일본의 낭인배浪人輩로 구성된 밀정들이 동학농민들에게 동정적인 것처럼 위장을 하고 호남의 집강소 지역에 들어가 정보를 수집했는데, 그중 해포海浦일당은 전봉준이 동학농민군을 훈련시켜 사열하는 것을 관람하였다.[87] 다른 낭인배 천우협天佑俠의 무전武田 일당도 전봉준이 8대장을 선임하여 전후 각영에서 동학농민군 병사들을 훈련시키는 것을 관찰하였다.[88] 또 다른 한 일본의 낭인은 동학농민군의 군사훈련이 조선 관군에 비하여 더 나은 점이 여러 가지 있었으며, 그 전진 후퇴의 조정은 대략 서양식의 훈련방식을 거의 터득한 것처럼 보였다고 기록하였다.[89]

집강소는 이와 같은 방식으로 집강소마다 농민군을 증모하여 농민통치를 뒷받침할 수 있는 막강한 농민군을 편성하고 강화했다. 관군이 후에 전봉준의 죄상의 하나로 "중민衆民을 꾀어 군대를 만들어서 왕의 군대에 항거했음誑衆爲兵抗拒王師"[90]을 첫째의 죄목으로 든 것은 이 점을 중시한 것이라고 볼 수 있다. 당시 전라도 내에는 아직도 관군이 진陣을 갖고 있는 지역이 있었고 장수 같은 곳

---

85 『東學史』, 130쪽 참조.
86 『梧下記聞』第1筆의 104쪽 참조.
87 海浦篤彌, 『東學黨視察日記』, 1894년(明治 27) 陽 7월 21일條, 『初齋遺稿』, 93쪽 참조.
88 吉州牛, 「韓山虎嘯錄(承前)」, 『黑龍』第1권 제6호(1901년, 明治 34년 10월), 436쪽 참조.
89 函南逸人編, 『甲午朝鮮內亂始末』, 1894년(明治 27), 8쪽 참조.
90 「先鋒陣呈報牒」, 『東學亂記錄』下卷, 208쪽 참조.

에서는 집강소 시기에도 양반유생들이 반혁명 민포군民砲軍을 조직하려는 움직임이 있었으므로,[91] 집강소의 농민군의 편성과 강화는 집강소 농민통치의 필수의 사업이었다. 황현에 의하면 농민군 중에서도 남원접과 보성접이 가장 막강했으며, 남원의 화산당접花山堂接과 담양의 용귀동접龍歸洞接이 강접強接으로 불리면서 막강했을 뿐 아니라 가장 잔인했다고 하였다.[92]

특히 집강소가 청일전쟁을 도발하고 내정간섭을 자행하는 일본침략군과의 일전이 불가피함을 감지하고 음력 6월 15일경 전봉준·김개남 등이 남원에서 대회를 열어 제2차 농민전쟁의 준비를 암묵리에 각오한 후에는,[93] 집강소는 농민군의 강화에 더욱 박차를 가하였다. 집강소는 때로는 "평민들을 늑도勒道하여 농민군 대오에 충원해서 군진軍陣을 편성케 한"[94] 경우도 있었다고 한다.

그러면 집강소는 그 농민통치 기간에 농민군을 얼마나 강화했을까? 이것은 1894년 9월 제2차 농민전쟁의 봉기 때 집강소 설치지역인 전라도의 봉기 농민군 수를 통해서 알 수 있다. 『동학사』에 기록된 제2차 농민전쟁 봉기 때의 호남 일대의 봉기 농민군 수를 통하여 집강소의 농민군의 병력을 보면 호남의 27개 큰 집강소의 봉기 농민군 병력은 11만 4천 5백 명이었다.[95] 이 숫자는 호남의 작은 집강소들의 농민군을 모두 망라한 것은 아니기 때문에 실제의 집강소의 농민군 병력은 이보다 약간 더 많았다고 볼 수 있다.[96] 이것은 '전주화약' 때의 농민군의 병력 9천 명에 비하면 13배 이상이나 증강된 막강한 것이었다. 여기서

---

91 『梧下記聞』第2筆의 74쪽 참조.
92 『梧下記聞』第2筆의 43~44쪽 참조.
93 『梧下記聞』第2筆의 62쪽 및 「兩湖招討謄錄」, 『東學亂記錄』上卷, 186쪽 참조.
94 『梧下記聞』第3筆의 31쪽. "驅脅平民勒道 充伍使列陣" 참조.
95 『東學史』, 134~135쪽 참조.
96 작은 縣의 집강소의 농민군들은 큰 읍의 집강소의 농민군에 合隊해서 봉기했을 가능성도 있기 때문에 여기서 53개 집강소 중 27개의 큰 집강소의 농민군만 계산되었다고 해서, 나머지 26개 집강소의 농민군 숫자가 이에 비례해서 계산되지 않고 남아 있는 것으로 보아서는 안 될 것이다. 그러나 집강소의 농민군 총수가 이 통계보다 더 많았음은 명백하다.

집강소가 농민군의 강화에 큰 힘을 기울여 일단 성공했었음을 알 수 있다.[97]

집강소의 농민군 강화사업에서 특히 주목을 끄는 이색적인 것은 천민신분 출신 농민군을 창설한 것이다. 황현의 『오하기문』에 의하면 농민군 총관령 손화중은 전라우도에서 도한屠漢(백정)·재인才人(倡優)·역부驛夫·야장冶匠·승도僧徒 등 천민신분 출신의 1개 농민군부대를 편성했는데 그 용맹성이 탁월했다고 다음과 같이 기록되어 있다.

"손화중은 전라우도에서 도한屠漢·재인才人·야장冶匠·승도僧徒 등 평일의 가장 천류賤流로서만 한 접接을 별도로 설치했는데 그 사납고 용맹함이 누구도 대항할 수 없어 사람들이 가장 두려워했다."[98]

농민군 총관령 손화중은 이 천민농민군을 전도에서 뽑아 재인才人 중심으로 편성하고 그 통령에 고창의 재인 출신 홍낙관洪洛官[99]을 임명하여 자기 산하에 두었는데, 이 천민농민군은 수천 명으로서 손화중의 농민군을 가장 막강한 농민군으로 만들었다고 하였다.

"처음에 손화중은 도내의 재인才人을 뽑아 1포布(包)를 조직하고 홍낙관으로 하여금 이를 지휘하도록 하였다. 홍낙관은 고창의 재인으로서, 손화중에 속하여 그 부하 수천 인이 민첩하고 정예였으므로 손화중이 비록 전봉준·김개남과 정족지세鼎足之勢에 있었다 할지라도 (실제로는 손화중의 무리가) 최강最强하였다. 전봉준이 북

---

97 『東學史』, 154쪽에서 오지영은 갑오농민전쟁에 의한 동학농민군 피살자 수를 30~40만 명으로 보았는데, 이것은 제2차 농민전쟁의 봉기 농민군의 총수로 해석하는 것이 보다 합리적일 것이다.

98 『梧下記聞』 第2筆의 97쪽.

99 「李圭泰往復書幷墓誌銘」, 『東學亂記錄』 下卷, 467쪽에, "高敞留陣教長洪善敬飛報內 巨魁洪洛寬捉得嚴囚云"이란 보고가 있는데, 여기서 '洪洛寬'은 '洪洛官'과 동일인물로 추정된다. 『梧下記聞』에서 때로는 '洪絡官'이라고도 하였다.

상北上할 때에 손화중에게 연달아 격문을 보내어 연병連兵할 것을 요청했으나 손화
중은 불응하였다. 공주公州에 이르러 3패敗하여 사망자가 수만에 이르자 전봉준은
비로소 손화중에게 이서貽書를 보내어 뭇목숨들을 아끼어 해산하도록 하고 생민生
民을 함부로 죽이지 말도록 하였다. 마침내 손화중은 그의 포布(包)를 모두 일으키
어 도합 10여만으로 나주羅州를 포위하였다."[100]

동학농민군의 또 하나의 총관령인 대접주 김개남도 천민신분 출신의 농민군
부대를 편성하였다. 김개남은 처음에 도내의 창우倡優와 재인才人 1천여 명을 뽑
아 한 개의 농민군부대를 편성해서 그들의 사력을 다한 충성을 얻었다고 한다.

"처음에 김개남은 창우倡優·재인才人 천여 명으로 일군一軍을 만들어 그들을 두
터이 예우해서 그들의 사력死力을 얻음을 도모했다."[101]

손화중과 김개남이 각각 특수부대로서 편성한 천민신분 출신 농민군은 이른
바 '남사당패'를 중심으로 편성된 농민군부대로 추정된다. 당시 호남 일대는 유
랑하는 곡예대의 일종인 '남사당패'들이 다수 있었고, 이들은 천민신분이었지
만 민첩하고 특출한 재능과 기예를 가진 사람들로 구성되어 있었다. 손화중은
자기의 관할지역인 전라우도에서, 김개남은 역시 자기의 관할지역인 전라좌도에
서, 각각 그 지역의 '남사당패'를 중심으로 하여 여기에 각종 천민신분 출신들
을 첨가해서 천민신분층으로만 된 특수부대를 편성하여 대접주가 있는 대도소
에서 직접 지휘하면서 집강소의 가장 강력한 무력으로 활용했던 것으로 보인
다. '남사당패'는 그 자체가 검술과 곡예 등에 민첩한 사람들이고 동학농민군
이 그들의 천민신분을 해방시켜 주었으니 그들이 집강소와 동학농민군에 모든

100 『梧下記聞』第3筆의 35쪽.
101 『梧下記聞』第3筆의 23쪽.

충성을 바치고 가장 용맹했었을 것은 충분히 이해되고도 남음이 있는 일이다.

집강소의 농민군의 병력이 크게 강화됨과 병행하여 그들은 농민군의 조직으로 '오영五營'제를 실시하였다.[102] 오영을 어디에 어떻게 설치했는지는 자료가 없어 자세한 것은 알 수 없으나 전봉준은 전라우도에 '오영'을 설치하여 이현석李鉉石을 도순찰都巡察로 임명하였다.[103] 한편 김개남도 전라좌도에 담양을 전영前營으로 한 '오영五營'을 설치하여 절목節目까지 정석모鄭碩謨를 시켜 만들어서 집강소들의 농민군의 지휘를 체계화하였다.[104]

집강소의 동학농민군의 편대조직은 자료가 없어 정확한 것은 알 수 없다. 『오하기문』에서는 기포起包 때에 사용한 직책으로 성찰省察, 검찰檢察, 규찰糾察, 주찰周察, 통찰統察, 공사장公事長, 기포장騎砲將 등을 들고 있는데,[105] 이것은 모두 집강소의 농민군의 직책과 관련된 것으로 보인다. 이 밖에도 영장領將 등의 기록이 보이는데 모두 동학농민군의 직책으로 보아도 좋을 것이다.[106]

집강소의 농민군은 대오가 잘 정비된 군대였다. 남원에 근거지를 둔 김개남의 농민군은 오방五方의 깃발旗幟만도 7~8천 개를 만들었다고 하니 그 규모와 격식을 미루어 알 수 있다.[107] 또한 집강소의 농민군은 독특한 '동도건복東徒巾服'[108]을 만들어 사용하였다. 구전에 의하면 건巾은 무명으로써 큰 머릿수건을 만들어 평시에는 머리에 두르고 식사 때에는 이를 주먹밥(또는 떡)의 수령포로 사용했다고 한다. 또한 복장은 옷고름 대신 단추를 붙이고 소매가 좁은 저고리와 바지를 만들었으며, 호주머니를 대었고, 두루마기로 옷고름 대신 단추를 댄

---

102 「巡撫先鋒陣謄錄」, 『東學亂記錄』 上卷, 596쪽 참조.
103 「巡撫使呈報牒」, 『東學亂記錄』 下卷, 71쪽; 「先鋒陣呈報牒」, 『東學亂記錄』 下卷, 210쪽 및 「巡撫先鋒陣謄錄」, 『東學亂記錄』 上卷, 605쪽 참조.
104 「甲午略歷」, 『東學亂記錄』 上卷, 72쪽. 潭陽 前營(領)의 領管은 南應三이었다.
105 『梧下記聞』 第1筆의 105쪽 참조.
106 「甲午略歷」, 『東學亂記錄』 上卷, 72~73쪽 참조.
107 「甲午略歷」, 『東學亂記錄』 上卷, 67쪽 참조.
108 「甲午略歷」, 『東學亂記錄』 上卷, 73쪽 참조.

것으로 개조했다고 전한다.

집강소의 동학농민군은 농민군들의 사기와 용맹성을 진작시키기 위하여, 전봉준을 따라서 제1차 농민전쟁에 참전하여 고부 황토현黃土峴전투와 장성 황룡촌黃龍村전투에서 승전하고 전주를 함락한 농민군에 대해서는 '승전'이라고 표지를 붙이게 해서 특별히 부르고 그 공을 기리었으므로 그들은 농민군 중에서도 가장 위신이 높았다.[109] 또한 태인에서 도강김씨道康金氏라고 통칭되는 김개남의 일족에서는 접주만도 24접주가 배출되어 세력이 막강하였다.[110]

2) 농민군의 무기와 마필의 공급

집강소의 농민통치는 대폭 강화된 농민군을 무장시키기 위하여 관민간에 남아 있는 무기와 마필을 철저히 색출하여 징발해서 이를 농민군의 무기와 마필로 사용하였다.

여기서 관의 무기라 함은, 관군 측의 토벌기록에 '양탈군기攘奪軍器',[111] '타파군고打破軍庫 탈취병계奪取兵械',[112] '창탈무고搶奪武庫',[113] '탈취본읍군기奪取本邑軍器',[114] '창탈본읍군기搶奪本邑軍器',[115] '창탈왕고병기搶奪王庫兵器'[116] 등 여러 가지 표현으로 나오는 것과 같이, 주로 각 부·군·현의 무기고를 열고 여기에 비치되어 있던 무기들과 영營의 장졸들이 가졌던 무기들을 압수하여 농민군의 무장에 사용한 것을 말하는 것이다. 또한 관의 마필이라 함은 부·군·현의 마馬와 역마驛馬를 비롯해서 목장토牧場土의 마필까지 관에 속한 것을 모두 징발하

---

109 『梧下記聞』第2筆의 44쪽 참조.
110 『梧下記聞』第2筆의 44~45쪽 참조.
111 「巡撫先鋒陣謄錄」, 『東學亂記錄』上卷, 680쪽.
112 「先鋒陣呈報牒」, 『東學亂記錄』下卷, 138쪽.
113 「先鋒陣呈報牒」, 『東學亂記錄』下卷, 208쪽.
114 「先鋒陣呈報牒」, 『東學亂記錄』下卷, 260쪽.
115 「先鋒陣呈報牒」, 『東學亂記錄』下卷, 266쪽.
116 「朴鳳陽經歷書」, 『東學亂記錄』下卷, 519쪽.

여 농민군의 군용으로 사용한 것을 말하는 것이다. 예컨대 전봉준은 위봉산성威鳳山城에 있는 정부의 군기와 화약을 실어다가 자기의 농민군의 무장과 무력을 강화하였다.[117] 그러나 전봉준은 일본 낭인배 밀정들이 동학농민군의 무기가 화승총 중심임을 보고 무

동학농민군 집강소 집강의 말 탄 그림

기의 원조를 제의하자, 타일他日 재거再擧를 도모할 때 통구通求하겠다고 응답하고 이를 거절하였다.[118] 각 집강소는 모두 자기 읍의 무기고를 열어 농민군의 무기로 징발해서 농민군 무장을 강화했으므로 관변 측의 입장에서 보면 농민군에게 무기를 빼앗기지 않는 군현은 하나도 없는 것과 마찬가지였다.[119]

또한 여기서 민의 무기라 함은 사포수私砲手들을 비롯해서 민간인이 가지고 있던 총포·창검 등 각종의 무기들을 말하는 것이다. 또한 민民의 마필이라 함은 상고마商賈馬를 비롯해서 민간인이 가지고 있던 말들을 가리키는 것이다. 집강소의 동학농민군은 민간인들로부터도 마필을 철저히 징발했던 모양으로, 양반유생으로 행담양도호부사行潭陽都護府使에 일시 임명되었던 양반민포군의 한 보고는 "본읍의 읍저에 각 인가人家가 기르고 있던 마필은 이전에 이미 동학배에게 다 빼앗기었다"[120]고 보고하였다.

집강소는 이렇게 무기와 마필을 철저히 색출하여 징발해서 동학농민군을 상당한 정도로 꽤 잘 무장시켰던 것으로 보인다.

예컨대, 김개남의 출신지로서 농민군의 세력이 막강하였던 태인의 경우를 『오

---

117 『梧下記聞』第3筆의 14쪽 참조.
118 海浦篤彌, 『東學黨視察日記』, 1894년(明治 27) 陽 7월 20일條, 『初齋遺稿』, 92쪽 참조.
119 『梧下記聞』第3筆의 11쪽 참조.
120 「先鋒陣呈報牒」, 『東學亂記錄』下卷, 205쪽 참조.

하기문』을 통하여 보면, 황현은 음력 6월에 태인이 동학농민군의 소혈巢穴이 되어 태물이 산적하고 1호에 마필을 4~5마리나 길러서 천백마千百馬가 무리를 이루었으며, 1집에 총을 적어도 10여 개나 비축하고 있었다고 다음과 같이 기록하였다.

> "태인泰仁은 도적(동학농민군-인용자)의 소굴이 되어, 재물이 산적하고, 1호가 4, 5馬를 길러서 천백마역阡陌馬驛이 무리를 이루었으며 집에 비축한 총통銃筒이 작은 것이 오히려 10여 매枚였다. 이에 도내道內의 진신縉紳은 향리에 출입할 때 한 마리의 타고 다닐 나귀도 없게 되었으며, (중략) 사냥은 이미 모두 절폐되어서 평민은 꿩한 마리도 잡을 수 없었다."[121]

이 기록을 통해서도 집강소의 동학농민군이 강화된 농민군의 무기부족을 해결하기 위해서 관민간에 남아 있는 무기를 철저히 징발해서 농민군을 무장시켰음을 알 수 있다.

또한 집강소의 동학농민군은 화약을 제조하고, 또 관민간에 비축되어 있는 화약을 색출하여 징수하는 데 큰 힘을 기울였다. 이것은 '탄약'의 공급을 위하여 당연한 것이었다.

예컨대, 김개남의 대도소에 속해 있던 곡성의 집강소에서 농민군들을 군수물자로서 화약 4~5석을 청방간廳房間에 두었다고 동몽童蒙의 하나가 술을 마시고 담뱃불을 떨어뜨려 화약이 폭발해서 농민군의 접주급 7~8명과 병사 70~80명이 폭사한 사고가 있었는데,[122] 이로 보아 집강소마다 상당한 양의 화약을 비축했던 것으로 보인다.

농민군이 절실히 필요로 한 화약은 관민간에 비축되어 있는 것을 징발하기

---

121 『梧下記聞』 第2筆의 44~45쪽 참조.
122 『梧下記聞』 第2筆의 11~12쪽 참조.

도 했지만, 농민군이 스스로 '제조'하기로 했던 것으로 추정된다. 제2차 농민전쟁 시기에 관군은 충청도 노성읍 강촌江村에서 농민군의 '제약처製藥處(화약 제조처)'가 있다는 보고를 받고 이를 습격하여 화약제조기구 등을 부수고 있는데,[123] 이것은 집강소 시기에 호남에서도 시행되어 화약이 제조되었음을 알려주는 것이다.[124]

주목해야 할 것은 집강소의 농민군이 관아의 무기고를 열고 주로 그 무기로 무장했기 때문에 뜻밖에 '대포' 등을 포함해서 상당한 정도로 잘 무장되었다는 사실이다. 이 사실은 제2차 농민전쟁 시기에 관군이 농민군으로부터 노획한 노획무기를 통해서도 알 수 있다.

예컨대, 관군은 직산에서 농민군들이 황성도黃聖道의 집에 숨겨 둔 대포탄환 12궤짝, 총 5자루, 이천옥李天沃의 집에서 총 17자루, 양창洋鎗 9자루, 창 80자루, 철환 500개, 환도還刀 4자루, 『동경대전』 판각 2권 등을 압수하였다.[125] 또한 금구에서는 회룡총回龍銃 10자루, 조총 60자루, 연환鉛丸 7석, 화약 5궤짝, 자포子砲 10좌坐, 도창刀槍 200자루, 미米 500석, 전전錢 3,000냥, 목목木 10동同, 우우牛 2마리, 마마馬 11마리, 연우피鍊牛皮 10장, 호피虎皮 1장을 노획하였다.[126] 태인에서는 회포回砲 15자루, 조총 200여 자루, 약환藥丸 창죽 등은 부지기수, 구안마具鞍馬 6마리 등을 노획하였다.[127]

관군이 전라도에서 12월에 노획한 농민군의 무기를 보면, 5일에 대완포大碗砲 6문(자루)·조총 20자루, 8일에 화약 70근·조총 17자루, 10일 함평에서 한완포韓碗砲 2문·조총 12자루 등 '대완포'가 8문이나 된다.[128] 박봉양朴鳳陽이 9월 초

---

123 「巡撫使呈報牒」, 『東學亂記錄』 下卷, 41쪽 참조.
124 『梧下記聞』 第3筆의 13쪽 참조.
125 「巡撫使呈報牒」, 『東學亂記錄』 下卷, 27쪽 참조.
126 「先鋒陣呈報牒」, 『東學亂記錄』 下卷, 119쪽 및 「巡撫使呈報牒」, 『東學亂記錄』 下卷, 51쪽 참조.
127 「巡撫使呈報牒」, 『東學亂記錄』 下卷, 58쪽 참조.
128 「全羅道各邑所捉東徒數爻及所獲什物幷錄成册」, 『東學亂記錄』 下卷, 709쪽 참조.

에 운봉에서 농민군과의 전투에서 노획한 농민군의 무기를 보면 불란구佛蘭口(불랑기포) 3문, 삼혈포三穴砲 3자루, 양총洋銃 4자루, 천보총千步銃 15자루, 조총 473자루, 화약 305근, 연환 10두, 철환, 3두, 장전長箭 1,300개, 환도 31자루, 철편鐵鞭 22자루, 철창鐵鎗 55자루가 노획되었다.[129]

이러한 기록들을 통하여 집강소의 무기 공급 실태를 미루어 보면, 농민군은 대포로부터 화살에 이르기까지 온갖 종류의 무기를 병기가 될 만한 것은 모두 색출하여 징발해서 무장했다는 것을 알 수 있다.

집강소의 농민통치가 '수포색마收砲索馬'에 총력을 기울였다는 사실은, 이것이 일부에서 과도하게 되자 1894년 7월 초 6일경에 전라관찰사가 도내 각군에 감결甘結을 보내면서 권위를 빌리기 위하여 전봉준으로부터 얻어 함께 보낸 도내 집강소에 보내는 다음과 같은 '전봉준의 통문'에서도 그 실상의 일단을 볼 수 있다. 이 '전봉준통문'은 4개항 중의 1개항이 "다른 사람의 무덤을 파는 자와 사채를 징수하는 자를 엄벌하라"는 요지의 것이고 나머지 3개항은 모두 '수포색마'에 관한 것이다.

一. 이미 거두어들인 포砲·창鎗·도釖·마馬는 공납公納에 속함을 이미 통문으로 돌렸다. 각 접주는 포·창·도·마의 수효와 소지자 성명, 거주居住(주소)를 소상히 적어서 양건兩件을 성책成册하여 순영巡營에 보내고, 성첩成貼 후 1건은 영문營門에 두며, 1건은 각 집강소에 환치還置하고, 다음의 명령을 기다릴 것.

一. 역마驛馬와 상고마商賈馬는 각각 본주本主에 돌려 줄 것.

一. 이제 이후부터는 수포색마收砲索馬는 일체 금단하며, 전곡을 토색하는 자는 이름을 적어 영營에 보고하여 군율에 의하여 처벌할 것.[130]

129 「朴鳳陽經歷書」,『東學亂記錄』下卷, 516~517쪽 참조.
130 『梧下記聞』第2筆의 66쪽 참조.

전봉준의 이 통문은 수포색마의 질서를 정립하려는 것이었고, 이 통문 이후에도 각 군현의 집강소에서는 무기와 마필을 징발하여 농민군의 무장을 강화하려는 노력이 여전히 계속되었음은 물론이다.[131] 집강소는 대폭 증강된 농민군 병력을 무장시키기 위하여 무기와 마필의 보급에 총력을 기울였음을 알 수 있다.

3) 군수전과 군수미의 비축

집강소의 농민통치는 동학농민군의 강화에 따라 이에 절대적으로 필요한 군수물자와 비용의 조달에 많은 노력을 기울였다. 『오하기문』에 의하면, 집강소의 동학농민군은 군수물자의 조달을 위한 출동을 반드시 '행군行軍'이라 하고, 징량徵糧을 '군수미軍需米'라고 부르며, 징전徵錢을 '군수전軍需錢'이라 말하고, 징수하는 포布를 '군포軍布'라고 불렀다 한다.[132]

집강소의 농민군이 군수전과 군수미를 비롯한 군수물자를 조달하는 방법은 주로 다음의 세 가지 방법으로 실시되었다.

첫째는 관곡官穀과 관전官錢을 징발하려 사용하는 방법이다.[133] 이 경우에 환곡還穀의 유고분留庫分은 물론이요, 관아가 조세로서 징수한 관곡과 관전도 농민군에 의하여 일부 압수되어 군수전과 군수미에 충당된 것으로 보인다.

둘째는 농민군의 적대세력인 부호와 양반으로부터 군수전과 군수미를 강요하여 징수하는 방법이다. 위정척사파 유생 황현은 이를 '겁부민劫富民'[134]이라고 표현하였고, 정석모는 이를 '토재討財'[135]라고 표현하였다. 집강소 설치지역에서 부자들은 '토재'당하는 것을 모면해 보려고 동학에 입도하는 경우도 있었으나, 집강소의 농민군은 이러한 부호들은 물론이요, 동학도 내의 부민들로부

---

131 『梧下記聞』第2筆의 67쪽 참조.
132 『梧下記聞』第2筆의 99쪽 참조.
133 「兩湖右先鋒日記」,『東學亂記錄』上卷, 272쪽 참조.
134 『梧下記聞』第1筆의 106쪽.
135 「甲午略歷」,『東學亂記錄』上卷, 65쪽.

터도 철저하게 군수전을 징수했으므로 부자들은 거의 가산을 탕진하는 형편
에 이르게 되었다.[136] 동학농민군의 양반에 대한 '토재'도 광범위하게 시행되었
다.[137] 예컨대, 재상 송병선宋秉璿의 아우 송병순宋秉珣은 군수전을 납부하라고
동학농민에게 억류되었다가 형 송병선이 1천 냥을 농민군의 군수전으로 납부
한 후에야 석방되었다.[138] 김개남은 순천부사 이수홍李秀弘에게 영지令紙를 발부
하여 군수전 5만 냥을 징수하였다.[139] 농민군은 그들의 '불살인不殺人'의 명의名
義에 따라 큰 죄를 지은 양반과 부호도 살해하지 않았으며, 군수전으로써 속전
贖錢을 내면 주리를 틀고 석방하기도 하였다.[140]

셋째는 일정한 격식에 따라 일반 민간인으로부터 군수전과 군수미 등을 배
당하여 징수하는 방법이다.[141] 관군 측의 토벌기록에 농민군의 죄상은 "군수라
고 칭해서 사사로이 백성의 부담을 배당했다稱以軍需 私排民欽"[142]고 한 것이나,
"감히 군수라고 칭하면서 전錢을 배당하고 곡穀을 부담시켰다敢稱軍需 排錢斂
穀"[143]고 한 것은 이를 가리키는 것이다. 동학농민군이 군수전과 군수미를 징수
할 때에는 표지標紙를 써 주고 징수하였다.[144]

예컨대, 김개남은 남원에서 토지 1결당 미 7두, 1호당 마두馬豆 1승升씩과, 그 밖
에 군수용으로 청대죽靑大竹, 초이草履, 피마皮麻, 도갈稻秸, 목판木板 등을 징수
하였다.[145] 김개남은 또한 인근 각 읍에까지 걸쳐서 농민군의 의복재료로 군포

---

136 『梧下記聞』第1筆의 107쪽 참조.
137 『訴狀指令案』, 戊戌 3월 19일條, 「東擾時奪錢」 참조.
138 『梧下記聞』第2筆의 71쪽 참조.
139 『梧下記聞』第3筆의 24쪽 참조.
140 『梧下記聞』第2筆의 107쪽 참조.
141 『民狀置簿册』 서울大 古圖書 제3책, 丁酉 5월條 참조.
142 「先鋒陣呈報牒」, 『東學亂記錄』 下卷, 245쪽 및 「巡撫先鋒陣謄錄」, 『東學亂記錄』 下卷, 650
　　쪽 참조.
143 「巡撫先鋒陣謄錄」, 『東學亂記錄』 上卷, 680쪽.
144 『民狀置簿册』 제3책, 丁酉 5월 초 3일條 참조.
145 『梧下記聞』第3筆의 13쪽 참조.

軍布와 목판木板을 징수했으며[146] 군포가 없는 경우에는 대전代錢을 내어 의재衣材 구입을 위한 군수전에 충당케 하였다.[147] 농민군은 '수포색마收砲索馬'를 하다가 없으면 대전을 받기도 했으며 화약을 색출하다가 없으면 대전을 받아 군수전으로 사용하기도 하였다.[148]

동학농민군은 이와 같이 징수한 군수전으로 군수물자의 구입과 농민군의 비용을 충당하였다. 그들은 또한 징수한 물품으로써 '전장수용戰場需用'의 군수품을 제조하기도 하였다. 예컨대, 부죽剖竹으로는 계롱鷄籠을 만들고, 흥마約麻로는 대최大綷를 만들며, 편갈編秸로는 ＊자＊子를 만들고, 소마골燒麻骨로는 화약을 만들며, 목판으로는 상차廂車를 만들어서, 이를 모두 '전장수용'이라고 칭하였다.[149]

집강소의 동학농민군은 일본과의 일전을 예견하고 그 준비로서 이러한 군수비와 '전장수용'의 군수물자들을 집강소 지배하의 일정 장소에 비축하였다.[150] 예컨대, 김개남은 남원의 산동방山洞坊과 구례에서 1결당 7두씩 징수한 군수미약 300석을 구례의 화엄사華嚴寺에 비축하여 그 종질이 되는 접주에게 관장케하였다.[151] 일본 낭인배 밀정들은 호남 일대에 들어가 관찰해 보고 전봉준이 빈번하게 각 읍을 순회하는 것도 군수전과 군수미를 징발하여 타일의 탁지度支를 준비함과 동시에 자기의 덕망을 펴서 백성들의 성망을 얻으려 하는 것이라고 기록하였다.[152]

관군이 그 후 호남지방에서 노획한 군수물자들의 내역을 보면, 집강소의 동학농민군은 집강소 농민통치의 시기에 상당한 정도의 군수전과 군수미를 비축

---

146 『梧下記聞』第3筆의 15쪽 참조.
147 『梧下記聞』第3筆의 13쪽 참조.
148 『梧下記聞』第2筆의 67쪽 참조.
149 『梧下記聞』第3筆의 13쪽 참조.
150 「先鋒陣各邑了發關及甘結」,『東學亂記錄』下卷, 342쪽 참조.
151 『梧下記聞』第3筆의 25쪽 참조.
152 海浦篤彌,『東學黨視察日記』, 1894년(明治 27) 陽 8월 2일條,『初齋遺稿』, 98~99쪽 참조.

했던 것을 알 수 있다.

6. 집강소와 갑오경장

이상에서 고찰한 집강소의 농민통치의 내용을 구조사적 관점에서 그 직후의 갑오경장과 통합해 보면 우리는 이 글의 제4절에서 본 집강소의 농민통치 내용과 갑오경장의 내용이 매우 많이 일치함을 발견할 수 있다.[153] 오직 완전히 다른 것은 제5장에서 고찰한 집강소의 농민군 강화, 무기와 마필의 공급, 군수전과 군수미의 비축 부분뿐이다.

특히 집강소의 신분해방과 사회신분제 폐지의 활동은 갑오경장에 있어서 군국기무처의 6월 28일의 사회신분제 폐지의 의안 및 7월 2일의 이를 칠반천인七班賤人에게 확대하여 보완하는 의안과 완전히 일치한다.[154]

여기서 주목해야 할 것은 집강소는 5월 8일부터 시작하여 5월 말까지에 호남의 다수의 지역에서 설치되었고, 갑오경장의 개화파 정부는 6월 23일(양력 7월 25일) 수립되었으며, 군국기무처가 수립된 것은 6월 25일이고 군국기무처가 중앙관제의 개혁 등 본격적 활동을 시작한 것은 6월 26일부터이며, 사회신분제의 폐지 등 대개혁정책을 단행하기 시작한 것은 6월 28일부터여서, 집강소의 폐정개혁의 농민통치가 갑오경장보다 약 50일 앞선다는 사실이다.

이 사실은 집강소의 폐정개혁의 농민통치가 갑오경장의 대개혁의 단행을 불가피한 것으로 밑으로부터 밀어올린 원동력이었으며, 갑오경장은 갑오농민전쟁의 농민의 요구와 집강소의 폐정개혁의 농민통치를 흡수하고 개화파식으로 확대해

---

153 집강소의 폐정개혁 12개 조항 중에서 갑오경장의 대개혁이 흡수하지 못한 것은 제12조의 "土地는 平均으로 分作케 할 事"뿐이었다. 그 밖에 이 논문의 제4절에서 고찰한 집강소의 농민통치의 내용은 갑오경장의 내용과 매우 많이 일치하고 있다.

154 『更張議定存案』第1冊, 開國 503년 음력 6월 28일條 및 7월 2일條; 『高宗實錄』, 高宗 31년 甲午 6월 28일 條 및 7월 초2일條 참조.

서 번역하여 집행한 것이 대부분이었음을 시사해 주는 것이라고 할 수 있다.

"만일 외세의 개입이 없었더라면 민비정권이 관군과 농민군의 대결에서 농민군이 승리하게 되어 있었음은 불을 보듯이 명확한 것이며, 이 경우에는 집강소형의 농민통치가 전국적으로 실시되어 전국적으로 개혁이 이루어졌을 것임을 당연히 추론할 수 있는 것이다. 농민군을 진압한 일본군조차도 개혁이 불가피함을 알고 갑오경장내각을 세웠으며, 갑오경장의 사회개혁은 동학농민들의 사회개혁 요구를 그대로 개화파식으로 번역하여 집행한 것이 대부분이었다. …… 냉철하게 돌이켜 보면 '1894년 농민혁명운동'(갑오농민전쟁) 후의 개화파의 집권과 '갑오개혁'은 불가피한 과정이었다고 볼 수 있다. '갑오경장'은 '1894년 농민혁명운동'의 내정개혁의 요구조항을 대부분 반영한 것이었으며, 단적으로 표현하면 혁명운동의 사후처리의 작업이었다고 볼 수 있다. '갑오경장'이 한국의 사회발전을 위하여 수행한 여러 가지 개혁들은 그것을 '1894년 농민혁명운동'과 분리시켜서는 정확하게 이해하기가 어려운 것이라고 말하지 않을 수 없다."[155]

물론 집강소 설치 50일 후에 '갑오경장'의 대개혁이 단행되어 이 개혁정책이 집강소 설치지역에도 실시됨으로써 갑오경장이 7월 초부터는 집강소의 농민통치를 고무한 면도 매우 크다고 할 수 있다.

갑오농민전쟁·집강소와 갑오경장과의 상호관계는 독립논문을 요하는 큰 주제이므로 여기서는 더 이상 논급을 않지만, 여기서 반드시 지적하여 주의를 환기시키고 싶은 사실은 집강소의 농민통치와 갑오경장은 구조적으로 상호보완적이었으며, 실제로 집강소의 농민통치는 갑오경장의 대개혁정치를 지지했다는 사실이다.[156] 당시 일본 『조일신문朝日新聞』 기자의 취재기록에는 "금회 한정韓廷의 개

---

155 愼鏞廈, 『韓國近代史와 社會變動』, 1980, 33~34쪽.
156 이러한 측면의 고찰은 종래 농민전쟁과 갑오경장, 동학농민군과 개화파의 대립을 지나치게

혁에는 동도東徒가 자못 찬성贊成을 표시하고 있다고 한다"[157]는 기록도 있다.

집강소의 농민통치와 갑오경장의 대개혁정치가 타협할 수 없는 대립을 보인 것은, 집강소의 농민군 측에서는 갑오경장 정부에 대한 일본군의 간섭과 그에 굴복한 것으로 비추인 정부의 태도였고, 갑오경장 정부 측에서는 제5절에서 본 바와 같은 집강소의 전쟁 준비였다. 이 측면이 갑오경장 정부와 집강소가 서로 융화하지 못한 측면이었다.

그러므로 집강소의 농민군이 1894년 9월에 제2차 농민전쟁에 봉기한 것은 개화파 정부의 개혁정치에 반대한 것이 아니라 일본군의 내정간섭에 반대한 것이며, 일본침략군을 자기의 조국에서 몰아내기 위한 민족혁명적 성격의 것이었음을 주목할 필요가 있을 것이다.

7. 제2차 농민전쟁 시기의 집강소

집강소의 농민통치는 1894년 9월 13일경에 농민군이 제2차 농민전쟁에 봉기하자 일단 끝난 것으로 많은 사람들이 알고 있는데, 이것은 사실이 아니다. 집강소의 농민정치는 제2차 농민전쟁 시기에도 여전히 계속되었다.

집강소의 동학농민군의 주력은 전봉준과 김개남과 손화중의 3개 대부대가 정족鼎足의 세勢를 이루고 있었는데,[158] 전주에 대도소를 두었던 전봉준이 산하의 부대들을 이끌고 9월 13일 재기포하여 서울을 향해서 북상하고, 뒤이어 남원에 근거지를 설치했던 김개남이 산하의 부대들을 이끌고 10월 14일 재기포하

확대하여 해석해 오던 견해에 대하여 다른 각도에서 재검토를 요청하는 측면이라고 할 수 있다.

157 西村時輔德夫(遺著), 『甲午朝鮮陣』, 1895(明治 28), 17쪽.
158 『梧下記聞』 第3筆의 35쪽 참조.

여 역시 북상하였다.[159] 그러나 광주에 근거지를 설치했던 손화중은 이때 기포해서 북상하지 않고 계속 호남 지방에 남아 주둔하였다.[160] 호남 집강소 농민군의 총병력의 3분의 1을 지휘하는 손화중의 농민군이 재기포하고서도 전봉준을 따라 서울을 향해서 북상하지 않고 그대로 호남지방에 주둔한 이유로서는 다음의 두 가지를 들 수 있다.

첫째는, 일본군의 추가로 투입된 부대가 농민군 '토벌'을 목적으로 부산에 상륙하여 남해안을 따라 침입한다는 정보가 있었으므로, 전라도의 남해안에 상륙해서 농민군의 뒤를 공격하려는 일본군을 방어하기 위한 것이었다고 볼 수 있다.

둘째는, 1894년 5월부터 전라도 53개 군현에 실시되어 오던 집강소의 농민통치를 계속하기 위해서는 막강한 농민군의 무력의 일부가 계속해서 호남 일대에 주둔해야 할 필요성이 절실했기 때문이었다고 볼 수 있다.

집강소의 설치지역에 약간 잔류해 있던 관군 세력과 양반·부호들은 기회가 있으면 자기의 세력을 조직화하여 농민군을 공격할 의사는 있었으나, 집강소마다 집강소 호위군이 잔류하고 있고, 무엇보다도 손화중이 지휘하는 수만 명의 동학농민군이 광주를 근거지로 하여 일대에서 군사활동을 하고 있었기 때문에 제2차 농민전쟁의 초기에는 감히 동요의 기색을 나타내지 못하였다. 제2차 농민전쟁의 시기에도 처음에 집강소는 손화중 부대의 무력을 배경으로 하여 전라도 53개 군현의 거의 모두에서 여전히 그들의 농민통치를 계속해서 실시하였다.

뿐만 아니라, 제2차 농민전쟁 시기에 농민군은 그들이 진출한 충청도와 경상도 지방의 일부에 '집강소'를 설치하여 호남집강소의 농민통치를 점령지역에 확대하려는 시도를 보이었다.

충청도 지방에 대해서는, 예컨대 그 후 영동의 서재촌西齋村에 출동한 관군이

---

159 『梧下記聞』第3筆의 19쪽 참조.
160 「全琫準供草」(初招問目), 『東學亂記錄』下卷, 529쪽 참조.

농민군 10여 명을 생포했는데, 그중에는 영동 서재의 성찰省察 김태평金太平, 영동의 삼실촌三室村 성찰 박추호朴秋浩, 옥천 이원역의 성찰 이대철李大哲 등도 포함되어 있었다.[161] 또한 관군이 생포하여 공초를 받은 농민군 중에는 공주 정안면正安面의 성찰 지삼석池三石도 포함되어 있었다.[162] 충청도 지방에서 생포된 농민군 간부 중에는 '집강'의 직책도 다수 나오지만, 이 '집강'이 동학 육임제도六任制度의 '집강'인지 집강소의 '집강'인지를 판별할 수 없으므로 이것으로서는 충청도 지방의 집강소의 설치를 논할 수 없다. 그러나 '성찰'은 집강소의 직책이므로, 위의 기록들은 동학농민군이 집강소 시기에 충청도의 일부지역에 호남의 집강소를 모형으로 하여 일찍이 집강소를 설치했거나 또는 제2차 농민전쟁 봉기 후에 농민군의 점령지역에 집강소를 설치하여 농민통치를 시작하려 했다는 사실을 방증하는 자료라고 할 수 있다.

경상도 지방에 대해서는, 『오하기문』에 의하면, 집강소 시기에 광양의 농민군이 하동에 진출하여 부중에 '집강소(도소)'를 설치하려고 시도했으며[163] 9월 초4일경에는 다시 광양의 농민군과 하동의 동학도들이 하동을 점령하여 부중에 '집강소'를 설치하고 부근의 반혁명민포군을 소탕하면서 진주를 향하여 진군하였다.[164]

위의 자료들은 제2차 농민전쟁 봉기 후에 처음에는 집강소의 농민통치가 중단되기는커녕 도리어 충청도 일부지방과 경상도 일부지방으로 농민군의 점령지역이 확대됨에 따라 더욱 확대되었다는 것을 알려 주고 있다.

집강소의 농민통치가 쇠약해지기 시작한 것은 1894년 11월 전봉준의 농민군

161 「先鋒陣呈報牒」, 『東學亂記錄』 下卷, 202쪽 및 『巡撫先鋒陣謄錄』, 『東學亂記錄』 上卷, 684쪽 참조.
162 「宣諭榜文並東徒上書所志謄書」, 『東學亂記錄』 下卷, 386쪽 참조.
163 『梧下記聞』 第2筆의 68쪽 참조. 황현은 여기서 '집강소'라는 용어 대신 '도소'라는 용어를 사용하고 있는데 그는 『梧下記聞』 전체에서 '집강소' 대신 '도소'라는 용어를 써서 집강소를 기록하였다.
164 『梧下記聞』 第2筆의 102~103쪽 참조.

이 공주의 우금치牛金峙 전투에서 패전한 이후부터로 보인다. 농민군 주력부대의 패전의 소식이 호남 일대에 전해지자 양반관료들이 반혁명군 조직을 시작했으며 농민 집강소에 가담했던 이서吏胥들도 기회주의적으로 다시 양반관료의 편에 되돌아가 가담해서 이해 11월부터는 농민 집강소를 공격하여 접수하고 통치권을 관료에게 넘겨주는 고을도 나타나기 시작하였다. 그러나 집강소가 완전히 붕괴된 것은 서울로부터 경군과 일본군이 호남 일대로 진격하여 무력으로 전라도 53개 군현을 다시 수복할 때에 이루어졌다.

결국 농민 집강소는 동학농민군의 성쇠에 그대로 따라서 1894년 5월에 설치되어 농민통치를 실시하다가 11월에 농민군의 패전에 따라 붕괴되었다고 말할 수 있을 것이다.

8. 집강소의 역사적 성격

갑오농민전쟁 시기에 농민군에 의하여 1894년 5월부터 11월까지 약 7개월간 전라도 지방에 설치되었던 '집강소'는 어떠한 역사적 성격을 갖는 것일까? 결론부터 말하면, 필자의 견해로는 이 '집강소'는 '농민의 통치기관'이며 '농민혁명의 지방정권의 일 형태'라고 본다. 또한 필자는 집강소의 정치는 감독행정이 아니라 '농민통치Rule of peasants over the country'라고 보는 견해를 갖고 있다.

무엇보다도 주목할 것은 집강소에서 농민이 '권력'을 장악했다는 사실이다. 즉 권력의 주체가 '농민'이었다. '집강소'를 그 용어의 풀이나 또는 피상적 조직 형식의 측면에서 보면, 집강소는 종래의 관리를 그대로 두고 그 '행정'을 감독하는 일종의 감독기관 내지 감시기관으로 보기 쉬우며, 종래의 관리를 완전히 철폐하지 못했으므로 이 지방의 행정에 이원성이 발생한 것으로 볼 수 있을 것이다.[165]

그러나 집강소의 활동의 실제의 내용을 중시해서 보면 집강소는 기존의 법률과 제도의 틀 내에서 '자치'를 한 것이거나 관리의 '행정'을 부정이 없도록 감독한 것이 아니었다. 이 글의 제4절과 제5절에서 비교적 상세히 밝힌 바와 같이, 집강소는 기존의 조선왕조의 법률과 제도를 무시하고 사회신분제도를 폐지했으며, 전정·군정·환정의 삼정을 임의로 삭감하여 개혁했고, 특히 환상제도는 폐지해 버렸으며, 농민의 기존의 고리채무를 무효화했고, 그들 스스로의 방식에 의하여 농민군대를 창설했으며, 그 무기와 군수품을 조달하였다. 이것은 기존의 법률과 제도의 틀 내에서 부정부패가 없는 깨끗한 '행정'이나 '자치'를 한 것이 아니라 기존의 구법률과 구제도를 무시하거나 부숴버리고 농민들의 의사에 따라 그들이 원하는 새로운 제도와 새로운 질서를 만들기 시작한 것이다. 이것은 바로 농민혁명의 통치를 시사하는 것이다.

이러한 관점에서 보면 집강소는 농민혁명운동의 '권력기관'임과 동시에 '통치기관'이었고, 집강소의 활동은 '행정administration'이 아니라 '통치rule'였으며, 그것도 '농민의 혁명적 통치'였음을 알 수 있게 된다. 만일 농민군이 패배하지 않고 서울까지 올라와 중앙정부를 접수했더라면 중앙에 집강소에서 발전된 '농민정권'이 수립되는 것이다.

농민들은 갑오농민전쟁이라는 농민혁명운동을 일으켜 서울을 향해서 진군하다가 일본군과 청군이 침략 개입하여 나라가 결딴날 위험에 처하자 진군을 중단하고 이미 진군한 지역에 집강소라는 '농민혁명의 통치기관' '농민혁명의 지방정권'을 수립하여 구체제를 부수고 신체제의 수립을 농민의 입장에서 시작하면서 '농민 민주주의peasants'democracy'의 정치를 실시하기 시작한 것이었다.

---

165 집강소의 농민통치에서 중앙정부가 임명한 수령들을 형식상 남겨 두어 외형적으로 통치에 '이원성'이 보이는 것은 동학농민군이 중앙정부를 접수하지 못한 단계에서 일본군과 청군의 침입으로 말미암아 부득이 관군과 '전주화약'을 성립시킨 결과이다. 전주화약에 의하여 「관민상화」가 약속되었으므로 동학농민군은 형식적으로는 중앙정부가 임명한 官宰들을 남겨 둘 수밖에 없었다.

또한 주목해야 할 것은 집강소의 농민통치가 상당히 높은 수준에서 질서를 갖고 있었다는 사실이다. 하나의 예로 적대세력에 대한 처벌의 방법을 『오하기문』에서 들어 보면 다음과 같다.

"그러므로 도적들(동학농민군-인용자)은 사인士人을 더욱 증오하여 반드시 곤욕困辱을 주고 쓰러뜨렸다. 그 형刑은 참斬(목베임)이나 교絞(목매어 죽임)나 곤棍(곤장 침)이나 태笞(매질)의 등속은 없고 오직 주리周牢를 사용하였다. 비록 대죄大罪로 칭하는 것일지라도 살사殺死(죽임)는 없고 오직 주리만 들었다. 그러면서 스스로 말하기를 도인道人(동학-필자)은 불살인不殺人(사람을 죽이지 않는다)이라 하였다."[166]

집강소의 동학농민군이 그의 적대세력인 양반·관료·부호들이 대죄를 졌을 경우에도 죽이지 않고 주리만 튼 것은 그들의 보복을 억제했음을 의미하는 것이다. 이것은 제2차 농민전쟁 봉기 후에 관군·일본군·양반민보군이 동학농민군에게 자행한 잔인무도한 살육행위에 비하면 너무 대조적인 것이며, 동학농민군이 양반관료들보다 비교도 할 수 없을 만큼 훨씬 더 인도주의적이었고, 높은 수준의 '질서'를 갖고 있었음을 잘 방증하는 것이다.

위정척사파 유생 황현은 집강소의 농민통치에 대하여 이것을 '창난倡亂'[167]이라고 표현했고, 정석모는 이것은 '혼돈세계混沌世界'[168]라고 표현하였다. 이것은 위정척사파 양반유생의 관점에서 양반제도와 구질서가 무너진 것을 유생특유의 과장법으로 표현할 것일 뿐이다. 물론 동학농민군에도 불량배가 침투하여 행패를 한 경우도 있었다.[169] 그러나 집강소의 자료들은 전체적으로 집강소가

---

166 『梧下記聞』第1筆의 107쪽. "故賊尤憎士人 必困辱蕩覆之 其刑無斬絞棍笞之等 但用周牢雖稱大罪不殺死 惟周牢夾之 自言道人不殺人 운운" 참조.
167 『梧下記聞』第1筆의 107쪽.
168 「甲午略歷」, 『東學亂記錄』上卷, 65쪽.
169 『東學史』, 130쪽 참조.

신질서를 단기간에 수립하여 상당히 엄정하고 능률적으로 관리하고 있었음을 나타내 주고 있다. 동학농민군의 기율도 놀랄 만큼 엄격하게 서 있었다. 양인신분과 천민신분의 농민들이 기록을 남겼다면, 황현과 정석모와는 정반대로, '무법'과 '혼돈'과 '탐학'의 세계가 집강소의 설치로 말미암아 종언을 고하고 그들이 살기 좋은 '신질서'가 정연하게 서 있었다고 기록했을 것임을 용이하게 추정할 수 있다.

끝으로 농민군의 규모와 장비에 대해서도 종래의 '오합지졸'이라는 편견을 벗어버릴 필요가 있다. 농민군의 규모는 종래 알려졌던 것보다 훨씬 크고 훨씬 더 체계적이었고 조직적이었다. 황현은 집강소 시기에 김개남이 임실로부터 남원에 도착하는 광경을 다음과 같이 기록하였다.

"25일 김개남이 임실로부터 남원에 들어갈 때에 부사府使 윤병관尹秉觀은 도주하였다. 월여月餘에 전라좌도의 도적들(동학농민군-인용자)이 부중府中에 모였는데 무릇 7만여 인이었다. …… 개남이 도착함에 도적들이 융복戎服을 입고 출영出迎했는데 기치旗幟와 징과 북이 80리를 그치지 아니했으니, 우리 나라(동방)의 토관土冠의 치성熾盛으로서는 전에 없던 바이다."[170]

황현은 또한 제2차 농민전쟁에 봉기할 때의 김개남부대에 대해서 다음과 같이 기록하였다.

"(김개남은) (9월) 14일 營을 떠나서 전주로 향하였다. 총통을 짊어진 짐군이 8천 인이었고 치중輜重이 백리를 그치지 아니했다."[171]

---

170 『梧下記聞』第2筆의 92~93쪽.
171 『梧下記聞』第3筆의 20쪽.

우리는 이러한 기록들에서 갑오농민전쟁 시기의 농민 집강소의 실제의 내용과 역사적 성격을 보다 깊이 이해할 수 있을 것이다.

9. 맺음말

지금까지 고찰한 바와 같이 '전주화약' 직후 전라도 53개 군현에 농민군이 설치한 집강소에서는 '집강'이 '협제관장脅制官長'하여 조선왕조정부가 임명한 수령들을 형식상 이름만 남기고 실질적으로는 '집강'이 '수령의 역할'을 하면서 동학농민군의 농민통치가 실시되었다. 집강소의 농민통치는 각 군현의 수준에서만 이루어진 것이 아니라 도의 수준에서도 이루어져서 전봉준이 동학농민군을 대표하여 전주 감영 안의 선화당宣化堂에 대도소를 설치하여 전도의 집강소를 지휘하고 전라관찰사 김학진은 징청각澄淸閣으로 밀려나서 전봉준의 명命을 받는 처지에 있었다.

전봉준을 우두머리로 한 집강소의 농민통치는 ① 탐관오리의 징계, ② 신분해방운동과 사회신분제의 폐지, ③ 횡포한 부호의 응징과 토재討財, ④ 전정田政·군정軍政의 개혁과 환곡還穀의 무효화 및 환상제도還上制度의 폐지, ⑤ 농민의 고리채무의 무효화, ⑥ 미곡의 일본에의 유출 방지, ⑦ 토지제도 개혁의 시도, ⑧ 인민소장의 처리와 '억원抑怨'의 해결, ⑨ 관리의 문부의 검열 등의 활동을 하였다. 또한 집강소의 농민통치는, ⑩ 농민군을 증모하여 제1차 농민전쟁 때의 7천~9천 명으로부터 11만여 명으로 농민군을 강화했으며, ⑪ '수포색마收砲索馬'의 사업을 하여 농민군을 무장시켜서 농민군무력을 대폭 증강시키고, ⑫ 군수전·군수미를 비롯한 군수물자를 조달하여 비축하는 활동을 하였다.

이러한 집강소의 농민통치의 내용은 한편으로 조선왕조 봉건체제의 '구체제(앙시앙 레짐)' 전반을 해체시키고 농민들이 원하는 '신체제' 수립을 시도하고 있었으며, 다른 한편으로는 국내에 침입한 일본침략군과의 일전이 불가피함을 감지하고 제2차 농민전쟁의 준비사업을 전개하고 있었음을 알려 주고 있다.

집강소는 1894년 9월 농민군이 제2차 농민전쟁에 봉기하자 해체한 것이 아니라, 전봉준 부대와 김개남 부대가 차례로 북상한 후에도 광주에 대도소를 설치한 막강한 손화중 부대의 무력을 배경으로 하여 여전히 집강소의 농민통치를 실시하였다. 뿐만 아니라 제2차 농민전쟁 시기에는 농민군의 점령지역이 확대됨에 따라 충청도 일부지방과 경상도 일부지방의 농민군 점령 군현에서도 호남 집강소를 모형으로 하여 집강소의 확대 설치를 시도했던 것으로 보인다.

집강소는 1894년 11월 전봉준이 인솔한 농민군부대가 공주의 우금치 전투에서 일본군과 관군에게 패전하여 농민군 패전의 소식이 전라도 일대에 전달된 이후부터 흔들리기 시작해서, 관군과 일본군이 호남에 진입하여 여러 군현들을 차례차례 '수복'해 나감에 따라 붕괴되었다. 결국 집강소는 동학농민의 성쇠에 따라서 1894년 5월에 설치되어 농민통치를 실시하다가 그해 11월에 농민군의 패전에 따라 붕괴된 것이었다.

집강소의 농민통치는 7개월간 존속되고 좌절당했지만 그 영향과 역사적 의의는 매우 큰 것이었다고 할 수 있다. 집강소의 폐정개혁에 관한 농민통치의 내용은 갑오경장의 대개혁의 단행을 불가피한 것으로 밑으로부터 밀어올린 원동력이었으며, 갑오경장은 집강소의 농민통치의 대개혁 정책들을 흡수하고 개화파식으로 번역하여 시행한 면이 매우 많았다. 집강소와 갑오경장은 폐정개혁에 관한 한 구조적으로 상호보완적이었으며, 상호 영향을 많이 받았다고 볼 수 있다.

집강소가 갑오경장에 대하여 승복하지 않는 것은 일본군의 간섭이었으며, 반면에 갑오경장 정부가 집강소에 불만을 가진 것은 집강소가 농민군을 강화하여 제2차 농민전쟁을 준비하는 것이었다. 이 면에서는 집강소와 갑오경장 정부는 첨예하게 대립했었다고 볼 수 있다.

집강소는 한국 역사상 처음으로 농민이 권력을 장악하고 조선왕조 봉건사회의 '구체제'를 부수면서 그들이 원하면 '신체제'의 수립을 향한 농민통치를 실시한 '농민의 통치기관'이었으며 '농민혁명의 지방정권의 일 형태'였다. 만일 외세의 간섭이 없어서 농민군이 패전하지 않았고 서울에 입성했었다면 전국에 걸쳐 집강소형의 농민통치가 실시되었을 것은 용이하게 추정될 수 있는 일이다. 집강소는 한국 역사상 처음으로 비록 일부지방에서일지라도 농민에 의해서 농민을 위한 농민의 정치로서 농민 민주주의의 정치를 단행하면서 봉건적 구체제의 통치를 붕괴시키고 근대사회의 확립의 길을 열었다는 면에서 매우 큰 역사적 의의를 가진 것이었다고 말할 수 있을 것이다.

제7장

갑오농민전쟁과 두레와 집강소의 폐정개혁

농민군 편성, 집강소의 토지개혁정책,
다산茶山 여전제閭田制·정전제井田制

I. 머리말

두레는 고대 이래 한국 민족 고유의 공동노동의 작업공동체로서 조선왕조 시대에는 답작畓作 지대의 농촌사회에서 어디서나 널리 시행되었던 가장 중요한 공동노동의 조직이었다. 두레는 마을 모든 성인 남자들이 의무적으로 이에 가입하여 공동노동대共同勞動隊를 만들어서 마을의 모든 농경지를 하나의 자기 경작토지로 간주하여 상부상조하면서 공동으로 노동하여 경작하였다. 이 과정에서 마을의 두레 성원들은 공동체 의식과 공동체적 연대를 형성 발전시켰고, 또한 이 과정에서 '농악'을 발생시켜 노동과 오락을 융합함으로써 독특한 '농민문화'를 창조하여 발전시켰다.

한국 농민들의 두레는 개인적 이익을 계산하기에 선행해서 마을의 전체 사회적 집단적 이익을 추구하여 마을의 성인 남자들이 의무적으로 결합한 공동체

Gemeinshaft였다. 두레는 그의 공동노동에 공동오락과 공동향연을 충분히 결합하여 노동능률과 노동생산성을 높였을 뿐 아니라, 고통스러운 노동을 '즐거운 노동'으로 전화하여 노래와 즐거움 속에서 생산노동을 수행하는 한국 민족과 한국 농민의 슬기가 제도화된 작업공동체Arbeitsgemeinshaft였다.

이러한 조선 농촌사회의 '두레'는 조선왕조 후기-말기의 농민운동과 갑오농민전쟁을 비롯한 대규모 농민전쟁에서 농민군의 최초의 봉기와 농민군 편성에 적극적으로 활용되어 그 조직상의 기초가 될 수 있는 것이었다. 또한 갑오농민전쟁 시기의 집강소의 폐정개혁 요강 12개조 중의 토지정책 조항인 "토지는 평균으로 분작分作케 할 사"의 해석을 놓고 농민 집강소의 토지정책의 내용과 성격에 대하여 논란이 많은데, '두레'는 이 집강소의 토지개혁정책·농업정책에도 깊이 관련된 것이었다는 자료가 발견되기 시작하고 있다. 이러한 집강소의 토지 개혁정책은 다산茶山 정약용丁若鏞의 여전제閭田制·정전제井田制 토지 개혁안과의 관련을 논의해 볼 수 있게 하는 것이다.

이 글에서는 '두레'와 갑오농민전쟁 시기의 동학농민군의 편성, 집강소의 토지개혁정책, 다산의 여전제·정전제 토지개혁안 등의 상호관련에 대하여, 자료가 극히 드물고 제한되어 있지만, 가능한 한 실증적 자료를 찾아 밝혀보려고 한다.

2. 농민군과 두레와 농악

실제로 농업경작에 참가하는 근로 농민들의 공동노동의 공동체인 '두레'는 그 조직상의 특징에 기인하여 갑오농민전쟁을 비롯한 각종 농민운동에 있어서 농민군의 편성 및 활동과 깊은 관련을 가졌음을 추적해 볼 수 있다. 두레가 농민군의 편성 및 활동에 관련을 갖게 된 몇 가지 조직상의 특성을 들면 다음과 같았다.

첫째, 두레의 성원은 한 마을(자연촌락)의 약 16~55세까지의 성인 남자로서만 조직되었다. 이것은 여성은 물론이요 남성에 있어서도 미성년자와 노인층을 제외하고 청년층과 장년층으로만 편성되었음을 의미한다.[1] 즉 두레의 성원은 바로 당시 병역의 의무를 지고 있던 군정과 정확히 일치했던 것이라고 볼 수 있다.

둘째, 두레에서는 지휘자와 역원이 체계적으로 잘 조직되어 두레 성원과 완전히 호흡을 같이하고 있었다. 두레의 역원의 조직은 ① 두레의 대표이며 총책임자인 영좌領座(좌상·행수·영수·반수·좌장 등의 명칭도 있음), ② 대표를 보좌하는 역원인 도감都監(공원·집사·소임 등의 명칭도 있음), ③ 작업장에서 작업진행 책임자인 수총각首總角(총각대방의 명칭도 있음), ④ 작업진행 책임자를 보좌하는 역원인 조사총각調査總角(청수·진서꾼의 이름도 있음), ⑤ 회계와 서기의 일을 맡은 역원인 유사有司, ⑥ 가축 방목을 감시하는 역원인 방목감放牧監 등이 있어서 영좌領座의 지휘와 책임 아래 일사불란하게 활동하였다. 이러한 두레의 체계적 조직은 농민운동이나 농민전쟁의 경우에 필요하면 즉각 1개 단위의 전투소대가 될 수 있는 내부의 특성을 가진 것이었다고 볼 수 있다.

셋째, 두레에서는 대오를 편성하여 활동하고 노동했으며 '규율'과 '능률'을 매우 중시하였다. 두레의 공동노동이 시작되어 작업장으로 출역할 때와 돌아올 때는 마치 군대의 행진처럼 대오를 지어 행동했고, 두레의 공동노동도 수총각의 지휘 아래 매우 규율 있고 능률적으로 전개되었으며, 두레의 공동노동의 속도는 개별노동의 경우보다 언제나 훨씬 빠른 속도로 돌격전과 같이 규율 있게 공동보조를 맞추면서 전개되었다. ① 매우 빠른 속도, ② 규율, ③ 공동보조는 두레의 공동노동에서 볼 수 있는 3대 특징이었다. 이 때문에 두레는 성원들에게 훈련과 규율을 주어 농민운동·농민전쟁의 조직적 활동에도 즉각 바로 원용될 수 있는 것이었다고 볼 수 있다.

---

1 愼鏞廈, 「두레共同體와 農樂의 社會史」, 『한국사회연구』(한길사) 제2집, 1984; 『韓國近代社會史研究』(一志社), 1987 수록 참조.

넷째, 두레의 농기農旗·영기令旗 등의 깃발과 농악의 농악기는 바로 군물軍物이 되어 농민운동·농민전쟁에도 그대로 사용될 수 있는 것이었다. 두레의 표상인 농기는 농민운동의 경우에는 다른 문자를 써 넣으면 바로 군기가 되는 것이었으며, 영기는 지휘기로서 그 자체를 고치지 않아도 군사의 지휘기로 사용될 수 있는 것이었다. 또한 농악기는 두레의 경우에 대오를 지어 행진할 때에는 '길군악'이라는 행진곡을 치는 사례와 같이 그 자체가 동시에 군물로 사용되는 것이었다.

다섯째, 두레 성원들(두레꾼)의 공동체 의식과 공동노동·공동식사·공동휴식·공동오락을 통한 굳은 동지적 연대와 단결은 농민운동·농민전쟁에서 그 주체세력과 추진세력의 단위로서 전화될 수 있는 충분한 소인을 갖춘 것이었다.

두레가 이와 같이 농민운동·농민전쟁에서 농민군의 편성과 활동에 활용될 수 있는 것이었기 때문에 일찍이 조선 후기에도 고위 양반 관료들이 이를 매우 위험시하여 두레를 탄압하거나 농기와 농악기農樂器를 몰수하는 일이 일어났다. 하나의 예를 들면, 1737년 9월에 원경하元景夏라는 양반 관료가 문과에 장원 급제하여 호남별유어사湖南別遣御史로 임명되어서 전라도 일대를 암행하게 되었는데,[2] 이때 원경하는 전라도 부안扶安에서 농민들이 반란을 일으킬 때 군용물이 될 수 있다고 하여 농기와 농악기를 몰수하였다.[3] 이때 농기까지 몰수한 것은 '두레'까지도 탄압했음을 의미한 것이었다. 이것을 전 부안현감 안복준安復駿이 편철로 부수어 착복해 버린 사건이 일어나자 이듬해 1738년에 호남 암행어사 남태량南泰良이 전라도 일대를 조사하다가 이 횡령사건을 국왕에게 보고하여 전 부안현감을 탄핵하게 되어, 비변사備邊司에서 국왕과 우의정·이조판서 및 비변사 당상堂上들이 회의를 열고 이를 논의하게 되었다.[4] 이 회의에서

---

2 『英祖實錄』卷45, 英祖 13년 9월 丁亥條 참조.
3 『承政院日記』第881冊, 英祖 11월 17일 乙丑條 참조.
4 『備邊司謄錄』第104冊, 英祖 14년 11월 17일 條 참조.

는 두레와 농악을 농민반란과 연결시켜 극히 위험시하는 관료와 두레와 농악을 '백년민속百年民俗'이므로 금단할 수 없으며 농악기는 군물로 볼 수 없다는 관료 사이에 의견이 분분했다가,[5] 국왕 영조英祖가 농기와 농악기를 백성들에게 돌려주기로 결정을 내렸다.[6] 결론은 '두레'를 금지하지 않고 농악기를 농민들에게 돌려주기로 결정되었으나, 다수의 고위 양반 관료들이 '두레'와 농악을 '농민반란'과 연결시켜 금지하려 하고 농악기를 몰수했다는 사실은 '두레'의 농민운동과의 관계의 성격을 잘 나타내준다고 할 것이다.

갑오농민전쟁의 봉기 때에도 양반 관료들은 '두레'와 '농악'이 농민봉기에 활용될 것을 두려워하여 이를 금압하였다. 이를 현재 남아 있는 고문서에서 사례를 찾아보면, 예컨대 전라남도 보성寶城군수는 동학도들의 동요가 보이자 1893년 정월에 각 면의 존위尊位들에게 '금고金鼓(농악을 의미. 꽹과리와 북)'를 금단할 것을 전령으로 내려보냈으며 이에 면존위들은 각 촌에 이를 지시했음을 다음과 같이 보고하였다.

문전면존위위도부사	文田面尊位爲到付事
본면금고금단 전령래도고 각촌대소민처	本面金鼓禁斷 傳令來到故 各村大小民處
일일지위거행형지 선즉치보위와호사	一日知委擧行形止 先即馳報爲臥乎事
합행 첩정복청	合行 牒呈伏請
조험시행 수지첩정자	照驗施行 須至牒呈者
우첩정	右牒呈
행군수	行郡守
계사 정월 초팔일　　존위 박(수결)	癸巳 正月 初八日　　尊位 朴(手決)[7]

---

5 『承政院日記』第881册, 英祖 14년 11월 17일 乙丑條 참조.
6 『英祖實錄』卷47, 英祖 14년 11월 乙丑條 참조.
7 '서울大古文書', No.122173, 「牒呈」 '文田面尊位爲到付事'

도촌면존위위도부사	道村面尊位爲到付事
본면금고금단사 전령지래도고 일일지위	本面金皷禁斷事 傳令止來到故 一一知委
어각촌대소민인즉 위선록유치고위와호	於各村大小民人則 爲先綠由馳告爲臥乎
사 합행 첩정 복청	事 合行 牒呈 伏請
조험시행 수지첩정자	照驗施行 須至牒呈者
우첩정	右牒呈
행군수	行郡守
계사 정월 초십일 존위 임(수결)	癸巳 正月 初十日 尊位 林(手決)[8]

이것은 보성군수가 군내의 모든 면·리에 농민봉기를 두려워하여 두레꾼들의 정월달 농악놀이를 금지시킬 것을 지시한 사실을 나타내는 것이다. 보성군수는 뒤이어 1893년 4월 8일과 4월 29일경에는 동학당이 취당聚黨의 기미가 있으면 즉각 화급히 적발하여 보고하도록 군내 각 면에 훈련을 내려 다음과 같이 접수시켰다.

송곡면집강위도사	松谷面執綱爲到事
본면사학금단 하첩래도고 의령칙일일	本面邪學禁斷 下帖來到故 依令飭一一
적발위호사 상	摘發爲乎事 狀
계사 사월 초팔일 집강 양(수결)	癸巳 四月 初八日 執綱 梁(手決)[9]

송곡면존위위도복사	松谷面尊位爲到付事
본면내여유동학지류 적발치보지의 영칙	本面內如有東學之類 摘發馳報之意 令飭
래도이 약유취당지지미 성화치보위와호	來到而 若有聚黨之機微 星火馳報爲臥乎
사 합행첩정복청	事 合行牒呈伏請

---

8 '서울大古文書', No.122178, 「牒呈」 '道村面尊位爲到付事'
9 '서울大古文書', No.122131, 「牒呈」 '松谷面執綱爲到事'

조험시행 수지첩정자	照驗施行 須至牒呈者
우첩정	右牒呈
행군수	行郡守
계사 사월 이십구일　존위 이(수결)	癸巳 四月 二十九日　尊位 李(手決)[10]

　　보성군수는 동학의 취당을 즉각 적발하여 화급히 보고하라는 전령을 내려보
낸 직후에, 다시 이번에는 '금고'(두레·농악을 의미)를 금단시킬 것을 1893년 5월
10일경에 다음과 같이 재훈령하여 보고를 받고 있다.

송곡면존위위도부사	松谷面尊位爲到付事
금고금단사 영칙래도고 일일지위어각촌	金鼓禁斷事 令飭來到故 一一知委於各村
시백견 금단지의 녹유치보위와호사 합	是白遣 禁斷之意 緣由馳報爲臥乎事 合
행복청	行伏請
조험시행 수지첩정자	照驗施行 須至牒呈者
우첩정	右牒呈
행군수	行郡守
계사 오월 초십일　존위 이(수결)	癸巳 五月 初十日　尊位 李(手決)[11]

　　즉 보성군수는 1893년 1~5월에 군내의 각 면과 마을에 동학의 취당을 적발
하여 화급히 보고하라는 훈령과 금고(두레·농악)을 금단하는 훈령을 번갈아 내
보내고 있는 것이다. 여기서는 각 면의 고문서 내용이 동일하므로 몇 개의 고문
서만을 예로 들었지만, 보성군내의 각 면의 동일한 고문서가 현재 수집되어 보
관되어 있어서 이것이 보성군내 모든 면에 동시에 내려보낸 훈령임을 말해 주고

10　'서울大古文書', No.122110, 「牒呈」 '松谷面尊位爲到付事'
11　'서울大古文書', No.122117, 「牒呈」 '松谷面尊位爲到付事'

있다. 또한 현재 이 관계에 대해서는 보성군의 고문서만 수집되어 수장되어 있어서 이 지역의 것만 알 수 있지만, 이것이 전라도 감영에서 내려온 훈령을 각 군의 군수가 받아서 각 면에 내려보낸 전령임을 추정하는 것은 전혀 어려운 일이 아니다.

즉 1892년 11월 동학도들의 삼례취회參禮聚會가 있었고, 1893년 1월에 보은도소報恩都所가 설치되었으며, 1893년 3월에는 상경복합상소上京伏閤上疏가 있었고 이어서 보은취회가 열리는 등 갑오농민전쟁의 전주곡에 해당하는 동학운동이 일어나자 호남 일대에서는 1893년 1~5월 동학농민들의 봉기의 기미가 보이면 이를 적발하도록 훈령하면서 농민봉기와 두레의 농악을 연결시켜 금고金鼓(농악)의 금단을 긴급히 지시하고 있는 것이다. 여기서도 '두레'와 '농악'이 농민봉기와 직결되어 활용되고 있음을 알 수 있는 것이다.

1894년의 갑오농민전쟁 봉기 때 '두레'가 봉기에 활용된 똑 떨어진 문헌 자료는 현재까지 발견되지 않고 있다. 그러나 이에 대한 간접적인 자료로서 4년 후인 1898년의 영학당英學黨 농민운동의 자료에서 이것이 발견된다.

영학당 농민운동은 1898년 12월 7일 당시의 전라도 홍덕興德郡(지금의 전라북도 고창군에 편입)에서 일어나서 이듬해인 1899년 6월까지 홍덕·고창·고부·무장 지방에 번졌던 농민봉기였다. 이 지역은 1894년에 갑오농민전쟁이 처음 일어났던 지방으로서 중앙과 지방관리들의 농민에 대한 가렴주구가 계속되자 이의 철폐를 주장하여 봉기한 것이었다. 이 농민운동의 지도자 이화삼李化三은 서울에서 만민공동회의 영향을 받은 인물이지만 그 밖의 모든 주도자와 농민들은 4년 전 갑오농민전쟁 때의 '동학구당東學舊黨' '갑오동비지누망자甲午東匪之漏網者' '갑오동비여당甲午東匪餘黨' '갑오누망지비류甲午漏網之匪類' '갑오누비甲午漏匪'라고 관변 측의 철저한 조사에서 밝혀진 1894년 갑오농민전쟁 때의 동학농민군들이었다.

이 운동의 실패 후 관변 측의 조사 과정에서 조사관 김성규金星圭의 보고서에서는 난민亂民의 두령 이화삼李化三의 죄상을 논하는 중에 "어리석은 두레꾼 (서우배鋤耰輩)을 고동케 해서 금고金鼓(꽹과리와 북: 농악)를 서로 응하여 송민수宋 敏洙의 군이 와서 만나(파고동우준지서우배 금고상응 송민수지군래회派鼓動愚蠢之鋤 耰輩 金鼓相應 宋敏洙之軍來會)"[12]라는 구절이 있다. 즉 영화당 지도자 이화삼은 '두레패' '두레꾼들'을 고동케 해서 봉기했으며, 송민수라는 주모자의 농민군을 불러 만나게 하는 데 두레의 농악(금고)을 사용했음을 조사에서 밝히고 있는 것 이다. 이것은 '두레'와 그 '농악'이 농민군의 봉기와 농민군 편성·활동에 직접 활용되었음을 잘 증명해 주는 자료이다.

또한 이 농민봉기의 선봉장으로 활약했던 박기수朴基守의 공술 내용에 자기 는 원래 고부 사람으로 (갑오농민전쟁 이듬해인) 1895년부터 송민수가 사는 동리 에서 머슴살이를 하고 있었는데 이달 보름날 밤에 송민수가 등장等狀을 간다고 사람들을 모으면서 나팔을 불고 꽹과리와 징을 울리며 장고를 쳐서 동민을 불 러 모으므로 이에 따라 나갔다고 다음과 같이 공술하였다.

"朴基守矣身段 素以古阜之人 自乙未年 雇傭於宋敏洙洞里이옵더니 當今月十五日 夕 宋敏洙稱以聚民等狀 吹囉叭 鳴金擊鉦 打杖鼓 招集洞民故 矣身不得已隨來 至於 此境 伏願明査處之여이옵고."[13]

여기에서도 농민봉기의 시작에 두레의 '농악'이 사용되고 있음이 잘 증명되 고 있다.

'동학구당' '갑오동비여당'들이 1898년의 영학당 농민봉기에서 '두레'와 그 '농악'을 적극적으로 활용했다면, 동일한 주체세력들이 4년 전의 갑오농민전쟁

---

12 『重犯供草』(奎, No. 17282) 第9册, 「興德郡亂民取招査案」, 『韓國學報』 제35집, 새 資料 「韓末 英學黨 李化三等 供草報告書」」, 1984, 253쪽.
13 「興德郡亂民取招査案」, 同上書, 249쪽.

농악

의 봉기에서 '두레'와 그 '농악'을 활용했을 것임은 미루어 보아도 충분히 알 수 있는 것이라고 말할 수 있다.

갑오농민전쟁 때에 '두레'가 활용되었다는 또 하나의 간접적 자료는 두레에서 사용하던 깃발과 두레의 '농악'에서의 사용하던 농악기가 농민전쟁에서 동학농민군에게 군물로 사용되었다는 사실이다. 이에 대한 자료는 상당히 많이 남아 있어서 갑오농민전쟁의 다수의 자료들에서 동학농민군이 '양기차각揚旗吹角(깃발을 올리고 나팔 등 악기를 붊)'[14]하여 싸웠다고 하면서 '기고旗鼓(깃발과 북)'[15]에 대한 기록이 자주 나오고 있다.

동학농민군은 농민전쟁의 봉기 때부터 깃발을 농민군 부대의 상징으로서 널리 사용하여, 농민군의 '기번旗旛'[16] '기치旗幟'[17] '기엽旗葉'[18] '적기賊旗'[19] 등에

---

14 「甲午實記」, 『東學亂記錄』(國史編纂委員會版) 上卷, 44쪽; 「先鋒陣日記」, 同上書, 229쪽 및 231쪽; 「巡撫使呈報牒」, 『東學亂記錄』 下卷, 18쪽; 「先鋒陣呈報牒」, 同上書, 174쪽.

15 「甲午實記」, 『東學亂記錄』 上卷, 46쪽 참조.

16 「先鋒陣日記」, 『東學亂記錄』 上卷, 230쪽; 「巡撫使呈報牒」, 『東學亂記錄』 下卷, 18쪽; 「先鋒陣呈報牒」, 同上書, 167쪽.

17 「巡撫使呈報牒」, 『東學亂記錄』 下卷, 528쪽; 「朴鳳陽經歷書」, 『東學亂記錄』 下卷, 518쪽 참조.

18 「巡撫使呈報牒」, 『東學亂記錄』 下卷, 527쪽.

19 「先鋒陣日記」, 『東學亂記錄』 上卷, 247쪽.

대한 기록이 자주 나오고 있다. 이때 동학농민군이 사용한 깃발들 중에서 두레의 농기農旗(龍纛縣旗)가 사용된 것은 관군 측의 노획물 중에 2개가 기록되어 나오고,[20] 두레의 영기가 사용된 것은 역시 관군 측의 노획물에 2곳에서 각각 1쌍과 1개가 기록되어 나오고 있다.[21] 이것은 '두레'에서 사용하던 깃발들이 갑오농민전쟁 시기 동학농민군의 활동에 사용되었음을 증명하는 것이라고 말할 수 있다.

동학농민군은 그들의 군사활동에서 깃발을 매우 많이 사용하였다. 관군 측의 보고에 동학농민군이 "건너편 산봉우리에 기치를 열립한 것이 수십 리 산상에 걸친 것이어서 마치 병풍으로 둘러싼 것 같이 보였다"[22]고 기록한 곳이나, 관변 측이 한 곳의 큰 '토벌' 한 번에 획득한 기치가 83개에 달했다고 한 기록이나,[23] 목천木川 세성산細城山 전투 한 번에서 관군이 노획한 '잡색대소기雜色大小旗'만도 30개에 달했다는[24] 기록은 동학농민군의 깃발 애용을 단적으로 시사하는 자료라고 볼 수 있다. 동학농민군이 주둔한 곳에 '열립기치列立旗幟(깃발을 이어서 세움)'[25]하고 '편삽잡기遍揷雜旗(여러 가지 깃발을 널리 꽂아 세움)'[26]했으며, '기치정제旗幟整齊(깃발이 정돈되어 일매짐)'[27]했고, '기색잡난旗色雜亂(깃발의 색깔이 여러 가지로 울긋불긋함)'[28]했다는 기록은 다수가 발견되고 있다.

---

20 「全羅道所捉·所獲東徒成册(什物)」, 『東學亂記錄』 下卷, 702쪽; 「全羅道所捉·所獲東徒成册」, 同上書, 710쪽 참조.

21 「各陣將卒成册(錦山被禍錄)」, 『東學亂記錄』 下卷, 702쪽; 「全羅道所捉·所獲東徒成册」, 同上書, 710쪽 참조.

22 「先鋒陣日記」, 『東學亂記錄』 上卷, 229쪽.

23 「朴鳳陽經歷書」, 『東學亂記錄』 下卷, 518쪽.

24 「兩湖右先鋒日記」, 『東學亂記錄』 上卷, 280쪽 참조.

25 「先鋒陣日記」, 『東學亂記錄』 上卷, 246쪽; 「巡撫使呈報牒」, 『東學亂記錄』 下卷, 17쪽 및 40쪽.

26 「先鋒陣記錄」, 『東學亂記錄』 上卷, 235쪽 및 236쪽; 「李圭泰往復書並墓誌銘」, 『東學亂記錄』 下卷, 499쪽.

27 「兩湖右先鋒日記」, 『東學亂記錄』 上卷, 261쪽.

28 「巡撫使呈報牒」, 『東學亂記錄』 下卷, 28쪽.

동학농민군의 깃발은 각 부대의 상징으로서 '기를 세운 것(建旗)'[29]이었으며, '진세陣勢를 펼 때(建旗布成陣勢)'[30] 많이 사용했고, 부대를 '이동하려 할 때는 먼저 기를 뽑았으며(拔旗方動)'[31] 공격이나 작전 지시에는 '연속적으로 깃발을 휘둘러(連續揮旗)'[32] 고무와 신호를 보냈고, 따라서 '그 깃발을 뺏기 위한(奪其旗幟)'[33] 전투가 도처에서 격렬하였다. 또한 사용목적에 따라 농민군 부대장의 상징인 '대장기'[34]와 각 접의 깃발이 있었으며, 그 크기도 반드시 '대기수大旗手'[35]를 임명하는 '대기'[36]와 중기·소기가 있었고,[37] 그 색깔도 오색의 여러 가지 색깔을 찬란하게 사용하였다.[38]

갑오농민전쟁 시기에 동학농민군은 이와 같이 '기'를 매우 많이 사용했기 때문에 '두레'에서 사용하는 기만으로는 그 목적과 수량을 다 충당하지 못하여 '새로이 기를 만들어서(新造旗幟; 造作旗幟)'[39] 사용했음은 물론이다.

갑오농민전쟁 시기에 또한 동학농민군은 두레의 '농악'과 농악기를 최대로 활용하였다. 농민군은 집합 때에는 먼 곳에서도 큰 소리로 울리도록 날라리(쇄납)를 불었으며,[40] 행군할 때나 시위할 때 또는 전투할 때에는 '북과 날라리를 일제히 울리어(鼓角齊鳴)'[41] 사기를 돋구었다. 또한 농민군은 적을 공격할 때에

---

29 「兩湖招討謄錄」,『東學亂記錄』上卷, 170쪽.

30 「巡撫使呈報牒」,『東學亂記錄』下卷, 58쪽.

31 「兩湖右先鋒日記」,『東學亂記錄』上卷, 327쪽.

32 「巡撫使呈報牒」,『東學亂記錄』下卷, 58쪽.

33 「兩湖右先鋒日記」,『東學亂記錄』上卷, 287쪽.

34 「兩湖招討謄錄」,『東學亂記錄』上卷, 174쪽; 「巡撫先鋒陣謄錄」, 同上書, 529쪽; 「各陣將卒成册(錦山被禍錄)」,『東學亂記錄』下卷, 702쪽.

35 「巡撫先鋒陣謄錄」, 同上書, 560쪽.

36 「全羅道所捉·所獲東徒成册(什物)」,『東學亂記錄』下卷, 710쪽.

37 「兩湖右先鋒日記」,『東學亂記錄』上卷, 290쪽; 「聚語」, 同上書, 110쪽.

38 「聚語」,『東學亂記錄』上卷, 110쪽.

39 「先鋒陣日記」,『東學亂記錄』上卷, 245쪽; 「巡撫先鋒陣謄錄」,『東學亂記錄』上卷, 472쪽; 「朴鳳陽經歷書」,『東學亂記錄』下卷, 512쪽.

40 「兩湖右先鋒日記」,『東學亂記錄』上卷, 268쪽 참조.

41 「甲午略歷」,『東學亂記錄』上卷, 67쪽.

는 총을 연이어 비오듯 사격하면서 깃발을 휘두르고 '나팔을 크게 부는(大吹 喇叭)'[42] 등 농악기를 크게 두드렸다. 농민군은 행군과 전투 때에 두레의 농악을 총동원하여 활용했던 것이다.

이 때문에 동학농민군과 관군 사이에 한 차례 전투가 벌어져 관군이 대체로 승리한 경우에는 관군의 노획물에는 징鉦·북鼓·나팔喇叭 등 각종의 농악기가 포함되어 있게 되었다.[43] 예컨대, 목천 세성산 전투에서 관군이 농민군으로부터 노획한 노획물 중에는 각종 무기들과 함께 징 5개, 북 3개, 나팔 2개가 포함되어 있었다.[44] 또한 해미성海美城 전투에서 관군이 농민군으로부터 빼앗은 노획물에는 각종 무기들과 함께 큰징大鉦 3개, 꽹과리小鉦 3개, 북 2개 등이 포함되어 있었으며,[45] 작은 전투였던 서산瑞山 매현梅峴 전투에서조차도 관군이 농민군으로부터 빼앗은 노획물에는 약간의 무기들과 함께 꽹과리 4개가 포함되어 있었다.[46]

위의 사실들에서 명확히 알 수 있는 갑오농민전쟁 시기에 농민봉기와 농민군 편성에는 '두레'가 그 기초로 되어 활용되었으며, 농민군의 활동과 전투 때에도 농민군들은 오색찬란한 두레의 깃발과 새로 만든 깃발들을 무수히 휘날리고 징·꽹과리·북·나팔 등 '농악'을 두드리면서 전투활동과 두레 농악활동을 결합했음을 알 수 있다.

---

42 「巡撫使呈報牒」, 『東學亂記錄』 下卷, 58쪽.
43 「兩湖右先鋒日記」, 『東學亂記錄』 上卷, 287쪽 참조.
44 「兩湖右先鋒日記」, 『東學亂記錄』 上卷, 289쪽, 293~294쪽 및 303쪽 참조.
45 「兩湖右先鋒日記」, 『東學亂記錄』 上卷, 307쪽 참조.
46 「兩湖右先鋒日記」, 『東學亂記錄』 上卷, 310쪽 참조.

3. 집강소의 폐정개혁 요강에 대한
『동학사』의 '초고본'과 '간행본'

'두레'는 농민운동·농민전쟁 시기에 농민봉기·농민군 편성에만 활용된 것이 아니라, 이번에 새로이 발견된 『동학사東學史』의 '초고본'에 의하면, 갑오농민전쟁 때의 집강소 폐정개혁의 일환으로서의 토지개혁·농업개혁에도 관련되어 있었다.

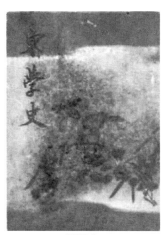

『동학사』

필자는 동학과 갑오농민전쟁에 관한 자료를 조사하다가 지난 해에 오지영吳知泳의 『동학사』 '초고본'(國史編纂委員會藏)을 발견하여 읽고, 집강소의 폐정개혁 12개조에 대하여 '초고본'과 '간행본'이 상당히 다른 사실을 알게 되었다.

오지영의 『동학사』의 '초고본'은 4책으로 구성되어 있는데, 제1책은 「부 천도교연혁대관附 天道敎沿革大觀」으로서 그 편제상 제4책이 되어야 할 부분이고,[47] 제2책부터가 본래의 『동학사』의 시작이어서 이 제2책이 제1권의 성격을 갖고 있다. '초고본' 제2책의 머리에 오지영의 「동학사서」가 실려 있는데 그 일자가 '포덕布德' 65년 갑자 3월 일'(1924년)로 되어 있다. 즉 오지영은 『동학사』의 이 '초고본'을 1924년에 집필한 것이었다.

반면에 『동학사』의 '간행본'은 '창도創道 79년(1938년, 昭和 13년)' 4월의 오지

---

47 『草稿本東學史』의 원본에는 '朝鮮史編修會'의 인장이 매 책의 머리에 날인되어 있는 것으로 보아, 이 초고본은 일제강점기에 일제당국이 이를 매입했거나 압수하여 소장했던 것으로 보인다. 『초고본동학사』 4책의 책 순서도 '간행본'과는 달리 맨 끝에 와야 할 부록의 「천도교연혁대관」이 제1책으로 되어 있는데 이것도 조선사편수회의 수서자가 붙인 순서로 추정되기도 한다.

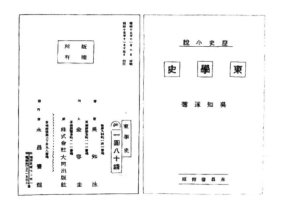

『동학사』

영의 「동학사서東學史序」가 수록되어 있고, 이어 '1939년(昭和 14년)' 3월의 황의
돈黃義敦의 「東學史序」가 수록되어 있으며, 그 간행년기는 1940년으로 되어 있
다. 즉 오지영은 『동학사』의 '간행본'의 원고를 최종적으로 1938년에 완성하고,
이듬해인 1939년에 황의돈의 서문을 받아 붙여서 1940년에 간행을 보게 된 것
이었다.

　『동학사』의 '초고본'이 완성된 1924년부터 '간행본'이 완성된 14년 사이에
'초고본'에 대한 가필과 수정이 행해졌음은 당연한 일이었다. 이를 대비해 보면
간행본이 약 50% 정도 가필이 되어 있으며, 자구와 표현의 수정뿐만 아니라,
'초고본'에 기록한 것 중에서도 '간행본'에서 빼버린 것이 많이 있다.[48]

　참고로 『동학사』에서 우리의 관심부분인 「최시형崔時亨의 조변遭變」까지의 '초
고본'과 '간행본'의 주요 항목을 대비하여 표를 만들어 보면 〈표 7-1〉과 같다.

---

[48] 오늘날의 연구서들은 따라서 『초고본동학사』와 『간행본동학사』를 별개의 판본으로 보아
반드시 대조 고찰할 필요가 있다고 할 것이다.

〈표 7-1〉 항목만을 보면, '간행본'에서는 대체로 절에 해당하는 항목설정이 세분되어 있기 때문에 내용까지 크게 달라진 것 같은 인상을 주지만, 실제로는 '초고본'에서 동학의 역사를 한국 근대사와 연결시켰던 것을 '간행본'에서는 동학 내부의 역사에 더 비중을 두어 개고하고, '초고본'에서는 동학농민군을 '의군'으로 부르면서 매우 전투적인 표현을 사용하던 것을 '간행본'에서는 '동학군' '동군'이라고 부르면서 완화된 표현과 용어를 사용하는 이외에 그 내용에서 근본적 차이를 내고 있는 것으로는 보이지 않는다.

오히려 주목해야 할 것은 두 책의 '집강소'에 대한 서술부분이라 할 수 있다. 오지영은 『동학사』의 '초고본'에서는 항목수가 적음에도 불구하고, '집강소'에 대하여 '의군이 전라 각읍에 집강소를 설립' '집강소의 행정'의 2항목을 설정하여 집강소 통치를 더 상세히 다루었다. 그러나 '간행본'에서는 집강소에 대하여 초고본과 절대적으로 동일한 분량의 서술을 하면서도 그 항목을 독립시키지 않고 '동학군과 경병강화'의 항목 안에 포함시켜 다루었다.

또한 집강소에 대한 설명에 있어서도 '초고본'에서는 '의군이 전라각읍에 집강소를 설립'이라는 제목하에 "폐정개혁안이란 것은 대략으로 동학당에 대한 학대며 탐관오리의 악행이며 부호배의 침략이며 기타 정법상 불편한 점을 들어 개선하기로 한 것 등이엇섯다. 이것을 조건으로 하고 관병은 퇴각하야 경성으로 돌아가고 의군은 각군에 돌아가 집강소를 설립하야 민간서사民間徐事를 차제次第 정리케 되엇섯다. 이때 전라일도가 거의 다 차에 복종하엿으나 유독 나주 남원 운봉 등 몇 고을이 반항이 심하엿섯다"[49]라고 하여 그 후 전봉준全琫準·김개남金開男·김봉득金鳳得 등이 이 지역을 회유 또는 공격하여 집강소를 모두 설치한 과정을 상세히 서술하였다. 또한 '집강소의 행정'이라는 제목 하에, "이때 전라도 오십삼주에 고을고을마다 집강소가 아니 설립된 곳이 없이 일률一律로 다 되엇섯고, 집강소의 안에는 기천명幾千名의 의군義郡이 호위를 하엿섯

49 『草稿本東學史』, 1924, 第3冊, 39쪽.

고, 행정에 잇어서는 집강이 주무로 십수인의 의원이 잇어 협의체로 조직이 되 엇섯고, 또 도집강 일인을 뽑아 전도의 대표가 되게 하엿섯고, 기왕 잇든 대소 관리들은 오즉 사무에 책임만을 맡게 하엿섯고, 집강소의 정강은 이와 같다"[50] 고 하여 집강소의 12개조 폐정개혁 요강을 제시하고 서술하였다.

이에 비하여 『동학사』의 '간행본'에서는 '동학군과 경병강화'라는 제목하에 "이때는 갑오 오월 순간旬間이다. 동학군과 관군이 서로 강화를 이룬 후 관군은 경성으로 올라가고 동학군은 전라도 오십삼주에 집강소를 설립하여 민간서정 을 처리케 되었다. 매읍에 집강 일인을 두고 의사원 약간인을 두었으며, 대소관 리들은 그를 방조하여 폐정개혁에 착수케 되었으며, 동폐정개혁건은 좌의 십이 조로써 되었다"[51]고 요약하여 설명하고 이어서 바로 집강소의 폐정개혁 12개조 를 서술하였다.

또한 집강소의 폐정개혁 12개조에 대해서도, 〈표 7-2〉와 같이 '초고본'에서 와 '간행본'에서 3개조가 서로 다른 12개 조항의 개혁요강을 제시하였다.

‖표7-2‖ 『동학사』의 '초고본'과 '간행본'의 집강소 폐정개혁 요강 비교

	초고본[52]	간행본[53]
제1조	인명을 남살濫殺한 자는 버힐 사	도인과 정부 사이에는 숙험宿嫌을 탕척 蕩滌하고 서정庶政을 협력할 사
제2조	탐관오리는 거근袪根할 사	탐관오리는 그 죄목을 사득査得하여 일 일엄징할 사
제3조	횡포한 부호배를 엄징할 사	횡포한 부호배는 엄징할 사
제4조	유림과 양반배의 소굴을 토멸할 사	불량한 유림과 양반배는 징습할 사
제5조	잔민등殘民等의 군안軍案은 불지를 사	노비문서는 소거할 사

---

50 『草稿本東學史』, 第3冊, 42~43쪽.
51 『刊行本東學史』, 1940, 125~26쪽.
52 『草稿本東學史』, 第3冊, 43~44쪽 참조.
53 『刊行本東學史』, 126~127쪽 참조.

제6조	종 문서는 불지를 사	칠반천인의 대우는 개선하고 백정두상에 평양립은 탈거할 사
제7조	백정의 머리에 패랭이를 벗기고 갓을 씨울 사	청춘과부는 개가를 허할 사
제8조	무명잡세등은 혁파할 사	무명잡세는 일병 혁파할 사
제9조	공사채를 물론하고 과거의 것은 병물시竝勿施할 사	관리채용은 지벌을 타파하고 인재를 등용할 사
제10조	외적과 연락하는 자는 버힐 사	○과 간통하는 자는 엄징할 사
제11조	토지는 평균분작으로 할 사	공사채를 물론하고 기왕의 것은 병물시할 사
제12조	농군의 두레법은 장려할 사	토지는 평균으로 분작케 할 사

〈표 7-2〉에서도 알 수 있는 바와 같이, '초고본'에 수록되어 있는 데도 불구하고 '간행본'에서 빠진 것은 ① '인명人命을 남살濫殺한 자는 버힐 사'(제1조), ② '잔민殘民등의 군안軍案은 불지를 사'(제5조), ③ '농군의 두레법은 장려할 사'(제12조) 등이다.

반면에 '초고본'에서는 수록되어 있지 않았는데, '간행본'에 수록되어 있는 것은 ① '도인과 정부 사이에는 숙혐宿嫌을 탕척蕩滌하고 서정庶政을 협력할 사'(제1조), ② '청춘과부는 개가를 허할 사'(제7조), ③ '관리채용은 지벌地閥을 타파하고 인재를 등용할 사'(제9조) 등이다.

그 밖에 '초고본'과 '간행본'의 조항이 동일한 것 중에서는 '초고본'의 표현이 좀더 강경하고 직설적인 것을 알 수 있다. 예컨대 '초고본'에서는 양반신분에 대한 신분투쟁의 조항에 대하여 '유림과 양반배의 소굴을 토멸할 사'라고 하여 유림과 양반신분 전체를 대적하고 그 소굴을 '토멸'한다고 매우 강경하고 전투적인 표현을 한 데 비하여, '간행본'에서는 '불량한 유림과 양반배는 징습懲習할 사'라고 하여 '불량한'이라는 한정적 형용사를 붙이고 '토멸' 대신에 '징습'이라고 완화하여 표현하고 있는 것과 같은 것이다.

집강소의 12개조 폐정개혁 조항 중에서 3개 조항이나 '초고본'과 '간행본'이 다르게 된 것은 집강소 설치 지역이 군별 차이이거나 기억의 착오 때문이라기 보다는 '시기'의 차이인 것으로 추론된다. 갑오농민전쟁 시기 동학농민군의 집강소는 5월 8일 '전주화약全州和約' 성립 직후부터 설치되기 시작하여 남원·운봉·순창·나주를 제외한 전라도의 거의 대부분의 군읍에 집강소를 설치하는 데 성공하였다. 뿐만 아니라 6월 15일에는 동학농민군은 남원에서 대회를 열고 전라도 53개 군현에 모두 집강소의 설치를 완료하여 집강소의 농민통치를 실시한 것을 결의하였다.[54] 이에 따라 집강소 설치 지역에서는 동학농민군과 기존의 양반 관료 세력과의 갈등과 대립이 격화되었다. 동학농민들의 남원대회가 있은 6일 후인 6월 21일(양력 7월 23일), 서울에서는 일본군이 조선왕궁을 포위하여 궁궐을 침범해서 조선왕궁 수비병을 살해하고 무장해제시킨 후 국왕과 왕비를 감금하고 위협하여 정권을 교체했으며, 동시에 청일전쟁을 도발한 변란이 있었다. 이에 전라관찰사 김학진金鶴鎭은 전라도 집강소의 설치실태를 순찰중인 동학농민군 총대장 전봉준에게 국난을 함께 극복하고 전주를 공수共守하자고 전라감영에 초청하여 '관민상화지책官民相和之策'을 상의하고 동학농민군의 군郡 집강소의 설치를 공식적으로 승인하였다.

"6월에 관찰사는 전봉준 등을 감영에 청요請邀하였다. 이때에 수성군졸들은 각각 총창을 들고 좌우에 정렬하였다. 전봉준은 아관峩冠을 쓰고 마의麻衣를 입고 앙연히 들어왔는데, 조금도 기탄이 없었다. 관찰사는 관민상화지책을 상의하고 각군

---

54 황현, 『오하기문』 第2筆의 62쪽, "是月望間 琫準·開男等 大會于南原 衆數萬人. 琫準傳令 各邑布中 邑設都所 樹其親黨 爲執綱 行守令之事. 於是 道內軍馬錢穀 皆有賊有 人始知其逆謀 已成 不止爲亂民也. 然金鶴鎭 持其就撫 猶依違持之 及聞京師亂 鶴鎭使軍官宋司馬 持書入南原 喩琫準等 約以同赴國難 使率道人 共守全州. 蓋琫準外示悔禍 聲言歸化 故鶴鎭召之 觀其去就"참조.
已而歎曰要當一死報國贖吾倡亂之罪遂整衆作行計開南

에 집강을 설치하는 것을 허가하였다."[55]

여기서 주목해야 할 것은 전라관찰사는 ① 이미 6월 15일 이전에 동학농민군이 전라도 53개 군읍의 대부분에 '군집강郡執綱'을 설치한 것을 사후적으로 추인하는 입장에 있었으며, ② 전라관찰사 김학진은 동학농민군 측과 양반 관료 사이의 갈등의 격화를 완화하고 도내 행정질서를 유지하며 국난을 함께 극복하고 일본군의 지배로부터 전주를 지키기 위해서는 동학농민군의 협조가 필수적인 것이 되어버렸으므로 '관민상화지책'을 추구하지 않을 수 없었고, ③ 전라관찰사가 전봉준을 초청하여 '관민상화지책'을 서로 협의한 결과 다분히 전봉준의 요구에 의하여 수동적으로 '각군집강'의 설치를 허가하게 되었다는 사실이다.

전라관찰사 김학진이 전봉준을 전주의 감영에 초청하여 '관민상화지책'을 도모하고 군집강소를 공식적으로 승인한 이후에는 전봉준은 전주에 체류하면서 여기에 대도소를 차려 관찰사 김학진까지 지휘하면서 전도의 통치를 통합하게 되었다. 당시 전라관찰사의 군사馬軍司馬로서 현장을 경험하고 관찰한 최영년은 전봉준이 전주에 초청되어 들어와서 대도소大都所를 차린 후에 전라관찰사 김학진은 정무를 보는 장소인 선화당宣化堂을 전봉준에게 내주고 스스로 징청각澄淸閣에 거처하며 매사를 전봉준을 경유하여 결정하고 영을 발했다고 하였다.

"마침내 김학진을 감사監司로 한다는 특명이 있었는데, 김학진은 가로되 내가 당당히 청려각건靑驢角巾으로 도적에게 가서 종용하고 이해를 논진論陳해서 도적으로 하여금 스스로 굴복케 하리라고 하였다. 그러나 그 도임到任한 후에 선화당宣化堂

---

55 鄭碩謨,「甲午略歷」,『東學亂記錄』上卷, 65쪽. "六月 觀察使請邀 全琫準等于監營 是時 守成軍卒 各持銃鎗 整列左右 全琫準以裁冠麻衣 昂然而入 少無忌憚. 觀察使相議 官民相化之策 許置執綱于各郡"참조.

을 도적에게 양보하고 징청각澄淸閣에 스스로 거처하면서 매사를 도적을 유由하여 하였다."[56]

즉 전라관찰사 김학진은 전봉준을 설득하여 관민상화지책을 도모해서 자기의 행정을 펴려다가 도리어 전봉준에게 선화당을 양보하고 전의 지휘를 받는 처지에 놓이기 시작한 것이었다. 위정척사파 유생 황현黃玹은 그의 『오하기문梧下記聞』에서 전봉준이 전주에 들어온 후 전도의 통치를 '전제'하고 관찰사 김학진은 전봉준의 '괴뢰'와 같이 되어 그의 문서를 봉행할 뿐이었으므로 백성들이 '도인감사'라고 별명을 지어 부르기까지 된 형편을 다음과 같이 기록하였다.

"전봉준은 …… 이에 김학진을 (옆구리에) 끼고 이를 기화로 하여 일도一道를 전제하였다. 김학진의 좌우는 모두 그의(전봉준의) 당여黨與였다. 비밀리에 도적들(동학농민군-인용자)을 불러들인 것이 표면상의 명목은 수성守城이었지만 사실은 위성圍城이었다. 김학진은 괴뢰와 같이 되어 사람을 부림과 일거수 일투족을 자기 마음대로 하지 못하고 오직 문서를 봉행奉行할 뿐이었다. 사람들이 그를 도인감사道人監司라고 불렀다."[57]

유생 황현은 전라관찰사 김학진이 도내의 각군에 감결甘結(상급 관청으로부터 하급 관청으로의 공문)을 보낼 때에 관찰사가 자기 독자적으로 하지 못하고 집강소에 보내는 '전봉준 통문通文'을 빌어 그에 의지해서 겨우 보낸 것을 들면서 관찰사 김학진이 두 손을 마주 모아 전봉준의 명을 받는 처지에 떨어졌다고 다음과 같이 신랄히 비판하고 또 개탄하였다.

---

56 崔永年, 「東徒問辨」, 『東學亂記錄』 上卷, 160쪽.
57 『梧下記聞』 第2筆의 63쪽. "琫準 …… 於是挾鶴鎭 作奇貨 專制一道. 鶴鎭左右 皆其黨與 密召諸賊 登陴名曰守城 而實則圍城也. 鶴鎭如傀儡須人 起居唾噱不得自恣但奉行文書而已. 民謂之 道人監司" 참조.

"김학진이 미치고 넋을 잃지 않았으며 어찌 이런 것이 입에서 나올 수 있겠는가. 도신道臣의 직책이 얼마나 막중한 것인데 앉아서 전성全省을 옹擁하고서도 공수拱 手하여 (전봉준의) 명을 받으며 …… 도적들(동학농민군-인용자)을 향하여 동정同情을 애걸해서 (전봉준의) 호령에 빙자하여 관문關文을 봉행함과 같이 하니 부끄러움을 완전히 잃은 것이다."[58]

전라관찰사의 처지가 1894년 6월 '관민상화지책'의 실시 뒤에 이와 같았으 니, 그 산하 각군읍의 형편은 가히 미루어 알 수 있는 것이다. 동학농민군은 군 읍을 점령하면 처음부터 '집강'으로서 "접주 한 사람을 임명하여 태수太守의 일 을 행하게 했으며"[59] 집강소를 설치하여 "그 친당을 집강으로 만들어 수령의 일 을 행하였다."[60] 또한 황현은 집강소의 통치에 대해서도 "오늘날 어떠한 읍의 읍 사를 물론하고 (동학) 도인이 이를 주재하고 (정부가 임명한) 관장官長의 결정을 기 다리지 아니했다"[61]고 기록하였다. 그러므로 집강소가 설치된 호남 일대에서는 "소위 읍재邑宰는 이름만 있고 행정을 할 수가 없었으며, 심한 경우에는 읍재를 추방하기도 하였다"[62]라고 최영년은 기록하였다. 집강소 설치 초기에도 이와 같 았으니 6월 15일 이후 '관민상화지책'이 추구되고 전봉준이 전주에 합법적으로 들어가 대도소를 차린 이후의 형편은 가히 미루어 알 수 있는 것이다.

그러므로 집강소의 폐정개혁 요강도 '관민상화지책' 실시 이전과 이후가 달 라질 수밖에 없었다고 볼 수 있다. 집강소가 동일한 내용의 폐정개혁을 실시함 에 있어서도 '관민상화지책' 이전에는 동학농민군은 '관과 정부'에 전투적으로 대항하여 격렬하게 투쟁하면서 이를 실천할 수밖에 없었다. 그러나 '관민상화

58 『梧下記聞』 第2筆의 67쪽.
59 『梧下記聞』 第1筆의 105쪽. "差一人接主 行太守事" 참조.
60 『梧下記聞』 第2筆의 62쪽. "其親黨爲執綱 行守令之事" 참조.
61 『梧下記聞』 第3筆의 15쪽. "今日毋論毋邑 邑事 道人主之 無豫官長" 참조.
62 「甲午略歷」, 『東學亂記錄』 上卷, 65쪽. "所謂邑宰 只有名位 不得行政 甚者逐送邑宰" 참조.

지책' 이후에는 동학농민군은 총대장 전봉준이 전라도 수도 전주에 입성하여 전라관찰사 김학진을 위협해서 제압하여 전도의 모든 행정을 명령했을 뿐 아니라 각 군읍에서는 군집강소가 모든 통치권을 장악하고 기존의 군아는 집강소를 위한 방조기관으로 변질되어 버렸으므로 구태어 '관과 정부'에 대하여 전투적으로 대항하여 격렬한 투쟁을 표방하지 않고서도 동일한 폐정개혁의 목표를 추진할 수 있게 되었다.

앞에서 든『동학사』의 '초고본'과 '간행본'의 차이는 이와 같이 기본적으로 '관민상화지책' 이전과 이후의 차이로 해석된다. 그 증거로 고려해야 할 것은 집강소의 12개조 폐정개혁 요강 제1조가 '초고본'에서는 '인명을 남살한 자는 버릴 사'라고 하여 백성들과 동학농민군 학살에 앞장선 양반관료들을 처단할 것을 공포했다가, '간행본'에서는 (그것이 관민상화지책 이후의 폐정개혁 요강을 수록했기 때문에) '도인과 정부 사이에는 숙혐宿嫌을 탕척蕩滌하고 서정庶政을 협력할 사'라고 고친 것이었다고 추정된다. 즉 오지영의『동학사』'초고본'은 집강소 설치 직후 관민상화지책 이전의 폐정개혁 요강을 중심으로 원고를 작성했다가 다음에 '간행본'에서는 관민상화지책 이후의 집강소의 폐정개혁 요강을 중심으로 수정한 것이라고 추정된다.[63]

그러나 오지영이 집강소의 폐정개혁 요강에 대하여『동학사』의 '초고본'과 '간행본'에서 표현과 내용을 일부 수정했다 할지라도 집강소의 실제의 폐정개혁 내용과 실천이 달라진 것은 아니었기 때문에 '초고본'에서 제시된 폐정개혁

---

63 오지영은 1924년의『동학사』의 '초고본'에서는 집강소 설치 직후인 1894년 5월경의 초기의 집강소 폐정개혁 요강을 수록했다가, 그 후 1940년의 '간행본'에서는 이를 수정하여 1894년 6월 15일 이후의 관민상화지책 추구 뒤의 후기의 집강소 폐정개혁 요강을 수록한 것으로 추정된다. 이 때문에『동학사』의 '초고본'에서와 '간행본'에서 집강소와 12개조 폐정개혁 요강 중에서 3개 조항이 차이가 나타나게 되었다고 필자는 판단하고 있다. 그러나 집강소의 폐정개혁의 실제 내용은 일관되게 동일한 것이었으므로 초고본에서의 3개 조항도 후기 집강소에서 실시되어 실제로는 후기에는 15개조의 폐정개혁 요강이 되었다고 보아도 좋을 것이다.

안은 관민상화지책 추구 이후에도 그대로 실천이 추구된 것으로 볼 수 있다. 따라서 우리의 주제와 관련하여 '초고본'에서의 "농군의 두레법은 장려할 사" 도 집강소 존속 전 기간에 걸쳐 추구된 집강소의 폐정개혁 정책이었다고 볼 수 있는 것이다.

4. 집강소의 토지개혁정책과 다산의 여전제·정전제와 두레

갑오농민전쟁 시기에 전라도 53개 군현에 집강소를 설치하여 농민통치를 단행한 동학농민군의 폐정개혁 통치를 보면, 이미 필자의 다른 논문에서 밝힌 바와 같이,[64] ① 탐관오리의 징계; ② 신분해방운동과 사회신분제의 폐지; ③ 횡포한 부호의 응징과 토재討財; ④ 전세田稅의 삭감, 군역·군포세의 폐지, 환곡제도의 폐지 등 삼정의 개혁; ⑤ 고리채의 무효화; ⑥ 미곡의 일본유출 방지; ⑦ 토지제도의 개혁 추구; ⑧ 인민소장의 처리; ⑨ 관리의 문부文簿의 검열; ⑩ 동학의 전도와 농민군의 강화; ⑪ 농민군의 무기와 마필의 공급; ⑫군수전軍需錢과 군수미軍需米의 비축 등이었다. 이러한 폐정개혁의 농민통치는 당시 양반 관료의 수백년 묵어온 봉건적 통치의 적폐를 피통치자였던 농민의 입장에서 과감하게 개혁한 획기적인 것이었다.

이 중에서 우리의 주제와 관련하여 이 책에서 다시 검토하려 하는 것은 집강소의 토지개혁정책과 지주제도의 폐지추구에 대한 것이다.

집강소의 토지개혁정책에서 폐정개혁 요강에 들어가 있는 것은 '초고본'과 '간행본'의 "토지는 평균으로 분작케 할 사"와 '초고본'의 "농군의 두레법은 장려할 사"이다.

여기서 먼저 "토지를 평균平均으로 분작分作케 할 사"는 다음의 세 가지로 해

---

64 愼鏞廈, 「甲午農民戰爭 시기의 農民執綱所의 活動」, 『韓國文化』 제6집, 1985 참조.

석될 수 있다.

첫째는, 이를 문자 그대로 '균작均作'으로 해석해서 소작지·차경지의 균등한 소작·차경借耕으로 해석하는 것이다. 폐정개혁 요강의 "평균으로 '분작'"을 문자 그대로 해석하면 이러한 해석이 나올 수 있는 것이다. 이 경우에 집강소는 지주제도 그 자체를 폐지하려 했던 것은 아니고, 소작지·차경지를 평균으로 '분작'케 하고 소작료를 '절하'시키는 방향의 '개혁'을 추진한 것으로 해석된다.

둘째는, '평균으로 분작'을 '평균분전平均分田'으로 해석해서 토지 소유권을 균등하게 '소유'하는 것으로 해석하는 것이다. 이것은 '분작'을 '분전'으로 해석하는 것이다. 이 경우에도 집강소는 지주제도 그 자체를 완전히 '폐지'하고 농민적 토지소유를 정립하려 했던 것이라고 해석된다.

셋째는, '평균으로 분작'을 소유는 지주의 소유가 아닌 어떠한 제3의 공동체적 소유를 전제로 하고 '균작'으로 해석하는 것이다. 이것은 농민들의 사회신분제의 폐지 요구를 보아 추정하면 봉건적 지주제도의 폐지도 추구했을 것이 당연하므로, 공동체적 토지소유를 전제로 하고 지주제도를 완전히 폐지한 후 '균작'을 추구한 것으로 해석된다.

어떠한 해석이 사실과 가장 부합하는가는 다른 실증적 자료(사실)에 의해서만이 판단될 수 있을 것이다.

다음, "농군의 두레법은 장려할 사"는 두레의 공동노동에 의하여 농업생산을 수행할 것을 밝힌 것이었다. 두레는 앞에서도 쓴 바와 같이 한국 민족 고유의 공동노동의 작업공동체로서 마을의 '모든' 농경지의 농사작업을 마을의 '모든' 성인 남자들이 공동노동에 의하여 수행하면서 상부상조로 협업·협동하여 노동능률을 높임과 동시에 마을 성원들의 공동체 의식과 공동체적 연대를 형성 발전시켰던 조직이었다. 두레는 이 과정에서 '농악'을 발생시켜 노동과 농악을 융합시킴으로써 독특한 농민문화를 창조하여 발전시켰다. 두레는 개인적 이익을 계산하기에 선행해서 마을 전체의 사회적·집단적 이익을 추구하여 의무적으로 결합한 공동체였으며, 공동노동에 공동오락과 공동향연을 충분히 결합하여 노동능률과 노동생산성을 높일 뿐 아니라 고통스러운 노동을 '즐거운 노동'으로 전화하여 즐거움과 노래 속에서 생산노동을 해내는 한국 민족과 한국 농민의 슬기가 제도화된 노동공동체였다.[65]

여기서 '초고본'의 "농군의 두레법은 장려할 사"의 '두레법'은 적어도 다음 세 가지로 해석될 수 있다.

첫째는, 이를 '특정' 농사작업에 두레의 공동노동을 적용하는 것을 장려하는 것으로 해석하는 것이다. 당시 '두레'가 하는 농사작업의 종류에는 ① 수리 관개·모내기·김매기·수확 등 모든 농사작업을 포함하는 경우와,[66] ② 수리 관개·모내기·김매기를 포함하는 경우와,[67] ③ 김매기만을 포함하는 경우의[68] 주로 세가지가 있었다. 여기서는 우선 ②와 ③의 특정 농사작업에 '두레'의 공동노동을 적용할 것을 장려한 것이었다고 해석할 수 있는 것이다.

둘째는, 이를 '모든' 농사작업들에 두레의 공동노동을 적용하는 것을 장려하는 것으로 해석하는 것이다. 이 해석은 앞의 ①에 해당하는 수리 관개·모내기·김매기·수확 등을 비롯한 모든 농업노동에 두레의 공동노동을 적용하여 실시할 것을 장려하는 것으로 해석하는 것이다.

셋째는, 이를 '두레 농장'의 방법을 추구하는 것으로 해석하는 것이다. 이 해석에 의하면, 이 조항은 두레 농장의 협업協業농장제·협동協同농장제를 장려할 것을 추구한 것이라고 해석하는 것이다. '초고본' 제12조의 "농군의 두레법은 장려할 사"에서 '두레'라고만 하지 않고 '두레법'이라고 하여 '법'을 강조한 것

---

65 慎鏞廈, 「두레共同體와 農民文化」, 『敬山崔弘基敎授華甲紀念論文集』(『現代資本主義와 共同體理論』)(한길사), 1986 참조.

66 『韓國土地農產調查報告』, 1906, 慶尙道·全羅道篇, 369쪽 참조.

67 『韓國土地農產調查報告』, 京畿道·忠淸道·江原道篇, 425쪽 참조.

68 『韓國農業論』(加藤末郎), 1904, 168쪽 및 『韓國土地農產調查報告』, 京畿道·忠淸道·江原道篇, 426쪽 참조.

은 단순한 농사작업이 공동노동뿐만 아니라 두레 농장'제도'를 포함하여 지칭한 것이라고 해석될 수 있다. 또한 당시 이미 호남 지방 일대에서는 농사작업에서 '두레'의 공동노동이 극성하고 있었는데 '초고본'의 집강소 폐정개혁 요강이 새삼스럽게 "두레법을 '장려'할 사"라고 한 것은 단순히 농사작업에서 이미 성행되고 있는 두레의 공동노동뿐만 아니라 '두레 농장제도'를 포함했기 때문에 새삼스러이 '장려'를 강조한 것이라고 해석될 수 있다.

여기서 집강소 폐정개혁 요강의 "토지는 평균으로 분작케 할 사"와 "농군의 두레법은 장려할 사"의 두 조항을 통합하여 고찰하면, 갑오농민전쟁 시기의 집강소는 균작과 공동노동에 기초한 '두레법'에 의거하여 토지문제와 농업문제의 해결을 추구했던 것이라고 해석할 수 있다.

이때 집강소가 당시의 봉건적 지주제도를[69] 폐지할 것을 전제로 했는가의 문제가 대두된다. 집강소가 지주제도를 폐지하려 했다는 문귀가 기록된 똑 떨어진 자료는 현재까지 발견되지 않고 있으나 필자는 간접적인 다수의 자료들이 이를 시사하고 있다고 보고 있다. 구체적으로 갑오농민전쟁 시기에 동학농민들은 소작료의 납부를 거부하고 또는 납부된 소작료를 압수하여 지주에게 납부하지 않았다. 예컨대 공주의 소작주로 보이는 남선달南先達은 갑오농민전쟁으로 동학농민군들에게 도조賭租(소작료)를 빼앗겨 그 세가 낭패한 처지에 놓이게 되었다.[70] 또한 장성의 동학농민군 두령들인 공기노孔基魯·김종익金宗益·이기주李基周·공치환孔致煥·남라구南羅九·이궁궁李弓弓·한덕일韓德一·김사문金士文 등의 죄상의 하나에는 "다른 사람(지주를 의미-인용자)이 도조를 늑탈한 것(勒奪他人賭租)"[71]이 중요한 죄목으로 지적되어 뒤에 관군에게 처벌되었다. 고부에서도

---

69 慎鏞廈,「朝鮮王朝末期의 地主制度와 小作農民層」,『曉岡崔文煥博士追念論文集』, 1977,『韓國近代社會史研究』(一志社), 1987 수록 참조.

70 「雜記(報抄)」,『東學亂記錄』上卷, 297쪽 참조.

71 「巡撫先鋒陣謄錄」,『東學亂記錄』上卷, 650쪽 및 「先鋒陣呈報牒」,『東學亂記錄』下卷, 245쪽 참조.

동학농민군 두령 이화진李化辰이 농민군을 이끌고 부민富民 황경여黃京汝의 도조를 수색하여 가져오려고 시도하였다.[72] 동학농민군이 압수한 도조(소작료) 70석을 명례궁明禮宮의 마름집舍音家에 맡겨 두었다는 기록도 남아 있다.[73] 중앙정부는 후에 갑오농민전쟁을 '진압'한 지역에서 "서울과 지방인의 지주 소유 전답을 물론하고 마름 및 소작인배가 이번의 소요(갑오농민전쟁-인용자)를 적탁하여 답주에게 소작료를 납부하지 않은 자(無論京鄕人田畓 其或有舍音及作人輩之籍此騷擾不肯收納于畓主者)"[74]와 "이미 징수한 소작료를 동학농민군들에게 빼앗긴 자(已收之租爲匪類之搶奪者)"[75]를 별도로 관리를 임명하여 조사케 하였다. 이 사실은 갑오농민전쟁 시기에 많은 소작인들이 갑오농민전쟁에 기대어 지주에게 소작료를 납부하지 않았으며, 다수의 지주들이 이미 징수한 소작료를 동학농민군들에게 빼앗겼었음을 단적으로 나타내는 것이라고 할 수 있다.

이 밖에 제2차 농민전쟁 때의 강원도 강릉에서의 일이지만, 동학농민군들이 부호에 대하여 전재錢財를 토색할 뿐 아니라 "전답문서를 빼앗고자 했다(欲奪田畓文書)"[76]는 기록도 남아 있다.

이러한 자료들은 비록 간접적이지만 모두 동학농민군들이 지주제도에 대하여 적대활동을 했으며, 지주제도를 폐지하려고 한 의지를 간접적으로 나타내 주는 것이었다고 볼 수 있다.

지주제도하의 영세소작경영을 지주제도를 폐지하여, 만일 '두레협업농장제도'를 추구했다고 가정할 경우, 이때의 토지의 소유는 지주의 소유가 완전히 두레 공동체의 단위인 마을의 공유나 국가의 소유로 간주되는 성격을 띠게 된다

---

72 「巡撫先鋒陣謄錄」, 『東學亂記錄』 上卷, 628쪽 참조.
73 「先鋒陣各邑了發關及甘結」, 『東學亂記錄』 下卷, 364쪽 및 「宣諭榜文並東徒上書所志謄書」, 『東學亂記錄』 下卷, 412쪽 참조.
74 「關草存案」, 甲午 10월 初8일條, 「京畿·三南·關東 關文」.
75 「關草存案」, 甲午 10월 初8일條, 「京畿·三南·關東 關文」.
76 「東匪討論」, 『韓國學報』 제3집, '새資料', 265쪽.

고 볼 수 있다.

갑오농민전쟁 시기 집강소의 동학농민군이 추구한 이러한 토지제도·농업제
도는 바로 다산 정약용이 그의 38세 때인 1799년에 써서 제안한 '여전제閭田
制' 토지개혁론을 연상케 한다.[77] 다산이 그의 「전론田論」에서 제안한 토지개혁
안인 여전제는 "농사짓는 사람에게 토지를 가지게 하고 농사짓지 않는 사람에
게 토지를 가지지 못하게 한다(使農者得田 不爲農者不得田)"[78]는 기본원칙 아래 30
가구의 한 마을을 1여閭로 한 농민의 협업농장제도·협동농장제도의 창설에 의
하여 지주제도를 폐지하고 토지 문제·농업 문제를 해결하려고 하였다.

다산 정약용의 여전제에 있어서는 생산수단으로서의 토지는 여민閭民의 공
유로 되어 내 땅 네 땅의 구별이 없고, 생산은 '두레'에서와 같이 여민(마을 사람
들)의 공동노동과 공동경작에 의거하도록 하였다. 정약용 시대의 조선 농촌에
는 공동노동의 조직으로서 '두레'가 마을마다 조직되어 성행하고 있었다. 그러
므로 정약용이 여전제를 구상하여 공동노동과 공동경작을 통하여 협업농장제
도를 구상한 것은 공상적인 것이 아니라 당시의 '두레'의 성행에 사회적 기초를
확고하게 둔 것이었다.

정약용의 여전제는 공동노동·공동경작을 관리하는 책임자로서 여민이 여장
閭長을 선출하고, 여장은 여민에게 공동의 노동과 작업을 분화하여 지시하는
역할을 하도록 구상하였다.[79] 이 여장은 '두레'의 대표이며 총책임자인 '영좌'와
완전히 그 지위와 역할이 일치하는 것이다. 여장은 또한 여민들이 노동하고 작
업하는 경우에 매일 여민 개개인의 노동량을 '일역부日役簿'라고 하는 장부에
기입하는 책임을 하도록 정약용을 구상하였다.[80]

정약용의 여전제에 있어서는 여 안의 생산은 공동으로 하지만 소비는 가족

---

77 愼鏞廈, 「茶山 丁若鏞의 閭田制 土地改革思想」, 『奎章閣』 제7집, 1983 참조.
78 『與猶堂全書』 詩文集 「論」 '田論' 二 및 三 참조.
79 '田論' 四 참조.
80 '田論' 三 참조.

단위로 한다고 하였다. 따라서 수확 후에는 생산물을 가족단위로 분배하는 것이다. 생산물 분배의 기준은 생산에 투입된 투하노동량이다. 즉 가을이 되면 수확한 곡물을 여중의 공회당公會堂(두레의 농청에 해당)에 모두 가져다 놓고, 먼저 국가에 내는 공세公稅와 여장의 봉급을 공제한 다음, 그 나머지를 여장이 '일역부'에 기입해 둔 투자노동량에 따라 분배하는 것이다. 투하노동량에 의거한 생산물의 분배방법은 먼저 총생산량 중에서 공세나 여장의 봉급을 공제한 나머지 가분배생산량을 계산하고, 다음 여의 총노동일 수를 계산한 후에 매노동량 1일당 분배 곡물량을 산출한다. 그다음은 가족별로 '일역부'에 기록된 투하노동일 수를 계산하여 여기에 투하노동량 1일당 분배량을 곱함으로써 산출하고 있다. 이것을 공식화하면 다음과 같다.[81]

① $\dfrac{\text{총생산량} - (\text{공세} + \text{여장의 봉급})}{\text{총투하노동일 수}}$ = 투하노동 1일당 분배량

② 투하노동 1일당 분배량 × 가족별 투하노동일 수 = 가족별 분배량

정약용의 이러한 여전제 토지개혁안은 지주제도를 폐지하고 토지소유를 마을 여민의 공동소유로 한 '두레농장제도'의 하나라고 볼 수 있는 것이다.

집강소의 토지개혁정책을 다산이 여전제와 관련하여 해석하는 것을 막고 다산의 정전제와 관련시킬 것을 유도하는 자료는 폐정개혁 요강의 "토지는 평균으로 분작케 할 사"의 '분작'이다. 여전제에서는 '분작'이 필요하지 않으므로, 이것을 여전제의 사전 8구와 관련된 '분작'이라고 해석하는 것이 보다 합당한 해석이 될 수 있는 것이다.

그렇다면 집강소는 토지개혁정책이 다산 정약용이 정전제井田制의 토지개혁론과 관련된 구체적인 실증적 자료가 있는 것인가? 이에 대해서는 현재까지

---

81 慎鏞廈, 「茶山 丁若鏞의 閭田制 土地改革思想」 참조.

『강진읍지康津邑誌』라는 제2차 사료가 동학농민군의 토지개혁정책과 다산의 정전제 토지개혁안과의 관련을 전해주고 있다. 『강진읍지』의 「명승초의전名僧草衣傳」에는 다음과 같이 기록되어 있다고 한다.

"초의草衣는 정다산丁茶山의 시우詩友일 뿐만 아니라 도교道交이기도 하였다. 다산이 유배로부터 고향에 돌아가기 직전에 『경세유표』를 밀실에서 저작하여, 그의 문하생인 이청李晴과 그리고 친한 승려인 초의에게 맡겨서 비밀리에 보관하여 전포傳布하도록 의뢰하였다. 그러나 그 전문은 도중에 유실되고, 그 일부는 대원군에게 박해당한 남상교南尙敎·남종삼南鍾三 부자 및 홍봉주洪鳳周 일파에게 전해졌다. 그 일부는 그 후 강진의 윤세현尹世顯·김병태金炳泰·강운백姜雲伯 등과 해남의 주정호朱挺浩·김도일金道一 등을 통하여 갑오년에 기병한 전녹두(전봉준-인용자)·김개남金介男 일파의 수중에 들어가서 그들이 이용하였다. 전쟁 후 정다산의 비결秘訣이 녹두 일파의 비적을 선동했다고 하여, 정다산의 유배지 부근의 양가와 고성사高聲寺·백연사白蓮寺·대둔사大芚寺 등을 수색한 일까지 있다."[82]

이 자료에 의하면, 전봉준·김개남 등 동학농민군 집강소 지도자들이 그들의 토지개혁정책에 활용한 다산 정약용의 저작은 『경세유표經世遺表』이며, 이 저작에서 다산이 제시한 토지개혁안은 '정전제' 토지개혁안이었다. 따라서 이 자료의 설명에 근거를 둔다면 집강소의 폐정개혁 요강의 토지개혁정책은 정약용의 정전제 토지개혁안과 직결되어 있는 것이다. 뿐만 아니라 『경세유표』(정다산의 비결)가 전봉준 일파의 동학도들을 선동했다고 하여 관변 측이 정약용의 저작

---

82 朴宗根, 「李朝後期の 實學思想-다산정약용 사회개혁론」(下), 『思想』, No.567, 1971. 9, 1284쪽의 『丁茶山』, 32쪽의 인용에서 재인용. 필자는 여기서 인용된 『강진읍지』는 입수하지 못하여 그 편자와 간행연도를 알지 못한 채, 이 인용구의 내용이 매우 중요한 것이어서 그대로 재인용함에 그칠 뿐이다. 추정컨대 이 『강진읍지』는 일제 강점기의 초기에 편찬되면서, 갑오농민전쟁에 참여했던 당시 생존인사들의 증언을 체록한 것이 아닌가 한다.

다산의 『경세유표』

을 수색한 것은 다산의 토지개혁안이 동학농민군의 토지개혁정책에 매우 적극적인 영향을 끼친 사실을 시사하는 것이라고 볼 수 있는 것이다.

정약용이 『경세유표』에서 제시한 정전제 토지개혁안은 반드시 지형상으로 정자전형을 만들려고 한 것이 아니라, 원리적으로 8구區의 사전私田과 1구의 공전公田을 만들어서 사전 경작가가 공전을 공동경작하여 그 공전의 수확물로 공세를 납부하고 사전의 수확물은 모두 경작농민의 소득으로 하면 이것이 바로 정전제의 실實을 거두는 것이라고 구상하였다.[83] 정약용의 정전제 토지개혁에서 사전 분배의 기준은 '가족노동력'이었다.[84] 정약용은 가족노동력을 기준으로 해서 토지를 분배함으로써, 양과 질에서 많고 강한 노동력을 가진 가족노동력에 따라 사전을 분배해서 사회적으로 사회총노동력을 합리적으로 생산에 모두 투입하여 사회 총노동력의 생산력을 극대화할 수 있도록 토지를 분배하려 하였다.[85]

그러나 정약용의 정전제 토지개혁론에서는 토지경작의 재분배는 시행되나 토지소유의 재분배는 실시하지 않음으로써 지주제도 폐지의 문제를 미루어 두

83 『與猶堂全書』政法集, 『經世遺表』天官吏曹 第一 참조.
84 愼鏞廈, 「茶山 丁若鏞의 井田制 土地改革思想」, 『金哲埈博士華甲紀念史學論集』, 1983 참조.
85 『經世遺表』地官修制, 田制 四 참조.

었었다. 즉 그는 당시의 지주제도를 신랄히 비판하고 정전제에서도 원칙적으로 토지국유를 전제로 하여 지주제도를 폐지할 것을 궁극적 이상으로 했지만, 그 당시의 정치사회의 형편으로서는 지주의 소유지를 매입하거나 몰수하여 정전 제의 원리에 의거해서 재분배할 엄두는 내지 못하고 우선 현실과 타협해서 지 주제도를 묵인한 채 경작자만을 그의 정전제 토지분배 원칙에 따라 재분배하 려고 구상하였었다. 따라서 그의 당시의 실천을 전제로 한 정전제 토지개혁론 에 있어서는 지주제도는 철폐되지 못하고 그대로 온존되며 소작농의 독립자영 농으로의 전화도 실현되지 않는다. 그는 만일 '사전 8구'가 모두 지주 한 사람 의 소유지일 때에는 그 지주가 정약용의 정전제의 원리에 따라 '소작인 8가家' 를 선정케 해서 경작시킬 것을 구상하였다. 또한 사전 1구를 두 사람이 각각 절 반씩 사유하고 있는데 한 사람이 타인의 사유지를 매입하여 1구를 채울 수 없 을 때에는 2가가 합쳐 사전 1구를 병경並耕케 할 것을 구상하였다.[86] 그러므로 여기서 명확히 되는 것은 정약용의 정전제 토지개혁에서는 지주제도 그 자체는 완전히 폐지되지 않고, 농민의 생산력 증대와, 정전제의 '구일세'법 실시에 의한 농민의 부담 감소 및 국가 재정수입의 증대와, 이서의 중간수취 및 농간의 배제 가 토지개혁 효과의 중심을 이루게 되는 것이라고 볼 수 있다.

전봉준·김개남 등 동학농민군 지도부가 집강소의 토지개혁정책에서 다산의 정전제를 채용했다고 한다면 지주제도의 문제는 어떻게 처리하려 했을 것인가? 다산은 당시의 지주계급의 지배현실과 타협해서라도 정전제의 실시 가능성을 높이려 했기 때문에 실시 가능한 현실적 정전제 토지개혁안에서는 지주제도를 묵인한 채 정전제 토지개혁안을 제시하고 토지국유에 의한 지주제도의 폐지는 궁극적 이상으로 설정하여 미루어 두었지만, 전봉준·김개남 등 동학농민군 지 도부는 농민 혁명운동을 일으켜 양반 신분제도를 폐지하고 호남 일대에 농민 통치기관으로서의 집강소를 설치하여 구체제를 폐지하는 대대적인 폐정개혁을

---

86 『經世遺表』 地官修制, 田制 九(井田議 一) 참조.

단행하는 마당에서는 봉건적 지주제도를 존속시킬 어떠한 이유도 있을 수 없는 것이었다. 따라서 앞서 본 바와 같이 집강소의 토지개혁정책에서는 지주제도의 폐지는 대전제로 된 것이었다고 볼 수 있다.

집강소가 지주제도의 폐지를 전제로 하고 다산의 정전제를 채용했다고 한다면, 정전제의 사전 8구는 농민의 가족노동력의 크기에 따라 상당히 정확하게 '평균분작平均分作'되는 것이다.[87] 주목할 것은 이때의 '평균분작'은 지주제도의 폐지가 전제되기 때문에, 지주에게 착취당하지 않는 농민적 토지소유(자작농)의 자유로운 '평균분작'이며, '균전'의 의미를 내포한 '평균분작'이라고 볼 수 있다. 정전제의 원리는 본래 사적 부재지주의 개재를 인정하지 않고 국가(공)와 농민(사) 사이의 직접적 토지분배의 방법이었다. 집강소의 이러한 지주제도의 폐지를 전제로 한 정전제 토지개혁의 사전 8구를 전제로 할 때 집강소의 폐정개혁 요강의 토지조항인 "토지는 평균으로 분작케 할 사"의 '평균분작'의 개념이 매우 정확하게 포착되는 것이라고 말할 수 있다.

집강소의 이러한 지주제도의 폐지를 전제로 한 정전제 토지개혁정책에 '초고본'의 폐정개혁조항 중의 하나인 "농군의 두레법은 장려할 사"의 조항을 적용하면 어떻게 되는가? 두레는 정전제의 공전 1구만을 공동경작·공동경영하고, 사전 8구에 대해서는 공동노동만을 제공하는 것으로 되는 것이다. 이때 사전 8구는 면적이 완전히 동일하므로 사전 8구의 각 구를 각각 1구씩 경작하는 농민의 경작은 '평균분작'과 완전히 일치하는 것이다. 또한 이때에도 사전 1구는 공동경영이 되어야 하므로 '두레'는 필수의 제도가 된다고 볼 수 있다. 즉 정전제를

---

87 『經世遺表』地官修制, 田制 一(井田論 三)에서 볼 수 있는 바와 같이, 8인 가족에 5·6인의 가임기역자가 있으면 이를 '原夫'라 하여 정전의 사전 1구 = 100畝(무)를 분배하는 것을 한 편으로 하고, 부부만으로 구성된 2인 가족은 '餘夫'라 하여 사전 1/4구 = 25무를 분배하는 것을 다른 한편으로 하여 양극에 설정한 다음 중간 규모의 가족들에게는 위의 양극의 중간 영역의 면적의 사전을 분배하도록 하였다. 이것은 피상적으로 '가족' 단위로 볼 때는 불균 등한 분작이지만 '가족노동력'을 기준으로 볼 때는 매우 정확하게 '평균으로 분작'하는 것이 되어 정확한 '균작'이 되는 것이라고 볼 수 있다.

토지제도로 한 '두레 농법'이 추구되고 장려된 것이라고 볼 수 있는 것이다.

현재까지 발견된 실증적 자료에만 근거를 둔다면, 집강소의 토지개혁 정책과 다산의 토지개혁안과의 관련은 여전제보다 정전제의 채용 쪽에 있다고 보는 것이 보다 합리적 고찰이 될 것이다. 즉 집강소의 토지개혁 정책은 지주제도의 폐지를 전제로 한 정전제 토지개혁정책으로서 중세적 봉건적 지주제도를 폐지하고 경작농민들에게 사전 8구를 1구씩 균등하게 분배해 주어 자작농으로 균작케 해서 그 생산물은 모두 경작농민의 소득으로 하며, '농군의 두레법은 장려하여' 공전 1구는 '두레'의 방법으로 경작케 해서 그 소출을 공세로 납부케 하고 그 이외에는 농민이 어떠한 잡세나 부담도 지지 않도록 하는 토지개혁정책이었다고 볼 수 있다. 이때 '두레' 방법이 사전 8구의 협동노동에도 활용될 것임은 물론이었다.

여기서 주목할 것은 지주제도의 폐지를 전제로 하는 경우에는 다산의 여전제와 정전제는 그 내용에서 매우 접근된다는 사실이다. 정전제에서는 반드시 공전 1구를 만들어야 하는데 여전제에서는 그러할 필요가 없는 대신 공전·사전을 나누어 구획할 것 없이 두레법으로 공동노동·공동경작·공동경영하는 두레협동농장이 되므로, 집강소의 토지개혁 정책이 우선 정전제의 원리를 채용했다 할지라도 당시의 농촌사회의 조건과 동학농민군의 지향으로서는 여전제로의 전환 가능성과 또는 정전제와 여전제의 종합의 가능성을 완전히 배제하는 것은 아닌 것이다.[88]

---

88 '두레법의 장려'는 여전제로의 길을 열어 주는 것이라고도 볼 수 있으므로, 현재 동학농민군이 여전제를 채용하려 했다는 문헌 자료는 발견되어 있지 않다 할지라도, 앞으로 이를 증명하는 명확한 문헌 자료가 발견될 가능성을 남겨 놓고 있다고 보아야 할 것이다. 또한 전봉준·김개남 등 농민군 최고 지도부가 다산의 『경세유표』를 입수해서 활용할 수 있었다면 그보다 간결한 다산의 '전론'을 입수해서 독파했을 가능성도 있으며, 정전제와 여전제를 다같이 참작하여 다산의 두 토지개혁안을 자기 시대에 맞게 종합하여 활용하려 했었을 가능성도 있다고 볼 수 있을 것이다. 그러나 현재까지 발견된 자료에 의거하면, 집강소는 다산의 『경세유표』에서 제시된 정전제 토지개혁안을 자기 시대에 맞도록 수정하여 응용해서 정전제 토지개혁을 실시하여 사전 8구는 농민들에게 자작농으로서 1구씩 균작케 하고 공전 1

5. 맺음말

이상에서 고찰한 바와 같이, 조선왕조시대의 한국농민의 공동노동의 작업공동체인 '두레'는 농민운동과 농민전쟁에 있어서 농민군의 편성·봉기·활동에 적극적으로 활용되고 그 조직상의 기초가 되어 있었다.

'두레'의 조직 중에서, 의무적으로 두레에 가입한 마을의 16~55세의 모든 청년층과 장년층은 바로 당시 병역의무를 가졌던 군정軍丁이기도 했으며, 두레의 영좌領座를 비롯한 지휘조직과 역원조직은 농민군의 소대 편성에 그대로 활용될 수 있는 것이었고, 두레가 항상 대오를 편성하여 행진하고 노동하는 것과 두레의 공동노동이 가진 ① 매우 빠른 속도와 능률, ② 엄격한 규율, ③ 공동보조는 군대의 특징이기도 한 것이어서 농민군 편성과 활동에 일종의 훈련을 공급해 준 것이기도 했다. 또한 두레의 농기·영기令旗·농악과 농악기 등은 바로 군물軍物로 전화되어 농민군에게 크게 활용되었다. 예컨대 두레 농악의 '길군악' 등의 행진곡은 바로 농민군 행진곡으로 활용되었으며, 두레의 성원들 사이의 강렬한 공동체 의식과 공동체적 연대는 농민군 편성에 동지애의 심리적 기초를 제공해 준 것이었다.

현재 남아 있는 고문서들에서 알 수 있는 바와 같이, '두레'와 '농악'의 성격이 이러했기 때문에, 조선왕조의 양반관료들은 이미 1893년 호남 일대에서 농민봉기의 기미가 보이자 동학농민들의 취당의 기미가 있으면 즉각 적발하여 이를 저지하고 보고하도록 훈령함과 함께 '두레'의 '농악金鼓'을 금단시킬 것을 훈령하였다. 이것은 양반관료들도 '두레'와 '농악'이 농민봉기에 활용될 것임을 예견하고 그에 대한 예비조치를 한 것이었다고 볼 수 있다.

1894년 갑오농민전쟁의 봉기 때 '두레'의 조직이 기초가 되어 '두레꾼'들을

구는 두레법으로 공동경작케 하여 지주제도는 완전히 폐지하는 토지개혁을 추구했었다고 판단된다.

소집해서 농민군을 편성했다는 사실은 바로 갑오농민전쟁 봉기의 중핵 지역인 흥덕·고창·고부·무장 등지에서 4년 후에 관변 측이 '동학구당東學舊黨' '갑오 동비여당甲午東匪餘黨'이라고 부른 바로 갑오농민전쟁의 남은 주체세력이 영학 당英學黨의 농민봉기를 했을 때 "두레꾼들을 고동케 해서 금고金鼓(농악)를 치며 서로 응하여" 봉기했다는 관변 측의 사건 조사기록에 의해서도 잘 증명된다고 할 수 있다.

갑오농민전쟁 시기에 또한 농민군들을 농기·영기 등 두레의 깃발들을 모두 군기로 사용했을 뿐 아니라, 수많은 오색찬란한 깃발을 만들어 사용하였다. 또 한 농민군은 행진·시위·전투·공격 때에는 깃발을 휘두름과 함께, 징·꽹과리· 북·나팔 등 '두레'의 '농악기'를 모두 군악기로 활용하여 전투적 농악을 쳤다. 특히 농민군이 적을 공격할 때에는 농민군은 비오듯 총포를 사격함과 동시에 깃발들을 쳐들어 휘두르며, 나팔·징·꽹과리·북 등 농악기를 총동원하여 산천 이 울리도록 가장 전투적인 농악을 쳐서 농민군의 사기를 고무하였다.

농민군은 농민전쟁의 봉기와 농민군의 편성에서만 '두레'를 활용한 것이 아니 라, 전투와 공격 때에도 두레농악을 최대로 활용하여 두레방식을 채용한 것이 었다.

농민군은 1894년 제1차 농민전쟁에서 승리하여 전주성을 점령한 후, 불법침 입한 일본군과 청군의 외국군대들을 철수시키기 위하여 음력 5월 8일 '전주화 약'을 관군과 성립하고 전라도 53개 군현의 거의 모두에 집강소를 설치하게 되 자, 구체제를 붕괴시키고 농민들이 원하는 새로운 체제를 수립하기 위하여 과 감한 폐정개혁을 단행하였다. 이때 집강소의 12개조 폐정개혁 요강 중에 토지 개혁정책·농업정책에 대한 것은 종래 "토지는 평균으로 분작케 할 사"의 1개 조항만 있었던 것으로 알려져 왔는데, 오지영의 『동학사』의 '초고본'에는 이 위 에 "농군의 두레법은 장려할 사"의 또 하나의 조항이 있었다는 사실이 이번에 이 글에서 밝혀지게 되었다. 갑오농민전쟁 시기 농민군의 집강소에서는 '두레법의 장려'가 중요한 폐정 개혁정책의 골간의 하나를 이루었던 것이다.

집강소의 토지개혁정책·농업정책에 대해서는 "토지는 평균으로 분작케 할 사"의 조항을 놓고 종래 '평균으로 분작' '균작'의 해석과 집강소의 토지개혁정책의 내용과 방향에 대하여 많은 논란을 해 왔었다. 이제는 여기에 다시 "농군의 두레법은 장려할 사"의 '두레법'을 첨가하여 연구하게 되었으며, 이 두 개의 조항을 통합해 보면 집강소의 토지정책·농업정책은 다산 정약용의 정전제와 여전제 토지개혁안을 연상케 하는 점이 큼을 알 수 있게 된다.

이 중에서 집강소의 토지정책과 다산의 정전제의 관련에 대해서는 『강진읍지』의 「명승초의전」에서 다산의 『경세유표』의 일부가 갑오년에 농민전쟁을 일으킨 전봉준·김개남 등 농민군 지도부의 수중에 입수되어 그들에게 활용되었음이 알려졌다. 다산의 『경세유표』가 제안한 토지개혁안은 '정전제'로서 이 자료에 근거를 두면 집강소는 정전제의 토지개혁을 추구한 것으로 추정된다. 정전제에서는 사전 8구가 가족노동력의 크기에 비례하여 상당히 정확하게 '균작'되고, 공전 1구는 공동경작하여 그 소출을 조세로 나라에 바치게 된다. 따라서 집강소 폐정개혁 요강 중의 "토지는 평균으로 분작케 할 사"의 '균작' '평균으로 분작'은 정전제의 실행의 추구를 선언한 것이라고 해석될 수 있다. 여기에 "농군의 두레법은 장려할 사"의 조항을 첨가하여 해석하면, 정전제의 공전 1구는 두레법으로 공동경작·공동경영하고 사전 8구는 두레의 공동노동에 의하여 농업노동을 하는 제도의 추구를 선언한 것이었다고 볼 수 있는 것이다.

단지 다산의 정전제 토지개혁안과 집강소의 정전제 토지개혁안의 차이점은, 다산은 지주제도의 폐지를 간절히 염원하면서도 당시의 현실의 어려움에 비추어 이를 정전제의 이상으로서만 설정하고 정작 실천 가능한 정전제 토지개혁안에서는 지주제도의 존속을 묵인하여 전제한 데 비해서, 집강소의 정전제 토지개혁정책은 과감한 지주제도의 폐지와 농민적 토지소유(자작농 제도)를 전제로 한 정전제를 추구한 곳에 있다고 할 것이다. 지주제도의 폐지를 전제로 하고 토지소유는 농민적 토지소유(자작농체제)를 전제로 한 '정전제'의 시행이 갑오농민전쟁 시기 집강소의 토지개혁정책이었고, 이러한 정전제 중의 공전 1구의 경영은 '두레법'에 의하여 수행하려 한 것이 집강소의 농업개혁정책의 골간이었다고 볼 수 있다.

즉 집강소의 토지개혁정책은 다산의 정전제 토지개혁안을 자기 시대의 현실에 적합하도록 수정하여 발전시켜서 중세적 봉건적 지주제도를 폐지하고, 8가호의 경작농민들에게 사전 8구를 1구씩 균등하게 분배해 주어 자작농으로 평균분작케 해서 그 생산물을 모두 경작농민의 소득으로 하며, 공전 1구는 "농군의 두레법을 장려하여" '두레'의 방법으로 공동경작케 해서 그 소출을 공세로 납부케 하고 그 이외에는 농민이 어떠한 잡세나 공과도 부담하지 않도록 하는 토지개혁정책이었다. 이때 '농군의 두레법'이 사전 8구의 협동노동에도 활용될 것임은 물론이었다. 그러므로 동학농민 집강소의 정전제 토지개혁정책에서는 전세는 '구분의 일세'이었고 그 외의 공과와 잡세는 전혀 없는 것이었다고 볼수 있다.

이와 같이 '두레'는 농민운동·농민전쟁의 봉기와 농민군 편성과 활동에도 깊은 관련을 가진 농민의 노동공동체였으며, 갑오농민전쟁 시기 집강소의 토지개혁정책·농업정책에도 깊은 관련을 가진 작업공동체로서 다산의 정전제 토지개혁 사상의 농민군에 의한 수정된 채용을 매개하는 작용을 하였다고 볼 수 있다.

제8장

갑오농민전쟁의 제2차 농민전쟁

1. 머리말

한국 근대사에서 가장 큰 사건이며 변혁운동의 하나인 1894년의 갑오농민전쟁은 그 진전과정을 4단계로 나누어 볼 수 있다.

제1단계는 이른바 '고부민란'의 단계이다. 이것은 1894년 음력 1월 11일(양력 2월 17일) 전라도 고부에서 탐관오리의 봉건적 가렴주구에 견디지 못한 농민 약 1천 명이 전봉준을 대표로 추대해서 고부군아를 습격하여 탐관오리를 징계하고 군수 조병갑이 수탈해 간 수세 등의 양곡을 원주민에게 돌려주는 '민요民擾'를 일으킨 것이었다. 이 민요를 일으킨 동학도와 농민들은 군수가 교체되고 신임군수 박원명朴源明이 농민들 요구의 정당성을 인정하며 설득하자 3월 3일(양력 4월 8일)까지에는 모두 해산하였다. 이것은 아직 농민전쟁이라고는 할 수 없고, 그 전주곡에 해당하는 소민란 또는 소폭동의 성격을 가진 것이었다고 볼 수 있다.

제2단계는 갑오농민전쟁의 '제1차 농민전쟁'의 단계이다. 이것은 전라도 일대의 동학도와 농민들이 1894년 음력 3월 20일(양력 4월 25일)경 전봉준·손화중·김개남 등의 지도하에 무장茂長에 남접도소南接都所를 설치하고 봉기를 준비해서 동학교도를 중심으로 한 약 4천 명의 동학농민군을 편성하여 무장에서 기포하여 먼저 고부를 비롯한 여러 고을의 관아를 점령하고 관군을 격파한 다음, 전라도 수도인 전주에 입성한 단계이다. 동학농민군은 4월 27일(양력 5월 31일) 전주에 입성하여 5월 8일(양력 6월 11일) 전주화약이 성립될 때까지 11일간 전주에 주둔하였다. 이 제1차 농민전쟁 단계로부터 본격적 농민혁명운동이 시작되었다.

제3단계는 갑오농민전쟁의 '농민 집강소'의 단계이다. 이것은 청군과 일본군이 갑오농민전쟁에 개입하여 조선에 침입하자 두 나라 군대를 철수시키기 위하여 농민군과 관군 사이에 이른바 '전주화약'이 성립되고, 그 결과 농민군이 형식상 자진 해산하여 외국군 철수의 조건을 만들면서 전라도 53개 군현에 '집강소'를 설치해서 스스로 농민통치를 실시했던 단계이다. 1894년 음력 5월 8일(양력 6월 11일)부터 동년 음력 9월 12일(양력 10월 10일)까지가 이 단계에 해당한다고 할 수 있다.

제4단계는 갑오농민전쟁의 '제2차 농민전쟁'의 단계이다. 일본침략군은 동학농민군이 해산되었음에도 불구하고 철수하기는커녕 도리어 조선에 주둔한 채 남의 나라에서 청일전쟁을 일으키며 제멋대로 궁궐 침범을 자행하여 정권을 마음대로 농단하고 내정간섭을 자행하였다. 이에 전봉준을 지도자로 한 동학농민군은 1894년 음력 9월 13일(양력 10월 11일)경 일본군을 한반도에서 몰아내기 위하여 제2차로 봉기해서 일본군과 혈전을 전개했다가 그해 연말에 마침내 패전하게 되었다. 이것은 동학농민들이 일본침략군을 자기 조국 땅에서 몰아내기 위해 재봉기하여 싸운 항일민족혁명전쟁의 성격을 가진 것이었다고 볼 수 있다.

이 글에서 다루려고 하는 부분은 위의 제4단계인 갑오농민전쟁의 제2차 농민전쟁에 대한 것이다. 이 제2차 농민전쟁은 동학농민군이 스스로 '의병'이라고도 부른 바와 같이 동학농민들이 주체가 되어 전개한 항일민족전쟁이었음에도 불구하고 종래 충분히 밝혀지지 못하였다. 따라서 이 글에서는 가능한 한 실증적 자료에 기초해서 전봉준 부대를 중심으로 하여 제2차 농민전쟁의 전개과정을 실증적으로 밝히려고 한다.

2. 제2차 농민전쟁의 배경

동학농민군이 전봉준을 중심으로 하여 1894년 9월 제2차 농민전쟁에 재봉기한 것은, 일본침략군이 한반도에 불법 상륙하여 남의 나라 왕궁에 들어가서 조선군을 무장해제시키고 정권교체와 내정간섭을 자행하며, 남의 나라 국토 위에서 청일전쟁을 도발하는 등 온갖 만행을 자행하는 것을 보고, 일본침략군을 자기 조국 땅위에서 몰아내기 위한 것이었다.

전봉준은 제2차 농민전쟁 재봉기의 동기에 대하여 그가 체포된 후 재판관 측의 질문에 다음과 같이 설명하였다.

"일본이 개화開化라고 일컬어 애초부터 일언반사一言半辭도 없이 민간에 전포傳布하고, 한편으로 격서檄書도 없이 솔병率兵하고 도성都城으로 들어와 야반夜半에 왕궁王宮을 격파하여 주상主上을 경동케 하였다고 하기에, 초야草野의 사민士民들이 충군애국忠君愛國의 마음으로 강개하지 않을 수 없어 의족義族을 규합하여 일본인과 접전接戰하게 되었다."[1]

---

[1] 「全琫準供草」, 初招問目, 『東學亂記錄』(국사편찬위원회 판) 下卷, 529쪽.

또한 전봉준은 제2차 농민전쟁에 재봉기해서 서울에 입성하면 일본군에게 어떻게 하려 했는가라는 재판관 측(배석한 일본영사)의 질문에 다음과 같이 천명하였다.

문(일본영사): 재차 기포起包는 일병日兵이 범궐犯闕하였다 한 고로 재거再擧하였다 하니, 재거한 후에는 일병에서 무슨 거조擧措를 행하려 하였느냐?

답(전봉준): 범궐한 연유를 힐문코자 함이었다.

문(일본영사): 연즉 일병日兵이며 각국인各國人으로 경성京城에 유주留住하는 자를 모두 구축驅逐하려 했느냐?

답(전봉준): 그러함이 아니라 각국인各國人은 다만 통상通商만 하는데 일본인은 솔병率兵하여 경성에 유진留陣하는 고로 아국경토我國境土를 침략侵掠하는가 의아疑訝함이었다.[2]

또한 전봉준은 그 후 체포된 후 일본군 제19대대 사령관이 봉기의 동기를 묻는 심문에 대하여 다음과 같이 응답하였다.

"본년 6월 이래 일본군은 계속 우리나라에 상륙해 온 바, 이것은 반드시 아국我國을 병탄倂呑하려는 것이라고 보고 지난날 임신壬申의 화란禍亂을 생각하여 인민들이 의구疑懼한 나머지 나를 추대하여 수령首領이 되어서 국가國家와 생사生死를 함께 하기로 결심決心하여 이 거사擧事를 일으킨 것이다."[3]

즉 전봉준 자신의 설명에 의하면, 일본군이 조선강토에 불법 침입하여 군대를 끌고 수도 서울에 입성해서 밤중에 궁궐을 침범하고 내정에 간여하면서 일본군

---

2 「全琫準供草」, 再招問目, 『東學亂記錄』下卷, 538쪽.
3 『報知新聞』1894년(明治 28) 3월 6일字 "東學黨巨魁の審問".

을 서울과 국내에 주둔시키는 고로 이것은 우리나라의 경토를 침략한 것이고 장차 반드시 우리나라를 병탄하려는 것이라고 보고 국가와 생사를 같이하여 일본침략군을 자기 조국 강토에서 몰아내기 위하여 재봉기하게 된 것이었다.

여기에서는 전봉준의 이 설명을 약간 보완하면서 제2차 농민전쟁 재봉기의 배경을 간략히 고찰하기로 한다.

우선 먼저 들어야 할 것은 전주화약이 성립되어 동학농민군의 '반란' 상태가 해결되었음에도 불구하고 일본군이 철병을 하지 않는 것이었다. 동학농민군이 관군과 '전주화약'을 맺어 자진해서 전주성을 관군에게 내주고 각기 고향에 돌아가 집강소를 설치한 것은 일본군 개입의 구실을 주지 않고 중앙조정으로 하여금 청국군과 일본군을 철병시키도록 하는 교섭의 조건을 만들어 주기 위한 것이었다. 조선조정은 예측했던 대로, 전주성이 수복되고 내란이 평정되었으니 청군과 일본군은 철병해 줄 것을 정식으로 요청하였다.[4]

조선조정의 철병 요청에 대하여, 청국 측은 이에 동의했으며 일본 측에 대하여 공동철병안을 제의하였다.

일본 측은 이러한 사태의 반전에 대하여 1894년 음력 5월 11~12일(양력 6월 14일~15일) 내각회의를 열어 토의한 결과 오히려 소위 '대한강변방침對韓强硬方針'을 결정하여, 이 기회를 이용해서 군사적 위협을 가해 내정에 간섭하되 '개혁'을 구실로 할 것과, 청에 대해서는 이 기회에 전쟁을 불사하고 조선에서 청국 세력을 구축할 것을 결정하였다.[5] 이에 일본은 조선조정의 철병안과 청국 측의 공동철병안에는 한마디의 응답도 하지 않은 채 계속하여 일본군 병력을 증파시키면서 도리어 음력 5월 14일(양력 6월 17일) 청국공사에게 공동간섭안을 제의

---

4 『日本外交文書』第27卷 第2冊, 文書番號 550, 「我兵渡韓ニ付統署ト往復幷ニ我公使問答ノ件」, 附屬書 二, 大朝鮮督辦交涉通商事務 趙秉稷 照會, 1894년 5월 초 10日字, 206쪽 및 『淸光緖朝中日交涉史料』卷13, 北洋大臣來電 5, 5월 초 10일 到電報檔, 15~16쪽 참조.

5 『日本外交文書』第27卷 第2冊, 文書番號 551, 「6月 15日 閣議案竝決定, 朝鮮國變亂ニ對スル我カ態度竝ビニ將來ノ行動ニ關スル件」, 206~207쪽 참조.

하였다.[6]

조선조정은 일본 측의 공동간섭안을 받고 매우 당황하고 긴장하였다. 조선 조정은 외무독판 조병직趙秉稷이 주한 일본공사 대조규개大鳥圭介에게 전주성의 완전수복과 '동학란'의 완전 진압을 들어 하루 속히 일본군의 철병을 시행해 줄 것을 재차 요구하였다. 그러나 일본공사는 이에 대해서는 아무런 응답도 하지 않고 계속하여 일본군 병력을 증파시키면서 청군을 일본군보다 먼저 철병시키자는 제안을 제출하였다. 일본 측의 이 모든 제안은 처음부터 청국이 동의하지 않을 줄 알면서 일본이 궁극적으로 청국세력을 한반도에서 밀어내고 단독 간섭을 하여 조선을 지배하려는 책략의 일환으로 나온 것이었다. 예측했던 대로 청국 측은 음력 5월 1일 이홍장李鴻章이 일본정부에게 공동간섭거부의 회답을 보내었다.[7] 일본은 이에 청국에게 공동간섭에 불응하는 한 일본은 단독으로라도 조선내정에 간섭하여 '개혁'을 추진할 것이며 일본군 철병을 할 수 없다고 하는 소위 '제1차 절교서'를 음력 5월 20일(양력 6월 22일) 청국에 발송하였다.[8]

일본정부는 음력 5월 24일(양력 6월 27일) 내각회의에서 소위 '조선내정개혁안朝鮮內政改革案'이란 것을 결의하였다. 물론 일본정부가 조선내정의 '개혁'에 진정한 관심이 있었던 것은 전혀 아니었고,[9] '내정개혁'을 침략과 간섭의 구실로 활용하기 위한 것이었다.[10] 일본 외상 육오종광陸奧宗光은 주한 일본공사 대

---

6 『日本外交文書』第27卷 第2冊, 文書番號 557, 1894년 6월 17일條, 「朝鮮問題處理ニ關スル對談ノ要旨通告ノ件」, 214~215쪽 참조.

7 『日本外交文書』第27卷 第2冊, 文書番號 576, 「朝鮮國變亂處理ニ關シ回答ノ件」, 234~235쪽 참조.

8 『日本外交文書』第27卷 第2冊, 文書番號 578, 「淸國政府ノ回答ニ對スル日本政府ノ態度通告ノ件」, 235~237쪽 참조.

9 中塚明, 『蹇蹇錄の世界』, 1992, 55~193쪽 참조.

10 陸奧宗光, 『蹇蹇錄』(岩波文庫版), 47~48쪽 참조. 당시 조선침략과 청일전쟁외교를 주도했던 일본외무대신 陸奧는 여기서 다음과 같이 그의 조선내정개혁 요구를 스스로 설명하였다. "나는 처음부터 조선내정의 개혁을 갖고 정치적 필요 이외의 하등의 의미도 없는 것으로 보았고 또한 조금만치도 의협정신으로써 십자군을 일으킬 필요를 보지 않았다. 그러므로 조선내정의 개혁이란 것은 첫째로 아국(일본-인용자)의 이익을 主眼으로 하는 것에 그

조규개大鳥圭介에게 이 '내정개혁안'을 조선정부에게 권고할 때에는 일본이 필요로 하는 이권을 동시에 요구하도록 훈령하였다.[11] 이 훈령에 따라 일본공사는 음력 6월 1일(양력 7월 3일) 소위 '내정개혁안'을 조선정부에 제출하였다. 이 문제를 논의하기 위해 조선정부와 일본 측은 3차에 걸쳐 회담을 하였다. 조선조정은 어차피 개혁의 필요를 통감하고 있었으므로 개혁을 하기로 결정했으며, 음력 6월 11일(양력 7월 13일) 그 개혁 담당기관으로 교정청校正廳을 설치하고 6월 13일에는 교정청당상堂上 15명을 임명하였다.[12] 조선조정은 개혁을 시작할 준비를 갖추어 놓고 6월 14일(양력 7월 16일) 외무독판 조병직趙秉稷이 일본 측에게 개혁은 확실히 단행할 것이므로 일본군은 선철병先撤兵해 줄 것을 요구하였다. 그러나 일본은 6월 16일(양력 7월 18일) 철병거부의 회답을 보내 왔다.[13] 일본의 목적은 조선내정의 개혁에 있었던 것이 아니라 조선의 침략과 지배에 있었던 것이다. 사태가 급박해지자 조선내정을 일일이 간섭해 오던 청국공사 원세개遠世凱는 변복을 하고 음력 6월 18일(양력 7월 20일) 서울을 탈출하여 귀국하였다.

동학농민군은 이 기간에 집강소를 설치하면서 집강소 농민통치를 시작하고 있었다.[14] 전봉준은 전라도 각지를 순행하면서 집강소의 실태를 둘러 보았으

치고 이것 때문에 군이 我利益을 희생시킬 필요가 없다고 보았다. 또한 今回의 사건으로 이를 논하면 필경 조선내정의 개혁이란 본시 일청 양국 간에 蟠結되어 풀리지 않는 難局을 調停하기 위하여 案出한 一箇의 정책이었던 것을 事局一變하여 마침내 我國의 獨力으로 이를 담당하지 않을 수 없기에 이른 것이다. 그러므로 나는 처음부터 조선내정의 그 자체에 대해서는 각별히 중요성을 두지 않았다" 참조.

11 『日本外交文書』 第27卷 第1冊, 文書番號 395, 「交涉開始ニ先立チ利權確得ニ努ムベキコトヲ訓令ノ件」, 585쪽 참조.

12 『日省錄』 高宗 31년(1894년) 6월 13일條 참조.

13 『日本外交文書』 第27卷 第1冊, 文書番號 412, 「內政改革ノ勸告ニ付朝鮮政府回答ノ件」, 605~610쪽 참조.

14 愼鏞廈, ① 「甲午農民戰爭 시기의 農民執綱所의 設置」, 『韓國學報』 제41집, 1985 및 ② 「甲午農民戰爭 시기의 農民執綱所의 活動」, 『韓國文化』 제6집, 1985 참조.

며,[15] 6월 15일에는 김개남이 진을 치고 있는 남원에서 남원대회南原大會를 개최하여 전라도 53개 군현에 빠짐없이 집강소를 설치하여 농민통치와 폐정개혁을 단행할 것을 다시 한 번 더 결의하였다.[16]

둘째로 들어야 할 것은 일본군의 불법적인 궁궐침입 및 내정간섭과 청일전쟁의 도발이었다. 일본군은 1894년 음력 6월 221일(양력 7월 23일) 새벽 4시에 준비된 작전을 개시하여 조선 왕궁을 포위하고 궁궐에 침범하여 저항하는 조선군 왕궁 수비병을 살해하고 무장해제시킨 후 국왕과 왕비를 감금하였다.[17] 일본군은 조선의 보호국화保護國化라는 장기목표를 갖고 조선 국왕에게 강요하여 신정부를 수립케 압력을 가한바, 국왕은 대원군大院君을 섭정으로 하고, 처음 김병시金炳始, 다음 김홍집金弘集을 영의정으로 한 신정부를 수립하게 되었다. 이것이 갑오경장의 제1차 김홍집내각인 것이다.[18]

일본군은 이와 동시에 일본군 혼성여단을 아산으로 남하시켜, 조선 궁궐 침범과 동일한 시간인 6월 21일(양력 7월 23일) 새벽 4시에 군사작전을 시작해서 아산에 진주한 청군을 기습 공격하고 아산만에 정박한 청국 군함 2척을 선제 공격하여 격침시켰다. 일본이 마침내 남의 나라 조선에서 청일전쟁을 도발하여 한반도를 전쟁터로 만든 것이었다.[19]

동학농민군 총대장 전봉준全琫準과 전라관찰사 김학진金鶴鎭은 즉각 이 소식을 듣고 큰 충격을 받은 것이 틀림없다. 김학진은 관민상화지책官民相和之策을 추구하여 집강소를 공인하고 전봉준을 전주에 초청하여 함께 일본군의 간섭에 대응하자고 제의했으며, 전봉준도 이에 응하여 전주에 들어가서 상호 협조하여

---

15 『全琫準供草』四招問目, 『東學亂記錄』下卷, 551쪽 참조.
16 『梧下記聞』第2筆의 62쪽 참조.
17 金允植, 『續陰晴史』沔陽行遺日記, 甲午 6월 24일조, 326쪽 및 黃玹, 『梅泉野錄』, 145~146쪽 참조.
18 柳永益, 『甲午更張研究』(一潮閣), 1990, 12~16쪽 참조.
19 朴宗根(朴英宰譯), 『淸日戰爭과 朝鮮』(一潮閣), 1989, 48~90쪽 참조.

청일전쟁 때의 일본군

관민상화에 의한 집강소의 농민통치가 진전되었다.[20] 전봉준은 일본군이 철수하지 않고 조선에 유진留陣하면서 궁궐을 침범한 것이 장차 "필시 일본인이 아국을 병탄倂呑코자 하는 뜻인 줄 알고 일본병을 쳐 물리치고 그 거류민居留民을 국외로 구축驅逐할 마음으로 다시 그 기병을 도모"[21]한 것이었다. 그러나 아직 청일전쟁의 판세는 결정되지 않고 재봉기의 준비도 되어 있지 않았으므로 재봉기를 단행할 단계는 아니었다. 전봉준은 일본군과의 결전이 불가피하게 되어가는 정세를 내다보고 군수전과 군수미를 비축함과 동시에 무기와 마필을 수합하여 후일의 대비를 하면서 일본군을 한반도에서 몰아내기 위한 제2차 농민전쟁 봉기의 준비를 서두르게 되었다.

다음으로 들어야 할 것은 청일전쟁에서의 일본의 승리가 예견되고 조선정부의 일본에 대한 야합과 종속이 심화된 상황조건의 변화이다. 일본군은 조선정부에 강요하여 음력 7월 26일(양력 8월 26일) 군사동맹의 일종인 조·일공수동맹

20 鄭碩謨, 「甲午略歷」, 『東學亂記錄』 上卷, 65쪽 참조.
21 姜昌一, 「甲午農民戰爭 자료발굴: 全琫準 會見記 및 取調記錄」, 『사회와 사상』 창간호, 1988년 9월 및 「全琫準 判決宣言書 原文」, 『韓國學報』 제39집, 189쪽.

朝日攻守同盟을 늑결하였다.[22] 이것은 조선정부가 극력 기피하는 것을 일본 측이 강요하여 부득이해서 늑결된 것이었다. 그러나 음력 8월 17일(양력 9월 16일) 평양회전平壤會戰에서 일본군이 승리하고 패전한 청국군은 후퇴하여 전선이 압록강 건너에 형성되자 한반도는 완전히 일본군의 지배하에 들어가게 되었다. 일본 측은 청일전쟁에서의 승리가 예견되자 내정간섭을 난폭하게 강화하면서 조선정부에게 일본군에게의 협력조치를 적극화하도록 강요했으며, 조선정부는 이에 굴복하지 않을 수 없었다.

동학농민군 총대장 전봉준은 청일전쟁의 전세를 예리하게 관찰하면서 청국군이 승리하여 일본군이 철병할 가능성을 은근히 기다리고 있었다. 이 시기에 전봉준은 대원군과도 소통과 연락이 있었다고 한다.[23] 대원군과 동학농민군의 간부들 사이에 왕복된 밀시密示·서찰書札을 나타내는 직·간접적인 문서들이 일본군에 의해 압수되어 수집되어 있다.[24] 그러나 청일전쟁에서의 일본군의 승세는 동학농민군의 재봉기를 재촉하는 조건이 되었다. 동학농민군이 일본군을 자기 조국강토에서 몰아내기를 원한다면, 일본의 승세가 완전히 굳어져서 청일전쟁이 일본의 승리로 종결되기 전에 일본군을 후방에서 공격하여 일본군을 구조적으로 전·후에서 협공하여 패전시켜야 했기 때문이었다. 평양회전에서의 일본군의 승리와 청국군의 패전 후의 상황은 동학농민군과 전봉준에게 재봉기를 더욱 촉구하는 것으로 되었다.

다음으로 들어야 할 것은 일본군의 조선 관군과의 결합에 의한 동학당 '토벌' 준비였다. 일본 측은 이미 제1차 농민전쟁이 일어났을 때부터 천우협天佑俠

---

22 『官報』, 開國 503년 8월 17일자 "大朝鮮·大日本兩國同盟約" 참조.

23 李相佰, 「東學黨과 大院君」, 『東濱金库基教授華甲紀念史學論叢』, 1962; 『李相佰著作集』(乙酉文化史, 1978), 제3편, 401~435쪽 참조.

24 『韓國東學黨蜂起一件』(日本外務省 外交史料館所藏) 〈公第 113號, 大院君東學黨ヲ說喩ノ件〉〈卽遣三南召募使李建永密示〉〈張斗在의 金德明·金開男·孫化中에게의 書札〉〈宋熹玉의 書簡〉 등 참조.

을 비롯한 그들의 낭인배浪人輩들을 첩자로 농민전쟁 지역에 파견하여 동학농민군을 지지하는 것처럼 위장해서 전봉준 등 동학농민군 지도자들에게 접근하여 정보를 수집하게 하였다.[25] 집강소 농민통치기간에도 일본은 끊임없이 첩자들을 호남지방에 파견하여 동학농민들의 동태에 대한 정보를 수집하였다. 일본 낭인배 중에는 전봉준을 찾아가서 만나 원조를 해줄 터이니 재봉기하라고 선동하는 무리도 있었다.[26] 심지어 일본 낭인배 중에는 황당무계한 작전계획까지 제시하여 동학농민군 지도자를 현혹시키려고 하다가 거절당하는 무리까지 있었다.[27] 동학농민군이 사대강령 중의 하나에 '축멸왜이逐滅倭夷(일본 오랑캐를 몰아내고 멸한다)'가 있으므로 일본이 조선을 침략해서 소위 '보호국화保護國化'하고 '식민지화'함에 있어서는 결국 동학농민군이 근원적인 저항세력이 됨을 일본 측은 잘 인식하고 이를 '토벌'하기 위한 사전 자료를 준비하기 위한 것이었다. 청일전쟁에서 일본군의 승리가 전망되자 일본군은 약간의 여유를 갖고 조선 관군과 연합하여 동학농민군을 '토벌'할 준비를 시작하였다.

동학농민군과 전봉준은 청일전쟁에서 일본군이 승리하면, 다음에는 일본군이 그 병력으로 동학농민군을 '토벌'하러 찾아올 것임을 내다 보고 있었다. 이러한 경우에는 일본군과의 일전은 불가피한 것이며, 불가피한 경우라면 동학농민군이 먼저 재봉기하여 일본군을 선제공격하는 것이 유리할 수도 있었다. 동학농민군에게는 앞으로 다가오는 일본군과 관군의 '토벌'에 대응하기 위해서도 재봉기가 요청되었다. 오지영은 이 상황을 다음과 같이 기술하였다.

"이때는 갑오甲午 구월간九月間이라. 정부에서는 동학당東學黨 토벌討伐할 준비가 이미 성립되어 경병京兵과 일병日兵과 청병淸兵이 한데 섞이어 삼남지방三南地方을

25 姜昌一, 「天佑俠と '朝鮮問題'」, 『史學雜誌』 第97卷 第8號, 1988 참조.
26 海浦篤彌, 『東學黨觀察日記』 明治 27년(1894년) 7월 20일條, 『初齋遺稿』, 90쪽 참조.
27 吉州牛, 「韓山處噛錄」, 『黑龍』 第 1卷 第6號(明治 34년 10월), 429~440쪽 및 第1卷 第7號(明治 34년 11월), 809~818쪽 참조.

짓쳐 들어온다는 말이 들려왔다. 전라도 각읍에 있는 집강소에서는 할 수 없이 재기병再起兵을 아니 할 수가 없이 되었다."[28]

즉 청일전쟁에서 승세를 탄 일본군이 여유가 생기자 조선 관군과 연합하여 동학농민군을 '토벌'할 준비를 한다는 소식을 접하게 되자 동학농민군은 재봉기를 하지 않을 수 없게 되었다는 것이다.

다음으로 들어야 할 것은 동학농민군 내부에서 나오는 항일 봉기의 요청이다. 일본군이 청일전쟁 기간에 서울-부산 간의 전선을 가설하고 경부로京釜路에만도 21개소의 병참부兵站部를 설치하여 그 운송에 조선인들을 역부로 강제동원하자, 이에 대한 저항운동이 일어났으며, 이 중에 동학도들로 적극적으로 참가하고 주도하였다.[29] 일본 낭인배들의 정보자료를 입수하여 비교적 신속하게 동학농민군의 동태를 관찰하고 있던 일본의 신문 보도에서는 "이미 양력 7월 30일경에는 농민군 거병의 조짐이 보이며 그 이유로는 '전에 폐정弊政을 개혁할 목적으로 일어났으나 조유詔諭를 만나 초토사招討使와 화약을 맺고 …… 잠시 무기를 내려놓고 있었지만 일본은 대병大兵을 파견하여 우리나라를 집어삼키려 한다' '조금이라도 나라를 걱정하는 사람들은 …… 궁중의 일을 물을 겨를조차 없으므로 우리가 먼저 일어나 일병日兵을 막아야 한다'고 기술하고 있었다"[30]고 한다. 즉 동학농민군은 일본이 한반도에 대병을 파견하여 결국 조선을 병탄하려는 것이라고 보고 '우리가 먼저 일어나 일본군을 막아야 한다'는 구국의식으로 재봉기의 조짐이 보였다는 것이다.

또한 일본 측의 조사보고에 의하면, 1894년 양력 8월 하순에는 "동학당은 함창현咸昌縣의 현관을 포박하여 책하기를 인민을 무임으로 일본을 위해 사역케

28 吳知泳, 『東學史』, 134쪽.
29 『駐韓日本公使館報告』 제3권, 「臨庶 第78處, 忠淸道黃山地方 東學薰再發狀況聞取書 별지보고」, 240~241쪽 참조.
30 『東京日日新聞』 1894년 8월 5일자, 朴宗根, 前揭書, 213쪽에서 재인용.

했다고 하고 또 인민에게는 일본의 용역에 따르지 말 것을 교사하였다. 따라서 현관의 명령에 응하는 사람이 없고 현관은 두려워 사직하거나 또는 거처를 옮겨 그의 소재지를 알지 못하는"[31] 형편이었다고 한다. 동학농민들이 일본군에 협력한다는 이유로 현관을 포박했다는 것은 이미 항일 재봉기가 임박했음을 시사하는 것이었다고 볼 수 있다.

또한 일본 측 자료에는 주한일본공사 대조규개大鳥圭介가 조선 외부대신 김윤식金允植에게 보낸 공한에서 조선군과 일본군이 합동해서 동학당을 진압할 것을 제의하면서 "금년 (양력) 8월에서 9월로 접어드는 때부터 경상·전라·충청 각 도에서 동학당이 재기하여 …… 청병도 그중에 합세해서 일인을 배척 추방하고 일군을 공격할 것이라고 선언하고 있습니다"[32]라고 하여, 이미 음력 7, 8월(양력 8, 9월)에는 동학농민들의 아래로부터의 재봉기의 요구와 운동이 거세게 솟아오르고 있었음을 알려 주고 있다.

음력 8월에는 동학농민들의 재봉기의 요구는 더욱 강화되었다. 충청도에서는 8월에 1천 명의 동학농민들이 금강 근처에 모여 봉기의 기세를 보였으며, 천안 군에서는 동학농민들이 음력 8월 12일(양력 9월 11일)경 일본인 6명을 처단한 다음 이를 공공연히 방榜을 붙였으며, 천안·죽산·공주 기타 각 군에서 동학도들이 무기를 탈취하려는 징후가 보이므로 각처의 무기고를 모두 봉쇄하여 지키는 실정이었다.[33] 또한 충청도 하담·가흥 지방에서는 일본군병참부가 역부를 1백 명 모집하여 고용하려 했으나, 이 지방 동학당이 일어나서 일본군대의 짐을 운반해 주는 자는 모두 죽여야 한다고 협박하여 아무도 일본군에 고용되려는 사

---

31 『中路兵站監本部陣中日誌』, 67쪽, 朴宗根, 前揭書, 200쪽에서 재인용.

32 『駐韓日本公使館記錄』 제1권, 「第202號, 東學黨의 再起와 日軍의 匪徒鎭壓에 따른 朝鮮政府의 협조 요청」, 132쪽.

33 『錦藩集略』, 甲午 8월 19일조 및 20일조; 『駐韓日本公使館記錄』 제1권, 「忠淸道 天安郡에서 日本人 6명이 東學黨에게 殺害된 件」, 118~122쪽; 「天安東匪의 鎭壓을 위한 兵力派遣」, 131~132쪽 및 「天安郡에서 日本人을 殺害한 金敬先·趙明云事件에 관한 交信」, 144쪽 참조.

람이 없게 되었으며 관리들도 전혀 어떻게 할 수 없었다.[34] 경상도 안동에서는 유생 서상철徐相轍 등이 동학당을 가탁하여 의병을 일으켜 음력 8월 26일(양력 9월 25일)경 정찰나온 일본군 태봉台封병참부의 죽내竹內 대위를 처단하였다.[35] 이들은 그 격문에서 알 수 있는 바와 같이 동학당이 아니라 유생들이었으며,[36] 을미의병보다 1년 앞서 일어난 갑오의병이었다.[37] 그러나 당시에는 이 거사가 동학당의 것으로 알려지고 있었다.[38]

황현의 『오하기문』에 보면, 동학농민군 대장의 하나인 김개남이 1894년 음력 8월 25일(양력 9월 24일) 임실로부터 남원으로 들어갔을 때 남원부사는 이미 1개월여 전에 도망해 버리고 전라좌도의 동학농민군 7만여 명이 남원 부중에 모여 기세를 올렸는데 이것은 동학농민군의 재봉기를 요구한 것이어서, 전봉준이 전주로부터 남원으로 달려가 아직 재봉기의 시기가 아니니 사태를 더 관망하자고 설득했으나 김개남이 듣지 않았다고 한다.[39] 동학농민군 지도부의 제2인자격인 김개남 휘하의 농민군이 재봉기의 동태를 보인 것은 동학농민군 내부에서의 항일 재봉기의 요구가 더 이상 미루어 둘 수 없게 타오르고 있었음을 알려주는 것이었다고 볼 수 있다.

끝으로 들어야 할 것은 온건개화파 중앙정부 내의 친일적 개화파의 입지의 강화와 이에 따른 중앙조정 정권교체의 필요성의 대두이다. 일본군이 음력 8월 17일의 평양회전에서 승리하여 청일전쟁에서의 일본의 승리가 전망되자 일본 측의 온건개화파 정부에 대한 간섭이 갑자기 강화되었고, 개화파 정부 내의 친

---

34 『駐韓日本公使館記錄』 제1권, 「京 第84號, 忠淸道 河潭·可興近地 東學黨의 跋扈로 雇用困難」, 122~123쪽 참조.
35 『駐韓日本公使館記錄』 제3권, 「安東 東學黨과 竹內大尉 시체보호의 件」, 275쪽 참조.
36 『駐韓日本公使館記錄』 제1권, 「京 第87號, 安東亂民巨魁 徐相轍의 檄文入手送付」, 123~125쪽 참조.
37 ① 朴宗根著·朴英宰譯, 『淸日戰爭과 朝鮮』(一潮閣), 1989, 200~203쪽.
　② 金祥起, 「朝鮮末 甲午義兵戰爭의 전개와 성격」, 『한국민족운동사연구』 제3집, 1989 참조.
38 朴宗根, 前揭書, 205~206쪽 참조.
39 『梧下記聞』, 甲午 8월조, 第2筆의 93쪽 참조.

일적 개화파들이 발호하였다. 또한 대원군이 평양에 주둔한 청군과 밀통한 사실이 평양회전에서 승리한 일본군의 압수문서에서 드러나게 되자 섭정 대원군과 군국기무처를 중심으로 한 일부 온건개화파 정부 각료들 사이에 대립이 격화되어 대원군의 제거는 시간문제로 대두되었다. 여기에 다시 박영효朴泳孝가 일본 측의 알선으로 귀국하여 갑신정변 때의 대역죄가 사면되고 정계 복귀가 추진되었다.[40]

중앙정부 내의 이러한 친일적 경향의 강화는 종래 군국기무처의 개혁에 암묵적 기대를 걸고 있던 동학농민과 전봉준 등에게 중앙정부가 친일적 경향으로 기울어졌다는 생각을 갖게 하고 중앙정부를 교체해야 할 필요를 느끼게 했다고 볼 수 있다.

동학농민들과 전봉준 등은 위에 든 바와 같은 배경과 이유로 이번에는 청일전쟁에서 승세를 굳혀가고 있는 막강한 일본침략군을 자기 조국 강토에서 몰아내어 일본에 종속화되어 가고 있는 자기 조국을 구하기 위해서 재봉기하게 된 것이었다. 따라서 제2차 농민전쟁의 동기는 일차적으로 일본침략군을 몰아내고 나라의 자주독립을 지키기 위한 항일 민족혁명전쟁의 동기를 처음부터 강력하게 갖고 출발한 것이었다.

3. 제2차 농민전쟁의 봉기

동학농민군 총대장 전봉준과 그의 추종자들이 제2차 농민전쟁의 봉기를 결정한 것은 1894년 음력 9월 초라고 추정된다. 전봉준은 8월 하순까지도 일부 집강소 접주들의 봉기의 움직임과 요청에 대하여 아직 사태를 더 관망해야 한다고 동의하지 않았다. 『오하기문』에 의하면 1894년 음력 8월 25일 임실로부터

---

40 『官報』, 開國 503년 8월 초1일, 초3일, 초4일 및 초5일자 및 李丹石, 『時聞記』, 26~27쪽 참조.

남원으로 들어간 김개남은 이곳에서 재봉기를 준비했는데 전라좌도의 동학농민군 7만여 명이 이에 모여서 드나들며 그의 지휘를 받았다. 일제 경찰의 정보 보고는 "8월 20일 이래 전라도 각읍으로부터 남원에 집합한 동학도의 숫자가 수십만 명으로서 동헌에 도소를 두고, 각 면의 부호로부터 전곡을 징출하여 남 원에 수송했으며 각 면으로부터 수십 석씩을 징발했고, 군기는 남원부의 무기 와 산성의 무기를 모두 빼앗아서 무장하고 백성에 대해서는 조금도 해를 입히 지 않았으며 지휘자는 김기범金箕範(金開男)이라"고 동학농민군의 봉기 준비 상 황을 보고하였다.[41] 김개남이 이르는 곳에는 좌도의 동학농민군이 군복을 입고 마중을 나왔는데 그 깃발과 정고鉦鼓가 80리나 이어져서 그 기세가 충천하였 다. 이것은 동학농민군의 재봉기를 목전에 준비한 것이었다. 전봉준은 김개남 이 남원에서 재봉기를 준비한다는 소식을 듣고 전주로부터 남원으로 즉각 달려 가서 다음과 같은 말로 김개남의 재봉기를 만류하였다.

"이제 시세時勢를 살피건대 왜倭와 청淸이 전쟁을 하고 있는데 어느 한 편이 승 리하면 반드시 군대를 우리에게 돌릴 것이다. 우리들은 비록 수는 많지만 오합지 중烏合之衆이어서 쉽게 도망해 버린다. 이 무리를 가지고는 종내 뜻을 이룰 수가 없 다. 귀화歸化[42]에 의탁하여 여러 군현郡縣에 흩어져 있으면서 서서히 그 변동을 관 찰하는 것만 같지 못하다."[43]

그러나 김개남은 "큰 무리가 한 번 흩어지면 다시 모으기 어렵다"[44]는 이유

41 『韓國東學黨蜂起一件』(日本外務省外交史料館所藏), 〈機密 第75號(甲號)〉 甲午 9월條 참조.
42 여기서의 '歸化'는 '歸順'의 뜻이 아니라 全羅觀察使 金鶴鎭과의 全州和約 및 '官民相和之 策'에의 '安協'에 의한 '執綱所 體制에의 歸化'를 의미한 것이라고 볼 수 있다. 執綱所 體制 는 형식상 동학농민군의 '自發的 解散'을 전제로 한 것이므로 이 '歸化'의 용어가 사용되었 던 것으로 보인다.
43 『梧下記聞』, 甲午 8월條, 第2筆의 93쪽.
44 『梧下記聞』, 甲午 8월條, 第2筆의 93쪽.

를 들어 전봉준의 설득을 듣지 않았다. 즉 전봉준은 음력 8월 25일경까지만 해도 각 군현의 집강소 체제를 유지하면서 동학농민군을 각 집강소에 분산시켜 은닉한 채로 청일전쟁의 귀결과 정세의 변동을 더 지켜보고 싶었던 것이다. 그 이유는 청일전쟁에서 어느 한쪽이 승리하면 바로 승리한 나라가 군대를 동학농민군에게 돌리어 토벌하겠다고 내려올 것이고 동학농민군은 오합지중이어서 패전하기 쉬우니 본래의 봉기의 뜻을 실현시킬 수 없다고 보았기 때문이다. 그러나 김개남은 7만여 명이나 집합시킬 동학농민군을 한 번 해산시키면 다시 모으기 어렵다고 전봉준의 권고를 듣지 않은 것이었다. 김개남은 동학농민군의 전봉준 다음의 제2인자의 위치에 있는 지도자였으며, 전봉준의 지시와 명령을 그대로 따르지 않고 훨씬 더 급진적인 독자적 활동도 하면서 전봉준과 은근히 경합하는 상황에 있었으므로, 김개남이 재봉기하겠다는 것은 동학농민군 전체의 재봉기를 선도할 수 있는 중대하고 심각한 것이었다.

이 무렵에 대원군도 동학당의 재봉기 움직임을 극력 비판하고 화평지복和平之福을 펴라는 효유문曉諭文을 공포하였다.[45] 호남의 집강소 설치 지역에는 서울로부터 주사 2명이 음력 9월 초2일 대원군의 효유문을 갖고 도착하여 먼저 전주영(동시에 전라우도 도집강소)의 산하에 있는 동학농민군 집강소東學都所에 전달되었으며 도집강都執綱 송희옥과 집강소의 동학도들이 9월 초3일 모두 성을 나와 해산하는 형식을 취하자, 서울에서 내려온 주사 2명은 대원군의 효유문을 전달하려고 9월 초3일 김개남의 전라좌도 도집강소가 설치되어 있는 남원 등 동학농민군의 취회처를 향하여 출발하였다.[46]

전봉준이 김개남 설득에 실패하자 다음에는 이어서 손화중이 남원으로 달려가 김개남을 다음과 같은 말로 설득하였다고 한다.

---

45 『隨錄』, 68~69쪽 참조.
46 『隨錄』, 甲午 9월 초4일條, 70쪽 참조.

"우리들이 봉기한 것이 반년이나 되었다. 비록 전라도가 모두 향응響應한다고 말하지만, 사족士族으로서 성망있는 자가 (우리를) 따르지 않고, 재산있는 자가 따르지 않으며 능문지사能文之士가 따르지 않는다. 더불어 접장接長이라고 부르는 자들은 우천愚賤해서 화禍를 즐기고 표절剽竊을 기뻐하는 무리들뿐이다. 인심의 향배를 알 수 있으며, 일이 반드시 성공하지 못할 것이다. 사방四方에 산개散開하여 (동학농민군의) 구전苟全을 도모함만 같지 못할 것이다."[47]

김개남은 손화중의 설득도 역시 듣지 않았다.[48] 김개남 휘하의 전라좌도 동학농민군의 남원에서의 집합과 봉기 움직임은 뒤늦게 전라관찰사에 의해 중앙정부에도 보고되어 논의되었는바, 그 내용은 "남원부에 취회한 비도匪徒가 5, 6만 명이 되는데 각각 병기를 갖고 밤낮으로 도량跳踉하고 있다"[49]는 것이었다.

필자는 김개남이 1894년 음력 8월 25일경 남원에서 전라좌도의 동학농민군 7만여 명을 집합시켜 재봉기를 준비한 사실이 총대장 전봉준의 재봉기 결정에 결정적 압력을 가한 것이었다고 생각한다. 전봉준 자신이 남원으로 달려가고, 이어서 손화중이 남원으로 달려가 김개남을 설득하려고 노력한 시일을 약 5일여로 잡으면, 김개남이 두 지도자의 권고를 거절한 후, 총대장 전봉준은 적어도 음력 9월 초에는 재봉기를 결심하고 결정한 것으로 보인다.

9월 초부터는 지역별로 산발적 봉기가 일어나기 시작하였다. 음력 9월 초1일 금구 출신의 대접주 김인배金仁培는 봉기하여 광양 및 순천의 동학농민군과 연합해서 경상도 하동을 함락하여 사실상 점령하였다.[50] 김윤식의 음력 9월 7일조 일기에는 9월 초부터 들은 소식으로 "또 들으니 양호의 동비東匪가 무리를

47 『梧下記聞』, 甲午 8월條, 第2筆의 93~94쪽.
48 『梧下記聞』, 甲午 8월條, 第2筆의 94쪽 참조.
49 『官報』, 開國 503년 9월 22일자(亞細亞文化社版) 第1卷, 530쪽. "南原府聚會之匪徒 爲五六萬 各持兵器 日夜跳踉"참조.
50 『梧下記聞』, 甲午 8월條, 第2筆의 101쪽 참조.

제2차 동학농민혁명 운동 삼례봉기 기념비

끌어 모아서 서울로 향하였는데 장차 보름 쯤에는 서울을 범한다고 한다"[51]는 소문이 있다고 기록하였다. 음력 9월 초9일의 『관보』에는 경상관찰사의 전보에 의하면 비도 수백 명이 봉기하여 성주를 함락하여 점령하였다고 기록하였다.[52] 또한 9월 초9일자 군국기무처 의안議案의 초기草記에는 비도가 경기도의 죽산과 안성에서 봉기하여 이를 점령했으므로 장위영壯衛營 영관領官 박두황朴斗璜을 죽산부사로, 경리영經理營 영관 성하영成夏泳을 안성군수로 임명하여 각각 군대를 영솔하고 불일내에 내려가서 진압하도록 하였다.[53] 전라도뿐만 아니라 충청도·경상도·경기도 등지에서도 자연발생적으로 동학농민군의 간헐적 재봉기들이 나타나기 시작한 것이었다.

전봉준은 음력 8월 말에 고향 태인에 들렀다가 9월 초에 태인을 출발하여 금구 원평을 거쳐서 삼례에 도착하여 여기에 제2차 농민전쟁 봉기의 대도소를 정하였다. 삼례는 전주 바로 북쪽에 있는 역으로서 토지가 광활하고 전라도 교통의 요충지이므로 재봉기의 대도소를 설치하기에 적합한 곳이었다. 전봉준은 태인을 출발하여 삼례역에 도착하는 사이 및 삼례 도착 직후까지에 진안에 사는

51 『續陰晴史』上卷, 高宗 31년 9월 7일조, 339쪽 참조.
52 『官報』, 開國 503년 9월 초9일자(亞細亞文化社版), 第1卷, 464쪽 참조.
53 『官報』, 開國 503년 9월 초10일자(亞細亞文化社版), 第1卷, 468쪽 참조.

동학접주 문계팔文季八·김영동金永東·이종태李宗泰, 금구에 사는 접주 조준구趙駿九, 전주의 접주 최대봉崔大奉·송일두宋日斗, 정읍의 접주 손여옥孫如玉, 부안에 사는 김석원金錫元·김세중金世中·최경선崔卿宣(崔景善)·송희옥宋憙玉 등 접주들과 재봉기를 모의하였다. 그리하여 1894년 음력 9월 13일(양력 10월 11일) 동지 손화중을 비롯하여 다수의 동지들과 함께 전주·진안·홍덕·무장·고창 등 전라도 53군현에 동학농민군의 재봉기를 촉구하는 격문을 돌리고 또 사람을 파견하였다.[54] 이것이 동학농민군의 제2차 농민전쟁 봉기의 공식적 선언과 같은 것이었다.

전봉준의 재봉기 격문에 호응하여 동학농민군이 재봉기하기 시작해서 전라도에서만 27개 군현의 무기고가 열려 농민군이 무장했으며,[55] 즉각 삼례역에 모인 동학농민군이 약 4천 명이 되었다.[56] 그리고 이 격문에 호응하여 전라도 각지 집강소에서 동학농민군이 계속 재봉기하였다. 이때 전봉준의 격문에 호응하여 처음 재봉기한 집강소의 동학농민군을 오지영의 『동학사』에서 보면 〈표 8-1〉과 같다.[57]

‖표 8-1‖ 남접 호남지방에서 제2차 농민전쟁 때 봉기한 두령과 병력

군·현	두령	병력 수	군·현	두령	병력 수
전주	최대봉·강수한	5,000	장흥	이방언	5,000
고창	임천서·임형로	5,000	해남	김병태	3,000
태인	최경선	7,000	무안	배규인	2,000
남원	김개남	10,000	장성	기우선	1,000
금구	김봉득	5,000	나주	오근선	3,000

---

54 『全琫準判決宣告書 原本』, 『韓國學報』 제39집, 1985, 189~190쪽 참조.
55 『關草存案』, 甲午 9월 18일조, 〈全羅道 30號〉 참조.
56 『全琫準判決宣告書 原本』, 『韓國學報』 제39집, 1985, 190쪽 참조.
57 『東學史』, 134~135쪽 참조.

함열	유한필	2,000	함평	이○○	1,000
무장	송경찬·송문수·강경중	7,000	흥덕	고영숙	1,000
영광	오하영·오시영	8,000	순천	박낙양	5,000
정읍	손여옥·차치구	5,000	흥양	유희도	3,000
김제	김봉년	4,000	보성	문장형	3,000
고부	정일서·김도삼	6,000	광주	박성동	4,000
삼례	송희옥	5,000	임실	이용학·이병용	3,000
순창	오동호	1,000	담양	김중화	3,000
원평	송태섭	7,000			
합계					114,500

이때 처음 재봉기한 집강소의 동학농민군은 약 11만 4,500명에 달했지만, 이들의 대부분은 자기 고을에서 농민군부대를 편성하여 대접주·집강의 지휘를 받은 것이었고, 모두가 삼례에 모여 전봉준의 직접 지휘를 받은 것은 아니었다. 이 중에서 소수만이 직접 삼례로 달려와서 전봉준 부대에 편입되었다.

동학농민군의 지휘체계는 전봉준全琫準이 대장(총대장)이 되고 대두령인 손화중孫化中과 김덕명金德明이 총지휘가 되었다.[58] 남원에서 봉기한 대두령 김개남金開男은 직접 전봉준의 지휘 하에 들어오지 않고 상당한 독립성을 가지면서 자기가 직접 지휘하는 약 1만 명의 김개남 부대를 편성하여 독자적 행동을 한 것으로 보인다.

전봉준은 삼례역에 모인 동학농민군 부대들 중에서 최경선崔景善부대는 광주에 파견하여 손화중 부대와 함께 광주와 나주 부근에 남아서 일본군의 남해안으로의 상륙과 배후 공격을 차단하고 호남 일대의 집강소 체제 유지의 무력으로 활동하도록 하였다.[59]

---

58 『東學史』, 135쪽 참조.
59 『全琫準供草』, 四招問目, 『東學亂記錄』 下卷, 551~554쪽 참조.

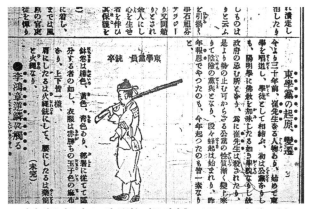

당시 일본신문이 보도한 동학농민군 병사(『二六新報』, 1894년 8월 11일자)

　전봉준의 음력 9월 13일의 삼례역에서의 제2차 농민전쟁 재봉기는 보은에 있는 북접대도주 최시형崔時亨의 사전 허락을 받지 않고 단독으로 결정하여 남접만 재봉기한 것이었다. 제1차 농민전쟁 때에도 전봉준은 동학 제2세 교주인 북접대도주 최시형의 허락을 받지 않고 봉기하여 북접과 남접 사이에 약간의 갈등이 있었는데, 전봉준은 제2차 농민전쟁 봉기에도 북접대도주의 허락을 받지 않고 재봉기했으므로 갈등이 약간 더 격화될 것은 내다볼 수 있는 일이었다. 그러나 동학농민군이 봉기의 목적을 달성하기 위해서는 거대한 세력을 갖고 교주가 직접 지휘하는 북접과의 연합과 통합이 절실히 필요하였다. 이에 전봉준은 오지영의 제의를 받고 북접과 두터운 침분이 있는 오지영吳知泳·김방서金邦瑞·유한필劉漢弼 등을 북접 대도소에 파견하여 남북접연합을 도모하도록 하였다. 오지영 등이 북접 대도소에 도착해 보니 김연국金演局·손병희孫秉熙·손천민孫天民·황하일黃河一 등 북접 두령들은 "도로써 난을 지음은 불가한 일이다. 호남의 전봉준과 호서의 서장옥徐璋玉은 국가의 역적이요 사문난적師門亂賊이라 우리는 빨리 모여 그것을 공격하자"는 남접 규탄의 통문까지 지어 놓고 있었다. 오지영은 일본군과 청군과 관군의 앞에서 동학군이 내분을 보임은 불가하며 동학도인은 단합하여 생사를 같이해야 한다는 대의를 들어 교섭하였다. 북접 측에서는 손병희孫秉熙가 이에 적극 찬성하여 남접 규탄의 통문을 걷어 치우게 하고 협의한 결과 보국안민의 기치하에 북접도 봉기하여 남북접이 연합해서 진퇴를 같이하기로 합의하였다.[60] 이에 남북접연합이 이루어진 것이었다.

동학 제2세 교주인 북접대도주 최시형도 이에 찬성했을 뿐 아니라, 남북접의 조화를 가오하기 위해 오지영을 양호도찰兩湖都察에 임명하였다. 양호도찰의 임무는 남접과 북접 사이의 갈등, 포과 포 사이의 갈등을 해소하여 조화를 강화하고 도인과 외부인사의 관계, 집강소와 집강소의 관계를 감독하는 일이었다.

최시형은 음력 9월 18일 북접 산하의 각 포 접주들과 동학농민군을 청산靑山에 집합하게 하였다. 이에 북접 동학농민군 수만 명이 모인 자리에서 최시형은 손병희·손천민의 거의擧義 요청을 받아들이는 형식을 취하여 "인심人心이 곧 천심天心이라, 이는 곧 천운소치天運所致이니 君 등은 도중道衆을 동원하여 전봉준과 협력하고 사원師寃을 신伸하며 오도吾道의 대원大願을 실현하라"고 말하여 명령하고, 손병희를 통령에 임명하여 북접군을 지휘하도록 통령기를 내려 주어 일제히 전선으로 나가도록 하였다.[61]

이에 북접도 9월 18일자로 청산에서 봉기하게 된 것이었다.

그리고 이어서 남북접연합에 고취되어 남접에서도 추가의 봉기가 있었다. 이때 남접의 추가봉기의 지역과 두령들을 보면 〈표 8-2〉와 같다.[62]

60 『東學史』, 137~139쪽 참조.
61 李敦化, 『天道敎創建史』, 1933, 第2篇의 65쪽 참조.
62 『東學史』, 139~140쪽 참조.

군·현	두령	군·현	두령
함열	김방서·오지영	여산	최란선·고덕삼
익산	오경도·고제정	고산	박치경
옥구	장경화·허진	무주	이응백
임피	진관삼	임실	이병춘
부안	김석윤·김낙철	전주	서영도·허내원
만경	김공선		

또한 이때 호서와 그 이북의 북접의 봉기지역과 두령들을 들어보면 〈표 8-3〉과 같다.[63]

‖표 8-3‖ 북접 호서 지방 등에서 제2차 농민전쟁 때 봉기한 지역과 두령

군·현	두령	군·현	두령
충주	신재연·홍재길	홍주	김두열·한규하
송산	손천민·서우순	면천	박희인
청안	이병주	안면도	주병도
청주	이용구	남포	추용성
보은	김연국·황하일·권병덕	공주	김지택·배성천
목천	김복용·이희인	수원	김내현
옥천	정원준·강채서	음죽	박용구·권재천
서산	박인호	안성	임명준·정경수
신창	김경삼	양지	고재당
덕산	김○배	여주	홍병기·임학선·임순호
당진	박용태·김현구	이천	전규석·전창진·이근풍
태안	김동두	양근	신재준

---

63 『天道教創建史』, 第2篇의 65쪽 및 『東學史』, 140쪽 참조.

원주	이화경·임순화	지평	김태열·이재연
횡성	윤면호	광주	염세환
홍천	차기석·심상현·오창섭		

북접의 봉기지역은, 〈표 8-3〉에서는 최초로 봉기한 충청도·경기도·강원도의 일부지역만 제시되어 있지만, 이 밖에도 경상도·황해도·평안도·함경도 등에 걸쳐 있었다. 따라서 북접이 봉기했다는 것은, 제1차 농민전쟁 때와는 달리, 제2차 농민전쟁 때에는 전국의 동학농민이 봉기했다는 것을 의미한 것이었다. 이때 북접 산하에서 처음 봉기한 동학농민군의 규모를 『천도교창건사』는 약 6만 명이라고 추산하였고,[64] 『동학사』는 약 10만 명이라고 추산하였다.[65]

이에 1894년 음력 9월 13~18일에는 남접과 북접의 동학농민군이 모두 연합하여 제2차 농민전쟁에 봉기하게 되었고, 이어서 전국 각지의 동학농민들이 뒤따라 봉기하게 되었다.

4. 남·북접 동학농민군의 논산대회論山大會

전봉준은 삼례에서 1894년 음력 9월 13일 제2차 농민전쟁 재봉기의 격문을 각처에 돌린 후 약 1개월 가까이 이곳에 주둔하였다.

그 이유는 우선 각지에서 동학농민들의 봉기와 무장의 강화를 기다려야 했기 때문이었다. 호남 일대는 집강소의 동학농민군 통치가 이미 실시되어 어느 정도의 무장이 이미 갖추어져 있었다. 그러나 이것은 전혀 충분한 것이 아니었기 때문에 다수의 집강소들에서는 관아의 무기고를 열어서 무장을 강화하였

---

64 『天道教創建史』, 第2篇의 66쪽 참조.
65 『東學史』, 140쪽 참조.

다. 그리하여 앞에서도 지적한 바와 같이 호남 일대에서는 1894년 음력 9월 17일 현재 임실을 비롯하여 29개 군현의 무기고가 재봉기한 동학농민군에 의해 열려져서 무기를 빼앗겨 동학농민군의 무장이 강화되었다.[66] 이러한 일은 재봉기를 합의한 북접 산하의 충청도에서도 광범위하게 일어나서, 봉기한 동학농민군들을 각 고을 관아의 무기고를 습격하여 무기를 탈취해서 무장하였다.[67] 노성魯城현감의 급보에 의거한 충청감사 박제순朴齊純의 보고와 같이, '호남비도(전봉준의 남접)'의 격문(경보)이 도착하여 이미 난형(반란형태)으로 북접 호서 농민들도 봉기한 것이었다.[68] 충청도에서는 전봉준의 격문이 도착하기 이전부터 이미 사실상 동학농민군이 재봉기하기 시작하고 있었다.[69] 그러다가 전봉준의 격문이 도착한 후에는 충청도에서의 동학농민군의 봉기는 전도에 걸쳐 광범위하게 일어났으며,[70] 특히 천안과 홍주 지방에서는 극성하였으므로 이미 이때부터 조선군과 함께 일본군이 내려가 '토벌'을 시작하고 있었다.[71] 충청도 죽산지방에서의 동학농민군의 재봉기에 대해서 일본군이 출동할 때에 새로 착임한 주한 일본공사 정상형井上馨은 음력 10월 9일(양력 11월 8일)자의 조선정부 외부대신 김윤식金允植에게 보낸 서한에서 "귀국정부(조선정부-인용자)는 이런 사유로 각 진각대장 및 연도의 지방관에게 칙령을 내리되, 전진과 후퇴를 조절하는 데 있어서는 모두 우리(日本-인용자) 사관의 지휘를 따르도록 하게 하고 아울러 귀사관과 병정들에게 칙령을 내려 이 말을 존수하도록 하십시오."[72]라고 하여 일본

---

66 『日省錄』, 高宗 31년(1894년) 음력 9월 17일조 참조.
67 『高宗實錄』, 高宗 31년 10월 2일조 참조.
68 『日省錄』, 高宗 31년(1894년) 음력 9월 18일조 참조.
69 『駐韓日本公使館記錄』 제3권, 「臨庶 第44號, 忠淸道 黃山의 東學黨再發등에 관한 별지보고」 「臨庶 第74號, 江景·黃酸에서의 東學黨에 관한 聞取書 별지보고」 「臨庶 第78號 忠淸道 黃山 地方 東學黨再發狀況 聞取書 별지보고」, 236~241쪽 참조.
70 『關草存案』, 甲午 9월 18일조, 「畿營 24號·水原 16號 忠淸兵營 4號」 참조.
71 『駐韓日本公使館記錄』 제1권, 「天安·洪州等地 日軍派遣關文의 發交」, 143쪽 참조.
72 『駐韓日本公使館記錄』 제1권, 「竹山地方 東匪剿討와 日軍의 助剿隊士官指揮飭遵要請에 관한 交信」, 150쪽.

군이 주도적으로 '토벌'에 나설 정도로 충청도의 동학농민군은 거세게 봉기하였다. 또한 괴산 지방에서도 동학농민군 1천 명이 봉기했으며,[73] 충청북도의 동학농민군이 괴산·충주·청주 부근에 많이 몰려있므로, 일본군은 2로로 나누어 한쪽은 죽산·청주·충주 방면으로부터 진격하고 다른 한쪽은 진천·청주 방면으로 공격해서 이 지방 충청도 동학농민군을 포위하려고 하였다.[74] 충청도 동학농민군은 9월 29일(양력 10월 27일) 새벽 일본군 안보安保병참부를 습격하여 소각하고 전선을 절단하여 불통시켰으며, 충주를 습격하려고 하였다.[75] 이미 충주 부근에서는 동학농민군과 일본군 충주지부수비대가 전투에 들어갔다.[76] 일본군 사령부는 "충청감사의 보고에 의하면 우리(일본-인용자) 군대가 충주 지방에서 동학당 때문에 해를 입은 자가 많다고 함"[77]이라는 전보를 접수하였다. 일본군은 청안靑安지방에서 정보를 수집하려고 일본군 3명을 통역을 붙여 잠입시켰다가 동학농민군에게 발각되어 모두 처단당하였다.[78]

또한 경상도에서도 동학농민군이 봉기하여 용궁龍宮현의 무기고를 점령하고 무기를 탈취하여 무장했으며,[79] 성주에서도 동학농민군이 봉기하여 무기고를 탈취하였다.[80] 이러한 현상은 경기도에서도 마찬가지였다. 예컨대 안성에서도 동학농민군이 봉기하여 무기고를 습격해서 무기를 탈취하여 무장했으며[81] 음죽에서도 동학농민군이 무기고를 탈취하였다.[82] 동학농민군의 봉기가 시간의 경

73 『駐韓日本公使館記錄』 제3권, 「忠淸道 東學黨征討報告」, 283쪽 참조.
74 『駐韓日本公使館記錄』 제1권, 「忠淸北道 東學黨征討方略」, 152~153쪽 참조.
75 『駐韓日本公使館記錄』 제3권, 「可興地方 東學黨狀況과 증원병 파견요청」, 290~291쪽 참조.
76 『駐韓日本公使館記錄』 제3권, 「忠州支部守備兵의 東學黨征討報告」, 286~287쪽 참조.
77 『駐韓日本公使館記錄』 제3권, 「忠州地方 東學黨에 의해 군대피해 많음」, 295쪽.
78 『駐韓日本公使館記錄』 제1권, 「靑安地方 東徒의 日軍殺害設의 確認 및 拿獲要請에 관한 交信」, 156~157쪽 참조.
79 『日省錄』, 高宗 31년 9월 17일조 참조.
80 『日省錄』, 高宗 31년 9월 19일조 참조.
81 『日省錄』, 高宗 31년 9월 30일조 참조.
82 『日省錄』, 高宗 31년 10월 2일조 참조.

과와 함께 만연되어감에 따라 봉기한 동학농민들이 자기 고을의 무기고를 습격해서 관청의 무기를 빼앗아 무장하는 것이 일반화되었다. 전봉준은 삼례에서 호남 일대의 집강소 농민군은 물론이요, 충청도를 비롯해서 전국 각지의 동학농민군이 그의 격문에 호응해서 봉기하여 무장하는 기간 동안을 기다리게 된 것이었다.

그다음의 이유로 전봉준은 농사의 추수가 끝나기를 기다리느라고 삼례에 머물러 있지 않으면 안 되었다.[83] 동학농민군은 무기만 놓으면 일반농민이었기 때문에 전봉준의 격문에 호응하여 아무리 농민전쟁에 참가하고 싶을지라도 일년 농사의 결실을 거두어들이는 가장 보람 있고 분망한 추수기의 도중에 무기를 들고 봉기하려고 하지 않는 농민이 많았으며, 추수를 끝내고 나서 봉기하려는 반응이 지배적이었던 것으로 추정된다. 그러므로 전봉준은 추수기가 끝남을 잠깐 기다려 재봉기의 군사작전을 하려고 한 것이었다.[84] 뿐만 아니라 동학농민군이 북상하여 서울에 진공해 들어가려면 막대한 군수미와 군수전이 필요한 것인데 이것은 당시 농촌의 형편으로서는 추수가 끝나야 제대로 조달할 수 있는 것이었다. 따라서 전봉준이 삼례에서 봉기한 후 추수가 끝날 때까지 기다렸다고 스스로 응답한 것은 당연한 것이었다고 볼 수 있다.

다음으로 들어야 할 이유는 전봉준이 북접과의 연합 타결에 시간이 걸렸기 때문이었다고 볼 수 있다. 전봉준은 음력 9월 13일의 봉기 후에 앞에 기술한 바와 같이 오지영吳知泳 등을 북접의 보은대도소에 파견하여 남·북접연합에 성공하였다. 오지영이 북접 대도소에 다녀와 연합 협상 성공을 보고한 이후, 북접에서도 최시형崔時亨의 서한을 갖고 전봉준에게 사람을 보내었으며, 이 과정에서 전봉준이 북상하면서 논산에서 남·북접이 만나 논산대회論山大會를 갖기로 합

---

83 『全琫準供草』, 三招問目, 『東學亂記錄』 下卷, 548쪽 참조.
84 海浦篤彌, 『東學黨觀察日記』 明治 27년 7월 20일條, 『初齋遺稿』, 91쪽 참조.

의한 것으로 보인다.[85] 남·북접의 상호 연락과 연결은 관변 측에도 포착되어 순무영은 음력 9월 29일경 "호남·호서의 (동학)비류가 상호 연결했으며, 호서가 바야흐로 호남에게 원조를 청했다 한다"[86]고 보고하였고, 국왕도 이를 받아 "호남·호서의 비류가 상호 연락되었다고 한다"고 대책수립과 시행을 명령하였다.

전봉준이 논산에서 재봉기한 농민군의 대회를 개최하기 위하여 선봉대를 파견한 것은 10월 6일경으로 추정된다. 이 남접의 선봉대는 음력 10월 7일경 논산의 은진을 점령하고[87] 이어서 논산대회의 개최지역을 전진 보위하기 위해서 한밭(대전)에 진출했다가 충청도영병 80여 명과 조우하여 '한밭전투'를 치른 후에 이를 격파하고 영장 염도희廉道希는 생포하여 불태워 죽였다.[88]

전봉준 자신은 약 4천 명의 군사를 인술하고 음력 10월 11일경 삼례를 출발하여 음력 10월 12일(양력 11월 9일) 논산에 도착하였다. 전봉준의 격문에 호응하여 논산대회에 참가한 유생 의병장 이유상李裕尙은 250명의 군사를 인술하고 "본월(10월) 12일 논산포에 유진하고 있는데 높은 곳에 올라 남쪽을 바라보니 흙먼지가 중천하고 총포가 숲과 같이 보여서 급히 전초대를 보내어 알아보게 하였더니 남군 16만 7천 명이라고 보고하였다. 전(봉준)장군을 청하여 찾아보고 병단을 물었더니 전(장군)이 답하기를 며칠 전에 법헌法軒(최시형)의 호서군도 도회都會하겠다는 글을 받았으며, 장차 북으로 향하겠다고 하였다"[89]고 기록하였다. 이 기록으로 보아도 전봉준이 4천 명의 군사를 인술하고 논산에 도착한 것은 이유상의 전초대가 탐문한 숫자인데, 논산에 도착한 전봉준의 동학

85 「宣諭榜文並東徒上書所志謄書」 중의 公州倡義所 義將 李裕尙의 上書 중의 全琫準과의 答問 내용, "求見全將 問了兵端 答以昨承法軒湖西都會之文 將以向北矣", 『東學亂記錄』 下卷, 382쪽 참조.

86 『日省錄』, 高宗 31년 9월 29일조, "巡撫營啓言 兩湖匪類 互相連結 自湖西 見方請援於湖南云" 참조.

87 『日省錄』, 高宗 31년 10월 8일조 참조.

88 『日省錄』, 高宗 31년 10월 9일조 참조.

89 『日省錄』, 高宗 31년 10월 9일조 참조.

농민군 숫자가 아니라 호남 일대에서 봉기한 남접 봉기군 전체의 총숫자를 전하여 듣고 이유상에게 보고한 것이었다고 해석된다.

전봉준은 음력 10월 12일 논산에 도착하자, 격서의 일종으로 우선 경군京軍과 충청도 영병營兵에게 고시하고 백성들에게 알리는 다음과 같이 국문으로 된 고시문을 발표하였다.

고시告示 경군 여영병京軍與營兵 이교시민而教示民

"무타無他라. 일본과 조선이 개국 이후로 비록 인방隣邦이나 누대 적국이더니 성상의 인후仁厚하심으로 삼항三港을 허개許開하여 통상 이후 갑신 시월의 사흉四凶이 협적俠敵하여 군부君父의 위태함이 조석朝夕에 있더니 종사의 홍복으로 간당奸黨을 소멸하고, 금년 시월의 개화간당이 왜국倭國을 체결하여 승야입경乘夜入京하여 군부를 핍박하고 국권國權을 천자擅恣하며 우항 방백 수령이 다 개화당 소속으로 인민을 무휼撫恤하지 아니하고 살육을 좋아하며 생령을 도탄하매, 이제 우리 동도가 의병을 들어 왜적을 소멸하고 개화를 제어하며 조정을 청평淸平하고 사직을 안보할 새 매양 의병 이르는 곳의 병정과 군교軍校가 의리를 생각지 아니하고 나와 접전接戰하매 비록 승패는 없으나 인명이 피차에 상하니 어찌 불상치 아니 하리요. 기실은 조선끼리 상전相戰하자 하는 바 아니어늘 여시如是 골육상전骨肉相戰하니 어찌 애닯지 아니하리요. 또한 공주公州 한밭大田일로 논지하여도 비록 춘간의 보원報怨한 것이라 하나 일이 참혹하며 후회막급이며, 방금 대군이 압경壓京에 팔방이 흉흉한대 편벽되이 상전相戰만 하면 가위 골육상전이라. 일변 생각건대 조선사람끼리야 도는 다르나 척왜斥倭와 척화斥華는 기의其義가 일반이라. 두어자 글로 의혹을 풀어 알게 하노니 각기 돌려보고 충군우국지심忠君憂國之心이 있거든 곧 의리로 돌아오면 상의하여 같이 척왜척화斥倭斥華하여 조선으로 왜국倭國이 되지 아니케 하고 동심합력하여 대사를 이루게 하올새라."

갑오 십일월 십이일[90]

　　동도창의소東徒倡義所[91]

　전봉준 동학농민군의 이 고시문은 동학농민군과 정부군은 도는 다르지만 일본침략군을 반대하는 척왜斥倭와 청의 침략군을 반대하는 척화斥華는 그 의가 동일하니 조선사람끼리 서로 싸우지 말고 동학농민군과 정부군이 연합하여 함께 척왜척화해서 조선으로 하여금 왜국倭國이 되지 않게 항일 투쟁을 같이 전개하자고 호소한 것이었다.

　전봉준의 논산 도착에 즈음하여 호남의 남접 각지의 동학농민군 부대들도 연락과 통문을 받고 논산에 도착하였다.

　한편 북접군은 음력 9월 18일의 청산취회靑山聚會에서 각접의 두령들이 북접대도주 최시형으로부터 "도중道衆을 동원하여 전봉준과 협력하고 사원師寃을 신伸하며 우리 도道의 대원大願을 실현하라"는 봉기명령을 받은 후 각지에 돌아가서 동학농민군을 편성하여 봉기한 후 북접대도소가 있는 보은의 장내帳內로 집합하였다. 북접 산하의 동학농민군 중에서 어떤 부대는 보은까지 도착하는 과정에서 관군 및 일본군과 치열한 전투를 하기도 하였다. 예컨대 충주의 동학대접주 신재연辛在蓮의 동학농민군 부대는 음력 9월 24일부터 진천의 유생 허문숙許文叔이 일으킨 민보군民堡軍의 진로 방해를 받자 이를 공격하여 격파해서 완승을 거두고 허의 민보군에 가담했던 사람들을 귀가시켰다.[92] 신재연

---

90 『東學亂記錄』에는 이 『고시(告示) 경군여영병(京軍與營兵) 이교시민(而教示民)』과 그 후 음력 11월 제1차 공주전투 후에 발포한 『示京軍營兵』의 2개 고시문에 대해 편집자가 그 발포 일자를 모두 '갑오 11월 12일'이라 기록하여 놓았다. 그러나 이것은 착오임이 분명하다. 다른 지역 연구자가 이미 전에 밝혀 놓은 바와 같이, 순국문으로 된 "고시(告示) 경군여영병(京軍與營兵) 이교시민(而教示民)"의 고시문은 '한밭전투' 직후에 발표된 것이며, 논산대회에 임하여 발표한 것이 명백한 것이라고 본다.

91 「宣諭榜文並東徒上書所志謄書」, 『東學亂記錄』下卷, 379~380쪽.

92 『兩湖右先鋒日記』, 甲午 9월 22일~28일조, 『東學亂記錄』上卷, 260~263쪽 참조.

의 동학농민군 부대는 이어서 9월 29일 진천의 관방官房을 습격하여 점령하였다.[93] 이 동학농민군 부대는 이어서 일본군과 치열한 전투 끝에 10월 초 6일에는 괴산읍을 점령하였다. 당시 괴산 군수 이용석李容奭이 충주에 주둔하고 있는 일본군을 불러다가 동학농민군을 방어하려고 했으므로 동학농민군과 일본군 사이에 치열한 전투가 벌어져 동학농민군에게도 상당한 피해가 있었는데 마침 해가 져서 어두워지자 동학농민군이 일제히 고함을 치며 돌격하여 일본군을 기습해서 섬멸하였다. 이때 괴산의 동학 접주 서씨가 피살됨에 그의 13세된 아들이 아버지의 원수를 갚겠다고 읍내에 잠입하여 관아에 불을 질렀으므로 관청과 민가 5백여 호가 소실되는 참화가 일어났다.[94]

북접의 최시형은 각지의 동학농민군이 보은에 모이자 손병희孫秉熙를 통령으로 하여 각 영솔을 총지휘하게 하고, 정경수鄭璟洙의 포를 선봉군으로, 전규석全奎錫의 포를 후군으로, 이종훈李鍾勳의 포를 좌익으로, 이용구李容九의 포를 우익으로 삼아 북접군 부대를 편성했는데 모인 동학농민군이 모두 6만 명이나 되었다. 이에 북접 농민군은 10월 10일경에 손병

손병희

희의 지휘하에 행군을 시작하여 돈론촌敦論村에서 보은 수비병과 싸워서 크게 승리하고, 이튿날 전군을 2대로 나누어 갑대는 영동과 옥천을 거쳐서 논산에 도착하여 전봉준의 동학농민군과 합세했으며, 을대는 회덕의 지명시芝明市에 이르러 청주관군과 싸워서 이를 섬멸하고 논산에 도착하였다.[95]

동학농민군은 남접과 북접이 논산에서 합류하자 전봉준과 손병희를 결의형

---

93 『兩湖右先鋒日記』, 甲午 9월 29일조, 『東學亂記錄』 上卷, 263쪽 참조.
94 『兩湖右先鋒日記』, 甲午 9월 초10일조, 『東學亂記錄』 上卷, 269쪽 및 『天道敎創建史』, 第2篇의 65~66쪽 참조.
95 『天道敎創建史』, 第2篇의 66쪽 및 『兩湖右先鋒日記』, 甲午 10월 14일조, 『東學亂記錄』 上卷, 275쪽 참조.

제 맺도록 하고 전봉준을 총대장으로 추대하였다.『동학사』는 이때의 남접과 북접이 의기 투합된 모습을 다음과 같이 묘사하였다.

"동학군의 대본영은 논산포에 있었으며 호남 전봉준과 호서 손병희 양대장이 서로 만나 손을 잡으니 일면一面이 여구如舊에 간담肝膽이 상조相照하고 지기부합志氣附合되는지라. 드디어 형제의 의의誼를 맺어 사생고락死生苦樂을 동맹同盟하니 전全은 형이 되고 손孫은 제弟가 되었었다. 이 달로부터 동탁同卓에서 밥을 먹고 동장同帳에서 잠을 자고 기타 모든 일을 동일한 보조步調를 취하여 나가기로 결심하였다."[96]

이때 논산대회에 집합한 남북접군의 병력 규모에 대하여『선유방문병동도상서소지등서宣諭榜文並東徒上書所志謄書』는 남접군이 16만 7천 명이라 기록했고[97]『천도교창건사』는 북접군이 6만 명이라고 했으므로,[98] 양자를 합하면 22만 7천 명이 된다. 그러나 이것은 과장된 숫자이고 잘못 계산된 것이다. 앞에서도 기술한 바와 같이 위의 남접군의 병력 숫자는 공주 의병장 이유상李裕尙이 전봉준 부대의 논산 도착을 멀리서 보고 전초대를 파견하여 탐문해 보게 했던 바, 호남 일대 남접군 총규모가 16만 7천 명이라는 탐문결과 보고를 받은 것에 불과했지 논산에 도착한 남접군의 병력 숫자는 아니었다. 또한 위의 북접군의 병력 숫자는 보은에 모인 북접군의 총병력이었지 손병희의 인솔 하에 논산에 도착한 병력 숫자는 아니었다. 논산대회 때에 재편성된 전봉준 직할부대는 약 1만 명이었고[99] 손병희의 직할부대도 약 1만여 명이었다고 추정되

96『東學史』, 141쪽.
97『宣諭榜文並東徒上書所志謄書』,『東學亂記錄』下卷, 382쪽 참조.
98『天道敎創建史』, 第2篇의 66쪽 참조.
99『全琫準供草』, 初招問目,『東學亂記錄』下卷, 529쪽 및『全琫準判決宣告書原本』,『韓國學報』제39집, 1985, 190쪽 참조.

는데,[100] 그렇다면 논산대회에 참가한 남·북접군은 그 후의 부대 배치 상황에서 추정할 때 약 5만 명 정도였다고 판단된다.

전봉준은 남·북접 연합이 실현되자 음력 10월 16일 양호창의영수兩湖倡義領 袖의 자격으로 충청도 관찰사(박제순)에게 다음과 같은 내용의 한문 편지를 보 내었다.

"양호창의영수兩湖倡義領袖 전봉준全琫準은 湖西巡相(충청도 관찰사) 각하에게 글 을 올린다. 복재覆載 간에 사람은 강기綱紀가 있어 만물의 영장이라고 일컫는 것이 니, 식언食言하고 마음을 속이는 자는 사람으로써 논할 수 없느니라, 하물며 바야 흐로 나라가 어렵고 근심이 있는데 어찌 감히 외칙外飭과 내유內誘로써 하여 하늘 과 태양 아래 한 순간이라도 숨을 쉬고 목숨을 유지할 수 있겠는가.

일본침략자들이 구실을 만들고 군대를 동원하여 우리 군부君父를 핍박하고 우 리 백성을 근심케 하니 어찌 참을 수 있겠는가. 옛날 임진왜란의 화에 오랑캐가 능 침凌寢하여 궐조闕朝를 불태우고 군친君親을 욕보이고 백성을 살육했으니, 백성들이 함께 모두 분하게 여기어 천고에 잊을 수 없는 한恨이다. 초야에 있는 필부와 몽매 한 아동까지 아직도 울분을 잠재우지 못하고 있으니, 항차 각하는 대대로 녹을 먹 을 고관으로서 평민 소부小夫보다 몇 배나 더하지 않겠는가. 오늘날의 조정대신들 을 보건대, 망령되어 자기 생명의 안전만을 생각하여 위로는 군부를 협박하고 아래 로는 백성을 속여서 동이(일본-인용자)에게 연장連腸하여 남쪽 백성들에게 원을 펴 서 망령되어 친병親兵을 동원하여 선왕의 적자를 해치고자 하니 참으로 어떠한 뜻 이며 궁극적으로는 무엇을 하려는 것인가.

이제 내가 하고자 하는 것은 그것이 극히 어려운 것임을 진실로 알고 있으나, 일 편단심 죽음을 각오하고 천하의 인재된 자로서 두 마음을 품은 자를 소제하여 선

100 『駐韓日本公使館記錄』 제1권, 「公主附近戰鬪詳報」, 247쪽 및 『巡撫使呈報牒』, 『東學亂記 錄』 下卷, 10쪽 「沃川包東徒 數萬名」 참조.

왕조 오백년 유육遺育의 은혜에 사謝하고자 하니, 원컨대 각하는 맹성猛省하여 의로써 함께 죽으면 천만다행일까 하노라."

　　甲午 10월 16일 在論山 謹呈[101]

　전봉준의 이 편지는 대상이 충청도 관찰사이니만치 유생들이 애용하는 구투의 표현을 빌려 친일 대신들을 통렬히 비판하면서 충청도 관찰사에게 크게 반성하여 동학농민군의 항일의병에 동참할 것을 요구한 호소문이었다.

　전봉준 등 동학농민군의 제2차 농민전쟁이 일본침략군을 자기 조국강토에서 몰아내고 국권을 지키기 위한 항일의병의 성격을 가진 것이었기 때문에, 극소수이지만 유생 등 과거에 동학농민군에 적대적이었던 사람들도 동학농민군과 함께 논산대회에 참가하였다. 예컨대『동학사』에 의하면, 공주 출신의 유생 의병장 이유상李裕尙, 광산부사 겸 영장營將 김원(윤)식金元(允)植 등은 처음에 동학농민군을 '토벌'하는 데 나섰다가 동학농민군의 항일의병으로서의 성격과 활동을 보고 동학농민군에 투합하여 활동하였다. 심지어 청국패잔병 약간도 동학농민군의 논산대본영論山大本營에 찾아와 부합附合하기를 간청하였다고 한다.[102]『오하기문』에서는 동학농민군의 제2차 농민전쟁 봉기 무렵에 동학농민군에게 추종한 호남지방의 양반관료와 유생으로서 익산군수 정원성鄭源成, 구례현감 조규하趙圭夏, 오수찰방 양주혁梁柱爀, 화순진사 조병선曹秉善, 임실진사 한흥교韓興敎, 홍양진사 신서구申瑞求, 순천진사 유재술劉在述, 구례 전현감 남궁표南宮杓, 고부 전군의 옹택규邕宅奎, 고부 유생 송진상宋鎭庠 등을 들었다.[103]

　김개남의 동학농민군은 논산대회에 참가하지 않았다. 전봉준은 삼례를 떠나 논산으로 향하면서 김개남에게 연달아 격문을 띄워서 북상하여 후접이 되어

101『宣諭榜文并東徒上書所志謄書』,『東學亂記錄』下卷, 383~384쪽 참조.
102『東學史』, 141~145쪽 참조.
103『梧下記聞』甲午 8월條, 第2筆의 94~95쪽 참조.

제2차 동학농민혁명 운동 봉기 기록화

줄 것을 요청하였다. 김개남은 음력 10월 14일 남원을 출발하여 전주로 향했는데 총통銃筒을 가진 농민군이 8천 명, 치중輜重이 백리에 이어졌다고 하였다.[104] 김개남은 전주에 체류하여 군수전을 징발하면서 이에 비협조적인 고부군수 양성환梁性煥과 남원부사 이용헌李龍憲을 살해하고 순천부사 이계홍李季弘을 곤장 30대를 치고 투옥하였다.[105] 김개남은 논산으로 가지 않고 전주에 주둔한 채 독자적으로 북상을 준비하였다.

동학농민군의 논산대회에 의해 전봉준의 지휘 아래서 동학농민군의 부대 편성과 배치가 조정되었다. 우선 북쪽으로는 김복용金福用이 지휘하는 3천 명의 동학농민군이 천안의 목천 세성산細城山에 주둔하여 일본군과 관군의 남하를 저지하고, 박덕칠朴德七과 박인호朴寅浩가 지휘하는 7천 명의 동학농민군을 홍주·예산 방면에 주둔시켜 해안의 평야지대를 따라 일본군과 관군의 남하를 저지하게 하였다. 그리고 최한규崔漢圭가 지휘하는 3천 명의 동학농민군을 공주의 유구維鳩 방면에 전진케 하여 공주성을 외곽으로 포위하면서 일본군과 관군

---

104 『梧下記聞』甲午 10월條, 第3筆의 20쪽 참조.
105 『梧下記聞』甲午 10월條, 第3筆의 24쪽 참조.

의 지원로를 차단케 하였다.[106] 그리고 남방으로는 김인배金仁培가 지휘하는 1만 명의 동학농민군을 순천과 여수와 화개에 배치하여 일본군과 관군의 남해안 상륙을 저지하도록 하고,[107] 손화중孫化中과 최경선崔景善이 지휘하는 7천 명의 동학농민군을 광주와 나주 부근에 배치하여 일본군과 관군의 후방으로의 공격을 차단하고, 호남 일대의 집강소 체제를 유지하며, 유생들의 결집을 저지하여 후비를 담당하게 하였다.

그리고 논산으로부터는 전봉준이 직접 지휘하는 1만 명의 동학농민군 부대(전봉준 부대)와 손병희가 지휘하는 1만 명의 동학농민군 부대(손병희 부대)의 2만 명이 주력부대가 되어 북상하면서 공주를 공격하여 점령하도록 하고, 전주에 주둔하고 있는 김개남이 지휘하는, 8천 명의 동학농민군 부대가 뒤이어 북상하면서 후원을 담당하도록 하였다.[108] 그리고 이 밖의 각지의 다수의 동학농민군 부대들은 그 뒤를 이어 북상케 하였다.

그리하여 전봉준 부대와 손병희 부대 2만 명은 1894년 10월 21일경 공주를 공격하여 점령하려고 논산을 출발하였다.[109]

전봉준 지휘하의 동학농민군이 먼저 공주를 점령하려고 한 것은 당시 공주가 충청도의 수도로서 이를 점령하면 이미 점령한 전라도 수도 전주와 함께 호남·호서가 모두 동학농민군 지배하에 완전히 들어오며 동학농민군의 북상에 관군의 저지선이 없이 바로 다음에는 서울 한양을 공략할 수 있게 되기 때문이었다.

---

106 『東學史』, 151쪽 참조.
107 『梧下記聞』 甲午 9월條, 第2筆의 101쪽 참조.
108 『梧下記聞』 甲午 10월條, 第3筆의 19쪽 참조.
109 『駐韓日本公使館記錄』 제1권, 「諸 第83號, 恩津·礪山等地 東徒의 公州攻取 豫定開戰書 送付」, 174쪽 참조.

5. 전국 각 지방에서의 동학농민군의 봉기

전봉준이 1894년 음력 9월 13일 제2차 농민전쟁 봉기의 격문을 전국에 돌리고, 제2세 교주 최시형도 봉기를 명령하여, 10월 12~20일 논산대회가 열리는 기간에 동학농민군은 전라도와 충청도에서만 봉기한 것이 아니라 전국에서 봉기하였다. 그중에서도 황해도, 경기도, 경상도, 강원도에서는 동학농민군의 봉기가 대규모적이고 격렬하였다. 규모는 이보다 훨씬 작았지만 평안도와 함경도의 일부에서도 동학농민군이 봉기하였다.

의정부의 음력 9월 24일자 계언에는 "호남과 호서의 비류匪類가 근래에 다시 영남과 관동과 경기와 황해도 등지에 만연하였다"[110]고 하였다. 각 지방의 동학농민군의 봉기와 농민전쟁은 각각 별개의 독립논문이 필요한 방대한 주제이므로 다른 기회로 미루고, 여기서는 몇 줄씩으로 간단한 줄거리만을 적기로 한다.

황해도에서는 대접주 원용일元容馹·최서옥崔瑞玉·임종현林鍾賢·오응선吳膺善·윤도경尹道敬·방찬두方燦斗·강성일姜成一 등이 지휘하는 동학농민군이 장연長淵에서부터 봉기하기 시작하여 황해도 각 처에서 수만 명이 봉기했으며,[111] 음력 9월 27일(양력 10월 25일)에는 황해도 수도인 해주를 점령하였다.[112] 황해도 관찰사 정현석鄭顯奭은 부상을 입고,[113] 판관判官은 동학군에 포박되어, 이 사실을 중앙정부에 제때에 보고조차 하지 못한 형편이었다.[114] 황해도 동학농민군은 해주에서 일단 철수했으나, 그 세력이 크게 불타올라서 13개 군현을 점령하고 금천까지 진출하였다.[115]

---

110 『日省錄』, 高宗 31년(1894년) 음력 9월 24일조, "議政府啓言 兩湖匪類 近復蔓延於嶺南 關東 機海等地云 各處勸撫使宜 幷令巡撫使 請一切辦理" 참조.
111 韓㳓劤, 「東學農民軍의 蜂起와 戰鬪-江原·黃海道의 경우」, 『韓國學報』 제4집, 1978 참조.
112 『東學史』, 152쪽 참조.
113 『黃海道東學黨征討略記』, 8~10쪽 참조.
114 『日省錄』, 高宗 31년 11월 2일조 및 11월 4일조 참조.
115 『續陰晴史』 甲午 11월 9일조, 上卷, 345쪽 참조.

황해도 동학농민군은 또한 청일전쟁의 군수품 조달을 위하여 재령에 파견된 일본군 입강入江소좌 일행을 공격하여 2명을 사살하고 나머지 일본군을 모두 황주로 패주시켰으며,[116] 풍천지방에서 활동하는 일본상인들을 처단하였다.[117] 동학농민군은 재령載寧에서도 일본상인들을 처단하고 추방하였다.[118] 일본군 측은 황해도에서 봉기한 동학농민군의 총수를 약 3만 명이라고 추산하였다.[119] 일본군은 평양에 주둔하고 있던 일본군 중에서 1개 중대를 급히 황해도에 파견하고[120] 이어서 용산에 주둔하고 있던 후비보병 중에서 1개 중대를 황해도에 급파하여 '토벌'을 담당하게 하였다.[121]

황해도 동학농민군은 일본군이 해주를 방어하게 된 후에 특히 팔봉접주八峰接主 김창수金昌洙(김구)가 지휘하는 7백 여 명의 선봉대를 앞세워 수천 명이 음력 11월 2일경에 제2차로 해주성을 공격하였다.[122] 조선조정 측은 사태가 급박하다는 순무영의 보고를 받고 원병을 보내도록 명령한 정도였다.[123] 그러나 4시간의 격전 끝에 일본군의 현대적 화력을 당하지 못하여 동학농민군이 패퇴하였다.[124] 황해도 농민군은 제2차 해주 점령에 실패한 후에는 정방산성에 있고 무기고를 점령하여 무기를 공급하고,[125] 이동엽李東燁의 지휘하에 구월산에 주

---

116 『駐韓日本公使館記錄』 제3권, 「黃海道 東學黨征討狀況」, 303쪽 참조.
117 『駐韓日本公使館記錄』 제3권, 「南站發甲 第10號, 黃海道 東學黨情況에 관한 보고」, 254~255쪽 참조.
118 『駐韓日本公使館記錄』 제3권, 「載寧地方 東學黨情況報告」, 306쪽 참조.
119 『東學黨征討略記』, 18쪽 참조.
120 『駐韓日本公使館記錄』 제1권, 「海州東學軍 防剿狀況과 拿獲者 會審方針 周知依賴」, 180쪽 참조.
121 『駐韓日本公使館記錄』 제3권, 「南站發甲 第10號, 黃海道 東學黨情況에 관한 보고」, 254 및 제6권, 「豊川·瑞興·鳳山 등지 東學黨討伐 情況에 관한 坂井大尉의 報告書 送付의 件」, 10~12쪽 참조.
122 金九, 『白凡逸志』(白凡金九先生記念事業協會版), 33~36쪽 참조.
123 『日省錄』, 高宗 31년 11월 2일조 참조.
124 『東學黨征討略記』, 16~19쪽 및 『駐韓日本公使館記錄』 제1권, 「海州地方 東學黨에 관한 鈴木少尉의 諸報告」, 229~230쪽 참조.
125 『駐韓日本公使館記錄』 제6권, 「豊川·瑞興·鳳山 등지 東學黨討伐 戰況에 관한 坂井大尉 報

둔하여 일본군과 대치하였다.[126]

경기도에서는 정경수鄭景洙·임명준任命準 등이 안성에서, 고재당高在棠은 양지陽智에서, 임학선任學善·홍병기洪秉箕는 여주驪州에서, 김규석金奎錫·김창진金昌鎭은 이주利州에서, 신재준辛在俊은 양근楊根에서, 김태열金泰悅은 지평砥平에서 먼저 동학농민군을 일으켰다.[127] 뒤이어 경기도 각지에서 동학농민군이 연달아 봉기하였다. 안성의 동학농민군은 안성 군청을 공격하여 무기고를 열고 무기를 탈취하여 무장하였다.[128] 동학농민군은 음죽현陰竹縣도 점령하여 무기고를 열고 무기를 탈취하여 무장하였다.[129] 동학농민군은 수원 부근에서도 봉기하여 활동했으며,[130] 일본군이 '토벌'에 나서 동학농민군 지도자를 체포하자 한때 후퇴했다가는 다시 전열을 정비하여 항일 무장활동을 하였다.[131] 동학농민군은 수원을 위협했으므로 일본군이 긴급히 병력을 수원에 증파하였다.[132] 고양과 용산 사이에서는 동학농민군이 진출하여 우편배달부를 습격해서 통신을 마비시키면서 일본군을 위협하였다.[133]

경상도에서는 일찍이 9월 초에 화개·남해·하동·사천·진주·곤양昆陽·성주 등지에서 동학농민군이 봉기하였다.[134] 남해에서는 음력 9월 11일(양력 10월 9일)에 호남 동학도 19명이 무장하고 현청에 돌입하여 이서들을 위협해서 감옥에

告書 送付의 件」, 11~13쪽 참조.
126 『白凡逸志』, 39~42쪽 참조.
127 『東學史』, 140쪽 참조.
128 『日省錄』, 高宗 31년 음력 9월 30일조 참조.
129 『日省錄』, 高宗 31년 음력 10월 2일조 참조.
130 『駐韓日本公使館記錄』 제1권, 「東學黨의 景況 및 征討에 관한 華城留守의 書翰」, 159~161쪽 참조.
131 『駐韓日本公使館記錄』 제1권, 「水原府匪徒討伐을 위한 日軍出兵과 朝鮮官軍의 協助에 관한 諸交信」, 141~143쪽 참조.
132 『駐韓日本公使館記錄』 제3권, 「水原으로의 軍隊 派遣의 件」, 362~363쪽 참조.
133 『駐韓日本公使館記錄』 제1권, 「高陽地方 兇徒情況과 寺院에 관한 報告上申」, 223~224쪽 참조.
134 『梧下記聞』, 甲午 9월조, 第2筆의 101~131쪽 참조.

있는 동학도 16명을 임의로 석방했고 이어서 200명의 동학농민군이 곤양 등지로 향하였다. 사천에서는 음력 9월 13일(양력 10월 11일) 수백 명의 동학농민군이 봉기하여 동헌에 직입하여 무기고를 열고 무기를 탈취하여 무장했으며, 20일에는 800명의 동학농민군이 총검을 들고 난입하여 공해公廨를 불태워 버렸다. 하동에서는 음력 9월 15일 동학농민들 수천 명이 다솔사多率寺에 모여서 봉기했으며, 광양·순천의 동학농민군들 수천 명이 기를 들고 꽹과리를 치며 총을 쏘아대면서 바로 하동읍을 공격하여 입성하였다.[135] 하동읍에는 본래 400명의 포수가 있었으므로 동학농민군에 저항하여 큰 전투가 벌어져서 동학농민군의 일진은 패배했으나 나머지 다른 동학농민군들이 일시에 공격하여 하동읍을 점령했으며 하동부사는 칠곡漆谷의 본댁으로 도망해 버렸다.[136] 이 전투로 하동의 많은 민가들이 불타고 수백 명이 사망하였다.[137] 하동의 동학농민군은 호남에서 온 동학농민군과 합세했으므로 그 기세가 매우 강대했기 때문에[138] 수천 명의 병력으로 진주를 점령하려고 위협하였다.[139] 고성에서는 600여 명의 동학농민군이 봉기하였다. 진주에서도 음력 9월 14일(양력 10월 12일) 부내에서 동학농민들이 봉기하기 시작했는데, 1일에는 하동으로부터 수천 명의 동학농민군이 들어와 진주성을 점령해 버렸다. 18일에는 영호嶺湖대접주 김인배金仁培가 1천여 명의 동학농민군을 거느리고 진주에 들어왔는데 군진의 전면에 '보국안민輔國安民'이라고 대서한 대홍기大紅旗를 세우고 징을 울리며 북을 치면서 총을 쏘아댔는데 포성이 우레와 같아서 관속들이 모두 도망하였다.[140] 진주에 모인 동

---

135 『承政院日記』, 開國 503년 9월 30일조 참조.

136 『關甘置付冊』(서울大古圖書) 甲午 8월 12일條, 「河東付別遣營校處令」 참조.

137 『韓國東學黨蜂起一件』(日本外務省外交史料館所藏), 「機密 第75號」 참조.

138 『駐韓日本公使館記錄』 제1권, 「第197號, 東學匪徒의 河東攻擊에 따른 巡査·兵力派遣問題」, 129쪽 참조.

139 『駐韓日本公使館記錄』 제1권, 「京 第90號, 河東附近 東學黨의 群集과 日軍出兵에 따른 地方官의 편의제공 문제」, 135쪽 참조.

140 『承政院日記』, 開國 503년 9월 30일조 참조.

학농민군들은 대집회를 연 다음 창원·김해·남해의 봉기를 촉구했으며,[141] 이어서 고성과 통영을 공격하려고 위협하였다.[142] 동학농민군의 강대한 세력에 놀란 일본 측은 부산병참부의 일본군을 출동시켜 대항하기 시작하였다.[143]

경상도 서남지방의 동학농민들은 진주를 거점으로 삼아서 여기서 출발하여 사출四出·단성·산청·선영·진해·칠원漆原 등의 여러 읍을 공격하여 일시 점거하였다.[144] 이에 놀란 경상관찰사 지석영池錫永이 동학당 대접주들과 면담하여 사태를 해결해 보려고 시도했다가,[145] 일본군에 탐지당한 바 되어 동학당에 동정적인 관찰사라고 격렬한 규탄을 받기도 하였다.[146]

경상도 지방의 동학농민군은 음력 9월 15일경 예천에서도 4, 5천 명의 큰 규모로 봉기하여 예천읍을 공격하였다.[147] 동학농민군은 9월 17일에는 용궁龍宮현에서도 봉기하여 무기고를 점령하고 무장했으며,[148] 9월 19일경에는 성주星州를 공격하여 무기고를 점령하고 무기를 탈취하였다.[149] 동학농민군은 상주尙州에서도 봉기하여 급파된 일본군과 전투하였다.[150] 또한 동학농민군은 선산 부근에서도 수천 명의 규모로 봉기하여 일본군의 낙동洛東병참부를 습격하려고 위협하였다.[151] 일본군은 진주의 동학농민군 수천 명이 두 갈래로 길을 나누어 부산을

---

141 『韓國東學黨蜂起一件』, 「機密 第75號」 참조.
142 『駐韓日本公使館記錄』 제1권, 「京 第92號, 慶尙道泗川의 東學黨에 관한 實況報告」, 146~147쪽 참조.
143 『承政院日記』, 開國 503년 11월 초4일조 참조.
144 『梧下記聞』 甲午 9월조, 第2筆의 103쪽 참조.
145 『駐韓日本公使館記錄』 제1권, 「第212號, 東萊府伯 등 各地方官의 匪徒歡待」, 136~137쪽 및 제3권, 「東學黨에 관한 東萊府伯의 협조의 件」, 277쪽 참조.
146 『駐韓日本公使館記錄』 제3권, 「東學黨을 환대한 地方官 처분의 件」 및 『日省錄』, 高宗 31년 음력 9월 15일조 참조.
147 『關草存案』, 甲午 9월 18일조, 「京畿道 33號·嶺南宣撫使 2號」 및 『日省錄』, 高宗 31년 음력 9월 15일조 참조.
148 『日省錄』, 高宗 31년 음력 9월 17일조 참조.
149 『日省錄』, 高宗 31년 음력 9월 19일조 참조.
150 『駐韓日本公使館記錄』 제3권, 「洛東守備兵의 尙州·東學黨 격퇴」, 294쪽 참조.
151 『駐韓日本公使館記錄』 제3권, 「可興·洛東 東學黨情況」, 363쪽 참조.

습격하려 할 것이라고 예견하고 이의 대책에 전전긍긍하였다.[152]

동학농민군의 성주와 하동 공격 때에는 전투가 격렬하여 성주에서는 민가 6백여 호가 소실되었고, 하동은 읍 전체가 불타다시피 되었다.[153] 동학농민군의 무장활동과 전선 절단에 의하여 일본군의 대구-안산 간의 전선이 모두 파괴되었다.[154] 10월 14일(양력 11월 11일)에는 진주 부근에서 동학농민군과 출동한 일본군 사이에 치열한 혈전이 전개되었다.[155] 일본군은 이 전투 1주일 후에도 이 지역을 장악하지 못하고 고전하였다.[156]

경상도에서의 동학농민군의 봉기는 이 이후에도 계속되어, 예컨대 10월 26일경에는 의흥에서도 농민군의 봉기가 있었으며[157] 11월 7일까지도 동학농민군의 봉기가 연이어 계속되었다.[158]

강원도에서도 동학농민군의 봉기는 광범위하게 일어났다.[159] 강원도에서는 1894년 음력 9월에 평창에서 오덕보 등이 봉기하기 시작한 것을 비롯하여 이어서 이화경 등이 원주에서 윤면호 등은 횡성에서, 심상현 등은 홍천에서 동학농민군을 일으켰다.[160] 강원도에서 큰 규모로 동학농민군이 봉기한 곳은 원주, 영원, 평창, 정선, 횡성, 홍천, 강릉, 양양 등지였다. 영원, 평창, 정선의 동학농민군은 합세하여 수천 명의 대군을 만들어서 대관령을 넘어 음력 9월 초4일(양력 10월 2일) 강릉을 공격해서 점령하였다.[161]

---

152 『駐韓日本公使館記錄』 제3권, 「晉州 東學黨의 釜山 습격 예정」, 358쪽 참조.
153 『日省錄』, 高宗 31년 10월 1일조 참조.
154 『駐韓日本公使館記錄』 제3권, 「大邱·安山간 電線파괴 배상요청」, 342쪽 참조.
155 『駐韓日本公使館記錄』 제3권, 「晉州附近 東學軍과 日軍의 전투」, 377~378쪽 참조.
156 『駐韓日本公使館記錄』 제3권, 「晉州·全羅西南部 東學黨征討의 件」, 381쪽 참조.
157 『日省錄』, 高宗 31년 10월 26일조 참조.
158 『日省錄』, 高宗 31년 11월 7일조 참조.
159 韓㳓劤, 「東學農民軍의 蜂起와 戰鬪-江原·黃海道의 경우」, 『韓國史論』 제4집, 1978 참조.
160 『東學史』, 140쪽 참조.
161 『東匪討論』, 『韓國學報』 제3집, 1976, 265쪽 및 『駐韓日本公使館記錄』 제3권, 「江陵·洪州·海州地方 東學黨征討報告」, 317쪽 참조.

강원도 동학농민군은 강릉을 점령하자마자 9월 초5일 동문에 "삼정三政의 폐막을 교혁矯革하고 보국안민輔國安民한다"[162]는 방문을 붙였다. 강원도의 동학농민군은 영원·평창·정선의 3읍을 점령했을 때에도 "삼정을 마음대로 정했으며 冒定三政" 강릉의 "부중에 4~5일 주둔하는 동안에도 군포세軍布稅와 적조세糴糴稅(환곡)를 바로잡아서 삼정을 임의로 삭감"[163]하였다. 또한 요호饒戶에 대해서는 전재錢財를 징발했을 뿐만 아니라 토지문서도 빼앗고자 하였다.[164] 동학농민군은 강릉을 점령하여 4~5일간 주둔했다가 대관령 너머로 다시 철수하였다. 차기석車箕錫이 지휘하는 동학농민군은 평창의 봉평내면에서 포수대장 강위서 姜渭瑞가 지휘하는 관군을 패주시켰다.[165] 이에 대항하여 일본군 2개 중대가 급파되었으며, 양반 유생들의 민보군民堡軍이 편성되어 동학농민군에 대항하였다.[166]

평안도에서도 동학농민군이 봉기하였다.[167] 평안도에서는 황해도와 접경인 상원祥原에서 약 6백 명의 동학농민군이 봉기하여 군아를 습격하였다. 함경도에서는 원산 부근에서 수백 명의 동학농민군이 봉기하였다. 평안도와 함경도에서는 규모가 작았다 할지라도 결국 전국 8도에서 모두 동학농민군이 봉기한 것이었다.

이때 제2차 농민전쟁에서 봉기한 동학농민군의 전국의 규모는 얼마나 되었을까? 전봉준은 그 후 체포되어 일본군의 심문을 받을 때, 그 동학농민군의 규모를 약 60만 명이며, 그중에서 생명을 바치기로 서약할 핵심세력은 약 4천 명이

---

162 『臨瀛討匪小錄』, 甲午 9월 초5일조, 7쪽, 「初五日 揭榜于邑東門 矯革 三政之弊瘼 輔國安民 云云」 참조.

163 『東匪討論』, 『韓國學報』 제3집, 265쪽, 「留住府中 至於四五日 維正軍糴稅 三政任意減削」 참조.

164 『東匪討論』, 『韓國學報』 제3집, 265쪽 참조.

165 『臨瀛討匪小錄』, 甲午 11월 초6일조, 19쪽 참조.

166 『駐韓日本公使館記錄』 제1권, 「寧越等地에 있는 石森大尉에게 보낸 訓令寫本의 送付」, 229쪽 및 『東匪討論』, 『韓國學報』 제3집, 266~303쪽 참조.

167 『內亂實記 朝鮮事件』 1894(明治 27) 중의 「戰亂日記」, 5~6쪽 참조.

라고 말하였다.[168] 당시 전국의 동학교도 중에서 약 60만 명의 동학농민군이 전국에서 제2차 농민전쟁에 봉기한 것이었다.

6. 일본군의 무력 배치와 작전

동학농민군이 1894년 음력 9월부터 제2차 농민전쟁에 봉기하기 시작하자 청일전쟁을 한반도에서 도발하여 전쟁중인 일제의 일본군과 조선정부의 관군은 이를 '진압'하기 위한 출동을 시작하였다. 이 중에 동학농민군을 탄압하고 대항하는 데 주도적으로 활동한 것은 일본군이었다. 물론 이것은 남의 나라에 무단 상륙하여 침략행위를 자행하고 남의 나라 농민운동에 무단 무력간섭한 불법적인 것이었다.

제물포에 상륙한 일본군

168 『東京朝日新聞』 1895년(明治 28) 3월 6일字, 「東學大巨魁審問續聞」 참조.

대조규개大鳥圭介의 후임으로 1884년 음력 9월(양력 10월)에 새로 부임한 주한 일본공사 정상형井上馨은 삼남지방에서 동학농민군 재봉기의 움직임이 일어나자 이 기회에 '축멸왜이逐滅倭夷'를 주창하는 항일세력인 동학군들을 뿌리뽑을 필요가 절실하다고 판단하여 동학군만을 전담하여 토벌할 1개 대대의 병력을 특파해 줄 것을 일본군의 대본영에 전보로 요청하였다. 이를 받아서 일제가 특파한 부대가 이른바 후비보병독립제19대대後備步兵獨立第19大隊였다.

이 때문에 국내외에서 나온 다수의 연구 문헌들이 동학농민군과 전투에 들어간 일본군 부대가 독립 제19대대 병력뿐인 것으로 기술해 왔는데, 이것은 전혀 그렇지 않다. 당시 일본군은 청일전쟁의 병참 공급로 확보와 병참조달을 위하여 후비보병 제6연대와 제10연대 및 후비보병 제18대대를 〈표 8-4〉와 같이 청일전쟁의 전선 후방이 되어 버린 한반도에 주둔시키고 있었다. 이 병력은 약 5천 명이었다.

‖표 8-4‖ **제2차 농민전쟁 당시 조선주둔 일본군의 배치 상황**(1894년)

수비지	신수비대	구수비대	교대 월일 (양력)
용산	} 후비보병 제6연대 제6중대	보병 제12연대 제12중대	10월 4일
인천		보병 제22연대 제5중대	10월 6일
부산	후비보병 제10연대 제4중대	보병 제21연대 제8중대	10월 6일
원산	후비보병 제6연대 제2중대		9월 25일
서울	보병 제22연대 제7중대 보병 제22연대 제2대대(제5중대결)		10월 6일
	후비보병 제18대대		11월 초순
대동강 이북	⎰ 후비보병 제6연대(제2중대결) 제3사단 후비기병 1소대 ⎱ 제6사단 후비공병 1소대		9월 25일 인천 상륙

| 대동강
이남
병참부 | 후비보병 제10연대 제1대대
후비보병 제6연대 제1, 2, 대대
후비보병 제19대대 | | 11월 초순
인천 상륙 |

<자료> 『朝鮮駐箚軍歷史』, 18~19쪽 및 『大山巖關係文書』의 「朝鮮守備隊一覽」에 의거하여 박종근 씨 작성. 朴宗根, 『淸日戰爭과 朝鮮』, 241쪽 참조.

일본군은 병참로를 경부로(京釜路)와 인천-대동강로(仁川-大同江路)의 2개 선으로 하여 요지마다 병참사령부를 설치했는데, 경부로에는 부산釜山·구포龜浦·물금점勿禁店·삼랑진三浪津·밀양密陽·청도淸道·대구大邱·다부多富·낙동洛東·태봉台封·문경聞慶·안보安保·충주忠州·가흥可興(河潭)·장호원長湖院·이천利川·곤지암昆池岩·오현烏峴·송파진松波鎭·서울京城의 21개소에 병참사령부를 설치했고, 인천-대동강로에는 인천仁川·용산龍山·파주坡州·장단長湍·개성開城·금천金川·총유葱莠·서흥瑞興·검수劍水·봉산鳳山·황주黃州·중화中和·어은동漁隱洞의 15개소에 병참사령부를 설치하였다. 일본군은 이 36개 병참부에 각각 수비대라는 통칭으로 1개 소대 내지 2개 소대씩을 주둔시켰다.[169]

갑오농민전쟁의 제2차 농민전쟁은 전국 각 지방에서 봉기했기 때문에, 일제는 이 병참부의 수비대 병력을 모두 동학농민군 '진압'에 투입하였다. 이 때문에 동학농민군 부대들도 기회만 있으면 일본군 병참부를 기습하여 치열한 전투를 전개하였다. 일제 기록에도 동학농민군과의 전투에서 사상당한 일본군 병참사령부 수비대의 일본군 명단이 일부 남아 있다.[170] 경기도·황해도·강원도·경상도 지방의 동학농민군 '진압'에는 전적으로 일본군 제18대대와 이 일본군 병참부 수비대가 투입되었고, 또 이 중 일부가 충청도와 전라도의 동학농민군 '진압'에 제19대대의 보조병력으로 투입되었다.

일본군 후비 보병독립 제19대대는 전라도와 충청도의 동학농민군을 찾아나서서 '수색 토벌'을 할 목적으로 특파된 부대였다. 이 일본군 부대는 조선정부

---

169 朴宗根, 前揭書, 199쪽 참조.
170 『駐韓日本公使館記錄』 제1권, 「東學黨에 의한 지금까지의 死傷者 通報」, 190~191쪽 참조.

의 관군과 합동하여 동학농민군을 '진압'하도록 되었는데 그 '진압'의 원칙으로서 다음과 같은 명령을 받았다.

동학당 진압을 위한 파견대장에게 내리는 훈령.

1. 동학당은 현재 충청도 충주·괴산 및 청주 지방에 군집해 있으며, 그 밖에 나머지 동학당은 전라도·충청도 각지에 출몰한다는 보고가 있으니, 그 근거지를 찾아내어 이를 초절剿絶하라.

2. 조선정부의 요청에 의해 후비보병제19대대는 다음 항에서 지적하는 세 개의 길로 분진하여 조선군과 협력, 연도沿道에 있는 동학당을 격파하고 그 화근을 초멸剿滅함으로써 동학당이 재흥하는 후환을 남기지 않도록 해야 한다. 그리고 그 우두머리로 인정되는 자는 체포하여 경성공사관으로 보내고, 동학당 거물급 간의 왕복문서, 혹은 정부 내의 관리나 지방관, 또는 유력한 측과 동학당 간에 왕복한 문서는 힘을 다해 이를 수집하여 함께 공사관으로 보내라.

〔……〕

단, 이번 동학당을 진압하기 위해 전후하여 파견된 조선군 각 부대의 진퇴와 조달은 모두 우리 사관의 명령에 따라서 하게 하며, 우리 군법을 지키게 해서, 만일 군법을 위배하는 자가 있으며 군율에 따라 처리하기로 조선정부로부터 조선군 각 부대장에게 이미 시달되어 있으니, 세 갈래 길로 이미 출발했거나, 또는 장차 출발할 조선군의 진퇴에 대해서는 모두 우리 사관으로부터 지휘명령을 받아야 될 것임.[171]

여기서 주목할 것은 일본군의 '진압'작전의 원칙이 ① 동학당의 근거지를 찾아내어 초멸剿滅할 것, ② 동학당의 재흥의 후환을 남기지 않도록 뿌리까지 철저히 초멸할 것, ③ 우두머리로 인정되는 자는 생포하여 서울의 일본공사관으

171 『駐韓日本公使館記錄』 제1권, 「後備步兵第19大隊 運營上의 訓令과 日程表」, 154쪽.

로 보낼 것, ④ 동학당 거물급 사이의 왕복문서 또는 동학당과 정부 관리·지방
관·유력자 사이의 왕복문서들은 힘을 다해 수집하여 일본공사관으로 보낼 것,
⑤ 일본군 사관이 조선군 각 부대를 지휘·명령할 것, ⑥ 조선군도 일본군법日本
軍法을 지키게 해서 위반자는 일본군율에 따라 처리할 것, ⑦ 동행하는 조선군
뿐만 아니라 이미 출발했거나 장차 출발할 조선군도 일본군 사관으로부터 지
휘·명령을 받도록 할 것 등이다. 이때 일본군은 항일세력인 동학농민군의 뿌리
까지 철저히 색출하여 살육해서 다시는 일어서지 못하게 할 것을 목적으로 했
으며, 처음부터 끝까지 모든 조선군 부대들을 일본군이 지휘하고 명령하도록
했음을 알 수 있다.

일본군 후비보병 제19대대는 3로(서로·중로·동로)로 나누어 동학농민군을 찾
아서 남하할 계획을 〈표 8-5〉와 같이 수립하였다.

‖표 8-5‖ **일본군 후비제19대대의 3로분진 예정표**

	서로분진중대	중로분진중대 및 대대본부	동로분진중대 및 수비대 1중대
제1일	흑천 부근	신원 부근	광주 부근
제2일	수원 부근	용인 부근	안흥 부근
제3일	진위 부근	양지 부근	장호원 부근
제4일	안성도 부근	죽산 부근	가흥 부근
제5일	천안 부근	(체재)	충주 부근
제6일	(체재)	진천 부근	(체재)
제7일	대평 부근	청주 부근	안보 부근
제8일	공주 부근	문의 부근	오동 부근
제9일	노성 부근	증약역 부근	태봉 부근
제10일	여산 부근	(체재)	낙동 부근
제11일	삼례역 부근	적등동 부근	연향역 부근
제12일	전주 부근	영동 부근	(체재)
제13일	태인 부근	추풍역 부근	다부역 부근
제14일	천원역 부근	개녕역 부근	대구 부근

제15일	장성 부근	낙동 부근	(체재)
제16일	(체재)		
제17일	담양 부근		
제18일	가옥리 부근		
제19일	남원 부근		
제20일	운봉 부근		
제21일	함양 부근		
제22일	안의 부근		
제23일	거창 부근		
제24일	(체재)		
제25일	권빈역 부근		
제26일	고령 부근		
제27일	성주 부근		
제28일	부상 부근		
제29일	낙동 부근		

일본군의 작전은 동로東路의 분진分進중대를 조금 먼저 출발시켜 동학농민군을 동북쪽으로부터 전라도 방면으로 내몰도록 하였다. 만일 동학농민군이 강원도와 함경도 방면으로 후퇴하면 러시아 국경 가까운 곳으로 후퇴하는 것이 되어 적지 않게 후환이 남을 것이라고 판단해서 이를 엄밀히 예방하려고 했기 때문이었다. 즉 동학농민군을 동북쪽으로부터 몰아 내려와서 전라도의 남해안 지방에 몰아붙여 여기서 모두 살육해 버려서 후일 일제의 한국 병탄에 대한 저항세력을 미리 철저히 발본색원하여 모두 초멸해 버리겠다는 것이었다.[172] 일본군은 이 작전을 위해 동로의 분진중대를 10월 13일(양력 11월 10일) 먼저 출발시켰으며, 동학농민군의 전라도 쪽으로의 몰이에 이 병력으로는 불충분하다고 판단하여 10월 19일(양력 11월 16일) 수비대 중에서 1개 중대를 다시 증파해서 2개

---

172 『駐韓日本公使館記錄』 제1권, 「公州救援要請과 江原·咸鏡·慶尙道 方面으로의 賊徒侵入 警告」, 164~165쪽 참조.

중대를 조선군과 함께 동로로 나아가게 하였다.[173]

　서로西路와 중로中路의 일본군 분진중대들은 이 보다 며칠 후에 출발해서 동학농민군을 '토벌'하되, 대대본부는 중로분진대와 함께 가고, 동학농민군이 전라도 남해안 지방에서까지 흔적도 찾아볼 수 없을 정도가 되면 일본군 특파대대는 경상도 낙동洛東병참사령부에 집합하여 다음 명령을 기다리도록 하였다. 그리고 양식 등 군수품의 보급은 각 분진중대에 조선정부의 진무사鎭撫使와 내무관리 등을 수행케 하여 각 지방관을 독려해서 현지조달하게 하였다.[174] 이 때문에 일본군은 각지에서 농민 등 한국 민간인들로부터 군량·우마 등을 징발하고서는 대금을 지급하지 않아 오랫동안 분쟁을 일으켰다.[175]

　그리고 전라도의 순천 앞바다에는 일본 해군의 군함 '축파筑波'와 '조강操江'의 2척의 군함을 파견해서 초계哨戒하면서 동학농민군이 다도해의 섬들이나 제주도에 들어가는 것을 차단하고, 때로는 해군육전대陸戰隊 병력을 상륙시켜 동학농민군 '정토征討'에 협력하게 하였다.

　그 결과 동학농민군 진압에 동원된 일본군 병력은 육군이 후비보병 제19대대, 후비보병 제18대대, 후비보병 제6연대, 후비보병 제10연대 등 약 5,800명이었고, 해군이 군함 축파호와 조강호의 2척과 육전대(해병대) 2대 중대였다. 이 병력으로 일본군은 경부로 이서의 충청도와 전라도의 동학농민군에 대한 포위망을 쳐서 3로로 좁혀 내려오는 작전을 취한 것이었다. 이 작전은 세부사항에서는 진전에 따라 일부 수정되었으나, 큰 골격과 원칙은 그대로 수행되었다.

　한편 조선정부의 관군의 경병京兵은 일본군이 음력 6월 21일 궁궐을 침범할 때 일본군에 의해 무장해제를 당했었고 그 후에 왕궁 호위대로 남은 병력은 모두 합해야 2천여 명밖에 되지 않았다. 갑오경장 후에 긴급히 새로 뽑은 교도중

173 『駐韓日本公使館記錄』 제1권, 「東路로의 1個中隊 增派問題」, 「發 第81號, 東路로의 1個中隊 增派通告」, 165∼167쪽 참조.
174 『駐韓日本公使館記錄』 제1권, 「後備步兵 第19大隊 運營上의 訓令과 日程表」, 155쪽 참조.
175 「訴狀」(서울大古文書), 甲午 1월 28일條 참조.

대教導中隊(壯衛營 소속)도 3백여 명에 불과했을 뿐 아니라 군사 훈련의 기간이 짧아서, 모든 경병을 합쳐도 수십만 동학농민군의 봉기에 대항하기에는 역부족이었다. 이러한 상태에서 조선정부는 9월 30일 정경원鄭敬源을 초토선무사剿討宣撫使로 임명하여 내려보냈다.[176]

동학농민군 진압에 동원된 조선군의 병력규모를 보면, 10월 12일에 서울을 출발한 선봉진先鋒陣이 ① 선봉진 본진 장병 89명, ② 통위영統衛營 장병 357명, ③ 교도중대 장병 326명 등의 합계 772명이었다.[177] 이어서 10월 16일부터 선봉진을 뒤이어 남하한 경병을 그 보급 기록에서 보면, ① 경리영經理營 709명, ② 순무영巡撫營 108명, ③ 통위영 301명, ④ 장위영壯衛營 844명 등의 합계 1,962명이었다.[178] 선봉진과 후속 본질을 합하면 조선정부의 경병은 2,734명이었다. 즉 경병의 규모는 약 2,800명 정도에 불과하였다.

여기에 조선의 각 도에는 지방병으로 감영監營의 영병營兵이 약간 있었다. 각 감영의 영병의 규모는 250~500명의 규모였던 것으로 추산된다.

이 밖에 지방유생들이 민보군民堡軍, 의병義兵…… 등 여러 가지 명칭으로 동학농민군에 대항하는 군대를 편성하여 경병과 영병을 지원했는데, 그 규모는 일정치 않다.[179]

일본침략군이 모든 반反동학군대들을 지휘하고 명령하면서 동학농민군 '진압'에 나선 것이었다.

---

176 『關草存案』, 甲午 9월 30일조, 「忠淸道 37號·全羅道 41號·兩湖宣撫使 6號」 참조.
177 『各陣將卒成册』(親軍統衛營), 『東學亂記錄』下卷, 639쪽 참조.
178 『各陣將卒成册』(京各營供給記), 『東學亂記錄』下卷, 649~652쪽 참조.
179 『甲午軍功錄』, 『東學亂記錄』下卷, 713~728쪽 참조.

7. 동학농민군 주력부대의 북상과 주요 전투

동학농민군은 1894년 음력 10월에는 전국 각지에서 봉기하여 자기 지방의 일본군 및 관군과 전투에 들어가고 각 지방 고을들을 점령하기 시작하였다. 이 중에서 동학농민군 총대장 전봉준은 삼례를 출발하여 10월 12일 논산에 도착해서 10월 16일경 북접의 동학농민군과 함께 논산대회를 치르고 부대를 개편한 후 10월 21일경 약 2만 명의 병력으로 공주를 향하여 북상하기 시작하였다.

전봉준 부대가 삼례를 출발한 무렵부터 남·북접의 동학농민군 주력부대가 치르고 주요 전투들 중의 몇 가지를 간단히 설명하면 다음과 같다.

1) 한밭(大田坪) 전투

전봉준 부대가 삼례로부터 논산으로 행군하여 논산대회를 개최하려고 준비하던 중에 전봉준 부대의 선봉대가 음력 10월 9일 직전경에 논산 북방의 한밭(大田坪)에서 영장 염도희廉道希가 인솔하는 충청도 감영군 80여 명과 조우하여 이를 섬멸한 전투이다. 『고종실록』에는 충청도 관찰사의 보고를 받은 10월 9일자 의정부의 계언으로 충청도 병영 영관 염도희가 병정 80명을 영솔하고 연산連山·진잠鎭岑을 순회하여 공주의 한밭(大田) 근방에 도착했을 때 돌연 동학농민군 1만여 명과 조우하여 생포되어서 소살燒殺당했는바, 병정의 전사자를 충청 감영에서 제사하고 공전公錢으로 보상할 것을 건의하였다.[180]

전봉준은 논산대회를 개최함에 즈음하여 대회 개최지를 엄호하기 위해 직전에 선봉대를 파견해서 논산 북방을 경계하게 했던 것으로 보이며, 충청도 감영병도 논산대회의 정보를 입수하고 사전에 그 개최지 일대를 순찰하고 귀임하다가 동학농민군과 조우한 것으로 보인다. 전봉준이 며칠 후 10월 12일 경군과 충청도 영병에게 보낸 고시문에서 "또한 공주 한밭일로 논지하여도 비록 춘간

---

180 『高宗實錄』, 高宗 31년 10월 초9일조 및 『日省錄』高宗 31년 10월 초9일조 참조.

春間의 보원報怨한 것이라 하나 일이 참혹하며 후회막급이며"[181]라고 기록한 것이 바로 이 '한밭전투'이다. 이것은 전봉준 부대의 선봉대가 충청도 영병을 쳐부순 전투였다.

2) 목천木川 세성산細城山 전투

전봉준 부대가 논산을 출발하여 공주로 향한 바로 그날인 음력 10월 21일 충청도 목천의 세성산에서 동학농민군과 일본군·관군 사이에 큰 전투가 벌어졌다.[182] 목천 세성산에는 앞서 쓴 바와 같이 김복용金福用이 지휘하는 북접의 동학농민군 3,000명이 토성土城을 쌓아 놓고 주둔하고 있었다. 이 농민군 부대와 그 주둔지인 세성산은 전봉준 부대가 북상하는 경우 그 선봉이 되는 위치에 있었으므로 이들이 전봉준 부대와 더불어 북상하는 경우 동학농민군의 서울 진입에 유리한 위치를 선취할 수 있다. 반면에 정부군이 세성산의 동학농민군을 패배시키면 동학농민군의 서울 진입을 일단 차단하여 저지할 수 있는 전략적으로 매우 중요한 위치에 있었다.

순무 선봉장 이규태李圭泰는 10월 20일 천안에 도착하여 공동작전을 하기로 한 일본군의 도착을 기다렸다. 당시 내포內浦에 상륙한 일본군과 관군은 바로 천안으로 오지 않고 먼저 홍주로 진군해서 홍주와 예산·덕산 방면의 동학농민군을 위협하여 목천 세성산 쪽으로 몰면서 우회하여 도착하였다. 그 결과 목천 세성산에는 예산·덕산 지방의 동학농민군도 밀려와 합류했기 때문에 동학농민군의 수는 더욱 증가하였다.

세성산의 지형은 남·동·북쪽의 3면은 산세가 험준하고 서쪽만 조금 평평해서 서쪽만 잘 지키면 진입해 들어오기 어려운 천연 요새의 지형이었다. 동학농민군은 이에 서쪽 산기슭 방어에만 전력을 투입하고 남·동·북쪽에는 지세의

---

181 『宣諭榜文幷東徒上書所志謄書』(告示 京軍與營兵 而敎示民); 『東學亂記錄』下卷, 379~380쪽.
182 『宣撫使呈報牒』, 甲午 10월 22일조, 『東學亂記錄』下卷, 8~9쪽 참조.

험준성만 믿고 방어를 소홀히 하였다. 일본군과 관군은 1개 소대를 세성산의 험준한 동남쪽 기슭에 배치하고, 2개 소대를 세성산의 험준한 북쪽 기슭에 매복시켰으며, 1개 소대와 다수의 관군을 세성산 서쪽의 토성 위에 정면으로 동학농민군과 대치하도록 배치하였다.[183]

일본군과 관군의 공격은 음력 10월 21일 시작되었다. 일본군은 처음 세성산의 평평한 서쪽 토성 안을 향하여 집중 공격하다가 이어서 세성산의 동남쪽으로부터도 공격하게 하였다. 동학농민군은 처음에 정면의 적을 향하여 치열하게 저항하여 전투하다가 적이 정면에만 있는 것이 아니라 배후에서도 공격해 오는 것을 보고 농민군을 나누어 용감히 대항하였다. 그러나 일본군의 화력이 우월하여 대항하기에 벅차게 되자 일본군이 없는 북쪽 기슭을 향하여 철수케 하였다. 이것이 치명적인 판단착오가 되어서, 북쪽으로 철수하던 동학농민군은 매복한 일본군·관군의 2개 소대의 집중포화에 걸려 필사적으로 저항했으나 막대한 희생을 내고 참패하였다. 이 전투에서 동학농민군은 전사자 약 370명, 부상자 약 400명을 내고 동학군 대장 김복용과 중군 김영우金永祐, 화포장 원금옥元金玉 등은 일본군·관군에 생포되어 총살당하였다.[184]

동학농민군의 세성산 전투에서의 참패는 서울을 향한 농민군의 북상로가 차단·저지당한 것으로서 동학농민군의 작전과 시기에 큰 타격을 주었다. 그리고 중앙의 정규군으로서의 막강한 일본군·경군과 동학농민군 사이에는 정상적인 전력과 화력에서 엄청난 격차가 있음을 처음으로 잘 증명해 보여 주었다.

---

183 『巡撫先鋒陣謄錄』, 甲午 10월 22일조, 『東學亂記錄』上卷, 413~414쪽 참조.
184 『巡撫先鋒陣謄錄』, 甲午 10월 22일조, 『東學亂記錄』下卷, 8~9쪽; 『官報』, 開國 503년 10월 27일자 및 菊池謙讓, 『朝鮮近代史』下卷, 239~241쪽 참조.

3) 공주 이인利仁 전투

전봉준 부대 1만 명과 손병희 부대 1만 명은 음력 10월 21일 공주를 향해 논산을 출발하여 노성魯城과 공주 경천점敬川店에 군영을 설치하였다. 여기서 동학농민군은 3로로 나누어 공주를 향해 농민군을 진출시켰다.[185] 우선 주력부대인 전봉준 부대의 1대는 이인역으로 진출하고 다른 1대는 무너미(板峙)를 넘어 공주 남쪽 10여 리 지점의 효포孝浦에까지 진출하며, 손병희 부대(통칭 옥천·영동포)는 공주 동쪽 30리 지점의 대교大橋에 진출하게 하였다. 2만 명의 동학농민군이 3로로 나누어 동시에 진출하면서 공주를 3면에서 공격하기 시작했으므로 이제 공주는 풍전등화의 상태에 놓이게 되었다.[186] 이때 공주에는 일본군이 다 도착하지 않아서 일본군 1개 중대(200명)와 조선정부의 경군 약 800명 및 소수의 영병과 민보군이 방어군세를 형성하고 있었다.[187]

전봉준 부대의 1대는 음력 10월 22일 이인역을 공격하여 점령하였다. 이에 놀란 충청도 관찰사는 23일 새벽에 명령을 내려 서산군수 성하영成夏泳, 안성군수 홍운섭洪運燮, 경리청經理廳 영관領官 구상조具相祖, 참모관 구종희具宗喜 등의 관군과 일본군이 합세하여 이인역을 탈환하게 하였다. 일본군과 관군은 음력 10월 23일 이인의 동학농민군을 공격하여 치열한 전투가 전개되었는 바, 이것인 '이인 전투'였다. 일본군과 관군은 한때 이인역을 탈환하여 점령한 듯하였다.[188] 그러나 동학농민군이 산에 올라가 대포를 쏘면서 관군과 일본군에게 집중사격을 가하며 용감히 싸워 다시 이인역을 점령했으므로 일본군과 관군은 패퇴했으며[189] 충청도 관찰사의 후퇴명령에 기탁하여 웅치熊峙 방면으로 후퇴하

---

185 『官報』, 開國 503년 11월 27일자, 「公山剿匪記」 중의 〈利仁之役〉(亞細亞文化社版) 第1卷, 759~760쪽 참조.
186 『先鋒陣呈報牒』, 甲午 10월 26일조, 『東學亂記錄』 下卷, 172~173쪽 참조.
187 『駐韓日本公使館記錄』 제1권, 「公州附近戰鬪詳報」, 209쪽 참조.
188 『巡撫先鋒陣謄錄』, 甲午 10월 28일조, 『東學亂記錄』 下卷, 17~18쪽 참조.
189 『先鋒陣呈報牒』, 甲午 10월 26일조, 『東學亂記錄』 下卷, 165쪽 및 『時聞記』, 甲午 10월 23일조, 21쪽 참조.

였다.[190] 이 '이인 전투'에서는 동학농민군이 크게 승리했으며, 일본군과 관군은 전사자 약 120명과 부상자 약 300명을 내고 참패하였다.[191]

이인 전투는 공주전투公州戰鬪의 첫 번째 전투로서, 동학농민군은 이 첫 번째의 전투에서 크게 승리한 것이었다. 동학농민군의 사기는 충천하게 되었다.

4) 효포孝浦 전투

동학농민군의 1대는 이인 전투에서 승리한 후 바로 이어서 음력 10월 24일 새벽 공주감영의 뒷산인 봉황산鳳凰山을 포위했으며, 다른 1대는 판치板峙(무너미)를 넘어 효포를 공격해서 점령하였다.[192] 효포를 지키던 관군과 일본군은 동학농민군의 하늘을 찌를 것 같은 사기에 놀라서 제대로 싸워 보지도 않고 도주하였다.

조선정부의 『관보』는 관군이 효포전투에서 제대로 싸우지도 않고 패주한 것을 마치 관군이 동학의 대군을 피하여 철수한 것처럼 뱃사람의 말을 인용하면서 다음과 같이 기록하였다.

"날이 밝은 후에 금강 나루의 뱃사공이 찾아와 보고하기를, '효포에 주둔한 유진병留陣兵이 이른 새벽 달빛을 타고 강을 건너가 버렸다. 일본군 소위도 비록 여러 번 만류했으나 다음에 만나자고 말하고 (유진병이 떠났으므로) 드디어 (일본군도) 이른 아침 북상하였기 때문에, 인심이 흉흉하고 의뢰할 곳이 없어 소란이 크게 일어나서 진정시킬 수가 없다'고 하였다. 진시에서 연기가 일더니 적병(동학농민군-인용자)이 크게 이르렀다고 보고하여 효포에 방비가 없어 무인지경과 같이 들어온 것을

---

190 『官報』, 開國 503년 11월 27일자 「公山剿匪記」 중의 〈利仁之役〉(亞細亞文化社版) 第1卷, 760~761쪽 및 『巡撫先鋒陣謄錄』, 甲午 10월 27일조; 『東學亂記錄』上卷, 43~44쪽 참조.
191 『東學史』, 146쪽 및 菊池謙讓, 『朝鮮近代史』下卷, 242쪽 참조.
192 『時聞記』, 甲午 10월 24일조, 21~22쪽 및 『東學史』, 146쪽 참조.

알았다."[193]

그러나 효포전투는 동학농민군이 대규모로 공격해 들어오자 효포를 지키고 있던 관군과 일본군 중에서 관군이 먼저 도망치고 뒤이어 만류하던 일본군도 패주한 전투였음을 알 수 있다.[194]

이날 대교를 점령했던 북접의 손병희 부대(통칭 영동·옥천포)는 안성군수 홍운섭洪運燮의 관군으로부터 공격을 받았으나 이를 물리치고 철수하여 전봉준 부대와 합류하였다.[195]

동학농민군은 이인전투와 효포전투에서 연달아 승전하고 공주를 3면에서 포위하여 사기가 하늘을 찌를 것같이 충천하였다.[196] 조선정부의 『관보』에서조차 "이날 밤 적군賊軍(동학농민군-인용자)의 첩첩 화관이 수십리를 서로 비치니 인산인해를 어찌 큰 강의 모래 숫자에 비길 것인가"[197]라고 비유하였다.

그러나 이날 밤부터 일본군과 관군의 전력은 크게 보강되었다. 일본군 대위 삼미森尾가 지휘하는 일본군 1개 중대가 공주에 도착했으며, 뒤이어 이규태李圭泰가 인솔하는 경병의 선봉진이 공주에 도착했기 때문이었다.[198]

5) 웅치熊峙 전투

동학농민군은 10월 25일 새벽 6시에 부대를 3로로 나누어 3천 명의 주력부대는 웅치에 있는 관군을 공격하고, 1대隊는 능암산陵庵山에 있는 일본군을 공격하며, 다른 1대는 그 옆 월성산에 있는 관군을 공격하게 하였다. 동학농민군

---

193 『官報』, 開國 503년 11월 28일자, 「孝浦之戰」(亞細亞文化社版) 第1卷, 765쪽.
194 『巡撫先鋒陣謄錄』, 甲午 10월 27일자條, 『東學亂記錄』上卷, 439~440쪽 참조.
195 『官報』, 開國 503년 11월 28일자, 「孝浦之戰」(亞細亞文化社版) 第1卷, 766쪽.
196 『先鋒陣呈報牒』, 甲午 10월 25일조, 『東學亂記錄』下卷, 174~175쪽 참조.
197 『官報』, 開國 503년 11월 28일자, 「孝浦之戰」(亞細亞文化社版) 第1卷, 766쪽.
198 『官報』, 開國 503년 11월 28일자, 「孝浦之戰」(亞細亞文化社版) 第1卷, 765~766쪽 참조.

은 냉천 뒷산을 점령하여 웅치와 월성산 관군과 치열한 교전을 전개하였다. 그리고 1대가 능암산의 일본군을 공격했으나, 성공하지 못하였다. 일본군은 월성산과 능암산의 중앙에 들어가서 동학농민군의 측면과 배후를 공격했으나 실패하였다. 동학농민군과 일본군·관군은 이렇게 서로 대치한 상태에 있다가 오후 1시가 되자 동학농민군도 뒤쪽 산으로 철수하기 시작하고 일본군도 오후 2시에 공주로 철수하였다.[199] 이날의 웅치 전투는 일본군의 보고에 의하면 승부없이 서로 비등하였다.

그러나 조선 관군의 기록은 웅치 전투에서의 동학농민군의 피해를 과장하였다. 즉, 『관보』는 "25일 이른 아침 일본군도 또한 웅치에 올라왔는데 적군(동학농민군-인용자) 대장은 홍개紅蓋를 날리면서 큰 가마를 타고 남로로 바로 올라오는데 그 기세가 조수의 밀리는 것과 같았다. 일본군과 관군은 동시에 연달아 포를 쏘아대니 그 소리가 산골짜기를 진동하였다. 혈전 수시간에 사상자가 매우 많아 저들은 마침내 퇴각하였다"[200]라고 기록하였다. 또한 순무선봉진巡撫先鋒陣의 기록은 "적의 세력은 과연 소문과 같이 산과 들을 덮어 헤아릴 수 없는 숫자였다. 소위 적장 전봉준은 가마타고 홍개를 휘날리며 깃발을 들고 뿔나팔을 불면서 벌떼처럼 3로로 진병해 왔는데 반일을 치열하게 싸웠으나 승부를 가리지 못하였다. 오후 4시경에 이르러 헤아려보니 적 포살 70여 명, 생포 2명이었다"[201]고 기록하였다.

그러나 일본군의 보고는 웅치전투에서 동학농민군의 피해를 "전사가 6명, 부상자 미상"[202]이라고 하였다.

동학농민군은 날이 어두워가자 바야흐로 철수함에 있어서 대포 소리를 연발하여 전투를 하려는 기세를 보이면서 오히려 대장이 군대를 수습하여 철수했

---

199 『駐韓日本公使館記錄』제1권, 「公州附近戰鬪詳報」, 209쪽 참조.
200 『官報』, 開國 503년 11월 28일자, 「孝浦之戰」(亞細亞文化社版) 第1卷, 766쪽.
201 『巡撫先鋒陣謄錄』, 甲午 10월 27일자條, 『東學亂記錄』上卷, 411쪽 참조.
202 『駐韓日本公使館記錄』제1권, 「公州附近戰鬪詳報」, 209쪽 참조.

는바, 이를 관찰한 일본군 장교가 저들도 역시 병술을 안다고 말하였다.[203]

동학농민군은 해가 떨어지자 공주로부터 남쪽으로 30리 떨어진 지점의 경천점까지 철수하여 주둔하였다. 웅치전투는 승부를 가릴 수 없는 막상막하의 전투였지만 전봉준 부대로서는 처음으로 승리하지 못한 전투였으며, 전력이 많이 소모되었기 때문에 전력 충원이 필요했던 것으로 보인다.

6) 홍주洪州 전투

전봉준이 경천점敬川店에 주둔하여 다음 전투를 준비하고 있을 무렵인 음력 10월 28일(양력 11월 25일), 박덕칠朴德七 등이 지휘하는 홍주·예산·덕산德山 지방의 동학농민군이 홍주성을 공격하였다. 당시 홍주는 일본군 1개 소대가 동학농민군을 토벌하겠다고 여미餘美·해미海美 방면으로 나갔다가 동학농민군에게 포위당하여 쫓겨서 홍주성 안으로 도망해 들어와 30명의 관군 및 약 1,000명의 민보군이 수비하고 있었다.[204] 동학농민군 일본군이 도망해 들어간 홍주성을 공격하고 함락하려고 음력 10월 28일(양력 11월 25일) 오후 홍주성을 포위하고, 오후 4시 덕산 가도 왼쪽 고지의 진지를 점령하였다. 일본군은 이때 홍주성 포위한 동학농민군의 병력을 약 3만 명이라고 추산하였다.[205]

동학농민군은 오후 4시 25분경 홍주의 수고水庫 언덕을 공격하고, 동문 성밖 1백미터 앞까지 접근하여 맹렬한 사격을 가하였다. 일본군과 관군은 소총과 대포를 발사하여 필사적으로 저항하였다. 동학농민군은 야음을 이용하여 밤에 대공격을 가해서 홍주성을 점령하려고 하였다. 이에 동학농민군은 밤이 되자 야음을 이용하여 대포를 동문 앞 40미터 지점까지 끌고 가서 동문에 마구 발사하여 공격하였다. 일본군과 관군은 동문에 응원대를 증파하여 필사적으로

---

203 『官報』, 開國 503년 11월 28일자, 「孝浦之戰」(亞細亞文化社版) 第1卷, 766~767쪽 참조.
204 『駐韓日本公使館記錄』 제1권, 「發 第103號, 洪州賊徒擊退狀況報告 및 援兵要請」, 222쪽 참조.
205 『駐韓日本公使館記錄』 제1권, 「洪州附近戰鬪詳報」, 212쪽 참조.

저항하였다. 동학농민군은 저녁 7시 30분까지 치열한 공격전을 전개했으나 홍주성을 함락하지 못하였다. 이튿날 음력 10월 29일 날이 새자 새벽 6시경 동학농민군은 세 방면에 엄호병을 남기고 홍주 성문으로부터 약 1,500미터 되는 지점에 있는 응봉鷹峰고지로 철수하여 이 고지의 관군 진지를 점령하고, 이어서 오후 5시경 해미 방면으로 철수하였다. 이 홍주성 전투에서 일본군은 동학농민군의 전사자를 약 200명, 부상자는 미상이라고 하였다.[206] 홍주성 전투는 동학농민군이 승전하지는 못했지만 대병력으로 일본군과 관군을 공격한 대전투였다.

동학농민군은 해미로부터 예산의 신례원新禮院으로 이동하여 주둔해서 예산읍을 위협했던 것으로 보인다.[207] 예산현감은 음력 10월 29일 동학농민군 수만 명이 신례원에 주둔하고 있는데 예산·대흥·홍주 3읍의 민보군과 관군이 이를 막고 있지만 관군이 패전하면 동학농민군이 바로 예산읍에 들어오게 되어 있어 위험이 경각에 달렸으니 긴급히 구원해 달라고 선봉진에 화급한 군대 증파를 요청하였다.[208] 또한 일본군은 보병 1개 대대 또는 2~3개 중대와 대포 몇 문을 홍주에 보내줄 것을 요청하였다.[209] 일본 측은 이에 응하여 일본군 1개 중대를 응원병으로 음력 11월 4일(양력 11월 30일) 아산에 상륙시켜 이튿날 홍주에 도착케 하였다.[210] 홍주·예산·덕산 부근의 동학농민군부대의 막강함과 홍주성 전투의 격렬했음을 여기서도 알 수 있다.

---

206 『駐韓日本公使館記錄』 제1권, 「洪州附近戰鬪詳報」, 211~212쪽 참조.
207 『先鋒陣呈報牒』, 甲午 10월 29일조, 『東學亂記錄』 下卷, 182~183쪽 참조.
208 『巡撫先鋒陣謄錄』, 甲午 10월 29일자條, 『東學亂記錄』 上卷, 447쪽 참조.
209 『駐韓日本公使館記錄』 제1권, 「發 第103號, 洪州賊徒擊退狀況報告 및 援兵要請」, 221쪽 참조.
210 『駐韓日本公使館記錄』 제1권, 「後援兵 1個中隊의 洪州倒着 및 賊徒擊退에 관한 別報」, 226쪽 참조.

7) 공주 우금치牛金峙 전투

동학농민군 총대장 전봉준은 10월 25일 경천점으로 철수하여 이곳에 약 10여 일간 주둔하면서 공주를 공격하여 결전을 감행할 준비를 하였다. 동학농민군들은 우선 탄환 공급을 강화하고 부대도 정비하여 보강하였다. 그리고 전봉준은 동학농민군의 병력을 대폭 증강시키기 위하여 김개남에게 긴급히 통지하여 8천 명의 동학농민군 부대를 인솔하고 경천에 와서 공주의 결전에 참가하도록 하였다.[211] 그러나 김개남 부대는 경천에 오지 않았으며, 공주회전公州會戰에 참가하지 않았다.[212]

한편 일본군과 관군도 전투준비를 강화하였다. 일본군은 남하하는 제19대대의 모든 병력과 응원대를 공주에 집합하도록 명령하였다. 이에 서로분진대西路分進隊가 음력 10월 26일(양력 11월 23일) 공주에 도착하였고, 중로中路분진대와 제19대대 대대본부 병력은 대대장 남소사랑南小四郞과 함께 음력 10월 29일(양력 11월 26일) 공주에 도착하였다.[213] 일본군은 홍주에 파견된 일본군 응원대 1개 중대에 대해서도 공주에 모여 합세하라고 명령하였다.[214] 그리하여 공주에는 일본군 1개 대대 병력(약 1,000명)이 집합했으며, 조선정부의 경군도 이미 이규태李圭泰가 지휘하는 선봉진까지 도착하여 약 2,000여 명이 주둔하게 되었다.

조선정부의 『관보』에 의거하여 보면, 음력 11월 초3일 선봉진과 일본군 장교는 상의하여 군대를 3진으로 나누었는바, 제1진은 판치板峙(무너미)에, 제2진은 이인에, 제3진은 공주영 밑에 주둔케 하여 서로 교대 윤회케 하면서 전진 방어의 체제를 갖추었다.[215]

---

211 『官報』, 開國 503년 11월 29일자, 부록 「牛金之師」(亞細亞文化社版) 제1권, 771쪽 참조.
212 『全琫準供草』, 四招問目, 『東學亂記錄』 下卷, 558쪽 참조.
213 『駐韓日本公使館記錄』 제1권, 「仁站發甲 第43號, 洪州附近東學黨征討 및 視察所見에 관한 山村大尉의 報告寫本 送付」, 231쪽 참조.
214 『駐韓日本公使館記錄』 제1권, 「洪州地方 東學徒討伐狀況」, 227쪽 참조.
215 『官報』, 開國 503년 11월 29일자, 부록 「牛金之師」(亞細亞文化社版) 제1권, 771쪽 참조.

동학농민군의 우금치 전투 기록화

동학농민군은 전봉준이 직접 지휘하는 약 1만 명의 전봉준 부대와 손병희가 지휘하는 약 1만 명의 손병희 부대가 2로로 나누어 11월 초8일(양력 12월 4일) 오후 2시경부터 일제히 제1차 총공격을 개시하였다.[216] 동학농민군의 1대는 판치(무너미)로 직진하여 경리청經理廳 영관 구상조具相祖가 지휘하는 경군을 맹렬히 공격하였다. 구상조가 지휘하는 경리청 관군은 혼비백산하여 패주해서 공주읍 안으로 급히 퇴각하였다. 동학농민군의 다른 1대는 이인利仁으로 직진해서 2로로 나누어 정면에서는 성하영成夏泳이 지휘하는 경군을 맹렬히 공격하고 후면에서는 오실梧室 상로를 따라 3면의 산을 끼고 퇴로를 차단하여 성하영의 관군을 포위해 버렸다. 성하영의 관군은 이인에서 동학농민군에 포위되어 막대한 희생을 내며 몇 시간 동안을 악전고투하다가 밤이 되었는데 마침 비가 내려 화승총 사격이 몇 시간 멈추자 간신히 포위망을 탈출하여 도주해서 공주성 안으로 들어갔다. 동학농민군은 향봉산香峰山 위로부터 약 1,400미터 떨어진 산 위 일대에서 밝게 불을 지피고 공주성의 동남쪽을 포위하면서 계속 총과 포를 쏘아댔으며, 일본군과 관군은 공주성 안에 패주하여 들어간 채, 이튿날 아침까

216『先鋒陣日記』, 甲午 11월 16일조, 『東學亂記錄』上卷, 235∼236쪽 참조.

지 서로 대치하고 있었다.[217]

　다음 날인 11월 초9일 새벽부터 일본군 장교의 지휘하에 일본군과 관군은 공주성 방위를 위한 부대 재배치를 단행하였다. 일본군은 삼미森尾 대위의 지휘하에 1개 중대의 선봉대를 우금치의 최고지에 주둔케 하고, 통위영統衛營 대관隊官 오창성吳昌成이 지휘하는 관군은 금학동金鶴洞에, 경리청 영관 구상조가 지휘하는 관군은 웅치熊峙에, 통위영 영관 장용진張容鎭이 지휘하는 관군은 봉수대에 주둔케 했으며, 이인에서 탈출하여 돌아온 성하영의 관군은 일본군과 함께 우금치에 주둔케 하였다. 그리고 영장 이기동李基東이 지휘하는 영병營兵은 봉황산의 뒷산인 주봉周峰에 주둔케 하였다. 지리적으로 유리한 지점은 일본군과 관군이 선점하여 주둔해서 방어태세를 갖춘 것이었다.

　동학농민군은 11월 초9일 오전 10시부터 제2차 대공격을 감행하였다. 동학농민군은 효포로부터 웅치와 우금치에 이르는 30리의 전선을 3로로 나누어 대공격을 감행했는데 주공격지점은 공주영에 바로 들어가는 가장 중요한 길목인 우금치였다. 동학농민군의 공격과 전투는 참으로 치열하였다.

　조선정부의 『관보』는 이를 표현하여 "적병賊兵은 3면으로 둘러싸고 수미가 30리가 된 것이 마치 상산常山의 뱀과 같아서 격격擊擊하면 바로 응應했다"[218]고 기록하였다. 또한 『순무선봉진등록』은 "그 이튿날 초9일 낮이 되어 적의 세력을 상세히 탐문하니 각 진이 서로 바라보는 곳에 깃발들이 가득히 꽂혀 있는데 동쪽으로는 판치 뒷산으로부터 서쪽으로는 봉황산 뒷기슭까지 연달아 3, 40리에 걸쳐 산상에 진을 친 것이, 마치 사람으로 병풍을 두른 것과 같아서 세력이 심히 창궐하여 고립무원의 염려가 없지 아니하였다"[219]고 기록하였다. 또한 동학농민군의 전투하는 모습에 대하여 『순무사정보첩』은 "아 저 수만의 비류들은

---

217 『巡撫先鋒陣謄錄』, 甲午 11월 초10일조, 『東學亂記錄』 下卷, 28~29쪽 참조.
218 『官報』, 開國 503년 11월 29일자, 부록 「牛金之師」(亞細亞文化社版) 第1권, 772쪽.
219 『巡撫先鋒陣謄錄』, 甲午 11월 29일조, 『東學亂記錄』 上卷, 487쪽 참조.

둘러친 것이 연하여 4, 50여 리에 걸쳐서 길이 있으면 길을 싸워서 빼앗고 높은 봉우리가 있으면 그것을 싸워서 점거하려고 성동추서聲東趣西하고 섬좌홀우閃左忽右하면서 깃발을 휘날리고 북을 두드리며 죽음을 무릅쓰고 앞을 다투어 기어오르는 것은 어떠한 의미이며 어떠한 담략인지 언념정적言念情跡에 등골이 써늘하였다"[220]고 기록하였다. 또한 『관보』는 우금치 전투를 묘사하여, 일본군이 "산마루에 나란히 서서 일시에 총을 쏘고 다시 산속으로 은신했다가 적이 고개를 넘고자 하면 곧 또 산마루에 올라가서 일제히 총을 발사했는데 이렇게 하기를 4, 50차 하니 시체가 산으로 가득히 찼다"[221]고 기록하였다. 이것은 동학농민군이 우금치 고개를 넘으려고 4, 50차나 돌격전을 감행했음을 알려 주는 것이니, 동학농민군이 빈약한 무기를 가지고 일본군의 우세한 화력 앞에서 얼마나 용감하고 처절하게 전투했는가를 잘 전하여 주고 있다.

조선정부의 『관보』에 그려져 있는 우금치전투도(牛金之師)를 보면, 우금치에서 일본군(日大尉留陣)과 직접 대치하여 전투한 것은 전봉준부대全賊留陣였다.[222] 일본군의 보고에 의하면, 우금치에서 대치하여 공격해 온 동학농민군이 약 1만 명이었고, 이와는 별도로 삼화산三花山에 주둔했다가 오실 뒷산을 향해 전진한 동학농민군도 약 1만 명이라고 하였다. 이 두 자료를 종합해 보면 1만 명의 전봉준 부대가 요지인 우금치를 공격하였고, 다른 동학농민군 1대(손병희 부대인 듯) 1만 명이 오실 뒷산을 넘어 공주로 들어가려고 오실 뒷산을 향해 전진했음을 알 수 있다. 일본군의 보고는 다음과 같이 기록하였다.

"5일(음력 11월 9일-인용자) 오전 10시 이인가도利仁街道와 우금치산 사이 약 10리에 걸친 곳에 적도賊徒가 대략 1만여 명이 나타나 우리(일본군-인용자)의 우익 서쪽

220 『巡撫先鋒陣謄錄』, 甲午 11월 초10일조, 『東學亂記錄』 下卷, 31쪽.
221 『官報』, 開國 503년 11월 29일자, 부록 「牛金之師」(亞細亞文化社版) 제1권, 773쪽.
222 「東學亂史料」(完), 『亞細亞研究』 1962년 6월호, 「公州剿匪記篇」의 〈牛金之師圖〉, 292쪽 참조.

을 향해 급진해 왔다. 그 기세가 맹렬하였다. 우금치산은 공주의 요지로서 이곳을 잃으면 공주를 지킬 방도가 없다.

이와 동시에 삼화산三花山의 적(1만여 명)도 오실梧實 뒷산을 향해 전진하였는데, 그 정세가 매우 급하였다. 그리고 이곳 역시 공주의 요지로 천연의 험지이다."[223]

일본군의 보고자료에 의하면, 전봉준 부대는 10시부터 급히 공격을 시작하여 전진해서 10시 40분경에는 우금치 정상의 전방 약 500미터에 있는 산 위로 전진해 왔다. 일본군은 병력을 증파하여 일제사격을 가했으나 동학농민군은 교묘하게 지형지물을 이용하여 약 200명이 우금치 정상에서 약 150미터 되는 산허리로 진격해 왔으며, 그 선두의 5, 6명은 바로 몇 미터 앞 사각死角 지점에 육박했고, 앞산 위에 있던 동학농민군은 더욱더 가까이 전진해 왔다. 여기서 우금치 고개마루의 일본군과 그 앞 140~150미터 지점에 접근하여 진을 친 전봉준 부대의 동학농민군 사이에 10시 40분경부터 오후 1시 40분경까지 3시간 동안 혈전이 전개된 것이었다. 전봉준 부대의 동학농민군은 일본군의 몇 미터 앞까지 돌격했다가는 일본군의 일제사격에 걸려 무너지고 또 돌격했다가 무너지는 것을 되풀이했다. 일본군의 장총은 500보의 거리를 자연 발화식으로 사격할 수 있었는 데 비하여, 동학농민군의 화승총은 심지에 불을 붙여서 100보밖에 못 나가니 무기의 격차를 도저히 극복할 수 없는 것이었다.[224] 동학농민군이 우금치 고개만 넘어 일본군을 제압하면 공주는 점령되는 것이었다. 그러나 동학농민군의 돌격은 우금치 고개마루를 선점한 일본군의 몇 미터 앞에서 되풀이되어 좌절당하였다. 조선 관변 측 기록에서 동학농민군이 40~50차례나 고개를 넘으려고 처절하게 공격해 와서 시체가 산에 가득했다고 기록한 것이 바로 이 전투였다.

---

223 『駐韓日本公使館記錄』 제1권, 「公州附近 戰鬪詳報」, 247쪽 참조.
224 『梧下記聞』, 甲午 10월조, 第3筆의 20쪽 참조.

일본군은 오후 1시 20~40분 사이에 경리영의 조선군 50명을 차출하여 우금치의 전방 산허리로 전진시켜서 우금치 고개마루로부터 약 140~150미터의 산허리에 걸쳐있는 전봉준 부대의 왼쪽을 사격케 하였다. 정면과 좌측의 양 방향에서 협공을 받게 된 전봉준 부대는 전방 약 500미터 지점의 산꼭대기로 퇴각하였다. 우금치에 주둔했던 일본군은 조선군經理營兵의 엄호사격을 받으면서 그 전방 산허리로 위치를 전진시켰으며, 동학농민군이 일본군의 진격에 동요되는 것을 보고 일본군 1개 소대와 1개 분대를 차출하여 동학농민군 속으로 돌격전을 감행하였다. 이에 전봉준 부대의 동학농민군은 퇴각을 명령하여 이인방면으로 철수하였다. 전봉준 부대는 우금치전투에서 패전한 것이었다.

일본군은 철수하는 전봉준 부대의 추격을 경리청의 조선 관군에게 맡기고 일본군 1개 중대를 급파하여 이인가도利仁街道로 나가 전봉준 부대의 퇴로를 차단하려고 하였다. 그러나 일본군이 이인 부근에 이르러 보니 전봉준 부대는 아직도 전투력을 갖고 있어서, 일본군이 지형지리에 기대지 않고 전봉준 부대를 공격했다가는 패전할 것이 내다보이므로 일본군은 이인 부근 일대의 산허리에 불을 지르고 몰래 퇴각하였다. 그러나 오실 뒷산에 있는 동학농민군(손병희 부대)은 손실을 입지 않아 퇴각하지 않고 있었으므로 그에 대한 경계를 조선 관군에게 맡기고, 일본군은 오후 8시에 공주로 철수하였다. 즉 음력 11월 9일의 우금치 전투는 오전 10시부터 오후 8시까지 하루 종일 전개된 셈이며, 특히 그중에서 오전 10시 40분부터 오후 1시 40분까지의 우금치 산마루의 일본군과 그 약 140~150미터 앞 우금치 산허리의 전봉준 부대의 3시간에 걸친 혈투는 동학농민군 병사들이 이 고개를 넘으려고 일본군 진지의 몇 미터 앞까지 돌격했다가 일본군의 우세한 화력에 쓰러지기를 되풀이한 처절한 전투였다.

일본군 보고는 우금치 전투에서의 동학농민군의 피해를 전사 37명, 부상자 미상이라고 하였으나[225] 이것은 물론 축소된 수치이다. 일본군은 다음과 같이

---

225 『駐韓日本公使館記錄』 제1권, 「公州附近 戰鬪詳報」, 248쪽 참조.

보고하였다.

"여기서 제3소대를 우금치산에 증파하여 일제사격으로써, 전방 산 위 약 800 미터가 되는 곳에 군집한 적(동학농민군-인용자)을 대적케 했으며, 경리영병은 가장 가까운 적을 향해 사격하도록 하였다. 그러나 적은 교묘하게 지형지물을 이용, 약 200명이 우금치산 꼭대기에서 약 150미터 되는 산허리로 진격해 왔다. 그 선두의 5, 6명은 몇 미터의 앞 사각 지점에 육박했고, 앞산 위에 있던 적은 더욱더 전진해 왔다. 수시간 동안 격전했는데 우리 군대(일본군-인용자)가 가장 힘써 싸웠다.

오후 1시 40분 경리영병經理營兵의 일부(50명)를 우금치산 전방 산허리로 전진시켜 우금치산 산꼭대기에서 약 140 내지 150미터의 산허리에 걸쳐 있는 적의 왼쪽을 사격케 하였다. 그래서 적은 전방 약 500미터의 산꼭대기로 퇴각하였다. 오후 1시 20분 우금치산의 우리 군대(일본군-인용자)를 그 전방 산허리로 전진시키고 경리영병에 급사격을 시켰으며, 적이 동요되는 것을 보고 1개 소대와 1개 분대로써 적진에 돌입케 하였다. 이에 이르러 적이 퇴각했으므로 경리영병에게 추격을 맡기고, 중대는 이인가도로 나가 적의 퇴로로 다가가려고 하였다.

중대는 이인가도로 나가 급히 추격, 드디어 이인 부근에 이르러 그 일대의 산허리에 불을 지르고 몰래 퇴각하였다. 그러나 동남쪽의 적도가 여전히 퇴각하지 않으므로, 한국군에게 우금치산·오실 뒷산·향봉·월성산 등의 경계를 맡기고 기타 대원은 공주로 철수하였다. 이때가 오후 8시였다."[226]

전봉준은 그 후 체포되어 재판을 받을 때 우금치 전투에 대하여 응답하면서, "일병이 먼저 공주에 웅거하였으니 사세가 접전하지 아니할 수 없는 고로 2차 접전 후 만여 명 군병을 점고한 즉 소여자所餘者 불과 3천여 명이요 그 후에

226 『駐韓日本公使館記錄』 제1권, 「公州附近 戰鬪詳報」, 247~248쪽 참조.

또 2차 접전 후 점고한 즉 불과 5백여 명인고로 패주하여"[227]라고 설명하였다. 그러나 이것은 과장된 것이다. 전봉준이 우금치 전투에서 패전하여 이인에 철수했을 때에도 전봉준 부대는 수천 명이 남아 있었으며, 동남쪽의 오실 뒷산에 주둔하여 공주를 공격하던 1만 명의 동학농민군은 여전히 건재하여 있었다. 문제는 동학농민군의 우금치 전투 패전 이후부터 전세가 역전되어 일본군과 관군이 공세에 서게 되었고, 전봉준의 동학농민군은 화약과 탄환이 고갈된 상태에서, 수세에 서게 된 데 있었다.

음력 11월 11일(양력 12월 7일) 동학농민군의 전세는 더욱 불리하게 되었다. 공주의 동남쪽 오실 뒷산에 주둔하면서 간헐적으로 일본군과 관군을 공격하여 그들의 병력을 분산시키고 공주에 묶어두었던 동학농민군 1대가 웅치에 주둔하고 있던 관군에게 패전했기 때문이다. 웅치에 주둔하고 있던 경리청의 경병은 위계전술을 써서 그들의 군복을 벗어버리고 수건을 머리에 둘러 동학농민군의 차림새로 변장을 한 후 동학농민군을 돕겠다고 신호하면서 농민군이 주둔한 산 위로 올라갔다. 오실 뒷산 동학농민군은 그들이 농민군의 다른 1대라고 오인하고 기꺼이 받아들였더니 면전에 이르자 불의에 일제사격을 비오듯이 가하며 기습했으므로 동학농민군들은 놀라서 패주하였다.[228] 오실 뒷산의 동학농민군마저 패전한 것은 이제 막강한 병력의 일본군과 관군이 공주에서 나와서 동학농민군을 추격하는 추격전을 전개할 수 있게 되었음을 의미하는 것이기도 하였다.

전봉준의 지휘하에 우금치 전투와 오실 뒷산 전투에 참가한 동학농민군은 음력 11월 11일 저녁 10리를 후퇴하여 노성魯城에 주둔하였다. 전봉준은 11월 12일 노성에서 경군과 영병에게 보내는 다음과 같은 고시문을 발표하였다.

---

227 「全琫準供草」, 初招問目, 『東學亂記錄』下卷, 529쪽 참조.
228 『官報』, 開國 503년 11월 29일자, 부록 「牛金之師」(亞細亞文化社版) 제1권, 773~774쪽 참조.

경군과 영병에게 고시한다.

"양차의 교전은 후회막급이라. 당초의 거의舉義는 척사원왜斥邪遠倭하는 것뿐이라. 경군이 사를 돕는 것은 실로 본심이 아니고 영병이 왜를 돕는 것도 어찌 자의에서 나온 것이겠는가. 필경은 천리天理에 동귀同歸하리니 지금 이후로는 절대로 서로 쟁투하지 말고 부질없이 인명을 살해하지 말며 인가를 불태우지 말고 함께 대의를 도와 위로는 보국가輔國家하고 아래로는 안민서安民庶할 뿐이라. 우리가 만약 기만하면 반드시 천죄가 있을 것이고 임금이 마음을 속이면 반드시 자멸할 것이니, 원컨대 하늘을 가리키고 해에 맹세하여 다시는 상해傷害가 없기를 바란다. 며칠 전의 쟁진爭進은 길을 빌리러 한 것뿐이다."

갑오 11월 12일, 창의소.[229]

전봉준의 이 고시문은 관군(경군과 감영병)에게 정전을 요구하면서, 동시에 동학농민군과 관군이 대의에 입각하여 연합해서 일본침략군에 대항할 것을 호소한 것이었다.

그러나 승기를 잡은 일본군과 이미 그 밑에 들어가 일본군의 지휘를 받는 관군이 전봉준의 호소에 귀기울일 리가 없었다. 일본군과 관군은 이제 본격적으로 추격전을 시작하였다. 전봉준과 동학농민군은 우금치 전투를 전환점으로 공격하는 위치에서 추격당하는 위치로 바뀌어, 후퇴하면서 이제 일본군과 관군에게 추격당하게 되었다.

---

229 『先鋒陣呈報牒』, 『東學亂記錄』下卷, 185~186쪽.

　　示京軍營兵

　　　兩次交兵 悔莫及矣. 當初擧義 斥邪遠倭而已. 京軍之助邪 寔非本心 營兵之扶倭 豈或自意. 畢竟之事 同歸天理 自今以後 切勿互相爭鬪 妄殺人命 火燒人家 同扶大義 上輔國家 下安民庶而已. 吾若欺慢 必有天罪 君如欺心 必有自滅 願指天誓日 更無傷害幸甚. 日昨爭進 借路而已.

　　　　　　　　　　　　　　　　　　　　甲午 十一月 十二日
　　　　　　　　　　　　　　　　　　　　　　倡義所 花押

8) 청주淸州 전투

전봉준의 동학농민군이 우금치 전투에서 패전한 날로부터 4일 후인 음력 11월 13일(양력 12월 9일) 김개남金開男의 동학농민군도 청주성을 공격했다가 일본군과 관군에게 패전하였다.[230]

김개남은 전주에 주둔하고 있던 때에 10월 25일 경천점에 주둔한 전봉준으로부터 북상하여 합류해서 응원하라는 통문을 받고 바로 전주를 출발하여 금산錦山을 점령하였다. 금산에는 군민들이 전참판 정숙조鄭翻朝를 민보군 대장으로 추대하고 군관 정지환鄭志煥의 지휘아래 동학농민군을 막으려고 준비했다가,[231] 김개남 부대의 대군이 이르자 민보군들이 흩어져 도망했으므로 정숙조가 농민군에게 생포되어 죽고 정지환이 세 아들과 함께 저항하다가 전사하였다.[232] 김개남은 금산에서 현감 이용덕李容德을 축출하고 동학농민군을 풀어서 적대자들에 대한 살육과 약탈을 허용했다고 한다.[233]

김개남 부대는 금산에서 여러 날 체류하다가 다시 북상하여 음력 11월 10일 오후 4시경에 진잠鎭岑을 점령하고, 이튿날인 11월 11일 회덕과 신탄진을 점령한 다음에 청주로 향하였다.[234] 여기서 주목할 것은 김개남이 금산을 점령한 다음에 바로 전봉준이 주둔하고 있는 경천점으로 가지 않고 전봉준의 제2차 공주공격을 지켜보고 있다가 진잠·회덕·신탄진을 거쳐 청주로 향했다는 사실이다. 『갑오약력』에는 김개남이 전주를 출발할 때부터 청주로 향했다는 의미로 기록되어 있다.[235] 즉, 김개남은 전주에서 전봉준의 북상과 응원을 재촉하는 통문을 받고 북상하여 전봉준을 응원하되 전봉준 부대에 합류하여 공주를 공격

---

230 『時聞記』, 甲午 11월조, 22쪽 및 『錦營來札(道園)』, 『東學亂記錄』 上卷, 83쪽 참조.
231 『關草存案』, 甲午 12월 28일조, 「全羅道 72號」 참조.
232 『梧下記聞』, 甲午 10월조, 第3筆의 26쪽의 첨지 참조.
233 『梧下記聞』, 甲午 10월조, 第3筆의 26쪽 참조.
234 『巡撫先鋒陣謄錄』, 甲午 11월 13일조, 『東學亂記錄』 上卷, 499쪽 및 『巡撫使呈報牒』, 甲午 11월 13일조, 『東學亂記錄』 下卷, 35쪽 참조.
235 『甲午略歷』, 『東學亂記錄』 上卷, 74쪽 참조.

하는 것이 아니라 독자행동을 해서 별도로 청주성을 공격해 함락하여 간접적으로 지원하려고 했던 것으로 보인다.

김개남 부대는 1만 명의 병력을 2로로 나누어 11월 13일(양력 12월 9일) 새벽 6시 40분경 청주성 앞 1,500~1,600미터 지점에 도착하였다. 일본군은 김개남 부대의 다수에 놀라 신탄진 방향으로부터 온 동학농민군이 약 1만 5·6,000명, 문의 방향에서 온 동학농민군이 약 1만 명이라고 보고하였다. 청주영병 50~60명과 일본군 1개 소대는 청주성 안에서 방어함이 불리하고 공세적 방어가 필요하다고 판단하여, 일본군은 청주 남문에서 600미터 떨어진 지점의 고지를 선점하여 잠복하고, 청주영병은 남문 밖 정면에서 방어진을 구축하였다.

김개남 부대는 7시 20분경 청주성 남문 밖 500미터 지점에 도착하자 총공격을 개시하였다. 조선군이 정면에서 저항하다가 중과부적으로 밀리기 시작할 무렵에 일본군이 김개남 부대와 400미터 떨어진 거리의 배측면背側面으로부터 동학농민군을 내려다 보는 유리한 지형에서 일제사격을 가하였다. 약 4~5분간의 치열한 전투 끝에 전·후에서 협공을 당한 김개남 부대는 더 견디지 못하고 패전하여 신탄진 방향으로 퇴각하였다. 영병과 일본군이 김개남 부대를 추격하였다.[236]

김개남 부대는 퇴각하다가 오전 8시경 청주에서 약 10리 떨어진 신탄진 방향의 산위에 모여 대오를 정비해서 반격을 감행하였다. 이번에는 김개남 부대도 유리한 지형을 선점했기 때문에 약 1시간 동안이나 추격군과 치열한 전투를 전개하였다. 일본군의 보고에도 "한때는 동학도의 소행이라고 할 수 없을 정도로 잘 싸웠다"고 기록할 정도로 용감히 싸웠다. 추격군이 2로로 나누어 1대는 오른쪽 산 위로부터 급히 공격하고 다른 1대는 김개남 부대의 뒤쪽으로 우회하여 퇴각로를 차단하자, 김개남 부대는 더 지탱하지 못하고 오전 10시 40분경 신탄진 방향으로 패전하여 퇴각하였다. 일본군은 김개남 부대의 피해를 전사자

236 『駐韓日本公使館記錄』 제1권, 「淸州附近 戰鬪詳報」, 249~250쪽 참조.

20여 명, 부상자 미상이라고 보고하였다.[237]

청주목사는 김개남 부대의 청주전투에 대하여, "지난달 13일 새벽 호남비류湖南匪類 만여 명이 진을 벌려 성 밖 3리 지점까지 침범해 왔다. 병영에서 병정을 내보내어 일본군과 함께 토파討破해서 추포追捕하였는데, 살상자가 거의 백여 명에 이르렀다"[238]고 보고하였다.

김개남 부대는 청주전투에서의 패전 후 더 북상하지 못하고 남쪽으로 후퇴하였다.

8. 동학농민군 주력부대의 후퇴와 해체

전봉준이 지휘하는 동학농민군 주력부대(전봉준 부대와 손병희 부대)는 공주 우금치 전투에서 패전한 후 노성에 주둔하고 있다가 일본군과 관군의 공격을 받고 11월 14일(양력 12월 10일) 전면적인 후퇴를 하게 되었다. 동학농민군의 또 하나의 주력부대인 김개남 부대도 청주 전투에서 패전한 후 일본군과 관군에게 추격당하면서 계속 남쪽으로 후퇴하게 되었다.

전봉준 부대는 약 3천 명의 병력으로 논산 남쪽의 소토산小土山 고지에서 대오를 정비하여 반격을 시도하였다. 일본군 1개 중대와 장위영병 1개 대대, 통위영병 200명으로 편성된 추격군은 11월 15일(양력 12월 11일) 오후 3시경 농민군 부대 진영 안에까지 맹공격을 가해와서 전봉준 부대는 다시 후퇴하여 논산 서남쪽 1,200미터 지점에 있는 논산 황화대黃華臺에 주둔하여 전투를 준비하였다.[239] 그러나 추격군이 막강한 화력으로 3면에서 포위하여 공격해 왔으므로 동

237 『駐韓日本公使館記錄』제1권,「淸州附近 戰鬪詳報」, 250~251쪽 참조.
238 『巡撫先鋒陣謄錄』, 甲午 11월 15일조,『東學亂記錄』上卷, 507쪽.
239 『駐韓日本公使館記錄』제1권,「論山 戰鬪詳報」, 253~254쪽 참조.

학농민군은 약 30분간 치열한 전투를 한 후 다시 강경으로 후퇴하였다.[240] 일본군은 논산전투에서의 동학농민군의 전사자를 약 20명, 부상자는 미상이라고 하였으나,[241] 관군의 보고는 농민군의 전사자를 익사자·포로 총살자를 포함하여 약 300명이라고 하였다.[242]

전봉준 부대는 강경에서 김개남 부대를 만났다. 김개남 부대는 청주 전투에서 패전하고 후퇴하면서 진잠에 다시 들어가 무기와 보급품을 보충한 다음,[243] 강경까지 후퇴했다가 전봉준 부대를 만난 것이었다. 전봉준 부대와 김개남 부대는 강경에서 연합하여 추격군에 대항했으나 또 패전하였다. 이에 전봉준 부대와 김개남 부대는 다시 헤어져 각각 별도로 후퇴하였다.[244]

전봉준 부대는 전라도 수도인 전주로 후퇴하여 며칠 주둔했다가 지형이 유리한 지점에서 반격을 가하기 위해 금구金溝의 원평院坪으로 철수하였다. 전봉준 부대가 철수한 전주에 음력 11월 23일 일본군 후비보병 제19대대장 남소사랑南小四郞과 그의 일본군 및 이두황李斗璜이 지휘하는 우선봉진의 경군이 들어왔다.[245]

전봉준은 금구의 원평에서 김문행金文行·유공만劉公萬·문행민文行敏 등의 접주들과 함께 동학농민군들을 초모하여 병력을 보충해서 약 6천 명의 동학농민군부대를 편성하여 원평의 산 위에 품品자 모양의 3면으로 포진하였다. 11월 25일(양력 12월 21일) 일본군 1개 중대와 조선군 교도대教導隊가 산 아래에서 4면으로 산을 포위하여 총공격을 가하였다. 지형이 유리한 전봉준 부대는 오전 9

240 『巡撫先鋒陣謄錄』, 甲午 11월 17일조,『東學亂記錄』上卷, 525~527쪽 및 『駐韓日本公使館記錄』 제1권,「論山 戰鬪詳報」, 254쪽 참조.
241 『駐韓日本公使館記錄』 제1권,「論山 戰鬪詳報」, 254쪽 참조.
242 『巡撫先鋒陣謄錄』, 甲午 11월 18일조,『東學亂記錄』上卷, 529쪽 참조.
243 『巡撫先鋒陣謄錄』, 甲午 11월 15일조,『東學亂記錄』上卷, 505~506쪽 및 『巡撫使呈報牒』, 甲午 11월 15일조,『東學亂記錄』下卷, 36쪽 참조.
244 『梧下記聞』, 甲午 11월조, 第3筆의 35쪽 참조.
245 『兩湖右先鋒日記』, 甲午 11월 29일조,『東學亂記錄』上卷, 326쪽 참조.

시부터 오후 4시까지 무려 7시간 동안을 혈전을 전개하였다. 그러나 일본군과 관군의 막강한 화력 앞에서 동학농민군은 장시간의 격전으로 탄환이 고갈되어 37명의 전사자를 내고 패전해서 태인 방면으로 후퇴하였다.[246]

전봉준 부대는 약 5~6천 명의 병력으로 태인의 주산인 성황산城隍山·한가산閑加山·도리산道理山의 세 산이 합쳐지는 산봉우리에 고리처럼 포진하였다. 11월 27일(양력 12월 23일) 아침 일본군과 관군은 동학농민군을 추격하여 동·서의 양로로 나누어서 공격하였다. 전봉준 부대는 용감히 항전하여 남은 탄환을 비오듯이 사격해서 산위로 기어올라오는 일본군과 관군을 저지하였다. 전봉준 부대가 깃발로 신호하여 농민군을 모두 성황산에 집합시킨 후에야 일본군과 관군은 농민군이 철수한 다른 산에 올라 제2차 공격을 가하기 시작하였다. 전봉준 부대는 성황산 위에서 회룡총回龍銃을 연달아 발사하여 치열하게 반격하였다. 일본군과 관군은 한때 패전하여 쫓겨서 하산하였다. 일본군과 관군은 다시 각 부대들을 모아 양로로 나누어서 성황산의 전봉준 부대를 제3차로 공격하였다. 이때는 이미 오후 9시의 어두운 밤이었다. 전봉준 부대는 일본군과 관군을 맞아 11월 27일 하루종일 전투한 것이었다. 전봉준 부대는 탄약이 고갈되고 병사들이 극도로 지쳐 있었으므로 항전을 중단하고 이번에는 북쪽인 금구로 북상하여 철수하였다. 관군의 보고는 태인 성황산 전투에서 동학농민군 30여 명 사살하고 40여 명 생포했다고 보고하였다.[247] 그러나 전투 내용을 보면 태인 성황산 전투는 일본군과 관군이 고전한 전투였으며, 전봉준 부대가 결국 철수했으니 패전했다고 볼 수 있지만 총체적으로 막상막하의 전투였다고 할 수 있다.

1894년 음력 11월 27일(양력 12월 23일)의 '태인 성황산 전투'가 전봉준 부대의 마지막 전투였다. 종래 모든 연구가 '금구의 원평 전투'를 마지막 전투라고

---

246 『巡撫先鋒陣謄錄』, 甲午 11월 26일조, 『東學亂記錄』 上卷, 553쪽 참조.
247 『兩湖右先鋒日記』, 甲午 11월 29일조, 『東學亂記錄』 上卷, 326~327쪽 참조.

담가에 실려가는 전봉준

보아온 것은 사실과 다른 잘못된 것이다.[248]

전봉준은 태인 성황산으로부터 철수하여 다시 금구에 주둔해서 전봉준부대의 동학농민군을 해산하기로 결심하였다. 농민군들을 초모招募해 보아도 지난번처럼 농민군의 수효는 약간 증가하겠지만 기율이 없어서 다시 개전하기는 지극히 어렵다고 판단했기 때문이었다. 전봉준은 승전할 수 없는 싸움을 계속하기보다는 동학농민군을 해산하여 농민군의 목숨을 아끼고 전봉준 자신은 후일의 재기를 기약하여 서울에 잠입해서 국내외 정세를 알아보려 하였다.

전봉준은 그리하여 1894년 음력 11월 28일 전라도 금구에서 전봉준 부대의 동학농민군을 해산하였다. 전봉준이 제2차 농민전쟁에 봉기한 지 약 2개월 반만의 일이었다. 전봉준은 이에 대하여 다음과 같이 진술하였다.

---

248 전봉준 부대는 '태인 성황산 전투'를 마지막 전투로 싸운 후 금구로 철수하여 금구에서 해산하였다. 이 때문인지 종래 모든 갑오농민전쟁에 대한 연구들은 태인 성황산 전투 바로 앞에 있었던 '금구 원평 전투'를 마지막 전투라고 잘못 해석해 왔다. 그러나 전봉준 부대는 1894년 음력 11월 25일 '금구 원평 전투'를 치른 후 북쪽으로 이동하여 11월 27일 다시 마지막으로 '태인 성황산 전투'를 치르고 그 직후에 다시 남쪽으로 금구에 철수하여 이튿날인 음력 11월 28일 금구에서 해산하였다.

"금구金溝에 이르러 다시 초모招募하니 수효는 조금 증가하나 기율이 없어 다시 개전하기는 지극히 어려웠다. 일본군이 뒤따라 오므로 두 차례 접전하다가 패주하여 각기 해산하였다. 금구에서 해산한 후에 나는 서울의 이면을 상세히 알고자 상경하려 하였다."[249]

전봉준은 부대를 해산한 그날로 정읍의 입암산성立巖山城을 넘어 후일의 재기를 의논하기 위해 김개남 등 동학군 지도자들과 상회하려고 12월 초2일(양력 12월 28일) 순창淳昌의 피로리避老里에 부하 3명을 데리고 몰래 찾아갔다가 배신자의 밀고로 그 마을 사인士人 한신현韓信賢과 그의 일당에게 기습당하여 체포되었다. 전봉준의 체포에는 상금 1천 냥이 걸려 있었다.[250] 전봉준은 순창에 주둔하고 있는 교도대에게 인도되어 교도대에 의해 그 후 서울로 이송되어 조선·일본 양측의 심문을 받고 처형되었다.[251]

---

249 『全琫準供草』, 初招問目, 『東學亂記錄』 下卷, 529쪽 참조.
250 『巡撫先鋒陣謄錄』, 甲午 12월 초6일조, 『東學亂記錄』 上卷, 579~580쪽 및 『先鋒陣呈報牒』, 甲午 12월 초7일조, 『東學亂記錄』 下卷, 208~209쪽 참조.
251 法部, 『全琫準·孫化中·崔景善 押交件』(政府記錄保存所 마이크로필름 文書) 참조. 전봉준은 부하 2명과 함께 순창 피로리에서 韓信賢·金永徹·丁昌昱 등과 민정들에게 기습당하여 체포될 때 도망하지 못하도록 銃 개머리판으로 발과 다리를 심하게 타격당하여 보행이 불가능하게 되어 버렸다. 전봉준은 이래 순창에 유진하고 있던 경군 교도대에 인도된 후 나주를 거쳐서 전주로 이송되었다. 전라관찰사 李道宰는 동학농민군이 전봉준 구출작전을 감행하면 전봉준을 뺏길 염려가 있다고 해서 일본군에게 넘겨 서울로 압송케 하였다. 서울에서도 동학농민군 세력의 구출작전이 있을 것을 염려하여 전봉준을 내내 일본공사관 감방에 투옥해 두었다. 이 때문에 재판 이전의 모든 비공식적 심문이 일본 측에 의하여 독점되어 진전되었다. 공식 재판과 심문은 5회 있었는데(初招는 1895년 음력 2월 9일, 再招는 2월 11일, 三招는 2월 19일, 四招는 3월 7일, 五招는 3월 10일), 재판정에 출정할 때도 전봉준은 여전히 보행불능 상태였기 때문에 가마를 타고 출정하였다. 부당하게 일본영사 內田定槌가 재판관석에 배석하여 심문했음에도 불구하고 전봉준은 일세의 영웅답게 당당히 응수하였다. 일본영사의 회심하에 갑오경장 정권의 법무아문 권설(임시특설) 재판소에서 1895년 음력 3월 29일(양력 4월 23일) 전봉준은 『대전회통』 형전 중의 "軍服騎馬 作變官門者 不待時斬"(군복으로 말을 타고 관문에 변란을 일으킨 자는 때를 기다리지 않고 참한다)는 조항의 적용을 받아 사형선고를 받고, 그날로 그의 동지들인 손화중·최경선(영창)·김덕명·성두한 등과 함께 교수형이 집행되었다. 전봉준은 교수대 오르기 직전에 "爲

여기서는 전봉준 부대의 후퇴만을 간단히 썼지만, 이 기간에 전국 각지에서 일본군·관군의 동학농민군에 대한 공격과 농민군의 항쟁·전투가 있었다. 전봉준 부대의 노성에서의 후퇴 이후부터의 주로 호선·호남 지방에서의 큰 전투만을 몇 개 들어보면 〈표 8-6〉과 같다.

전봉준 부대 이외의 몇 개 동학농민군 주력부대의 해체 과정을 보면, 김개남 부대는 태인에서 해산하고, 김개남은 전봉준이 체포되던 날과 동일한 음력 12월 초2일 태인 산내면山內面 종송리種松里에서 강화영병에게 생포되었다.[252] 관군은 김개남을 전주에 데려다가 서울까지 이송하는 것은 위험하다고 하여 전주에서 처형해 버렸다.[253]

‖표 8-6‖ **동학농민군의 우금치 전투 이후 후퇴·해산 중의 호서·호남에서의 주요 전투**

음력 연 월 일	양력 연 월 일	주요 전투
甲午 11월 5일	1894년 12월 1일	청산현 석성촌石城村 전투
11월 7일	12월 3일	영동군 양산촌梁山村 전투
11월 7일	12월 3일	해미현 매현梅峴 전투
11월 8일	12월 4일	청산현 문암文岩 전투
11월 8일	12월 4일	영동군 부근 전투
11월 9일	12월 5일	금산현 부근 전투
11월 9일	12월 5일	옥천군 중약역增若驛 전투
11월 11일	12월 7일	문의군 지면촌智面村 전투
11월 13일	12월 9일	청주 부근 전투

國丹忱 誰有知"(나라 위한 붉은 정성 그 누가 알리오)라는 시구를 남겼다고 한다. 이때 전봉준의 나이 41세였다. 『東學農民軍 指揮者 全琫準·孫化中·崔永昌(鄉宣) 裁判宣告書 原本』, 『韓國學報』 제39집, 1985 참조.

252 『右先鋒日記』 제3권, 甲午 12월 초5일조, 3쪽 참조.

253 『駐韓日本公使館記錄』 제1권, 「泰仁縣山內面種松里에서 東徒金介男等 襲捉」, 197쪽; 『官報』, 開國 503년 12월 초6일자(亞細亞文化社版) 제1권, 793쪽; 『巡撫先鋒陣膾錄』, 甲午 초6일조; 『東學亂記錄』 上卷, 579쪽 및 『續陰晴史』 下卷, 甲午 12월 초6일·초7일조, 348쪽 참조.

11월 14일	12월 10일	연산 부근 전투
11월 14일	12월 10일	논산군 역현산驛峴山 전투
11월 14일	12월 10일	여산 부근 전투
11월 15일	12월 11일	논산 황화대黃華臺 전투
11월 16일	12월 12일	진안현 부근 전투
11월 17일	12월 13일	율곡읍 부근 전투
11월 18일	12월 14일	고산현 전투
11월 20일	12월 16일	영광읍 점령 전투
11월 25일	12월 21일	금구 원평 전투
11월 26일	12월 22일	좌수영左水營 전투
11월 27일	12월 23일	태인현 성황산城隍山 전투
12월 4일	12월 30일	장흥 벽사역碧沙驛 점령 전투
12월 5일	12월 31일	장흥부 점령 전투
12월 7일	1895년 1월 2일	강진현 점령 전투
12월 8일	1월 3일	무주읍 전투
12월 9일	1월 4일	용담현 전투
12월 12일	1월 7일	영동 용산장터龍山場垈 전투
12월 12일	1월 7일	조양朝陽 전투
12월 12일	1월 7일	건산乾山 전투
12월 13일	1월 8일	장흥 남면南面·고읍古邑 전투
12월 15일	1월 10일	장흥 남문외南門外 전투
12월 16일	1월 11일	옥산촌玉山村 전투
12월 18일	1월 13일	장호원·음성 간 전투
12월 18일	1월 13일	해남현 성외城外 전투
12월 18일	1월 13일	종곡鍾谷 전투
乙未 1월 24일	2월 18일	대둔산大芚山 전투

손병희 부대는 전봉준 부대와 행동을 내내 같이 하여 금구의 원평 전투와 태인의 성황산 전투까지 함께 치르고 금구에서 전봉준 부대가 해산하자 전봉준과 헤어졌다. 손병희 부대는 일본군과 관군에게 추격당하여 장성까지 내려갔다

가 장성의 갈현葛峴에서 일본군·관군과 격전을 치르고 방향을 바꾸어 북상하였다. 손병희 부대는 일본군·관군에 추격당하면서 순창을 지나 임실의 오항리烏項里에서 숨어 있던 최시형을 만났다. 손병희 부대는 계속 북상하다가 무주의 장백리長白里에서 유생 이응백李應伯의 민보군을 만나 하룻밤 대전을 하여 크게 이기고 서수원-황간을 거쳐 영동永同의 용산龍山에 도착하였다.[254] 손병희 부대는 음력 12월 12일(양력 1895년 1월 7일) 영동의 용산장터場垈에서 경리청 경군 70명과 청주병 180명이 합세한 관군과 조우하여 관군 5명을 전사케 하고 패주시켰다. 관군의 보고는 전과를 허위보고하면서도 탄환이 절핍되었는데 산에 올라보니 적세가 또다시 강성하여 4면을 포위했기 때문에 부득이하여 전사자의 시체도 거두지 못하고 청주병영으로 회군했다고 변명하였다.[255] 손병희 부대는 일본군의 추격이 심하므로 용산을 출발하여 보은報恩의 종곡鍾谷에 도착해서 야영하였다. 이때 눈이 많이 내리고 추위가 극심하여 손병희 부대가 종곡에서 모닥불을 피워 놓고 몸을 녹이고 있었는데 음력 12월 18일(양력 1895년 1월 13일) 새벽 3시에 일본군 1개 중대병력이 삼택三宅 대위와 상원桑原 소위의 지휘하에 야습을 감행하였다. 손병희 부대는 안심하고 있다가 당한 기습이므로 처음에는 당황했으나 곧 몇 차례나 역습을 감행했으며, 부근의 고지를 점령하여 맞은편 고지의 일본군을 공격하였다. 일본군의 보고에서도 "그들(동학농민군-인용자)도 고지를 점령하여 내려다보면서 우리와 맞섰으며 그 기세가 매우 사나웠다. 싸움이 한창 벌어졌을 때 동학도가 우리의 양측으로 나와 우리를 포위하는 꼴이 되었을 뿐만 아니라, 중앙으로 공격해 와 오만하기가 그지없었다"[256]고 기록하였다. 이 전투에서 손병희 부대가 얼마나 용감하게 선전했는가를 잘 알려준다고 할 것이다.

254 『天道敎創建史』 第2篇의 66쪽 참조.
255 『巡撫先鋒陣謄錄』, 甲午 12월 20일조, 『東學亂記錄』 上卷, 619쪽 참조.
256 『駐韓日本公使館記錄』 제6권, 「鍾谷附近 戰鬪詳報」, 70쪽.

손병희 부대가 패주하는 일본군을 추격하여 약 80미터까지 접근해서 장시간 싸울 때인 오전 9시경 동학농민군은 탄약이 고갈되었다. 손병희 부대의 제1선이 조금 취약해지자 일본군이 이 기회를 틈타 반격으로 돌아서 모든 전선에서 공격을 감행해 왔다. 손병희 부대는 화력의 부족으로 더 싸우지 못하고 두 길로 나누어 청주 방면으로 철수하였다. 이것이 바로 '종곡鍾谷 전투'이다. 이 종곡 전투는 음력 12월 18일 새벽 3시부터 오전 10시까지 7시간 동안 계속하여 혈전을 전개한 대전투였으며, 손병희 부대가 화력을 모두 쏟아 넣은 마지막 전투였다. 일본군은 종곡 전투에서의 동학농민군의 손실을 전사자 300여 명, 부상자 미상이라고 하였다.[257]

손병희 부대는 청주의 화양동華陽洞을 거쳐서 음력 12월 24일(양력 1895년 1월 19일) 충주의 외서촌外西村에 도착하니, 관군이 충주의 무극시無極市에서 앞을 가로막고 공격태세를 갖추어 기다리고 있었다. 최시형·손병희 등은 더 이상 전투를 감행하는 것이 동학농민군의 희생만 증가하고 무의미한 것이라고 판단하여, 이에 음력 12월 24일 충주 외서촌에서 손병희 부대를 해산하고, 최시형·손병희 등 간부들은 잠적해 버렸다.[258]

대접주 차기석車箕錫 등의 지휘하에 승승장구하던 강원도의 동학농민군도 음력 10월 초순부터는 탄약이 고갈되어 고전상태에 들어갔다. 대접주 차기석과 홍천 접주 박종백朴鍾伯이 지휘하는 동학농민군은 1894년 음력 10월 13일(양력 11월 10일) 물걸리 정부 창고 동창東倉을 습격하였다.[259] 물걸리 동창은 세곡 315석과 균세均稅 452냥이 저장된 정부 관청창고였다.[260] 동학농민군은 동창의 곡식으로 군량을 해결하였으나, 빈약한 무기 문제는 해결하지 못하였다. 동학군

257 『駐韓日本公使館記錄』 제6권, 「鍾谷附近 戰鬪詳報」, 68~70쪽.
258 『天道敎創建史』, 第2篇의 67쪽 참조.
259 『東匪討論』, 271쪽, 「東徒今月十三日夜 突入東倉 於火倉舍.」 참조.
260 홍천군·강원향토문화연구회, 『홍천풍암리 동학혁명전적지 학술조사연구보고서』, 1999, 60쪽 참조.

의 정부 양곡창고 '동창東倉'습격과 군량
조달작전에는 19세의 김덕원金德元이 참
가하여 활동하였다.

차기석의 수천 명 강원도 동학농민군
은 이동하는 도중에 1894년 음력 10월
21일 강원도 홍천 장야촌長野村에서 일
본군이 지휘하는 맹영재의 민포군 및 관
군과 전투에 들어갔는데, 관군의 보고에
는 동학군 30여 명을 장야촌 전투에서
포살한 것으로 보고되어 있다.[261]

체포당한 손화중

강원도의 차기석 동학농민군부대는 수
천 명 동학군 가운데서 비교적 무장된 약 1천여 명이 홍천군 서석면 풍암리 자
작고개에서 백기를 꽂아 놓고 둔취하여 마지막 결전을 준비하였다.[262]

차기석의 동학농민군부대는 1894년 음력 10월 22일 추격해 오는 일본군 및
관군과 홍천군 서석면 풍암리 자작고개에서 마지막 대혈전을 전개했으나, 무장
이 약한 민병대인 동학농민군은 근대식 무기로 잘 무장된 정규군인 일본군과
관군 및 민포군의 적수가 되지 못하였다. 동학농민군은 '풍암리 자작고개 전투'
에서 약 800명의 전사자를 내고 패전하여 흩어지게 되었다.[263]

한편 손화중孫化中 부대는 전봉준의 명령을 받고 남하하여 음력 10월 27일

261 『甲午實記』, 甲午 11월 초2일조, 『東學乱記錄』(국사편찬위원회 판) 상, 43쪽. 「又啓曰 卽見
　　召募官孟英在所報 則去十月二十一日行軍 到洪川長野村 砲殺匪類三十餘名」 참조.
262 『甲午實記』, 甲午 11월 초2일조, 상게서, 43쪽 및 박준성, 「1894년 강원도 농민전쟁의 전개
　　와 특성」, 『홍천풍암리 동학혁명전적지 학술조사연구보고서』, 85～105쪽 참조.
263 『甲午實記』, 甲午 11월 초2일조, 상게서, 43쪽. 「翌日 轉向瑞石面 則匪徒數千餘名 揷立白旗
　　結陣屯聚矣. 放銃接戰 以丸中殺者 不知其數 而且有生擒諸漢 無非愚蠢之被勒入徒者 故詳細
　　査覈 一一曉諭 歸化安業 仍卽還來事」 참조. 이 보고서는 동학농민군 전사자를 '부지기수'
　　로 표현했으나, 이 지방의 기록물들은 약 800명이라고 전하고 있다.(『강원국민일보』 1995
　　년 11월 22일자, 「동창마을르포」 (1) 참조)

광주에 입성해서 주둔하고 있다가, 전봉준이 우금치 전투에서 패전한 후 11월 27일 금구에서 전봉준 부대를 해산하면서 손화중에게 통보하여 동학농민군 부대를 해산 동학농민들의 생명을 구하라는 권고를 하였다.[264] 손화중은 광주에서 12월 초1일 손화중 부대를 해산하고, 손화중 자신은 잠적하였다.[265] 손화중은 그 후 고창에 숨어 있다가, 음력 12월 11일 고창 사민士民 이봉우李鳳宇에게 체포되어 서울로 압송되어 전봉준 등과 함께 처형되었다.[266]

최경선 부대崔景善 部隊는 손화중 부대와 함께 광주와 나주 부근 등지에 주둔하고 있다가 전봉준 부대가 금구에서 해산한 직후 전봉준으로부터 해산하여 동학농민들의 생명을 보전케 하라는 권고를 받고 손화중 부대와 함께 해산하였다. 최경선은 광주에서 해산歸化하라는 뜻의 방문을 붙여 놓고 사라졌다.[267] 최경선은 동복同福에 은신해 있다가 12월 초3일 관군에게 부하 220명과 함께 체포되었다.[268] 최경선은 일본군에게 인도되어 서울에 압송당해서 전봉준 등과 함께 처형되었다. 나머지 최경선과 최후까지 함께 있던 동학농민군들은 저항한다고 관군이 참혹하게 학대하여 157명을 총살했고 나머지 63명도 투옥했다가 대부분을 학살하였다.[269]

일본군 후비보병 제19대대와 제18대대의 일부 중대는 물론이요 각 지역 병참부의 일본군들은 조선정부의 관군과 함께 패전한 동학농민군들을 남한의 서남지방(전라도 지방)으로 몰아넣으면서 전국 각 지방에서 동학농민군들을 '토벌'하고 학살하였다. 동학농민군 '토벌'만을 전담하기 위하여 특파된 후비보병 제19대대만 수색·전투·학살을 맡은 것이 아니었다. 경부로와 인천-대동로大同

264 『梧下記聞』, 甲午 11월조, 第3筆의 35쪽 첨지 참조.
265 『巡撫先鋒陣謄錄』, 甲午 11월 22일조, 『東學亂記錄』 上卷, 572쪽 참조.
266 『官報』, 開國 503년 12월 18일자(亞細亞文化社版) 제1권, 867~868쪽 참조.
267 『巡撫先鋒陣謄錄』, 甲午 11월 22일조, 『東學亂記錄』 上卷, 572쪽 참조.
268 『全羅道所捉東徒成冊』, 甲午 12월 초3일條, 3쪽 참조.
269 『全羅道各邑所捉東徒數爻及所獲什物幷錄成冊』, 開國 503년 12월조, 『東學亂記錄』 下卷, 707쪽 참조.

路의 각 지점 병참부의 일본군들도 수색·전투·학살에 투입되었다. 예컨대, 9월에 하동·진주에 동학농민군 700명이 집결하자 일본군 부산병참부에서 3개 소개의 일본군을 투입하여 이를 '토벌'학살하도록 하였다.[270] 특히 경상도·강원도·황해도의 동학농민군 '토벌'과 학살에는 주로 각지 병참부의 일본군이 투입되었다.

체포당한 김개남

일본군의 동학농민군에 대한 '토벌'은 '진압'에만 목적이 있었던 것이 아니었다. 그들은 대본영으로부터 "화근을 초멸함으로써 동학당이 재흥하는 후환을 남기지 않아야 한다"[271]는 작전의 원칙과 목적을 명령받고 있었으므로 조선의 가장 완강한 반침략 저항세력인 동학농민군을 아예 뿌리채 뽑아서 모두 살해해 버리는 것이 일본군의 '토벌' 목적이었다. 이 때문에 조선관군도 동학농민군 피체포자들을 잔혹하게 학살했지만,[272] 일본군은 더욱 '철저한 수색'과 색출된 농민군에 대한 더욱 잔혹한 '학살'을 주로 자행하였다. 동학농민군이 이미 '해산'되어 평범한 농부가 되어 버린 경우에도 일본군은 점령지에서 이들을 '색출'하여 '총살'·'학살'하고 '효수'하였다. 하나의 예를 들면, 보성군수의 갑오년 음력 12월 26일자 보고에 의하면, 보성군에서는 장위영의 경군과 일본군이 도착하여 동학농민군에 가담했음이 현저한 자 수십 명을 체포하여 처단한 후 경군은 장흥 방면을 향하여 이미 떠났는데도 불구하고, 일본군은 여전히 보성읍에 남아서 수성군守城軍으로부터 정보를 캐내어 동학농민군에 가담했던 자 30여 명을

270 『駐韓日本公使館記錄』 제3권, 「東學薫 鎭撫를 위한 河東으로의 出兵의 件」, 355쪽 참조.
271 『駐韓日本公使館記錄』 제1권, 「後備步兵 第19大隊 運營上의 訓令과 日程表」, 154쪽.
272 『日淸交戰錄』(春陽堂), 第23號(1894년, 明治 27년 12월 11일)「東學薫の討伐」, 41쪽 참조.

추가로 더 색출하여 체포해서 '총살'하였다.[273] 일본군의 이러한 학살 만행은 전라도 지방 전역에서 자행된 전형적 유형이었다. 이것은 동학농민군이 불살인不殺人의 원칙을 지켜 점령지에서 가능한 한 사람을 죽이지 않았던 것과는 너무나 대조적이었다.

이에 각 지방의 동학농민군들은 전봉준 부대가 해산한 후 그에 뒤따라 일부는 급히 해산하여 농민화해서 타지방으로 멀리 도피했지만, 일부의 동학농민군은 남해안까지 밀려가면서도 완강히 일본군과 관군에 저항하였다. 하나의 예를 들면, 전라도 장성에서는 약 1천 명의 동학농민군이 해산하지 않고 모여 음력 12월 초4일(양력 12월 30일) 장흥성 밖의 벽사역碧沙驛을 점령하였다.[274] 이 동학농민군 부대는 숫자가 더욱 증가하여 이튿날인 12월 초5일(양력 12월 31일) 새벽에는 장흥부長興府를 공격하여 점령해서 일본군에 협력하여 동학농민군을 학살한 장흥부사를 난타했으며(결국 사망) 이서들을 총살하였다.[275] 동학농민군의 이 장흥부 공격 때에는 22세의 동학여장부 이소사李召史가 마상에서 지휘자의 하나로 크게 활약했다고 한다.[276] 이 동학농민군부대는 약 1만 명의 대부대로 증가해 가지고 음력 12월 초7일(양력 1895년 1월 2일)에는 강진읍을 점령하였다.[277] 이에 경악한 영암군수는 다음 차례는 자기 고을이라고 긴급 구원을 요청하였다.[278] 이 동학농민군부대는 관군이 지키고 있는 장흥부를 제2차로 다시

273 『巡撫先鋒陣謄錄』, 甲午 12월 18일조, 24쪽;『巡撫先鋒陣謄錄』, 甲午 12년 초9일조,『東學亂記錄』上卷, 581 및『先鋒陣呈報牒』, 開國 504년 정월 13일조,『東學亂記錄』下卷, 263쪽 참조.
274 『右先鋒日記』제3권, 甲午 12월 18일조, 24쪽;『巡撫先鋒陣謄錄』, 甲午 12월 초9일조,『東學亂記錄』上卷, 581 및『先鋒陣呈報牒』, 開國 504년 정원 13일조,『東學亂記錄』下卷, 263쪽 참조.
275 『先鋒陣呈報牒』, 開國 503년 12월 초6일조,『東學亂記錄』下卷, 214쪽 및『巡撫先鋒陣謄錄』, 甲午 12월 초6일조,『東學亂記錄』上卷, 578~579쪽 참조.
276 『國民新聞』, 1895년(明治 28) 3월 5일字「東薰に女丈夫あり」참조.
277 『右先鋒日記』제3권, 甲午 12월 18일조, 24쪽 및『巡撫先鋒陣謄錄』, 甲午 12월 초10일조,『東學亂記錄』上卷, 588쪽 참조.
278 『巡撫先鋒陣謄錄』, 甲午 12월 초10일조,『東學亂記錄』上卷, 589쪽 참조.

점령하려고 음력 12월 13일부터 장흥성을 포위하여 공격하다가 긴급 구원차 도착한 일본군 및 경군 교도대의 대병력과 12월 15일 장흥성 남문 밖에서 대격전을 전개하여 약 200명의 전사자를 낸 후 전투력이 다하여 후퇴해서 해산하였다.[279] 이 부대뿐만 아니라 동학농민군은 각 지방에서 소·중규모 부대로 일본군과 관군에 완강히 저항했으며, 특히 호남 지방과 호서 지방에서는 일본군과 관군·민보군의 잔혹한 추격과 학살에도 불구하고 필사적으로 완강히 저항하였다.

남해안에서 완강히 저항하는 동학농민군의 퇴로를 차단하고 철저히 학살하기 위해서 일본이 파견한 군함 축파호筑波號는 전라도 앞바다로 항진하여 음력 11월 26일(양력 12월 22일) 일본 해군대위가 지휘하는 육전대(분견대)를 전라도 좌수영에 상륙시켜 이곳에 집결한 동학농민군을 무차별 학살하였다.[280] 이어서 이 일본군 부대는 광양으로 들어가 수많은 동학농민군을 또다시 무차별 학살하였다.[281] 또한 군함 조강호操江號는 동학농민들이 다도해 섬들 안으로 들어가 숨는 것을 차단하려고 다도해 서남 지방을 초계했을 뿐만 아니라, 퇴로를 차단하려고 제주도까지 다녀온 후 인천항과 부산항의 경비를 담당하도록 하였다.[282]

일본군과 관군의 이러한 '토벌'방식과 학살은 비단 전라도 지방에서만 자행된 것이 아니라, 충청도·경상도·경기도·황해도·강원도의 모든 지방에서 자행되었다. 특히 일본군의 잔혹한 학살로 이 지방의 동학농민군들은 완전히 해산한 후에도 일본군에 의해 색출되어 무수히 총살당하였다. 최후까지 완강하게 항전하던 남해안의 동학농민군들도 1894년 음력 12월 말경에는 거의 침묵되

279 『巡撫先鋒陣謄錄』, 甲午 12월 21일조, 『東學亂記錄』 上卷, 623~624쪽 참조.
280 『駐韓日本公使館記錄』 제1권, 「第279號, 日本筑波艦의 全羅左水營 東匪擊退에 관한 電報」, 193쪽 및 「京第109號, 左水營으로 내습한 東學徒 격퇴의 件」, 240~244쪽 참조.
281 『駐韓日本公使館記錄』 제6권, 「日艦 筑波의 運航 및 全南地域에서의 活動報告」, 5~7쪽 참조.
282 『駐韓日本公使館記錄』 제3권, 「筑波·操江의 警備의 件」, 382쪽 참조.

었다. 일본군 제19대대는 나주에다 1895년 음력 1월 16일(양력 2월 10일)경까지 '토벌'본부를 두고 작전을 수행하다가 용산으로 돌아갔다. 일본군 후비보병 제19대대의 작전계획은 원래 29일만에 작전을 종료하여 1894년 음력 11월 16일(양력 12월 12일)에는 낙동에 집합하는 것이었는데, 뜻밖에 동학농민군의 완강한 항전으로 작전이 2개월이나 지연되어 종료되었고, 임시 대대본부도 계속 나주에 두지 않을 수 없었던 것이다.[283]

갑오농민전쟁의 제2차 농민전쟁에서 동학농민군이 최후의 항전을 전개한 것은 1895년 음력 1월 24일(양력 2월 18일)의 '대둔산大芚山 전투'에서이다. 동학농민군 간부 26명(이 중에 임신부 1명, 소년 1명 포함)은 해산이나 항복을 거부하여 죽음을 각오하고 대둔산으로 들어가서 대둔산 속의 한덕산寒德山 산정에다 요새를 설치하였다. 대둔산은 전라북도 완주군 운주면雲洲面과 충청남도 금산군 및 논산군에 걸친 산으로서 주봉의 높이가 878미터에 달하고 괴암 절벽이 많은 산이어서 천연의 요새가 될 수 있는 큰 산이었다. 동학농민군 26명은 대둔산 속의 한덕산 산정의 약간 아래쪽 몇 길이나 되는 큰 바위 사이에 3채의 집을 짓고, 주위에 큰 돌을 쌓아 올려 여기에 총구멍을 냈으며, 큰 돌과 거목을 쌓아 두었다가 관군이 오면 밑으로 굴러 떨어뜨리면서 총을 사격하여 저항을 했기 때문에 접근하기가 어려웠다. 뿐만 아니라 동학농민군의 이 요새는 몇 길이나 되는 바위 위에 있어서 아래로부터는 사다리가 있어야 올라갈 수 있도록 되어 있었다. 관군 측에서는 공주감영에서 음력 1월 8일경 영병을 파견하여 3일간이나 공격을 했으나 실패하고 돌아갔다. 그 후 민보군이 찾아와서 공격을 시도하다가 도리어 동학농민군으로부터 총을 맞고 패주하였다. 음력 1월 21일경부터 공주의 관군이 다시 파견되어 공격을 시도했으나 큰 돌과 거목을 떨어뜨리면서 총을 쏘아댔으므로 접근하지 못하였다. 전주감영에서는 사관 1명과

---

283 『駐韓日本公使館記錄』 제6권, 「各地 戰鬪詳報 및 東學黨征討策 實施報告書 送付의 件」, 63~68쪽 참조.

병사 30명을 파견하여 대포를 끌고 가서 포격하여 이를 점령하도록 하였다. 전주의 관군 31명은 대포를 끌고 대둔산 속으로 들어가서 동학농민군의 요새를 향해 계속 포격을 하였다. 그러나 대포를 가장 근접해서 설치할 수 있는 위치가 동학농민군의 요새에서 약 1,500미터나 거리가 떨어져 있고 게다가 200~300미터 아래에서 위를 향해 포격했기 때문에 포탄은 모두 동학농민군의 요새에 미치지 못하고 훨씬 전방에 떨어져 한 방도 명중하지 않았다.

마지막 동학농민군의 대둔산 항쟁 전적비

일본군은 일본군 3개 분대와 조선관군 30명으로 된 특공지대(모두 약 60명)를 편성하여 대둔산에 파견해서 동학농민군의 최후의 항전 '대둔산 전투'가 전개되었다. 일본군 특공지대는 총기 및 등산용 사다리와 장비를 갖고, 음력 1월 24일 새벽 5시 공격작전을 시작하여 3로로 나누어 기어오르면서 맹렬한 사격을 퍼부었다. 그러나 동학농민군의 요새는 세 방면이 큰 바위로 뒤덮여 있고 전면은 큰 돌을 쌓아 올려서 총구멍을 냈기 때문에 일본군 특공지대의 총기사격은 전혀 효과가 없었다. 이에 일본군 특공대는 조선관군으로 하여금 요새 전면에서 맹공격을 계속하도록 해놓고 일본군 특공지대는 요새 후면의 바위 절벽을 몰래 기어오르도록 하였다. 동학농민군은 오직 절벽의 산이 험한 것만 믿고 배후에 대해 전혀 고려하지 않으면서 계속 전면의 일본군과 조선 관군의 머리 위에만 맹렬한 사격을 하였다. 그러다가 불의에 배후에서 돌격해 들어오는 일본군의 기습을 받아 용감히 싸우다가 패전하게 되었다. 이때가 오후 2시경이었다.

이것이 '대둔산 전투'이다. 동학농민군은 대둔산 전투에서 9시간 동안 항전하다가 요새가 함락된 것이다. 이 전투에서 어린 소년 1명만 남고, 도검찰都檢察 최학연崔鶴淵, 도집강都執綱 최고금崔高錦, 도집행都執行 이광의李光儀, 도집행 이광우李光宇, 대정大正 이시탈李是脫, 접사接司 조한봉趙漢鳳, 접주 김재순金在醇, 접주 진수환陳秀換, 교수敎授 강태종姜泰鍾, 봉도奉道 김판동金判童을 비롯해서 25명이 모두 장렬하게 전사하였다. 접주 김석순金石醇은 한 살쯤 되는 여아를 안고 절벽 계곡으로 뛰어내려 자살하였다. 모두 일본군에 항복하지 않고 장렬하게 전사한 것이었다.[284] 이것이 제2차 농민전쟁의 동학농민군의 최후의 항전이었다.

제2차 농민전쟁에서 일본군과 관군에 의해 전사·학살된 동학농민들의 총수는 얼마나 되었을까? 『천도교창건사』는 이 전사·피학살자 수를 '20만 명 이상'[285]이라고 하였다. 박은식은 약 30만 명이라고 하였다.[286] 『동학사』는 이를 약 30~40만 명이라고 하였다.[287]

동학농민군은 약 30만 명이 생명을 바치면서 일본침략군을 자기 조국강토에서 몰아내어 보국안민하려고 처절한 항일농민전쟁을 전개했던 것이다.

9. 제2차 농민전쟁 패전의 원인

갑오농민전쟁의 제2차 농민전쟁이 성공하지 못하고 실패한 원인은 어디에 있을까? 여러 가지 원인이 지적될 수 있지만 그중에서도 중요한 몇 가지 원인을 골라 들면 특히 다음과 같은 점이 지적될 수 있을 것이다.

첫째로 들어야 할 것은 일본 정규군의 계속적 증파와 동학농민군에 대한 일

---

284 『駐韓日本公使館記錄』 제6권, 『大芚山附近 戰鬪詳報』, 71~73쪽 참조.
285 『天道敎創建史』, 第2篇의 69쪽.
286 朴殷植, 『韓國痛史』, 1915; 『朴殷植全集』(檀國大 東洋學硏究所版) 上卷, 111쪽 참조.
287 『東學史』, 154쪽 참조.

본군의 '토벌' 공격이다. 일본 제국주의자들은 남의 나라 일에 부당하게 무장 간섭하여 불법적으로 일본군을 한반도에 상륙시키고 남의 국토 위에서 청일전쟁을 도발하였다. 이에 반대하여 일본군을 자기 조국 땅 위에서 몰아내기 위해 재봉기한 동학농민군에 대하여 일제는 이미 조선 국내에 주둔한 일본정규군뿐만 아니라 별도로 후비보병 19대대와 군함 2척을 증파하여 동학농민군을 '토벌'하고 재기 불능하도록 철저하게 색출하여 잔혹하게 학살케 하였다. 청일전쟁에서의 청군에 대한 일본군의 승리에서도 증명되는 바와 같이 일본군의 전투력과 근대적 화력은 민병인 동학농민군이 감당하기에는 벅찬 것이었다. 일본침략군의 이러한 막강한 근대적 무기와 화력의 동학농민군에 대한 공격과 탄압과 학살은 제2차 농민전쟁 실패의 첫째의 원인이 된 것이었다고 볼 수 있다.

둘째로 동학농민군의 무기의 열악성과 탄환의 결핍 및 농민군의 훈련 부족이 제2차 농민전쟁 실패의 한 원인이 되었다. 황현은 당시 동학농민군이 가진 우리나라의 총통銃筒(화승총)과 일본군이 가진 총을 비교하면서 동학농민군의 총은 심지에 불을 붙여 쓰는 화승총이고 사정거리가 불과 100보인 데 비하여 일본군의 총은 사정거리가 400~500보를 지나며 불이 스스로 붙는 내발식內發式이어서 심지에 불을 붙일 필요가 없으므로 눈비 속에서도 중단없이 사격할 수 있기 때문에, 일본군이 동학농민군으로부터 수백 보의 농민군 측 사정거리 밖에서 사격하면 일본군은 사격을 하는데 반면에 동학농민군은 바라보기만 할 뿐 1발도 사격하지 못했다고 기록하였다.[288] 김윤식金允植은 일본군·관군과 동학농민군의 무기를 비교하여, 일본군 1명이 농민군 수천 명을 상대할 수 있고, 경군 10명이 농민군 수백 명을 상대할 수 있는 이유는 다른 까닭이 아니라 무기의 리와 불리의 차이 때문이라고 지적하였다.[289] 뿐만 아니라 그 빈약한 무기로써 연이은 전투에서 탄약이 지속적으로 공급되지 못한 것은 동학농민군의

---

288 『梧下記聞』, 甲午 10월조, 第3筆, 20쪽 참조.
289 『禁營來札(雲養)』, 甲午 10월 12일자 書札, 『東學亂記錄』上卷, 90~91쪽 참조.

전투력을 상실케 하였다. 여기에 다시 동학농민군은 농민들을 모은 민병이었기 때문에 군사훈련이 부족하거나 결핍되어 있어서 훈련을 잘 받은 정규군과는 상대가 되기 어려웠다.[290] 이러한 요인이 결합하여 동학농민군과 일본군의 전투력의 큰 격차를 낳아 동학농민군의 제2차 농민전쟁 패전의 큰 원인이 된 것이었다.

셋째로, 동학농민군의 분산성과 불충분한 조직성이 제2차 농민전쟁의 패전의 한 원인이 되었다.[291] 동학농민군의 제2차 농민전쟁 때 전라도와 충청도뿐만 아니라 전국 각 지방에서 수십만 명이 봉기하였다. 그러나 이 봉기한 수십만 명의 동학농민군은 정규군처럼 하나의 통일된 지휘체계 밑에서 일사불란하게 작전과 전투를 하지 못하고 각각 자기 지방과 부대별로 분산되어 고립적으로 작전과 전투를 감행하였다.[292] 따라서 동학농민군은 수십만 명이라고 할지라도 실제의 전투단위는 수천 명·수백 명에 불과했으며, 가장 크고 막강한 전봉준부대도 약 1만 명에 불과하였다. 동학농민군 부대들 사이에 협조는 되었지만 그것도 정규군처럼 유기적으로 긴밀하게 통일된 능률적 협조가 아니라 타협과

---

290 『駐韓日本公使館記錄』 제6권, 「各地 戰鬪詳報 및 東學黨征討策 實施報告書 送付의 件」, 62쪽 참조. 일본군 후비보병 독립 제19대대 대대장으로 동학농민군 '토벌'을 지휘한 소좌 南小四郎(미나미 고시로), 남소사랑은 동학농민군의 전투상황과 전투훈련 부족에 대하여 다음과 같이 보고했다. "적은 어느 전투에서나 산봉우리를 점령하고 함성을 질러 그 위세를 과시하였다. 그리고 전투마다 적도의 수에 비하면 우리 군대는 인원이 매우 적었다. 그래서 그들은 즉시 포위하려고 우리 군대의 양측면으로 우회한다. 그 움직임도 매우 신속하다. 그 까닭은 그들이 산지를 발보하는 데 숙달하였고 각자 휴대품을 갖고 있지 않으며, 만약 소지할 문건이 생겨도 즉시 버려 버리기 때문이다. 홍주 부근에서 그들의 세력이 가장 강성했을 때는 흔히 전사자나 부상자를 운반하여 적의 손에 넘기지 않았다. 그러나 전주 이남의 여러 전투에서는 모두 내버려둔 채 운반할 틈이 없었던 것 같다. 적도는 정말 오합지졸로서 용케 견고한 진지를 점령했다가도 옆에 있는 병사가 죽으면 반드시 패주했다. 그러므로 될 수 있는 대로 가까이 가서 사격하지 않으면, 그들을 위압하는 사격효과를 내지 못했다." 참조.
291 鄭昡相, 「농민 집강소를 통해 본 甲午農民戰爭의 사회적 지향」, 韓國社會史研究會論文集 제27집, 『한국의 전통사회와 신분구조』(문학과지성사), 1991 참조.
292 鄭昌烈, 「古阜民亂의 硏究」, 『韓國史硏究』 제48~49집, 1985 참조.

협의에 시간이 소요되고 완만하게 움직이는 비능률적 협조였다. 동학농민군의 이러한 분산성과 그리고 유기적 통일적 조직성의 부족은 동학농민군의 제2차 농민전쟁에서의 패전의 원인의 하나로 작용하였다.[293]

넷째로, 동학농민군 지도자들의 군사적 전략·전술의 부족이 제2차 농민전쟁의 패전의 한 원인이 되었다. 동학농민군과 일본군과의 무기와 화력의 격차, 전투력의 격차가 큰 조건에서는, 동학농민군은 일본군·관군의 방비가 약한 지점이나 허점을 기습하여 타격을 가하고 철수한 후 이어서 다음 허점을 기습하여 일본군·관군을 대혼란에 빠뜨리는 유격전을 감행하면서 서울을 향하여 바로 북상하는 전략·전술이 절실하게 필요했다고 볼 수 있다. 그러나 동학농민군 지도부는 공주를 점령하려고, 근대무기로 잘 무장된 일본군의 진지를 향하여 잘 무장되지 않은 농민군으로 정면돌파의 공식적 돌격전을 감행케 하였다. 이것은 동학농민군에게 막대한 희생만 내게 했지 성공하기는 어려운 전술이었다. 동학농민군 지도자들의 근대적 전략·전술의 부족도 제2차 농민전쟁 패전의 한 원인이었다고 볼 수 있다.

다섯째, 당시 갑오경장을 추진한 개화파정부의 관군이 일본군의 지휘와 자문을 받으며 그들과 협조하여 동학농민군 '토벌'에 가담한 것이 제2차 농민전쟁 실패의 또 하나의 원인이 되었다. 동학농민군과 일본군의 대결관계에서 정부와 관군이 어느 쪽에 가담하는가는 승패에 결정적 영향을 끼칠 것인데, 동학농민군이 재봉기하자 개화파 정부는 이것을 동시에 자기들에 대한 '반란'이라고 보고 일본군에 협조하여 동학농민군에 대한 '진압'과 '토벌'에 출동하였다. 이것은 제2차 농민전쟁 실패의 중요한 원인의 하나였다고 볼 수 있다.

여섯째, 양반유생들이 민보군 등 각종의 이름으로 반혁명군을 조직하여 동학농민군을 공격한 것이 제2차 농민전쟁 실패의 한 원인으로 작용하였다. 양반유생들의 민보군은 전투력이 강한 것은 아니었으나 각 지방에서 동학농민군을

---

293 姜在彦,『韓國近代史硏究』(한울), 1982, 193~196쪽 참조.

고립시키고 기습당하게 하는 데 크게 작용하였다.

위의 원인들이 복합적으로 작용하여 거대한 규모의 전국적인 제2차 농민전쟁도 성공하지 못하고 패전한 것이었다고 볼 수 있을 것이다.

10. 제2차 농민전쟁의 역사적 성격

위에서 고찰한 과정으로 전개된 갑오농민전쟁 중의 제2차 농민전쟁의 역사적 성격의 특징은 무엇이라고 할 수 있을까? 이에 대해서는 전봉준 자신의 답변이 가장 정확한 설명이 될 것이다. 동학농민군 '토벌'에 앞장 섰던 일본군 제19대대장이 발에 부상을 입고 생포되어 온 전봉준을 심문할 때 그의 재봉기의 성격에 대해 전봉준은 다음과 같이 당당히 설명하였다.[294]

"우리들은 전사田舍에서 생장生長하여 세사世事에 소원해서 일본정부의 우리나라에 대한 정략방침政略方針을 자세히 알지 못하였다. 본년 6월 이래 일본군이 계속하여 우리나라에 오자, 이것은 반드시 우리나라를 병탄하려 하는 것이라고, 옛날의 임진의 화란을 생각하여 내고, 인민들이 의구한 나머지 나를 추대하여 수령으로 삼아서 국가와 생사를 함께 하려고 결심하여 이 재거再擧를 도모한 것이다."[295]

또한 전봉준은 재봉기의 궁극적 대목적에 대한 질문에 다음과 같이도 응답하였다.

294 姜昌一, 「갑오농민전쟁 자료발굴: 전봉준 회견기 및 취조기록」, 『사회와 사상』 창간호, 1988년 9월호 참조.
295 『東京朝日新聞』, 1895년(明治 28) 3월 5일字, 「東學黨大巨魁と其口供」.

"원래 우리들이 기병한 것은 민족閔族을 타도하고 폐정을 이혁釐革하려는 목적이 었는데, 민족閔族은 우리들이 입경하기에 앞서 붕괴되었기 때문에 일단 병을 해산 하였다. 그 후 7월에 일본군이 대대적으로 경성에 들어와 왕궁을 포위했다는 것을 듣고 크게 놀라 동지를 모집해서 이(일본군)를 구축하려고 재차 병을 일으킨 것이 다. 오직 나의 종국의 목적은 첫째로 민족閔族을 타도하고 일당의 간신을 없애며 폐 정을 개혁하는데 있으며, 또한 전운사를 폐하고 전제田制 산림제山林制를 개정하여 소리小吏의 사리私利를 짓는 자를 엄하게 처분하는 것을 원했을 뿐이다."[296]

또한 전봉준은 일본공사관에서 일본 경부警部의 취조를 받는 중에, 네가 서 울에 공입攻入한 후에 누구를 추대하려 했는가라는 질문을 받고 다음과 같이 응답하였다.

"일본군을 몰아내고 악간의 관리를 쫓아버려 군왕의 곁을 깨끗이 한 후에는 몇 사람의 주석柱石의 사士를 압립押立해서 정치를 하게 하고, 우리 자신들은 바로 전 사田舍로 돌아가 상직常職인 농업에 종사할 생각이었다. 그러나 국사를 들어 일인 의 세력가에 맡기는 것은 커다란 폐해가 있음을 알고 있기 때문에 수인의 명사가 협합하여 합의법에 의해서 정치를 담당하게 할 생각이었다."[297]

일본의 『동경조일東京朝日신문』은 위의 전봉준의 응답을 「동학수령東學首領과 합의정치合議政治」라는 제목을 붙여 널리 보도하였다.

전봉준의 위의 답변을 정리하여 제2차 농민전쟁의 역사적 성격을 찾아보면, 그것은 1894년 6월 이래 일본군의 조선에의 불법적 상륙과 계속된 증파가 자 기 조국을 결국 '병탄'하려는 것이라고 판단하고 국가와 생사를 같이하겠다고

---

296 『東京朝日新聞』, 1895년 3월 5일 字, 「東學黨大巨魁と其口供」.
297 『東京朝日新聞』, 1895년 3월 6일 字, 「東學黨大巨魁と其口供」.

결심하여 일본군을 조국강토 위에서 몰아내기 위하여 재봉기한 것임을 알 수 있다.[298] 제2차 농민전쟁의 역사적 성격은 일본침략군을 자기 조국 땅 위에서 몰아내어 조국의 자주독립을 굳게 지키려고 한 반제국주의·반침략의 항일 민족전쟁이었던 것이다.

그러나 전봉준 등 동학농민군은 반제·반침략의 항일 민족항쟁을 하면서 반봉건 투쟁을 다음의 과제로 추구하였다. 즉 동학농민군이 성공하여 서울에 입성하면, 가렴주구만 일삼는 간신들과 간악한 관리들을 없애고 봉건적 폐정을 모두 '개혁'하려고 하였다. 그 범위는 종래 다른 당시 개혁가들이 엄두도 못내던 전제田制(土地制度)와 산림제山林制(林野制度)도 개혁하려는 근본적인 사회적 경제적 개혁을 포함한 것이었다.

더욱 주목할 것은 정치제도의 개혁도 단행하되, 종래와 같이 일인의 세력가가 정치를 담당하는 것은 폐해가 많기 때문에 나라의 기둥과 초석이 되는 훌륭한 인물들로 협의기관을 만들어서 합의정치合議政治를 실행하게 하는 개혁을 추구했다는 사실이다.

이러한 모든 사실들은 전봉준 등 동학농민군이 일본침략군을 조국강토에서 몰아낸 다음에는 중세적 봉건체제를 타파하고 근대적 제도를 수립하는 대대적 개혁을 단행하려 했음을 잘 알려 주고 있다.

즉 제2차 농민전쟁의 성격은 반제·반침략 민족전쟁과 반봉건적 농민혁명운동이 통합된 것이었으나, 반제국주의·반침략의 항일 민족투쟁을 선행시킨 동학농민들의 투쟁이었다고 볼 수 있다. 이것은 제1차 농민전쟁이 반제국주의·반침략운동과 반봉건적 농민혁명운동을 통합했으면서도 반봉건적 농민혁명운동을 선행시켰던 것과는 대조되는 특징이라고 할 수 있다.

갑오농민전쟁의 제2차 농민전쟁은 먼저 한반도에 불법 침입하여 남의 국토

---

298 『全琫準供草』, 再招問目, 『東學亂記錄』 下卷, 532~540쪽 및 『全琫準 判決宣告書原本』, 『韓國學報』 제39집, 1985, 187~190쪽 참조.

위에서 청일전쟁을 일으키며 궁극적으로 자기의 조국을 병탄하려고 노리는 일본침략군을 농민전쟁을 통하여 먼저 실력으로 몰아내고, 다음에 폐해 많은 모든 중세적 봉건적 제도들을 폐지하여 근대적 제도들을 수립하려고 한 우리나라 동학농민들의 민족혁명운동이었다고 볼 수 있을 것이다.

11. 맺음말: 제2차 농민전쟁의 의의

갑오농민전쟁의 제2차 농민전쟁은 본문에서 든 바와 같은 몇 가지 원인들의 복합으로 일단 실패했지만, 그것은 완전히 실패한 것은 아니었고, 한국근대사와 한국민족운동사에 커다란 사회적·역사적 의의를 가진 운동이었다. 특히 다음과 같은 몇 가지 사실은 제2차 농민전쟁의 의의로서 주목할 필요가 있을 것이다.

첫째로, 제2차 농민전쟁은 일본 군국주의·일본 제국주의자들의 한국 침략과 병탄시도에 대한 한국 농민들의 반제국주의·반침략 항일 무장투쟁이었다. 바꾸어 말하면 그것은 곧 한국 농민들의 항일 '의병'무장투쟁이었다. 당시 동학농민군들도 이것을 잘 인식하여 그들 자신을 '의병'이라고 표현했으며 그들의 본부를 '창의소', 그들의 격문을 '창의문'이라고 표현하기도 하였다.

물론 갑오농민전쟁 자체가 반제·반침략·반봉건 농민혁명운동이기는 했지만, 제1차 농민전쟁은 반제·반침략보다 반봉건을 선행시킨 운동이었는 데 비하여, 제2차 농민전쟁은 일본침략군을 조국강토에서 몰아내기 위한 반제·반침략 투쟁을 반봉건보다 선행시킨 농민들의 민족혁명운동이었다. 제2차 농민전쟁에서 한국 농민들은 전국적으로 봉기하여 자기 조국에 불법침입해서 청일전쟁을 도발하고 내정간섭을 자행하며 호시탐탐 한국 병탄과 식민지화를 노리는 일본침략군을 몰아내기 위하여 참으로 용감하게 헌신적으로 투쟁하였다. 민족과 조국에 대한 동학농민군의 헌신성과 애국심은 참으로 감동적인 것이었으며, 한국 근대사의 외세 침략기에 애국적 전통을 최저변의 민중들 속에 확고부동하게 정립하고 발전시켜서 그 후 외세 침략에 항거하는 한국 민중의 민족운동에 고갈되지 않는 무한의 원동력을 형성 공급하였다.

둘째로, 제2차 농민전쟁은 나라의 자주근대화를 완강하게 저지해 오던 조선왕조의 구체제舊體制, ancient régime를 근본적으로 붕괴시켰다. 물론 제1차 농민전쟁과 집강소의 농민통치가 선행해서 구체제를 붕괴시켰지만 이것은 호남 지방에서와 갑오경장에 반영되어서의 일이었다. 그런데 제2차 농민전쟁은 전국적 수준에서 농민들의 무장한 실력에 의하여 구체제를 철저히 붕괴시켰다.

물론 이 기간에 이미 갑오경장에 의하여 개혁 법령이 공포되고 여러 가지 제도개혁이 선포되었다 할지라도, 이것이 중앙정부의 탁상 개혁으로 끝나지 않고 지방 농촌에서까지 실행될 수 있었던 것은 제2차 농민전쟁에 의하여 동학농민들의 전국에 걸쳐 무장한 실력으로 구체제를 실질적으로 철저히 붕괴시켰기 때문에 가능한 것이었다고 볼 수 있다.

셋째로, 제2차 농민전쟁은 각계 각층 국민들의 민족적·정치적·사회적·의식적 각성을 크게 고취하고 촉진하였다. 동학농민군의 제2차 농민전쟁은 국민의 각계 각층에게 참으로 심대한 충격을 주었으며, 이 심대한 충격을 받은 전 국민이 동학농민군이 제기한 여러 가지 문제들에 대하여 각각 자기의 입장에서 깊이 검토하고 반성하였다. 이 과정에서 제2차 농민전쟁의 충격과 영향으로 전국민의 정치의식도 크게 변화하여 일신되고 크게 고양되었다. 제2차 농민전쟁의 충격과 영향으로 특히 외세의 침략에 대한 경각심, 일제의 한국병탄 시도에 대한 경각심, 농촌 문제와 지방행정 문제의 심각성, 구체제의 청산과 대개혁의 질실 절박한 필요성 등에 대한 국민적 인식과 합의가 전 국민적으로 광범위하게 확고히 정립되어, 그 후 동학농민군이 패전한 뒤에서 양반유생들의 봉건적 반동의 시도를 전혀 성공할 수 없게 만들었다. 특히 항일 민족의식과 개혁의식이 농촌과 산촌의 방방곡곡에까지 정착하게 지배하게 된 것은 제2차 농민전쟁의 충격과 영향이 가장 큰 요인이었다고 볼 수 있다.

넷째로, 제2차 농민전쟁은 우리나라의 자주근대화 운동과 사회발전의 아래로부터의 커다란 추동력을 공급하였다. 제2차 농민전쟁에서 동학농민군이 일본침략군의 추방과 함께 대대적 개혁의 단행을 전국적으로 요구한 것은 갑오경장 정부가 한편으로 동학농민군을 탄압하면서도 다른 한편으로는 농민들의 아래로부터의 대대적 개혁 요구에 밀리어 농민들의 요구사항을 개화파식으로 번역해서 대개혁을 단행하는 데 근원적인 힘이 되어 주었다.

제2차 농민전쟁에서 패전하여 동학농민군 자신은 집권하지 못했다 할지라도 집권한 개화파 정부로 하여금 갑오경장의 대개혁을 단행하도록 동학농민군이 아래로부터 대대적이고 급박한 사회적 압력을 주입하여 결국 대개혁이 이루어지게 한 것은 큰 역사적 의의를 가진 것이었다. 또한 동학농민군 자신들이 근대적 개혁요구 조항을 내걸고 제2차 농민전쟁 기간에도 이를 동학농민들 자신이 과감하게 스스로 실천한 것은 근대적 대개혁을 저지하던 둑을 농민군 스스로의 거대한 힘으로 무너뜨리고 자주 근대화와 사회발전을 크게 진전시킨 것이었다고 볼 수 있다.

다섯째로, 제2차 농민전쟁은 반일역량을 크게 제고시키고 그 후 반일의병운동의 튼튼한 토대와 원동력을 형성하여 공급하였다. 제2차 농민전쟁의 결과 전국에 걸쳐 특히 농촌과 산촌에는 반일역량과 반일의식이 크게 제고되고 축적되었으며, 전국에서 제2차 농민전쟁에 참가했던 다수의 농민군 병사들은 그 후 기회가 있을 때마다 여러 의병부대들의 병사가 되어 농민전쟁 때와 마찬가지로 완강한 항일 무장투쟁을 전개하였다. 한말 의병운동을 다룬 각종 관찬 문헌들에서 의병부대의 병사들에 대해 '동비여당東匪餘黨'이 많다고 기록한 것은 이것을 가리킨 것이었다.

갑오농민전쟁의 제2차 농민전쟁은 동학농민군이 전투에서 비록 패전했다 할지라도 완전히 실패한 것은 아니었다. 갑오농민전쟁의 제2차 농민전쟁은 정치적 사회적으로 한국사회의 역사에서 수천년 묵어온 낡은 전근대적 구체제를 붕괴시키는 데 결정적 작용을 하여 근대사회에의 길과 근대적 사회발전에의 길을 넓게 열어 주었으며, 또한 반일역량·반제국주의역량을 크게 제고하여 후일의 항일무장투쟁의 선구가 되어 주고 그의 고갈되지 않는 원동력을 형성·공급해 주었다고 볼 수 있는 것이다.

제9장
갑오농민전쟁의 역사적 사회적 성격

1. 머리말: 문제의 한정

동학혁명·갑오농민전쟁은 한국근대사에서 가장 큰 변혁운동의 하나이며, 그 후의 역사 전개에 결정적으로 큰 영향을 끼쳤다. 그러면 동학혁명·갑오농민전쟁의 역사적 사회적 성격은 무엇인가?

한때 학계에서는 조선왕조 통치집단의 입장과 관점을 그대로 계승하여 이를 '동학난東學亂'이라고 명명하면서 그 역사적 사회적 성격도 '난亂'의 성격을 가진 것이라고 해석하던 시기가 있었다. 그러나 오늘날 우리 학계는 이러한 견해는 거의 극복했다고 관찰되므로 여기서는 이 견해에 대해서는 다루지 않기로 한다.

오늘날 갑오동학농민운동의 역사적 사회적 성격과 관련하여 논의의 쟁점의 핵심에 있는 것은 이 운동을 '혁명革命' '혁명운동革命運動'으로 해석해야 하는

가 또는 혁명으로까지는 볼 수 없고 아직 혁명·혁명운동의 수준에 도달하지 못한 '농민봉기農民蜂起' '농민전쟁農民戰爭'의 성격을 가진 것으로 해석해야 하는가의 문제라고 할 수 있다.[1]

1894년에 일어난 갑오동학농민운동은 '농민군'을 편성해서 무장을 하고 군대의 편제를 만들어 '전투'를 하면서 운동을 전개했으므로, 형태상으로는 '농민전쟁'임에 틀림이 없다. 그러므로 형태론의 측면에서 이 운동을 '갑오농민전쟁' '동학농민전쟁'이라고 부른다면 이것은 정확한 것이라고 생각된다.

그러나 형태론에만 머물러서는 역사의 심층과 내용을 이해할 수 없으므로 반드시 그 사회적 역사적 성격을 밝힐 필요가 있다. 일부 학자들 사이에서는 갑오농민전쟁은 당시 이 운동의 주체세력인 농민들의 정치의식의 저수준과 정치적 미성숙 때문에 아직 '혁명' '혁명운동'이라고는 볼 수 없고, 역사적 사회적 성격에서도 '농민봉기'나 또는 전쟁규모의 대봉기라는 의미에서의 '농민전쟁'의 성격을 벗어나지 못한다는 견해가 지배하고 있다. 즉, 형태에 있어서나 역사적 사회적 성격에 있어서나 갑오동학농민운동은 최대로 높이 평가하여 해석

1　① 金庠基, 『東學과 東學亂』(大成出版社), 1947.

　② 金容燮, 「東學亂 研究論 ―性格問題를 중심으로―」, 『歷史敎育』 제3집, 1958.

　③ 申福龍, 『東學黨研究』(探求堂), 1973.

　④ 崔玄植, 『甲午東學革命史』(金剛出版社), 1980.

　⑤ 盧泰久(편), 『東學革命의 硏究』(백산서당), 1982.

　⑥ 金昌洙, 「東學革命運動과 全琫準」, 『韓國思想』 제19집, 1982.

　⑦ 韓㳓劤, 『東學과 農民蜂起』(一潮閣), 1983.

　⑧ 李炫熙(편), 『東學思想과 東學革命』(청아), 1984.

　⑨ 李離和, 「東學農民革命에 나타난 南·北接 갈등」, 『민족·통일·해방의 논리』(형성사), 1984.

　⑩ 鄭昌烈, 「東學農民戰爭과 프랑스혁명의 한 비교」, 『프랑스혁명과 한국』(일월서각), 1991.

　⑪ 愼鏞廈, 「프랑스 혁명에 비추어 본 1894년 東學農民革命運動」, 『프랑스혁명과 한국』(일월서각), 1991.

　⑫ 鄭晢相, 「農民執綱所를 통해 본 甲午農民戰爭의 社會的 志向」, 『韓國社會史研究會論文集』 제27집, 『한국의 전통사회와 신분구조』(문학과지성사), 1991.

　⑬ 宋基淑·朴孟洙, 『長興東學農民革命史』(장흥동학농민혁명기념탑 건립추진위원회), 1992.

　⑭ 禹潤, 『전봉준과 甲午農民戰爭』(창작과비평사), 1993.

해 보아야 '농민봉기' '농민전쟁'이라는 것이다.

필자는 오랫동안 이 주제를 공부해 오면서 1894년의 동학농민운동은 형태상으로는 '농민전쟁'이지만, 역사적 사회적 성격에서는 '농민혁명운동'이라고 생각하고 있다. '농민혁명'이라고만 하지 않고 '농민혁명운동'이라고 하여 '운동'을 붙이는 이유는 이 운동이 완전히 성공하여 집권을 하지 못하고 '운동'으로 그쳤기 때문이다.

또한 필자는 사상·종교로서의 '동학'을 매우 독창적인 평등사상과 휴머니즘을 창도한 획기적인 것으로 높이 평가하며, 동학이 농민전쟁에 '사상·이념'과 '조직'을 공급하여 동학과 농민전쟁이 결합했다고 해석하는 '결합설'을 주장하고 있다.[2] 이러한 관점에서 이 운동을 '동학농민혁명운동' '갑오동학농민혁명운동' '1894년 동학농민혁명운동'의 역사적 사회적 성격을 가진 것으로 해석하고 이렇게 명명할 수 있다고 생각한다.

이 글에서는 형태론에서 명명한 갑오농민전쟁이 왜 역사적 사회적 성격에서는 '동학농민혁명운동'이 되는가의 이유를 먼저 밝히려 한다. 다음에 그것이 한국근대사에서 어떠한 역사적 역할을 수행했는가를 전근대사회로부터 근대사회로의 이행에 있어서의 '동학농민혁명운동과 시민적 개혁의 결합설'을 제시하여 밝히고, 동학농민혁명운동의 역사적 의의를 고찰하는 작업에 문제를 한정하기로 한다.

2. 갑오농민전쟁의 혁명운동적 성격

갑오동학농민운동은 그 운동형태에서 보면 농민군을 편성하여 '전투·전쟁'

---

2 慎鏞廈, ① 「東學과 甲午農民戰爭의 民族主義」, 『韓國學報』 제47집, 1987 및 ② 「東學과 甲午農民戰爭의 結合」, 『韓國學報』 제67집, 1992 참조.

의 방법을 통해서 목적을 달성하려고 한 '농민전쟁'의 양상을 갖고 있고, 그 역사적 성격을 보면 중세적 봉건적 '구체제(앙시앙 레짐)'를 해체하고 '신체제'를 수립하려고 한 '농민혁명운동'의 성격을 갖고 있음을 알 수 있다.

갑오농민전쟁의 혁명운동적 성격은 적어도 제1차 농민전쟁 봉기 때부터는 명료하게 나타나고 있다. 동학농민군의 제1차 농민전쟁 때의 문서들은 동학농민군 자신이 '농민혁명'을 목표로 봉기했었음을 알려 주고 있다. 동학농민군이 1894년 음력 3월 20일 무장茂長에서 4천 명의 병력으로 봉기한 후 진격하여 먼저 고부를 점령한 후 고부 백산에서 3월 25일경 농민군을 약 7천~9천 명으로 증가시킴과 동시에 농민군의 강령에 해당하는 다음과 같은 '사대명의'를 공포했는데, 여기에는 분명하게 동학농민군의 목표로서의 혁명의지가 포함되어 있었다.

① 사람을 죽이지 않고 물건을 파괴하지 않는다. (不殺人 不殺物)
② 충과 효를 모두 온전히 하여 세상을 구하고 백성을 편안케 한다. (忠孝雙全濟世安民)
③ 일본 오랑캐를 몰아내어 없애고 왕의 정치를 깨끗이 한다. (逐滅倭夷 澄淸聖道)
④ 군대를 몰고 서울로 들어가서 권세가와 귀족을 모두 없앤다. (驅兵入京 盡滅權貴)[3]

위의 사대명의 중에서 제3항인 "일본 오랑캐를 몰아내어 왕의 정치를 깨끗이 한다"는 조항은 개항 후부터 당시까지 국내에 침투한 일본 제국주의 침략세력을 몰아내려는 반침략·반제국주의 민족투쟁의 선언이었고, 제4항인 "군대를 몰고 서울로 들어가서 권세가와 귀족을 모두 없앤다"는 조항은 구체제(앙시앙 레짐)의 골간인 민비수구정권과 양반귀족을 모두 타도하겠다는 반봉건 농민혁명운동의 선언이었다고 볼 수 있다. 특히 이 사대명의의 제4항(驅兵入京 盡滅權貴)이

---

3 鄭喬, 『大韓季年史』(국사편찬위원회 판), 上卷, 74쪽.

야말로 제1차 농민전쟁에서의 농민군의 혁명적 목표를 집약적으로 표현하고 있는 것이라고 해석될 수 있는 것이다.

또한 동학농민군이 백산白山에서 3월 27일경에 호남 일대와 전국에 발송하여 백성들의 호응과 궐기를 촉구한 다음과 같은 격문은 그 내용에서 그들의 봉기가 나라와 백성들을 위한 반제·반침략·반봉건 농민혁명을 지향한 것임을 명료하게 밝히고 있다.

> "우리가 의義를 들어 이에 이름은 그 본의가 단단 타他에 있지 아니하고 창생蒼生을 도탄 중에서 건지고 국가를 반석 위에다 두자 함이다. 안으로는 탐학한 관리의 머리를 버히고 밖으로는 횡포한 강적强敵의 무리를 구축驅逐하자 함이다. 양반과 부호의 앞에 고통을 받는 민족들과 방백과 수령의 밑에 굴욕을 받는 소리小吏들은 우리와 같이 원한이 깊은 자라, 조금도 주저치 말고 이 시각으로 일어서라, 만일이 기회를 잃으면 후회하여도 미치지 못하리라."
>
> 甲午　月　日
>
> 湖南倡義大將在白山[4]

이 격문을 분석해 보면, 농민군 봉기의 본의는 백성들[창생蒼生]을 도탄 중에서 건지고 국가를 튼튼하게 반석 위에다 두려고 하는 것임이 선언되고 있다. 즉 민중과 국가를 구제하기 위한 봉기임을 먼저 선언하고 있는 것이다. 그 방법은 먼저 "안으로는 탐학한 관리의 머리를 버히고"라고 하여 창생을 도탄에서 건지는 본의의 실시를 우선 탐학한 양반관료들의 머리를 베는 혁명운동을 단행함으로써 시작하려 하고 있다. 그리고 국가를 반석 위에 두려는 본의는 "밖으로는 횡포한 강적의 무리를 구축하자 함이다"라고 하여 강적인 일본 제국주의 침략세력을 몰아내는 것을 우선적 방안으로 제시하고 있는 것이다. 또한 이

4　吳知泳, 『東學史』, 1940, 112쪽.

격문은 봉기의 적대관계를 '양반·부호 대 민중'임을 밝혀 그것이 반봉건(반양반) 농민(민중) 혁명운동임을 천명하고 있다.[5]

동학농민군은 1894년 음력 3월 20일 제1차 농민전쟁에 봉기해서 음력 4월 27일 전주를 점령하여 입성할 때까지 고부·태인·부안·정읍·홍덕·무장·고창·금구·원평·영광·함평·무안·장흥·장성 등 무려 20여 개의 군현을 점령하였다. 이때 동학농민군은 농민들(민중)을 취합하여 혁명군을 편성하고 무장하여 봉기해서, 합법적 지방행정기관들을 부정하고 비합법적 방법으로 이를 공격 점령하여 점령지역에서 양반관료의 구체제의 행정질서를 근본적으로 부정하여 붕괴시켰으며, 그 대신 동학농민군의 관점에서 정당하다고 인정하는 방식으로 읍폐민막邑弊民瘼의 교정사업을 단행하였다.[6] 이것은 혁명운동의 모든 조건을 갖춘 운동이어서, 동학농민군이 양반관료의 구체제의 통치질서를 전면적으로 부정하고 반대하는 반봉건 농민혁명운동을 전개했음을 극명하게 증명해 주고 있다. 뿐만 아니라 이것은 동학농민군이 궁극적으로 그들이 서울로 쳐 들어가 진멸권귀盡滅權貴하겠다고 선언하고 시작한 운동이었으므로, 그들이 당시 중앙의 봉건적인 민비수구체제에 철저하게 반대하는 혁명운동을 시작했음을 잘 증명해 주고 있는 것이다. 1894년의 제1차 농민전쟁은 반봉건적 성격과 반제·반침략적 성격을 모두 갖고 있었으나 반제적 성격보다는 반봉건적 성격을 선행시킨 동학농민들의 반봉건적 농민혁명운동이라는 역사적 성격을 가진 것이라고 볼 수 있다.[7]

---

5 동학농민군은 '양반·부호 대 민중'과 동시에 '方伯·守令 對 小吏'도 대치시키고 있는데, 여기서 '小吏'(吏胥들)를 거론한 것은 혁명운동의 주체세력으로서가 아니라 동조세력으로 끌어들여 동학농민군이 각 관아를 점령해 나갈 때 그들의 협조를 얻기 위한 것이었다고 이해된다. 이 격문 직후에 발송된 이서들에게의 통문이 이를 방증해 준다.

6 愼鏞廈, 「甲午農民戰爭의 第1次 農民戰爭」, 『韓國學報』 제40집, 1985 참조.

7 『東京朝日新聞』 1895년(明治 28) 5월 11일字, '東學黨의 實相' "東徒를 煽動한 全琫準 日 우리들의 蜂起는 전적으로 閔族을 僕滅하는 것을 第1目的으로 하고 日本兵을 打拂하여 朝鮮國을 安全케 하는 것을 제2目的으로 한다 하였다" 참조.

동학농민기념비(정읍)

이어서 동학농민군은 청군과 일본군이 갑오농민전쟁의 '진압'에 개입하여 조선에 침입하자 두 나라 군대를 철수시키기 위해서 관군과 1894년 음력 5월 8일(양력 6월 11일) 전주화약全州和約을 성립하고, 농민군은 형식상 자진해산하는 외양을 갖추어 외국군 철수의 조건을 만들어 주면서 전라도 53개 군현의 대부분에 '집강소執綱所'를 설치하여 농민통치를 실시하였다. 이때 집강소의 통치내용은 구체제의 기본적 제도들을 해체시키고 농민들이 원하는 신체제를 추구한 것이어서 가히 혁명적인 것이었다. 이 부분 절에 바꾸어 좀더 상세히 고찰하기로 하는데, 우선 지적해 두어야 할 것은 동학농민군의 집강소 통치가 농민혁명운동의 성격을 갖고 있었다는 사실이다.

동학농민들은 집강소 통치 기간에 무장을 강화하고 준비를 갖추었다가 '동학란' 진압을 구실로 조선에 불법침입한 일본군이 철수하기는커녕 도리어 조선국토 위에서 청일전쟁을 도발하고, 궁궐 침범을 자행하여 조선왕궁 시위대를 무장해제시키며 마음대로 정권을 농단하고 내정간섭을 자행하자 전봉준의 지휘하에 1894년 음력 9월 13일(양력 10월 11일) 제2차 농민전쟁에 봉기하였다. 재봉기한 농민군은 한반도에 침입한 일본군을 자기 조국땅에서 실력으로 몰아내려고 무장하여 일본군과 치열한 전투를 전개했으며, 일본군 측에 굴복하여 일본군에 협조하는 중앙 개화정부에 대해서도 그 친일적 비주체성을 반대하여 일본고문단·관군의 연합부대들에 대해서도 치열한 전투를 전개하였다. 따라서 동학농민군의 제2차 농민전쟁은 반봉건적 성격과 반제·반침략적 성격을 모두 갖고 있었으나 반봉건적 성격보다는 반제·반침략적 성격을 선행시킨 조선농민들의 반제·반침략 민족혁명운동이라는 역사적 성격을 가진 것이라고 볼 수 있다.

이와 같이 갑오농민전쟁은 제1차 농민전쟁·집강소 농민통치·제2차 농민전쟁을 거치면서 그 혁명운동의 성격의 강조점이 조건에 따라 약간 이동하기는 했지만 총체적으로 반봉건·반제 농민혁명운동의 역사적 성격을 가진 것이라고 해석하는 것이 가장 적절한 해석이라고 생각된다.

필자의 이러한 해석은 백암 박은식의 '평민혁명'론을 사회사적 관점에서 수정하여 현대적으로 계승 발전시킨 것이다. 박은식은 갑오농민전쟁을 '우리나라 평민의 혁명'이라고 그 성격을 다음과 같이 설명하였다.

"대개 그들을 이렇게 분기하게 만든 동력은 양반의 압제와 관리의 탐학에 분격하여 나온 것이다. 즉 그것은 우리나라 평민의 혁명이다.

오직 그 도당 중에 어리석고 무식한 자들도 많았고 그들의 거동도 난폭하고 기강이 없었으니 정치를 개혁하는 것은 그들이 할 수 있는 일이 아니었다. 그러나 구습을 파괴하는 데는 남음이 있었다. 그들로 하여금 외국인의 간섭을 없게 하고 또 유능한 자가 그 속에 나왔다면 그 파괴로 인하여 하나의 신선한 독립국을 건설하는 것도 처음부터 불가능한 일은 아니었다.

강한 이웃나라가 이 기회를 타서 간섭하는 일 같은 것도 없었을 것이고, 소위 독립이란 것이 우리의 자력으로 얻은 것이 아니어서 마침내 타국에 의하여 파괴당하고 만 일도 없었을 것이다. 이것이 어찌 우리 백성들의 혁명의 본의本意였겠는가."[8]

8 朴殷植, 『韓國獨立運動之血史』, 『朴殷植全書』(檀國大 東洋學研究所版) 上卷, 455쪽.

이러한 관점을 발전시키면 갑오농민전쟁은 농민혁명운동의 성격을 가졌음을 알 수 있게 된다.

3. 동학농민혁명운동의 구체제(앙시앙 레짐) 해체와 집강소

갑오농민전쟁의 혁명운동적 성격은 동학농민군의 집강소의 농민통치의 내용을 보면 좀더 구체적으로 알 수 있다.

일부 학자들은 아직도 집강소의 실재여부에 회의적 견해를 갖고 있는지 모르지만, 이미 밝혀진 바와 같이[9] 『오하기문』에 수록된 '명읍집강소에 보낸 전봉준의 통문'[10]과 『수록隋錄』에 게재되어 있는[11] '무주집강소에 하달된 통문'[12]에 의해서도 집강소의 실재했음은 논쟁의 여지 없이 증명된다고 할 것이다.

오지영은 『동학사』에서 동학농민군이 집강소 통치를 할 때 12개조의 폐정개혁 요강을 제정하여 실행했다고 했는데, 그 내용이 간행본과 초고본에 약간의 차이가 있다. 먼저 『동학사』 간행본에 수록된 12개조 폐정개혁 요강은 다음과 같다.

① 도인과 정부와의 사이에는 숙혐宿嫌을 탕척蕩滌하고 서정庶政을 협력할 사.

② 탐관오리는 그 죄목을 사득査得하여 일일이 엄징할 사.

③ 횡포한 부호배富豪輩는 엄징할 사.

④ 불량한 유림과 양반배는 징습懲習할 사.

⑤ 노비 문서를 소거燒袪할 사.

---

9 慎鏞廈, 「甲午農民戰爭 시기의 農民執綱所의 設置」, 『韓國學報』 제41집, 1985 참조.
10 『梧下記聞』 第2筆, 66쪽의 '全琫準이 下達한 執綱所 通文' 참조.
11 盧鏞弼, 「東學農民軍의 執綱所에 대한 일고찰」, 『歷史學報』 제133집, 1992 참조.
12 『隋錄』, 61쪽의 '茂朱執綱所에 下達된 通文' 참조.

⑥ 칠반천인七班賤人의 대우는 개선하고 백정白丁 두상頭上에 평양립은 탈거할 사.

⑦ 청춘과부青春寡婦는 개가를 허할 사.

⑧ 무명잡세無名雜稅는 일병一幷 물시勿施할 사.

⑨ 관리 채용은 지벌地閥을 타파하고 인재를 등용할 사.

⑩ 왜倭와 간통奸通한 자는 엄징할 사.

⑪ 공사채公私債를 물론하고 이왕의 것은 일병一幷 물시勿施할 사.

⑫ 토지는 평균으로 분작케 할 사.[13]

한편 『동학사』의 초고본에 수록된 폐정개혁 요강 12개조는 다음과 같다.

① 인명을 남살濫殺한 자는 버힐 사.

② 탐관오리는 거근祛根할 사.

③ 횡포한 부호배를 엄징할 사.

④ 유림과 양반배의 소굴을 토멸할 사.

⑤ 잔민殘民 등의 군안軍案은 불지를 사.

⑥ 종 문서는 불지를 사.

⑦ 백정의 머리에 패랭이를 벗기고 갓을 씌울 사.

⑧ 무명잡세등은 혁파할 사.

⑨ 공사채를 물론하고 과거의 것은 일병一幷 물시勿施할 사.

⑩ 외적과 연락하는 자는 버힐 사.

⑪ 토지는 평균분작으로 할 사.

⑫ 농군의 두레법은 장려할 사.[14]

---

13 『東學史』, 126~127쪽.
14 『草稿本 東學史』第3책, 43~44쪽.

위의 두 개의 폐정개혁 요강 12개조를 비교해 보면, 초고본에 수록되어 있음에도 불구하고 간행본에서 빠진 것은 ① 인명을 남살濫殺하는 자는 버릴 사(제1조), ② 잔민殘民등의 군안軍案은 불지를 사(제5조), ③ 농군의 두레법은 장려할 사(제12조) 등이다. 반면에 초고본에는 없는데 간행본에 수록되어 있는 것은 ① 도인과 정부 사이에는 숙혐宿嫌을 탕척蕩滌하고 서정庶政을 협력할 사(제1조), ② 청춘과부는 개가를 허할 사(제7조), ③ 관리채용은 지벌地閥을 타파하고 인재를 등용할 사(제9조) 등이다.

이 밖에 초고본과 간행본의 조항 내용이 동일한 것들 중에는 초고본의 표현이 좀더 강경한 것을 알 수 있다. 예컨대, 양반신분에 대한 신분투쟁 조항에서 초고본에서는 "유림과 양반배의 소굴을 토멸討滅할 사"로 표현되어 있는데, 간행본에서는 "불량한 유림과 양반배는 징습懲習할 사"라고 하여 '불량한'의 한정적 형용사를 붙이고 '토멸' 대신에 '징습'이라고 완화된 표현을 채택하고 있는 것이다.

이와 같이 초고본과 간행본 사이에 차이가 난 것은, 무엇보다도 초고본이 집강소 설립 초기의 폐정개혁 요강을 수록한 것이고 간행본은 동학농민군의 6월 15일 남원대회南原大會 후 동학농민군 총대장 전봉준과 전라관찰사 김학진 사이에 '관민상화지책官民相和之策'이 합의 채택된 이후의 집강소의 폐정개혁 요강을 수록한 때문인 것이라고 추정된다. 이 점은 간행본의 폐정개혁 요강 제1조가 초고본에는 없는 "도인과 정부 사이에는 숙혐을 탕척하고 서정을 협력할 사"로서, '관민상화'를 제1조로 강조하고 있는 곳에서도 알 수 있다.

위의 『동학사』 간행본과 초고본의 집강소 폐정개혁 요강들은 모두가 실시되었던 것이므로 이를 모두 합쳐서 보면, 사회신분제 폐지와 사회신분 해방에 관한 것이 간행본의 ④⑤⑥⑦⑨의 5개 조항, 초고본의 ④⑥⑦의 3개 조항으로 가장 비중이 큼을 알 수 있다. 그 밖에 간행본에서는 탐관오리의 처벌, 횡포한 부호의 처벌, 무명잡세無名雜稅의 폐지, 친일분자의 처벌, 고리채의 무효화,

토지제도 개혁 등이 각각 1건씩으로 되어 있으며, 초고본에서는 인명 남살자 처벌, 탐관오리 발본색원, 횡포한 부호의 처벌, 잔민의 군안의 소각, 무명잡세 혁파, 공사채의 무효화, 친일분자의 처벌, 토지제도의 개혁, 두레법 장려 등이 각 1건씩이다. 초고본에서 특히 주목할 것은 잔민의 군안의 소각軍政, 무명잡세의 혁파(田政…등), 공사채의 무효화(還政…등) 등 삼정의 개혁이 모두 거론되고 있으며, 토지제도의 개혁과 두레법 장려가 동시에 농업제도 개혁의 방안으로 제시되어 추진되었다는 사실이다.[15]

무엇보다도 먼저 주목할 것은 집강소의 농민통치가 격렬한 사회신분 해방운동을 전개하고 사회신분제를 사실상 실력으로 폐지해 버렸다는 사실이다. 집강소 시기의 동학농민들의 사회신분 해방운동에 대하여 황현의 『오하기문』은 당시에 다음과 같은 관찰 기록을 수록해 놓았다.

"적당(동학농민군-인용자)은 모두 천인노예이므로 양반·사족을 가장 증오하였다. 그래서 양반을 나타내는 뾰죽관을 쓴 자를 만나면 곧바로 꾸짖으며 말하기를 '너도 역시 양반인가' 하고 관을 벗기어 빼앗아 버리거나 또는 그 관을 자기가 쓰고 거리를 돌아다니면서 양반을 욕주었다.

무릇 집안의 노비奴婢로서 도적(농민군)들을 따르는 자는 물론이요, 비록 도적들을 따르지 않는 자라 할지라도 모두 지극히 천한 자가 주인을 위협 강제하여 노비문권奴婢文券을 불사르고 강제로 양인이 됨을 승인케 하거나 또는 그 주인을 결박하여 주리를 틀고 곤장과 매를 치기도 하였다. 이에 노비를 가진 자들은 바람에 따라 노비문권을 불사르지 말기를 원하는 경우에도 그러나 기염氣焰이 널리 맹렬하게 타오르고 있어서 주인主人이 더욱 이를 두려워하였다.

혹은 사족士族으로 노奴와 주인이 모두 함께 도적을 따르는 경우에는 서로 (평등

15 愼鏞廈, 「甲午農民戰爭과 두레와 執綱所의 폐정개혁」, 韓國社會史研究會論文集 제8집, 『한국사회의 신분계급과 사회변동』(문학과지성사), 1987 참조.

하게) 접장이라고 칭하면서 그들의 법을 따랐다. 도한屠漢(백정)·재인才人 등속의 무리도 역시 평민平民·사족士族과 평등하게 같이 예禮를 했으므로, 사람들이 더욱 치를 떨었다."[16]

황현의 당시의 이 증언 기록은 ① 동학농민군의 양반신분제도를 부정하고 양반을 욕주었으며, ② 동학농민군에 가담한 노비는 물론이요 가담하지 않은 노비들까지도 주인을 위협하여 강제로 노비문서를 불사르게 하고 종량從良(良人 됨)을 승인케 하여 노비해방을 쟁취했고, ③ 노비의 주인이 멈칫거릴 때에는 그 노비가 주인을 결박하여 주리를 틀고 곤장을 쳤으며, ④ 노비들의 신분해방운 동에 놀란 노비 주인이 화를 덜려고 스스로 자진해서 노비문서를 불살라 노비 해방을 승인했고, ⑤ 때로는 노비가 노비문서를 불사르지 말기를 원하는 경우 에도 거세게 불타오르는 노비해방투쟁의 기염에 겁을 먹은 노비 주인들이 더욱 두려워하여 자기의 노비들을 해방시켰으며, ⑥ 노비와 그 양반신분의 주인이 함 께 동학농민군을 따르는 경우에는 서로 평등하게 '접장'이라고 부르면서 평등 한 예를 했고, ⑦ 노비뿐만 아니라 백정白丁(屠漢)·재인才人(倡優) 등 칠반천인七班 賤人들도 해방되어 양인良人(平民)·양반사족과 서로 평등하게 예를 했음을 극명 하게 알려 주고 있다.

즉, 여기서도 알 수 있는 바와 같이 집강소의 폐정개혁 요강 중의 사회신분제 도 폐지 부분인 ① 불량한 양반들의 응징, ② 유림과 양반들의 소굴의 토멸, ③ 지벌의 타파와 양반신분제도의 폐지, ④ 노비문서의 소각과 노비해방, ⑤ 칠반 천인의 해방, ⑥ 백정에 대한 차별대우의 폐지, ⑦ 청춘과부의 개가의 허용은 집 강소의 농민통치에 의하여 실행된 것이었다.

집강소 통치의 사회신분제도 폐지는 천민신분 출신의 농민군부대들에 의하 여 강력하게 뒷받침되었다. 집강소가 설치되자 대접주 손화중은 전라우도에서

---

16 黃玹, 『梧下記聞』 第2筆의 97쪽.

백정(屠漢)·재인·역부驛夫·야장冶匠·승도僧徒 등 평일의 천민들로 수천 명의 천민출신 농민군부대를 편성해서 천민신분의 하나인 재인 출신 홍낙관에게 지휘케 했는데,[17] 이 부대는 사납고 용맹하기 짝이 없어 사람들이 가장 두려워하였다.[18] 또한 대접주 김개남도 전라좌도에서 창우·재인 등 천민신분 출신들로 1천 명의 농민군부대를 편성해서 활동케 하였다.[19] 이러한 천민출신 농민군부대가 사납고 용맹하기 짝이 없었던 것이 그들의 신분해방투쟁과 관련된 것이었음을 추정하는 것은 전혀 어려운 일이 아니다.

집강소의 농민통치가 사회신분제도를 폐지했다는 사실은 갑오농민전쟁 후에 관군의 동학농민군에 대한 문죄 항목에서도 확인된다. 관군은 동학농민군의 10죄 중의 여섯 번째 죄목에 "평등을 가칭하여 名分(身分을 의미)을 부수었다"[20]는 사실을 들었다. 또한 관군의 전봉준에 대한 문죄에서도 "양반과 부자를 모조리 짓밟았으며 종문서를 불질러 강상綱常을 무너뜨렸음"[21]을 들었다.

또한 당시의 자료인 『윤치호일기』는 동학농민군이 양반신분을 다룬 방식에 대하여, "그들(동학농민군-인용자)은 어디에 가든지 양반에 대한 가장 깊은 증오를 나타내었다. 동학이 양반을 취급한 잔인성은 프랑스 대혁명 기간에 프랑스 귀족에게 가해진 유혈적 취급의 하나를 연상케 하는 것이었다"[22]고 기록하였다. 즉 동학농민군은 사회신분제에 대하여 혁명적 대응을 한 것이었다.

여기서 우리가 주목해야 할 것은 구체제(전근대사회체제)의 첫째의 골간이 되는 것이 바로 사회신분제도라는 사실이다. 구체제·구질서는 모든 것이 사회신분제도를 '핵심'으로 하여 조직되고 구조화된 것이었다. 그런데 갑오농민전쟁에

---

17 『梧下記聞』 第3筆의 35쪽 참조.
18 『梧下記聞』 第2筆의 97쪽 참조.
19 『梧下記聞』 第3筆의 23쪽 참조.
20 「兩湖右先鋒日記」, 『東學亂記錄』 上卷, 272쪽, "假稱平等 而毁壞名分 六也" 참조
21 『東學史』, 157쪽.
22 『尹致昊日記』 제4책, 1895년 2월 18일條(국사편찬위원회 판), 29쪽.

서 집강소의 동학농민들이 이 구체제의 첫째의 골간을 그들의 힘으로 철저히 붕괴시켜 버리고 폐지해 버린 것이었다.

다음으로 주목해야 할 것은 집강소의 농민통치가 중세적·봉건적 지주제도의 폐지를 내용으로 한 토지개혁을 추구했다는 사실이다.

전봉준은 그 후 체포되어 일제 측의 심문을 받을 때에 봉기의 목적을 묻는 심문에 대해 "오직 나의 종국의 목적은 첫째로 민족閔族을 타도하고 일당의 간신을 없애며, 또한 전운사轉運使를 폐하고 전제田制·산림제山林制를 개정하며 소리小吏의 사리私利를 짓는 자를 엄하게 처분함을 원했을 뿐이다"[23]고 응답하였다.[24] 여기서 전봉준이 말한 '전제·산림제의 개정'은 번역하면 곧 '토지개혁'을 가리킨 것이다. 전봉준 등 동학농민군 지도자들이 토지개혁을 단행하려고 추구한 것은 틀림없는 사실이라고 볼 수 있다.

집강소의 토지개혁에 관련된 폐정개혁 요강은 ① '토지는 평균平均으로 분작分作케 할 사'와 ② '농군의 두레법은 장려할 사'의 두 개의 조항이다.

그러면 집강소와 전봉준은 어떠한 내용의 토지개혁을 추구했을까? 이 문제에 해답을 줄 가능성을 가진 자료의 하나가 『강진읍지康津邑誌』의 「명승초의전名僧草衣傳」의 다음과 같은 기록이다.

"다산이 유배로부터 고향에 돌아가기 직전에 『경세유표』를 밀실에서 저작하여, 그의 문하생인 이청李晴과 그리고 친한 승려인 초의草衣에게 맡겨서 비밀리에 보관하여 전포傳佈하도록 의뢰하였다. 그러나 그 전문은 도중에 유실되고, 그 일부는 대원군에게 박해당한 남상교·남종삼 부자 및 홍봉주 일파에게 전해졌다. 그 일부는 그 후 강진의 윤세현·전병태·강운백 등과 해남의 주연호·김도일 등을 통하여

---

23 『東京朝日新聞』, 1895년(明治 28) 3월 5일字, '東學薰巨魁と其口供'.
24 姜昌一, 「甲午農民戰爭 자료발굴: 全琫準會見記 및 取調記錄」, 『사회와 사상』 창간호, 1988년 9월호 참조.

갑오년에 기병한 전녹두(전봉준-인용자)·김개남 일파의 수중에 들어가서 그들이 이용하였다. 전쟁 후 정다산의 비결이 녹두 일파의 비적을 선동했다고 하여, 정다산의 유배지 부근의 양가와 고성사·백운사·대둔사 등을 수색한 일까지 있다."[25]

즉, 다산 정약용의 『경세유표』가 전봉준·김개남 등 동학농민군 지도자의 수중에 들어가서 이용되고 그들을 선동했다는 것이다. 그런데 정다산의 『경세유표』에서 제시된 토지개혁안은 '정전제井田制' 토지개혁안인 것이다. 전봉준 등이 정다산의 정전제 토지개혁안에 큰 영향을 받아 이와 유사한 '토지개혁안'을 추구했다면 이것은 집강소의 폐정개혁 항목의 내용과 딱 맞아 떨어진다. 정다산이 『경세유표』에서 제시한 정전제 토지개혁안은 반드시 지형상으로 정자전형井字田形을 만들려고 한 것이 아니라 원리적으로 8구區의 사전私田과 1구의 공전公田을 만들어서 8가家의 사전 경작자가 1구의 공전을 공동 경작하여 그 공전의 수확물로 공세公稅를 납부하고 사전의 수확물은 8가의 경작농민의 소득으로 하면 이것이 바로 정전제의 실實을 거두는 것이라고 하였다.[26]

집강소의 동학농민군이 정다산의 『경세유표』의 정전제 원리를 이용하면, "토지는 평균으로 분작케 할 사"가 완벽하게 실현된다. 왜냐하면 정전제의 9구區의 각구 면적은 완전히 평등하기 때문에 사전 8구를 1구씩 경작하는 8가의 농민은 "토지를 완전히 균작"하게 되는 것이다. 공세를 위한 나머지 1구의 공전은 어떻게 하는가? 집강소의 폐정개혁 요강에 "농군의 두레법은 장려할 사"가 바로 여기에 해당되어, 농민들이 '두레'로 공동경작을 하면 되는 것이다. 정전제에 있어서는 농토의 9분의 8은 사전이고, 9분의 1인 공전이므로 공전경작을 위하여 '두레'는 매우 적절하고 효율적인 필수의 제도인 것이다. 따라서 "농군의 두

25 朴宗根,「李朝後期の實學思想−茶山丁若鏞の社會改革論(上)」,『思想』No.567, 1971, 128쪽에서 재인용.
26 『與猶堂全書』, 政法集, 『經世遺表』天官吏曹, 第1 참조.

레法은 장려할 사"가 실행되어 공전 1구를 완전히 '두레'로 공동경작하고, 사전 8구에 대해서도 모내기·김매기 등의 작업은 '두레'로 협동경작하는 것이 장려될 필요가 절실했다고 볼 수 있다.

여기서 사전 8구의 사전이 완전히 경작농민의 사전인가, 또는 이것이 지주의 사전이고 경작농민은 균등한 소작만 하는 것인가의 문제가 대두된다. 정전제의 원리는 본래 사적 부재지주의 개재를 인정하지 않고 국가(公)와 농민(私) 사이의 직접적 토지분배 방법이므로, 여기서도 원칙적으로 봉건적 지주제도는 폐지되고 사전 8구는 경작농민(소유)의 사전 8구인 것이다. 즉 집강소의 토지개혁은 원칙적으로 봉건적 지주제도를 폐지하고 정다산의 정전제 토지개혁의 원리를 이용하여 경작농민들에게 사전 8구를 균등하게 분배해 주어 자작농으로 균작케 해서 그 생산물은 모두 경작농민의 소득으로 하고, '농군의 두레법을 장려'하여 공전 1구를 '두레'로 공동 경작케 해서 그 소출은 농민의 유일한 부담으로서의 공세로 납부하게 하는 토지개혁안이었다고 볼 수 있다(이때 두레가 사전 8구의 협동경작에도 활용될 것은 물론이다).

토지개혁의 실행은 적어도 1~2년의 집권기간이 필요한 사업인데 집강소의 농민통치기간은 수개월에 불과했으므로 동학농민의 정전제 원리에 기초한 토지개혁은 추구만 되었지 실천되지는 못하였다. 그러나 갑오농민전쟁 기간에 동학농민군의 지주제도·소작제도에 대한 적대행동은 도처에서 보이고 있다. 예컨대 공주의 지주인 남선달南先達은 갑오농민전쟁으로 도조賭租(소작료)를 동학농민들에게 빼앗겨 그 세가 낭패한 처지에 놓이게 되었다.[27] 장성의 동학농민군 두령들의 죄상의 하나에는 "다른 사람의 도조를 늑탈한 것勒奪他人賭租"[28]이 중시되어 관군에 처벌되었다. 고부의 동학농민군 두령 이화진李和辰은 그 고을 동

---

27 「雜記(報抄)」, 『東學亂記錄』 下卷, 297쪽 참조.
28 「巡撫先鋒陣謄錄」, 『東學亂記錄』 上卷, 650쪽 및 「先鋒陣呈報牒」, 『東學亂記錄』 下卷, 245쪽 참조.

학접주의 저지로 성공은 못했지만 해제면海際面 지주의 도조를 수색하여 압수하려고 출동했었다.[29] 동학농민군이 도조賭租 70석을 압수하여 명례궁明禮宮의 마름집에 보관시켰다는 기록도 있다.[30] 강원도 강릉에서는 동학농민군이 부호의 전재錢財를 토색했을 뿐 아니라 "전답문서를 빼앗고자 했다欲奪田畓文書"[31]고 한다. 이러한 기록들은 동학농민군이 지주제도를 개혁하거나 폐지하고자 한 적대활동을 했었음을 간접적으로 알려 주고 있다.

여기서 우리가 다시 주목해야 할 것은 구체제의 둘째의 골간이 되는 사회제도가 봉건적 지주제도라는 사실이다. 봉건적 지주제도는 신분적 강제에 의하여 잉여생산물의 전부에 해당하는 고율 소작료를 양반지주가 수취하는 제도로서 구체제의 물질적 기초가 되는 제도였다. 이 봉건적 지주제도는 사회신분제가 폐지되면 봉건적(경제외적) 강제가 폐지되어 봉건성이 원칙적으로 소멸되지만 고율도조(소작료)가 남아 있는 한 '반봉건성'을 잔존시키게 되는 것이다. 갑오농민전쟁에서 집강소의 동학농민들이 봉건적 지주제도의 폐지를 추구하는 '토지개혁'을 요강으로 한 것은 구체제의 둘째의 골간을 동학농민들의 실력으로 폐지하려 한 혁명적인 추구였다고 볼 수 있다.

다음으로 고찰해야 할 것이 동학농민군의 정치체제에 관한 정책과 추구이다. 그러나 이에 관한 구체적 자료가 없는 것이 문제이다. 제1차 농민전쟁 봉기 때의 동학농민군의 사대명의四大名義의 하나에 "일본오랑캐를 몰아내어 없애고 왕의 정치聖道를 깨끗이 한다(逐滅倭夷 澄淸聖道)"는 강령이나 각종 문헌에 국왕에 대한 '충'의 기록은 있어도 국왕을 부정하는 기록은 없는 것으로 보아 '군주제' 자체를 폐지하려는 의식은 없었다고 판단된다.

그러나 사대명의의 하나에 "군대를 몰고 서울로 들어가 권세가(權)와 귀족(貴)

---

29 「巡撫先鋒陣謄錄」, 『東學亂記錄』 上卷, 628쪽 참조.
30 「先鋒陣各邑了發關及甘結」, 『東學亂記錄』 下卷, 364쪽 및 「宣諭榜文並東徒上書所持謄書」, 『東學亂記錄』 下卷, 412쪽 참조.
31 「東匪討論」, 『韓國學報』 제3집, '새資料昭介', 265쪽.

을 모두 없앤다(驅兵入京 盡滅權貴)"고 하여 당시 집권한 민비수구정권은 철저히 진멸할 것을 선언하였다. 그런데 객관적으로 보아 민비수구정권은 구체제의 마지막 정권이었다. 동학농민군이 추구한 정치체제는 '군주제'는 존속하되 민비수구정권은 철저히 타도하여, 과거의 민비정권이 존재했을 때와는 다른 군주제, 다른 정부를 추구한 것이었다. 이러한 다른 군주제, 다른 정부란 어떠한 것이었을까?

동학농민군이 군대를 몰아 서울에 입성하지 못했으므로 중앙정부이 조직과 관련된 구체적인 것은 알 길이 없다. 여기서 주목해야 할 것은 집강소의 조직에서 의사원議事員을 두었다는 기록이다. 오지영은 『동학사』(간행본)에서 집강소 통치가 "의사원 약간인을 두었으며"[32]라고 하고, 또 『초고본 동학사』에서는 "행정에 있어서는 집강이 주무로 십수 인의 의원이 잇서 협의체로 조직이 되었었고"[33]라고 하여 집강이 전제·독재하지 못하도록 약간의 '의사원' '의원'을 두어 '협의체協議體'의 충분한 토의를 거친 후에 정책을 집행했음을 알려 주고 있다. 이것은 동학농민의 집강소 안에 의사기관議事機關이 있었음을 시사하는 것이다.

또한 일찍이 보은취회에 대응하여 선무사로 파견된 어윤중魚允中은 취회 중의 동학농민들이 탐관오리의 축출을 요구하자 이에 응답하여 "그대들의 이 회會가 무기를 전혀 들지 않았으니 곧 민회民會라 할 수 있다. 각국 역시 민회가 있어서 조정의 정령이 백성과 나라에 불편한 것이 있으면 회의하여 강정講定한다고 일찍이 들었다. 이로부터 일에 접근하면 어찌 그대들을 비류로 조치하겠는가"[34]라고 말하였다. 이때 어윤중과 동학농민들 사이에서 문답한 "각국에서 조정의 정령이 백성과 나라에 불편한 것이 있으면 회의하여 강정하는 민회"는 서양의 '의회제도'의 일종을 가리킨 것이 아니었을까?

---

32 『東學史』, 126쪽.
33 『草稿本 東學史』 제3책, 42~43쪽.
34 『聚語』 「宣撫使再次狀啓 魚允中兼帶」, 『東學亂記錄』 上卷, 123쪽.

또한 주목할 것은 연전에 강창일 교수가 발굴하여 소개한 자료에서도 제시된 바와 같이,[35] 전봉준은 그 후 체포되어 일제경찰의 취조를 받을 때에, 동학농민군을 이끌고 서울에 입성하여 일본군을 몰아내고 간악한 관리를 쫓아낸 다음에는 "국사國事를 들어 한 사람의 세력가에게 맡기는 것은 크게 폐해가 있는 것을 알기 때문에 몇 사람의 명사에게 협합協合해서 합의법合議法에 의해 정치를 담당하게 할 생각이었다"[36]고 응답하였다. 당시 일본의 『동경조일신문』은 이것을 〈동학수령東學首領과 합의정치合議政治〉라는 제목을 붙여 보도하였다.

이러한 자료에서 미루어 보면 동학농민군이 서울에 입성하여 '군주제'는 폐지하지 않았을지라도 '의회'와 같은 의사기관議事機關과 의원을 두어 정부 정령을 사전·사후에 의논하는 합의정치를 추구했을 것이라고 볼 수 있다.이것은 결국 동학농민군도 의식·무의식간에 당시 역사의 대세에 따라 정치체제의 개혁의 방향은 전제군주제를 입헌대의군주제의 방향으로 추구하고 있었던 것이라고 볼 수 있지 않을까?

물론 동학농민군이 공화제를 추구하지 않았음은 명백하다. 1894년 당시에는 가장 진보적이었던 개화파조차도 공화제를 추구하지 못하고 입헌군주제를 개혁목표로 추구하던 시대이다.[37] 동학농민군이 군주제의 폐지와 공화제에의 추구를 못한 것은 어쩌면 당연한 일이었다고 볼 수 있다. 동학농민군은 한국역사에서 구체제의 마지막 정권인 민비수구정권을 철저히 타도하고 과거의 전제군주제에 어떠한 변화를 가하려고 했었으니, 만일 그들이 서울에 들어와 정권을 장악하는 데 성공했더라면 그들도 당시 국내에서 가장 선진적 지식을 많이 갖고 있던 개화파의 자문을 얻어 가면서 1894년 당시의 사회발전의 대세에 따라 불가피하게 입헌군주에의 방향으로 나가게 되었을 것이라고 추정해 볼 수 있

---

35 姜昌一, 「甲午農民戰爭 자료발굴: 全琫準會見記 및 取調記錄」, 『사회와 사상』 창간호, 1988년 9월호 참조.

36 『東京朝日新聞』, 1895(明治 28)년 3월 6일字, '東學首領と合議政治'.

37 兪吉濬, 『西遊見聞』, 『兪吉濬全書』 제1권, 168~169쪽 참조.

다. 그러나 동학농민군이 군주에의 개혁에 대한 더욱 구체적인 구상이 없었던 것은 그들의 큰 한계라고 보아야 할 것이다.

그럼에도 불구하고 동학농민군의 집강소는 농민에 대한 전근대적 부담을 모두 혁명적으로 철폐하였다. 예컨대, 집강소는 농민을 착취해 오던 환곡還穀제도를 혁명적으로 즉각 폐지하고 공채인 모든 환곡의 부채를 전면 무효화했다. 뿐만 아니라 공채公債도 이왕의 것은 모두 무효화하는 혁명적 조치를 단행하였다. 집강소의 폐정개혁 요강에 "공사채公私債를 물론하고 이왕의 것은 일병一幷 물시勿施할 사"의 조항이 있을 뿐만 아니라, 전봉준이 1894년 7월 초에 전라도 내의 각 읍 집강소에 보낸 통문에서 "사채는 시비를 물론하고 절대로 시행치 못하게 하며 이 지시를 어기는 자는 마땅히 영에 보고하고 처벌하라"[38]고 엄명한 곳에서 사채의 무효화와 사채 징봉의 엄금이 단호하게 실행된 것을 알 수 있다.

동학농민군의 집강소는 또한 군포세軍布稅도 혁명적으로 폐지를 추구하였다. 이것은 집강소의 폐정개혁 요강에 "잔민 등의 군안은 불지를 사"라고 했는데, "노비문서는 불지를 사"와 같이 '불지른다'는 표현은 즉각의 혁명적 폐지를 의미한다는 데서도 알 수 있다. 또한 집강소는 전세田稅도 현저히 삭감하여 징수했으며, 이미 구정부에 의해 과도하게 징수되어 있는 부분은 억류하였다. 관군이 장성의 동학농민군의 죄목의 하나로 "공납을 저알하였다(沮遏公納)"[39]는 기록은 농민군의 기준에서 과잉 징수된 전세에 대한 저지로 해석된다. 또한 동학 대접주 김덕명金德明의 죄목의 하나에 "이 자는 원평점院坪店에 도소를 크게 설치하고 공곡과 공전을 사사로이(농민군이) 징수했다"[40]는 기록은 집강소의 동학 농민군이 그들이 정한 삭감된 세율에 따라 전세를 징수했음을 알려 주는 것으

---

38 『梧下記聞』第2筆의 66쪽 참조.
39 「先鋒陣呈報牒」, 『東學亂記錄』下卷, 245쪽.
40 「巡撫先鋒陣謄錄」, 『東學亂記錄』上卷, 669쪽.

로 해석된다.

즉 동학농민군은 전정田政·군정軍政·환정還政을 혁명적으로 개혁한 것이었다. 이러한 개혁의 추구는 다른 자료를 통해서도 확인될 수 있다. 예컨대, 강원도의 경우를 보면 동학농민군은 강릉을 점령하자 1894년 9월 5일 동문에 "삼정의 폐막을 교혁矯革하고 보국안민한다(矯革三政之弊瘼 輔國安民)"[41]는 방문을 붙였다. 동학농민군은 9월 초4일 영월·평창·정선의 3읍을 점령했을 때에도 "삼정을 마음대로 정했다(冒定三政)"[42]고 했고, 강릉의 "부중에 4~5일 유주하는 동안에도 군포세와 조적세糶糴稅(환곡)를 바로잡아서 삼정을 임의로 삭감했다"[43] 고 하였다. 전라도의 집강소에서는 물론이요, 강원도에서 삼정의 혁명적 개혁이 추구된 것이었다.

그 밖에 법전에 규정되어 있지 않은 무명잡세無名雜稅를 동학혁명군이 혁명적으로 철폐했음은 물론이다. 집강소의 폐정개혁 요강의 "무명잡세 등은 혁파할 사", "무명잡세는 일병 물시할 사" 등의 조항이 우선 이를 잘 말해 주고 있다.

집강소의 농민통치는 이 밖에 탐관오리의 징계, 횡포한 부호의 응징과 토재討財, 미곡의 일본에의 유출 방지, 인민들의 소장訴狀의 처리, 관리의 문부文簿의 검열, 동학의 전도와 농민군의 강화, 농민군의 무기와 마필의 공급, 군수전軍需錢과 군수미의 비축 등 여러 가지 활동을 하였다.[44]

여기까지만 보아도 집강소의 농민통치는 구체제의 골간이 되는 제도들을 아래로부터 근본적으로 폐지하거나 개혁하여 붕괴시켰으며, 신분차별제도가 폐지되어 자작농의 균작제도가 수립되며, 의사기관을 두어 농민들의 의견을 수렴하는 신정권을 수립하고, 모든 무명잡세와 환곡·군포세의 제도를 폐지하여 삼

---

41 『臨瀛討匪小錄』, 7쪽.
42 「東匪討論」, 『韓國學報』 제3집, 265쪽.
43 「東匪討論」, 『韓國學報』 제3집, 265쪽. "留住府中 至於四五日 維正軍糶勢 三政任意減削"운운 참조.
44 慎鏞廈, 「甲午農民戰爭 시기의 農民執綱所의 活動」, 『韓國文化』 제6집, 1985 참조.

정을 근본적으로 개혁하며, 농민들의 의견이 나라 정치에 채택되어 실현되는 보다 평등하고 자유로운 그들 나름의 '신체제'를 지향한 '혁명운동'을 동학농민군의 강력한 힘으로 전개했었다는 사실을 알 수 있다.

4. 조선왕조 신분·계급구조의 특수성과
농민층의 사회적 지위

우리는 1894년 당시 조선왕조에 있어서의 농민계층의 미성숙을 이유로 들어 갑오농민전쟁을 '농민혁명'·'농민혁명운동'의 성격을 갖고 있는 것으로는 볼 수 없고, 최대로 평가해 보아야 그 성격 내용에 있어서도 '농민전쟁'의 성격을 벗어날 수 없는 것이라고 저평가하는 견해를 자주 듣게 된다. 이러한 견해의 배경에는 서유럽 역사의 영향을 크게 받아, 봉건적 구체제를 타도하고 근대적 신체제를 수립할 수 있는 것은 상·공인을 중심으로 한 시민계급뿐이고 농민계급은 그 계급적 미성숙과 고립성·분산성으로 말미암아 도저히 봉건적 구체제를 해체하고 근대적 신체제를 수립하는 혁명운동은 담당할 수 없는 것이라는 선입견이 작용하고 있는 것으로 보인다.

이러한 견해의 가장 큰 문제점은 기본적으로 19세기 조선왕조 사회의 신분·계급구조의 특수성과 18세기 서유럽사회의 신분·계급구조의 특수성의 차이를 간과한 곳에 있다고 생각된다.[45]

19세기 서유럽(프랑스 대혁명 이전)사회의 신분·계급구조의 위계는 단순화해서 말하면, 기본적으로 귀족(士)·부르주아(商·工)·농민(및 노동자)의 서열 구조였

---

45 愼鏞廈, 「프랑스혁명에 비추어 본 1894년 동학농민혁명운동」, 『프랑스혁명 200주년記念 國際學術會議』 발표논문; 閔錫弘, 미셸 보벨編, 『프랑스혁명과 한국』(일월서각), 1991 참조.

다.[46] 즉 동양식으로 표현하면, '사상공농'의 구조로서, 부르주아(상·공)는 귀족의 바로 아래에서 사회·경제적으로나 정치적으로나 크게 성숙하여 있었던 반면에, 농민계층은 대부분 농노적 상태에 있었으며 문맹과 무지가 지배하고 있었다. 즉 서양 중세와 18세기의 서양사회의 농민계층은 사회의 신분·계급구조의 위계 서열에서 최하위에 있었으며, 정치적으로나 사회경제적으로나 매우 미성숙한 상태에 있었다고 볼 수 있다.

이에 비하여 19세기 조선왕조 사회의 신분·계급구조의 위계는 널리 아는 바와 같이 '사농공공상士農工商'의 서열 구조로서, 양반귀족의 바로 아래에 부르주아(상·공)계급이 아니라 농민층이 있었고, 농민층의 아래에 부르주아 계층에 해당하는 '공·상'계층이 있었다. 뿐만 아니라 공·상계층은 신량역천층身良役賤層으로 취급되어 농민층보다도 더 사회적으로 천시되었으며, 정치적으로나 사회적으로나 계층 그 자체로서는 다수의 농민층보다도 더 미성숙한 상태에 있었다.

19세기 조선왕조 사회의 농민층은 경제적으로는 다수가 빈곤했지만 사회적으로는 대부분이 지위가 상승하는 양인신분이었으며, 조선왕조 후기에 전국적으로 서당이 농촌사회 방방곡곡에까지 급속히 보급되어 농민층의 교육수준이 현저히 상승하게 되었다. 따라서 19세기 말 조선왕조 사회의 농민층은 중세 말기 서부유럽사회의 농민층과는 달리 현저하게 정치적·사회적으로 훨씬 더 성숙한 계층이었다고 볼 수 있다.

그러므로 서양의 도식에 교조적으로 추종해서 처음부터 농민층은 혁명운동을 전개할 수 없는 미성숙한 계층이고 오직 부르주아 계층만이 혁명운동을 할 수 있었다고 보는 것은 한국근대사의 특수성을 간과한 견해라고 볼 수 있는 것이다.[47]

오히려 한국근대사에서는 부르주아 계층에 해당하는 상공인층이 미성숙했

---

46 閔錫弘., ① 『西洋近代史硏究』(一潮閣), 1975; ② 『프랑스 革命史論』(까치), 1988 참조.
47 愼鏞廈,「甲午農民戰爭의 主體勢力과 社會身分」, 『韓國史硏究』 제50·51합집, 1985 참조.

으므로, 구체제의 담당신분인 양반귀족의 그 바로 아래에 위치하며 상대적으로 상공인 계층보다 성숙한 계층인 농민층이 혁명운동을 일으켜 구체제를 붕괴시킨 것은 조금도 이상할 것이 없는 것이다.

또한 농민층은 고립되고 분산되어 있어서 혁명운동을 일으키지 못한다는 견해도 교조주의적 편견임을 인식할 필요가 있다. 농민층은 마을공동체 안에서 다른 농민들과 일상적으로 결합되어 생활하고 있기 때문에 다른 계층보다 특히 고립되고 분산되어 있는 것은 아니다. 뿐만 아니라 1894년 갑오농민전쟁의 경우에는 동학교단이라는 종교조직이 농민층에게 '조직'과 '사상'을 주어 농민층을 조직적으로 공고히 단결시키고 동원했으므로, 여기에서는 농민층의 고립성과 분산성을 혁명운동 불가능의 요인으로 운위할 여지가 없는 것이다.

뿐만 아니라 갑오농민전쟁은 19세기 말인 1894년에 일어난 혁명운동으로서, 이것을 서양의 16세기 초의 농민운동과 비교하거나 여기에서 유추하여 농민층의 본래적 미성숙을 주장하고 따라서 농민층은 혁명운동의 주체세력이 될 수 없다고 보는 것은 역사의 진전을 부정한 견해인 것이다. 이러한 견해는 조선왕조 사회와 서양 중세 사회의 신분·계급구조의 차이를 간과한 견해일 뿐 아니라, 또한 무엇보다도 16세기 초와 19세기 말의 약 380년에 걸친 역사의 진전을 간과한 견해인 것이다.

19세기 말인 1894년의 시점은 조선왕조 사회에서도 봉건적 모순이 이미 무르익어 드러날 대로 모두 표출되었고, 농민층도 이를 충분히 타도할 수 있을 만큼 성장했으며, 조직과 사상도 동학에 의해 공급되어 농민층이 혁명운동을 일으킬 수 있었던 것이다.

그러므로 서양역사의 해석을 교조적을 도입하여 농민층은 혁명을 일으킬 수 없는 미성숙한 계층이므로 갑오농민전쟁은 농민혁명운동으로 해석할 수 없다고 주장하는 것은 역사에 대한 미성숙한 견해인 것이다. 역사 실제로서 농민이 실제로 혁명운동을 일으켰으면 서양역사에 전례가 있든 없든 간에 우리는 이것은 농민혁명운동으로 해석해야 할 것이다. 일찍이 박은식은 갑오농민전쟁에 대하여 "즉 그것은 우리나라 평민의 혁명이다"[48]라고 하였다. 오늘날의 사회과학적 관점에서 갑오농민전쟁의 성격은 '1894년 동학농민혁명운동'이라고 보아야 할 것이다.

5. '농민혁명운동과 시민적 개혁의 결합'설

세계 각국 근대사에서 가장 중요한 연구과제의 하나는 중세적 구체제를 어떻게 해체시키고 근대적 신체제를 어떻게 수립했는가의 문제라고 할 수 있다.

한국 근대사에서 중세적 구체제의 붕괴와 근대적 신체제의 수립과정을 보면, 1894년 3월에 동학농민들이 '농민혁명운동'을 일으켜서 구체제의 골간들인 민비수구파 정권, 양반 사회 신분제도, 봉건적 지주제도, 봉건적 수취제도… 등 구체제 전반을 혁명적으로 붕괴시키면서 집강소형의 신체제의 수립을 추구해 나가자, 약 3개월 후에 집권한 갑오경장 개화파가 이를 받아서 근대적 개혁을 단행하기 시작하였다.

갑오농민전쟁에 의하여 농민혁명운동이 아래로부터 구체제를 혁명적으로 붕괴시켜 주지 않았다면 당시 개화파의 작은 실력으로는 구체제를 붕괴시킬 수 있는 힘이 전혀 없었으며, 집권할 기회조차도 없었을 것이다.[49] 또한 갑오경장 개화파가 집권한 후에도 동학농민혁명운동이 아래로부터 구체제를 혁명적으로 붕괴시키면서 집강소의 폐정개혁을 과감하게 단행하지 않았다면, 갑오경장 개화파의 법제적 개혁은 '종이 위의 개혁paper reform'에 그치고 말았을 것이다. 실제로 개화파 집권 후의 갑오경장의 대개혁은 '동학농민혁명운동'에서 농

---

48 朴殷植, 『韓國獨立運動之血史』, 『朴殷植全集』 上卷, 455쪽.
49 柳永益, 『甲午更張硏究』(一潮閣), 1990 참조.

민들이 추진한 혁명적 대변혁을 개화파식으로 번역하고 수정해서 단행한 것이 매우 많았다.

갑오경장 개화파가 추진한 대개혁은 프랑스식 개념으로 표현하면 본질적으로 '시민적 근대개혁'이었으나, 개화파 자신들은 대부분이 양반귀족 출신들이었다.[50] 이 양반귀족 출신의 개화파들은 동학농민혁명운동의 여파로 집권하게 되자 '시민적 혁명'을 추진한 것이 아니라 '시민적 개혁'을 추진하였다. 당시 개화파는 '시민적 혁명'을 추진할 실력도 없었고 지향도 없었으며, 그들이 실제로 추구한 것은 처음부터 '시민적 개혁'이었다. 갑오경장 개화파는 '동학농민혁명운동'이 진행되는 동안에는 '시민적 개혁'을 매우 과감하게 단행하였다. 그러나 동학농민군이 우금치 전투에서 패전하여 동학농민혁명운동이 붕괴된 이후에는 갑오경장 개화파는 '시민적 개혁'을 단행함에 있어서 그 속도를 현저히 늦추고 더욱더 온건한 개혁을 추진하는 경향이 있었다.

예컨대, 동학농민군의 집강소가 설치되기 시작한 1894년 5월 8일 이후 동학농민군이 혁명적으로 양반 신분제도를 폐지하고 노비문서를 불사르며 노비신분과 천민신분의 신분해방을 단행하자, 6월 23일에 집권한 개화파는 뒤이어 이를 흡수해서 6월 28일부터 군국기무처에서 사회신분제 폐지를 법제화하여 단행하는 과감한 법령을 위로부터 제정 공포하여 수천년 묵어온 우리나라의 사회신분제로를 마침내 폐지하기에 이르렀다.[51] 그러나 1894년 12월 우금치 전투에서 동학농민군이 패전한 이후 전국 도처에서 양반유생들이 반혁명군을 편성하여 동학농민군의 잔여세력을 색출하고 탄압하면서 사회신분제의 부활을 추구하자, 갑오경장 개화파는 한편으로 이를 억제하면서 동시에 다른 한편으

---

50 慎鏞廈, 「1894년의 社會身分制의 廢止」, 『奎章閣』 제9집, 1985; 『韓國近代社會史研究』(一志社), 97~145쪽 참조.

51 『更張議定存案』 제1책, 開國 503년 음력 6월 28일條 및 7월 초2일條; 『高宗實錄』, 高宗31년 甲午 6월 28일條 및 7월 초2일條 참조.

로 사회신분제 폐지의 후속조치를 현저히 완화하여 속도를 늦추었다.[52] 동학농
민군을 마지막 단계에서 궤멸하는 데 큰 '공훈'을 세운 양반신분층의 영향력과
발언권이 더욱 현저히 강화되었음에도 불구하고 양반신분층의 사회신분제 유
지를 위한 봉건적 반동이 성공하지 못한 것은 사회신분제 폐지를 추구하는 위
로부터의 개화파의 흐름이 집권하여 위에서 버티고 이를 눌러 해체시켰기 때문
이었다. 그러나 동학농민군 패배 후에는 사회신분제 폐지의 속도가 현저히 완
화된 것은 엄연한 사실이었다.[53]

즉 '동학농민혁명운동'에 의하여 사회신분제도가 '혁명적'으로 철폐되어 집
행되어 나가자, 뒤를 이어 집권한 개화파가 사회신분제 폐지의 법제화를 단행하
여 개혁을 실시함으로써, 아래로부터의 동학농민들의 '혁명'과 위로부터의 개
화파의 '개혁'의 결합에 의하여 우리가 한국근대사에서 볼 수 있는 바와 같은
역사적 변혁으로서의 사회신분제 폐지가 실현된 것이었다. 그리고 이 동학농민
들의 '혁명'과 개화파의 '개혁'의 결합은 친화력에 의거한 결합이 아니라 본질
적으로 목표의 동일성에 입각한 '구조적 결합'이라고 볼 수 있다.

갑오경장의 다른 부문의 개혁들도 사회신분제 폐지의 경우와 대동소이한 것
이 대부분이었다. 당시 국내에서 서구식 근대체제의 내용을 가장 잘 알고 근대
적 사회정치구조에 의한 정밀한 신체제의 개혁구상을 갖고 있던 세력은 소수이
지만 개화파였기 때문에 그들은 동학농민들의 '혁명운동'에 의하여 중세적 구
체제가 붕괴되고 호남 일대에서 농민들의 집강소형 신체제가 추구되자 이를 수
용하여 개화파식으로 번역하고 자신들의 신체제의 구상을 융합하여 근대사회
로의 이행을 추진한 것이었다.

우리가 사건사의 시각에서 보면 1894년의 갑오농민전쟁에 의한 '동학농민혁
명운동'은 실패한 별개의 사건이고, 개화파의 갑오경장이라는 '시민적 근대개

---

52 『高宗實錄』, 高宗 32년 乙未 3월 10일條 및 『官報』, 開國 504년 3월 10일條 참조.
53 『奏議』, 제5책 開國 504년 3월 29일條 참조.

혁'은 또 다른 별개의 사건으로 보일 수 있다. 그러나 사회사학에서 강조하는 구조사·구조변동사·장기사·심층사·거시사·전체사의 방법과 시각에서 보면, 19세기 한국역사에서의 구체제는 1894년 '동학농민혁명운동'에 의하여 붕괴되고 이것이 닦아 놓은 길 위에서 근대적 신체제의 수립은 개화파의 갑오경장이라는 '시민적 근대개혁'에 의하여 추진됨으로써 '동학농민혁명운동과 개화파의 시민적 개혁의 결합'에 의해 19세기 말 한국의 근대사회체제가 수립되었음을 알 수 있다. 그리고 이때의 동학농민들의 '혁명운동'과 '시민적 개혁'의 '결합'은 친화력에 의거한 결합이 아니라 '구조적 결합'의 내용을 가진 것이었다고 볼 수 있을 것이다.

6. 맺음말: 갑오농민전쟁의 사회사적 의의

지금까지 고찰한 갑오농민전쟁·동학농민혁명운동은 비록 완전히 성공하지는 못했다 할지라도 한국근대사에서 매우 큰 역사적 의의를 가진 민족운동·농민운동이었다. 특히 다음과 같은 몇 가지 사실이 그의 큰 역사적 의의로서 주목된다.

첫째, 동학농민혁명운동은 우리나라 농민들의 대표적인 반중세·반봉건운동이었고, 반침략·반제국주의 애국운동이었다. 제1차 농민전쟁은 반봉건·반침략의 성격이 복합된 농민운동으로서, 반침략보다는 반봉건적 성격이 더욱 강한 농민혁명운동이었다. 동학과 농민층이 결합하고, 농민층 중에서도 양인신분층과 천민신분층의 소작농·빈농층이 핵심적 주체세력이 된 동학농민군은 조선왕조의 전근대체제를 반대하여 농민혁명운동을 일으킨 것이었다. 이에 비하여 제2차 농민전쟁은, 반봉건적 성격도 내포되어 있었지만, 반봉건적 성격보다는 일본침략군을 자기의 조국강토에서 몰아내기 위한 반침략적·반제국주의적 성격이 전면에 부각된 민족해방운동이었다. 제2차 농민전쟁에서 동학교도들과 농민들은 무려 30만 명이 목숨을 잃는 희생을 당하면서도 일본침략군과 일본세력을 한반도에서 몰아내고 자기 조국을 지키기 위하여 '보국안민'의 기치 하에 민족혁명의 애국운동을 헌신적으로 전개하여 나라와 겨레를 지키는 일에 크게 기여했으며 애국정신을 고도로 발양하였다.

둘째, 동학농민혁명운동은 당시의 양반신분제도와 당시까지 수천 년 묵어온 사회신분제도를 폐지하는 데 결정적 역할을 하였다. 한국역사에서 1894년의 사회신분제의 폐지는 양인·천민의 하위신분층의 농민들이 동학농민혁명운동에 의하여 먼저 아래로부터 혁명적으로 사회신분제를 폐지해 나가자 그 후에 갑오경장 개화파들이 이를 받아서 법령으로 사회신분제를 폐지한 것이었다.

셋째, 동학농민혁명운동은 당시까지 수천 년 지속되면서 나라의 자주근대화를 완강하게 저지하던 구체제를 근본적으로 붕괴시켰다. 당시 한국 민족국가의 자주독립과 근대사회로의 이행을 위해서는 민비정권을 정치권력의 핵심으로 하는 구체제를 붕괴시키는 것이 선결의 대과제로 전제되어 있었는데 한국사회의 근대화 과정에서는 이 대과제를 시민세력이나 개화파가 수행하지 못하고 동학농민세력이 동학농민혁명운동을 통하여 수행함으로써 근대사회로의 이행의 길을 넓게 열어 준 것이었다. 즉, 동학농민혁명운동은 한국사회의 근대화의 절반의 과제인 구체제의 붕괴에는 성공한 것이었으며, 이 면에서 동학농민혁명운동은 완전히 실패한 것이 아니라 부분적으로 성공한 것이었다고 볼 수 있다.

넷째, 동학농민혁명운동은 집강소의 농민통치를 실시하여 한국역사에서 처음으로 농민이 권력을 장악하고 농민에 의한 농민을 위한 농민의 농민민주주의적 근대개혁의 지방통치를 실시하였다. 이것은 동학농민들이 구체제를 붕괴시킴과 동시에 그들이 원하는 신체제와 근대화의 모형을 제시한 것으로서, 만일 일본군의 간섭이 없어서 동학농민군이 패전하지 않고 서울로 입성했었다면 전국에 걸쳐 집강소형의 근대적 신체제가 수립될 수 있는 모형이 정립된 것이었다.

다섯째, 동학농민혁명운동은 개화파 정부의 갑오경장의 아래로부터의 추동력이 되어 대개혁을 단행하도록 하는 근원적 힘이 되어 주었다. 당시의 개화파의 실력으로는 동학농민혁명운동이 없었더라면 집권할 기회조차 없었다. 또한, 개화파 집권 후의 갑오경장의 대개혁은 동학농민들의 개혁요구를 개화파식으로 번역하고 수정하여 단행한 것이 매우 많았다. 즉 19세기 한국 역사에서 전근대사회로부터 근대사회로의 이행은 구조적으로 '동학농민혁명운동과 개화파의 시민적 개혁의 결합'에 의하여 수행된 것이었다. 동학농민혁명운동은 동학농민들 자신이 집권하지는 못했다 할지라도 집권한 개화파 정부로 하여금 갑오경장의 대개혁을 단행하도록 결정적인 사회적 압력을 주입했다는 면에서도 큰 역사적 의의를 가진 것이었다. 갑오경장의 여러 가지 개혁들은 동학농민혁명운동의 개혁요구 조항들과 분리해서는 정확히 이해되기 어려운 것임을 주목할 필요가 있다.

여섯째, 동학농민혁명운동은 전국적으로 각계 각층 광범위한 국민들의 정치적·사회적 각성을 크게 촉진하였다. 동학농민혁명운동이 제기한 여러 가지 민족적·정치적·사회적·신분적·경제적·문화적 문제들은 전국민에게 심대한 충격을 주었으며, 동학농민혁명운동이 이 큰 충격을 받고 19세기 말 한국 국민들의 정치의식과 사회의식이 크게 계발되고 고양되었다고 볼 수 있다.

일곱째, 동학농민혁명운동은 그 후 일본제국주의의 침략에 대한 반일역량을 크게 제고시켰으며, 항일의병운동의 저변의 토대를 튼튼히 만들었다. 동학농민혁명운동에 참가했던 다수의 동학농민군 병사들이 그 후 의병부대들의 병사가 되어 기회있을 때마다 항일무장투쟁을 완강하게 전개하였다. 다수의 관찬 문헌들에서 의병의 병사들을 '동비여당東匪餘黨'이 많다고 기록한 것은 이것을 가리킨 것이었다.

동학농민혁명운동은 한국근대사에서 수천 년 묵어온 낡은 전근대적 구체제를 붕괴시키고 근대사회에의 길을 넓게 열어 주었으며, 이 열린 길 위에서 개화파들이 구조적으로 역할을 분담하여 동학농민들의 개혁요구 조항들을 개화파식으로 번역하고 수정해서 근대국가와 근대사회 수립의 대개혁을 단행한 것이었다.

찾아보기

신판
동학과 갑오농민전쟁 연구

1판 1쇄 펴낸날 2016년 7월 15일

지은이 | 신용하
펴낸이 | 김시연

펴낸곳 | (주)일조각
등록 | 1953년 9월 3일 제300-1953-1호(구 : 제1-298호)
주소 | 03176 서울시 종로구 경희궁길 39
전화 | 734-3545 / 733-8811(편집부)
        733-5430 / 733-5431(영업부)
팩스 | 735-9994(편집부) / 738-5857(영업부)
이메일 | ilchokak@hanmail.net
홈페이지 | www.ilchokak.co.kr

ISBN 978-89-337-0714-2 93910
값 30,000원

* 이 도서의 국립중앙도서관 출판예정도서목록(CIP)은 서지정보유통지원시스템 홈페이지(http://seoji.nl.go.kr)와
  국가자료공동목록시스템(http://www.nl.go.kr/kolisnet)에서 이용하실 수 있습니다.
  (CIP제어번호 : CIP2016015226)